L'EUROPE

ET LA

RÉVOLUTION FRANÇAISE

L'auteur et les éditeurs déclarent réserver leurs droits de traduction et de reproduction à l'étranger.

Ce volume a été déposé au ministère de l'intérieur (section de la librairie) en janvier 1887.

DU MÊME AUTEUR :

Histoire diplomatique de la guerre franco-allemande, 2 vol. in-8°. E. PLON, NOURRIT et Cie, éditeurs.

La Question d'Orient au dix-huitième siècle, 1 vol. in-8°. E. PLON, NOURRIT et Cie, éditeurs.

Essais d'histoire et de critique, 1 vol. in-8°. E. PLON, NOURRIT et Cie, éditeurs.

Précis du droit des gens, 1 vol. in-8°, en collaboration avec M. FUNCK-BRENTANO. 2me édition (sous presse). E. PLON, NOURRIT et Cie, éditeurs.

Le Traité de Paris du 20 novembre 1815, 1 vol. in-8°. Germer BAILLIÈRE, éditeur.

Recueil des instructions données aux ambassadeurs et ministres de France en Autriche, 1 vol. in-8°. ALCAN, éditeur.

L'Europe et la Révolution française. PREMIÈRE PARTIE : **Les Mœurs politiques et les traditions**, 1 vol. in-8°. E. PLON, NOURRIT et Cie, éditeurs.

En préparation :

L'Europe et la Révolution française. TROISIÈME PARTIE : **La Convention. 1792-1795.**

PARIS. — TYPOGRAPHIE E. PLON, NOURRIT ET Cie, RUE GARANCIÈRE, 8.

L'EUROPE

ET LA

RÉVOLUTION FRANÇAISE

PAR

ALBERT SOREL

DEUXIÈME PARTIE

LA CHUTE DE LA ROYAUTÉ

PARIS

LIBRAIRIE PLON

E. PLON, NOURRIT ET Cie, IMPRIMEURS-ÉDITEURS

RUE GARANCIÈRE, 10

1887

Tous droits réservés

LA CHUTE DE LA ROYAUTÉ

LIVRE PREMIER
LES NOUVEAUX PRINCIPES

CHAPITRE PREMIER
L'ASSEMBLÉE NATIONALE ET L'EUROPE
1789-1790.

I

« L'Assemblée, écrivait Mirabeau [1], a pris l'habitude d'agir comme le peuple qu'elle représente, par des mouvements toujours brusques, toujours passionnés, toujours précipités. » L'Assemblée même était un peuple, et un peuple en révolution. Élue par une sorte d'acclamation publique, elle donna tout ce que la nation portait en soi et présenta une fidèle image de la France [2]. La nation possédait une idée très-claire des réformes civiles qu'elle réclamait et une volonté très-ferme de les accomplir; elle ne manifestait, en matière de réformes politiques, que des aspirations vagues et des desseins inconsistants.

---

[1] *Correspondance entre le comte de Mirabeau et le comte de La Marck*, publiée par M. DE BACOURT, Paris, 1851, 47ᵉ note pour la cour, t. II, p. 414.

[2] Cf. t. I, *les Mœurs politiques et les traditions*, liv. II, ch. I : *La nation et le gouvernement en France, Crise de la monarchie, Louis XVI, la Révolution et les précédents*, p. 199 et suiv.

La liberté civile était entrée dans les mœurs, et rien ne contribua davantage à rendre insupportable un régime qui la bannissait encore des lois. Elle s'imposait comme un principe de droit et comme une nécessité sociale. Pour la définir, chacun n'avait qu'à consulter sa dignité, qu'à écouter ses intérêts, qu'à rechercher « ce qu'il avait eu à souffrir et ce dont il avait à se plaindre [1] ». Il suffit, pour la fonder, d'un mouvement d'enthousiasme et de quelques décrets. Les droits féodaux furent supprimés en une nuit, et il devint évident, à partir de cette nuit-là, que la France se soulèverait contre quiconque prétendrait les rétablir.

La liberté politique était une innovation. Tous les précédents y étaient contraires. Pour en faire pénétrer la notion dans les esprits il fallait bouleverser les idées acquises; pour l'établir, reprendre en sous-œuvre les fondements de l'État; pour la pratiquer, changer les habitudes et modifier jusqu'aux instincts du peuple. Chacun s'en forgeait un idéal abstrait; nul n'en avait l'expérience. On ne s'entendit que pour proclamer la souveraineté de la nation et pour détruire ce qui semblait y faire obstacle. Il fut aisé d'anéantir les anciennes institutions : elles tombaient en ruine, et l'on n'eut guère qu'à déblayer des décombres. Mais la place dégagée, on la laissa déserte. Comme il n'avait fallu pour supprimer le régime féodal qu'en décider la fin, on imagina qu'il suffisait aussi, pour fonder la liberté politique, de supprimer le gouvernement de l'ancien régime; mais ce gouvernement étant le seul dont les Français eussent la pratique, lorsqu'il eut disparu, rien ne le remplaça. Au lieu de la liberté que l'on attendait, ce fut l'anarchie que l'on vit paraître.

L'anarchie procède des causes mêmes qui ont rendu la Révolution inévitable [2]. Le triomphe de la sédition, l'effroi, le découragement et la retraite des timides qui forment le plus grand nombre; l'audace des turbulents, le règne des factieux, la tyrannie des violents qui sont la minorité dans la nation; l'invasion subite du pays par cette armée de la misère et ces

[1] Tocqueville, *Mélanges*, Paris, 1865, p. 140.
[2] Cf. t. I, p. 201 et suiv.

bandes de scélérats qui se rassemblent dès que le ressort du pouvoir se détend et que la police se relâche, ne sont que les symptômes de la crise. La cause véritable, c'est la désorganisation de l'État, l'incapacité où sont le Roi, ses ministres, tout le gouvernement, tous les privilégiés, de vouloir avec énergie, d'agir avec ensemble, de se protéger enfin contre ce torrent qu'ils ont laissé déborder, faute de pouvoir le détourner ou le contenir. Ce n'est pas la Révolution, à proprement parler, qui détruit le gouvernement; c'est parce que le gouvernement est détruit que la Révolution triomphe. Dès le premier assaut de l'émeute, les agents de l'État, éperdus, désorientés, sans direction et sans soutien, sont réduits aux rôles de victimes ou de témoins passifs des excès de la populace. La convocation des états n'est qu'un aveu solennel de l'impuissance du pouvoir.

Le ministère défaut à la tâche et succombe sous le faix. « Nous sommes si écrasés de conseils et de comités, écrit Montmorin le 25 janvier, que je n'ai pas un instant à moi [1]. » Tous sont débordés par les affaires. Ni les chefs ne savent commander, ni les subordonnés obéir. L'administration s'évanouit; l'armée disparaît. Il ne reste du formidable instrument de règne forgé par Richelieu et perfectionné par Louis XIV, qu'une masse inerte et molle qui étouffe ceux qui tentent de la mouvoir. Les états se rassemblent le 5 mai. La cour s'alarme bientôt de leurs revendications et des mouvements populaires qui les appuient. En principe, toute l'autorité réside encore dans la personne du Roi : il est maître souverain ; la noblesse l'entoure, elle commande les troupes, elle occupe les grandes charges. Ceux qui redoutent une révolution conseillent à Louis XVI de tenter un coup d'État et de recourir à l'expédient classique d'une « journée royale ». L'imposant appareil de la monarchie se dresse pour la dernière fois devant le peuple ; mais ce n'est plus qu'un simulacre. Il suffit de quelques paroles d'un député pour dissiper ce fantôme de gouvernement. « Nous ne

---

[1] A M. de la Luzerne, ambassadeur à Londres. — Ce texte, comme tous ceux que je citerai sans en indiquer la provenance, est tiré des Archives des affaires étrangères.

sortirons que par la force », répondit Mirabeau au maître des cérémonies qui invitait l'Assemblée à se séparer [1]. La force ne parut point, et toute la France connut que la royauté n'en disposait plus.

L'Assemblée n'en disposa pas davantage. Elle se montra par inexpérience, par présomption, par idéalisme aussi imprévoyante et aussi incapable de gouverner que la monarchie l'était devenue par routine et par décrépitude. Leur méfiance de la couronne conduisit les députés à s'emparer de tous les pouvoirs ; leur conception même du principe des pouvoirs leur interdit de les exercer. Le nouveau gouvernement se trouva en très-peu de temps réduit aux mêmes extrémités que l'ancien. On vit le ministère dominé par l'Assemblée, l'Assemblée dominée par les clubs, les clubs dominés par les démagogues, les démagogues, par la populace armée, fanatique et famélique qu'ils croyaient entraîner à leur suite et qui, en réalité, les chassait devant soi. Cette formidable poussée commença le 14 juillet : elle enfonça, du premier coup, la porte de la Bastille et découvrit à la nation l'infirmité de la monarchie. Les journées d'octobre n'en furent que la conséquence.

Le Roi, dès lors, est prisonnier dans sa capitale et captif dans son palais. Il a encore des serviteurs, il n'a plus de cour. Le 18 juillet, son frère cadet, le comte d'Artois, ses cousins le prince de Condé, le duc de Bourbon, le duc d'Enghien ont précipitamment quitté la France. A la suite des jacqueries qui éclatent dans les campagnes, la petite noblesse se réfugie dans les villes. La noblesse de cour se retire à l'étranger. Après le 6 octobre, les chefs du côté droit, Mounier, Lally, Bergasse et cent vingt députés qui votaient avec eux sortent de l'Assemblée, et renoncent à la lutte. Un nouveau flot d'émigrants se porte sur la frontière, et il se produit désormais une infiltration qui ne s'arrêtera plus. Ceux qui sortent ainsi du royaume à la première heure ne sont point des victimes, ce sont des mécontents. Ils partent beaucoup moins pour fuir un péril que pour préparer une

---

[1] Séance du 23 juin 1789.

revanche. Ils ne se présentent point, dans les petites cours où on les accueille, en Savoie et sur le Rhin, comme des fugitifs qui réclament un asile, mais comme un parti politique qui cherche des alliés. Ils déclarent hautement qu'il n'y a d'autre remède à la crise de la monarchie française qu'une contre-révolution totale, le châtiment des rebelles, l'abrogation des lois séditieuses, la restauration du Roi dans la plénitude de son autorité, celle de la noblesse dans la plénitude de ses priviléges, enfin le rétablissement pur et simple de l'ancien régime dans l'État et du régime seigneurial dans la société. Ils n'ont abandonné la partie que pour la gagner plus sûrement; ils n'ont quitté la France que pour y rentrer en maîtres; ils n'ont laissé le champ libre à la Révolution que pour la prendre à revers et pour l'anéantir.

Ils proclament ces desseins, ils cabalent au grand jour et conspirent, avec autant d'étalage que de futilité, l'invasion et la conquête de leur patrie. Le bruit qu'ils répandent eux-mêmes de leurs armements, de leurs complots et de leurs alliances, leur arrogance, leur ton de commandement et de menace accréditent la pensée que leur retour sera suivi d'une entière subversion des hommes et des choses. Le peuple prend à la lettre leurs diatribes comminatoires; il tremble pour les droits qu'il a conquis, il se tourne avec fureur contre ceux qu'il accuse de les lui vouloir ravir. Sa colère retombe sur la cour et sur les nobles restés en France. Il les accuse de complicité avec les émigrés. Les fanfaronnades à distance de ces brouillons provoquent ainsi contre la famille royale et contre les gentilshommes demeurés fidèles à sa cause une haine croissante, des soupçons qui s'aigrissent chaque jour, et, sous prétexte de précautions ou de représailles, le déchaînement de toutes les violences. Cette première émigration, toute politique et toute féodale, le plus absurde et le plus funeste des anachronismes dans la France de 1789, entraîna des suites infiniment plus étendues que ne le comportaient la médiocrité de ses chefs et la vanité de leurs desseins. Aucun événement n'a été plus désastreux pour la monarchie et n'a exercé une influence plus pernicieuse sur le développement de la Révolution.

Un roi sans volonté, des ministres sans caractère et sans génie, un gouvernement en détresse, une magistrature en conflit, des administrateurs effarés, des officiers indécis, des soldats indisciplinés, une noblesse jalouse de ses priviléges et incapable de les justifier, une bourgeoisie ambitieuse et assaillant le pouvoir afin de le conquérir, de la turbulence dans les villes, de l'anxiété dans les campagnes, de la misère partout, des émeutes alimentaires, des séditions, des brigandages, voilà ce que l'on voyait plusieurs années déjà quand les états généraux se réunirent. Leur réunion ne fit que précipiter la crise. Toutefois, et jusque dans ses proportions les plus redoutables, cette crise ne présentait que les conditions communes et les conséquences ordinaires des révolutions. La nouveauté n'était pas là.

Ce qui marque, dès son début, la Révolution française d'une touche extraordinaire, c'est le contraste infini qu'elle manifeste entre l'infirmité du gouvernement qu'elle constitue, et la puissance des idées qu'elle introduit dans le monde. Cette Assemblée, qui ne savait ni gouverner la France, ni se gouverner elle-même, et dont l'existence dépendait de l'audace de quelques factieux, travaillait pour l'avenir au milieu des incertitudes du présent et jetait dans les sables mouvants des assises indestructibles. L'anarchie, qu'elle n'avait point créée, mais que ses fausses mesures aggravèrent, dissimula trop vite, aux yeux des contemporains, la fécondité des réformes qui ne pouvaient porter tous leurs fruits qu'en des temps moins troublés. L'Assemblée se rendait simplement justice lorsqu'au mois de février 1790, elle répondit à ses détracteurs par cet exposé lumineux de l'œuvre qu'elle avait accomplie en moins de huit mois [1] :

« On a feint d'ignorer quel bien a fait l'Assemblée nationale; nous allons vous le rappeler. Les droits des hommes étaient méconnus, ils ont été rétablis. La nation avait perdu le droit de décréter les lois et les impôts, ce droit lui a été restitué. Des priviléges sans nombre composaient tout notre droit public, ils sont détruits. Une féodalité vexatoire couvrait la France

---

[1] Proclamation du 11 février 1790, rédigée par Talleyrand.

entière, elle a disparu sans retour. Vous désiriez l'abolition de la vénalité des charges, elle a été prononcée. Les finances demandaient d'immenses réformes, nous y avons travaillé sans relâche. Vous éprouviez le besoin d'une réforme, du moins provisoire, des principaux vices du code criminel : elle a été décrétée... Un code de lois civiles fera disparaître toutes ces lois, obscures, compliquées, contradictoires... L'Assemblée a consommé l'ouvrage de la nouvelle division du royaume qui seule pouvait effacer jusqu'aux dernières traces des anciens préjugés, substituer à l'amour-propre de province l'amour véritable de la patrie... Nous terminerons nos travaux par un code d'instruction et d'éducation nationale qui mettra la constitution sous la sauvegarde des générations naissantes. Voilà notre ouvrage, Français, ou plutôt voilà le vôtre. Quel honorable héritage vous avez à transmettre à votre postérité ! Élevés au rang des citoyens, admissibles à tous les emplois... puisque tout se fait par vous et pour vous, égaux devant la loi, libres d'agir, de parler, d'écrire, ne devant jamais compte aux hommes, toujours à la volonté commune, quelle plus belle condition ! Pourrait-il être un seul citoyen, digne de ce nom, qui osât tourner ses regards en arrière, qui voulût relever les débris dont nous sommes environnés, pour en contempler l'ancien édifice ? »

L'histoire n'offrait pas d'exemple de réformes aussi profondes, décidées par des motifs plus généreux et exécutées avec autant de grandeur. Pour l'immense majorité du peuple c'était toute la Révolution. C'est sous cette forme qu'elle devint par excellence l'œuvre nationale des Français. Elle affranchissait les personnes et les biens, elle se faisait pour la terre de France et pour ses habitants, elle attacha plus intimement les citoyens au sol de leur pays, elle rendit publique et populaire cette grande notion de la patrie que les siècles avaient lentement insinuée dans les âmes. Sous ce rapport, elle consacra l'œuvre de la monarchie. On raconte qu'à son retour d'Italie, en 1797, Bonaparte disait à Sieyès : « J'ai fait la grande nation. » — « C'est, lui répondit Sieyès, que nous avions d'abord fait la nation. » Ils se vantaient l'un et l'autre, et usurpaient sur l'histoire qui avait tout préparé. Le caractère patriotique de ces fameux décrets de 1789 en faisait la force intime et l'efficacité.

Ils étaient bien français ; toutefois, les sources dont ils dérivaient avaient disparu depuis trop d'années. Si l'on discernait encore vaguement l'origine des idées que l'on appliquait, la suite secrète de ces idées dans les temps échappait aux regards des contemporains [1]. Quand ils recherchèrent, dans le recueil des ordonnances des rois, les principes auxquels ils pourraient rattacher les lois qu'ils se préparaient à porter, ils ne les trouvèrent point. Les droits du Roi avaient leurs titres qui encombraient les archives; la nation avait perdu les siens. Cependant il fallait un fondement de droit à cette grande réforme de l'État et de la société. A défaut de droits historiques, on en prit de métaphysiques, et, ne pouvant déclarer les droits des Français, l'Assemblée déclara les droits de l'homme abstrait et du citoyen du monde. C'était d'ailleurs, en ce siècle, la tendance de l'esprit humain; c'était, en particulier, celle de l'esprit français, et l'un des principaux motifs de la magistrature intellectuelle que la France exerçait sur l'Europe [2].

Les constituants édictèrent leurs lois comme les philosophes, leurs maîtres, avaient composé leurs livres, pour l'humanité. Ils s'en faisaient honneur, et en glorifiaient leur patrie [3]. Ils croyaient à la toute-puissance des idées, à l'évidence de la justice et à la vertu des hommes. Ils voulaient le bien en toute sincérité de conscience; ils y travaillaient avec exaltation : c'est ce qui fit, malgré tant de défaillances dans le maniement des affaires et tant d'aberrations dans le gouvernement du pays, l'éclat incomparable de ces premiers temps de la Révolution [4]. Il semble que la France annonce à l'univers un évangile terrestre, qu'elle va fonder la religion du droit et du bonheur parmi les hommes. « La révolution qui s'achève parmi nous est pour ainsi dire grosse des destinées du monde », écrit le plus éloquent et le plus pur témoin de cet âge

---

[1] Voir VIOLLET, *Précis de l'histoire du droit français*, Paris, 1884-1886, notamment les chapitres relatifs à l'abolition des priviléges, p. 224-228, et à celle des droits féodaux, p. 277, 609-641.

[2] Cf. t. I, p. 147 et suiv. : *l'Influence française*.

[3] Voir le rapport de Mirabeau sur la déclaration des droits de l'homme, 17 août 1789.

[4] Cf. TOCQUEVILLE, *Mélanges*, p. 143. Chapitres inédits : *Comment, au moment où l'on allait se réunir en Assemblée nationale, les esprits s'agrandirent tout à coup et les âmes s'élevèrent.*

d'enthousiasme[1]. « Les nations qui nous environnent ont l'œil fixé sur nous, et attendent l'événement de nos combats intérieurs avec une impatience intéressée et une curieuse inquiétude; et l'on peut dire que la race humaine est maintenant occupée à faire sur nos têtes une grande expérience. Si nous réussissons, le sort de l'Europe est changé : les hommes rentrent dans leurs droits; les peuples rentrent dans leur souveraineté usurpée; les rois, frappés du succès de nos travaux et séduits par l'exemple du roi des Français, transigeront peut-être avec les nations qu'ils seront appelés à gouverner; et peut-être, bien instruits par nous, des peuples plus heureux que nous parviendront à une constitution équitable et libre sans passer par les troubles et les malheurs qui nous auront conduits à ce premier des biens. Alors la liberté s'étend et se propage dans tous les sens, et le nom de la France est à jamais béni sur la terre. »

Les Français étaient sincères lorsqu'ils tenaient ce langage, l'Europe les crut. S'ils se trompaient en voulant travailler pour l'humanité, l'humanité civilisée partagea leurs illusions et leurs espérances. L'Europe du dix-huitième siècle s'était fait un idéal de vertu, de liberté, de justice : la Révolution française semblait le réaliser. Le caractère universel des principes de cette révolution et la nature abstraite de ses formules étaient précisément ce qui les rendait accessibles à tous les Européens et ce qui en faisait la force d'expansion. Chaque peuple put les identifier avec ses aspirations. De là, l'immense retentissement qu'eurent en Europe les premières déclarations de l'Assemblée.

II

Dans toute l'Europe les penseurs comprirent que la révolution qui se faisait en France s'accomplissait pour les nations, et que leur règne commençait[2]. Partout, ainsi qu'en France,

---

[1] André Chénier, *OEuvres en prose*, Paris, 1872 : *Avis aux Français*, 28 août 1790.

[2] « Parmi cette foule de Mémoires que les contemporains nous ont laissés, dit

la prise de la Bastille fut considérée comme le symbole de la chute de l'ancien régime. L'ambassadeur d'Angleterre en adresse le récit à son gouvernement et conclut : « Ainsi s'est accomplie la plus grande révolution dont l'histoire ait conservé le souvenir, et, relativement parlant, si l'on considère l'importance des résultats, elle n'a coûté que bien peu de sang. De ce moment, nous pouvons regarder la France comme un pays libre, le Roi comme un monarque dont les pouvoirs sont limités, et la noblesse comme réduite au niveau de la nation [1]. » L'historien de la Suisse, Jean de Müller, alors conseiller intime de l'électeur de Mayence, proclame cette victoire du peuple « le plus beau jour qu'on ait vu depuis la chute de l'empire romain ». L'Allemand Merck, qui se piquait de haute critique, pleura de joie, lorsqu'il vit « dans ce drame vraiment shakspearien » poser « la première pierre pour le bonheur de l'humanité ». A Pétersbourg, « Français, Russes, Danois, Allemands, Anglais, Hollandais se félicitaient dans les rues, s'embrassaient comme si on les eût délivrés d'une chaîne trop lourde qui pesait sur eux [2] ».

Tocqueville, je n'en ai jamais rencontré un seul où la vue de ces premiers jours de 1789 n'ait laissé une trace ineffaçable. Partout, elle communique la netteté, la vivacité, la fraîcheur des émotions de la jeunesse. » *Mélanges*, chapitres inédits de l'*Ancien Régime*, ch. VII. — « Je ne sais, rapporte un Génevois, quelle joie s'est répandue partout dans les états les plus nombreux de la société, à la vue de cette révolution qui venait d'abattre l'ancien gouvernement de la France. Il y avait une fermentation générale, une sorte d'ivresse dans les espérances... » DUMONT, *Souvenirs*, Paris, 1832, ch. VII.

[1] Rapport du duc de Dorset, 16 juillet 1789. FLAMMERMONT, *Relations inédites de la prise de la Bastille*, Paris, 1885, p. 20.

[2] SÉGUR, *Mémoires*, t. III. — « J'avais seize ans, rapporte un Danois, mon père rentre à la maison (à Copenhague) hors de lui; il appelle ses fils : — Que vous êtes dignes d'envie! s'écrie-t-il; quels jours heureux et brillants se lèvent sur vous! Maintenant, si vous ne vous créez pas chacun une position indépendante, la faute n'en sera qu'à vous. Toutes les barrières de la naissance et de la pauvreté vont tomber; désormais le dernier d'entre vous va pouvoir lutter contre le plus puissant à armes égales et sur le même terrain! — Il s'arrêta, vaincu par son émotion, et se mit à sangloter pendant quelque temps... Puis il nous raconta comment la Bastille avait été prise et les victimes du despotisme délivrées... Ce n'était pas seulement en France qu'une révolution commençait, c'était dans toute l'Europe. Elle poussait ses racines dans des millions d'âmes. Ces premiers moments d'enthousiasme, qu'allait suivre une si terrible ruine, avaient en eux-mêmes quelque chose de pur et de saint qui ne s'oubliera

C'est, au cours de l'année 1789, une acclamation continue en Allemagne [1]. Les penseurs croient découvrir dans la Révolution française la réalisation de l'idéal abstrait qu'ils poursuivent sur les traces de Pufendorf et de Wolf. Rousseau a rendu cet idéal populaire partout où se rencontrent des esprits curieux, des âmes inquiètes, des imaginations sentimentales. Les bourgeois admirent le triomphe du tiers état et l'envient timidement. La noblesse éclairée demeure en coquetterie avec la Révolution comme elle l'était avec la philosophie. Tout le public littéraire salue l'avénement de la liberté, le règne de l'égalité humaine, la fin des abus et la ruine des préjugés du vieux monde. Le publiciste Schlœzer, qui n'avait point admiré la révolution d'Amérique, vante celle de France : « Une des plus grandes nations de la terre secoue résolûment le joug de la tyrannie; nul doute qu'on ait chanté le *Te Deum* au ciel [2] ! » Le futur coryphée de la Révolution en Allemagne, le voyageur et naturaliste Georges Forster, alors bibliothécaire à Mayence, s'enthousiasme au récit de la nuit du 4 août [3]. Gentz, qui se fera plus tard un nom par la véhémence de sa haine contre la France et la Révolution, débute dans la carrière par une apologie de la Constituante [4]. Kant y

---

jamais. Une espérance infinie s'empara de mon cœur. » STEFFENS, *Was ich erlebte*, Breslau, 1840-44, t. I, p. 362, cité par TOCQUEVILLE, *Mélanges*, p. 173. — Anne Soymonof, la future madame Swetchine, illumina sa chambre en l'honneur du 14 juillet, expression naïve des sentiments qui régnaient dans le milieu des « Russes éclairés » où elle était élevée. PINGAUD, *les Français en Russie*, Paris, 1885, p. 165.

[1] Voir : HÆUSSER, *Deutsche Geschichte*, 4º éd., Berlin, 1869, t. I, liv. II, ch. II. — BIEDERMANN, *Deutschland im achtzehnten Jahrhundert*, Leipzig, 1880, 2º partie, 3º section, p. 1189-1223. — PERTHES, *Politische Zustände*, 2º éd., Gotha, 1862. — TREITSCHKE, *Deutsche Geschichte*, Leipzig, 1882, t. I, p. 115 et suiv. — HETTNER, *Literatur Geschichte des achtzehnten Jahrhunderts*, Brunswick, 1879, 3º partie, 2º livre, 3º section : *l'Idéal de l'humanité*. — WOHLWILL, *Weltbürgerthum und Vaterlandsliebe der Schwaben, 1789-1815*, Hambourg, 1875. — VENEDEY, *Die deutschen Republikaner unter der französischen Republik*, Leipzig, 1870. — PHILIPPSON, *Geschichte des preussischen Staatswesens*, Leipzig, 1882, t. II, p. 12 et suiv. — RAMBAUD, *les Français sur le Rhin*, Paris, 1873. — BOSSERT, *Gœthe*, 2 vol. Paris, 1882.

[2] *Staatsanzeigen*, t. XIII, Gœttingue, 1789.

[3] Voir ses lettres à son beau-père, Heyne, 15 août 1789, et à Jean de Müller, 18 juillet 1790. *Werke*, Leipzig, 1843, t. VIII, p. 85 et 120.

[4] Article publié en 1790 dans la *Bibliothèque universelle allemande* de Biester,

admire le triomphe de la raison. Guillaume de Humboldt et Campe [1] font le voyage de France pour respirer l'air de la liberté et assister aux funérailles du despotisme. Varnhagen de Ense raconte que sa sœur se parait de l'écharpe tricolore, et que son père se rendit à Strasbourg pour prêter le serment civique et servir dans la garde nationale [2]. A Berlin, le groupe des « amis des lumières », éliminés, et disgraciés depuis le nouveau règne, se raniment à la bonne nouvelle. Des femmes du monde se parent dans les promenades de la cocarde française.

Les poëtes rivalisent de dithyrambes. « Que n'ai-je, s'écrie Klopstock, cent voix pour célébrer la liberté française [3]! » Il donne le ton, et le chœur des lyriques lui répond [4]. Chose singulière et qui permet de discerner déjà dans leur germe les réactions inattendues de l'esprit révolutionnaire sur le génie allemand, c'est surtout parmi les « patriotes » de l'Allemagne, les évocateurs de ses gloires passées, les prophètes anxieux de sa puissance à venir, que se recrutent ces admirateurs passionnés de la révolution de 1789. Klopstock, l'auteur des bardits à la gloire d'Arminius, passe de l'exaltation pour les guerriers chérusques et les héros du moyen âge à l'exaltation

---

fondée par Nicolaï, où avaient paru déjà divers articles favorables aux principes de la Révolution. *Berliner Monatschrift*, 1790, t. I, p. 370, cité par BIEDERMANN, p. 1202.

[1] Campe, le « Berquin allemand », publia en 1790 des *Lettres écrites de Paris pendant la Révolution*.

[2] « Lorsque je le vis pour la première fois en uniforme, je sentis mon cœur battre de joie. Il me semblait que désormais nous étions liés indissolublement à notre nouvelle patrie. J'étais fier de contempler dans mon père un défenseur de cette liberté que tous vantaient autour de moi comme le bien suprême, et dont on déclarait qu'il n'y avait rien de plus beau que de mourir pour la défendre. *La nation française, liberté, égalité*, quelles douces et fières paroles c'étaient alors! » — *Denkwürdigkeiten*, Leipzig, 1843, t. I, p. 38 et suiv.

[3] *Revolutionsoden : Die États généraux*, 1789; *Ludwig der Sechzehnte*, 1789; à *Cramer, le Franc*, 1790. — Voir NIEMEYER, *Klopstocks Revolutionsoden*, dans l'*Archiv für die Neueren Sprachen*, t. XXII, 1857.

[4] Stolberg célèbre dans la prise de la Bastille « l'aurore splendide de la liberté »; Bürger loue le génie des Gaulois : *Gebet der Weihe*, 1790. Voss composera en 1792, sur l'air de la *Marseillaise*, un « chant des néo-Francs pour la loi et le Roi ». Faut-il ajouter qu'Euloge Schneider, alors professeur à Bonn, commença un jour sa leçon par une ode en l'honneur de la prise de la Bastille? « Le Français est un homme libre, — le royaume devient une patrie. »

PREMIERS EFFETS DE LA RÉVOLUTION EN EUROPE. 13

pour les législateurs francs [1]. Il lui semblait que jusque-là rien de si grand que la couronne impériale d'Allemagne n'avait paru sous le soleil; il considérait la victoire de Frédéric sur ses rivaux coalisés comme le principal événement du siècle. L'éclat de la liberté naissante l'éblouit tout à coup. Il convie à imiter les « néo-Francs », ses compatriotes, qu'il détournait naguère de les copier. Le poëte souabe Schubart, précurseur visionnaire de l'Allemagne unie et conquérante [2], enfermé dix ans pour ses écrits séditieux, sort de prison en 1787, et consacre sa « Chronique » à propager les idées françaises. Il honnit les Allemands de se glorifier, ainsi qu'ils font, d'être « les meilleurs sujets du monde ». Il annonce la subversion de l'Europe et sa transformation. Ce patriote fougueux, qui ne pouvait parler sans colère et sans amertume des provinces perdues par l'Empire, trouve désormais légitime l'union de l'Alsace à la France. « Devenir Français de cette façon, écrit-il en août 1789, est le plus grand triomphe que puisse concevoir un Allemand qui rêve d'être libre, tandis que derrière lui claque le fouet du despote! » Cependant, qu'on ne s'y trompe point; il entre plus d'ironie que d'élan dans ces paroles, et, au fond, ce qui attire l'écrivain souabe vers la Révolution française, c'est qu'il y discerne l'approche des temps pressentis par lui, « où la libre Germanie deviendra le centre des forces de l'Europe et l'aréopage sublime qui aplanira les conflits de tous les peuples [3] ».

Les grands cosmopolites s'étonnent, se réservent ou se détournent avec inquiétude. Dans le monde de Weimar, les plus vieux, les plus pénétrés de l'esprit du dix-huitième siècle,

---

[1] Voir, par exemple, les odes : *Kennt euch selbst*, 1789; — *Sie und wir nicht!* 1790.

[2] En septembre 1774, il publie dans sa *Chronique allemande* le récit d'un rêve qu'il a fait : « Les lions s'éveillent, ils entendent le cri de l'aigle, le battement de ses ailes et son appel de combat. Ils arrachent les pays détachés, déchirés, des mains de l'étranger, et nôtres sont de nouveau leurs gras pâturages et leurs coteaux couverts de vignes. Sur eux s'élèvera une couronne impériale allemande, et elle projettera des ombres formidables sur les provinces de ses voisins... Restons unis comme nous le sommes, et nous serons bientôt la première nation du monde. » WOHLWILL, p. 19.

[3] *Chronique allemande*, juillet 1788, WOHLWILL, p. 19-21. Cf. BIEDERMANN, p. 1195.

Wieland, par exemple [1], et Herder se montrent plus sympathiques que les plus jeunes, Schiller et surtout Gœthe. Schiller faisait de l'histoire et de l'esthétique : l'histoire le dégageait peu à peu de l'influence de Rousseau ; l'esthétique le dégoûtait du spectacle que donnaient les troubles de Paris. Il rêvait d'élever l'humanité à la notion du juste par la notion du beau, et plaçait dans cet idéal de justice le principe de la liberté. Ni le siècle ne lui paraissait mûr pour la raison, ni la France pour l'égalité, ni l'Allemagne pour une révolution. Il s'efforçait, non sans quelque vertige, de planer sur cet océan humain sombre et bouleversé par les tempêtes [2]. Gœthe est presque hostile : il revient d'Italie, il est tout à ses études sur les métamorphoses des plantes et sur la théorie des couleurs. Elles fortifient son aversion naturelle pour les brusques changements. Ce n'est pas qu'il tienne beaucoup au vieil ordre de choses, et qu'il se fasse des illusions sur la valeur de l'ancien régime ; il est trop homme, trop grand homme, trop de son temps aussi pour s'aveugler sur la marche du monde et les conditions nécessaires du développement des sociétés modernes ; mais il condamne la Révolution française, parce qu'elle opère hâtivement, à coups de décrets et de formules, et que ce n'est point ainsi que procède la nature. Le vague des déclarations lui répugne, le fanatisme démocratique l'exaspère ; il ne croit ni au progrès qui vient d'en bas, ni à la vocation politique des classes inférieures. Il voit dans la Révolution je ne sais quel orage monstrueux et confus qui trouble le bel été de la pensée moderne, comme la Réforme en a troublé le printemps lors de la Renaissance. D'ailleurs, le caractère de l'événement lui échappera longtemps, et les premiers jugements qu'il en porte sont puérils [3].

---

[1] Assez sceptique sur l'article des *Droits de l'homme*, Wieland considérait avec une complaisance toute « philosophique » les mesures prises contre le clergé. Les excès l'eurent bientôt dégoûté, et firent de lui un adversaire et un détracteur. Cf. BIEDERMANN, 1195, 1201.

[2] Cf. HETTNER, p. 145-147. — BOSSERT, t. II, p. 206 et suiv. — RIEGER, *Schillers Verhältniss zur französischen Revolution*, Vienne, 1885, p. 7-10.

[3] *Der Gross-Cophta*, 1791. — *Der Bürgergeneral*, 1793.

Plus tard, et devant les faits accomplis, il lui plut de croire qu'il en avait mesuré, dès l'abord, toute la puissance. La vérité est qu'alors il les jugea en philosophe et résuma, dans quelques vers d'un poëme incomparable, l'impression qu'en avaient eue la plupart des contemporains : c'est celle que doit noter l'histoire.

« Qui nierait que son cœur ne se soit épanoui, qu'il ne l'ait senti battre d'un battement plus pur et plus libre dans sa poitrine, lorsque parut au ciel le premier rayon du soleil nouveau, lorsqu'on entendit parler des droits de l'homme, qui sont les mêmes pour tous, de la liberté qui enthousiasme et de l'égalité que l'on honore? Alors chacun espéra vivre de sa propre vie; il sembla que les liens qui enchaînaient tant de nations se brisaient. Et tous les peuples, en ces jours agités, tournaient leurs yeux vers cette ville, qui avait été si longtemps la capitale du monde et qui méritait plus que jamais ce titre glorieux [1]. »

Les admirateurs étaient à peu près les seuls à élever la voix; il n'en faut pas conclure que l'admiration était unanime. Elle diminua bientôt, à mesure que les excès s'aggravèrent. Les critiques s'enhardirent alors, et l'on vit peu à peu, depuis l'été de 1791 surtout, l'enthousiasme s'affaiblir, la sympathie tomber, le blâme grossir, et souvent, dans les mêmes âmes, la déception, puis le découragement, l'antipathie et la haine succéder à l'admiration primitive et à la confiance. Mais, en 1789, on est encore loin de ces revirements [2]. L'admiration domine, et les jacqueries, dont les gazettes donnent d'ailleurs une chronique fort atténuée, apparaissent aux Européens éclairés comme une conséquence inévitable de toutes les révolutions [3].

---

[1] *Hermann und Dorothea*, Klio, 1796-1797. Édition annotée par A. Chuquet, Paris, 1886. — *Wahrheit und Dichtung*, 4ᵉ partie, liv. XVII. — ECKERMANN, *Gespräche*, 1836-1848. — HETTNER, p. 101. — BIEDERMANN, p. 953-1211. — BOSSERT, t. II, p. 231 et suiv.

[2] Ils s'annoncent déjà dans un article intitulé : *Das Neueste aus Frankreich*, Staatsanzeigen, t. XIV, 1790, p. 49.

[3] Forster écrit à Heyne, 30 juillet 1789 : « On n'a jamais vu de révolution aussi profonde qui ait coûté si peu de sang et si peu de ruines. » Jean de Müller estimait « qu'un orage qui purifie l'air, sauf à foudroyer quelques malheureux,

On peut rapprocher des témoignages poétiques de Gœthe et de Klopstock l'ode célèbre de Wordsworth : *La Révolution française telle qu'elle apparut aux enthousiastes à ses débuts* : « Admirable explosion d'espérance et de joie! Vivre durant cette aurore, c'était le bonheur; être jeune, c'était le ciel même! » Mais cet enthousiasme, chez les Anglais, était surtout sentimental et littéraire. La Révolution, qui suscita des discussions passionnées dans le Parlement et dans le monde politique, n'était pas faite pour émouvoir profondément la nation. Elle ne lui présentait ni de grandes nouveautés ni de grandes séductions. Les Anglais estimaient qu'en fait de liberté, ils avaient mieux et depuis longtemps. Toutefois, les partisans de la réforme électorale et les démocrates en ressentirent comme une sorte d'aiguillon à leurs revendications. Ils applaudirent, ils s'agitèrent; la *Société de la Révolution*, fondée en souvenir des événements de 1688, vota, le 4 novembre 1789, sous la présidence de lord Stanhope, une adresse de félicitations à l'Assemblée nationale.

Je ne mentionne guère que pour mémoire les impressions de la jeune aristocratie russe. Dans les palais de Pétersbourg et de Moscou, comme dans les petites cours et les châteaux d'Allemagne, on s'amusa un temps à disserter sur les abus du régime féodal et les vertus de la liberté. Il y entrait autant d'esprit de fronde que de mode philosophique. Les plus osés parlaient tout bas de constituer une chambre de seigneurs et se forgeaient des plans vagues de liberté aristocratique, à la manière des Polonais. Ces velléités, toutes de coteries, et de coteries fort prudentes, ne dépassaient point les limites d'un divertissement

---

vaut mieux que la peste qui l'empoisonne », et que la liberté ne sera pas trop payée au prix de quelques têtes coupables. C'est aussi l'opinion de Schlœzer. « Où a-t-on vu, déclare-t-il, une révolution sans excès? Est-ce qu'on guérit des ulcères avec de l'eau de rose? S'il y a du sang versé, qu'il retombe sur vous, despotes, et sur vos infâmes complices. C'est vous qui avez rendu cette révolution nécessaire. » — Forster, *Werke*, t. VIII, p. 85; cf. *id.*, t. III, p. 267, t. IX, p. 64. — Philippson, t. II, p. 14. — Hettner, p. 362. — Biedermann, p. 1196, etc.
— « L'enthousiasme excité par la grandeur de l'objet rendait presque insensible pour des désordres qu'on regardait du même œil que des accidents malheureux dans un triomphe national. » Dumont, *Souvenirs*, ch. vii.

de société et d'un bavardage de bon ton. Ce ton changea dès que le caractère très-démocratique de la Révolution devint manifeste à ces gentilshommes [1].

En Italie, au contraire, et surtout dans l'Italie du Nord, on observe des mouvements analogues à ceux que présente l'Allemagne. Pierre Verri voit la lumière rayonner de Paris sur sa patrie. Pindemonte compose un poëme, *la Francia*, en l'honneur des réformes [2]. Mais ces démonstrations toutes morales de sympathie furent bientôt suivies, en Italie et en Allemagne, d'agitations extérieures, d'un caractère à la fois fort pratique et fort brutal. Les penseurs et les poëtes vantaient la beauté des principes; les paysans réclamèrent le bénéfice des réformes.

Dans les pays voisins de la France, où les mœurs sont analogues et l'état social très-semblable, les revendications populaires et les séditions suivent, comme en France, les déclarations de principe et les dithyrambes : le peuple traduit en faits, à sa manière, les axiomes du droit naturel. En Piémont, en Savoie principalement, il proteste contre les priviléges de la noblesse. Des émeutes alimentaires éclatent de tous côtés. On affiche des placards : « Rappelez-vous le cri qui, à Paris, vaut mieux que dix mille hommes : A la lanterne! » Un gentilhomme interdit à une procession de passer sur ses terres : « Nous sommes le tiers état, s'écrie un paysan, et si les nobles ne se tiennent pas tranquilles, nous brûlerons leurs châteaux. » Tenant pour accomplis les changements qu'ils désirent, les Savoisiens refusent de payer les redevances. L'autorité essaye de résister; la foule prend l'offensive, et l'autorité capitule. A Carouge, en 1789, les turbulents menacent de pendre l'intendant, qui se sauve. A Chambéry, le gouverneur abdique entre les mains du conseil de ville [3].

---

[1] PINGAUD, *les Français en Russie*, p. 165 et suiv.
[2] FRANCHETTI, *Storia d'Italia*, ch. II, *Primi effetti della Rivoluzione francese*, p. 48, et, p. 41, *Note sur les littérateurs*.
[3] BIANCHI, *Storia della monarchia piemontese*, t. I, ch. IX, § 2 et 3. Rome, 1877. — FRANCHETTI, ch. II, § 2. — BOTTA, *Histoire d'Italie*, liv. II. Paris, 1824. — COSTA DE BEAUREGARD, *Un homme d'autrefois*. Paris, 1877.

En 1790, on verra des émeutes à Livourne, Pistoie, Florence. L'ambassadeur de France à Rome, Bernis, écrit à ce propos [1] : « La régence a accordé au peuple tout ce qu'il a demandé, et, malgré cela, la tranquillité n'est pas rétablie dans ce grand duché. Le roi Léopold [2] aura le chagrin de voir renverser en un instant un système d'administration auquel il a donné ses soins sans relâche pendant vingt-cinq ans. La maladie qui travaille la France devient contagieuse et le sera de plus en plus si les souverains de l'Europe ne prennent pas le moyen d'en arrêter le progrès. »

En Allemagne, particulièrement sur la rive gauche du Rhin, dans les possessions de la noblesse immédiate, et surtout dans les territoires ecclésiastiques, l'agitation se propage rapidement. Les gazettes sont sobres de nouvelles; mais il suffit de citer les décrets, ils n'ont pas besoin de commentaire. « Point de révolte à main armée, dit un contemporain; mais il y a du mécontentement, on se plaint tout haut; il s'introduit un certain ton de hauteur qui remplace la subordination et l'obéissance accoutumées. » On fait circuler des papiers avec ces mots : « Nous voulons être délivrés du joug des moines! » On les chasse même de plusieurs couvents. Il y a du trouble à Montbéliard, où le voisinage de la France échauffe les têtes, à Cologne, à Trèves, à Spire. Les bourgeois des villes impériales se rappellent leurs anciennes franchises [3]. Fermentations superficielles d'ailleurs : les coryphées les plus ardents de la Révolution française en Allemagne n'en croyaient la propagation ni prochaine ni même désirable dans les États de l'empire [4].

Dans le pays de Liége, au contraire, il se fit une véritable

---

[1] 16 juin 1790.
[2] Léopold, grand-duc de Toscane, était devenu roi de Bohême et de Hongrie depuis le 20 février 1790, par suite de la mort de son frère, Joseph II.
[3] Voir Hæusser, t. I, p. 272 et suiv. — Treitschke, t. I, p. 118. — Venedey, p. 11. — Biedermann, p. 1195-1216. — Remling, *Die Rhein Pfalz*, 1792-1798, Spire, 1865, t. I, p. I, Introduction.
[4] Forster à Jean de Müller, 18 juillet 1790. « Je veux bien croire que cela se propagera, mais en Allemagne, nous ne sommes guère encore préparés. » *Werke*, t. VIII, p. 120. — Schubart pense de même, septembre 1889, Wohlwill, p. 89.

révolution [1]. Le vieil esprit démocratique de cette turbulente commune se réveilla brusquement. A propos d'un incident insignifiant, les mécontents invoquent les coutumes qui interdisent au prince évêque de porter un édit sans le concours des états. Le prince refuse de les assembler. Les habitants de Spa se soulèvent et chassent la garnison épiscopale. Le 18 août, ceux de Liége se mettent à leur tour en insurrection. L'évêque est conduit à l'hôtel de ville. Il est contraint d'abroger les règlements despotiques qui prévalaient depuis 1684. Les chefs de l'insurrection se saisissent du pouvoir et convoquent les états. L'évêque s'enfuit et se réfugie à Trèves. Le contre-coup de la Révolution française est évident ici; mais l'agitation ne revêt pas le même caractère qu'en Piémont et dans les pays du Rhin. C'est qu'il y avait à Liége une tradition de liberté dont le souvenir n'avait point disparu; tandis qu'ailleurs, dans les pays du Rhin, en Piémont, où ces souvenirs s'étaient perdus avec le temps, les populations n'envisageaient dans la Révolution que les réformes civiles et ne réclamaient que l'abolition des droits féodaux.

Provoqués à s'affranchir, les peuples secouent le joug qui leur est le plus pénible, et ce n'est point le même pour tous. Ils sont comme des navires qu'un même vent pousse dans des directions opposées suivant que leurs voiles sont orientées et que leur gouvernail est tourné dans un sens différent. C'est ainsi qu'une révolution qui prétend faire la table rase, et créer, en quelque sorte à nouveau, sous l'empire de la seule raison, la société et l'État, ressuscite, en plusieurs pays, ces traditions du moyen âge qu'elle voudrait anéantir partout à la fois. On l'a vu à Liége, où le peuple insurgé rétablit la coutume détruite au dix-septième siècle; on va le voir sur un plus large théâtre et plus clairement encore en Belgique.

Tout y était mûr pour une révolution [2]. Les réformes de Joseph II, ses entreprises contre le clergé, ses infractions aux

---

[1] Voir JUSTE, *Histoire du règne de l'empereur Joseph II et de la révolution belge de 1790*, t. I, ch. VI. Bruxelles, 1846, 2ᵉ éd., 1884.

[2] Voir t. I, liv. I, ch. II. *Troubles et séditions*, p. 133 et suiv. — BORGNET, *Histoire des Belges*. Bruxelles, 1844. — JUSTE, *op. cit.* — RANKE, *Die deutschen Maechte und der Fürstenbund*, Leipzig, 1871, ch. XXVI.

chartes nationales, ses concessions trompeuses suivies d'une réaction plus despotique, nourrissaient une irritation qui ne cessait de croître depuis le commencement de 1789. La prise de la Bastille mit tous les esprits en effervescence. « Les fréquentes nouvelles de Paris augmentaient la fermentation, écrit un agent autrichien; on parlait tout haut de suivre le même exemple; on voulait intimider en annonçant qu'on ferait sauter des têtes, et l'on trouva le parc, les rues et les églises remplis de billets sur lesquels était écrit : *Ici comme à Paris!* » Les passions se manifestent sous les mêmes formes qu'en France, le motif en est pourtant très-différent. Le peuple se soulève en Belgique pour restaurer en partie ce qu'on détruit à Paris : le régime politique du moyen âge et les prérogatives du clergé. Le gouvernement de Joseph II s'inspire des idées du dix-huitième siècle; les Belges représentent ce qu'on nommera en France la contre-révolution, et ressemblent bien plus aux Vendéens qu'aux vainqueurs de la Bastille.

Sous l'empire des mêmes causes, l'exemple de la Révolution française provoque en Irlande une agitation religieuse et toute catholique, en Hongrie une agitation aristocratique, en Pologne une agitation monarchique. Ces peuples poursuivent, en réalité, le même objet, leur indépendance nationale : pour les patriotes belges, elle consiste à recouvrer les libertés supprimées par Joseph II; pour les patriotes irlandais, à s'affranchir des lois imposées par l'Anglais hérétique; pour les patriotes hongrois, à diminuer, en rétablissant les assemblées d'états, le pouvoir de la royauté; pour les patriotes polonais, à fortifier, au contraire, ce pouvoir dont la faiblesse les livre sans défense à tous les complots des factieux et à toutes les entreprises des étrangers.

La diversité même de ces premiers effets de la Révolution française fut précisément ce qui en déroba le caractère universel aux yeux des hommes d'État contemporains. Ne pouvant rapporter à une même cause des conséquences aussi opposées, ils considérèrent la Révolution française et tous les troubles qui l'accompagnaient en Europe « comme une de ces maladies périodiques auxquelles la constitution de tous les peuples est sujette, et qui n'ont d'autre effet que d'ouvrir de nouveaux champs à la politique [1] ».

III

La grandeur des desseins de l'Assemblée lui gagnait l'admiration des peuples ; l'impuissance du gouvernement rassura les cabinets. Le dernier précédent contribuait à fausser leur jugement sur les affaires de France. C'était l'opinion de tous les politiques européens, en 1789, que la révolution d'Amérique avait avorté [2]. La république des États-Unis semblait sans ressort et sans avenir ; elle n'avait point de finances ; la constitution, votée en 1787, paraissait utopique ; on attribuait à la forme du gouvernement la faiblesse à laquelle il semblait voué. Les prophètes politiques prédisaient le même sort à la France, et les Américains étaient les premiers à retourner contre elle le jugement superficiel porté sur leur pays par tant d'Européens. Le ministre des États-Unis en France, Governor Morris, annonce, dès les premières journées, la banqueroute de la Révolution française [3].

Il se rencontre avec les Suédois, le comte de Fersen, très-royaliste, très-répandu à la cour, et le ministre de Gustave III à Paris, le baron de Staël, gendre de Necker, qui se trouvait en relations directes avec l'élite des constituants. Ils concluent dans les mêmes termes, à la ruine de la France [4]. « Selon toute

---

[1] Tocqueville, *l'Ancien Régime*, liv. I, ch. I.
[2] Cornélis de Witt, *Washington*, ch. xii. Paris, 1859.
[3] *Mémorial et correspondance*. Traduction française. Paris, 1842. « La monarchie française est plus faible et plus impuissante que la plus limitée de toutes les monarchies européennes. » 1ᵉʳ juillet 1789. Il se résume après un an d'observations et conclut : « Ce malheureux pays offre moralement l'aspect d'une vaste ruine. Comment cela finira-t-il ? Une chose seulement semble démontrée : pour cette fois au moins, la révolution a échoué... » 24 janvier 1790.
[4] Staël écrit le 29 août 1789 : « Il faut regarder cette puissance, si jamais elle se relève de la crise affreuse où elle est tombée, comme rayée, pendant beaucoup

vraisemblance, déclare Mercy, l'ambassadeur d'Autriche, cette monarchie est pour longtemps ravalée; son alliance sera de peu de prix, si elle ne devient pas un péril... La France s'anéantit[1]. » C'est l'avis de Grimm, qui ne considère dans la Révolution qu'un effroyable débordement de sottise humaine; il s'en détourne avec dégoût, en délicat qu'il voudrait paraître, et non sans quelque mauvaise joie de baron allemand, plénipotentiaire de principicule, intrus chez les Welches malgré tout son esprit[2].

Les gouvernements européens n'observent point autre chose que cette éclipse totale de la puissance française dans le monde, et suivant qu'ils sont amis ou ennemis de la France, qu'ils ont besoin d'elle ou la redoutent, ils condamnent la Révolution ou s'en réjouissent.

L'Espagne se sent à la merci de l'Angleterre : elle ne peut plus compter sur le Pacte de famille. La cour de Madrid s'indigne de la faiblesse de Louis XVI. « J'aimerais mieux, s'écrie Charles IV en apprenant les journées d'octobre, mourir à la tête de mes troupes que d'avoir ainsi abandonné ma couronne! » Il reproche à Louis d'oublier qu'il est roi; il le pousse à la résistance; il désirerait que l'Europe le soutînt. « Toutefois, disait le ministre Florida-Blanca à l'envoyé français, c'est au roi de France de se montrer digne d'être soutenu; il serait aussi insensé qu'impossible de le faire monarque malgré lui. » L'Espagne, dans tous les cas, n'est point en mesure de l'aider : elle se lamente, elle s'irrite, elle blâme, mais elle est réduite à la critique et aux vœux stériles[3].

---

d'années au moins, du tableau des puissances de l'Europe. » Fersen, le 15 août 1789 ; « La France est ruinée pour longtemps. » *Correspondance diplomatique du baron de Staël*, publiée par LÉOUZON LE DUC. Paris, 1881. — *Le comte de Fersen et la cour de France*, par le baron DE KLINCKOWSTRÖM. Paris, 1877.

[1] Rapports de Mercy, 17 août et 18 novembre 1789, publiés par WERTHEIMER, *Revue historique*, t. XXV, p. 331-332.

[2] « La France est perdue sans ressource. Son état anarchique est tel qu'il est impossible qu'il subsiste encore quelque temps. » *Lettres de Grimm à Catherine II*, publiées par J. GROT, Pétersbourg, 1885, p. 368, lettre du 17 août 1790. — *Melchior Grimm*, par Edmond SCHERER, Paris, 1886.

[3] BAUMGARTEN, *Geschichte Spaniens zur Zeit der französischen Revolution*. Berlin, 1861. — TRATCHEVSKY, *l'Espagne à l'époque de la Révolution française* : *Revue historique*, t. XXXI. Paris, 1886.

Le jugement de la cour de Vienne est plus complexe. Personne ne paraît aussi directement atteint que Joseph II par la Révolution. Engagé comme il l'est en Orient, il se voit privé de l'allié qui pouvait seul le défendre contre la médiation armée de la Prusse et de l'Angleterre [1]. Non-seulement l'allié est paralysé, mais l'alliance même est compromise. Le parti qui triomphe s'en montre l'adversaire irréconciliable : tout annonce que ce parti tâchera de s'entendre avec les révoltés des Pays-Bas. Enfin, la reine de France est la sœur de l'Empereur. Cependant ce prince ne s'émeut point. Il ne montre pour les affaires de France qu'une indifférence dédaigneuse. « Ma santé n'est pas dérangée au point de m'affecter d'événements auxquels je n'ai aucune part », écrit-il à Kaunitz, après la prise de la Bastille. Il apprend que les Liégeois ont joué à leur maître « la même farce que les Parisiens », et ne s'en préoccupe pas davantage. Tout ce qu'il retient des événements de France, c'est qu'il ne pourra plus « tirer » de ce royaume ni hommes, ni argent [2].

Son frère Léopold, le grand-duc de Toscane, en avait d'abord jugé de plus haut. « Si tout cela s'obtient stablement, écrivait-il à propos des réformes annoncées, la France deviendra le plus puissant État de l'Europe, il y aura enfin une patrie, on l'aimera et l'on y sera plus attaché, il sera plus aisé et agréable d'être ministre et roi en France... Et cette régénération de la France sera un exemple que, sous peu, bon gré ou mal gré, tous les souverains et gouverneurs de l'Europe seront obligés et forcés d'adopter, par les peuples eux-mêmes; il en viendra un bien infini partout, la fin de bien d'injustices, guerres, désunions et troubles, et ce sera une des modes utiles que la France aura introduites en Europe [3]. » C'est l'hommage du gouvernement éclairé à la Révolution : le doute s'y mêle bientôt, et après le

---

[1] Cf. t. I, p. 531 et suiv.
[2] Beer, *Joseph II, Leopold II und Kaunitz*, Vienne, 1873, p. 336. — Arneth, *Joseph II und Leopold*, Vienne, 1872. Lettres de Joseph, 31 août et 18 mai 1789.
[3] Beer, *Leopold II, Franz II und Catharina*. Leipzig, 1874, p. 213. Lettre du 4 juin 1789, à Marie-Christine.

doute l'horreur et le mépris[1]. Ces sentiments tempèrent chez les Autrichiens la déception qu'entraîne la perte de l'alliance. La France devenant incapable de les servir, ils ne se souviennent plus que de leur longue rivalité avec elle, et de la mauvaise humeur que, tout récemment encore, elle leur a causée en traversant leurs ambitions. Il leur plaît de la voir humiliée et déchue à ce point. Le vieux et cauteleux Kaunitz, qui l'a si longtemps exploitée en la détestant, l'accable de ses sarcasmes. « On a été, écrit l'ambassadeur de France, plus satisfait à Vienne de nos embarras, qu'attentif aux suites qu'ils pourraient avoir[2]. »

Si telles étaient les impressions à Vienne, on imagine aisément qu'à Berlin la satisfaction s'étala sans retenue. La jalousie n'y avait point à compter avec l'intérêt, et les Prussiens ne croyaient avoir rien à redouter pour eux-mêmes. Wœllner, Bischoffswerder, le parti des dévots, les théosophes et les maîtresses, poursuivaient d'une égale hostilité les philosophes, les « amis des lumières », tout ce qui se réclamait des idées françaises[3]. La publication subreptice des lettres que Mirabeau adressait à Talleyrand pendant sa mission secrète à Berlin, en 1786, leur fournit l'occasion de déchaîner leur haine[4]. Ces lettres, écrites « au jour le jour, avec la rapidité de l'éclair, sans avoir le temps de relire », se ressentaient de l'état continuel d'orage où vivait Mirabeau. Les pointes cyniques s'y mêlent aux traits de génie. Certaines pages font penser à Diderot, d'autres à Bonaparte ; dans toutes on retrouve l'emportement, les véhémences, et malheureusement aussi les taches qui signalent les écrits du donjon de Vincennes. Cette ébauche violente, premier jet désordonné du grand ouvrage de la *Monarchie prussienne* qui venait de paraître alors, fut publiée, dans les der-

---

[1] « Voltaire avait raison lorsqu'il disait que les Français étaient ou des singes ou des tigres. » Lettre à Joseph, 28 juin 1789.
[2] Rapport du marquis de Noailles, 21 mai 1789.
[3] Cf. t. I, p. 485 et suiv.
[4] Cf. t. I, p. 76. — Bacourt, *Correspondance de Mirabeau*, t. I, p. 343 et suiv. — Les lettres originales de Mirabeau et les versions « épurées, embellies », qu'en faisait Talleyrand pour Louis XVI sont aux Archives des affaires étrangères.

niers jours de 1788, sans nom d'auteur et sous le titre d'*Histoire secrète de la cour de Berlin*. Pamphlet insolent contre le roi de Prusse, sa cour, ses favoris, ses mystagogues, critique éloquente et pénétrante de l'État prussien et de ses infirmités cachées, ce livre, qui fit un tapage effroyable en Europe, réunissait toutes les offenses capables d'exaspérer Frédéric-Guillaume. Il ne pouvait qu'exécrer une révolution qui prenait pour parrain l'auteur d'un pareille libelle.

C'est flatter le roi de Prusse que de flétrir la France. Les courtisans n'y manquent point. Tous les symptômes d'anarchie en France, tous les signes du discrédit de l'État français au dehors sont recueillis avidement par les agents prussiens et commentés à Berlin avec une acrimonieuse complaisance. Hertzberg, bien qu'il se glorifie de ses « lumières », se montre, sur ce chapitre, aussi bon Prussien que les favoris de son maître. C'est que la crise sert ses intrigues, et qu'il espère bien en profiter. « Le prestige de la royauté est anéanti en France, écrit-il au Roi le 5 juillet, les troupes ont refusé de donner. Louis a déclaré la séance royale nulle et non avenue : c'est une scène à la Charles Ier. Voilà une situation dont les gouvernements doivent tirer parti [1]. » Celui de Berlin ne voit pas seulement dans cette déroute de la royauté la France paralysée pour longtemps ; il y voit, ce qu'il n'osait attendre de la plus heureuse fortune, ce que toute la diplomatie de Frédéric avait tant de fois et vainement tenté d'obtenir : l'alliance autrichienne dissoute, le crédit de la Reine perdu à jamais, l'influence acquise aux partisans de la Prusse, et par suite toutes les avenues ouvertes aux ambitions prussiennes. Le 14 juillet le comble de joie. Il le salue, à sa façon, comme un jour de délivrance [2]. « C'est le bon moment », déclare Hertzberg [3].

---

[1] Sybel, *Geschichte der Revolutionszeit*, t. I, liv. II, ch. II, 4º éd. Düsseldorf, 1877. — Stuttgard, 1879.

[2] Le ministre prussien à Paris, Goltz, écrit le 15 à son roi : « La prise de la Bastille et la ruine du crédit de la Reine ont considérablement fortifié la position de Votre Majesté en Europe. »

[3] « La monarchie française est renversée, l'alliance autrichienne est anéantie, c'est le bon moment et aussi la dernière occasion qui s'offre à Votre Majesté pour

Frédéric-Guillaume mande aussitôt à Goltz, son ministre à Paris, de se mettre en rapport avec les meneurs de l'Assemblée nationale, et de travailler contre la Reine et contre l'Autriche. Quant au péril que la Révolution peut faire courir à tous les trônes, quant aux dangers dont elle menace la famille royale, il n'en a cure. — Ces affaires, écrit-il à son ministre à Paris, ne m'intéressent que dans la mesure où elles touchent à l'influence de la France en Europe. — C'est le sentiment que le ministre de France devine parfaitement sous les condoléances officielles. « Le roi de Prusse, écrit-il le 1ᵉʳ août, m'a fait l'honneur de m'adresser la parole, et m'a tenu des propos fort convenables sur la situation du Roi. Malgré cela, la satisfaction de cette cour éclate ouvertement, si ce n'est qu'elle voudrait, à coup sûr, que les troubles de France fussent plus graves et d'une éternelle durée. » Les petits souverains allemands, d'autant plus envieux et dénigrants qu'ils se sont montrés plus serviles et plus rampants, constatent avec la même joie que les Prussiens cette éclipse du fameux soleil de Louis XIV qui les a si longtemps éblouis, fascinés et terrifiés tour à tour [1].

Les Anglais commencèrent par l'appréhension. La convocation des états généraux leur fit craindre un de ces réveils de vigueur et de jeunesse par lesquels la France avait souvent dérouté les calculs de ses ennemis [2]. « Nous apprendrons à nos dépens à connaître la France », disait à l'ambassadeur de Louis XVI « un des hommes les plus éclairés » de Londres, et il ajoutait : « Nous ne connaissons encore que des classes de Français, et c'est déjà une assez mauvaise connaissance ; mais quand on connaîtra la nation, ce sera bien pis. » « Réussissez dans votre révolution, déclarait lord Lansdowne au même

donner à sa monarchie le plus haut degré de consistance. » Rapport au Roi, du 26 juillet 1789.

[1] Le ministre de Saxe écrit de Berlin, le 2 octobre : « Un roi sans autorité, un État sans argent et sans puissance militaire ; en un mot, un vaisseau en pleine tempête dont un Mirabeau est le seul pilote ; quelle importance peut avoir désormais la France en Europe ? de quel poids peuvent être les déclarations de ses agents ? » — Wolf, OEsterreich und Preussen, 1780-1790, ch. xii. Vienne, 1880.

[2] Correspondance de Londres, Rapports du marquis de la Luzerne, 23 juin 1789.

diplomate; vous serez assez forts et assez puissants par vous-mêmes pour faire la loi à l'Europe [1]. » L'anarchie rassura promptement l'inimitié des Anglais. Ils en manifestèrent bruyamment leur joie. Leurs journaux présentent une critique amère, trop souvent judicieuse, des actes de l'Assemblée [2]. Le côté généreux de la Révolution échappe à la plupart d'entre eux ; la grandeur de la scène du 4 août ne les frappe point.

Il n'y a pour approuver que Fox, Sheridan, les lords Stanhope et Lansdowne, avec la petite élite des libéraux purs. Ils s'abandonnent aux plus belles illusions; ils voient les deux pays, rapprochés par leurs institutions, substituer une alliance pacifique à la rivalité séculaire qui épuise leur trésor, paralyse leur commerce, entrave leur civilisation. Ces considérations, tout idéales, n'étaient point dans les habitudes des Anglais, et il en résulta, dans le parti whig, des dissidences qui se traduisirent en débats passionnés. Fox et Burke personnifient ces tendances opposées des politiques anglais : leurs dissensions sont devenues classiques. Elles commencèrent en février 1790 et remplirent, dès lors, de leur éclat la Chambre des communes [3].

Fox était un homme de son siècle, enthousiaste, chaleureux et aussi bon Européen et même cosmopolite qu'un bon Anglais pouvait l'être à la fin du dix-huitième siècle. Il voyait dans l'ancienne France l'ennemie héréditaire de sa patrie; mais il croyait à la liberté, il la jugeait capable de transformer les peuples, et l'admiration qu'il professait pour les principes de la Révolution lui faisait aimer la nation française. Burke l'avait toujours détestée, la Révolution la lui rendit exécrable. C'était l'Anglais le plus fanatiquement insulaire des trois royaumes : la Révolution, démocratique et antichrétienne, offensait toutes ses convictions, blessait toutes ses croyances, irritait tous ses préjugés [4]. La prétention qu'élevaient les Français de se rendre

---

[1] Rapport de la Luzerne, 15 janvier 1790.
[2] Rapport des papiers anglais joint au rapport de Londres, 1ᵉʳ septembre 1789.
[3] Hansard's *Parliamentary History*, t. XXVIII, séances des 5 et 9 février 1790, p. 325 et suiv. — *Moniteur*, t. III, p. 402, 417, 442, 458.
[4] Voir Taine, *Histoire de la littérature anglaise*, t. III, p. 87-105. — Rémusat,

libres lui semblait une usurpation sur les prérogatives de l'Angleterre. Il voyait dans la Révolution française un danger pour la société européenne en général, pour la société anglaise en particulier ; son aversion pour les nouveaux principes fit de lui, par vocation, un admirateur et un partisan de l'ancienne monarchie. Il la vanta d'autant plus librement qu'il la jugea plus ruinée, et dans le temps même qu'il dénonçait avec le plus de véhémence le caractère destructeur de la Révolution, il en signalait, avec une complaisance ironique et hautaine, les premières conséquences. — Elle précipite la France dans la barbarie et l'annule entre les nations, disait-il. La France n'est plus qu'un être abstrait, une chose sans nom[1] ; elle n'existe plus dans le système de l'Europe. *Gallos quoque in bellis floruisse audivimus!* « Je sais la géographie, je viens de parcourir la carte d'Europe. J'ai trouvé en effet sur cette carte une grande place vide : c'est l'espace jadis occupé par la France[2]... » « Les Français se sont montrés les plus habiles artisans de ruine qui aient jamais existé au monde. Ils ont entièrement renversé leur monarchie, leur Église, leur noblesse, leurs lois, leur trésor, leur armée, leur marine, leur commerce et leurs manufactures. Ils ont fait nos affaires, à nous leurs rivaux, mieux que vingt batailles de Ramillies n'auraient pu le faire. Si nous avions complétement vaincu la France, si elle était prosternée à nos pieds, nous aurions honte d'envoyer aux Français, pour régler leurs affaires, une commission qui leur imposât une loi aussi dure, aussi fatale à leur grandeur nationale que celle qu'ils se sont faite eux-mêmes. »

Le roi Georges partageait, sur ce point, l'avis de Burke. Il se félicitait intérieurement de la décadence d'un État auquel il

---

l'Angleterre au dix-huitième siècle, Paris, 1856, t. II, p. 383 et suiv. — DUMONT, *Souvenirs*, ch. VII.

[1] Il cite à ce propos Virgile :
    Jacet ingens littore truncus
  Avulsumque humeris caput et sine nomine corpus.

[2] « Il n'en restera sur la carte que ce trou noir qu'Edmond Burke et moi ne sommes pas les seuls qui l'ayons aperçu dès le commencement de cette déplorable révolution. » Grimm à Catherine, 12 août 1790.

ne pardonnait point la guerre d'Amérique. Les outrages faits à la majesté royale l'offensaient néanmoins, et il en exprimait son indignation. Mais, sans se piquer le moins du monde de dialectique, il conciliait fort aisément ces sentiments contradictoires : plaindre le sort du roi de France et se réjouir de la chute de la monarchie française [1]. Ses animosités d'ailleurs, comme ses sympathies, étaient toutes platoniques. Il se conduira toujours, disait avec raison l'ambassadeur de France, d'après les intérêts que feront valoir ses ministres, et non d'après ses sentiments [2].

Le ministère, c'est-à-dire William Pitt, était parfaitement pacifique [3]. La Révolution le débarrassait, pour un temps, d'une rivale redoutable; elle lui assurait la paix dont il avait besoin pour ses réformes financières, et elle livrait à l'Angleterre tous les bénéfices dont la crise des affaires privait l'industrie et le commerce français. Sur tous les marchés comme dans toutes les chancelleries, l'Angleterre était libre de se substituer à la France. Pitt n'aurait eu garde de gêner le développement d'une révolution aussi avantageuse à ses desseins. Il estimait d'ailleurs qu'un roi de France dépouillé de son prestige, limité dans ses droits, contesté dans son pouvoir, répondrait merveilleusement aux convenances de l'Angleterre [4]. Mais il n'était point de ces politiques avides que la jalousie aveugle et que leurs convoitises emportent à violenter grossièrement la fortune. Quelques-uns, et notamment ses alliés de Berlin, s'étonnaient qu'il ne saisît point l'occasion de se jeter sur la France, de l'écraser, de s'emparer de ses colonies [5]. Il n'en avait garde.

---

[1] Rapport de la Luzerne, 22 septembre 1789.
[2] Rapports du 9 janvier et du 5 mars 1790.
[3] STANHOPE, *William Pitt*, traduction Guizot, Paris, 1862, t. II, ch. XIII.
[4] Rostopchine, ministre de Russie à Londres, écrit dans ses *Notes* sur cette époque de sa vie : « Le ministère anglais crut sottement qu'un roi constitutionnel pourrait exister, et, étant faible d'autorité, serait moins dangereux pour l'Angleterre qu'un roi à la Louis XIV, et l'on courtisait pour cela les chefs du parti constitutionnel. » *Papiers de Rostopchine*, publiés dans le tome VIII des *Archives du prince Woronzof*. Moscou, 1876.
[5] Le comte d'Esterno écrivait de Berlin, le 9 septembre 1789 : « Un mot très-répandu parmi les raisonneurs de cette ville, c'est qu'il ne faut pas que M. Pitt

L'élévation naturelle de son âme l'en détournait autant que la prévoyance de son esprit. Il répugnait à cette perfidie et la tenait pour dangereuse. Une intervention étrangère pouvait réunir tous les Français et tourner précisément contre les intentions de leurs ennemis [1] ; Pitt s'en rendait compte. Autour de lui, on le comprenait moins, et une entreprise de cette nature entrait si bien dans les coutumes de l'Europe que tout le monde, en Angleterre et sur le continent, en prêtait l'intention au ministère anglais [2].

Nul ne doute, en France, à la cour, au ministère, dans le public, que ce cabinet ne fomente les troubles et ne les entretienne. Le soupçon est classique ; il renaît de soi-même dans les imaginations. Il prend une telle consistance que le gouvernement anglais croit nécessaire de rassurer les esprits : le duc de Leeds, ministre des affaires étrangères, s'en explique à Londres avec M. de la Luzerne ; le duc de Dorset, ambassadeur anglais à Paris, adresse à cet effet deux lettres au président de l'Assemblée [3]. Le gouvernement français demeure incrédule [4]. Le pro-

---

soit assez plat pour ne pas nous déclarer la guerre dans la situation actuelle de la France. »

[1] Rapport de Barthélemy, chargé d'affaires, 1er septembre 1789. — Lettre de Moraude, agent secret, 14 avril 1789.

[2] « D'après tout ce qu'on entend dire et tout ce qu'on lit ici, on ne peut se dissimuler que l'Angleterre, si nos divisions ou si nos discussions sur le traité de commerce lui en fournissaient le prétexte, ne se crût autorisée à profiter des circonstances et des forces redoutables de sa marine pour nous forcer à des sacrifices douloureux. » Rapport de Barthélemy, 1er septembre 1789. — « Les calculs de son avidité lui font désirer que nos affaires s'embrouillent de plus en plus, et qu'elles lui fournissent l'occasion de s'approprier nos îles. Ce soupçon de ma part n'est pas exagéré. Tout ce qu'on entend dire ici fait un devoir de le concevoir et de vous le transmettre. » Rapport de la Luzerne, 29 septembre 1789.

[3] Séances du 27 juillet et du 4 août 1789.

[4] « ...Dans le vrai, nous ne pouvons être trop attentifs sur la conduite des Anglais, qui sera certainement aussi dissimulée qu'intéressée. » Rapport de la Luzerne, 31 juillet, après l'entretien avec le duc de Leeds. — Montmorin répond, le 3 août : « Je m'abstiens d'inculper le ministère anglais, parce que je n'ai aucune preuve à sa charge, et il est d'autant plus difficile d'en acquérir que la police n'existe plus ; mais ce qu'il y a de certain, c'est que l'argent a été répandu avec la plus grande profusion parmi les soldats comme parmi le peuple ; reste à savoir dans quelles mains il a été puisé. Je vous prie de porter toute votre attention sur cet objet. » — Mercy croit qu'on a découvert la main des Anglais dans les troubles. Rapport du 23 juillet. FLAMMERMONT, *op. cit.*, p. 22. — Sur cet argent répandu, voir TAINE, *la Révolution*, t. I, p. 126 et suiv.

cédé même que prennent les Anglais pour apaiser les inquiétudes, semble à Montmorin une sorte d'injure gratuite et hautaine à la couronne. « J'ai cru devoir, écrivait-il le 10 août 1789, me prêter à cette communication à l'Assemblée, mais j'ai prévenu le duc de Dorset qu'à l'avenir cette méthode pourrait devenir impraticable. Je lui ai fait sentir que c'était au Roi à juger de ce qu'il croyait devoir communiquer à l'Assemblée nationale, et que leur usage n'était pas d'envoyer au parlement d'Angleterre les assurances de paix que nous étions dans le cas de donner à sa cour. » Montmorin oubliait ici les précédents : le duc de Dorset en usait avec l'Assemblée nationale comme les envoyés de Mazarin l'avaient fait avec le parlement anglais au temps de Charles Ier. L'Assemblée était le pouvoir de fait : c'est à elle que les étrangers commençaient de s'adresser.

L'intérêt demeure donc la seule règle des jugements des politiques et de la conduite qu'ils tiennent. Ceux qui détestent la Révolution suivent, en réalité, les mêmes motifs que ceux qui s'en félicitent. Au premier rang des adversaires, et parmi les plus ardents, se place le roi de Suède, Gustave III. Arrêté au milieu de son expédition contre la Russie par une attaque du Danemark et une conspiration de la noblesse suédoise [1], il avait chassé les Danois et contraint, par un coup d'État, à la fin de février 1789, les rebelles à l'obéissance. Les nobles réclamaient une diète ; il ne la réunit que pour les assujettir. Rien désormais ne lui semblait plus aisé que de mater une assemblée et de dompter des séditieux, et il ne comprenait point que Louis XVI n'imitât pas son exemple. Ajoutons que la crise des finances françaises le privait d'un subside sans lequel il ne pouvait soutenir ses armements et continuer ses entreprises. Son traité d'alliance avec la France, conclu en 1784 pour six années, allait expirer ; il n'était pas probable que la France consentît à le renouveler. La pénurie était la plaie de ce héros besogneux. Il n'avait repris les hostilités que pour se faire battre par les Russes. Il s'épuisait sans avantages dans

---

[1] Cf. t. I, p. 527 et suiv. — GEFFROY, *Gustave III*, ch. VIII. Paris, 1867.

une guerre sans prestige, et se voyait acculé dans une impasse. La Révolution française découvrit tout à coup à son imagination capricieuse de vastes horizons. Il eut comme un pressentiment que les temps de la Réforme allaient renaître, avec leurs troubles, leurs conflits et leurs grandes occasions. Il y avait en lui un fond de générosité romanesque, une sorte de « sensibilité monarchique » et des tendances confuses à l'illuminisme : tous les trônes lui parurent menacés, et la cause des monarchies se personnifia, dans sa pensée, sous les traits charmants et douloureux de la reine de France. Mais le chevalier errant se doublait en Gustave d'un condottiere très-prodigue et, partant, toujours en quête d'engagements lucratifs. L'idée d'une croisade des rois dont il serait le Gustave-Adolphe s'insinua vaguement dans son esprit. Conciliant ses goûts, ses fantaisies, ses convictions et ses besoins, il conçut, selon le mot piquant de son frère, l'espoir de faire en France « de l'or avec des sabres et de ramasser des trésors à l'exemple des braves ancêtres de la guerre de Trente ans[1] ». Ces spéculations devaient assez promptement le rapprocher de la grande Catherine, et conduire ces deux souverains à apaiser, dans une inimitié qui leur était commune, les différends qui les mettaient alors aux prises l'un avec l'autre.

Dès qu'elle connut la Révolution française, Catherine la détesta. Cette révolution heurtait ses idées, contrariait ses passions, gênait sa politique[2]. La quadruple alliance qu'elle s'était proposé de former avec l'Autriche, la France et l'Espagne lui échappait. La ressemblance des constitutions, la communauté des idées rapprocheraient vraisemblablement la France de l'État le plus libre et de la nation la plus « philosophe » du continent : l'Angleterre et la Prusse. C'étaient le goût et la tendance du parti qui triomphait à Paris. La Russie n'avait rien à en attendre. D'ailleurs, un roi constitutionnel n'était

[1] Mot du duc de Sudermanie cité par LÉOUZON LE DUC, *Correspondance de Staël*, Introduction, p. 21. — « Si pour l'héroïsme il est de la famille du chevalier de la Mouche, il est, du côté des petits projets, entièrement dans les principes du bon Sancho, qui pensait au solide. » Grimm à Catherine, 5 décembre 1790.

[2] Voir t. I, p. 532-535.

pour Catherine qu'un « allié en peinture[1] ». Elle ne tarit point en injures contre l'Assemblée, cette « hydre à douze cents têtes »; elle n'a que des insultes pour ce roi qui se laisse dicter des lois, pour cette noblesse qui abandonne ses priviléges, pour ces bourgeois qui se mêlent de gouverner les États. A cette irritation, qui ne saurait étonner chez un autocrate, se joint un sentiment plus subtil, plus intime, plus féminin surtout : la revanche de la petite princesse allemande parvenue au trône despotique d'un empire à demi barbare, après avoir subi longtemps, malgré elle, le prestige du plus glorieux établissement monarchique et de la plus brillante civilisation de l'Europe. Avec quelle complaisance méprisante elle note désormais et souligne les symptômes d'affaissement, les signes de décadence et tout ce qui peut trahir, sous l'éclat et la fleur de cette civilisation, le réveil du sauvage! Elle oppose constamment les splendeurs de Louis XIV aux ignominies du présent. « Il faudra que l'Assemblée nationale fasse jeter au feu tous les meilleurs auteurs français et tout ce qui a répandu leur langue en Europe, car tout cela dépose contre l'abominable grabuge qu'ils font. » Voilà donc ce dix-huitième siècle tant vanté! Le retour à la bête, *l'homme à quatre pattes*, des incendies, des pillages, des assassinats, et un déluge immonde d'inepties. Elle n'aperçoit pas autre chose, et comme elle s'en rehausse! « Le ton plaintif va très-bien à un habitant de la capitale d'un royaume qui prétend se régénérer, qui est en mal d'enfant depuis deux ans sans accoucher, et qui pour sûr est menacé d'une fausse couche, dont l'avorton est mort, ou qui n'a mis au monde qu'un monstre pourri et puant[2]. »

Elle reporte avec complaisance ses regards sur ses États, où l'ordre règne, et où le souverain, législateur absolu, a seul le droit de prendre la parole. Toutefois, elle garde un souvenir trop vivant de la sédition de Pougatchef pour ne point prendre ses précautions contre tout danger de contagion démagogique.

---

[1] *Lettres de Catherine II à Grimm : Publications de la Société d'histoire de Russie.* Pétersbourg, 1878.

[2] Lettres à Grimm, 25 juin 1790, 29 avril 1791, septembre 1790.

Elle fait arrêter et déporter les écrivains suspects; la censure redouble de vigilance; les bulletins de la *Gazette de Pétersbourg*, qui relatent, à peu près seuls, les événements de France, sont rédigés de façon à en inspirer l'horreur. La colonie française, dix mille personnes environ, est placée sous une surveillance étroite de police [1]. Le knout pour les turbulents, le bagne pour les factieux, voilà comme il convient de traiter les symptômes du mal lorsqu'il se manifeste. Quant au mal même, c'est affaire d'éducation : la Tsarine y pourvoit à sa manière en sa Russie, et elle estime qu'il suffirait, en France, de rappeler les Jésuites pour tout guérir et tout réparer [2]. Ainsi raisonne sur la Révolution française cette élève des philosophes, que Voltaire mettait au rang des dieux, et que Diderot souhaitait aux Français pour souveraine.

Ses passions l'engagent, comme le roi de Suède, à combattre la Révolution; mais elle n'écoute que ses intérêts, et elle se contente d'invectiver et de proscrire. Elle rompt des relations qui n'ont plus, à ses yeux, de raison d'être. Les projets d'alliance tombant d'eux-mêmes, Ségur quitta Pétersbourg au mois d'octobre 1789. Il laissait un chargé d'affaires, Genet, frère de madame de Genlis. Ses opinions démocratiques le mettaient à l'index; il vécut relégué dans sa chancellerie, en une sorte de quarantaine. Il n'y eut plus, à vrai dire, de correspondance entre Pétersbourg et Paris. D'ailleurs, la Tsarine avait des soucis plus pressants. Bien que battus en juillet et en septembre par Souvarof, les Turcs résistaient encore, les Prussiens menaçaient toujours d'intervenir, et Gustave III se préparait à reprendre la campagne au printemps de 1790. Avant de songer à s'allier contre les révolutionnaires français, Gustave et Catherine devaient régler leurs comptes et se poursuivaient avec acharnement.

Ainsi, même dans ces deux cours où l'hostilité paraissait la plus vive, la France et la Révolution n'entraient dans les

---

[1] Voir les articles de M. Rambaud dans la *Revue politique*, 1878 et 1881. — Pingaud, *les Français en Russie*, p. 156-168.
[2] Lettre à Grimm, 27 septembre 1790.

calculs que comme un objet de spéculation pour l'avenir. Le présent était à la lutte, et cette lutte, qui de son théâtre d'Orient menaçait de s'étendre à toute l'Europe du Nord, continua d'absorber toute l'attention des puissances pendant l'année 1789 et la plus grande partie de 1790. Ce qui intéressa les politiques dans la Révolution, ce fut l'effacement de la France : ils s'arrangèrent pour se passer des Français ou pour profiter de leur faiblesse. Ils les abandonnèrent à leur crise intérieure et ne s'en occupèrent plus. La Révolution suivit sa voie, la vieille Europe continua de suivre la sienne; elles furent près de deux ans à se méconnaître de la sorte : c'est ce qui caractérise la première période de cette histoire.

IV

Cette indifférence de l'Europe laissait à la France le loisir de définir et d'appliquer, au dedans comme au dehors, la politique qui convenait à ses nouveaux principes. L'Assemblée avait posé les principes; l'application était affaire de gouvernement. Louis XVI en était incapable. Il demeurait, au milieu de la Révolution, le même que dans la crise qui l'avait préparée : aussi impuissant à la maîtriser qu'il l'avait été à la prévenir. Il n'aurait pu naguère éviter la révolution populaire qu'en accomplissant une révolution royale; il ne pouvait désormais sauver la royauté qu'en devenant le roi de la démocratie française. Cette tentative audacieuse aurait exigé un grand roi ou un grand ministre. Le roi manquait, le ministre s'offrit; mais le roi ne le comprit pas, l'Assemblée le paralysa, et toutes les circonstances se tournèrent contre lui. La tentative avorta; cependant, ne fût-ce que pour en expliquer l'échec, il convient de s'arrêter à ces desseins du seul homme d'État qui ait surgi dans ces temps de trouble, qui ait discerné le cours de la Révolution et en ait pressenti les destinées.

Un gentilhomme libéral, mais très-dévoué à la Reine, le

comte de la Marck, parvint à ménager un rapprochement secret entre la cour et Mirabeau ; il mit le grand orateur à même de faire parvenir à Louis XVI, sous forme de notes, ses jugements, ses avis et ses projets de gouvernement[1]. Mirabeau avait déchaîné la révolution, il prétendait la diriger ; il se sentait de taille, et la vérité est que, si l'œuvre n'avait exigé que du génie, il était fait pour l'accomplir. « Il savait tout et prévoyait tout », a dit madame de Staël[2]. Il voulait la liberté civile garantie par la liberté politique. La première était établie, restait à fonder la seconde ; il ne la concevait pas sans la monarchie. Ses idées et ses ambitions n'allaient pas au delà d'une royauté constitutionnelle dont il serait le premier ministre. C'était le couronnement de sa vie, sa revanche personnelle contre l'ancien régime, mais une revanche très-noble et de haute allure : en forçant le Roi à se livrer à lui, il avait la conviction qu'il le sauvait d'une catastrophe autrement inévitable. « A quoi donc pensent ces gens-là? disait-il, à la fin de septembre 1789, au comte de la Marck. Ne voient-ils pas les abîmes qui se creusent sous leurs pas? Tout est perdu. Le Roi et la Reine y périront, et, vous le verrez, la populace battra leurs cadavres[3]. » Il n'attendait plus rien de la cour, mais il attendait tout de la nation. Il avait dans les destinées de la France une foi inébranlable ; il la croyait à la fois capable d'organiser sa révolution, de tenir tête à toute l'Europe, et de donner autour d'elle de prodigieuses secousses[4]. Il estimait possible de la régenter et de la conduire. « La monarchie, écrivait-il à la fin de 1789, est plutôt en danger parce qu'on n'y gouverne pas que parce qu'on y conspire. Les ressources de ce pays, la mobilité même de cette nation, qui est son vice capital, ménagent tant d'expédients et de facilités qu'il ne faut

---

[1] Voir BACOURT, *Correspondance de Mirabeau*, t. I, Introduction. La première des notes pour la cour est du 1er juin 1790. Elles sont publiées dans la *Correspondance*.
[2] *Considérations sur la Révolution française*, 1re partie, ch. XVIII.
[3] *Correspondance de Mirabeau et du comte de la Marck*, t. I, p. 112.
[4] Voir son discours du 25 août 1790 et son projet de discours en mai 1790. — *Mémoires*, par LUCAS-MONTIGNY, Paris, 1834, t. VII, p. 386. — *Correspondance*, t. II, p. 277. — DUMONT, *Souvenirs*, ch. XIV.

jamais, en France, ni présumer ni désespérer. Nous sommes dans l'état de faiblesse où est tout pays qui se constitue ; mais le royaume est tout entier, et, s'il éprouve des tiraillements, il n'est pas vrai qu'il y ait une seule véritable division [1]. »

Dès lors, tout pouvait être rétabli. Il n'y fallait qu'un homme et un plan : il était l'homme; pour le plan, il l'avait, avant même que la révolution éclatât, formé de toutes pièces, et il le développait dans sa pensée à mesure que les événements lui semblaient exiger de nouvelles mesures [2]. Cette conception vaste, puissante et singulière entre les desseins politiques de tous les temps, frappe, en ses digressions mêmes et en ses contradictions les plus bizarres, par ce double caractère : le sentiment des traditions historiques et l'instinct de l'avenir. Il s'y joint, dans le présent, l'intelligence des nécessités pratiques, la vue réelle des choses, la connaissance des hommes. Le mélange qu'elle présente de profondeur dans les vues et d'immoralité dans les moyens, surprend et scandalise aujourd'hui : c'est la marque même d'une société avide de se régénérer, que ses origines condamnaient à réformer le monde avec des mœurs corrompues et à fonder la liberté avec les habitudes du despotisme. Pour en juger, il faut considérer non l'idéal abstrait, l'utopie politique que caressaient les constituants, mais l'impulsion séculaire qui donna pour terme à la crise de 1789 le Code civil, la Constitution de l'an VIII, et subsidiairement la Charte de 1814. C'est le terme où Mirabeau voulait l'arrêter dès 1790.

« Que désire la nation française? Elle veut profiter des avantages de la Révolution [3]. » Elle entend jouir du bienfait des

---

[1] *Lettres de Mirabeau à un de ses amis d'Allemagne* (le major Mauvillon), Brunswick, 1792.

[2] Il écrivait, le 28 décembre 1788, à Montmorin : « Le ministère a-t-il un plan?... Le plan, je l'ai, Monsieur le comte; il est lié à celui d'une constitution qui nous sauverait des complots de l'aristocratie, des excès de la démocratie, et de l'anarchie profonde où l'autorité, pour avoir voulu être absolue, est plongée avec nous..... En désirez-vous la communication? Voulez-vous le montrer au Roi? Aurez-vous le courage de mettre une fois à son poste de citoyen un sujet fidèle, un homme courageux, un intrépide défenseur de la justice et de la vérité? » *Correspondance*, t. I, p. 341.

[3] 47ᵉ note, *Correspondance*, t. II, p. 432.

réformes sans avoir à redouter les excès de l'anarchie. Elle veut la paix, l'ordre, la sécurité, la prospérité publique : un gouvernement fort peut seul les lui assurer; mais le gouvernement désormais ne peut-être fort que s'il s'appuie sur l'opinion, et l'opinion ne l'appuiera que si elle y voit le défenseur et l'organisateur de la Révolution. D'autre part, il n'y a, pour le pouvoir, qu'une manière de résister aux excès de la Révolution. On ne trouvera qu'en elle-même la force nécessaire pour la maîtriser. Il importe donc que le roi de France devienne le roi des Français et le roi de la Révolution française, c'est-à-dire que son pouvoir se régénère en sa propre source et se renouvelle en remontant jusqu'à ses origines. « Qui résistera, quand la confiance sera rétablie? qui ne désirera point d'augmenter un pouvoir qui ne sera employé qu'à affermir les bases de la constitution et à en corriger les défauts [1] ? »

Or, « la Révolution est consommée, mais la constitution ne l'est pas [2] ». Le peuple tient aux droits qu'il a conquis, il tient aux principes de la constitution, il ne tient pas aux formes. Les droits doivent être considérés comme inviolables, les principes comme inébranlables; les formes peuvent être modifiées. La suppression du régime féodal, l'égalité civile et politique, la liberté de conscience, le vote de l'impôt, la gratuité de la justice, la suppression des ordres, la vente des biens du clergé, la nouvelle division du royaume, la responsabilité des ministres, voilà les points acquis. Ils sont hors du débat. On ne saurait « sans démence » essayer de les attaquer. « On ferait disparaître, d'un seul coup, une génération entière, on ôterait la mémoire à vingt-cinq millions d'hommes, que ce succès serait encore impossible... Je regarde tous les effets de la Révolution et tout ce qu'il faut garder de la constitution comme des conquêtes tellement irrévocables, qu'aucun bouleversement, à moins que l'empire ne fût démembré, ne pourrait plus les détruire. Je n'excepte même pas une contre-révolution armée; le royaume serait reconquis, qu'il faudrait encore que le vain-

---

[1] *Correspondance*, t. I, p. 367; t. II, p. 246, 223, 423, 218.
[2] *Ibid.*, t. II, p. 197.

queur composât avec l'opinion publique, qu'il s'assurât de la bienveillance du peuple, qu'il consolidât la destruction des abus, qu'il admît le peuple à la confection de la loi, qu'il lui laissât choisir ses administrateurs, c'est-à-dire que, même après une guerre civile, il faudrait encore en revenir au plan qu'il est possible d'exécuter sans secousse [1]. » Mais, en demandant au Roi de garantir au peuple ces résultats de la Révolution, on lui demande simplement de garantir à sa propre dynastie l'héritage d'un pouvoir plus ferme et plus étendu. Tout ce qui est dans l'intérêt de l'État est dans l'intérêt du Roi, et tout ce qui s'est fait s'est fait dans l'intérêt de l'État. « Les divers points sur lesquels il est impossible de rétrograder ont plutôt fortifié qu'affaibli la véritable autorité royale. Cette autorité sera plus forte et plus inébranlable avec un seul corps législatif qu'elle ne l'était dans un royaume hérissé de priviléges et de corps intermédiaires, composé de parties inégales se tiraillant entre elles et toujours prêtes ou à résister individuellement ou à se coaliser. Cette surface parfaitement unie qu'exige la liberté rend aussi l'exercice de l'autorité bien plus facile; cette égalité dans les droits politiques, dont on fait tant de bruit, est aussi un instrument de pouvoir [2]. N'est-ce rien que d'être sans parlement, sans pays d'états, sans corps de clergé, de privilégiés, de noblesse? L'idée de ne former qu'une seule classe de citoyens aurait plu à Richelieu [3]. » Ce n'est pas inopinément que se présente ici le nom de ce fameux cardinal. Tout le plan est comme saturé de la pensée de Richelieu; elle déborde partout, et l'on en retrouve la trace jusque dans les terribles extrémités où la raison d'État emporte Mirabeau.

Les intentions ainsi définies, viennent les mesures d'exécution. Le premier point est de ne laisser aucun doute sur l'objet que se proposerait le Roi. On le déclarera très-haut : si l'Assemblée se montre irréconciliable, on luttera de popularité avec

---

[1] *Correspondance*, t. II, p. 421-429, 434, 225.
[2] *Correspondance*, t. II, p. 197, 433. Cf. t. I, p. 375, Mémoire du 15 octobre 1789, et projet de déclaration.
[3] *Correspondance*, t. II, p. 75.

elle et l'on rendra manifeste son impuissance à organiser la Révolution[1]. Le principal instrument dans cette lutte sera un ministère pris dans l'Assemblée même et formé d'éléments populaires[2]. Qu'on ne craigne point, en livrant l'État à des hommes sortis de la Révolution, de constituer légalement l'anarchie. C'est peu connaître les hommes, et ceux-là en particulier. « Des jacobins ministres ne seraient pas des ministres jacobins... Placé au timon des affaires, le démagogue le plus enragé, voyant de plus près les maux du royaume, reconnaîtrait l'insuffisance du pouvoir royal[3]. »

Cependant, le Roi rassemblera des troupes sûres dans une province dévouée, la Normandie par exemple, dont le peuple, à la fois tenace et politique, pourrait se coaliser avec celui de la Bretagne et de l'Anjou et présenter une force irrésistible. Le Roi se retirerait là, et déclarant qu'il n'est plus en sûreté à Paris, que les députés n'y sont pas libres, il inviterait l'Assemblée à le suivre. Si elle s'y refusait, il la dissoudrait, en appellerait au peuple et ferait nommer « une Convention nationale[4] ». La guerre civile pourrait s'ensuivre. Mirabeau ne s'en alarmait point. Il se rappelait que l'autorité royale, sortie des troubles civils sous Henri IV, s'était comme retrempée dans la lutte sous les minorités de Louis XIII et de Louis XIV. Il n'y a jamais eu, écrivait-il à un de ses confidents, une grande révolution possible sans effusion de sang. « Je ne sais même si cette terrible crise n'est pas un mal nécessaire[5]. » Et il ajoutait dans les notes qu'il dressait pour la cour : « La guerre civile, qui est en général un pis aller terrible, laisse encore de grandes ressources à la liberté publique, à la constitution, à l'autorité royale. Le point essentiel dans un tel événement serait... que le parti national fût celui du Roi[6]. »

Si les étrangers s'en mêlent, tout est perdu. Il importe que

---

[1] *Correspondance*, t. II, p. 227.
[2] *Ibid.*, t. II, p. 144 et 203.
[3] *Ibid.*, t. II, p. 228.
[4] *Ibid.*, t. I, p. 371; t. II, p. 41, 415-416.
[5] *Lettres à un ami d'Allemagne*, 4 août 1790, p. 517.
[6] *Correspondance*, t. II, p. 78, 126; t. I, p. 199-200.

le peuple ne soupçonne pas le Roi de s'allier avec eux, et, pour éloigner le soupçon, le Roi évitera de se retirer dans une place frontière. Metz serait, à ce titre, un mauvais choix. « Ce serait déclarer la guerre à la nation et abdiquer le trône. Un roi, qui est la seule sauvegarde de son peuple, ne fuit point devant son peuple; il le prend pour juge de sa conduite et de ses principes; il ne se met pas dans la position de ne pouvoir rentrer dans ses États que les armes à la main, ou d'être réduit à mendier des secours étrangers. Et qui peut calculer jusqu'où l'exaltation de la nation française pourrait se porter si elle voyait son roi l'abandonner pour se joindre à des proscrits et le devenir lui-même; jusqu'à quel point elle pourrait se préparer à la résistance et braver les forces qu'il irait recueillir? Moi-même, après un tel événement, je dénoncerais le monarque [1]. »

D'ailleurs, la guerre serait dangereuse à la nation. « Loin d'offrir un dérivatif aux maux de l'État, elle les multiplierait au contraire et les élèverait au comble [2]. » L'armée est désorganisée : il faut du temps et de l'ordre pour la reconstituer. En attendant, la France doit rester en paix avec quiconque est en paix avec elle. La paix est la première condition de la réforme et du rétablissement de l'État. « Il la faut aux auteurs de la Révolution, car rien ne s'achève pendant la guerre... Il la faut au Roi, car la guerre étant précisément la crise des sociétés où un gouvernement est le plus nécessaire, et le gouvernement n'existant pas et ne pouvant pas exister que l'ouvrage ou l'ébauche du corps constituant ne soit achevé, ceux qui devraient gouverner et qui ne peuvent pas gouverner seront, en cas de revers, le plastron de toutes les haines, l'objet de toutes les méfiances, la victime de tous les partis [3]. »

Mirabeau porte sur l'Europe des regards aussi fermes et aussi pénétrants que sur l'intérieur de la France [4]. Il ne se contente pas d'esquisser le plan, il désigne l'homme le plus propre à

---

[1] Mémoire du 15 octobre 1789, *Correspondance*, t. I, p. 369.
[2] *Correspondance*, t. II, p. 39.
[3] *Ibid.*, t. II, p. 278. Cf. p. 122, 136, 277 et suiv.
[4] Dumont, *Souvenirs*, ch. xiv : « En cherchant le trait caractéristique de son

l'appliquer : c'est le futur négociateur des traités de Vienne, Talleyrand, qu'il propose, dès le mois d'octobre 1789, comme le plus capable de recueillir la succession de Vergennes [1]. Toute sa politique se ramène à la neutralité et à la défensive. La France ne possède qu'un allié sûr, l'Espagne, qui a les mêmes intérêts et aussi la même ennemie : l'Angleterre [2]. « L'inimitié de l'Angleterre sera éternelle : elle croîtra chaque année avec les produits de son industrie, ou plutôt de la nôtre. » Mirabeau avait conçu naguère l'espoir d'une entente avec les Anglais ; il y renonce devant l'hostilité qu'ils témoignent : pour les gagner, il faudrait leur livrer le commerce de la France. Les intérêts de l'Autriche sont opposés aux intérêts français, mais ceux de la Prusse ne le sont pas moins. Mirabeau ne partage pas l'engouement de ses contemporains et de ses amis pour l'alliance prussienne. Il n'a pas plus de confiance en la Sardaigne : « Elle détrônerait ses propres enfants pour en partager les dépouilles. » La Suède est nulle, la Turquie épuisée, la Pologne impuissante : « Le temps est loin encore où elle existera par elle-même, si elle peut continuer d'exister. » La conclusion, c'est la paix, « travail plus difficile que celui qui enflamme l'ambition, en offrant des brigandages à la cupidité, des conquêtes à la gloire [3] ».

Mais cette paix, qui assurera le succès de la Révolution, ne sera ni sans profit ni sans grandeur. Elle assurera le présent, elle préparera l'avenir. La France, par l'exemple même de sa révolution, conquerra des peuples entiers à ses principes ; elle se fera des admirateurs et des amis, elle puisera dans la crise qu'elle traverse les éléments d'une prépondérance nouvelle [4]. La Révolution française est destinée à produire dans les nations des effets très-différents selon leur degré de civilisation ;

---

génie, je le trouve dans la sagacité politique, dans la prévoyance des événements, dans la connaissance des hommes. »

[1] *Correspondance*, t. I, p. 412.
[2] *Projet de discours*, mai 1690. Lucas-Montigny, t. VII, p. 383 et suiv. — *Mémoire sur les différents partis à prendre relativement aux puissances étrangères*. Id., t. VIII, p. 40. — Discours du 25 août 1790.
[3] Lucas-Montigny, t. VII, p. 390.
[4] Discours du 25 août 1790. *Moniteur*, t. V, p. 480.

il en résultera pour l'Europe de grands périls et pour la France de grandes occasions [1]. « Autant la Révolution française rallie la majorité des nations autour des autorités légitimes dans les pays passablement constitués et paisiblement organisés, autant elle a mis en péril les gouvernements arbitraires et purement despotiques, ou seulement ceux qui ont récemment éprouvé de grandes commotions. Ainsi l'exemple de la Révolution française ne produira en Angleterre qu'un plus grand respect pour les lois, une plus grande rigidité de discipline et de hiérarchie sociale. Mais dans les provinces bataves, où la fièvre a été coupée trop court; dans les provinces belgiques, qui ont des habitudes et des opinions inquiètes et séditieuses, si l'on ne se hâte pas de décider la partie par un coup imposant, de réchauffer les vœux des propriétaires pour la tranquillité et la sécurité, en leur rendant un gouvernement sage et ferme; dans les cantons helvétiques, si les aristocrates ne redoublent pas de sagesse et de fermeté, et surtout ne se coalisent pas avec le corps germanique; dans les superbes provinces de l'Allemagne qui avoisinent le Rhin, si l'on ne se hâte pas de resserrer le nœud fédéral, d'étayer tout ce bâtiment gothique, et même d'en refaire, mais sur les anciennes proportions, quelques parties, il y aura des secousses incalculables, et la première en engendrera sans nombre, dont on ne peut assigner l'étendue ni le terme... Burke a dit que la France n'offrait plus en politique qu'un grand vide. Burke a dit une grande sottise. Ce vide est un volcan dont on ne saurait perdre de vue un moment ni les agitations souterraines ni les prochaines éruptions. »

Tout le monde s'y méprend au dedans comme au dehors. « Il ne faut ni croire ni espérer que l'on se fasse en France une juste idée de la place que nous tenons aujourd'hui en Europe, pas plus que l'on ne se fait en Europe une juste idée de notre situation. Parce que nous avons la fièvre, nous nous croyons une grande vigueur; parce que nous sommes malades, les étrangers nous croient mourants; nous nous trompons et ils se trompent [2]. »

---

[1] Note remise au comte de la Marck, 10 mai 1798. Affaires étrangères. — Cf. LUCAS-MONTIGNY, t. VIII, p. 153.
[2] *Correspondance*, t. II, p. 276.

Si la France est sage et sait vouloir son propre bien, elle peut former des fédérations qui vaudront les plus belles conquêtes. « C'est ainsi que, par la seule force d'une bonne constitution, nous aurions bientôt les bords du Rhin, et, ce qui est plus, une invincible influence sur tous les gouvernements de l'Europe par l'amélioration et la plus grande prospérité de l'espèce humaine [1]. »

Les desseins étaient puissamment conçus, mais le levier manquait, et les moyens d'action que proposait Mirabeau étaient misérables et contradictoires. Il ne trouvait de ressort pour un si grand ouvrage que dans l'intrigue et la corruption. Il préparait cette restauration d'une monarchie comme on prépare une sédition. C'était une vue supérieure de fonder une démocratie royale, de régénérer la dynastie par la Révolution, de donner pour bases au pouvoir reconstitué la liberté civile et l'égalité garanties par la liberté politique; mais c'était une étrange et scandaleuse façon de susciter la démocratie que de la flétrir dans sa naissance, et de garantir la liberté que d'en abuser de la sorte en la violentant. Il n'y avait aucune proportion entre la fin et les moyens. Cependant, pour être répugnants, ces moyens n'étaient ni absurdes ni impraticables. Mirabeau n'avait rien de l'utopiste; il connaissait ses contemporains et il ne proposait point pour les amener à ses fins d'autres procédés que ceux dont le despotisme avait usé de tout temps et dont le gouvernement anglais faisait ouvertement l'expérience [2].

[1] *Lettres à un ami d'Allemagne*, 31 janvier 1790, p. 506.
[2] M. de la Luzerne écrivait de Londres, 31 mai 1790 : « Les Anglais n'imaginent pas comment on ne se défend pas et comment le gouvernement ne fait pas répondre à ces pamphlets. Milord North me disait, il y a quelques jours, qu'il avait vu en Angleterre bien des différentes administrations, depuis le moment où il était entré dans les affaires; mais qu'il n'en avait pas encore vu une assez forte pour qu'elle pût se mettre au-dessus des pamphlets, qu'il était nécessaire de répondre à tout, vu qu'en très-peu de temps la meilleure administration devenait impopulaire, et qu'il ne pouvait imaginer comment le ministère de France pouvait exister encore, étant continuellement attaqué et jamais défendu. Le principe ministériel ici est, en général, de faire *mob* contre *mob*, c'est-à-dire que toutes les fois que l'opposition cherche à ameuter le peuple pour contrecarrer le gouvernement, celui-ci cherche à ameuter le peuple en sens contraire.

« Je vois effectivement que tous les gens de ce pays-ci, sur la seule impression

Mirabeau prétendait retourner contre la Révolution les procédés révolutionnaires, emprunter aux jacobins leurs instruments de propagande, leurs pamphlets, leurs affiliations. Il voulait dresser contre eux un atelier de police et de presse qui les attaquerait par leurs propres armes [1]. « On ne se sauvera, écrivait-il, que par un plan qui amalgame les affaires extérieures et l'intérieur du palais, les combinaisons de l'homme d'État et les ressources de l'intrigue, le courage des grands citoyens et l'audace des scélérats. Il nous faut une sorte de pharmacie politique où le chef seul, également muni de simples salutaires et de plantes vénéneuses, dose ses compositions sous la direction de son génie et sous les auspices d'une confiance abandonnée de la part du malade [2]. »

Rassemblée ainsi, avec ce relief et cette saillie cynique, la pensée de Mirabeau prend je ne sais quoi de formidable et de repoussant qui semble dépasser la mesure de l'humanité. Ce n'est point un paradoxe cependant, ce n'est qu'un anachronisme. « Je doute, écrivait le comte de la Marck à M. de Mercy [3], du succès du plan dont vous avez reconnu l'habileté et la profondeur. On dirait qu'il est fait pour d'autres temps et pour d'autres hommes. Le cardinal de Retz, par exemple, l'aurait très-bien fait exécuter, mais nous ne sommes plus au temps de la Fronde. » Mirabeau ne regardait point en arrière, il regardait en avant. Lorsqu'il semblait réunir, dans une sorte de résurrection terrifiante, Machiavel, le Père Joseph et Richelieu, il prédisait tout simplement le consulat de Bonaparte et le ministère de Fouché. Mais pour y arriver il supprimait dix ans d'histoire, et quelle histoire ! L'anarchie victorieuse, le régicide, la tyrannie des démagogues, l'inquisition des comités, la Terreur, qui écrasa

---

de ce qui se passe en France, sont persuadés que le parti démagogue l'emportera et qu'il détruira le trône et la monarchie, si elle ne parvient pas à attirer le peuple de son côté, ou, au moins, à avoir une partie du peuple dans son parti. C'est assurément un mauvais moyen, mais comment faire quand vos ennemis l'emploient ? »

[1] *Correspondance*, t. II, p. 414-504.
[2] *Ibid.*, t. II, p. 510.
[3] *Ibid.*, t. III, p. 27.

les forts, le Directoire, qui fit régner les corrompus, la ruine des illusions, l'abaissement des âmes, le dégoût universel de la liberté, l'appétit irrésistible de la paix, de l'ordre, de l'autorité, c'est-à-dire les effets mêmes de la révolution qu'il voulait gouverner, et qui ne pouvait être domptée que par son propre épuisement.

Ni le Roi, ni l'Assemblée ne pouvaient, en 1790, pénétrer les vues de Mirabeau. Le Roi était trop borné, l'Assemblée trop chimérique; l'un et l'autre avaient à la fois trop peu de politique et trop de vertu pour se livrer aux mains de ce monstrueux opérateur. Il les épouvantait. Le Roi n'osait pas l'appeler au ministère; l'Assemblée fit une loi tout exprès pour qu'il n'y entrât point. « Un génie éloquent vous entraîne et vous subjugue, s'écriait Lanjuinais; que ne ferait-il pas, s'il était ministre? — Je serais, répondait Mirabeau, ce que j'ai toujours été : le défenseur du pouvoir monarchique réglé par les lois, et l'apôtre de la liberté garantie par le pouvoir monarchique [1]. »

La fatalité de sa vie voulut, pour le malheur de son pays, qu'il ne fût jusqu'à son dernier jour qu'un tribun prodigieux, condamné, par l'effet même de son génie, à ne réussir que contre ses propres desseins, à exciter le peuple qu'il prétendait contenir, à précipiter la chute de la monarchie qu'il voulait sauver, à devenir enfin suspect à la fois à la cour par le crédit qu'il possédait dans l'Assemblée, et à l'Assemblée par celui qu'on lui attribuait auprès de la cour. Il avait machiné profondément un plan de corruption; il en fut la première dupe et la première victime. « Les moyens qu'on pouvait employer étaient de l'argent et encore de l'argent, rapporte le comte de la Marck[2]. Mirabeau voulait qu'on le répandît à grandes masses... » Il commença par en recevoir[3]. Il ne se vendit point, sans doute,

---

[1] *Correspondance*, t. II, p. 25.
[2] *Ibid.*, t. I, p. 175.
[3] Mirabeau, pour les conseils et les services qu'il s'engageait à rendre au Roi à partir du 1er juin 1790, devait recevoir 6,000 livres par mois, le payement de ses dettes jusqu'à concurrence de 208,000 livres, plus un million à la fin de la session de l'Assemblée, s'il avait fidèlement rempli ses engagements. Voir, pour l'histoire de cette négociation, la *Correspondance*, t. I, p. 159-164.

mais, comme on l'a dit, il se laissa payer [1]; bien que ce fût pour soutenir ses propres opinions, il n'en reste pas moins sur cette page capitale de sa vie une ombre équivoque et troublante. Ce sont les taches du début qui déteignent et s'étendent sur l'âge mûr. Il avait dissipé ses forces dans les passions, dans les révoltes, dans les luttes d'une existence toujours déréglée et parfois avilie; il avait prodigué dans les orgies de la pensée et les excès du labeur vénal les trésors de son magnifique génie. Son caractère s'était émoussé; si forte qu'en fût la trempe, le métal s'était terni et rongé. Il était tombé malade vers la fin de 1788; il se sentit profondément atteint. « Les peines d'esprit, les agitations de l'âme, les tempêtes civiles, le travail forcé, tout cela m'use ou m'a usé, et je ne suis plus invulnérable », écrivait-il à un ami. « Mais, ajoutait-il aussitôt, il y a encore du ressort et du feu élémentaire [2]. » Ce feu, comme celui qui couve dans les volcans, ne pouvait éclater que dans les convulsions de la nature et ne devait luire que pour éclairer des incendies et des ruines.

Les contemporains de Mirabeau ne voyaient que ses inconséquences, ses faiblesses ou ses vices. Sa pensée passait au-dessus d'eux sans les pénétrer; sa parole les remuait sans les convaincre. Il les entraînait quand il s'adressait à leurs passions; il était impuissant à les modérer quand il tentait de s'adresser à leur raison. Enfin, on l'avait connu de trop près, il s'était trop répandu, et dans trop d'aventures; on l'avait vu trop ballotté lui-même, trop meurtri, trop souillé pour se confier à lui et chercher dans l'agitateur de la veille le sauveur du lendemain. Il lui manquait le charme de l'inconnu, le mystère de l'isolement et tout ce prestige de vertu cachée dont les hommes ont besoin d'environner ceux qu'ils se donnent pour maîtres. « Mirabeau ne voulait se servir de son éloquence foudroyante que pour se placer au premier rang, dont son immoralité l'avait banni », a dit madame de Staël [3].

---

[1] SAINTE-BEUVE, *Causeries du lundi*, t. IV. Article sur la correspondance de Mirabeau et du comte de la Marck.
[2] *Lettres à un ami d'Allemagne*, 31 octobre 1788, p. 423.
[3] *Considérations*, 1re partie, ch. XVIII.

Hélas! ce premier rang, qu'il ambitionnait, lui était interdit, et il le sentait bien. Ses intimes l'ont vu plus d'une fois pleurer de chaudes larmes sur les misères de sa jeunesse qui le séquestraient, pour ainsi dire, de la confiance des Français. « Étrange destinée que la mienne, d'être toujours moteur d'une révolution et toujours entre un fumier et un palais! » s'écriait-il dans une de ses heures de découragement [1]. Le palais ne s'entr'ouvrit que dans l'ombre, par la porte dérobée et l'escalier de service. La cour, qui ne voyait en Mirabeau qu'un conspirateur, ne lui demanda que des complots, et tout ce grand ministère à la Richelieu dont il avait formé le dessein, se réduisit, dans la pratique, à la direction occulte d'une police secrète.

Il lutta vainement contre l'inertie du Roi dans les affaires intérieures; il lutta avec plus de succès contre les entraînements et les illusions de l'Assemblée dans celles du dehors.

---

[1] *Lettres à un ami d'Allemagne*, février 1789, p. 449. « Je l'ai vu, dit un témoin, répandre des larmes comme un enfant... Je l'avoue, il me faisait oublier tous les torts de sa vie, lorsque quelquefois il s'écriait avec un accent pénétrant : « Oh! « que l'immoralité de ma jeunesse fait de tort à la chose publique! » LA MARCK, *Correspondance*, t. I, p. 108.

CHAPITRE II

LA RÉVOLUTION BELGE.

1789-1790.

I

L'exemple de la France avait ranimé le courage des patriotes belges[1]. Les chefs du parti qui protestait contre les réformes de Joseph II, les défenseurs des anciennes franchises, ceux qui tenaient pour les états contre le souverain, les *statistes*, ainsi qu'ils se nommaient, s'étaient réfugiés en Hollande. Ils s'y organisèrent, formèrent un comité d'action et désignèrent le principal d'entre eux, Van der Noot, pour remplir le rôle d'*agent plénipotentiaire du peuple brabançon*. Cet avocat ambitieux, emporté dans ses discours, indécis dans sa conduite, entreprenant, brouillon, plus agitateur qu'homme d'action, encore moins homme de gouvernement, se flattait de jouer dans sa patrie le rôle d'un Lafayette catholique et aristocrate. Les Hollandais lui prodiguaient les encouragements. Ils accueillaient les émigrants belges et en toléraient les manœuvres sur leur territoire. Ces républicains n'y voyaient pas d'inconvénients, étant ennemis de Joseph II. On en avait de tout temps usé de la sorte avec ses adversaires, et c'est dans le même esprit que le roi de Prusse excitait Van der Noot et son parti. Les Belges comptaient aussi sur l'Angleterre; ils ne doutaient pas que tous les rivaux de l'Autriche ne s'accordassent pour soutenir leur indépendance, ainsi que la France et l'Espagne avaient soutenu

---

[1] Cf. t. I, p. 137-141, et ci-dessus, p. 19.

naguère, contre les Anglais, celle des Américains du Nord. Mais il n'y avait point en Belgique que ces partisans de l'ancien régime pour résister à l'Empereur; il y existait aussi un parti, moins nombreux, mais plus audacieux, de démocrates : on les appelait les *vonckistes,* du nom de leur chef, l'avocat François Vonck. Leurs idées se rapprochaient sensiblement de celles qui prévalaient en France. Contraints également d'émigrer et accueillis comme les statistes par la république des Provinces-Unies, les vonckistes s'armaient et se préparaient à un coup de main. Une haine égale de l'Autriche, une passion commune de l'indépendance nationale les rapprochèrent des aristocrates. Ils réunirent leurs forces. Au mois d'octobre 1789, leur petite armée comptait environ trois mille cinq cents hommes.

Joseph II essaya de prévenir leur attaque, et de les déconcerter par l'énergie de ses mesures. Cet émule du grand Frédéric ne se flattait nullement d'être un monarque sensible. Il croyait à son autorité, il en était passionnément jaloux, et ne se sentait retenu ni par les scrupules, ni par les répugnances qu'éprouvait son beau-frère, Louis XVI, pour l'effusion du sang. Il disposait de dix-huit mille hommes de bonnes troupes; il donna au général d'Alton, qui les commandait, des ordres implacables. Le 19 octobre, un manifeste du gouvernement annonce que les habitants vont être désarmés. L'émigration simple est punie du bannissement et de la confiscation; l'affiliation aux rassemblements armés sur la frontière est punie de mort; on promet aux délateurs une prime de 10,000 livres et l'impunité, s'ils ont été complices [1]. C'est, en quelque sorte, le droit commun et la pratique constante de l'ancien régime en matière d'émigrations [2]. La rigueur de l'exécution dépasse celle des décrets. Les suspects sont arrêtés sur la dénonciation du pre-

---

[1] Ordonnance du 19 octobre 1789.

[2] Voir l'édit d'août 1669, qui faisait loi en France, et que Merlin ne manque pas de citer, dans son *Répertoire,* à l'article *Émigrations,* comme résumant l'ancienne législation. Il frappe les émigrants de la « confiscation de corps et de biens ». — Cf. l'édit du 20 août 1685, contre les réformés, portant que la moitié des biens des émigrants sera donnée aux dénonciateurs. *Édits, déclarations et arrests concernant la religion prétendue réformée.* Paris, 1714 ; nouvelle édition, 1885.

mier venu, le pillage accompagne les arrestations. Le ministre de l'Empereur, Trautmansdorf, en appelle à l'équité du souverain, et lui écrit : « L'injustice avec laquelle on procède contre les sujets de Votre Majesté sous prétexte d'otages à prendre, ou de chefs de complots à écarter, doit naturellement révolter et met effectivement la nation au désespoir. Tout le monde craint la violence, tout le monde se sauve avant d'être enlevé, car tout le monde est exposé à l'être avec l'appareil le plus révoltant. Il n'existe pas de pays en Europe aujourd'hui dont les habitants jouissent de moins de sûreté, liberté et propriété que dans celui-ci [1]. »

Cette dureté ne fit qu'exaspérer les Belges et préparer les voies aux insurgés. Ils franchirent la frontière le 23 octobre. Le 24, un manifeste « au peuple brabançon », lancé par Van der Noot, invoque « les droits primitifs et imprescriptibles » de la nation belge, et déclare Joseph II déchu de sa souveraineté dans le duché de Brabant, pour en avoir violé la charte fondamentale. D'Alton riposte en annonçant qu'il fera « mettre le feu à tous les villages qui arboreraient l'étendard de la révolte et dont quelques habitants se montreraient armés dans la vue de faire résistance aux troupes ». Les troupes n'en sont pas moins battues par les insurgés et forcées de se retirer dans le Luxembourg. Le 18 décembre, Van der Noot entre triomphalement dans Bruxelles. Suivi par « leurs nobles et grandes puissances les états de Brabant », il défile devant la garde bourgeoise et la foule qui acclament le « Franklin belge ». Il se rend à la cathédrale, où l'on chante le *Te Deum*, puis au théâtre, où l'on joue la *Mort de César*. Comme il faut cependant que la sensibilité reçoive, en cette pompe nationale, le même hommage que la « vertu », et que l'innocence « consacre l'œuvre du patriotisme », le spectacle se termine par la *Rosière de Salency*; l'héroïne ingénue de la pièce dépose, aux applaudissements du public, une couronne civique sur le front de Van der Noot. Le 7 janvier 1790, des membres des états des diverses

---

[1] Voir BORGNET, t. I, ch. III.

provinces des Pays-Bas se réunissent à Bruxelles en états généraux. Le 10, ils votent l'acte fédératif des *États belgiques unis :* chaque province conserve son existence indépendante ; le pouvoir fédéral ne connaît que des affaires étrangères et de la défense commune. C'est une constitution assez analogue à celle que s'étaient donnée autrefois les *Provinces-Unies* de Hollande. Le gouvernement est confié à Van der Noot.

La nouvelle république reçut aussitôt les souhaits de bienvenue du roi de Prusse. Frédéric-Guillaume était légitimiste comme l'étaient la plupart des rois sous l'ancien régime, à ses heures, selon ses convenances : très-rigoureux sur ses propres droits, fort indépendant de ceux d'autrui. Il avait envoyé, au mois d'août, un général et des troupes à Liége pour y soutenir le peuple révolté contre l'évêque ; il autorisa son ministre Hertzberg à recevoir l'envoyé de Van der Noot. Il fit plus, il dépêcha vers les Belges, pour les stimuler et les observer à la fois, un de ses diplomates les plus adroits, le conseiller de légation Brockhausen. Il autorisa un de ses officiers, le général Schœnfeld, à organiser l'armée brabançonne. Le général Schlieffen, qui commandait à Liége, reçut l'ordre de se mettre en relation avec Bruxelles. Enfin, l'agent des basses œuvres de la diplomatie berlinoise, l'homme d'intrigues et d'agiotage qui se rencontrait partout où la Prusse ourdissait secrètement quelque trame inavouable, le Juif Éphraïm, se rendit en Belgique sous le prétexte d'y former des magasins et de pourvoir aux fournitures de l'armée républicaine [1].

La Prusse engageait les Anglais et les Hollandais à reconnaître la république, et à en garantir la constitution dès que les Brabançons paraîtraient capables de « soutenir leur indépendance ». Van der Noot sollicitait cette reconnaissance à la Haye et à Londres. Il crut nécessaire de faire également des ouvertures à Paris. Ce n'était point que ses amis l'y poussassent. Les statistes, qui formaient la majorité dans le congrès, ne montraient que de l'aversion pour les idées françaises. « S'il

---

[1] Juste, t. II, ch. I. — Sybel, 4ᵉ éd., t. I, liv. II, ch. I. — Duncker, *Friedrich Wilhelm II und Graf Hertzberg,* dans l'*Historische Zeitschrift,* 1877, p. 11 et 12.

fallait, disait un des meneurs du parti, le Jésuite Feller, opter entre ces deux extrémités terribles, ou d'établir parmi nous le règne de la *cohue nationale française*, ou de rentrer dans le pouvoir du souverain dépossédé, la nation n'hésiterait pas. J'irais moi-même rappeler d'Alton avec tout ce qu'il y a de bourreaux dans la milice autrichienne. » Néanmoins il fallait savoir à quoi s'en tenir, la France était encore officiellement l'alliée de l'Autriche. Se rendrait-elle, le cas échéant, aux réquisitions de l'Empereur, ou s'y refuserait-elle en vertu de sa nouvelle constitution? Van der Noot écrivit à Louis XVI et au président de l'Assemblée pour leur notifier l'acte d'indépendance de la Belgique. La France était ainsi provoquée à s'occuper des affaires extérieures, et elle l'était sous la forme la plus propre à l'émouvoir désormais : l'appel d'une nation voisine qui réclamait son suffrage après s'être inspirée de son exemple.

II

Une révolution dans les Pays-Bas avait été de tout temps considérée en France comme une bonne fortune. Cette tradition de la diplomatie s'accommodait fort bien, en 1789, avec les passions nationales et les nouveaux principes de l'État. L'Autriche était détestée, son alliance honnie : il suffisait que les Belges se fussent révoltés contre l'Empereur pour que le public parisien les crût aussitôt acquis à la France. Dans la première ivresse de leur émancipation, les Français étaient prêts à s'enthousiasmer pour tous les peuples qui paraîtraient faire avec eux cause commune de liberté. Les plus ardents rêvaient déjà une révolution cosmopolite. Il leur sembla qu'elle commençait par la Belgique. Ils s'enflammèrent pour l'œuvre des Brabançons, sans chercher même à la connaître, et déclarèrent, d'office, la révolution belge solidaire de la Révolution française. L'un des plus ardents boute-feux de la démocratie parisienne, Camille Desmoulins, publia un journal consacré à populariser cette politique : *les Révolutions de France et de Brabant*, premier coup de clairon de cette terrible propagande qui devait bientôt ébranler toute l'Europe. Il défend les Belges d'être des théologiens : la révolution purifie tout, même le clergé qui s'y mêle. Les Belges, d'ailleurs, ont invoqué Cicéron : c'est un brevet d'orthodoxie civique : « Mes chers amis, puisque vous lisez Cicéron, je réponds de vous ; vous serez libres. » Quand il discerne dans Van der Noot et son parti ce qu'ils sont en réalité, des adversaires résolus de la France et de ses principes, il ne les abandonne que pour adopter avec plus de zèle Vonck et les démocrates. « Assez longtemps, s'écrie-t-il, la France a passé pour la retraite des rois. O ma patrie, une destinée plus honorable t'attend. Sois maintenant l'asile et l'appui des peuples [1]. »

Camille Desmoulins prônait la révolution belge dans le parti populaire ; Lafayette s'en faisait l'apologiste à l'Assemblée nationale et auprès du gouvernement. Toutes les révolutions lui semblaient entrer dans son apanage. Il s'en constituait le parrain d'office et le tuteur naturel. Celle de Belgique l'offusquait cependant par son caractère aristocratique et l'empressement du parti dominant à rechercher la faveur de l'Angleterre et le patronage de la Prusse [2]. Il aurait aimé à défendre ce peuple contre de prétendus protecteurs qui ne visaient qu'à l'exploiter. Il se plaisait à la pensée de prendre dans les Flandres une revanche de l'échec que les Prussiens avaient infligé à la France, en 1787, lors de la révolution de Hollande. Peut-être poussant plus loin ses rêves, espérait-il affranchir les Bataves après avoir délivré les Belges, et relier par une fédération ces peuples séparés depuis si longtemps. L'Europe aurait eu ainsi ses États-Unis, clients et alliés de la France libre [3]. Lafayette pensait d'ailleurs qu'une démonstration militaire sur la fron-

---

[1] *Révolutions de France et de Brabant*, t. I, p. 164, 364, 117, 134. Le premier fascicule parut le 28 novembre 1789.

[2] *Mémoires du général Lafayette*, Paris, 1832-38, t. III, p. 16 et suiv. : Sur l'insurrection de la Belgique.

[3] Cf. Governor Morris, 22 janvier 1790.

tière du nord serait d'un heureux effet, rétablirait la discipline dans l'armée, offrirait au gouvernement le prétexte d'une diversion utile et lui rendrait quelque prestige.

Le gouvernement ne s'y prêtait point. Necker refusait l'argent, et Montmorin trouvait le projet hasardeux. Ce ministre ne désirait que la paix, il ne travaillait qu'à gagner du temps, et toute sa diplomatie s'employait à dissimuler, sous les motifs les plus dignes, l'abstention que les circonstances commandaient à la France. S'évertuant pour étouffer le feu que le roi de Prusse attisait partout, il se défiait des insinuations compromettantes qui lui venaient de Berlin. Le général Schlieffen avait rencontré le chargé d'affaires de France à la Haye, et lui avait beaucoup parlé de la Turquie. « La base de son langage était un démembrement où nous acquérerions l'Égypte et Candie. Vous pensez, écrivait Montmorin à un ambassadeur, que nous n'attachons aucune valeur à ces spéculations [1]. » Il en attachait beaucoup au contraire à persuader l'Angleterre, hostile comme il la jugeait, des intentions conciliantes de la France sur cet article délicat et irritant de la Belgique. Il craignait de mettre hors des gonds l'Autriche déjà très-méfiante et très-impatientée. Enfin, il flairait un piège dans ces coquetteries prussiennes; rien ne lui répondait qu'après avoir induit les Français à rompre avec Vienne, la Prusse ne trouverait point dans leur défection un argument pour attirer l'Autriche à son jeu. Joseph II avait pris Belgrade [2], il offrait la paix aux Turcs; il avait les mains libres : il ne parlait que de marcher aux Prussiens et de rabattre leur orgueil. Montmorin savait d'expérience sur quel terrain se pouvaient concilier ces querelles d'Allemands. Il y aurait péril pour la France à soutenir ceux qui travaillaient à dépouiller l'Autriche des Pays-Bas. « L'Empereur, écrivait Montmorin [3], se croirait peut-être alors autorisé à s'entendre momentanément avec le roi de Prusse pour nous faire rentrer dans nos anciennes limites, c'est-à-dire dans celles que nous avions

---

[1] A M. de la Luzerne, 4 octobre 1789.
[2] 8 octobre 1789.
[3] Au duc d'Orléans, 10 décembre 1789.

avant la paix de Westphalie. Les circonstances dans lesquelles se trouve la France ne rendraient malheureusement que trop facile le succès d'un semblable projet. Nous devons donc éviter, au moins par notre conduite politique, de donner aucune prise sur nous. »

Ces vues étaient sages ; mais il n'était point aisé de les faire prévaloir. Comme si les passions n'avaient pas suffi à les traverser, l'intrigue s'en mêla. Compromis dans les machinations ténébreuses qui précédèrent les journées des 5 et 6 octobre, le duc d'Orléans se trouvait sous le coup d'un terrible scandale. Lafayette, qui pouvait déshonorer ce prince, consentit à l'épargner sous la promesse qu'il quitterait immédiatement la France et en demeurerait éloigné jusqu'à la dissolution de l'Assemblée nationale. Pour le décider à cette capitulation et colorer son exil aux yeux du public, Louis XVI voulut bien lui confier une lettre pour le roi d'Angleterre et lui attribuer une mission politique. Des instructions en règle lui furent données [1]. Les affaires de Belgique en formaient le principal objet : il était naturel qu'allant à Londres de la part du Roi, le duc d'Orléans fût en mesure de s'expliquer sur cette révolution. On crut même expédient d'y intéresser son ambition. « Si les provinces belgiques doivent changer de maître, disaient les instructions, le Roi aimera de préférence qu'elles aient un souverain particulier. » Le duc le devait insinuer adroitement aux Anglais et les pressentir sur ce chapitre scabreux. « Il est possible, ajoutait-on, que le résultat tourne à l'avantage personnel de M. le duc d'Orléans. » A la vérité, un courrier qui partait pour Londres en même temps que le duc, portait à l'ambassadeur, M. de La Luzerne, l'ordre de diriger le prince, de le surveiller, d'expliquer aux Anglais le caractère tout privé de sa feinte mission, d'obtenir surtout que Georges III ne con-

---

[1] *Mémoire pour servir d'instructions à S. A. R. Mgr le duc d'Orléans, allant à Londres de la part du Roi*, 13 octobre 1789. Il s'y trouve un chapitre bien piquant. Le duc était chargé de faire la lumière sur les manœuvres des Anglais à l'intérieur de la France. Or, si le public accusait hautement l'Angleterre de fomenter les troubles, les diplomates accusaient tout bas le duc d'Orléans de lui servir d'agent. *Correspondance de Staël*, 29 août et 17 septembre 1789.

çût point d'humeur « de ce que, pour se débarrasser du duc, on avait pris en France le parti de l'envoyer en Angleterre [1] ». Montmorin ne manqua point d'avertir aussi la cour de Vienne. et de communiquer à l'Empereur, avec les instructions ostensibles du duc, la contre-lettre qui les annulait.

La précaution était insuffisante avec un libertin politique aussi faible aux tentations et aussi docile aux tentateurs que Philippe d'Orléans. La jalousie inquiète du succès plutôt que du pouvoir, les rancunes de la vanité blessée, une haine mesquine, mais obstinée, contre Marie-Antoinette, l'avaient jeté dans la Révolution. Ses motifs étaient inférieurs, son rôle fut subalterne. Ce prétendu chef de faction n'avait que l'âme d'un complice. Il livra son nom et ses trésors à Laclos, qui portait dans les conspirations l'artifice du génie le plus pervers du siècle[2]. Laclos le perdit; Philippe eut le sentiment de sa déchéance. Les négociations offraient un ragoût nouveau à son imagination blasée. Un autre de ses conseillers et confidents habituels, Lauzun, duc de Biron, qui se piquait d'intrigue européenne, lui découvrit, dans la révolution de Belgique, l'occasion de se payer de ses mécomptes dans la révolution française. Ces roués se figuraient ressusciter la Fronde. Philippe, qui s'était leurré d'une lieutenance générale dans le royaume, se rejeta sur la chimère d'une couronne dans les Flandres. L'animosité envers la Reine, ferment commun des passions de tous ces déclassés de cour tombés dans les complots, trouvait largement son compte à cet affaiblissement de l'Autriche. Les calculs qui les portaient en France à pactiser avec les démagogues, les induisaient, en Europe, à cabaler avec la Prusse. Ils attendaient tout de l'anarchie à l'intérieur, ils n'espéraient rien au dehors que de l'alliance prussienne. Mais la Prusse, aux Pays-Bas, ne ferait rien sans l'Angleterre. Il fallait donc convaincre les Anglais. La difficulté n'arrêtait point les brouillons en quête d'aventures, et quand le duc d'Orléans partit pour Londres, il y emportait tout un système de diplomatie et d'alliances.

[1] Montmorin à la Luzerne, 2 novembre 1789.
[2] Cf. TAINE, *la Révolution*, t. II, p. 60-62.

Ce système n'était pas nouveau ; les politiques du Palais-Royal n'avaient fait qu'accommoder, selon leurs fantaisies du moment, des desseins depuis longtemps populaires parmi les opposants [1]. « Je crois, écrivait Philippe d'Orléans à un de ses familiers, que quiconque viendra s'offrir aux patriotes brabançons sera accepté par eux pour gouverneur ou grand-duc [2]. » Cependant, il ne jugeait pas prudent de rompre dès l'abord avec l'Autriche. « J'aimerais mieux, disait-il, former une alliance avec l'Angleterre, la Prusse, la Hollande, alliance dans laquelle nous engagerions l'Espagne. Nous nous assurerions par là une paix perpétuelle ; mais nous ne sommes pas assez avancés pour cela ; la Reine a encore trop d'influence dans le gouvernement. » Certes, ajoutait-il, « si nos ministres n'encensaient pas encore l'*Idole* », ils trouveraient le moyen de se mêler des affaires de Flandre sans heurter de front la cour de Vienne ; « ils n'auraient qu'à exciter, même à laisser faire l'Assemblée nationale, tout rejeter sur elle si les choses allaient mal, et s'en servir si elles allaient bien [3] ». Le duc se proposait de tourner l'obstacle et d'emporter la position en la prenant à revers. Il gagnerait l'Angleterre à ses desseins, en lui offrant « l'appât d'une entière liberté de commerce entre les deux nations, et, par conséquent, l'alliance la plus étroite ». Un de ses fils pourrait épouser la fille de Georges III, et intéresser ainsi la maison de Hanovre au nouvel établissement de la maison de Bourbon. Quant à la Prusse, on lui dépêcherait Biron, homme à tout acheter dans un pays où, disait-on, tout était à vendre ; à défaut de Biron, on enverrait Heymann, militaire insidieux et rompu aux intrigues, notamment à celles de Berlin [4].

Philippe d'Orléans arriva à Londres dans les derniers jours d'octobre, tout entier à son rôle et tout possédé de son nouveau caprice. L'illusion fut courte. Georges III, déférant au vœu de Louis XVI, le reçut avec courtoisie. Pitt et le duc de

---

[1] Cf. t. I, p. 304, *les Systèmes politiques*.
[2] A Biron, 2 décembre 1789.
[3] Conversation avec M. de la Luzerne. Rapport de Londres, 22 décembre 1789.
[4] Le duc d'Orléans à Biron, 10 décembre ; à Montmorin, 6 novembre 1789.

Leeds en usèrent poliment avec lui ; mais il avait assez d'esprit pour reconnaître que l'un et l'autre ne gardaient que les apparences. Il demanda des instructions qu'on ne lui envoya point. Éconduit à la cour, évité par les gentilshommes français réfugiés à Londres, il se dégoûta des négociations comme il s'était dégoûté des complots, et ne chercha plus qu'à s'étourdir dans la mauvaise compagnie dont il se laissait circonvenir à Londres comme à Paris[1]. L'épisode, en soi, est insignifiant; il ne mériterait point l'attention de l'histoire, s'il ne présentait un premier essai, incertain et inconsidéré, mais très-saisissable néanmoins, de révolution dans la diplomatie française. On verra comment cette intrigue fugitive, sortie des cabales de l'ancienne cour et inspirée des doctrines de Favier, se rattache aux négociations, tout autrement sérieuses et concertées, de Talleyrand et de Dumouriez en 1792.

Les indiscrétions de Philippe d'Orléans et de ses amis ne laissèrent pas d'ailleurs de donner à cette prétendue mission plus de consistance qu'elle n'en méritait. Malgré tous les soins de Montmorin, l'Autriche en conçut de l'ombrage[2]. Le ministère français se rendit compte que, pour écarter ces soupçons, une manifestation sans équivoque était nécessaire. L'arrivée d'un agent belge à Paris, avec les messages de Van der Noot pour le Roi et pour l'Assemblée, en fournit l'occasion. Louis XVI renvoya le pli sans l'ouvrir, et informa le président de l'Assemblée qu'il en avait usé de la sorte, jugeant « qu'il n'était ni de sa justice, ni de sa dignité, ni de sa prudence d'accueillir une semblable démarche ». L'Assemblée fit de même, et décida, sans discussion, qu'elle ne recevrait point la missive des Brabançons[3]. Cependant, la France ne pouvait se désintéresser

---

[1] *Correspondance de Londres*, Affaires étrangères. — *Political memoranda of Francis fifth Duke of Leeds*, publiés par M. Oscar Browning, Westminster, 1884, p. 145. — Bardoux, *la Comtesse de Beaumont*. Paris, 1884. — *Lettres de la marquise de Coigny*. Paris, 1884. — Sainte-Beuve, *Causeries du lundi*, t. IV et XV, articles *Lauzun* et *Madame Elliot*.
[2] Rapport de Noailles, 21 novembre. — Joseph à Léopold, 3 décembre; Léopold à Joseph, 14 décembre 1789. — Arneth, *op. cit.*
[3] Séance du 10 décembre 1789.

des événements de Belgique jusqu'au point de vouloir les ignorer. La Prusse y menait trop de brigues pour qu'on n'essayât pas au moins de la surveiller. Le ministère y dépêcha des agents pour observer les choses; il tenta même de gagner les esprits à la combinaison d'un gouvernement constitutionnel avec un prince autrichien. Les Belges s'y refusèrent, et la France ne se mêla plus de rien [1].

Le zèle des Anglais se ralentissait aussi très-sensiblement. Leur première inquiétude avait été que la France ne se jetât sur les Pays-Bas. Pour prévenir ce danger, ils avaient conçu un instant la pensée de réunir la Belgique et la Hollande sous un même gouvernement, celui du stathouder, et de les relier à l'empire d'Allemagne en constituant un nouvel électorat [2]. Rassurés de ce côté, ils mirent moins d'empressement que ne l'auraient voulu les Belges à reconnaître leur république. Modérant même l'ardeur des Prussiens, Pitt leur persuada de réserver aux Belges les moyens de s'accorder avec l'Autriche par une transaction qui placerait leurs droits sous la garantie de leurs alliés. C'est le sens réel de la convention qui fut signée à Berlin, le 9 janvier 1790, entre l'Angleterre, la Prusse et la Hollande [3]. « Absorbé par sa politique de bourgs-pourris et peu au courant des affaires du continent, M. Pitt ne s'en occupe que quand il y est forcé », écrivait un diplomate [4]. Cette politique de *bourgs-pourris*, c'était la réforme des finances et la restauration du crédit en Angleterre : elle valait la peine que Pitt s'y absorbât. Mais, sans se désintéresser entièrement de l'Europe, comme le prétendaient les uns, sans mettre la main dans toutes les affaires du continent, ainsi que le soutenaient les autres, il ne considérait dans toutes les affaires du monde

---

[1] C'est l'épisode de la mission de La Sonde et de Sémonville. Juste, t. II, p. 83. — Sybel, *Trad.*, t. I, p. 174. — Lafayette, t. III, p. 19.

[2] Rapport de La Luzerne, 29 septembre 1789.

[3] Les alliés s'engageaient à agir de concert aux Pays-Bas; ils garantissaient aux Belges les privilèges; si les Belges s'érigeaient en État indépendant, les alliés se ... ue ne le reconnaître que suivant les circonstances et le caractère de la con... ution. Juste, t. II, p. 23. — Borgnet, t. I, p. 156. — Ranke, *Die deutschen Mächte und der Fürstenbund*, t. II, p. 177.

[4] Governor Morris, 22 janvier 1790.

que les ressources qu'elles présentaient pour élever le prestige de son gouvernement et accroître la prospérité de son pays.

La Révolution continuait, sous l'un et l'autre rapport, à servir le gouvernement anglais. La crainte qu'inspirait la propagation des principes français fit, malgré l'éloquence de Fox, repousser une motion favorable à la liberté religieuse, et ajourner indéfiniment les propositions de réforme électorale [1]. L'effacement de la puissance française permit aux Anglais de se poser en arbitres de la paix d'Orient, et de poursuivre impunément la politique d'extension coloniale à laquelle la France seule avait paru un instant capable d'opposer un obstacle. Ils ne trouvaient plus devant eux que l'Espagne, et la témérité des Espagnols leur offrit l'occasion de montrer comme ils entendaient en user à l'avenir avec la cour de Madrid. La baie de Nootka, en Californie, était l'objet d'un des innombrables litiges des deux nations. Au printemps de 1789, un navire anglais fut capturé par des Espagnols; ils plantèrent leur drapeau sur le territoire que les Anglais prétendaient occuper. Il s'ensuivit une négociation qui, vers le printemps de 1790, marchait tout droit à une rupture [2]. Un danger nouveau s'ajoutait ainsi à tous ceux qui menaçaient la tranquillité de l'Europe. La guerre du Nord et la guerre d'Orient; l'Autriche, la Russie, la Suède et la Turquie aux prises; la Pologne en effervescence, la Belgique en révolution; la Prusse enfin, préparant, au milieu de tous ces troubles qu'elle entretenait, une médiation armée et la guerre avec la Russie et l'Autriche, si ces cours écartaient ses prétentions, c'était plus qu'il ne fallait pour justifier les alarmes dont on trouve l'expression dans toutes les correspondances du temps [3]. La mort de Joseph II vint tout à coup changer la face des choses [4].

---

[1] Motion de Fox pour la révision de l'*acte de corporation* et de l'*acte de test*, rejetée, le 2 mars 1790, par 294 voix contre 105. La même motion, en 1787, n'avait été rejetée que par 20 voix de majorité. — Vote du 4 mars, ajournant la réforme électorale.
[2] STANHOPE, t. II, p. 48. — BAUMGARTEN, p. 280. — SYBEL, *Trad.*, t. I, p. 173.
[3] Voir, par exemple, la lettre de Governor Morris, du 24 janvier 1790.
[4] 20 février 1790.

III

Depuis la guerre d'Orient les forces de Joseph déclinaient. La résistance des Turcs, l'insuffisance de ses armes, les échecs qu'il avait subis, le dépérissement de ses troupes, l'avortement de ses grands desseins de conquêtes et de ses grandes réformes politiques, tout contribuait à user sa santé depuis longtemps précaire et à ronger son âme naturellement portée à l'inquiétude. L'insolence de la Prusse le jeta hors de lui-même; la révolution de Belgique acheva de l'ulcérer [1]. Il laissait épuisée dans ses ressources, troublée dans son intérieur, menacée sur ses frontières, ébranlée et compromise partout cette grande monarchie que Marie-Thérèse lui avait transmise puissante, pacifiée et prospère. Son successeur possédait toute la prudence nécessaire pour réparer les maux causés par sa témérité.

Joseph II n'avait point d'enfants. La couronne de Bohême et de Hongrie revint à son frère cadet, Léopold, grand-duc de Toscane [2]. Esprit fin, méditatif, avisé, sagace, ingénieux, souple de formes, subtil de pensées, au point de sembler parfois flottant et insaisissable, la constance de la raison d'État dominait chez lui les incertitudes du caractère. Il se connaissait, il se gouvernait, et il s'était fait de ces défaillances mêmes une sorte de supériorité. Il temporisait et transigeait par irrésolution autant que par calcul. Son long séjour en Italie avait adouci en lui l'âpreté du sang lorrain. Il avait étudié les négociations dans Machiavel, et appris l'art de flairer les événements, de les solliciter au besoin et de les tourner à ses fins; ses adversaires, par

---

[1] « Tout est au pire. » Lettre à Kaunitz, janvier 1790. Voir la lettre à Léopold, 21 janvier 1790 : « Avili par ce qui vient de m'arriver, voyant que je suis malheureux dans tout ce que j'entreprends... je n'ose plus avoir d'opinion et la faire exécuter. » VIVENOT, *Quellen zur Geschichte der deutschen Politik OEsterreichs*, Vienne, 1873-1885, t. I, p. 447. — ARNETH, *Joseph II und Leopold*, t. II, p. 312.

[2] Né en 1747. Il laissa la Toscane à son second fils, Ferdinand III.

dérision, l'appelaient le Florentin. Comme son frère Joseph, il admirait, en le détestant, leur rival Frédéric ; mais ce n'était point le Frédéric hasardeux et conquérant, dont le prestige avait si longtemps égaré Joseph, c'était le Frédéric de la seconde manière, le Frédéric de la fin, celui du partage de la Pologne et de la Confédération des Princes, que Léopold se proposait pour modèle [1]. Rien de chimérique en lui, malgré la teinture qu'il avait prise des philosophes et le jargon humanitaire qu'il parlait par moments; rien de chevaleresque non plus. Nulle sensibilité, même la plus légitime, n'offusquait son jugement; nul esprit de système ne gênait le jeu très-délié de ses combinaisons, et toutes ses vues tendaient à tirer des hommes et des choses de son temps tout le profit possible pour la puissance de sa monarchie et la prospérité de ses peuples. Cet égoïsme supérieur formait le premier principe de son gouvernement. Mais le politique se doublait en lui du « prince éclairé » et s'en inspirait. Il estimait que le souverain devait, par ses réformes, devancer l'esprit public et le diriger [2]. En un mot, c'était un diplomate et un homme d'État; il le montra par les premiers actes de son règne.

Il pensait qu'on ne gouverne les royaumes qu'en gouvernant les hommes, et que pour gouverner les hommes le premier point est de les gagner. Cette fameuse uniformité, qui séduisait tant Joseph II, le laissait indifférent; peu lui importait l'enchevêtrement des rouages, si l'État demeurait le moteur et le centre de la machine. Il déclara « qu'il considérait les états des provinces comme les colonnes de la monarchie; qu'il leur rendrait leurs priviléges et qu'il travaillerait avec eux à mettre les intérêts de ses peuples en harmonie avec ceux du souverain ». Il rassura le clergé et s'efforça de le ramener à la couronne, en rapportant les mesures les plus vexatoires de Joseph II, ce qui lui permit de

---

[1] Il ne laissait point d'admirer et d'imiter aussi le Frédéric financier, économe et parcimonieux. « Léopold affichait en Toscane une simplicité cynique et une économie sordide. » Le comte DE LANGERON, *Mémoires de 1790. Affaires étrangères*.
[2] Cf. t. I, p. 118. — RANKE, *Die deutschen Mächte*, t. II, p. 171-2. — SYBEL, t. I, liv. II, ch. II. — HÆUSSER, liv. II, ch. II.

maintenir les mesures les plus efficaces, comme l'interdiction de publier les bulles et la suppression des tribunaux ecclésiastiques. En même temps et afin de ne laisser aucun doute sur la portée de ses promesses, il convoqua, pour le mois de juin, la diète de Hongrie. Malgré l'excitation des esprits, il avait lieu d'espérer que cette mesure rallierait la grande majorité des Hongrois. On verra qu'il ne se trompait point. Il en usa plus largement encore avec les Belges et leur concéda tout ce qu'il pouvait concéder [1] ; mais il les trouva incrédules et rebelles : Van der Noot ne répondit même point à son message. Léopold renonça dès lors à les persuader, et, sans revenir le moins du monde sur l'engagement qu'il prenait de leur restituer leurs libertés traditionnelles, il s'occupa de les soumettre. Leurs discordes lui préparaient les voies.

A peine établie, cette république se déchirait [2]. Les factions, désunies par l'effet même de leur victoire, se disputaient le pays. Les statistes qui s'étaient attribué le pouvoir déclaraient la révolution terminée : elle n'avait pas, selon eux, d'autre objet que d'abolir les réformes de Joseph II, de rétablir les anciennes coutumes, de restituer le gouvernement à l'aristocratie et au clergé. Les vonckistes réclamaient une constitution, dans laquelle le tiers état aurait eu, comme en France, une représentation égale à celle de chacun des deux autres ordres. Quelques téméraires parlaient même de convoquer une convention nationale. Les rivalités entre ces partis étaient aussi furieuses et acharnées qu'en France, mais tous les rôles étaient renversés. L'esprit des temps, par l'effet même du contraste, ne s'en dégage que plus nettement.

Le parti populaire est en Belgique le parti catholique : il en use à l'égard des vonckistes, suspects de philosophie, comme les démagogues de France à l'égard des nobles et des prêtres. Le

---

[1] Déclaration du 2 mars 1790 : amnistie, emplois publics confiés aux nationaux, rétablissement des chartes et coutumes, déclaration qu'aucune loi ne sera faite sans le concours des états, administration des séminaires rendue aux évêques, acceptation de la garantie d'une puissance étrangère (l'Angleterre) pour la liberté de la Belgique. BORGNET, ch. IV. — BEER, *Kaunitz*, Léopold à Kaunitz, 15 avril 1790.

[2] BORGNET, t. I, ch. IV et V. — JUSTE, t. II, ch. II.

Jésuite Feller et le chanoine Duvivier donnent le ton et mènent le branle. Les moines suivent. Vonck et ses amis sont dénoncés au peuple comme disciples de Voltaire et complices de l'Autriche. « Confisquez leurs biens, dit un libelle, employez-les aux besoins de l'État : vous ne vous saisirez que d'un bien mal acquis et du sang de vos compatriotes dont ils se sont enrichis. » Le 15 mars 1790, des placards invitent les *vrais patriotes* à se rassembler sur la grande place de Bruxelles *pour défendre, contre les intrigants, la religion, la constitution et la liberté.* Des listes de suspects sont dressées. Sur les maisons qui doivent être épargnées, on attache une image de la Vierge; sur les autres, on affiche un quatrain portant que la maison sera pillée et le propriétaire égorgé : tel est le vœu du peuple!

Le 16, les émeutiers arrivent au rendez-vous. Les membres des états paraissent au balcon de l'hôtel de ville. La foule acclame Van der Noot, et le pillage commence. Vonck et ses amis, proscrits comme lui par les meneurs, n'échappent à la mort que par la fuite [1]. La garde bourgeoise avait reçu l'ordre de ne pas tirer sur le peuple. Bruxelles se trouva livrée à ces nouveaux ligueurs, et l'anarchie monacale y donna le spectacle qu'ont donné partout et toujours la démagogie débridée et le fanatisme victorieux. « Dans tous les carrefours, rapporte un historien belge, on arborait le drapeau de la liberté, et cependant des centaines de citoyens de tout état étaient saisis, arrêtés, incarcérés dans les couvents, maltraités en plein jour, à la vue des officiers de justice, sur un simple propos, sur un léger soupçon ! » Le conseil de Brabant institue un *Comité de haute police* qui usurpe tous les pouvoirs. C'est *l'an de fer* 1790, comme on dit en Belgique. Les courriers sont arrêtés, les lettres saisies et ouvertes. Des pelotons d'hommes armés, conduits par des moines, visitent les maisons. « Tuer un vonckiste, dit un Capucin, c'est faire un sacrifice agréable à Dieu. » « Le moment d'une révolution, écrit le Jésuite Feller dans *le Journal historique* qu'il publie, n'a d'autres lois que le salut public. Que

---

[1] Vonck se réfugia en France, avril 1790.

serait devenue Rome si les Tarquins avaient été livrés à des consultes d'avocats?... Les formes sont respectables, sans doute, quand elles assurent la vie des citoyens ; mais quand elles compromettent la vie de tous, qu'elles encouragent la scélératesse et la félonie, qu'elles rassurent les meurtriers et les brigands, elles sont détestables. *Salus populi, suprema lex esto.* »

La proscription des démocrates enleva aux Belges les dernières sympathies de la France. Les états avaient fait une nouvelle démarche auprès du Roi et de l'Assemblée. Louis XVI refusa, comme la première fois, de recevoir leur message. L'Assemblée nationale en fut informée. Le gouvernement de Van der Noot et les excès de Bruxelles avaient entièrement découragé Lafayette. Il fit décider le 18 mars que, vu « la situation intérieure des Pays-Bas, où le congrès des états actuels ne paraît pas avoir les caractères qui émanent de la souveraineté du peuple », l'Assemblée s'en remettait à la sagesse du Roi.

Il ne fallait pas à la cour de Vienne beaucoup de perspicacité pour mesurer la portée de cette réserve sur « les caractères qui émanent de la souveraineté du peuple ». Léopold ne s'y méprit pas, mais il ne s'en émut point outre mesure. Il ne comptait plus avec la France, et comme il la détestait, il se complaisait à la voir dans cette incapacité de nuire où il la croyait réduite pour longtemps. Les relations demeuraient comme suspendues entre les deux cours. A Vienne, on ne parlait plus de la France que sur le ton de l'ironie. Léopold régnait depuis plus de six semaines, il n'avait pas encore notifié officiellement son avènement à son beau-frère, lorsque son ambassadeur, Mercy, prévint, un jour, Montmorin que l'Autriche avait jugé expédient de se rapprocher de l'Angleterre : elle lui demandait sa médiation aux Pays-Bas et ses bons offices en Orient. Mercy ne dissimula point le motif de cette démarche, qui consacrait la rupture de l'alliance de 1756 : c'était l'impuissance de la France à seconder la politique autrichienne [1]. La Prusse était

---

[1] Montmorin à Noailles, 2 avril; à la Luzerne, 8 avril. Rapport de Noailles, 7 avril 1790.

en armes, il s'agissait de la contenir. Léopold avait besoin d'un allié effectif, et il ne croyait pouvoir le trouver qu'à la cour de Londres. C'est de ce côté que se tournaient maintenant tous ses efforts.

IV

La Prusse s'était lancée à fond [1]. Au train dont elle menait les choses, elle allait tout droit à étonner le monde par un grand coup d'éclat, ou par quelque chute pompeuse on parlerait longtemps. L'artifice même et la complication intrigues l'exposaient à tomber dans la première embûche lui tendrait un adversaire habile. Hertzberg avait tout préparé pour que la confusion fût au comble au printemps : l'événement dépassait son attente. Il commençait à se perdre lui-même dans le dédale de sa politique. L'impatience du Roi acheva de tout brouiller. Ce prince, ambitieux et borné, n'avait point de confiance en son ministre et n'espérait rien de ses plans. La trame enchevêtrée de Hertzberg était bonne peut-être à occuper les vieux politiques durant les loisirs de l'hiver ; mais ce n'est point sur ce canevas-là que se brode l'étoffe dont on fait les héros. L'approche du printemps remettait le roi de Prusse en humeur de batailles et de conquêtes. Il prit les rênes, et donna de l'éperon à tous ses diplomates. Hertzberg jouait le jeu classique avec les Turcs; il spéculait, pour les lancer de nouveau contre l'Autriche et la Russie, sur leur impéritie et sur leurs goûts belliqueux [2]. Les Turcs, prévenus à temps par l'ambassadeur de France, Choiseul-Gouffier, éventèrent la manœuvre. Sachant que Frédéric-Guillaume tenait à les entraîner à tout prix,

---

[1] Cf. t. I, p. 524 et suiv.
[2] Sur ces curieuses négociations de la Prusse à Constantinople, voir : Zinkeisen, *Geschichte des osmanischen Reiches*, t. VI, Gotha, 1859, liv. VIII, ch. ii, p. 730-751. — Hæusser, t. I, liv. II, ch. i, p. 238-242. — Sybel, t. I, liv. II, ch. ii. — Ranke, *Die deutschen Mächte*, t. II, ch. xxviii, p. 162 et suiv. — Baillet, article *Hertzberg*, dans l'*Allgemeine deutsche Biographie*.

ils exigèrent que la Prusse s'obligeât à les soutenir par les armes, jusqu'à ce qu'ils eussent reconquis les territoires perdus par eux dans les dernières années, y compris la Crimée. L'agent prussien, Diez, se débattit de son mieux; mais les Turcs tinrent bon. Diez, qui avait l'ordre de traiter, écrivit tout ce qu'ils voulurent, et signa le 30 janvier 1790. Dès que Hertzberg en eut connaissance, il s'emporta furieusement. « Les ministres turcs vous ont joué, écrivit-il à Diez : ils ne se sont engagés à rien, et vous avez tout accordé. » Mais Frédéric-Guillaume et ses nouveaux conseillers n'étaient point gens à s'embarrasser de vaines stipulations. Il est un correctif très-simple aux engagements téméraires : on se réserve de ne rien tenir après avoir tout promis. Cette restriction mentale est comme une clause secrète, toujours sous-entendue dans les contrats de cette espèce. Le dévot héritier de Frédéric en usait de la sorte avec les Turcs, et son conseiller intime Lucchesini agissait de même, dans le même temps, avec les Polonais.

Il y a une nuance cependant, qu'il convient d'observer. Avec les Turcs les Prussiens s'en étaient tenus à la duplicité; avec les Polonais ils allèrent jusqu'à la perfidie [1]. Lucchesini leur demandait Thorn et Danzig, en échange d'une portion de la Galicie que l'Autriche leur céderait : en récompense, le roi de Prusse garantirait le territoire et les constitutions de la Pologne. Les Polonais, convaincus que ce prince avait besoin d'eux contre la Russie, refusèrent les cessions de territoires. La Prusse voulait le traité quand même, et elle le signa. Ainsi fut conclue cette alliance du 29 mars 1790, qui devait marquer dans l'histoire des parjures, et faire scandale même en un siècle qui avait vu la guerre de succession d'Autriche. C'était un traité *d'amitié et d'union*. L'article 2 était ainsi conçu : « Les deux hautes parties contractantes feront tout leur possible pour se garantir et se conserver réciproquement la possession tranquille

---

[1] Voir FERRAND, *Histoire des trois démembrements de la Pologne*, Paris, 1820, t. III, liv. IX. — ANGEBERG, *Recueil des traités de la Pologne*. Paris, 1862. — KALINKA, *la Diète de quatre ans*. Léopol, 1881 (en polonais). — SYBEL, liv. II, ch. VI, trad. I, p. 285. — HERRMANN, *Geschichte des russischen Staates*, Gotha, 1860, t. VI, ch. v. — Article *Lucchesini*, dans l'*Allgemeine deutsche Biographie*.

des États, provinces et villes qu'elles possèdent dans le temps de la conclusion du présent traité. » Par l'article 3, la Prusse promettait, dans le cas où la Pologne serait attaquée, de lui fournir *sans délai* un secours de quatorze mille fantassins et de quatre mille cavaliers. L'alliance était dirigée contre la Russie ; nombre de clauses en paraissaient équivoques, et l'on en pouvait tirer toute sorte de conséquences, sauf une seule cependant, et ce fut celle qui en découla : l'invasion et le partage de la Pologne par les Russes et les Prussiens coalisés [1].

Pour le moment, il s'agissait à Berlin d'investir la Russie : le Suédois, le Turc et le Polonais s'en chargeaient. Quant à l'Autriche, Frédéric-Guillaume lui suscitait des ennemis de tous les côtés à la fois. Il travaillait les Hongrois, les poussait à réclamer la garantie de leurs chartes par la Prusse, les engageait à refuser des troupes à leur roi, et leur annonçait sa prochaine arrivée avec des forces imposantes [2]. Les Belges se remuaient de leur mieux. La France était hostile à Léopold : dans le fait, l'alliance était dissoute. Goltz, sur les ordres de son maître, échauffait les esprits contre Marie-Antoinette, cabalait contre la cour de Vienne et s'efforçait, non sans succès, grâce à ses relations équivoques avec les révolutionnaires, de paralyser les mesures du ministère français [3]. Le roi de Prusse estimait que, dans ces conditions, l'Autriche serait contrainte de capituler entre ses mains. Il mobilisa son armée, la concentra en Silésie et notifia aux Autrichiens ses

---

[1] En 1794, le comte André Rasoumowski, ambassadeur de Russie à Varsovie, disait à Lucchesini que les Polonais répandaient le bruit de victoires remportées par eux sur les Russes et semblaient y croire. « — Calmez-vous, lui répondit Lucchesini ; ces bonnes gens croient tout ; n'ont-ils pas cru tout ce que je leur ai dit en 1790 ? — J'étais présent à cette conversation. » Le comte DE LANGERON, *Journal des campagnes de 1790*. Affaires étrangères.

[2] Lettres du Roi à Jacobi, mars, mai, juin 1790. DUNCKER, *op. cit.*, p. 19-21.

[3] Goltz devait combattre, auprès des démocrates, toutes les mesures militaires, sous prétexte qu'elles relèveraient l'autorité du Roi. Il travaillait à la fois contre l'Espagne et contre l'Autriche. Pétion paraît avoir été son principal instrument en cette intrigue. Dans une lettre de la fin de mai, Frédéric-Guillaume lui mande « de tenir ce Pétion en haleine, de lui exprimer la satisfaction qu'il éprouve de sa conduite, et de faire savoir à Berlin s'il ne serait pas expédient de lui servir une pension ». DUNCKER, *op. cit.*, p. 21.

prétentions : Armistice immédiat avec les Turcs, qui rendraient à l'Autriche ses limites du traité de Passarowitz [1]; l'Autriche céderait la Galicie aux Polonais, qui abandonneraient à la Prusse Thorn, Danzig, Posen, Gnesen et Kalisch. Si Joseph II avait encore régné, et si le vieux Kaunitz avait encore été le maître de décider les choses, la guerre eût été inévitable. L'Autriche aurait bâclé la paix avec les Turcs et se serait jetée avec toutes ses forces sur les Prussiens. Mais Léopold trouva plus simple d'amener, par les moyens de persuasion, les Prussiens à battre en retraite. Il avait pénétré le caractère et le jeu du roi de Prusse. Il para le coup avec un art supérieur [2].

Il écrivit directement à Frédéric-Guillaume et fit appel à ses sentiments pacifiques; puis, sachant à merveille que, sans l'appui des Anglais, la Prusse ne pouvait soutenir longtemps ses exigences, il l'attaqua de ce côté et la tourna, pour ainsi dire, dans toutes ses positions. Joseph avait déjà songé à recourir à l'Angleterre. Entre la Prusse, ennemie héréditaire, et la France, devenue, par le triomphe du parti de la Révolution, « une ennemie acharnée », l'Autriche n'avait plus de secours à espérer que de cette alliée classique [3]. Ce fut la première pensée de Léopold quand il prit le gouvernement. Il se déclara prêt à la paix et disposé à restituer aux Belges, sous la garantie de l'Angleterre, leur ancienne constitution. Du côté de l'Orient, il se contenterait d'Orsova; mais si la Prusse lui déclarait la guerre, plutôt que de céder à ses injonctions, il livrerait la Belgique à la France, afin d'assurer la liberté de ses mouvements. Cette

---

[1] 21 juillet 1718. Ce traité, le plus avantageux que l'Autriche ait conclu avec la Porte, lui donnait Temesvar, Belgrade, Orsova, le Banat entier, la Serbie septentrionale et la Valachie jusqu'à l'Aluta. La paix de Belgrade, 1739, ramena la frontière à Orsova et au cours de la Save. — HIMLY, *Formation territoriale des États de l'Europe centrale*, Paris, 1876, t. I, p. 422-424.

[2] Pour le détail de ces négociations, voir SYBEL, t. I, liv. II, ch. II. — RANKE, *Die deutschen Mächte*, t. II, ch. XXIX. — HÄUSSER, t. I, liv. II, ch. I. — BEER, *Leopold und Catharina*, Introduction. — PHILIPPSON, t. I, ch. IV. — BEER, *Leopold und Kaunitz*. — VIVENOT, *Quellen*, t. I, p. 489 et suiv. — HERRMANN, *Geschichte Russland's*, t. VI, ch. V. — MARTENS, *Recueil des traités de la Russie*, Pétersbourg, 1883, t. VI, *Allemagne*, p. 144 et suiv. — NEUMANN, *Recueil des traités de l'Autriche*, Leipzig, 1856, t. I, p. 414-420.

[3] Joseph à Kaunitz, 13 novembre 1789. BEER, p. 349.

ouverture ne pouvait se faire plus à propos pour les Anglais. Ils étaient résolus à pousser vivement leurs affaires avec les Espagnols : il ne leur fallait point de diversions sur le continent, et ils promirent très-volontiers à Léopold de le seconder auprès des Prussiens.

Cependant, Frédéric-Guillaume était venu se placer à la tête de son armée. Le 26 juin, deux envoyés autrichiens, le prince de Reuss et le référendaire Spielmann, se présentèrent à son quartier général, à Reichenbach. Hertzberg leur exposa ses plans. Tandis qu'ils discutaient, les ministres d'Angleterre et de Hollande arrivèrent à leur tour et déclarèrent que leurs gouvernements n'admettaient point d'autre principe de paix que le rétablissement du *statu quo* avant la guerre. Cette défection de ses alliés déroutait toutes les combinaisons de Hertzberg. Il apprit en même temps que les Polonais refusaient absolument, et en tout état de cause, la cession de Thorn et de Danzig. Le grand dessein s'en allait à vau-l'eau. La Prusse était réduite à la retraite ; il ne s'agissait plus que d'en colorer le motif et d'en dissimuler l'humiliation aux yeux du Roi. Les favoris s'en chargèrent, et Frédéric-Guillaume s'y préta aisément. S'il était glorieux et colère, il était mobile : sa colère tourna contre Hertzberg, qui l'avait engagé témérairement, et il mit sa gloire à paraître magnanime après avoir tenté de paraître formidable.

Il y avait, et depuis longtemps, haine et guerre déclarée entre Hertzberg et la coterie des théosophes. Ces pieux intrigants avaient exclu du gouvernement intérieur les anciens conseillers de Frédéric ; ils méditaient d'opérer dans les affaires étrangères les mêmes changements. L'échec de Hertzberg leur livrait la diplomatie. Ils représentèrent au Roi la gravité d'une rupture entre les deux grandes monarchies de l'Allemagne, dans un temps où les principes pervers de la Révolution française menaçaient le Saint-Empire. Ces insinuations, qui commencèrent alors à percer dans la politique, ne laissèrent pas de toucher Frédéric-Guillaume. Tant qu'il avait espéré des conquêtes, il s'était peu soucié des principes, du droit public, de l'ordre européen et de la tranquillité du Saint-Empire. Les conquêtes lui échappant, il s'aperçut qu'il avait de grands devoirs à remplir envers le monde, envers les rois, envers l'Allemagne. Il oublia les Hongrois qu'il avait excités, les Belges, auxquels il avait promis l'indépendance, les Turcs, les Suédois et les Polonais qu'il avait poussés à la guerre. Il se trouva d'ailleurs des politiques de profession pour soutenir la cabale des favoris. Lucchesini, qui se voyait en passe de supplanter Hertzberg, découvrait dans le nouveau système plus de ressources que dans l'ancien. Cet Italien subtil se flattait de tirer plus de bénéfices de la cause des souverains qu'on n'en avait obtenu jusque-là de celle des peuples. Il s'avisa que l'on gagnerait plus à défendre le droit qu'à fomenter des séditions.

Goltz lui fournit des arguments comme il en fallait pour convaincre un prince de ce temps et un politique de l'humeur de Frédéric-Guillaume. Ce parfait Prussien, qui s'employait à Paris depuis près d'une année à ébranler le trône, reconnut qu'il serait à la fois plus louable, plus expédient et plus profitable de le relever. Une belle alliance de principes avec l'Autriche y suffirait. L'Autriche, évidemment, exigerait pour se payer de ses efforts, *pro studio et labore,* une province ou deux, l'Alsace ou la Flandre, et elle céderait à la Prusse, pour maintenir l'équilibre, qui était un principe aussi et le fondement de tous les autres, des districts équivalents en Bohême et en Moravie [1]. L'idée de dépouiller la France s'insinuait ainsi dans les esprits en même temps que la pensée de combattre la Révolution. Avant que la « Sainte-Alliance » de 1792 fût conclue, avant même qu'elle fût négociée, lorsqu'elle ne se présentait encore qu'à l'état de conception lointaine, le vice qui devait en paralyser le développement en corrompait déjà le germe : elle naissait d'une intrigue, elle ne se nouait que pour le lucre, elle était condamnée à péricliter par les rivalités et à périr par la trahison. L'ancienne Europe n'était pas capable de concevoir, de former et de conduire autrement une « ligue du bien public ».

Ces arguments très-divers émurent également Frédéric-Guil-

---

[1] Dépêche de Goltz, 25 mai 1790. Hæussen, t. I, p. 349.

laume. La fine diplomatie de Léopold échappait à cet esprit confus et emporté. Il se flatta d'imposer aux Autrichiens la transaction qu'ils le mettaient en demeure de subir. Léopold reçut, du camp prussien, sous forme d'*ultimatum*, ses propres propositions de paix. Il lui convint de se les faire dicter. Ainsi furent signées, le 27 juillet, les déclarations qui suspendaient le conflit entre les deux puissances allemandes. L'Autriche exprimait l'intention de conclure un armistice avec les Turcs et de négocier la paix sur le principe du *statu quo*, dans un congrès et sous la médiation de la Prusse, de l'Angleterre et de la Hollande; elle se réservait de réclamer quelques rectifications de frontière, sauf à procurer, le cas échéant, un équivalent à la Prusse. La Prusse en prenait acte et s'engageait à n'intervenir dans les affaires des Pays-Bas que d'accord avec les Hollandais et l'Angleterre : elle garantirait les constitutions des provinces et assurerait, à la suite d'une amnistie accordée par Léopold, le rétablissement de l'autorité de l'Autriche dans la Belgique. Ces stipulations dilatoires laissaient toute latitude à Léopold ; un politique aussi ingénieux pouvait y trouver les moyens de décliner la médiation même qu'il paraissait accepter.

La conclusion de tout cet imbroglio était que la Prusse avait dépensé quarante millions d'écus, mobilisé son armée et passé devant toute l'Europe la revue de ses troupes, pour battre piteusement en retraite et rentrer dans ses casernes sans avoir fait autre chose que les affaires de sa rivale. L'Europe en eut le sentiment. La Prusse tomba tout à coup de l'échafaudage sur lequel elle s'était guindée; son prestige s'évanouit avec son insolence, et l'on cessa partout de la prendre au sérieux. Les docteurs politiques virent dans cette chute la confirmation de leurs pronostics[1] et la fin naturelle des grandes entreprises formées « avec une puissance qui vit d'accidents, qui ne peut pas durer et qui est plutôt enflée qu'agrandie[2] ». Léopold, au contraire, passa, sur ce coup de maître, pour un diplomate de

[1] Cf. t. I, p. 92, 463.
[2] *Grandeur et décadence des Romains*, ch. xvi. — « Tout l'édifice repose sur le sable; il redeviendra sable et poussière. » Catherine à Grimm, 24 juin 1790.

premier ordre, et l'on recommença de compter avec l'Autriche qui paraissait ruinée trois mois auparavant.

Tandis que Léopold rompait les mesures de son rival et le réduisait à composition, la grande Catherine se débarrassait de la Suède et complétait ainsi le désarroi de la Prusse. Elle sortait à son honneur de la crise la plus périlleuse. Les Turcs l'attaquaient au midi de son empire; Gustave III menaçait Pétersbourg avec une petite armée et une flotte redoutable. L'amiral russe, Nassau-Siegen, repoussa, le 24 juin, à Viborg, cette flotte suédoise. Il se flatta même, un moment, de la faire capituler. Les Suédois s'en tirèrent par une attaque audacieuse; leurs marins battirent les Russes le 7 juillet. De Pétersbourg on entendait le canon. Des coureurs s'avancèrent jusqu'à deux lieues de la ville, où l'on n'était point en état de soutenir un siège. Catherine ne se laissa pas déconcerter. « Morgué! disait-elle un jour, nous ne plierons pas devant le diable même [1]! » On le vit bien en cette conjoncture. Beaucoup de gens blâmaient autour d'elle le prince de Nassau, parce qu'il s'était laissé vaincre. Elle le traita comme il méritait d'être traité [2], et lui écrivit le soir même de la bataille : « Planez sur les événements, et allez derechef à l'ennemi. Le roi de Prusse n'était véritablement grand qu'après un grand revers... Pierre Ier, après avoir été battu neuf ans de suite, gagna la bataille de Pultava. » Elle raillait son ennemi afin de se garder en belle humeur [3], et, durant les heures de danger, pour soutenir sa constance, elle évoquait l'âme stoïque des anciens. Renfermée dans son palais de Tsarskoé-Sélo, avec son jeune favori, Platon Zoubof, elle traduisait en russe un tome de Plutarque [4]. C'était le génie du siècle; il avait sa sincérité et sa grandeur.

[1] Lettre à Grimm, 27 avril 1791.
[2] « Tout ce que la valeur a de plus brillant et tout ce que la chevalerie a de plus loyal. Né avec une force de corps prodigieuse, un génie ardent et une âme de feu, il développa de bonne heure son goût pour les aventures et sa passion pour la gloire. » D'ailleurs plutôt « aventurier illustre » que réellement « grand seigneur ». LANGERON, op. cit.
[3] Elle avait composé un opéra dont Gustave était le héros « infâme et ridicule », et le faisait jouer devant elle. LANGERON, id.
[4] Lettre à Grimm, 13 septembre 1790.

La fermeté de Catherine la sauva. Elle n'était point capable de se défendre, sur terre, contre une attaque ; mais Gustave ne se sentait point de force à l'attaquer. Sa victoire même semblait l'avoir épuisé. Il avait l'imagination héroïque, la volonté chez lui manquait de suite. Il se lassa d'une guerre incertaine qui ne pouvait conduire qu'à une paix sans avantage. Les Suédois s'agitaient et murmuraient contre l'excès des dépenses. Il se dit qu'en cas de revers, il risquait sa couronne, et, pour se consoler de l'échec de cette vaine aventure, il se forgea de nouvelles chimères. C'est le temps où le projet d'une intervention en France, qui depuis quelque temps hantait sa pensée, s'y fixa décidément. Catherine connaissait ses faiblesses et ses travers. Les desseins romanesques du roi de Suède ne la délivraient pas seulement d'un ennemi ; ils flattaient ses passions et servaient ses propres plans. Elle berça Gustave de l'espoir d'une alliance qui assurerait le succès de sa croisade, et lui offrit la paix. Il se hâta de l'accepter, la signant sur une victoire. Cette paix rétablissait les choses comme elles étaient avant la guerre. Elle fut conclue le 14 août 1790, à Véréla. « A présent que le bras droit est dégagé, écrivait Catherine à Grimm un mois après, nous verrons ce que nous verrons. » Ce qu'elle comptait voir, c'était la déroute des Turcs et la banqueroute des Prussiens. Quant à la Révolution française, ce n'était encore pour elle qu'un objet de spéculation, et un prétexte à déverser le trop plein de sa haine pour la France nouvelle et ses principes.

Gustave III se trouvait ainsi libre de ses mouvements, dans le temps même où la Prusse et l'Autriche semblaient disposées à suspendre leurs querelles. La crise de l'Europe qui jusque-là avait permis à la Révolution française de se développer sans contrainte, paraissait s'apaiser, et l'on voyait se rapprocher des puissances dont la division était depuis une année la véritable sauvegarde des Français. Il n'avait été directement question de la France ni dans les conférences, ni dans les déclarations de Reichenbach. Toutefois on y avait songé, et l'inquiétude, encore très-vague, que l'on ressentait de ses troubles, les projets que l'affaiblissement de la monarchie française suggérait aux calculateurs et aux ambitieux, ne laissèrent pas d'exercer quelque influence sur les résolutions des négociateurs. Le 24 juillet, trois jours avant la fin des conférences, Kaunitz écrivant au ministre d'Autriche à Londres, à propos du rétablissement de l'ordre dans les Pays-Bas, lui mandait : « Vous témoignerez au ministre britannique combien ce dernier objet tient à cœur à notre maître, et vous lui représenterez que non-seulement son honneur offensé, mais aussi l'intérêt général de l'Allemagne, sinon de l'Europe entière, menacées d'être ébranlées d'un bout à l'autre par l'exemple et les progrès d'un esprit de révolte qui ne connaît plus de bornes, sont absolument incompatibles avec tout autre pied d'arrangement que celui de la restitution de l'ancienne constitution [1]. » Ce n'était encore qu'à titre de diversion et, pour ainsi dire, sous forme de digression politique que la Révolution française commençait à préoccuper les hommes d'État de l'Europe ; cependant cette révolution débordait déjà de toutes parts les frontières de la France, et toutes les grandes causes des conflits futurs se dégageaient des délibérations de l'Assemblée constituante.

[1] Vivenot, t. I, p. 9.

CHAPITRE III

LE DROIT DE PAIX ET DE GUERRE.

1790

I

L'Assemblée constituante fut entraînée, comme malgré elle, par la force des choses et la logique des idées, à se heurter à l'Europe au moment même où elle se berçait de l'illusion d'inaugurer une ère de paix perpétuelle entre les nations. Vainement prétend-elle faire table rase du passé ; elle le croit anéanti, et il la ressaisit subrepticement, l'arrête, la déroute et l'emporte hors des voies qu'elle s'était destinées. C'est ainsi que l'acte primordial et essentiel de la Révolution, la suppression du régime féodal, réveille et renouvelle un des conflits classiques de l'ancienne diplomatie, le procès séculaire de la France et de l'Allemagne au sujet de la souveraineté de l'Alsace [1].

Depuis la cession de cette province et pendant tout le règne de Louis XIV, le royaume et l'empire n'avaient cessé d'y lutter, le royaume pour y établir directement sa souveraineté, l'empire pour y recouvrer indirectement la sienne. Le traité de Munster n'était clair et formel qu'en ce qui concernait les

---

[1] Cf. t. I, p. 284. — *Considérations touchant l'intervention des garants de la paix de Westphalie dans l'affaire des princes possessionnés d'Alsace*, mémoire manuscrit, 1791, Affaires étrangères. — BOUGEANT, *Histoire du traité de Westphalie*, Paris, 1767, t. III, p. 443 et suiv. — HÆUSSER, t. I, p. 275 et suiv. — RANKE, *Ursprung und Beginn der Revolutionskriege*, Leipzig, 1875, ch. III. — HIMLY, *Histoire de la formation territoriale des États de l'Europe centrale*, Paris, 1876, t. I, p. 253, 271, 268, 299.

pays d'Alsace appartenant en propre à la maison d'Autriche. Les clauses relatives aux territoires alsaciens qui relevaient immédiatement de l'empire demeuraient ambiguës, obscures et litigieuses. Parmi les seigneurs de ces territoires, les uns possédaient tous leurs biens en Alsace et se trouvaient ainsi sous les prises directes du roi de France, les autres n'y possédaient que des dépendances et tenaient dans l'empire leur principal établissement. Louis XIV n'eut point de cesse qu'il ne les eût tous soumis à sa souveraineté. Ce fut l'œuvre principale des Chambres de réunion. Il fallut des guerres sanglantes pour en faire prévaloir les arrêts; le traité de Ryswick en constata le solennel enregistrement de la part de l'empire. Louis XIV exigea le serment des princes allemands possessionnés en Alsace et considéra comme dépendant directement de sa couronne les autres seigneurs et seigneuries de cette province. Mais, en enlevant à ces seigneurs et à ces seigneuries la qualité de membres immédiats de l'empire pour faire d'eux des vassaux du roi de France, il les confirma dans les droits et privilèges seigneuriaux dont ils jouissaient sous la suprématie de l'Allemagne [1].

En 1789, les anciens membres de la noblesse immédiate et les ci-devant villes libres de l'Alsace envoyèrent des députés aux états généraux. Les territoires possédés par des princes allemands en nommèrent également, mais les princes n'en déléguèrent pas. Il s'ensuivit que, dans ces territoires, les vassaux firent acte de citoyens français, comme tous les autres habitants de l'Alsace, et furent représentés à l'Assemblée, tandis que leurs seigneurs firent acte d'étrangers et n'eurent point de représentants [2]. C'est dans ces conditions qu'intervinrent les décrets du

---

[1] « La souveraineté du Roi a remplacé en Alsace la suprématie de l'Empereur et de l'Empire; la supériorité territoriale des immédiats de cette province, avec tous ses attributs et ses émanations de droits utiles et honorifiques, subsiste encore et doit continuer de subsister sous la souveraineté du Roi, comme elle a existé dans les temps antérieurs à la paix de Westphalie sous la suprématie de l'Empereur et de l'Empire. » *Considérations*, loc. cit.

[2] Les princes allemands possessionnés en 1789 étaient, parmi les laïques : le duc de Wurtemberg, le duc des Deux-Ponts, le landgrave de Hesse-Darmstadt, le margrave de Bade, les princes de Nassau, Leiningen, Lœvenstein; parmi les ecclésiastiques : les évêques électeurs de Mayence, Trèves et Cologne; les

4 août, la déclaration de la souveraineté du peuple, les actes qui mettaient les biens du clergé à la disposition de la nation et ceux qui organisaient la France en départements [1]. Les villes et seigneuries d'Alsace représentées à l'Assemblée n'étaient pas plus fondées à protester contre ces décrets que ne l'aurait été le reste des Français. Les princes allemands refusèrent de s'y soumettre, par le double motif qu'ils ne les avaient point consentis et que les décrets en eux-mêmes étaient contraires aux traités. Tel fut le point du départ du conflit entre ces princes et l'État français, conflit médiocre quant aux intérêts qu'il mettait en jeu, considérable au contraire par les principes qu'il mettait en opposition, insoluble enfin par les moyens de droit, car il portait sur l'essence même du droit établi, que la France prétendait changer et que les Allemands prétendaient maintenir.

En soumettant l'Alsace à la loi uniforme de l'État, les constituants complétaient et menaient à son terme l'œuvre d'assimilation poursuivie depuis un siècle et demi par la monarchie. Ils estimaient user d'un droit absolu puisqu'ils légiféraient à l'intérieur de la France; ils ne pensaient point, d'ailleurs, en étendant de la sorte le haut domaine de l'État, sortir de la coutume de l'Europe. Ils ne voyaient pas que le droit public de la France et la coutume de l'Europe reposant désormais sur des principes contradictoires, devenaient incompatibles l'un avec l'autre et inconciliables. Ils ne remarquaient point qu'en comparaison de leurs mesures, toutes les entreprises de Louis XIV sur l'empire, même les plus audacieuses, étaient, au fond, assez peu de chose. L'empire avait fait la guerre à Louis XIV pour une question de suprématie féodale; comment attendre qu'il céderait à l'Assemblée quand elle détruisait le régime même de la féodalité [2]? Lorsque la France, au dix-septième siècle, dispu-

---

évêques de Strasbourg, Spire et Bâle; l'ordre de Saint-Jean et l'ordre des teutoniques. Cf. Hæusser, t. I, p. 277.

[1] Décrets du 4 août 1789, supprimant les droits féodaux; du 23 septembre, déclarant la souveraineté de la nation; du 2 novembre, sur les biens du clergé; du 22 décembre 1789 et du 26 février 1790, remplaçant les provinces par les départements.

[2] C'est ce qu'annonçait un diplomate français, M. de Moustier, dans un mémoire

tait avec l'Allemagne, le procès ne portait, en droit et en fait, que sur les limites de leurs souverainetés respectives. Le principe de cette souveraineté demeurait hors de cause. Le régime social ne différant point entre les deux dominations, un compromis, au moins tacite, était toujours possible entre le royaume et l'empire. Les traités, encore que laborieux à conclure, n'emportaient qu'un déplacement de la suprématie et une translation des droits.

En proclamant la souveraineté de la nation et en supprimant les droits féodaux, l'Assemblée bouleversa tous les anciens rapports. Un régime absolument opposé régla désormais les relations des citoyens avec l'État, la condition des personnes et celle des biens en France et en Allemagne. Sous l'ancien régime, un seigneur pouvait posséder indistinctement dans les deux territoires, demeurer dans une partie de ses possessions quasi souverain et membre de l'empire, et devenir dans l'autre vassal du roi de France. De part et d'autre, il possédait ses domaines au même titre, le titre féodal, et y exerçait les mêmes droits : les droits féodaux. Il n'y avait de différence que dans le degré de possession et dans le rang de la hiérarchie. Après les décrets du 4 août et du 23 septembre 1789, toute commune mesure disparut. La France pouvait encore compenser par une indemnité les revenus dont elle privait les princes allemands possessionnés en Alsace, il n'y avait plus de composition possible sur l'article du droit. S'ils se soumettaient aux décrets et s'ils acceptaient une compensation en argent, les princes allemands ne reconnaissaient pas seulement la souveraineté de la nation française, ce qui à leurs yeux était la moindre des concessions, mais ils ratifiaient, ce qui était infiniment plus grave, l'abolition du régime féodal : ils anéan-

---

qu'il adressait, au mois d'octobre 1790, à Montmorin : « L'établissement des chambres de réunion sous Louis XIV, en Alsace, suscita des ennemis à ce prince dans toute l'Europe, et donna naissance à la ligue des plus formidables puissances de l'Europe contre la France, qui fut près d'y succomber. Le décret de l'Assemblée nationale pour l'anéantissement des droits des princes allemands en Alsace n'est que la répétition plus tranchante et le complément de l'opération de Louis XIV. On peut s'attendre aux mêmes effets. »

tissaient la condition même et le principe de leur seigneurie en Allemagne aussi bien qu'en France.

La transaction, de ce chef, était d'autant plus dangereuse pour eux que les principes de la Révolution tendaient, par leur caractère propre, à se répandre au dehors, que la France les présentait comme s'appliquant à tous les hommes et conviait, par son exemple, tous les hommes à les revendiquer. Les paysans d'Allemagne n'avaient, pour comprendre ce langage, qu'à comparer leur sort à celui des Français émancipés. La comparaison s'imposait de soi-même aux habitants des territoires enchevêtrés de la rive gauche du Rhin, dans ces confins inextricables qui mêlaient et emboîtaient, pour ainsi dire, l'un en l'autre, l'Alsace et l'Empire, bien plutôt qu'ils ne les séparaient. Les relations entre Allemands et Français y étaient continuelles, et l'Allemand, tenancier d'un seigneur possessionné en Alsace, n'avait pas besoin de beaucoup de lumière pour désirer de s'affranchir des redevances qui pesaient encore sur lui, lorsque son voisin d'Alsace, tenancier du même seigneur, en était désormais affranchi. C'était pour la France révolutionnaire la plus irrésistible et pour l'Allemagne féodale la plus redoutable des propagandes [1].

L'Allemagne n'était pas mûre pour une nuit du 4 août. Ni sa noblesse n'avait assez de désintéressement, ni ses politiques assez de clairvoyance pour risquer un aussi grand coup de partie. L'Allemagne ne songea qu'à résister. Lorsque plusieurs des intéressés, les plus faibles, il est vrai, les plus besogneux et les plus lésés par conséquent, se montrèrent résignés à un accommodement, la diète leur contesta le droit de le conclure. Les jurisconsultes allemands soutinrent que les droits dont la France exigeait l'abandon étaient imprescriptibles, et que l'on ne pouvait y renoncer sans porter atteinte à la constitution de l'Empire. Ils allèrent plus loin. De même que les légistes français alléguaient les principes de la Révolution pour clore en dernier ressort le procès entamé par les Chambres de réunion,

---

[1] Voir REMLING, *op. cit.*, t. I, Introduction.

les légistes allemands alléguèrent les mêmes principes pour le rouvrir. Où la France trouvait un motif de parfaire son droit, l'Allemagne découvrait des arguments pour le contester. Le Roi, selon ces légistes, avait garanti aux princes allemands possessionnés tous leurs droits et tous leurs priviléges : c'était la condition de la cession consentie par l'Empire; en déchirant cette clause, la France détruisait le traité et déliait l'Empire de ses obligations. L'affaire, ainsi engagée, prenait immédiatement une singulière conséquence.

A la diète, dans les petites cours, parasites avides et clientes très-obséquieuses de la France prospère, créancières, les plus âpres à la curée, de la France affaiblie, on se démène, on se rengorge, on rivalise de « patriotisme ». On invite les grandes puissances allemandes, l'Autriche et la Prusse, voire la Suède, garante des traités de Westphalie, à soutenir par les armes la querelle des princes et surtout à revendiquer l'Alsace et la Lorraine. « Nous savons parfaitement que cette idée existe dans l'Empire et qu'on la verrait se réaliser avec plaisir », écrivait Montmorin [1]. L'Autriche et la Prusse avaient d'autres affaires en tête, et la Suède se trouvait, en ce moment-là, hors d'état d'intervenir. Toutefois, à Berlin, Hertzberg déclarait au comte d'Esterno que les décrets « infirmaient le titre » de la France. A Vienne, le vice-chancelier de cour et d'État, Colloredo, chargé des affaires de l'Empire, entretenait le marquis de Noailles de la « fermentation » qui régnait dans les petites cours; il se montrait désireux de l'apaiser, mais il estimait qu'on devait « s'en tenir à la lettre des traités, et que les indemnités ne remplissaient pas l'engagement tel qu'il avait été contracté ». Kaunitz écrivit, en ce sens, au comte de Mercy, ajoutant que la France ferait bien de régler des diffé-

---

[1] Au duc d'Orléans, 10 décembre 1789. — On lit dans une correspondance adressée de Francfort à la *Gazette d'Amsterdam*, le 5 février 1790 : Il serait possible que cette réclamation « donnât lieu à la réunion de ce pays (l'Alsace) à l'empire d'Allemagne, duquel il fut détaché par ambition et auquel il doit maintenant appartenir de nouveau, selon les principes du droit des gens, comme en vertu des conditions sous lesquelles il a été laissé à la France ». *Moniteur* t. III, p. 426.

rends « dont les suites pourraient être très-désagréables [1] ».
Le gouvernement français jugea bon de prendre les devants.
Le 11 février 1790, Montmorin informa l'Assemblée des réclamations que plusieurs des princes allemands possessionnés portaient devant la diète. L'Assemblée renvoya l'affaire au comité féodal, et décida, le 28 avril, que des mémoires seraient demandés aux intéressés sur les indemnités qu'ils pourraient prétendre. Jugeant très-sagement qu'une discussion sur les principes n'avait aucune chance d'aboutir, et voulant, pardessus tout, éviter un débat devant la diète, Montmorin chargea un diplomate français, M. de Ternant, de visiter les princes possessionnés et de les décider à conclure avec la France des transactions personnelles. C'était la pratique constante dans les négociations d'Allemagne; elle était, dans l'espèce, d'une application particulièrement difficile. L'intérêt l'avait presque toujours emporté sur le «patriotisme» de ces princes; mais il se trouvait, par extraordinaire, que l'intérêt s'accordait ici avec le « patriotisme », et que, loin de diviser les Allemands, il les réunissait. Le ministère français s'en rendait très-bien compte, et rien n'était plus embarrassé que l'instruction de M. de Ternant [2]. Elle posait le point de droit et discutait l'argument emprunté aux textes des traités. « La conséquence que l'on tirera de ces assertions, ajoutait Montmorin, est que les princes doivent être maintenus dans la jouissance paisible de tous leurs droits ou que la France doit renoncer à la possession de l'Alsace. Le chevalier de Ternant ne relèvera cette proposition qu'avec beaucoup de ménagements, parce qu'elle est essentiellement vraie. » Mais si l'on ne pouvait discuter utilement sur cet article, on pouvait invoquer un autre argument qui n'était pas moins indiscutable : le droit que possède tout État d'accommoder comme il lui convient son régime intérieur. Les traités n'ont garanti aux princes que les droits qui ne sont point incompatibles avec la souveraineté de la France. C'est en vertu de cette

---

[1] Rapports de Berlin, 9 mars; de Vienne, 13 février 1790. Kaunitz à Mercy, 9 juin 1790. VIVENOT, t. I, p. 488.
[2] *Instructions de M. de Ternant*, Affaires étrangères, mai 1790.

souveraineté que l'Assemblée a supprimé les droits féodaux. Ceux que les princes exerçaient sur le territoire français ne constituaient pas leur existence politique; cette existence a son centre en Allemagne. En France, ils étaient comme tous les possesseurs de fiefs, simples vassaux de la couronne. Ils sont propriétaires : à ce titre ils sont astreints à la volonté générale; on leur offre un juste dédommagement, ils n'ont rien à prétendre au delà, et la France ne l'accorderait point [1].

L'Assemblée, si elle avait connu ces instructions, n'en aurait certainement point approuvé la teneur. Elle n'aurait point admis les concessions qu'y faisait Montmorin tant sur le fondement du droit des princes que sur le caractère synallagmatique des traités de Westphalie. Cependant, pour négocier avec ces princes, il fallait bien parler leur langage. A moins de rompre avec toute l'Europe, on était contraint d'en reconnaître le droit public, ne fût-ce que pour y contredire et pour y déroger. Il n'y avait point un traité conclu par les rois qui ne se trouvât, comme les traités de Westphalie, dans le cas d'être contesté, soit par la France, soit par les autres États, sous le prétexte que la nouvelle constitution en modifiait le caractère, en dénaturait l'esprit, en supprimait l'objet et finalement en infirmait la valeur. La France entendait-elle se prévaloir de ses traités ou en annuler, tant pour elle-même que pour autrui, les obligations? Le litige pendant entre l'Espagne et l'Angleterre à propos de la baie de Nootka força inopinément l'Assemblée à se prononcer sur cette grave question.

II

Le 4 mai 1790, le gouvernement anglais donna l'ordre d'enrôler tous les marins; le 5, la presse commença, et, le même jour, un message du Roi annonça aux Chambres le conflit entre

---

[1] Montmorin avait écrit à Noailles dans le même sens, 2 avril 1790.

l'Angleterre et l'Espagne. Le 10, les Communes votèrent un million de livres pour les armements. « Si l'on juge des projets du gouvernement anglais par les préparatifs qu'il fait de tous les côtés, écrivait M. de la Luzerne [1], on doit croire à une guerre la plus longue et la plus sérieuse possible. » On y crut naturellement à Paris, et bien que l'Angleterre protestât de ses intentions pacifiques envers la France, bien qu'elle eût pris soin d'envoyer lord Gower en ambassade à Paris pour en donner une preuve plus éclatante [2], personne n'admit que de si vastes efforts eussent pour seul objet d'intimider l'Espagne et d'appuyer les négociations que M. Fitz-Herbert allait entamer à Madrid. Il eût été plus qu'imprudent à la France de ne point prendre ses mesures. L'Espagne pouvait réclamer l'exécution du Pacte de famille; si la France n'était point résignée à abdiquer entre les mains de l'Angleterre, il fallait qu'elle le témoignât publiquement. Le 14 mai, une lettre de Montmorin au président de l'Assemblée annonça que les armements de l'Angleterre obligeaient la France à pourvoir à sa sûreté, et que le Roi avait, en conséquence, ordonné l'armement de quatorze vaisseaux de ligne.

Montmorin espérait que cette provocation de la part d'une rivale passionnément haïe et redoutée, apaiserait, au moins momentanément, les discussions des partis et rallierait dans un même mouvement de patriotisme les députés autour du Roi [3]. Il se trompait : son message apporta un aliment nouveau aux passions qui divisaient les esprits et fournit à l'Assemblée le prétexte d'un de ces débats solennels où se manifestaient à la fois sa faiblesse et sa grandeur. L'Assemblée jugea le moment venu de fixer les règles immuables qui dirigeraient désormais la diplomatie de la France régénérée. Saisie d'une question de paix ou de guerre, avant de discuter les intérêts et de pourvoir aux nécessités, elle crut nécessaire de rechercher sur quel principe devait reposer, dans la constitution nouvelle, le droit de

[1] Rapport de Londres, 25 mai 1790.
[2] Le duc de Leeds à M. Fitzgerald, à Paris, 7 mai 1790. — Cf. *The Despatches of Earl Gower*, publiées par M. Oscar BROWNING. Cambridge, 1885. *Instructions de lord Gower*, p. 1.
[3] Montmorin à Bernis, à Rome, 11 mai; à la Luzerne, 17 mai 1790.

paix et de guerre, et, ce droit défini, d'en déterminer l'exercice. C'était la méthode du temps; l'Assemblée l'avait appliquée à tous les objets qu'elle avait eu à considérer, et c'est l'esprit même de la Révolution de 1789, en matière de politique extérieure, qui se dégagea dans cette discussion fameuse.

Une pensée très-chimérique, mais très-généreuse et très-élevée, domine tout le débat. La France veut la paix; elle la veut digne et stable, elle entend la fonder pour toujours sur le droit. Il y faut un principe simple, évident, universel, qui s'impose à l'Europe aussi bien qu'à la France, qui mette partout l'intérêt d'accord avec la justice. La raison le commande; l'expérience le conseille : elle montre que la France se suffit, que son agrandissement nuirait à sa puissance absolue, et que l'agrandissement des autres États nuirait à sa puissance relative [1]. La nécessité de conserver la paix pour fonder la liberté et réformer les lois concourt ici avec le noble dessein d'associer le monde civilisé à l'œuvre de régénération qui s'accomplit en France.

La proposition est suggérée par Robespierre, Pétion l'appuie : « Il faut déclarer que la France renonce à tous projets ambitieux, à toutes conquêtes, qu'elle regarde ses limites comme posées par les destinées éternelles... » « Vous allez, s'écrie Volney, délibérer pour l'univers et dans l'univers; vous allez, j'ose le dire, convoquer l'assemblée des nations [2]. » Les politiques et les militaires s'efforcent vainement de rappeler à ces idéalistes exaltés que la France n'est point un être de raison, que l'Europe n'est point une abstraction géographique, et que l'Assemblée ne siége point dans l'empyrée [3]. « Je me suis demandé, dit Mirabeau, si parce que nous changeons tout à coup notre système politique, nous forcerons les autres nations à changer le leur... Jusque-là cependant la paix perpétuelle demeure un rêve, et un rêve dangereux, s'il entraîne la France

---

[1] Cf. t. I, p. 310 et 318.
[2] Discours de Robespierre, 15 mai; de Pétion, 17 mai; de Volney, 18 mai 1790.
[3] Discours de Custine, 16 mai; de Biron, 15 mai; de Malouet, 17 mai; de Praslin, 18 mai; de l'abbé de Montesquiou, 19 mai; de la Galissonnière, 20 mai 1790.

à désarmer devant une Europe en armes [1]. » Les utopistes répondent que la nation ne voudra que des guerres nationales, qu'elles seront nécessairement défensives et, par suite, toujours justes. Barnave développe ce paradoxe avec une chaleur et une émotion qui effacent un instant l'éloquence même de Mirabeau. « Que toutes les nations soient libres comme nous, s'écrie le curé Rollet, et il n'y aura plus de guerre [2] ! » L'Assemblée le croit et se grise de cette phrase. Tel est l'emportement des illusions : les mêmes hommes qui, trois ans plus tard, devaient se réclamer, dans la Convention, du patriotisme le plus exclusif et le plus fanatique pour imposer à la France armée leur république à la romaine, ne souffrent pas alors qu'on leur rappelle qu'ils sont Français, que la France a des frontières, et que ces frontières sont bordées de rivaux et d'ennemis [3]. Les harangues tournent au dithyrambes, la délibération s'égare dans l'enthousiasme : c'est une nuit du 4 août de la guerre et de la conquête.

L'Assemblée repousse le principe de la conquête et en répudie à tout jamais la pensée. Dès lors, la diplomatie n'a plus d'objet. A quoi bon des ruses qui ne trompent personne et des traités qui ne s'observent pas? Les prophètes l'ont déclaré : « Ne vous ruinez pas en ambassadeurs et ministres dans d'autres cours, et ne comptez pas les alliances et les traités pour quelque chose. » « L'art de négocier n'est que l'art d'intriguer [4]. » La France libre n'a pas besoin de diplomates. En fait, les agents sont suspects; en droit, ils sont inutiles. Plus d'alliances générales,

---

[1] Discours du 20 mai 1790.
[2] Discours du 16 mai 1790.
[3] Un officier, membre du côté droit, Cazalès, osa dire le 21 mai : « La patrie doit être l'objet exclusif de notre amour. L'amour de la patrie fait plus que des hommes, il fait des citoyens. Il a créé les Spartiates. Quant à moi, je le déclare, ce ne sont pas les Russes, les Allemands, les Anglais que j'aime, ce sont les Français que je chéris. Le sang d'un seul de mes concitoyens m'est plus précieux que celui de tous les peuples du monde. » Cazalès dut s'arrêter; des murmures violents, presque des huées, étouffèrent sa voix. Il fut contraint de s'excuser de « la chaleur et de l'exagération de son discours ».
[4] ROUSSEAU, *Gouvernement de la Pologne*, ch. XV, Conclusion. — MABLY, *Principes des négociations*, ch. I et II; *le Droit public de l'Europe*, ch. XII. OEuvres, Paris, an III, t. V, p. 17; t. VII, p. 92.

rien que des « pactes nationaux » avec « des peuples justes [1] »

Cependant à ces principes il faut une garantie. L'Assemblée ne saurait la trouver qu'en elle-même : c'est elle qui conduira les négociations, qui déclarera la guerre, qui fera la paix : elle ne veut que le bien, elle ne s'inspire que de la justice, elle sera toujours dans le droit [2]. Aveuglés par ce « fanatisme d'espérances [3] » qui les entraînait ; se croyant transformés parce qu'ils se disaient convertis ; ignorant que la guerre couvait, pour ainsi dire, dans leurs âmes ; que l'impulsion héréditaire du sang français qui coulait dans leurs veines les conduirait irrésistiblement à propager la Révolution après l'avoir accomplie ; que pour régénérer l'Europe il faudrait la soumettre ; que, dans la condition où se trouvait le vieux monde, le règne de la vérité n'y pouvait prévaloir que par la flamme et le fer, et qu'ils les appliqueraient partout d'une main implacable, ils se refusaient aux leçons de l'histoire et à l'évidence des faits. N'apercevant entre eux et leur idéal que l'ombre de la royauté, ils s'acharnaient contre ce fantôme. Mirabeau, seul, vit clair ; il dissipa les brouillards, déchira les voiles et découvrit un instant devant l'Assemblée incrédule cet avenir étrange et fatal que la Révolution portait en soi et que nul ne prévoyait. Il montra les peuples libres plus acharnés à la guerre et les démocraties plus esclaves de leurs passions que les plus absolus despotes [4] : « Voyez les assemblées politiques, c'est toujours sous le charme de la passion qu'elles ont déclaré la guerre. Nous avons entendu un de nos orateurs vous proposer, si l'Angleterre faisait à l'Espagne une guerre injuste, de franchir sur-le-champ les mers, de renverser une nation sur l'autre, de jouer dans Londres même, avec ces fiers Anglais, au dernier homme et au dernier écu [5]. Et nous avons tous applaudi, et je me suis surpris moi-même applaudissant, et un mouvement oratoire a suffi pour tromper un instant votre sagesse. Croyez-vous que de pareils mouvements,

---

[1] Dupont de Nemours, 19 mai ; Rewbell, 15 mai 1790.
[2] Discours de Barnave, 21 mai 1790.
[3] Mot de Mirabeau, 20 mai 1790.
[4] Discours du 20 mai 1790.
[5] Discours de Menou, 15 mai 1790.

si jamais vous délibérez ici de la guerre, ne vous porteront pas à des guerres désastreuses, et que vous ne confondrez pas le conseil du courage avec celui de l'expérience? Pendant que vous délibérerez, on demandera la guerre à grands cris; vous verrez autour de vous une armée de citoyens. *Vous ne serez pas trompés par des ministres; ne le serez-vous jamais par vous-mêmes?* » On objecte l'opinion publique! Qui la gouverne? qui la modère? Attend-on qu'elle se refrène elle-même? « Voyez les peuples libres : c'est par des guerres plus ambitieuses, plus barbares, qu'ils se sont toujours distingués. » On craint que le Roi n'abuse de ce droit de guerre pour rétablir le despotisme! Quels textes de lois sauveront d'un usurpateur les peuples qui ne sauront point prévenir ses complots et s'en défendre? César n'était pas né sur le trône. « Vous transportez aux monarchies l'inconvénient des républiques; c'est surtout dans les États populaires que de tels succès sont à craindre. C'est parmi les nations qui n'avaient pas de rois, que ces succès ont fait des rois. C'est pour Carthage et pour Rome qu'Annibal et César étaient dangereux. »

Mirabeau ne persuada point l'Assemblée, mais il la décida. Elle se réserva le droit de discuter la guerre, elle attribua au Roi celui de la proposer. Le Roi négocie et conclut, l'Assemblée contrôle les négociations et ratifie les traités [1]. Les décrets qui contenaient ces décisions prirent place dans les lois constitutionnelles. Ils se terminaient par cette déclaration, la plus belle peut-être, mais la plus illusoire qu'ait jamais délibérée une assemblée politique, et qui forma plus tard le titre VI de la constitution :

« La nation française renonce à entreprendre aucune guerre dans la vue de faire des conquêtes, et n'emploiera jamais ses forces contre la liberté d'aucun peuple. »

Ce décret fut voté au milieu d'une effusion générale. Vœu platonique d'un congrès de métaphysiciens spéculant dans le vide politique sur les mystères de la paix perpétuelle; utopie

[1] Articles constitutionnels décrétés le 22 mai 1790.

périlleuse d'une assemblée française délibérant en pleine Europe! L'Assemblée oubliait que la France avait des traditions, loi historique de ses intérêts, et des prétentions, conditions naturelles de sa formation territoriale; qu'il restait dans le royaume des enclaves qui en rompaient l'unité, et le long des frontières des entailles qui en compromettaient la résistance; qu'au delà de ces frontières morcelées et litigieuses, il subsistait des nations rivales et des États jaloux, nourrissant contre la France des convoitises séculaires; qu'il existait en Europe des ambitieux toujours prêts à y détruire la balance des forces; que la Révolution enfin, en suscitant parmi les peuples des imitateurs à la France, l'exposait à de nouvelles inimitiés, lui offrait de nouvelles tentations, lui créait de nouveaux intérêts, et lui imposait de nouveaux devoirs. Il eût été juste et très-expédient, dans l'état respectif de la France et de l'Europe, de vouloir sincèrement la paix, de l'annoncer franchement aux peuples et de l'observer avec loyauté; mais pourquoi s'interdire à jamais les entreprises et les acquisitions qui en peuvent devenir la conséquence légitime et nécessaire? Pourquoi contracter devant le monde civilisé de ces engagements téméraires, toujours préjudiciables aux États, car ils ne sauraient conduire qu'à des rétractations scandaleuses ou à des abdications funestes? Pourquoi se réduire soi-même à cette extrémité de sacrifier l'intérêt national à un paradoxe, ou de violer les principes de la constitution pour sauvegarder les intérêts de l'État? Il en devait être, sous le régime nouveau, de ces rapports insaisissables du droit abstrait et universel avec les intérêts réels et particuliers de l'État, comme il en allait sous le régime ancien des rapports entre le droit des peuples et celui des rois. C'étaient, et pour trop longtemps encore, de ces conflits mystérieux qui ne se règlent que dans le silence des lois.

L'Assemblée en fit trop tôt l'expérience, mais en ce moment personne ne s'arrêta aux avertissements de Mirabeau; personne ne voulait croire aux périls que la guerre préparait à la liberté dans une démocratie belliqueuse. L'Europe, pour de tout autres motifs, en jugea comme l'Assemblée. L'Assemblée estimait donner un grand exemple de désintéressement : elle s'en enorgueillit avec sincérité. L'Europe jugea que la France donnait un grand exemple de faiblesse : elle s'en félicita. Les décrets du 22 mai détruisirent tout l'effet des préparatifs ordonnés par Louis XVI. « On est convaincu à Londres, écrivait M. de la Luzerne, que tout ministre qui voudrait prendre sur lui de commencer un armement risquerait fort de perdre la tête. » Toutes les réflexions des Anglais les amenaient à cette conclusion : « L'Angleterre n'a plus rien à redouter de la part de la France et peut, sans scrupule comme sans crainte, s'arroger la suprématie des deux mondes [1]. » C'était se méprendre grandement, et sur les dispositions de la France, et sur le caractère même de l'Assemblée nationale.

III

En décrétant le règne de la paix, l'Assemblée avait décrété la confiance et proscrit les passions. Les passions étaient plus enflammées que jamais, et le soupçon fermentait dans toutes les âmes [2]. Il n'était bruit que de complots tramés par les émigrants français de complicité avec les princes allemands, et de projets de contre-révolution ourdis par la Reine de concert avec l'Autriche. L'animosité du public contre cette cour avait rendu Marie-Antoinette impopulaire lors de son arrivée en France. L'impopularité croissante de la Reine rendait désormais l'alliance autrichienne plus odieuse encore à tout le peuple. Ce sentiment avait percé maintes fois dans l'Assemblée. Il ne fallait qu'une occasion pour qu'il éclatât.

A la fin de juillet, le comte de Mercy demanda pour son gouvernement l'autorisation de faire passer sur le territoire français un corps de troupes qui se rendait du Luxembourg dans

---

[1] Rapport du 31 mai 1790.
[2] Voir l'écrit d'André Chénier, *Avis au peuple français sur ses véritables ennemis*, 28 août 1790. *OEuvres en prose*, p. 1.

la Belgique. La nouvelle s'en répandit dans le pays que ces Autrichiens devaient traverser; les habitants se prirent de panique; ils se crurent livrés à l'ennemi; ils en appelèrent à l'Assemblée. Un député qui avait servi dans l'armée, et qui joignait à l'ardeur révolutionnaire toute l'exaltation du vieux patriotisme français, Dubois de Crancé, porta, le 27 juillet, à la tribune la protestation de ses concitoyens des Ardennes. Comme il advenait en général dans cette énorme et tumultueuse assemblée, il s'ensuivit un incident qui décela tout à coup le trouble profond des esprits, et provoqua des mesures qui ne furent si vite improvisées que parce que tout le monde, en réalité, les désirait depuis longtemps. Chacun publie les nouvelles inquiétantes qu'il a recueillies. C'est un assaut de commérages véhéments. L'Angleterre arme, l'Espagne la suit, la Sardaigne concentre ses forces vers le Dauphiné et la Provence, l'Autriche masse des troupes aux Pays-Bas. « Vous êtes menacés de toutes parts ! » s'écrie d'André. Le ministère dégarnit les places en Flandre, ajoute un député. Un autre affirme que les émigrés embauchent les garnisons d'Alsace. On dénonce une fabrique de faux assignats à Coblentz. L'Assemblée nomme un comité de six membres pour examiner les mesures de défense du royaume et « la situation politique des puissances voisines ». Le lendemain, 28 juillet, Fréteau, ancien parlementaire, brouillon et alarmiste, fait un rapport qui confirme tous les soupçons. Il montre l'émigration grossissant chaque jour, « les troupes du corps germanique » se mettant en mouvement, les princes allemands possessionnés en Alsace et les princes français réfugiés en Allemagne, s'accordant pour rétablir par la force le régime féodal. On se dit tout bas qu'à Reichenbach l'Autriche et la Prusse délibèrent sur les affaires de France, et abandonnent leurs litiges pour se réunir contre les Français. L'Assemblée décrète que le Roi sera supplié d'armer les citoyens et de pourvoir à la défense de l'État. Elle annule l'autorisation donnée par le ministère aux Autrichiens de passer sur le territoire français, et se réserve de statuer sur cette demande lorsqu'elle pourra le faire en pleine connaissance de cause.

Au cours du débat, Mirabeau propose de sommer par voie de décret « Louis-Joseph de Bourbon, dit Condé », de désavouer un manifeste contre-révolutionnaire qu'on lui attribue, sous peine d'être déclaré traître à la patrie et de voir ses biens placés sous séquestre. Robespierre trouve la motion mesquine. Pourquoi s'attacher à un seul homme et l'accuser sur une pièce qui peut être apocryphe? Il veut que l'Assemblée prenne les choses de plus haut et plus largement, qu'en un mot elle « s'occupe des moyens d'enchaîner tous les ennemis de la Révolution ». L'Assemblée passe à l'ordre du jour : les émigrés n'en sont pas moins dès lors mis en cause et traduits à la barre. Les députés ont évoqué les affaires extérieures, ils ne s'en dessaisiront plus. Le 29 juillet, ils décident qu'un comité de six membres sera chargé de prendre connaissance des traités conclus par la France et d'en rendre compte à l'Assemblée [1]. C'est le comité diplomatique : il est nommé le 1er août et composé de Mirabeau, Fréteau, Menou, d'André, Barnave, Duchâtelet.

L'Assemblée eut, peu de jours après, l'occasion d'exercer les pouvoirs qu'elle s'était attribués. L'Espagne demandait, non sans aigreur, des mesures immédiates et énergiques contre l'Angleterre [2]. Le Pacte était formel; Louis XVI n'en pouvait décliner les obligations. Montmorin hésitait à saisir l'Assemblée. Il la savait défavorable à ce traité. Le Pacte contenait des clauses offensives : à ce titre, il offusquait les utopistes. Les opposants y considéraient, avant tout, une œuvre dynastique, et l'attaquaient de ce chef avec acrimonie. Les passions anarchiques des uns et les généreuses illusions des autres conspiraient ainsi à détruire une alliance que les esprits les plus judicieux louaient naguère comme le meilleur ouvrage de la politique française depuis un demi-siècle [3].

---

[1] Le conseil des affaires étrangères, avait dit Mably, doit tout rapporter au Sénat et rendre compte de tout à la Diète. *Du gouvernement de la Pologne*, 1re partie, ch. XI.

[2] « Autrement, Sa Majesté Très-Chrétienne ne devra pas être surprise que l'Espagne cherche d'autres amis et d'autres alliés. » Le comte de Fernan-Nunez, ambassadeur d'Espagne, à Montmorin, 16 juin 1790.

[3] Cf. t. I, p. 292, 369.

Cependant les Anglais pressaient les Espagnols. Fitz-Herbert était à Madrid depuis le milieu de juin, et adressait à Florida-Blanca des notes comminatoires. L'Espagne ne disposait que de soixante-dix navires de guerre ; l'Angleterre en pouvait mettre en ligne cent cinquante-huit ; et tandis que les ministres français hésitaient à soutenir l'Espagne, la Hollande armait pour aider l'Angleterre. La France avait rappelé son ambassadeur, M. de La Vauguyon, et ne gardait à Madrid qu'un chargé d'affaires, Bourgoing, dévoué à la Révolution et fort peu chaleureux pour l'Espagne. « Ce sont des misérables, disait Florida-Blanca à l'agent suédois ; on ne peut traiter avec eux. Si je m'écoutais, je mettrais un cordon sur la frontière, comme pour une peste [1] ! » L'alliance était déjà très-compromise lorsque, le 2 août, Montmorin se décida à porter à l'Assemblée la réclamation de l'Espagne. L'affaire fut renvoyée au comité diplomatique. Mirabeau y était tout-puissant. Il se fit nommer rapporteur. Il ne voyait qu'un moyen de sauver une alliance nécessaire à ses yeux, et de couper court à l'opposition irréfléchie qui n'en considérait que la forme et en méconnaissait le fond : c'était de reviser le traité, de le mettre d'accord avec la nouvelle constitution, d'en supprimer les clauses offensives et de remplacer le Pacte de famille par un Pacte national [2]. Il conclut en ce sens le 25 août. Le 26, l'Assemblée invita le Roi à armer quarante-cinq vaisseaux et à entamer avec l'Espagne une négociation pour la révision du traité. L'armement fut ordonné, et des instructions furent adressées à Bourgoing. Le ministère, s'inspirant en cela d'un sentiment très-populaire, suggérait aux Espagnols, comme une consécration de leur nouvelle alliance avec les Français, la restitution de la Louisiane.

Les Espagnols n'étaient rien moins que disposés à donner à la France cette preuve d'attachement. Le secours s'était trop

---

[1] BAUMGARTEN, p. 312.
[2] Voir Lucas MONTIGNY, t. VII, p. 422. — *Correspondance de Mirabeau*, 3ᵉ et 4ᵉ note pour la cour, 23 et 26 juin 1790. — SÉGUR, *Examen d'un ouvrage intitulé : Extrait du pacte de famille. OEuvres*, 1825, t. II, p. 306.

fait attendre. Ils n'y comptaient plus. Ne se jugeant pas de taille à résister seuls à l'Angleterre, ils prirent le parti de bouder leur allié et de s'accommoder avec leur ennemi. L'ambassadeur d'Espagne à Paris prit un congé; Florida-Blanca se renferma devant Bourgoing dans un tel mystère, que ce fut par la cour de Londres que Montmorin apprit le peu qu'il sut des négociations. Elles aboutirent à un traité, signé à l'Escurial le 12 octobre 1790. L'Espagne y faisait réparation aux Anglais et leur abandonnait le territoire contesté. Cette déférence de l'Espagne annonçait un revirement complet de sa politique. Elle allait chercher désormais à obtenir, par sa complaisance envers l'Angleterre, la sécurité que l'alliance française ne lui fournissait plus. C'était un grand succès pour Pitt et le véritable objet de sa diplomatie en toute cette affaire : il avait rompu le Pacte de famille, et il tenait l'Espagne à sa discrétion. La France était humiliée et isolée; Pitt n'en demandait pas davantage. Le ton de la correspondance entre Paris et Londres s'adoucit rapidement, et l'on s'accorda pour désarmer les vaisseaux que l'on avait respectivement armés.

La France échappait à la guerre; mais cette crise n'avait que trop découvert l'infirmité de son gouvernement, l'irrésolution de l'Assemblée et le désarroi général de l'État. Ce n'était pas le moment d'engager des affaires avec l'Europe; cependant l'Assemblée y marchait sans en avoir conscience, et se laissait insensiblement dériver vers les conflits.

IV

Le 28 octobre 1790, Merlin de Douai présenta le rapport du comité féodal sur l'affaire des princes allemands possessionnés en Alsace. La part considérable qu'il avait prise aux délibérations sur l'abolition du régime féodal l'avait placé au premier rang parmi les légistes de l'Assemblée. Personne ne représentait plus complètement l'esprit d'une classe d'hommes qui devait exercer sur le développement de la Révolution une influence prépondérante. Merlin en apportait l'esprit dans les affaires extérieures, et l'on voit avec lui la politique réaliste de 1795 s'insinuer à travers l'idéalisme de 1789. Son rapport commence par un hommage solennel aux principes du nouveau droit public. « Proclamateurs incorruptibles des droits sacrés et inaliénables des nations », les représentants ne reconnaissent point d'autres règles que celles de la justice. Ils répudient, de ce chef, « tous ces traités, toutes ces conventions, fruits des erreurs des rois et des ruses de leurs ministres ». Merlin, toutefois, ne s'attarde pas plus qu'il ne convient dans ces lieux communs oratoires. Il se hâte d'arriver au fait, et il se montre dès lors, ce qu'il paraîtra toujours, le plus érudit, le plus retors, le plus captieux, mais le plus ferme aussi, et le plus logique des légistes; excellant, entre tous, à traduire en langage révolutionnaire les maximes du droit monarchique; appliquant, avec une extraordinaire dextérité de jugement, à l'extension de la suprématie du peuple tous les artifices de procédure que les parlements mettaient au service de la suprématie du Roi. Il n'a déposé dédaigneusement sur la tribune le dossier des traités anciens que pour le ressaisir aussitôt de la main gauche, et le dépouiller avec l'âpreté superbe d'un procureur général de la nation souveraine. Il établit que les ci-devant fiefs régaliens d'Alsace ne sont, de par les traités mêmes, que des propriétés privées, soumises à la souveraineté française comme le sont « toutes les parties, tous les cantons, tous les points » de l'Alsace. La France a donc légitimement supprimé ces fiefs. Reste à savoir si une indemnité est due aux détenteurs. Ceux qui ont été représentés à l'Assemblée n'en sauraient prétendre aucune; quant aux princes allemands qui invoquent le traité de Munster, Merlin distingue très-insidieusement entre l'ancien droit et le nouveau. Selon l'ancien, ils avaient droit à une indemnité, car la France, ne possédant qu'en vertu du traité, était tenue d'en observer les clauses : Louis XIV n'aurait pu se dispenser de fournir un dédommagement. Mais tout est modifié depuis que la nation française s'est déclarée souveraine. « Le peuple alsacien s'est uni au peuple français parce qu'il l'a voulu ; c'est donc sa volonté seule et non pas le traité de Munster qui a légitimé l'union, et comme il n'a mis à cette volonté aucune condition relative aux fiefs régaliens, nul ne peut prétendre d'indemnité. » L'Empire n'a rien à voir en cette affaire, elle ne le concerne point. Chacun des États de l'Empire, « formant un corps de nation séparé », demeure maître de soi et libre de se donner à qui bon lui semble. « Les divers États dont était composée l'Alsace n'ont pas eu plus besoin du consentement de l'Empire pour devenir français, que les Corses n'ont eu besoin du consentement des Génois. » Tel est « le cri d'une raison sévèrement juste ». Mais, dans la pratique, la sagesse conseille d'écouter les avis « d'une équité douce et bienfaisante », et de ménager les nations voisines. L'Assemblée s'y prêta.

Sur la proposition de Mirabeau, elle rendit un décret qui confirmait les droits de la France [1], mais invitait le Roi à déterminer à l'amiable avec les intéressés les indemnités qui leur seraient accordées. C'était s'engager dans un conflit insoluble, si l'Empire, usant du même droit que revendiquait la France et ne reconnaissant chez soi d'autre souveraineté que la sienne, persistait à ne se juger lié que par les titres que la France frappait de nullité, c'est-à-dire les traités, et ne consentait point à reconnaître les titres nouveaux que la France invoquait, c'est-à-dire le suffrage des populations. Mais cette difficulté qui résultait directement des principes posés par Merlin, n'était pas la seule que soulevât le rapport du comité féodal. Il en ressortait une conséquence bien autrement périlleuse, car elle mettait en question l'existence même de l'État et le premier fondement de la paix. La France, affirmait Merlin, ne tenait plus l'Alsace que du consentement des Alsaciens, et ce peuple avait pu s'annexer librement à la France, parce qu'il formait un corps de nation séparé. S'ensuivait-il que toute population qui prétendait former un corps de nation séparé ou, en s'affran-

---

[1] « Considérant qu'il ne peut y avoir dans l'étendue de l'empire français d'autre souveraineté que celle de la nation... » Décret du 28 octobre 1790.

chissant, déclarerait en constituer un, pourrait, par cela seul, disposer de soi, se détacher de l'État auquel elle était liée et s'unir à un autre État, sans que le souverain de fait fût admis à s'y opposer ou même à protester? La France appliquerait-elle ce principe aux territoires voisins de ses frontières? Admettrait-elle que, par voie de réciprocité, les peuples de ses propres provinces invoquassent le même principe, pour rompre avec la France et s'unir à d'autres États? Ces conséquences s'engendraient l'une l'autre et s'enchaînaient avec une inflexible logique. L'Assemblée en avait le sentiment. Elle se déroba tant qu'elle le put à ce problème, le plus subtil et le plus redoutable de tous ceux que la Révolution devait poser entre la France et l'Europe. Merlin en avait indiqué les données, à propos de l'Alsace; les affaires d'Avignon obligèrent l'Assemblée à le débattre publiquement.

V

Avignon et le comtat Venaissin formaient une enclave dans le royaume. Ce n'était pas seulement par une ambition traditionnelle et par la passion de l'unité que les légistes du Roi revendiquaient périodiquement ces territoires [1]; c'était aussi par amour de l'ordre et par esprit de gouvernement. Ils voulaient à la fois restituer au domaine une province qui, selon eux, en avait été indûment distraite, supprimer un atelier de contrebande et étouffer un foyer d'anarchie. Avignon subsistait dans la France comme une sorte de débris du moyen âge. Le gouvernement pontifical, très-débile à Rome même, s'annulait avec la distance. Les communes de ce comtat s'administraient à peu près à leur guise, chacune tirant à soi. Dans la capitale, l'autorité se montrait débonnaire aux honnêtes gens, indul-

---

[1] Cf. t. I, p. 69. — Sur Avignon, voir Louis BLANC, *Histoire de la Révolution*, t. V, p. 300. — MICHELET, t. III, p. 279. — TAINE, t. II, p. 168. — SYBEL, t. I, p. 348. — MASSON, *Bernis*, Paris, 1884, p. 89, 237.

gente aux autres. Cette cité constituait, au sein de la France, une vraie cour des Miracles, ouverte par le droit des gens à tous les repris de justice du royaume et fermée à la police du Roi. Une rivalité séculaire divisait Avignon et Carpentras, ville capitale du comtat Venaissin. L'agitation propagée par la Révolution ranima ces animosités anciennes et jeta ces petits pays dans une crise violente. Ce fut par Avignon que le mouvement commença.

La bourgeoisie y était acquise à la France et à ses nouveaux principes; elle désira naturellement la réunion au royaume afin de profiter des conquêtes de la Révolution. Le peuple des campagnes réclama l'abolition des dîmes et des redevances féodales; il manifesta sa volonté de les supprimer, en refusant de les acquitter. La populace d'Avignon, les contrebandiers, les brigands de toute espèce et de toute provenance qui y foisonnaient, se formèrent en bandes et commencèrent de terrifier le pays, brûlant les châteaux, saccageant les couvents, et faisant cause commune d'anarchie avec les brigands de la Provence et du Languedoc. Les partisans de la France demandèrent au Roi d'intervenir pour rétablir l'ordre et appliquer les réformes introduites en France. Mais le régime ancien avait aussi ses défenseurs, beaucoup plus épouvantés par l'anarchie que séduits par la Révolution. Avignon étant français et révolutionnaire, Carpentras demeura pontifical et aristocrate. Les opposants à l'annexion s'y réfugièrent et tâchèrent d'organiser la résistance. La Provence se passionna pour ces différends; la France entière s'en émut. C'est qu'ils agitaient cette grande idée de l'unité nationale que la Révolution avait pour ainsi dire renouvelée et enflammée dans les âmes, et qu'ils excitaient cette antique hostilité au pouvoir ecclésiastique, toujours entretenue en France par les légistes et les parlementaires.

Dès le 12 novembre 1789, un député de la Provence, Bouche, avocat au Parlement d'Aix, présenta une motion tendant à revendiquer « pour la nation » la souveraineté d'Avignon et du comtat Venaissin. L'Assemblée était encore timide, les affaires diplomatiques l'effarouchaient : elle passa à l'ordre du jour. Les révolutionnaires d'Avignon résolurent de la mettre en présence d'un fait accompli. Ils chassèrent le légat du Pape, s'emparèrent du gouvernement de la ville et formèrent une commune qui délibéra, le 11 juin 1790, de se réunir à la France. Camus, légiste très-versé dans les affaires ecclésiastiques et adversaire très-passionné de l'Église, donna, le 17 juin, avis de ce vœu à l'Assemblée, qui en informa le Roi. Quelques jours après, le 22, elle reçut et renvoya également au Roi une pétition des habitants du comtat Venaissin : ils avaient élu une assemblée représentative et décidé d'adopter les nouvelles lois françaises, sans prétendre toutefois, disaient-ils, « porter atteinte à la puissance légitime de leur bienfaisant monarque ». Confiants dans la déclaration que la France avait faite de renoncer aux conquêtes, ils demandaient au gouvernement français de les protéger et de leur garantir par un traité cette sorte de constitution libre qu'ils se donnaient. C'était moins contre le Saint-Siége qu'il prenaient cette précaution, que contre leurs dangereux voisins, les révolutionnaires d'Avignon. L'anarchie sévissait horriblement dans cette ville. Les gardes nationaux de la commune française d'Orange essayèrent de défendre les gens paisibles. Ils ne sauvèrent les aristocrates d'un massacre imminent qu'en les faisant prisonniers ; mais ils ne suffisaient point à la tâche. La municipalité d'Orange réclama l'appui des troupes régulières. L'Assemblée en fut avertie le 16 juillet. Elle était saisie sous trois formes différentes des affaires d'Avignon et du Comtat. Elle les retint et nomma, le 17, un comité spécial, pour les étudier. En même temps elle invita le Roi à envoyer des troupes qui s'arrêteraient à Orange, où elles attendraient des ordres ultérieurs.

Le comité, nommé le 22 juillet, chargea Tronchet de déposer un rapport sommaire. Il le lut le 27 août. Tronchet évite d'entrer dans le litige, mais il établit très-clairement qu'Avignon ne saurait être réuni à la France que du consentement libre des habitants, et à la suite d'un traité conclu avec le Pape ; autrement ce serait une conquête, interdite par la constitution. L'Assemblée ajourne à statuer sur le fond. Le gouvernement, sollicité par le

Pape d'assurer, avec les droits du Saint-Siége, la sécurité du pays, n'ose prendre aucune mesure sans l'aveu de l'Assemblée; il redoute encore davantage de la consulter. Il atermoie, mais il recule, et l'Assemblée, tout en hésitant, occupe peu à peu le terrain. Le comité diplomatique est requis de donner son avis. Il ne peut s'accorder avec le comité d'Avignon sur un rapport commun, et le 16 novembre, le débat s'engage sur la pétition des Avignonnais [1].

Il y a dans cette affaire, comme dans celle des possessionnés, deux questions à résoudre : l'une « de droit naturel et imprescriptible des peuples » ; l'autre de droit positif, de contrats et de textes. La première ne se discute pas : il suffit de la poser. Le droit des Avignonnais à disposer de leur sort résulte du principe fondamental des nouvelles lois françaises. La France, en vertu de ce principe, est parfaitement fondée à accueillir leur vœu [2]. Mais ce principe n'est pas encore celui de l'Europe : elle ne se gouverne point selon le droit naturel, et ne connaît que le droit public et les traités. C'est donc le droit public et les traités que la France invoquera devant les puissances pour légitimer sa revendication. En aliénant Avignon, dira-t-elle, la couronne a livré ce qu'elle n'avait point le pouvoir de céder. Le Saint-Siége a usurpé ce qu'il n'était point capable d'acquérir. Ses titres sont viciés dans leur essence et nuls en soi. Les parlements, gardiens fidèles des droits nationaux, n'ont jamais manqué de stipuler leurs réserves lorsqu'ils ont été contraints d'enregistrer les lettres patentes qui, à plusieurs reprises, ont rendu Avignon au Saint-Siége. En principe, on ne prescrit point contre l'État; en fait, la prescription a été formellement interrompue [3]. Le droit étant incontestable, l'intérêt de la

---

[1] Ce premier débat a occupé les séances des 16, 18 et 20 novembre 1790. Il a été repris le 30 avril 1791. Les mêmes questions ont été agitées, les mêmes orateurs ont pris part à la discussion, les mêmes arguments ont été produits; j'ai indiqué, par des renvois, les discours de 1791 qui complètent ou confirment ceux de 1790.

[2] Discours de Pétion, 16 novembre 1790. *Moniteur*, t. VI, p. 398. — Cf. rapports de Menou, 30 avril 1791 et 17 mai 1791. *Moniteur*, t. VI, p. 264, 483. — Discours de Robespierre, 18 novembre 1790, *Moniteur*, t. VI, p. 419.

[3] En 1673 et en 1689. — Discours de Pétion et de Robespierre en 1790,

nation commande de l'exercer. Ce pays est « au centre de nos provinces méridionales, dit Pétion, il en coupe la communication ; il gêne le Languedoc, la Provence, le Dauphiné, la principauté d'Orange dans leurs relations ». Il servait de repaire aux contrebandiers ; il peut devenir un foyer de contre-révolution. La réunion, affirme Robespierre, est « le vœu fortement prononcé de toutes les municipalités, de toutes les gardes nationales du département des Bouches-du-Rhône [1] ».

Les adversaires de l'annexion opposent à ces raisonnements des objections de droit, de fait et de politique [2]. Si l'on invoque le droit public de l'Europe, ils répondent que les droits du royaume sont incertains [3] ; si l'on invoque le droit naturel et la constitution de la France, ils déclarent que le vœu des Avignonnais est douteux [4]. D'ailleurs, le droit fût-il certain et le vœu manifeste, l'Assemblée ne saurait, sans enfreindre ses propres lois, réclamer l'un et recevoir l'autre. En réunissant Avignon, elle infirmera les promesses qu'elle a données à l'Europe. « Des législateurs qui ont fait la déclaration des droits ; qui, par une déclaration non moins solennelle, ont renoncé à toute conquête, ne peuvent, dit Malouet, dépouiller un prince étranger parce qu'il est faible, ni prendre ses

Moniteur, t. VI, p. 399, 419. — Cf. rapport de Menou, 39 avril et 17 mai 1791. Discours de Pétion, 3 mai 1791; de Goupil de Préfeln, 2 mai 1791; de Robespierre, 2 mai 1791 ; de Barnave, 3 mai 1791. Barnave dit : « Si la France déclare : Ce pays est à moi, je le reprends, — les puissances n'y pourront rien voir de menaçant pour leurs droits propres et pour le droit public, puisque ce sera en vertu de ce droit même que la France agira. » *Moniteur*, t. VIII, p. 297.

[1] Pétion, 16 novembre 1790; Robespierre, 18 novembre; cf. Bouché, 17 juillet et 27 août.

[2] Malouet, 16 novembre 1790; l'abbé Jacquemard, Duchâtelet, l'abbé Charrier, 18 novembre; Clermont-Tonnerre, 20 novembre; *Moniteur*, t. VI, p. 402, 418, 422, 432. Cf. la Rochefoucauld, Clermont-Tonnerre, Malouet, 2 mai; Duchâtelet, l'abbé Maury, 3 mai 1791.

[3] « Nos rois ont plusieurs fois repris Avignon ; mais les restitutions qu'ils en ont faites n'ont fait que consacrer la souveraineté du Pape. » Malouet, 16 novembre 1790.

[4] « Cette ville pourra appartenir à la France, dit Malouet, si la proscription de près de la moitié des habitants, si les meurtres, les incendies, si les massacres affreux qui tendent à dissoudre les empires sont les droits des peuples. » L'abbé Charrier affirme que « sur une population de 45,000 âmes, 1,400 personnes au plus, malgré la réclamation du reste, demandent à s'unir à la France ».

domaines parce qu'ils sont à leur convenance. » On dit que l'intérêt l'exige : s'emparera-t-on de tous les pays qu'il y aurait intérêt à réunir à l'État ? On dit qu'Avignon peut devenir un centre de contre-révolution ; le Luxembourg en est un, veut-on prendre le Luxembourg[1] ? Suffit-il que le peuple d'une ville ou d'une province se soulève pour légitimer sa réunion à un État étranger[2] ? Ce sera justifier toutes les insurrections et poser le plus dangereux des précédents. Il suffirait donc, pour dissoudre les empires, d'un prince factieux qui sût en imposer aux peuples par les dehors d'une bonté simulée ! « Que l'Empereur vous dise aujourd'hui : Je vous ai cédé la Lorraine ; les peuples ont le droit incontestable de se donner ; les Lorrains viennent se jeter dans mes bras. Quelle serait votre conduite ? » « La portion de la Navarre qui s'est unie à la France peut donc se séparer quand elle voudra », ajoute l'abbé Charrier.

Voilà l'argument capital. Il n'est pas fait pour déconcerter les légistes de la Constituante. Leurs prédécesseurs, pour trancher tous les conflits de droit et de juridiction, alléguaient, comme l'arbitre suprême des lois, des rois et des nations, la raison d'État qui ne se prouve ni ne se discute, car elle est souveraine en soi, ne procède que de soi et ne connaît que soi. Les légistes de la Révolution trouvent, dans la sophistique du siècle, un arbitre non moins docile à leurs passions et non moins péremptoire en ses arrêts : c'est la raison pure, qui est universelle, qui est infaillible, et qui résout toutes les difficultés par cela seul qu'elle les supprime. La France, déclarent-ils, a renoncé aux conquêtes préparées par la ruse, accomplies par la force, selon l'abus de l'ancien droit ; elle ne s'est pas interdit d'accueillir les populations qui viennent spontanément à elle, en vertu du droit nouveau. « La réunion libre d'un peuple à un autre a-t-elle quelque chose de commun avec les conquêtes ? dit Robespierre. Une conquête n'est-elle pas l'oppression d'un peuple auquel le conquérant donne des fers ? » La réunion est donc juste ; elle ne saurait motiver de représailles. Le même droit « naturel » des

---

[1] L'abbé Charrier, 17 novembre 1790.
[2] Cf. l'abbé Maury, 17 juillet ; Tronchet, 27 août 1790.

peuples, qui permet à la France de se rendre au vœu des Avignonnais, interdit aux étrangers de dépouiller la France en rétorquant contre elle ses propres maximes. Avignon peut se donner et disposer de soi parce qu'en fait Avignon forme un pays à part; ce pays n'a été réuni aux autres États du Pape qu'à titre personnel; les habitants, pour avoir le même souverain que les Romains, ne formaient point avec eux une même nation. C'est ainsi que les Anglais et les Hanovriens constituent deux peuples séparés sous un seul roi. Cette distinction très-simple permet à la France d'accueillir tous les peuples étrangers qui se donnent à elle et de retenir toutes les populations françaises qui seraient tentées de se détacher de la France. Sous l'ancien régime, les différentes provinces auraient pu se séparer du royaume, comme le peuvent actuellement les provinces des États qui continuent de vivre sous l'ancien droit public; mais depuis la Révolution, les Français se sont liés volontairement par un pacte national qui rend désormais leur union indestructible : c'est l'effet nécessaire du principe qui constitue cette union [1].

Le débat s'étendait singulièrement et débordait le cadre modeste d'Avignon, d'où il était si périlleux de le faire sortir. Mirabeau l'y ramena. « Votre comité diplomatique, dit-il, a pensé qu'il ne s'agissait dans cette affaire, ni de chercher les droits des hommes dans des chartes, ni de s'occuper de dissertations philosophiques. Chargé de veiller à vos intérêts extérieurs, il a cru que vous ne devriez vous occuper encore dans cette question que de l'intérêt du moment, que de votre grand avantage actuel. Or il n'a pas aperçu qu'il fût de votre intérêt actuel d'entrer en possession d'Avignon. Vous avez incontestablement le droit et le devoir de protéger les établissements français dans cette ville ; vous avez le droit et le pouvoir d'y protéger la paix publique. Je pense que vous devez prier le Roi d'envoyer des troupes à Avignon et laisser le reste de la question indéfiniment ajourné. » C'est ce que l'Assemblée décida, le 20 novembre.

---

[1] Pétion, 18 novembre; Robespierre, 18 novembre 1790.

VI

« J'ai muselé cette assemblée vorace », écrivait Mirabeau [1]. Le mot est dur, mais significatif. Appliqué à l'Assemblée, il est exagéré; il n'est que vrai de la France révolutionnaire. Elle était incitée à la propagande et à la conquête, à la fois par ses principes et par ses passions. Les principes étaient universels, les passions étaient toutes françaises, les uns et les autres régnaient despotiquement sur les esprits et les emportaient à l'envi. Mais s'ils les entraînaient dans les mêmes directions, ils ne les y entraînaient pas tous du même mouvement. Il y a des séries et des degrés, qu'il faut distinguer.

Les constituants, et je range sous ce titre tous ceux qu'animait, comme la majorité de l'Assemblée, le pur esprit de 1789, désiraient naturellement étendre à tous les peuples le régime démocratique qu'ils fondaient en France. Ils étaient persuadés que la démocratie ne serait définitivement fondée en France que quand le régime féodal aurait disparu du continent. Il fallait l'en bannir. La Révolution française devenait solidaire de toutes les révolutions populaires. « Il n'est aucun Français », s'écriait Lafayette, le 17 mars 1790, en faisant allusion aux vonckistes, « il n'est aucun ami de la liberté qui ne doive au peuple belgique des vœux et des éloges. Toute corporation, tout despote, en s'agitant, ne fera que hâter la révolution qui l'attend. N'en doutons pas, la liberté reprendra ses droits sur les hommes [2]. »

---

[1] A La Marck, 21 novembre 1790. *Correspondance*, t. II, p. 346.

[2] Et vous, usurpateurs du monde,
Rois, colosses d'orgueil, en délices noyés,
Ouvrez les yeux, hâtez-vous. Vous voyez
Qu'un tourbillon divin de vengeances prochaines
  S'avance vers vous. Croyez-moi,
Prévenez l'ouragan et vos chutes certaines.
  Aux nations déguisez mieux vos chaînes,
  Allégez-leur le poids d'un roi.

André Chénier, *Ode sur le serment du Jeu de paume*, mars 1791.

L'extension de l'influence et de la puissance françaises est en même temps la condition et la conséquence de cette propagation, même pacifique, des principes de la Révolution. Les constituants ne se font point scrupule d'y travailler. Dans leur pensée, ce qui se donne spontanément s'acquiert avec justice; ce qui est acquis à la France l'est à la liberté; la grandeur de la France s'associe au bonheur du genre humain. C'est ainsi que par des voies imprévues et par des motifs inattendus, l'ancienne politique des rois, la politique d'accroissement territorial et de suprématie, pénètre dans la Révolution, et que la nouvelle France s'apprête à exercer sur les peuples la domination que l'ancienne s'était souvent attribuée sur les États. Les hommes de 1789 prétendent rompre les traditions; ils ne s'aperçoivent point qu'ils les renouent, au contraire, et les prolongent. La France se perpétue, pour ainsi dire, dans la Révolution à l'insu de ses législateurs. Les contradictions qui se manifestent entre les actes et les déclarations des constituants, les efforts qu'ils font pour concilier les intérêts et les principes, la subtilité de leurs discussions, la timidité de leurs décrets, tant d'inflexibilité sur l'article des droits, tant de docilité sur celui des expédients, montrent à quel point ils sont sincères en cette révolution de leurs idées. C'est très-loyalement que devant l'Europe et devant eux-mêmes ils couvrent des plus beaux prétextes les mesures que leur suggèrent leur sentiment naturel des intérêts de la France et l'instinct secret de ses traditions. La paix leur paraît indispensable pour accomplir la Révolution : ils la rehaussent et la décorent magnifiquement. De la nécessité qui leur commande l'abstention et la neutralité, ils déduisent le noble système de la renonciation aux conquêtes. Mais voici que, par l'effet même de la Révolution, l'occasion se présente de compléter l'unité du territoire, comme on a complété celle de la nation : l'ambition séculaire se pare, à son tour, des couleurs nouvelles, et c'est le généreux motif de l'affranchissement des peuples qui légitimera désormais les agrandissements.

Car ce sont des agrandissements. Toutes les raisons de justice qu'allègue la France, tous les bienfaits qui en peuvent résulter pour les peuples, ne prévalent point contre ce fait : l'extension de l'empire français. L'Europe, quand elle y regardera de plus près, n'y considérera point autre chose, et l'objet nouveau que se propose la France ne rendra ses desseins que plus redoutables aux États qui l'environnent. Il faut ici, pour mesurer exactement la portée de ces premières entreprises de 1790, changer de point de vue, passer la frontière, et pénétrer dans ces cabinets où la raison ne raisonne point comme en France, et où le droit se fonde sur des règles opposées. Ce qui se passe à Paris paraîtra, le jour où l'on s'en rendra compte, à la fois très-singulier et très-menaçant. La France, en effet, ne déchire pas les traités, ce qui serait très-simple; elle en convertit pour ainsi dire les obligations, en transforme la cause et en modifie l'objet. Les traités souscrits par les rois ne la lient plus, car elle possède et acquiert désormais en vertu d'un droit public que les rois ne connaissaient point; mais ces traités continuent de lier les États étrangers, car ils vivent encore sous la même règle que du temps où les traités ont été conclus. Ils sont tenus d'observer les traités de Westphalie, puisque ces traités sont conformes à leur règle; mais ils ne sont point fondés à en réclamer l'observation de la part de la France, puisqu'elle n'en admet plus le principe. Ils n'ont rien à objecter à la réunion d'Avignon : elle est fondée sur des titres authentiques selon leur coutume. Ils n'ont pas le droit de revendiquer, en invoquant la même coutume, une parcelle quelconque du territoire français : la France a annulé toutes les chartes, abrogé toutes les conventions, et les titres qu'on produirait contre elle sont, de par sa constitution, nuls et non avenus. L'ancien domaine, celui du royaume, est inaliénable; le nouveau, celui de la nation, est indivisible; l'un et l'autre demeurent imprescriptibles. La France peut réclamer des droits partout, elle n'admet de réclamations nulle part.

C'était la logique de la raison d'État; elle était très-familière aux gouvernements de l'ancien régime. Cette façon de raisonner n'avait, en soi, rien qui les surprît, ou qui les offusquât;

la nouveauté pour eux ne résidait point dans la méthode de cette politique, mais dans les applications que la France en pouvait faire aux principes de sa révolution. La France n'avait-elle renoncé à s'agrandir par la guerre que pour s'étendre avec plus d'aisance et plus de sûreté par la paix? N'avait-elle prêté ce serment pompeux de renonciation aux conquêtes que pour s'y dérober aussitôt par une échappatoire de casuistique, et tout cet étalage de désintéressement n'offrait-il qu'un masque équivoque aux ambitions qu'elle prétendait abjurer? La France réprouvait les prétentions des rois, mais elle en élevait d'autres qui semblaient mille fois plus périlleuses à ses voisins que toutes celles de Louis XIV. Où s'arrêteraient ces empiétements? S'attribuerait-elle, au nom du peuple, tous les territoires sur lesquels le Roi revendiquait des droits? L'esprit de la Révolution française échappait encore aux hommes d'État du continent; mais ils ne pouvaient s'aveugler longtemps sur ce danger prochain. Ce n'était pourtant que le moindre des dangers dont la Révolution les menaçait.

Ils s'en tenaient aux apparences, et ne considéraient que les symptômes. Ils ne discernaient pas encore, ils n'aperçurent que beaucoup plus tard la cause véritable et le moteur effectif de tous ces mouvements qui agitaient la France et commençaient d'ébranler le sol autour de ses frontières. Ils voyaient bien la France inviter par ses émissaires les populations limitrophes à suivre son exemple et préparer ainsi, par les séditions démocratiques, des vœux d'annexion qu'elle se réservait d'accueillir. Mais ils ne mesuraient point l'incroyable puissance de l'arme dont disposaient les révolutionnaires. Ils appréciaient d'après les règles de la vieille politique une révolution qui allait bouleverser toutes ces règles, et ils en jugeaient comme des tacticiens du moyen âge auraient pu faire des armes à feu avant d'en avoir éprouvé par eux-mêmes les effets. Ils en restaient au précédent des Chambres de réunion : ces fameuses chambres n'étaient que des offices de procédure, leurs prises s'arrêtaient aux possessions mitoyennes; l'Assemblée nationale doublait son prétoire d'un foyer de propagande, et ses prises s'étendaient partout où il y avait des inquiétudes, des mécontentements et des souffrances.

La révolution de France avait cela de particulièrement redoutable qu'elle était « compréhensible pour tous et imitable en cent endroits à la fois [1] ». Il n'est besoin pour la comprendre que de sentir les charges du régime féodal; il n'est besoin pour s'y associer que d'avoir l'instinct de la justice et de désirer d'être libre; il n'est besoin pour la faire triompher que de vouloir son propre bien, son propre intérêt, ou seulement de s'abandonner à l'esprit de changement, de turbulence et de révolte qui travaille incessamment les peuples, surtout quand ils ne se sentent ni heureux, ni bien gouvernés, ni fortement contenus. Cette propagande spontanée de la Révolution française s'annonce à l'époque où s'esquissent les premiers desseins de la politique révolutionnaire; l'une et l'autre vont marcher de pair, se soutenir et s'exciter mutuellement.

A côté des hommes de 1789, libéraux et constitutionnels, on avait vu surgir la multitude déréglée des démagogues et des anarchistes; autour des modérés et des timides, qui ne rêvent en Europe qu'une propagande toute morale de liberté parmi les nations et renferment leur mission d'affranchissement dans les limites historiques du royaume, on voit monter le flot désordonné des zélateurs cosmopolites, qui se proposent de régénérer le monde en le bouleversant. Dans ces imaginations ardentes, la foi aux Droits de l'homme suscite des vocations fanatiques et une fougue impétueuse de prosélytisme. La Révolution n'est plus seulement une réforme sociale et politique, un idéal de cité que la France propose aux hommes, auquel elle convie les peuples voisins et dont elle leur ouvre libéralement les portes; la Révolution est une religion universelle que la France a pour mission d'imposer à l'humanité [2]. Elle ne se borne pas à améliorer les lois et la condition des citoyens; elle marque le début d'une ère nouvelle. Elle prépare à l'humanité une sorte de

---

[1] Tocqueville, *l'Ancien Régime*, liv. I, ch. III.
[2] Cf. t. I, p. 172 et suiv. : *Agitation religieuse et superstitions*, et 234 : *la République des lettres*.

paradis terrestre. Pour y être admis, l'homme n'a qu'à se déclarer croyant et vertueux : vertu facile, elle consiste pour chacun à suivre ses penchants et à écouter ses passions. Tout s'exalte et s'ennoblit de la sorte, jusqu'à l'envie, jusqu'à la haine, jusqu'à la férocité. Il faut que ce règne de la justice s'accomplisse par les Français pour toutes les nations. A vrai dire, il n'y aura plus de nations. Il n'y aura plus que des hommes, croyant à un même dogme, dont les Français sont les prophètes.

La France devient de droit la patrie de tous les opprimés, de tous les enthousiastes et de tous les séditieux[1]. Ses ennemis prétendent qu'elle a disparu de la carte de l'Europe. L'homme qui personnifiait le plus complétement l'esprit cosmopolite de la Révolution, l'Allemand Anacharsis Clootz, leur répond : « Quand je lève les yeux sur une mappemonde, il me semble que tous autres pays ont disparu, et je ne vois que la France. » Le 19 juin 1790, il se présente à l'Assemblée suivi d'un cortége d'étrangers; on y voit figurer des Anglais, des Espagnols, des Allemands, des Hollandais, des Italiens, jusqu'à des Persans et des Turcs. On prépare la grande cérémonie de la Fédération. Cette fête, s'écrie Clootz, célébrée dans ce Champ de Mars, « où Charlemagne s'environna de toutes les vertus », sera « la fête du genre humain ». Les étrangers y trouveront « le gage de la délivrance prochaine de leurs malheureux concitoyens ». « Les triomphateurs de Rome se plaisaient à traîner les peuples vaincus liés à leurs chars; nos vœux et nos hommages seront les liens qui nous attacheront à vos chars de triomphe! » Paris s'enivre de cet enthousiasme; et dans cette exaltation la vanité frivole se mêle à la générosité. Les Parisiens se sont crus les rois de la France, parce qu'on leur a dit que le peuple était souverain; ils se croient les rois du monde, parce qu'on leur dit que le monde veut adopter leurs lois. « Nous avons, s'écrie l'un d'eux, arraché les haies de division qui séparaient les Francs entre eux, et déjà il n'y a plus de provinces; espérons

---

[1] Voir Louis BLANC, liv. IV, ch. v : *Vision sublime de l'avenir*, t. IV, p. 326. — MICHELET, QUINET, *passim*. — Georges AVENEL, *Anacharsis Clootz*. Paris, 1865.

que bientôt la division des royaumes ne sera plus; il n'y aura plus qu'un seul peuple, qu'on appellera le genre humain [1]. »

Dans ce réveil des peuples, Camille Desmoulins sonne allègrement la diane. C'est la fanfare qui convient à cette bande fougueuse, toujours prête à devenir une bande fanatique. Les *Révolutions de France et de Brabant*, avec leur verve cavalière, leste et dévergondée, leur mélange de fanatisme et de licence, de chaleur d'âme et de cynisme, de polissonnerie et d'apostolat, sont bien la prédication populaire de cette religion de l'humanité révélée par des élèves de Diderot à des lecteurs de Restif. Toutes les révolutions sont bonnes à Camille [2]; il les adopte sur l'étiquette. Il excelle à traduire en petites phrases claires, précises et concrètes, les maximes que les philosophes de l'Assemblée délayent obscurément en jargon métaphysique. « Une nation a toujours le droit de changer sa constitution quand elle est mauvaise et même quand elle est bonne, sans être tenue d'en donner d'autre raison que celle-ci : Car tel est notre bon plaisir. » Les timorés et les contre-révolutionnaires objectent le droit public de l'Europe : « Il faut faire du droit public de l'Europe comme Luther fit du droit canon, en jeter tous les livres au feu. » On parle d'une coalition pour « la cause commune des rois... Les peuples comprendront aussi que c'est la cause commune des nations. » La France s'alliera aux peuples déjà éclairés de sa lumière, ouvrira les yeux de ceux qui ne voient point encore, et dissoudra les armées des tyrans dont les soldats déserteront pour devenir Français. « Qu'importe, après tout, que les tyrans d'Europe se réunissent contre nous pour nous faire la guerre? Je dis plus, peut-être qu'une pareille circonstance est nécessaire pour mûrir et opérer plus promptement les autres révolutions nationales qui se préparent [3]. »

On travaille, et très-activement, à les préparer. La déclaration des droits se répand par toutes les frontières. Elle pénètre en

---

[1] Camille Desmoulins, *Révolutions de France et de Brabant*, t. III, p. 318. — Cf. Lettre d'Anacharsis Clootz, 15 juillet 1790, *Moniteur*, t. V, p. 136.
[2] Cf. ci-dessus, p. 54.
[3] *Révolutions*, t. I, p. 118, 212; t. II, p. 169; t. III, p. 101.

Espagne : l'inquisition, depuis 1789, y a repris de l'autorité, elle condamne ce code révolutionnaire et le proscrit. Le gouvernement s'en effraye; dès le mois de mars 1790, il parle d'établir un cordon sanitaire autour de la France. Les mêmes inquiétudes se manifestent à Rome et surtout en Sardaigne, où les émissaires et les libelles pénètrent plus aisément [1]. Ils foisonnent en Allemagne; Strasbourg est le grand entrepôt de cette presse clandestine. Les partisans de la Révolution viennent y réchauffer leur zèle et y prendre le mot d'ordre. Il se forme, çà et là, en Allemagne, de petits foyers secondaires : ils se dissimulent dans les États de la rive droite du Rhin, ils se découvrent plus hardiment dans ceux de la rive gauche et notamment dans les électorats ecclésiastiques. Les faibles gouvernements de ces pays s'en montrent épouvantés. Les journaux de Paris le prennent d'ailleurs de haut avec la diète et le Saint-Empire, et répondent en style révolutionnaire aux chicanes belliqueuses des jurisconsultes allemands [2].

Mais en même temps que les Français menacent, ils s'effrayent. Dans la crise qu'ils traversent, les passions les plus opposées les troublent tour à tour et concourent à les jeter hors d'eux-mêmes. Les âmes passent brusquement de l'enthousiasme à la panique, et de l'ivresse au vertige. Un même instinct les pousse à propager la Révolution en Europe et à redouter que l'Europe n'étouffe la Révolution en France. Il leur semble que s'ils ne renversent tous les trônes, une coalition formidable va se former entre les rois. Il faut se pénétrer de ces sentiments complexes et désordonnés, autrement la suite de

---

[1] Tratchevsky, *Revue historique*, t. XXXI, p. 29. — Baumgarten, p. 269, 311. — Bianchi, t. I, p. 523, 544. — Rapport de Bernis, 16 juin 1790.

[2] On lit dans une lettre d'Alsace insérée au *Moniteur* du 30 décembre 1789 : « Que veut l'Empire? que veulent les princes allemands et les aristocrates alsaciens? S'agit-il de raisons ou de coups? S'il s'agit de raisons, dans quel principe de droit naturel ou des gens des traités de Ryswick ou de Westphalie puisent-ils la force de s'opposer à la régénération de la commune d'Alsace?... S'agit-il de coups? Que l'on sache que la liberté ne craint pas le choc des esclaves. L'Empire veut-il voir la liberté qu'il redoute parcourir comme l'étincelle ses membres épars? qu'il touche à nos frontières. Quand un État comme la France s'avise de la liberté, il ne faut pas croire que ce soit pour le monde un simple spectacle. Alors les trônes s'ébranlent... »

la Révolution demeure incompréhensible. Dans toute la nation, du bourgeois au paysan et à l'artisan, tous ceux pour lesquels la Révolution s'est faite sont obsédés de la crainte de se voir ravir les droits qu'ils viennent de conquérir [1]. La pensée que l'ancien régime pourrait être restauré avec tous ses abus et toutes ses vexations, l'idée surtout que le noble pourrait rentrer en vainqueur dans son domaine et se venger de sa défaite, enlève à ces hommes tout sang-froid et tout jugement. Les ardents deviennent féroces, et les modérés se sentent capables, sinon de commettre, au moins de tolérer tous les excès. La contre-révolution leur paraît incessamment suspendue sur leurs têtes. Ils en attribuent le dessein à la cour, à la Reine, aux émigrés surtout qui se targuent insolemment de l'alliance des étrangers.

Les factieux sèment ces alarmes, les excitent et en profitent pour compromettre la royauté, discréditer le pouvoir et gagner la faveur populaire [2]. Cependant tout n'est pas vain dans ces craintes; tout n'est pas imaginaire dans ces complots. C'est ce qui en rend la dénonciation si insidieuse et le soupçon si troublant. Il est certain que la Reine déteste la Révolution et cherche à intéresser l'Autriche au sort du roi de France; que les émigrés pressent les étrangers d'intervenir par la force, et de rétablir l'ancien régime les armes à la main; que dans les cours européennes, quelques politiques, plus prévoyants ou plus astucieux que les autres, commencent à s'inquiéter des affaires de France, des dangers qui peuvent en provenir pour les monarchies, des profits surtout qu'elles pourraient en retirer. A mesure que la Révolution se développe, que l'anarchie s'aggrave, que les séditieux prévalent, le péril de la famille royale s'accroît, et, sous l'empire de ce péril, la résolution de s'y soustraire se fortifie dans l'âme de la Reine. La situation des nobles devient intolérable dans le royaume; l'émigration augmente; les ruines et les deuils se multiplient, et, par suite, l'impatience du retour,

---

[1] Taine, *la Révolution*, t. II, p. 39-46, 478 et suiv.
[2] Voir André Chénier, *Avis aux Français*, 28 août 1790. — Mirabeau, 47ᵉ note, *Correspondance*, t. II, p. 416.

de la restitution et de la revanche s'accroît chez les émigrés. La Révolution en devient plus véhémente au dedans et la propagande plus impétueuse au dehors. Elle provoque des mesures de répression qui la rendent, en retour, plus agressive. Des tentatives de la cour pour recouvrer la sûreté et le pouvoir, des machinations des émigrés pour préparer leur rentrée, des précautions de plusieurs princes, des convoitises ou des forfanteries de quelques autres, résultent, en France, de nouveaux soupçons qui se traduisent en violences nouvelles contre la cour et contre les nobles, en menaces plus directes suivies d'entreprises plus audacieuses contre les souverains étrangers. Toutes ces passions fermentent à la fois, et conspirent à précipiter la rupture entre la nation et la royauté, entre l'Europe et la France.

Cependant l'Europe, absorbée dans ses conflits d'intérêts et aveuglée par ses rivalités, ne se serait pas décidée, de longtemps peut-être, à se mêler des affaires de France, si Louis XVI ne l'en avait sollicitée; et Louis XVI, par faiblesse autant que par scrupule, ne se serait point résolu à en appeler à l'Europe sans une conjoncture qui précisa ses vues sur la Révolution et la lui rendit décidément abominable. Il ne pouvait être ému par des arguments purement politiques. Les raisons d'État ne le touchaient point, et tous les conseils de Mirabeau ne l'auraient jamais amené à sortir des hésitations. Les circonstances le poussèrent, comme malgré lui, dans l'action. L'événement qui exerça sur lui cette influence, l'exerça précisément parce qu'il était plus religieux que politique et qu'il préjudiciait au salut du chrétien beaucoup plus qu'à l'autorité du Roi. Je veux parler de la constitution civile du clergé et de la crise qui s'ensuivit dans l'Église de France.

LIVRE II
LOUIS XVI ET L'ÉMIGRATION

CHAPITRE PREMIER
LES PLANS DE LA COUR.
1790

I

Les décrets de l'Assemblée sur la constitution du clergé ont décidé Louis XVI à réclamer l'intervention de l'Europe et déchaîné la guerre civile en France. Il fallait une incursion aussi violente dans un domaine aussi sacré pour amener les Français à se combattre au lendemain des effusions de 1789, et pour conduire le Roi à engager la lutte malgré la nonchalance de son esprit, la répugnance qu'il éprouvait à verser le sang et l'irrémédiable défiance qu'il conservait de lui-même et de ses ministres. On peut dire que de toutes les erreurs de l'Assemblée, celle-là fut la plus funeste : elle rompit tous les liens, elle déchira la nation et l'État, elle ouvrit l'abîme où se précipita la Révolution. L'Assemblée y fut entraînée beaucoup moins par une fausse appréciation des nécessités politiques que par l'aveuglement de ses propres passions. L'une des plus obsédantes, chez les constituants, comme chez la plupart des Français « éclairés » du dix-huitième siècle, était la passion antireligieuse. L'Église ne représentait pas seulement à leurs yeux une des sujétions qu'ils détestaient le plus dans l'ancien régime, l'orthodoxie d'État, elle formait un corps privilégié et un corps très-opulent. Il ne leur suffisait pas d'émanciper l'État de toute tutelle ecclésiastique, ils entendaient dépouiller l'Église au profit de la nation. Ils supprimèrent les priviléges du clergé, l'exproprièrent de ses biens, firent rentrer ses membres dans le droit commun et les soumirent à la loi de l'égalité. Ils apportèrent dans cette œuvre un caractère particulier de revanche et d'animosité. Cependant si leur œuvre s'était arrêtée là, elle serait restée une œuvre politique ; comme le principe en était conforme à la nouvelle constitution de la France, qu'elle était motivée par les nécessités du temps et répondait à un sentiment très-ancien dans la nation, il ne s'en serait point vraisemblablement suivi de crise redoutable. L'Église aurait protesté, mais, avec plus ou moins de résignation, elle se serait soumise à des mesures désormais irrévocables.

L'Assemblée s'engagea dans une contradiction qui perdit tout. En même temps qu'elle abaissait l'Église, elle prétendit la lier à l'État qui la dépouillait. Les constituants tombèrent ici dans la même méprise où ils étaient tombés avec la royauté. Imprégnés des doctrines de l'ancien régime sur la constitution du pouvoir, ils étaient aussi éloignés du système des États-Unis que de celui de l'Angleterre, de la charte de 1830 que du concordat de 1801. Ils n'admettaient ni le régime de la souveraineté radicale des consciences, c'est-à-dire l'entière liberté religieuse et la séparation de l'Église et de l'État, ni le régime de la souveraineté radicale du peuple, c'est-à-dire la république. Ils prétendaient conserver un roi, mais en le faisant sujet de la nation ; ils prétendaient conserver une Église, mais en la rendant subalterne de l'État. Dédaigneux, en général, des leçons que leur donnaient les Anglais et les Américains, ils ne retenaient guère de l'histoire de ces deux peuples que l'exemple des avantages d'une religion nationale en Amérique et d'une Église royale en Angleterre. Ajoutez-y, chez les plus fanatiques aussi bien que chez les plus mystiques, ce fond génevois de religion d'État qui se découvre avec âpreté dans le *Contrat social* et qui se dérobe insidieusement jusque sous les effusions sentimentales du *Vicaire savoyard*[1].

Ils ne se seraient pas contentés d'une Église soumise et d'un clergé respectueux des lois; ils voulaient une Église dévouée et « un clergé-citoyen[2] » attaché à la Révolution, comme le clergé de l'ancien régime l'était à la monarchie pure. Il y aurait fallu, surtout en ce qui concernait l'épiscopat, un renouvellement du personnel beaucoup plutôt qu'une réforme dans le dogme et dans la discipline. Ce changement qui a été la condition nécessaire du concordat de 1801, en a formé la difficulté principale. On ne peut méconnaître qu'une négociation avec le Pape aurait été infiniment plus épineuse en 1790 qu'elle ne le fut dix ans plus tard; cependant, si peu probable qu'eût été en 1790 le succès d'un compromis entre Rome et la France de la Révolution, cette procédure était la seule qui pût mener à un accommodement de la constitution de l'Église avec celle de l'État. L'Assemblée dédaigna de la suivre. Elle y voyait une capitulation de sa souveraineté. Pour la conserver intacte, elle en abusa. Rencontrant devant elle une Église d'État qui lui paraissait hostile, elle la détruisit; mais, tenant absolument à en conserver une qui fût docile, elle prit le parti de la créer de ses mains. Résolus de ne point s'adresser à Rome, où ils étaient convaincus d'ailleurs qu'on ne les écouterait point, les constituants imaginèrent, pour transformer le personnel ecclésiastique, d'en modifier le mode de nomination et d'institution. C'était bouleverser toute la discipline du clergé et trancher, d'un revers de main, cette question des investitures qui avait pro-

---

[1] *Du contrat social*, liv. IV, ch. VIII: *De la religion civile*. — « Je pensais que l'Évangile étant le même pour tous les chrétiens et le fond du dogme n'étant différent qu'en ce qu'on se mêlait d'expliquer ce qu'on ne pouvait entendre, il appartenait en chaque pays au seul souverain de fixer et le culte et ce dogme intelligible, et qu'il était par conséquent du devoir du citoyen d'admettre le dogme et de suivre le culte prescrit par la loi... Je jugeais que tout ce qui est forme et discipline était dans chaque pays du ressort des lois. » *Les Confessions*, part. II, liv. VIII, 1754-1756. — « En attendant de plus grandes lumières, gardons l'ordre public; dans tous pays, respectons les lois, ne troublons point le culte qu'elles prescrivent... » *Profession de foi du vicaire savoyard*.

[2] Adresse de l'Assemblée au peuple français, rédigée par Talleyrand, 11 février 1790.

voqué des luttes séculaires et fait verser des torrents de sang.

L'entreprise menait droit au schisme; les constituants ne reculèrent pas devant cette extrémité. C'est ici qu'apparaît leur erreur fondamentale. L'élément principal du schisme manquait à ces novateurs : ils ne trouvaient point de schismatiques. Le clergé s'y refusait et les fidèles s'y dérobaient. C'est que l'Église de France était royale et catholique autant au moins que gallicane[1]. Gallicane par ses biens qui l'attachaient au sol national, royale par ses privilèges qui l'attachaient à la royauté, catholique par ses croyances qui l'attachaient à Rome, lorsqu'on lui enleva ses biens et ses privilèges, et que rien ne la lia plus ni au sol ni au Roi, elle resta uniquement catholique, c'est-à-dire qu'elle se détacha de la France pour se fondre avec Rome. Les constituants se figurèrent qu'ils pourraient demeurer gallicans, en supprimant toute la raison d'être du gallicanisme, et imposer à Rome une constitution ecclésiastique contre laquelle le clergé français même protestait. Ils crurent possible de décréter en même temps et de concilier la liberté de conscience, la liberté des cultes et la liberté de pensée, les Droits de l'homme, en un mot, et la Déclaration de 1682. Il y avait entre l'assemblée du clergé de France sous Louis XIV et l'Assemblée nationale de 1790 toute l'incompatibilité de la doctrine toute catholique d'un Bossuet et du libéralisme tout laïque d'un Talleyrand. Des libres penseurs de profession, adversaires invétérés de toute croyance religieuse et de toute Église établie; des légistes rompus aux subtilités du droit canon, mais parfaitement indifférents, sinon agressifs sur l'article du dogme; des protestants à peine affranchis des lois iniques qui leur imputaient leur foi à crime de trahison et chez lesquels l'esprit de l'Évangile tempérait difficilement, lorsque la suprématie de l'Église catholique était en jeu, l'horreur d'un siècle entier de persécutions; enfin, comme perdus dans cette foule hostile ou sceptique, quelques survivants illuminés du jansénisme et plusieurs prêtres dissidents, convaincus sans doute, mais isolés dans

---

[1] Cf. t. I, p. 228.

l'Église, désavoués par leurs supérieurs, reniés par leurs confrères, abandonnés par leurs ouailles, capables, tout au plus, de fonder dans un faubourg une chapelle de sectaires; tel nous apparaît l'étrange concile qui se dressait à Paris contre l'Église de Rome et prétendait susciter un schisme national. Une Église d'État instituée par des incrédules, voilà à quel paradoxe se ramène le programme que l'Assemblée se proposait en matière ecclésiastique.

Dès ses premières mesures, elle manifesta l'intention de se séparer de Rome, ou plutôt de la considérer comme n'existant pas. Les constituants en usèrent avec le Saint-Siége comme aurait pu le faire le parlement anglais, oubliant que pour la France le Pape était non-seulement le chef d'un État ami et allié, mais le chef spirituel de tous les catholiques de France, qualité dont il n'appartenait à aucun gouvernement de le dépouiller. Le Pape apprit par les gazettes les décrets qui supprimaient les dîmes, les bénéfices et les annates [1]. Il fut instruit, par la même voie, de l'intention qu'annonçait l'Assemblée de mettre les biens du clergé à la disposition de la nation [2]. On avait cependant à Rome l'ambassadeur le plus propre à prévenir les conflits et, si une transaction était possible, à y préparer les voies. Le prudent et brillant négociateur de la suppression des Jésuites et du séquestre d'Avignon, Bernis, représentait toujours, auprès du Saint-Siége, le prince qu'on continuait d'appeler à Rome le Roi Très-Chrétien [3]. Bernis n'était pas seulement un homme du monde accompli, « le parfait gentilhomme d'Église », et un diplomate très-expert, il demeurait un gallican convaincu, et c'était, dans les conjonctures, la plus favorable des rencontres [4]. Il jouissait, dans son ambassade, d'un crédit considérable. Il

---

[1] Décrets des 4 et 6 août 1789.
[2] Proposition de M. de la Coste, 8 août 1789.
[3] Sur le caractère de Bernis et l'ambassade de Rome de 1758 à 1771, voir Frédéric MASSON, le Cardinal de Bernis. — SAINTE-BEUVE, Causeries du lundi, t. VIII, art. Bernis.
[4] « Je pense sur cet objet comme Bossuet lui-même... Le séjour de vingt ans à Rome ne m'a pas rendu ultramontain. Je suis Français jusques au fond du cœur. » Bernis à Montmorin, 25 août 1789.

pouvait, sans se vanter et sans exagérer, écrire à Montmorin : « Je suis toujours la seconde personne de Rome. » Averti par la voie publique des dispositions de l'Assemblée, il représenta au ministère « que le concordat[1] pouvait être réformé », qu'on y arriverait par « les ménagements et la sagesse », mais qu'à moins de vouloir rompre ouvertement, on ne saurait détruire « par un simple trait de plume le plus ancien de nos traités, sans être d'accord avec la partie contractante[2] ». A cet argument qui sera l'objection perpétuelle de Rome, le ministère n'oppose qu'une réponse embarrassée, qu'il reproduira incessamment jusqu'à la rupture où l'Assemblée l'entraîne malgré lui : — Que le Pape patiente, toute résistance est inutile ! « Les esprits sont tellement montés dans ce moment que je ne réponds de rien si l'on voulait les heurter de front[3]. »

Le 10 octobre 1789, un prélat, encore mitré, mais depuis longtemps sécularisé dans ses idées et dans sa vie, Talleyrand, évêque d'Autun, avait proposé à l'Assemblée de s'emparer des biens du clergé pour combler le déficit des finances et sauver l'État de la banqueroute. L'Assemblée mit, le 20 décembre, ces biens à la disposition de la nation, et décréta, le 6 février 1790, que le comité ecclésiastique[4] présenterait incessamment « un plan constitutionnel sur l'organisation du clergé ».

« La cour romaine est dans la consternation, écrivait Bernis le 10 mars 1790, et le murmure contre le Pape devient général... Le devoir, la conscience et l'honneur forceront Pie VI, malgré lui, à rompre le silence que, par de bonnes vues, je lui avais fait observer jusqu'ici. » C'était beaucoup d'avoir obtenu cette réserve de la part d'un prince glorieux et autocrate comme l'était Pie VI. Mais ce pape jugea désormais que la modération ne lui avait été d'aucun secours. Il ne pouvait, disait-il, garder plus longtemps un silence qui passerait pour une approbation et serait préjudiciable à l'autorité de l'Église dans les autres pays

---

[1] Le concordat de 1516, entre Léon X et François Ier.
[2] Bernis à Montmorin, 5, 19 et 25 août 1789.
[3] Montmorin à Bernis, 1er septembre 1789.
[4] Nommé le 20 août 1789.

catholiques[1]. Il s'en expliqua, le 29 mars, dans le consistoire secret des cardinaux : « Nous croyons, dit-il, entendre le prophète Isaïe nous reprocher notre silence par ces paroles : Malheur à moi, parce que je me suis tu[2] ! » Bernis obtint que l'allocution ne serait pas publiée. Mais qu'importaient ces vains ménagements de forme et de procédure ? La lutte se déchaînait à la tribune de l'Assemblée.

Le 10 avril 1790, on commença de discuter la proposition qui substituait au clergé propriétaire un clergé salarié par l'État. De part et d'autre on déploya dans les débats une grande véhémence et l'on se porta, du premier coup, aux extrémités les plus opposées. Dom Gerle proposa de décréter « que la religion catholique, apostolique et romaine était et demeurerait toujours la religion de la nation, et que son culte sera seul autorisé ». Si telle était la prétention de l'Église de France, elle déclarait par là son existence incompatible avec les principes de la Révolution. L'Assemblée refusa de délibérer sur la motion, considérant, ce qui était la vérité même, mais ce qu'elle méconnut bientôt, « qu'elle n'avait ni ne pouvait avoir aucun pouvoir à exercer sur les consciences ». Dès lors la scission ne fit que s'aggraver entre la majorité de l'Assemblée et les catholiques. Elle éclata définitivement dans le débat sur la constitution civile du clergé, qui commença le 29 mai.

Le projet du comité instituait une Église qui ressemblait infiniment plus à l'Église anglicane et surtout à l'Église presbytérienne d'Écosse qu'à l'Église gallicane dont on prétendait la faire procéder. Les circonscriptions ecclésiastiques étaient modifiées. Il y avait dans chaque département un évêque nommé par les électeurs, et pour dix départements un métropolitain qui donnait l'institution canonique. Il était interdit aux évêques de « s'adresser au Pape pour en obtenir aucune confirmation » ;

[1] Rapport de Bernis, 16 mars 1790.
[2] Voir : Theiner, *Documents relatifs aux affaires religieuses de la France, 1790-1800.* Paris, 1857. — Hulot, *Collection des brefs de Pie VI.* — Sciout, *Histoire de la constitution civile du clergé,* Paris, 1872, t. I. — Jager, *Histoire de l'Église catholique en France,* t. XIX. Paris, 1873. — De Pressensé, *l'Église et la Révolution française.* Paris, 1864.

l'évêque ne pouvait écrire au Souverain Pontife qu'en « témoignage de l'unité de foi et de communion qu'il devait entretenir avec lui ». Les curés étaient nommés par le collége électoral de chaque district. La constitution transportait ainsi à des citoyens, qui n'étaient d'ailleurs tenus de faire acte ni d'orthodoxie, ni même de foi, le choix des évêques et des curés. Elle niait et anéantissait l'un des pouvoirs que l'Église avait de tout temps considérés comme sa prérogative essentielle : le pouvoir d'instituer les ministres du culte et de surveiller leur doctrine. C'est sur ce point que porta tout l'effort de la discussion. Elle se résume en ces deux propositions contradictoires : « Vous voulez, dit un évêque [1], un retour à la discipline de la primitive Église; si vous en rappelez la discipline, il faut en rappeler l'autorité. Il est possible qu'il soit fait des retranchements à l'Église, mais il faut la consulter. » Et il réclame un concile national. « L'Église est dans l'État, répond un légiste [2]; nous sommes une convention nationale, nous avons le pouvoir de changer la religion. » Et il récuse le concile. L'Assemblée écarta par un argument du même ordre la proposition de négocier avec le Pape. Le 2 juin, à la suite de ce vote, les évêques, sauf Talleyrand, cessèrent de prendre part à la délibération.

Cependant le conflit de suprématie ecclésiastique se compliquait d'un conflit de souveraineté temporelle. C'est dans ce même mois de juin que la révolution éclate à Avignon, que la réunion est demandée et que l'Assemblée se saisit de l'affaire. Le nonce du Pape proteste auprès de Montmorin [3]. Comme sous l'ancien régime, les deux litiges, le spirituel et le temporel, se croisent et s'enchevêtrent. Ils sont tranchés tous les deux par l'Assemblée, dans le sens de sa souveraineté : le 12 juillet, elle adopte l'ensemble de la constitution civile du clergé; le 22, elle nomme le comité d'Avignon.

L'agitation et l'inquiétude redoublent dans l'Église. Les évêques en appellent à Rome; ceux d'Alsace invoquent, en

---

[1] M. de Boisgelin, archevêque d'Aix, 29 mai 1790.
[2] Camus, 1ᵉʳ juin 1799.
[3] Le nonce à Montmorin, 20 et 21 juin 1790.

outre, l'autorité de la diète germanique, mêlant la question de juridiction ecclésiastique à celle des droits féodaux. Le Pape refuse de les suivre dans cette querelle [1]; mais il ne peut s'abstenir d'élever la voix dans l'affaire de la constitution. Il adresse, le 10 juillet, trois brefs, l'un au Roi, les deux autres à M. de Pompignan, ancien archevêque de Vienne, ministre de la feuille des bénéfices, et à M. de Cicé, archevêque de Bordeaux, garde des sceaux. « Si vous approuvez les décrets, disait-il à Louis XVI, vous entraînez par cela même votre nation entière dans l'erreur, le royaume dans le schisme, et peut-être allumez-vous la flamme dévorante d'une guerre cruelle. » Louis XVI n'en était que trop convaincu. Pie VI lui recommandait de prendre l'avis de ses ministres ecclésiastiques. De ces deux prélats, l'un, Pompignan, affaibli, malade, se taisait; l'autre, Cicé, se forgeait on ne sait quelle chimère de transaction avec le Saint-Siége [2]. Montmorin inclinait naturellement aux atermoiements. Peut-être ces faibles conseillers se figuraient-ils pouvoir gagner par des échappatoires le temps où le Roi, rétabli dans son autorité, annulerait des actes que la force l'avait obligé de consentir. Peut-être s'imaginaient-ils que, placé devant un fait accompli, le Pape trouverait quelque compromis acceptable à l'Assemblée, et que l'Église se résignerait aux concessions pour éviter le schisme, plus menaçant encore pour elle que pour le Roi. Ils décidèrent de ne point publier les brefs du 10 juillet, et engagèrent le Roi à promettre sa sanction au décret, mais à ne la donner qu'après avoir obtenu le consentement des évêques de France, ou celui du chef de l'Église [3].

Ils tâchèrent d'obtenir ce consentement du Pape et entamèrent à cet effet, secrètement, cette négociation dont l'Assemblée avait naguère, avec hauteur, écarté le principe. C'était en réalité un concordat nouveau qu'il s'agissait d'improviser.

---

[1] Bernis à Montmorin, 28 juillet 1790.

[2] Pompignan s'alita le 17 août et ne se releva plus. La conduite de ces deux prélats a été sévèrement jugée par les historiens catholiques. « L'un, dit l'abbé Proyart, se tait de peur d'éclairer le Roi, et l'autre l'égare en lui parlant. » Falloux, *Louis XVI*, p. 207, 4ᵉ éd. Paris, 1860.

[3] Masson, *Bernis*, p. 480-482.

Le ministère n'avait aucune chance d'y réussir. L'Église a toujours aimé les lenteurs, et les ministres français exigeaient de la précipitation. Pour renoncer à des positions aussi importantes que celles qu'elle occupait en France, il aurait fallu que l'Église jugeât la France à peu près perdue pour le catholicisme. Cette condition qui se présenta sous le consulat de Bonaparte et qui explique la conclusion du concordat de 1801, n'existait point en 1790. Le clergé français était debout, il protestait, et la grande majorité de la nation paraissait disposée à le suivre. Personne en Europe ne connaissait ni ne mesurait la force de la Révolution; on ne la considérait que comme une crise passagère. L'Église, qui avait traversé tant d'orages, s'apprêtait à essuyer celui-là. La lutte qu'elle entamait en France lui rappelait celle qu'elle venait de soutenir en Autriche. L'Assemblée recommençait Joseph II; son œuvre devait avoir le même destin. L'Église espérait tout du temps; elle ne voulait rien céder à une assemblée précaire et égarée; l'Assemblée n'entendait pas plus accorder de délais que chercher des compromis. Entre ces deux adversaires nul accommodement n'était possible.

Le 1er août, Louis XVI adressa au Pape une lettre préparée par ses ministres : elle rejetait sur le Saint-Siége la responsabilité du schisme qui menaçait la France. Le Roi déclarait ne pouvoir retarder davantage sa sanction. Il espérait que le Pape saurait, par quelque pieux expédient, en atténuer les effets. Bernis fut invité à en conférer avec la cour de Rome [1]. Sans attendre beaucoup de succès de son intervention, Bernis ne la refusa point. Il représenta au Pape que le Roi n'était pas libre, qu'il sanctionnait les décrets par contrainte et le faisait précisément pour bien établir la contrainte qu'il subissait. Le Pape demanda à réfléchir. Il consulta les cardinaux, qui le pressèrent de résister. Pie VI et ses conseillers avaient à tenir compte de l'état de la religion en Europe : elle était attaquée de toutes parts. « Ce que l'on accorderait aujourd'hui aux besoins de la France, écrivait Bernis, serait demandé impérieusement

---

[1] Instruction du 1er août 1790. Masson, p. 481 et suiv.

par d'autres cours catholiques dont le mécontentement, en cas de refus, serait à craindre pour le Saint-Siége, et la concession renverserait toute l'organisation de l'Église universelle. » Les affaires d'Avignon aigrissaient les esprits. Bernis aurait bien voulu, comme au temps de Choiseul, des Jésuites et du Parlement, trouver dans le Comtat l'objet d'une transaction, mais ces temps étaient passés [1]. Le ministère n'attendit même point pour en venir aux dernières fins le temps qu'il aurait fallu au courrier pour rapporter une réponse du Pape [2]. Le 24 août, Louis XVI donna sa sanction : les ministres s'y étaient résignés, comme « frappés de terreur à la vue des plus immenses dangers [3] ». Le Pape en fut douloureusement ému et le fit paraître dans un bref adressé à Louis XVI, le 22 septembre. Le 27 octobre, la congrégation des cardinaux donna son avis. Elle déclara que « le Souverain Pontife manquerait essentiellement à son devoir et porterait un coup mortel au catholicisme, s'il approuvait, tels qu'ils sont, les décrets concernant le clergé de France ». Le Pape, selon la congrégation, ne pouvait qu'éclairer le Roi, consulter les évêques en France et les exhorter à lui fournir, pour tranquilliser les consciences, les moyens d'accorder, sur les points principaux, les décrets avec les règles canoniques [4]. Rome ne croyait point au schisme, et elle avait ses raisons pour n'y point croire. Tandis que le gouvernement de Paris demandait au Pape de conseiller la soumission au clergé français les évêques priaient le chef de l'Église de soutenir leur résistance. Bien que divisés sur les mesures à prendre et la conduite à tenir [5], ils s'accordaient pour condamner la constitution. Parmi les prêtres attachés à la Révolution, les plus éclairés et les plus sincères, Grégoire, par exemple, regrettaient l'ingérence de l'autorité séculière dans l'organisation du

---

[1] Rapports de Bernis, 18, 25 août, 1er et 8 septembre 1790.
[2] MASSON, *Bernis*, p. 484.
[3] Témoignage de M. de Cicé. FALLOUX, *Louis XVI*, p. 207. — JAGER, p. 211-312. — Louis XVI au Pape, 6 septembre; Montmorin à Bernis, 7 et 28 septembre 1790.
[4] Rapports de Bernis, 29 septembre, 13, 20, 23, 27 octobre 1790.
[5] Dépêche à Bernis, 19 octobre; rapport de Bernis, 3 novembre 1790.

clergé. Ils désiraient une négociation avec le Saint-Siége [1]. Le plus grand nombre des curés et des prêtres approuva les évêques et adhéra à la protestation que ces prélats publièrent à la fin d'octobre. On peut la considérer comme le testament de l'Église nationale. « Nous avons demandé, déclaraient les évêques, la convocation d'un concile national ; nous avons réclamé, selon les formes antiques de l'Église gallicane, le recours au chef de l'Église universelle. » L'Église gallicane en appelait à Rome contre l'État ; elle réprouvait le schisme et excommuniait, avant qu'elle fût née, l'Église constitutionnelle.

L'État s'obstinait à l'imposer. L'Assemblée croyait à son œuvre. L'évêché de Quimper étant devenu vacant, le député Expilly, curé de Mortain et membre du comité ecclésiastique, y fut élu. Les évêques de l'arrondissement refusèrent la consécration : l'Assemblée décréta que tout évêque pourrait la donner [2]. Le 26 novembre, Voidel dénonça « la ligue contre l'État, qui s'était formée sous prétexte de religion ». Il qualifia de *réfractaires* les évêques qui protestaient et proposa de prendre des mesures pour les contraindre. Elles consistaient à exiger impérativement le serment prescrit par les articles 21 et 38 de la constitution civile : « d'être fidèles à la loi et au Roi, et de maintenir de tout son pouvoir la constitution décrétée par l'Assemblée nationale et acceptée par le Roi. » Ce serment impliquait l'adhésion aux nouvelles lois ecclésiastiques. Les prêtres qui le refuseraient seraient déchus de leurs droits ; ils seraient remplacés, et s'ils s'immisçaient dans « leurs anciennes fonctions », ils seraient considérés « comme perturbateurs du repos public », et avec eux « toutes personnes qui se coaliseraient pour combiner un refus d'obéir aux décrets de l'Assemblée nationale ou pour exciter des oppositions à leur exécution ».

Cette assemblée de philosophes se trouvait ainsi entraînée par la logique de ses idées à violer, presque aussitôt après l'avoir décrété, un des principes les plus passionnément réclamés par

---

[1] Voir les *Études* de M. GAZIER sur *Grégoire*. *Revue historique*, t. VIII, p. 287-290.
[2] 14 novembre 1790.

la philosophie du siècle : la tolérance religieuse. Ce n'était point qu'en soi la constitution civile supprimât la liberté de conscience et interdît la pratique des cultes non officiels. Elle n'enlevait au clergé dissident que son salaire et ses titres. Il demeurait, en droit, libre d'exercer le ministère, à titre privé, au même titre, par exemple, que les ministres protestants ou les rabbins israélites. Mais il était inévitable que les dissidents entraîneraient avec eux la masse des fidèles, qu'ils les pousseraient à la résistance, qu'ils élèveraient contre l'Église constitutionnelle une Église romaine, qu'il s'ensuivrait des conflits; que l'État s'en offenserait, qu'il y voudrait mettre fin et que, pour protéger son Église privilégiée, il serait conduit à supprimer les Églises dissidentes, à en proscrire, puis à en persécuter les membres.

C'est ce qui s'annonça trop clairement dans les débats ardents auxquels donna lieu la motion de Voidel. Mirabeau contribua beaucoup à y imprimer ce caractère passionné. Il redevint, pour quelques heures, le tribun véhément des premiers jours. Irrité contre tout le monde, blessé de l'inattention de la cour et des soupçons du public, calomnié, méconnu, énervé par le travail dévorant auquel il se livrait, excité par les excès mêmes dans lesquels il cherchait un divertissement à ses déceptions, sentant le pouvoir fuir devant lui et s'écouler, en quelque sorte, dans ses mains à mesure qu'il voulait le saisir, voyant la Révolution lui échapper et la vie même se retirer de lui par l'abus qu'il en faisait, il ne garda vraisemblablement pas, en cette crise suprême de sa carrière, le plein gouvernement de lui-même. Il attribuait souvent, après coup, à un calcul machiavélique ce qui n'était que l'éclat tumultueux d'une âme perpétuellement orageuse. Voulait-il, comme il l'a dit, regagner par un retour d'audace la popularité qui l'abandonnait, « enferrer » l'Assemblée en la compromettant, « museler » le clergé qui le gênait[1] ? La vérité est que, s'il n'entraîna pas l'Assemblée, il en subit

---

[1] Sûr la conduite de Mirabeau en cette affaire, voir Droz, *Histoire du règne de Louis XVI*, t. III, p. 303. — Paris, 1839-42. Lucas-Montigny, t. VIII, p. 157-214. *Correspondance de Mirabeau avec La Marck*, t. II, p. 361-362, 365, 374.

l'impulsion. Le décret du serment fut voté le 27 novembre 1790.

Cet acte acculait Louis XVI dans ses derniers retranchements. Toutes ses précédentes concessions, suggérées par la faiblesse, colorées par la politique, n'avaient pas d'autre raison d'être que de prolonger les crises et de retarder les derniers sacrifices. Il n'y en avait point de pire que celui-là. Cependant Louis ne se sentait point en mesure de résister. Il lui fallait encore gagner du temps; mais le dilemme était horrible pour lui : s'il refusait la sanction, il s'exposait à une sédition, à une « journée », et engageait prématurément une lutte dans laquelle il succomberait; s'il cédait, il prévariquait contre l'Église. Dans son angoisse de prince, de père, de chrétien, effrayé pour sa couronne, tremblant pour sa famille, bouleversé dans sa conscience, il s'adressa une dernière fois au Pape, le suppliant d'intervenir auprès de l'Église de France et de faciliter au clergé la soumission à des décrets dont l'exécution ne pouvait être longtemps retardée [1]. L'Assemblée ne lui permit point d'attendre la réponse de Rome. Pour vaincre ses scrupules, les meneurs eurent recours à la raison dernière des rois et des révolutions : la force. La population se mit en mouvement. Cicé représenta au Roi que s'il hésitait davantage, il livrerait le clergé aux fureurs de la foule. Louis XVI capitula. Le 26 décembre, il sanctionna le décret; mais il ne le sanctionnait qu'avec l'intention secrète de le rapporter dès qu'il aurait recouvré la force nécessaire.

En réalité, ce fut une déclaration de guerre à la Révolution qu'il signa ce jour-là. La Révolution le contraignait à un acte que rien ne justifiait à ses yeux [2]. Il n'apercevait plus de compromis possible avec elle : il avait transigé avec l' « usurpation », il ne pouvait transiger avec le schisme et l'impiété. Il se révoltait. Il ne lui restait plus d'autre ressource que la lutte. Tant qu'il ne s'était agi que de son pouvoir et de sa sécurité person-

---

[1] 13 décembre 1790. MASSON, *Bernis*, p. 489.

[2] « Je prie Dieu de recevoir le repentir profond que j'ai d'avoir mis mon nom, quoique ce fût contre ma volonté, à des actes qui peuvent être contraires à la discipline et à la croyance de l'Église catholique. » Testament de Louis XVI.

nelle, il avait patienté ; il s'agissait maintenant de son salut éternel et de celui des âmes dont il estimait que Dieu lui avait confié la garde : il ne se jugeait plus maître de son sort. Le Roi avait enduré les humiliations, le chrétien ne supportait pas les remords. L'excès du sacrifice triomphait de sa résignation, mais il ne triomphait pas de ses irrésolutions. Louis XVI se montra aussi faible dans ses tentatives pour dompter la Révolution qu'il l'avait été dans ses efforts pour la diriger.

II

« J'aimerais mieux être roi de Metz que de demeurer roi de France dans une position pareille, dit-il après avoir signé le décret; mais cela finira bientôt[1]. » Il le déclarait, on le répétait autour de lui ; cependant ni lui, ni personne des siens n'avait ni de plan arrêté ni même de dessein précis. On continuait à recevoir aux Tuileries les notes de Mirabeau ; mais le rôle qu'avait joué le fougueux orateur dans le débat relatif au serment avait achevé de lui enlever tout crédit sur l'esprit du Roi. Louis ne compta plus désormais sur son concours, et renonça, s'il y avait jamais songé sérieusement, à entrer dans ses vues. Il ne voulait à aucun prix lui devoir son salut. Mirabeau considérait que les troubles religieux dont la France était menacée offraient au Roi un moyen excellent d'entamer la lutte. On ne pouvait, selon lui, « trouver une occasion plus favorable de coaliser un plus grand nombre de mécontents de la plus dangereuse espèce, d'augmenter la popularité du Roi, aux dépens de celle de l'Assemblée nationale[2] ». Il conseillait d'organiser une vaste résistance aux décrets sur le clergé, et de profiter de l'agitation qui s'ensuivrait pour ressaisir le pouvoir et en appeler au peuple contre l'Assemblée. Mais Louis XVI, qui répugnait à la guerre civile, répugnait bien davantage à une guerre de religion. La

---

[1] Dnoz, t. III, p. 299.
[2] 43º note, 21 janvier 1791. *Correspondance*, t. II, p. 374.

cour ne retint des propositions de Mirabeau que la partie la plus compromettante et la moins avouable : la politique de conspiration contre l'Assemblée, l'atelier de police et de presse, tout le plan d'intrigue et de corruption [1]. Montmorin s'y était rallié, Mirabeau, aidé en sous-ordre de Talon et de Sémonville, y travaillait avec l'opiniâtreté qu'il apportait « aux entreprises hasardeuses ». La Marck, qui avait été le négociateur de l'alliance, s'efforçait de la renouer. Il s'acharnait sans beaucoup d'espoir à cette tâche ingrate. « Si cette dernière ressource nous manque, que nous restera-t-il? Je n'ose même pas y penser », écrivait-il à la fin de 1790 [2].

Quelques-uns se dirent alors que dans cette période de combat, la hardiesse des résolutions pourrait tenir lieu de la profondeur des conseils, que la suite dans les desseins importait moins que le courage dans les actes, qu'en frappant les imaginations par quelque coup d'héroïsme on ranimerait les cœurs, qu'enfin les partis extrêmes demeurant la seule ressource et le Roi défaillant à la tâche, la Reine pourrait tenter de relever la couronne et de sauver la monarchie. Les ennemis de la cour lui en prêtaient le projet et lui en supposaient la force; les défenseurs de la monarchie n'avaient plus d'autre espérance. « Le Roi n'a qu'un homme, c'est sa femme, » déclarait naguère Mirabeau [3]. Les uns et les autres s'abusaient d'imaginations romanesques et de fantaisies historiques. Ni le caractère, ni l'éducation, ni le passé de Marie-Antoinette ne la rendaient propre à ce grand rôle.

Marie-Antoinette n'avait rien de la femme d'État. Elle était femme, tout simplement. Ce fut son charme et son malheur. Nulle trace en elle du génie tout viril de sa mère, Marie-Thérèse ; nul trait qui rappelle, même de loin, ces têtes carrées, à l'allemande, ces tailles un peu épaisses, hommasses et lourdes, mais fortement cambrées et disposées pour l'armure, comme celle de Catherine II. La reine de France était une

---

[1] *Correspondance de La Marck*, t. II, p. 511, 513, 523.
[2] Décembre 1790. *Correspondance*, t. II, p. 518.
[3] 2ᵉ note, 20 juin 1790. *Correspondance*, t. II, p. 41.

pure Autrichienne, une princesse toute viennoise. Enjouée, avec une pointe de sensibilité ; trop fière de son rang et de sa naissance, trop dédaigneuse des opinions du monde pour y sacrifier même une étourderie ; frivole, au fond, et ne tenant dans les occasions à paraître grave que par un jeu de coquetterie féminine ou par un caprice passager de l'orgueil lorrain ; médiocrement instruite, ne lisant guère ; indocile aux conseils, impatiente des propos sérieux et des discours suivis, elle plaçait toute la politique dans les personnes et jugeait les personnes d'après les coteries. Elle n'entendait pas le calcul des affaires. Elle possédait le courage, il lui manquait le jugement. Sa vaillance se dissipait dans la colère ou dans les larmes. Mais son cœur était noble, son âme haute ; elle avait la passion de l'honneur. Lorsque la dignité de la couronne lui parut compromise ou souillée, lorsque l'outrage l'atteignit en face ou que le péril l'assaillit, insolent et provocant, elle se roidit contre l'attaque, et l'on reconnut en elle la fille de Marie-Thérèse.

Nulle femme n'a été poursuivie d'autant de haines ; il en est peu qui méritent plus de pitié. « Il est prouvé, disait un jour le baron de Staël, que les malheurs de cette princesse ne finiront jamais. » Ses épreuves commencèrent avec son mariage. La devise des jours prospères de sa maison, le *Felix Austria nube,* se traduisit pour elle en une sanglante ironie. Marie-Thérèse était une bonne mère, indulgente et tendre à ses filles adolescentes ; mais sitôt qu'elle les estimait nubiles, elle ne les aimait plus qu'avec le cœur d'une impératrice. Marie-Antoinette n'avait que quinze ans quand elle quitta Vienne. Elle ne revit jamais ni l'Autriche, ni sa mère. Dans la cour où elle arrivait et dans la propre famille de son mari, elle ne trouva que des préventions hostiles et le soupçon. On la mariait pour sceller l'alliance, elle eut contre elle tous les ennemis de l'Autriche : les tantes de Louis XVI, son frère, le comte de Provence, ses deux belles-sœurs, qui étaient de Savoie, toute la cabale montée contre Choiseul et les Lorrains. Elle forma sa cour avec la coterie autrichienne, et rompit, sans réflexion comme sans mesure, avec les adversaires de sa maison. Renseigner la cour de Vienne sur les vues de celle de Versailles, élever aux emplois des hommes déférents à l'Autriche, gouverner l'alliance et, par suite, la politique française dans le sens des intérêts autrichiens, c'était sa raison d'être en France, et « l'affaire la plus importante de sa vie [1] ». Marie-Thérèse lui avait prescrit cette tâche comme le plus sacré des devoirs ; elle la lui rappelait incessamment dans les lettres impérieuses, maternelles et politiques à la fois, qu'elle lui adressait régulièrement ; elle l'y faisait animer, chaque jour, par son ambassadeur Mercy, conseil, confident et tuteur de la jeune princesse, en même temps qu'agent autrichien à Paris.

Marie-Antoinette ne s'imaginait point qu'on pût, sans sottise et sans malhonnêteté, concevoir d'autres desseins que ceux que formait sa mère : cette impératrice vertueuse, vénérée autant que redoutée des siens, ne pouvait, aux yeux de sa fille, vouloir que la justice ; elle ne proposait que le bien. Il semblait à la Reine que l'intrigue seule détournait Louis XVI de se rendre à ses avis ; toute résistance de la part du Roi passait dans son esprit pour un manque de respect envers l'Impératrice, et d'affection envers elle-même. Voilà toute sa politique : il y entrait plus de préjugés et d'obéissance que de diplomatie ; elle y apporta plus d'étalage et d'indiscrétion que de ténacité. Son influence demeurait intermittente, ne s'exerçant en quelque sorte que par accès. Louis XVI ne la subissait que par surprise ; encore s'y refusait-il dans les affaires du dehors, les seules vraiment royales à ses yeux et les seules aussi qui importassent à la maison d'Autriche. Marie-Antoinette se dépensa dans des cabales, dont plus d'une devint funeste à la cour et à l'État. En réalité, elle ne jouait ni le rôle que sa mère lui avait destiné, ni celui que lui attribuaient ses ennemis.

Pour ruiner ce crédit qu'ils exagéraient singulièrement, ils s'attaquèrent à sa réputation. C'est des alentours mêmes du trône que partit ce flot fangeux de pamphlets, dont les dernières éclaboussures atteignirent encore la Reine sur les bancs

---

[1] Marie-Antoinette à Marie-Thérèse, 5 mai 1778. ARNETH et GEFFROY, *Marie-Antoinette*, Paris, 1874, t. III, p. 199.

du tribunal révolutionnaire. Hébert en gonfla ses délations et Fouquier son réquisitoire : ils n'eurent l'un et l'autre qu'à puiser dans les bibliothèques clandestines de Versailles. Marie-Antoinette n'était que frivole, mais elle l'était avec excès et très-témérairement. Elle se permit les seuls péchés que la cour ne pardonnât point : les péchés contre l'étiquette. Les bergeries de Trianon, les parties en masque, mainte échappée et mainte folie qui eussent ravi la bonhomie respectueuse des Viennois, scandalisèrent le scepticisme des Parisiens qui pardonnent tout, hors que l'on néglige de les prendre au sérieux. Lorsque la corruption se dissimulait sous des formes si subtiles et si raffinées, cet étalage de légèreté passa pour recouvrir une effrénée licence. La Reine était imprudente, railleuse et méprisante ; elle encouragea les familiarités, rebuta les prétentions et excita les plus implacables des haines, celles de la vanité déçue. Enfin elle dépensait avec prodigalité. Après avoir publié qu'elle trahissait l'État, on l'accusa avec plus de vraisemblance encore de dilapider les finances.

Au fond, elle s'étourdissait : son mariage n'était pas heureux. Belle, jeune, vive, au milieu de la cour la plus galante et de la société la plus libertine de l'Europe, elle ne trouvait dans l'homme auquel on avait voué sa vie qu'un jeune prince timide, honteux et froid. L'exemple de son grand-père avait rendu Louis XVI très-méfiant des femmes. Par crainte de se livrer, il ne s'attachait même pas. Ce mariage royal ne fut pendant sept ans que d'indifférentes fiançailles. Plus tard, la tendresse commune qu'ils portaient à leurs enfants créa une sorte d'affection émue et grave entre ces cœurs si différents et ces caractères si opposés. Mais il resta trop longtemps dans leur union je ne sais quoi d'équivoque. L'étourderie de la Reine mêlait au respect dont l'environnait le Roi une ombre d'inquiétude; l'extrême modestie de Louis XVI imprimait aux sentiments que lui marquait la Reine une nuance de dédain. Il leur fallut les grandes épreuves et les temps douloureux pour se connaître. Le Roi ne vit plus alors que la fierté, la constance, les larmes refoulées; la Reine n'envisagea plus que la sérénité dans le sacrifice et la grandeur dans la résignation. C'était leur étrange destinée, dans l'intimité de leurs cœurs aussi bien que dans le drame public de leur vie, de n'être supérieurs aux événements et de ne s'élever à la hauteur de leur rôle que dans l'infortune. Ils étaient nés pour régner loin des orages, sur quelque trône modeste d'Allemagne ou d'Italie. Louis, « vertueux, humain, éclairé », Marie-Antoinette « aimable et sensible », ils auraient fait les délices de leurs sujets en vivant tout simplement heureux. En France, où, par un contraste singulier, le peuple, insoumis, turbulent et léger en apparence, ne s'est jamais attaché qu'aux rois forts et aux reines austères, ils ne surent que bien mourir.

Les premières victoires de la cause populaire passèrent pour autant de succès remportés contre Marie-Antoinette et la maison d'Autriche. « La Reine est, dit-on, fort accablée, écrivait Staël le 6 septembre 1789. La perte de son influence y contribue sans doute, mais surtout la haine que la nation a contre elle, et qui devient injuste par son exagération [1]. » Cette haine qui l'atteignait et la blessait au cœur explique en grande partie l'espèce d'horreur que lui faisait éprouver la seule pensée de la Révolution [2]. La Révolution armait contre elle tous ses ennemis de cour : divisés sur le reste, ils ne se rencontraient plus que dans l'hostilité méprisable qu'ils lui avaient vouée. La plupart avaient émigré et cabalaient contre elle à l'étranger. Ce n'était point à ceux-là qu'elle en voulait le moins de leur langage et de leur conduite. Elle estimait que le devoir de la noblesse était de rester autour du Roi. Elle ne connaissait qu'une chose pire qu'un

---

[1] LÉOUZON-LE-DUC, *op. cit.* — Joseph II à Léopold, 3 août 1789. ARNETH, *Joseph II und Leopold*, t. II, p. 265.

[2] Le comte de la Marck, qui lui était dévoué, et qui fut mêlé plus que personne à ses entreprises, quand elle essaya d'en former, rapporte qu'il la vit au mois de mai 1790 : « L'entretien dura plus de deux heures sur un ton de gaieté qui était naturel à la Reine, et qui prenait sa source autant dans la bonté de son cœur que dans la douce malice de son esprit. Dès que je lui parlais de la Révolution, elle devenait soucieuse et triste; mais aussitôt que la conversation tombait sur d'autres sujets, je retrouvais son humeur aimable et gracieuse. Ce trait peint mieux son caractère que tout ce que je pourrais dire. En effet, Marie-Antoinette n'avait aucun goût pour les affaires publiques. » *Correspondance*, t. I, p. 156.

émigré, c'était un transfuge, un roué démocrate comme les Lauzun, les Talleyrand et toute la faction des *Liaisons dangereuses,* qui se groupait autour de Philippe d'Orléans. Cette faction détestait la reine; Marie-Antoinette la jugeait vile et exécrable. Ajoutez l'hostilité des gentilshommes libéraux, comme Lafayette, les Lameth et tout le cortége de madame de Staël; l'inimitié plus âpre, mais moins ressentie par elle parce qu'elle ne l'éprouvait que de loin, du dehors, par contre-coup, de ce grand parti du tiers qui montait impétueusement à l'assaut du trône; enfin le flot toujours grossi de l'aversion populaire qui la chargeait de tous les maux de l'État. Elle était reine et vindicative : elle se sentait haïe, elle haïssait en retour et méditait une revanche ; elle était mère, elle aimait passionnément ses enfants, elle jugeait leur existence en péril, elle résolut de les sauver. Il ne faut pas chercher d'autres motifs à sa conduite, ni d'autres objets à ses desseins.

III

Toutes les combinaisons de la cour se ramenaient à cette donnée primordiale : que le Roi pût se soustraire à l'avilissante captivité des Tuileries, se montrer à son peuple, lui ouvrir son cœur; comme ce cœur était droit, comme le peuple était bon, l'accord se rétablirait de soi-même entre ces fils égarés et leur père indulgent. Ceux qui se refuseraient à la réconciliation seraient des impies et des rebelles : la force les soumettrait; car il suffirait que le Roi pût commander pour que l'armée, rentrant dans le devoir, lui obéît aussitôt. Jugée à distance, à travers l'histoire de 1792, cette conception semble le rêve d'une âme en détresse. En 1790, elle se présentait naturellement à l'esprit d'un roi de France, qui ne voyait dans la Révolution qu'un malentendu entre lui et son peuple, exploité et ameuté par une bande de séditieux. Si la cour conservait de si grandes illusions sur la puissance de la royauté, les chefs de la Révolution en gardaient de plus extraordinaires encore. Les espérances de la cour présentaient la contre-partie des terreurs des révolutionnaires : espérances et terreurs procédaient du même instinct historique développé par dix siècles de monarchie [1]. Tel était, malgré la décrépitude du pouvoir royal, le prestige de cette grande monarchie française, qu'en pleine crise de révolution, la nation étant déclarée souveraine, une assemblée constituante siégeant à Paris, le Roi ne disposant plus que d'une autorité nominale et se trouvant réduit au rôle de secrétaire des commandements de l'Assemblée, les imaginations lui prêtaient encore cette puissance mystique dont on l'avait dépouillé. Il ne restait plus à Louis XVI, de la royauté de ses ancêtres, que le nom et les insignes : ces apparences décevaient encore tous les Français. En 1790, comme au temps de la minorité de Louis XIV, tout le monde s'imaginait que se saisir de la personne du Roi, c'était s'emparer de l'État même, et qu'il suffirait au Roi, pour recouvrer, du coup, sa pleine souveraineté, d'échapper à la garde du peuple armé de Paris.

La Reine y songeait sans cesse. Toutes les concessions auxquelles se résignait Louis XVI ne comptaient, à ses yeux, que comme des expédients imposés par la nécessité. Dès les premières journées, le comte de Mercy lui démontra et elle se persuada aisément que, vu la pression violente exercée par les députés sur le Roi, toutes leurs décisions étaient entachées d'illégalité. Néanmoins, le Roi n'avait rien de mieux à faire que d'y adhérer aveuglément. « Mais il était bien entendu que plus tard, suivant les circonstances, on tirerait parti des occasions pour reprendre, peu à peu et comme branche par branche, la considération et la puissance perdues[2]. » Ni l'honneur ni la conscience ne pouvaient être engagés avec des rebelles et des factieux. Leur œuvre était une œuvre de force, que la force devait anéantir. Marie-Antoinette n'avait jamais appris d'autre droit public que celui-là. Le projet de la délivrance arrêté dans son esprit, l'idée d'y associer les puissances

---

[1] Cf. QUINET, *la Révolution*, liv. VII, ch. IV.
[2] Rapport de Mercy, 23 juillet 1789. FLAMMERMONT, *Bastille*, p. 30.

étrangères et de réclamer de leur assistance la force matérielle nécessaire au succès de l'entreprise, lui sembla la proposition la plus légitime du monde et la plus opportune. Elle s'y portait tout directement, d'instinct, et par les seules impulsions de la passion et du danger.

Louis XVI dérivait, en quelque sorte, vers les mêmes extrémités. Son esprit naturellement juste et droit s'y laissait entraîner à travers les échappatoires d'une dialectique vague et spécieuse. Le recours à une intervention étrangère n'avait rien que de conforme aux précédents des monarchies [1]. Il procédait de cette maxime fondamentale que le prince étant l'État même, les ennemis du prince devenaient les ennemis de l'État. Le droit comme le devoir du Roi étant de les soumettre et de les châtier, tous moyens devenaient légitimes qui concouraient à ce résultat. La Révolution en décida autrement. Elle replaça la souveraineté dans la nation : tous les termes et tous les rapports de l'ancien droit public s'en trouvèrent modifiés. La majesté se transportant du Roi au peuple, le crime de lèse-majesté se détourna de la personne du Roi, et l'on conçut une trahison envers l'État dont le Roi, qui n'en pouvait autrefois être que la victime, pouvait désormais devenir le premier fauteur [2]. Tel était, au premier chef,

---

[1] Le fait, en ce qui concerne l'ancien régime, est évident de soi, et l'intervention des Prussiens en Hollande, en 1787, confirma les précédents antérieurs. Cf. t. I, p. 57, 65. Mais pour s'expliquer la raison d'être d'entreprises que la Révolution a eu précisément pour effet de nous rendre détestables et presque incompréhensibles, il convient d'avoir présents à la pensée les exemples modernes d'interventions analogues à celle que la cour de France allait réclamer de l'Europe. Le traité de la Sainte-Alliance, du 26 septembre 1815, et surtout le protocole d'Aix-la-Chapelle, du 15 novembre 1818, ont fait de l'intervention, au commencement de ce siècle, un principe de droit public. C'est en vertu de ce principe que l'Autriche intervint en faveur du roi de Naples, après les congrès de Troppau et de Laybach (1821), et que la France intervint en faveur du roi d'Espagne, après le congrès de Vérone (1823). En 1849, on voit la France intervenir à Rome, la Russie en Hongrie, la Prusse en Saxe, pour soutenir des souverains contre leurs sujets révoltés et combattre des révolutions. Chateaubriand rapporte (*Congrès de Vérone*, t. II, p. 191) qu'à la suite de l'expédition d'Espagne, Madame, fille de Louis XVI, s'écria : « Il est donc prouvé qu'on peut sauver un roi malheureux ! »

[2] Pour se rendre compte de ces transformations d'idées qui eurent promptement de sinistres conséquences, il suffit de relire, en substituant le mot *État* ou le mot *nation* au mot *Roi*, les définitions consacrées des criminalistes. On imputait à crime de lèse-majesté au premier chef : « Ceux qui conspirent

l'acte par lequel quiconque, et plus que quiconque le Roi, chercherait à usurper, par la force et avec l'aide des étrangers, la souveraineté que la nation avait reconquise.

Cette séparation de l'État et de la personne du monarque paraissait à Louis XVI la plus funeste des aberrations révolutionnaires ; il lui était impossible de la comprendre et de s'y soumettre. C'était justement pour en détruire le principe et en corriger les effets, qu'il songeait à attirer l'Europe dans sa querelle. Il avait, à la vérité, sanctionné les décrets qui faisaient de ces maximes sa propre loi et celle du royaume ; mais s'il se voyait réduit à régner selon cette loi nouvelle, il continuait à décider de toutes choses d'après l'ancienne. Jugeant son consentement imposé par la violence, il le tenait pour vicié en soi, nul et non avenu. Il considérait que les rois ne connaissent d'autres règles que le bien de l'État, qu'ils ne relèvent que de Dieu et qu'ils ne sont obligés d'obéir qu'à leur conscience. Cette sorte de restriction mentale lui permettait de tout signer et de ne s'engager à rien. Il avait d'abord cédé par inertie et par prudence ; il le faisait maintenant par conduite et par calcul. C'est ainsi que la délibération s'insinuant dans son âme au milieu de tant de faiblesse, ce malheureux prince s'avançait insensiblement, d'équivoque en équivoque, jusqu'aux déplorables entreprises qui décidèrent la catastrophe de la monarchie et la perte de la famille royale.

La pensée d'un appel à l'Europe était entrée dans l'esprit de la Reine vers le commencement de l'été de 1790. Marie-Antoinette pensa dès lors à provoquer des représentations de la part de l'Autriche et de la Prusse, non, disait-elle, pour « faire une contre-révolution », mais pour montrer que ces cours « trouvaient mauvaise la manière dont on traitait un roi [1] ». Mirabeau soupçonnait-il ces vues ? Il ne calomniait certainement pas la cour en les lui prêtant : il ne la servit jamais mieux que

---

contre l'autorité du Roi... Ceux qui sont ou entrent en aucunes conjurations, associations, intelligences, ligues offensives ou défensives dedans le royaume, avec les sujets du Roi, ou dehors avec les étrangers... » *Traité des matières criminelles*, par ROUSSEAUD DE LA COMBE, 4ᵉ éd. Paris, 1751.

[1] A Mercy, 12 juin 1790. ARNETH, p. 130.

lorsqu'il lui en dénonça le danger¹. Mais la cour ne pénétra pas plus sur ce point que sur les autres la sagesse de ses avertissements. La Reine, en particulier, déconcertée par ses brutales incartades, ne voyait en lui qu'un démagogue corrompu qui se rendait redoutable pour se vendre plus chèrement. A mesure que les périls croissaient autour d'elle, sa confiance se reportait et se concentrait sur les serviteurs anciens, les seuls qu'elle eût éprouvés et qu'elle crût sincères. Son esprit, rebelle aux combinaisons troubles et compliquées de Mirabeau, s'arrêtait sur des projets infiniment plus simples et plus conformes à son caractère à la fois audacieux, vaillant et inconsidéré. L'homme qui la conseillait et qui devint, dans ces conjonctures, son confident intime et son ministre, représentait, à ses yeux, l'honneur et la fidélité mêmes. Il possédait tout le prestige de désintéressement et de loyauté qui manquait à Mirabeau. Ses qualités chevaleresques lui tenaient lieu de génie politique, ou plutôt elles étaient tout le génie politique que pouvait apprécier Marie-Antoinette.

Le comte Axel de Fersen était un seigneur suédois « à la taille haute, aux traits réguliers, aux manières nobles et simples ». D'une conversation peu animée, il montrait plus de jugement que d'esprit. « Circonspect avec les hommes, réservé avec les femmes, sérieux sans être triste, sa figure et son air convenaient parfaitement à un héros de roman, mais non pas d'un roman français; il n'en avait ni le brillant ni la légèreté ². » Le fait est que dans la principale aventure de sa vie, il n'y eut guère de roman, surtout à la manière de ceux que l'on composait alors en France. C'est peut-être justement ce caractère singulier, par où Fersen tranchait sur les écervelés et les roués de Versailles, qui piqua la curiosité de la Reine. Lorsqu'en 1779, ce gentilhomme parut dans son cercle, elle était dans tout l'étourdissement de sa jeunesse et dans le plein

¹ Voir ci-dessus, p. 40-41.
² Le duc DE LÉVIS, *Souvenirs et portraits*. Paris, 1813. Fersen était né en 1755; il avait donc le même âge que la Reine, trente-six ans en 1790. Voir : GEFFROY, *Gustave III*, t. I, p. 356 et suiv. — KLINCKOWSTRÖM, *le Comte de Fersen*, t. I, p. XXXIV et suiv.

triomphe de sa royauté. Elle ne cacha point l'intérêt que lui inspirait le voyageur suédois. Fersen se piqua d'être le seul, dans la cour, à ne point paraître le remarquer. Mais s'il n'en conçut pas de vanité, il en garda de la reconnaissance. Revenu à Paris, au mois d'octobre 1788, pour y suivre officieusement les affaires de Gustave III, il n'eut que trop tôt l'occasion de témoigner à la Reine l'attachement inaltérable qu'il lui avait voué. Dans l'abandon où elle était, Marie-Antoinette en fut très-touchée. Fersen lui offrit ce qui lui manquait le plus, un ami, et un ami incomparable, apportant autant de délicatesse dans le dévouement qu'il avait su montrer de discrétion dans la faveur.

Il n'était pas seulement un serviteur dévoué de la famille royale; il était, de doctrine et de conviction, un royaliste fervent. La raison chez lui était au moins aussi sincèrement engagée que le cœur. Ses avis d'ailleurs ne tendaient qu'à préciser les velléités de la Reine : il la dirigeait dans la voie où son instinct et son imagination l'avaient engagée. Il faut, disait-il, laisser l'Assemblée s'user, se dépopulariser et tout bouleverser à sa guise. « Elle périra par elle-même, et lorsque le peuple sentira encore plus la misère et tous les maux que l'Assemblée a faits, ce sera le moment d'agir. Il faut de la conduite et de la patience, ne rien précipiter, nourrir adroitement le mécontentement qui gagne beaucoup, et ensuite un secours étranger fera le reste [1]. »

A l'automne de 1790, le moment d'agir parut approcher. Louis XVI, qui jusque-là s'était dérobé à toutes les suggestions de la Reine et de ses amis, semblait, à mesure que la crise religieuse s'aggravait, plus disposé à se rallier à leurs vues. Il importait de concerter un plan et de préparer les voies. Fersen s'y employa, d'accord avec le baron de Breteuil, ancien ministre de Louis XVI, qui avait conservé toute la confiance de la cour. Diplomate de carrière, Breteuil avait fait son chemin par le crédit des Choiseul; il appartenait à la Reine. Il avait des connaissances, l'habitude des affaires, le maniement de l'intrigue,

---

[1] Lettre à Gustave III, septembre 1790. *Correspondance de Fersen*, t. I, p. 80.

de l'aplomb, de la hauteur, peu de souplesse : il s'était fait beaucoup d'ennemis. Après l'échec de la contre-révolution tentée au mois de juillet 1789, il se réfugia en Suisse. Il y forma, dans la retraite, des projets destinés à sauver ses maîtres et à restaurer la monarchie. Il s'y réservait un grand rôle et le personnage qui convenait à son caractère remuant et ambitieux. Le premier article, dans ce dessein comme dans tous ceux qui furent alors proposés à Louis XVI, était de quitter Paris. Breteuil indiquait la route de l'Est, parce que les troupes y paraissaient sûres, et que Bouillé, qui commandait dans les Trois-Évêchés, était entièrement acquis au Roi. Enfin par cette frontière on confinait à l'empire, où, le cas échéant, on trouverait des alliés et, dans la pire extrémité, un refuge. On essayerait d'abord de gouverner avec un ministère royaliste, en s'appuyant sur les Français fidèles. Si l'on ne réussissait point à rétablir l'ordre de cette façon, on invoquerait le secours des puissances amies. En attendant, et à tout hasard, il était nécessaire de connaître de leurs dispositions. Les préparatifs de la fuite seraient l'affaire de Fersen, le succès serait l'affaire de Bouillé. Quant aux négociations, Breteuil offrait de les suivre. Ce plan étant arrêté au mois d'octobre. Breteuil en fit passer le détail à Fersen par l'évêque de Pamiers, M. d'Agoult, qui rentrait en France après un voyage en Suisse. Fersen en informa la Reine, qui y donna une approbation absolue, et se chargea d'y gagner le Roi. Louis XVI inclinait de plus en plus à la fuite; toutefois il demeurait encore perplexe. Avant de prendre une résolution définitive, il voulut s'assurer des intentions de Bouillé, et il lui écrivit, le 22 octobre, une lettre que l'évêque de Pamiers alla lui porter.

Bouillé avait réprimé avec énergie une insurrection militaire à Nancy. Il passait pour populaire dans le pays, l'armée le respectait. Ce n'était point un contre-révolutionnaire à proprement parler : il inclinait vers une constitution à la manière anglaise ; avant tout, il était royaliste. Pour sauver la famille royale et rétablir l'autorité du Roi, il ne reculait même pas devant une guerre civile [1]. Il estimait à quarante bataillons et à cent escadrons les forces dont le Roi pourrait disposer : c'étaient, pour la plupart, des soldats recrutés à l'étranger, et il les considérait comme plus sûrs que l'infanterie française, déjà toute révolutionnaire. Pour les rassembler autour du Roi, Bouillé suggéra un expédient qui ne laissait point, en son genre, d'être empreint du même machiavélisme que les plans de Mirabeau. L'empereur Léopold concentrait dans les Pays-Bas des troupes destinées à y maîtriser la révolution; on le déciderait à les faire avancer vers la frontière de France dans le dessein ostensible de soutenir les réclamations des princes allemands possessionnés en Alsace. Il en résulterait nécessairement une grande émotion dans l'Assemblée et dans le public. Sous prétexte d'observer les mouvements des Autrichiens, le Roi ordonnerait un rassemblement de troupes; celles de Bouillé en formeraient le noyau, et les officiers de cette armée enverraient à l'Assemblée une adresse demandant que le Roi vînt se mettre à leur tête « pour dissiper par sa présence l'esprit d'indiscipline des soldats ». Bouillé comptait que Mirabeau appuierait cette motion et la ferait adopter. Le Roi sortirait de Paris, négocierait avec l'Empereur, obtiendrait le retrait de l'armée autrichienne et jouerait ainsi « le rôle de pacificateur aux yeux de la nation ». Après avoir exposé cette combinaison à M. d'Agoult, Bouillé ajouta que, toutefois, le projet de fuite lui paraissait scabreux, surtout si l'on n'était point renseigné précisément sur les vues des puissances. D'Agoult ne s'arrêta pas à discuter ce point de fait : il déclara, que Léopold et les autres alliés du Roi « exigeaient sa sortie de Paris avant de faire aucune disposition en sa faveur ». Devant cette affirmation, Bouillé n'avait plus qu'à obéir. L'exécution du projet fut ajournée au printemps, et Bouillé reçut un chiffre pour correspondre avec la cour.

C'était le temps où l'on discutait dans l'Assemblée la loi sur le serment du clergé. Louis XVI prit son parti. Le 26 novembre,

---

[1] DROZ, t. III, p. 322 et suiv. — BOUILLÉ, *Mémoires*, p. 181 et suiv. — *Correspondance de Mirabeau*, t. I, p. 238.

la veille du jour où fut porté le décret dont le vote lui semblait désormais inévitable, il écrivit à Breteuil. Il l'invitait à ouvrir des négociations avec les cours amies et lui conférait, à cet égard, les pouvoirs les plus étendus. « Je vous ai choisi, lui mandait-il, pour vous confier les intérêts de ma couronne. Vous connaissez mes intentions... J'approuve tout ce que vous ferez pour arriver au but que je me propose, qui est le rétablissement de mon autorité légitime et le bonheur de mes peuples [1]. » La Reine écrivit à Mercy et le pressa d'agir sur l'Empereur. L'Espagne fut également sondée. « Il n'y a en tout que quatre personnes dans le secret, c'est un moyen sûr pour qu'il soit bien gardé », écrivait Marie-Antoinette au comte de Mercy [2]. Elle se trompait ; les préparatifs étaient à peine commencés que déjà le bruit en circulait en Europe. Staël, qui n'était ni dans le secret de la cour de France ni dans celui de sa propre cour, en écrivait dès le 16 décembre à son gouvernement. La discrétion était indispensable au succès de l'entreprise, on ne sut point l'observer. Le concours de l'Europe y était nécessaire, on avait très-peu de chances de l'obtenir. C'est de ce côté que les plus cruelles désillusions attendaient la famille royale. On se figurait à Paris, aux Tuileries aussi bien que dans le public, l'Europe tout occupée de la Révolution française. On en jugeait sur l'Angleterre, et l'on jugeait de l'Angleterre sur les gazettes et sur les brochures, beaucoup plus que sur les discours et les actes des ministres de Georges III.

---

[1] Flammermont, *Négociations secrètes de Louis XVI et du baron de Breteuil*, Paris, 1885, p. 8.

[2] 11 janvier 1791. Feuillet de Conches, *Louis XVI et Marie-Antoinette*, Paris, 1860-1872, t. I, p. 396. — Fersen, t. I, p. lix. Les quatre personnes étaient Breteuil, Mercy, Bouillé et Fersen.

CHAPITRE II

DISPOSITIONS DE L'EUROPE.

1790-1791

I

Le premier cri de guerre contre la Révolution française partit d'un pays libre, et fut poussé par un Anglais, whig convaincu et adepte fervent de la révolution de 1688. Burke avait déjà dénoncé aux princes, qui ne paraissaient ni s'en apercevoir ni s'en soucier, le caractère redoutable de la Révolution française[1]. Sa voix, d'abord isolée dans son pays et surtout dans son parti, trouva peu à peu de l'écho. A mesure que l'anarchie et l'esprit de propagande se développaient en France, la réaction contre les principes français se prononçait en Angleterre. Elle réunit autour des premiers adversaires de la Révolution la grande masse des indifférents et bientôt une partie des admirateurs. « La cour, dit Macaulay, la noblesse, les propriétaires, le clergé, les manufacturiers, les négociants, en un mot, les dix-neuf vingtièmes de ceux qui avaient un bon toit au-dessus de leur tête et un bon habit sur leur dos, devinrent ardemment et inévitablement antijacobins. Ce sentiment était au moins aussi fort parmi les adversaires de Pitt que parmi ses adhérents. » Burke s'en fit l'interprète. Il donna aux idées qui fermentaient obscurément dans les âmes une forme éloquente, incisive, et ce qui était d'une conséquence plus grave, une forme tout anglaise.

Jamais œuvre ne fut plus superbement et plus passionné-

---

[1] Voir ci-dessus, p. 28.

ment nationale que la polémique qu'il engagea contre la Révolution française. Il flatta l'orgueil de ses compatriotes et démêla, du même coup, la confusion de leurs esprits, en répudiant avec hauteur l'assimilation que l'on avait cherché à établir entre l'histoire des deux pays. En Angleterre, au dix-septième siècle, disait-il, c'était la couronne qui se montrait révolutionnaire au sens français du mot, puisqu'elle prétendait anéantir les coutumes et modifier les croyances nationales en vertu d'un principe abstrait et métaphysique. Les Anglais, en renversant les Stuarts, étaient revenus aux traditions; ils avaient fait absolument le contraire de ce qu'on entreprenait en France. « La seule idée de fabriquer un nouveau gouvernement suffit pour nous remplir de dégoût et d'horreur, déclarait Burke. Nous avons toujours souhaité dériver du passé tout ce que nous possédons, comme un héritage légué par nos ancêtres. Nous réclamons nos franchises, non comme les droits des hommes, mais comme les droits des hommes de l'Angleterre... Nous sommes décidés à garder une Église établie, une monarchie établie, une aristocratie établie, une démocratie établie, chacune au degré où elle existe et non à un plus grand [1]. » Il voyait dans la Révolution française le pire des attentats, le crime de lèse-Angleterre; il la voua au mépris du monde et à l'inimitié de l'Europe monarchique. En réalité, c'est à l'esprit français et à toute l'histoire de France qu'il lançait l'anathème, lorsqu'il publia, dans le mois d'octobre 1790, son fameux pamphlet : *Réflexions sur la Révolution française.*

Burke opposait le droit traditionnel à la souveraineté du peuple. Il niait cette souveraineté, il la vilipendait, il la bafouait. Son livre obtint un succès immense. Toutes les fiertés, toutes les jalousies, toutes les animosités de l'Angleterre y trouvaient leur expression. La rancune de la guerre d'Amérique, l'orgueil d'être seul digne d'un gouvernement libre, l'antipathie du rigorisme protestant et de la licence gauloise de l'esprit, conspirent

---

[1] Taine, *Histoire de la littérature anglaise*, Paris, 1863, t. III, p. 97.

à faire de cette formidable invective une sorte de manifeste du patriotisme britannique. On se groupa ou l'on se sépara à propos de l'écrit de Burke : on se sépara surtout. Quelques-uns des plus illustres whigs, demeurés libéraux, Fox, au premier rang, et derrière lui lord Stanhope, Sheridan, le docteur Priestley continuèrent de défendre la révolution de 89. Thomas Paine publia, pour réfuter Burke, son traité des *Droits de l'homme;* Mackintosch composa ses *Vindiciæ Galliæ;* Richard Price prépara un livre inspiré du même esprit. Rien n'y fit. André Chénier qualifie Burke d'« arrogant sophiste » ; il le compare au Thersite d'Homère, « parleur sans choix et sans mesure, dont l'esprit n'était plein que d'ignobles et intarissables bavardages [1] ». La virulence et l'emphase tumultueuse de Burke ne nuisaient point à l'effet de son ouvrage; elles répondaient au goût du temps. Burke passionna les Anglais contre la Révolution, comme Mirabeau passionnait les Français dans le sens opposé. « Le livre de Burke a réuni toute la nation anglaise contre nous », écrivait, quelques mois après l'apparition du pamphlet, le chargé d'affaires de France [2].

Tout ce qu'il y avait sur le continent d'adversaires de la liberté politique, de la monarchie constitutionnelle et de la religion réformée, acclama comme le prophète du droit divin ce champion de l'Église anglicane, de la grande charte et de la succession protestante [3]. Les émigrés français lui envoyèrent des adresses. « Avez-vous lu l'admirable Burke? s'écrie Joseph de Maistre. Comment trouvez-vous que ce grand sénateur traite ce grand tripot du manége et tous ces législateurs bébés? Pour moi, j'en ai été saisi, et je ne saurais vous exprimer combien il a renforcé mes idées antidémocratiques et antigallicanes. Mon aversion pour tout ce qui se fait en France devient de l'horreur [4]. » Burke, dans son livre, se

[1] *Sur l'esprit de parti*, 1791.
[2] Rapport de Barthélemy, 4 février 1791.
[3] « Nous sommes protestants non par indifférence, mais par zèle. L'Église et l'État sont dans nos esprits deux idées inséparables... » *Réflexions sur la Révolution française.*
[4] COSTA DE BEAUREGARD, *Un homme d'autrefois*, p. 97.

contentait de dénoncer et de maudire; dans ses lettres, il allait jusqu'au bout de sa pensée, l'extermination par la guerre. Il la conseillait aux royalistes français, il la prêchait aux princes d'Europe. « N'ayez point de rapports avec les rebelles, écrivait-il à la cour de France dans les derniers jours de 1790; point d'arrangement avec ces traîtres. Faites appel aux souverains voisins, et mettez surtout votre confiance dans l'appui des armées étrangères [1]. »

Pitt jugeait les choses avec infiniment plus de mesure. Il avait charge d'âmes et charge d'État. Un mouvement irréfléchi de sa part pouvait compromettre la paix avec la France, et il avait besoin de cette paix. Il condamnait sans doute les excès des révolutionnaires; mais il espérait encore que les modérés l'emporteraient. Il chercha même, par des voies indirectes et sans enfreindre la neutralité qu'il observait publiquement entre la couronne et l'Assemblée, à s'expliquer sur cette question de la paix avec les chefs du parti constitutionnel. M. Hugues Elliot, ancien ministre d'Angleterre à Copenhague, se trouvait alors à Paris. Il y faisait profession de démocratie et fréquentait Mirabeau, Barnave et leurs amis du comité diplomatique. Il eut mission de les rassurer [2]. Pitt ne demandait à la France que de le laisser tranquillement suivre sa politique. L'empereur Léopold ne portait point d'autres vues sur la Révolution.

II

Élu empereur le 30 septembre et couronné à Francfort le 9 octobre, Léopold ne songeait qu'à rétablir ses affaires intimes et à recouvrer la liberté de ses mouvements. Il s'occupait de donner la paix en Orient et aux Pays-Bas; mais il le faisait beaucoup plus selon ses goûts que selon les intentions des

---

[1] STANHOPE, *William Pitt*, t. II, p. 69.
[2] Pitt à Elliot, octobre 1790. STANHOPE, t. II, p. 53.

médiateurs de Reichenbach [1]. Il signa, le 19 septembre, un armistice de huit mois avec les Turcs. Sûr de n'être point attaqué par eux durant l'hiver, il prolongea jusqu'à la fin de l'année les préliminaires du congrès, convoqué à Sistova, où devaient figurer, à côté de l'Autriche et de la Turquie, des représentants de l'Angleterre, de la Prusse et de la Hollande. Ces diplomates ne se réunirent que le 30 décembre. Léopold comptait bien, d'incident en délai, les traîner jusqu'au printemps, qui remettrait tout en question et ouvrirait le champ à de nouvelles combinaisons.

Il différa les affaires de France comme il différait celles de l'Orient. Le comte d'Artois lui avait dépêché de Turin un de ses confidents, le comte de Castelnau : il le reçut avec « intérêt et sensibilité » ; mais ce ne fut que pour le congédier plus congrûment. Castelnau apportait à Kaunitz une lettre pathétique du frère de Louis XVI : « Non! le prince de Kaunitz ne souffrira pas la destruction de l'autel et du trône [2]. » Kaunitz ne se souciait que du trône de son maître et tenait que, sans renverser précisément l'autel, il était expédient de l'ébranler de temps à autre. Il répondit que les projets du comte d'Artois lui semblaient ridicules, et ajouta que l'Autriche ne ferait rien que d'accord avec les Tuileries. Mais, aux Tuileries mêmes, Léopold n'adressait guère que des condoléances.

Le secrétaire de Marie-Antoinette, Augeard, vint le trouver à Francfort, de la part de la Reine. — Aucune intervention, déclara l'Empereur, n'est possible, à moins que la famille royale ne sorte de Paris; autrement, en essayant de la défendre, on la ferait égorger. Il n'interviendrait, d'ailleurs, qu'à toute extrémité et dans le cas seulement où l'Assemblée prétendrait détrôner le Roi. Le reste ne le regardait point. « S'il veut régner despotiquement, disait-il en parlant de Louis XVI, ce n'est pas mon affaire... Il n'est aucun souverain dans l'univers qui ait le droit de demander compte à une nation

---

[1] Cf. ci-dessus, p. 73.
[2] BEER, *Leopold und Kaunitz*. Lettres de Léopold à Kaunitz et au comte d'Artois, septembre 1790.

d'une constitution qu'elle se donne; si elle est bonne, tant mieux pour elle; si elle est mauvaise, ses voisins en profiteront. » Augeard fit observer que la cause du roi de France était la cause de tous les rois, et qu'il serait injuste à eux de profiter de la détresse d'un monarque. Léopold, qui connaissait les précédents, ne manqua point de répliquer : « Votre gouvernemeut a été le premier en plusieurs occasions à donner ces funestes exemples. » Il ne craignait point la contagion ; la plus grande partie de ses États lui semblait préservée de la propagande : on n'y parlait point français. Quant aux Pays-Bas, il se chargeait de les défendre. Comme il trouvait son intérêt à laisser les choses se brouiller dans le royaume, il masquait son calcul de spécieux motifs de droit des gens. Il ajourna, pour les mêmes raisons, les princes allemands qui le pressaient de soutenir leurs prétentions.

La cérémonie du couronnement semblait avoir réveillé, avec les sentiments patriotiques, l'instinct chicanier et l'humeur batailleuse des Allemands. Les publicistes s'appliquaient à entretenir le feu et n'avaient garde de laisser, sans l'interrompre, courir la prescription de la rancune [1]. L'occasion était trop belle pour une guerre de plume, et ils s'y échauffaient à l'envi dans toute l'acrimonie de leur érudition. L'objet avoué de ces âpres feudistes n'était autre que la rupture du traité de Munster, et par la même occasion de celui de Vienne, c'est-à-dire la réunion à l'Allemagne de l'Alsace et de la Lorraine. Le roi de Suède, en sa qualité de garant du premier de ces traités, se donnait voix au chapitre et parlait pour les Allemands. On entendait un de ses ministres, celui qui résidait à Londres, déclarer publiquement qu'il trouvait « très-simple que l'empire germanique cherchât à rentrer en possession des provinces qui en avaient été détachées [2] ». Léopold s'était, avant son élection, engagé à

---

[1] Voir, par exemple, dans les *Staatsanzeigen* de Schloezer, 1789, t. XIII, p. 352-366, 367-376, à l'occasion du centenaire de l'invasion du Palatinat, les relations inédites intitulées *Louis le Grand incendiaire à Spire et à Worms, en l'an* 1689. Une note du tome XIV, p. 117, 1790, rectifie ce titre et substitue Louvois à Louis XIV.

[2] Rapport de Barthélemy, 7 janvier 1791. Cf. Governor-Morris, 22 novembre 1790, t. II, p. 63.

soutenir les droits des possessionnés. Le 10 octobre, le lendemain du couronnement, le collège électoral adressa au nouvel empereur une missive pathétique pour le presser d'agir. « Votre Majesté, disaient les électeurs, acquerra par là une gloire immortelle pour son règne, au gré des vœux empressés de toute la patrie. » Mais l'Empire, en ses ardeurs processives, était loin de compte avec l'Empereur. Léopold n'adressa de réclamation au gouvernement français que le 14 décembre; encore eut-il soin d'informer le chargé d'affaires de France à Vienne « qu'il n'avait aucun intérêt à la contestation avec les princes, que, par conséquent, il ne pourrait être appelé à s'en mêler que sous le rapport de chef de l'empire germanique, et que, ce cas arrivant, il se bornerait à remplir strictement le devoir qui lui serait imposé en cette qualité [1] ». Tous ces atermoiements n'avaient d'autre objet que de lui procurer le temps nécessaire pour relever son autorité en Hongrie et aux Pays-Bas.

Tout alla facilement avec les Hongrois. Ils avaient allumé des feux de joie à la nouvelle de la mort de Joseph II et dansé autour des bûchers. Ils réclamèrent la convocation de la diète. Ils y savaient Léopold disposé : les comitats n'attendirent point son ordre pour se réunir et procéder aux élections. Elles furent très-agitées. On y entendit des harangues véhémentes et l'on y fit de grandes démonstrations, qui rappelaient les premières scènes de la Révolution française. Mais l'esprit général était bien différent. Si l'on employait les mêmes mots, on y attribuait un autre sens; Burke lui-même, s'il avait pu sonder les cœurs des Hongrois, les aurait trouvés purs d'erreur et exempts de péché. Quelques-uns sans doute, disciples des philosophes, inclinaient vers la démocratie et invoquaient les droits universels de l'homme et du citoyen ; mais la grande majorité ne revendiquait que les droits des Magyars, c'est-à-dire les chartes anciennes, les libertés traditionnelles, ou pour parler plus clairement, les priviléges d'une aristocratie aussi jalouse de ses prérogatives que dédaigneuse des vœux populaires. La

---

[1] Rapport de Vienne, 1ᵉʳ janvier 1791.

plupart ne parlaient de l'égalité que pour en condamner le principe. Ce ne sont pas, déclarait-on même dans certains comitats, les paysans qui ont à se plaindre des seigneurs, mais bien les seigneurs qui ont à se plaindre des paysans ; au lieu de faire des règlements pour adoucir le servage, il faudrait plutôt le rétablir. L'agitation démocratique se renferma dans les villes : les nobles, belliqueux et armés, l'étouffèrent dans les campagnes. Loin de rapprocher la Hongrie de la France, cette révolution tendait à l'en éloigner. Elle était toute nationale. On se remettait à chanter et à discuter dans la langue magyare. On parlait bien de revenir à la nature et au droit naturel, mais on l'entendait de la nature des Scythes et du droit des Tartares, interprétés par les magnats de Hongrie, et non, comme à Paris, de la nature des Grecs et du droit des Romains, interprétés à la française. On ne s'inspirait pas de Lycurgue, mais d'Arpad le Conquérant, d'Hunyade le Libérateur et au besoin d'Attila, le fondateur légendaire du royaume. Le courant qui dominait était tout féodal, et la Hongrie, rendue à elle-même, nageait en plein dans le moyen âge [1].

La diète se réunit le 21 juin au milieu des acclamations. Elle demanda la confirmation des antiques libertés, la convocation périodique des assemblées, le vote de l'impôt, le vote des lois. Elle revendiqua pour la Hongrie le droit de n'être gouvernée que par des Hongrois, et de n'être point soumise au pouvoir despotique qui régissait les autres États de la monarchie autrichienne. Léopold la laissa tranquillement émettre ces vœux et en décréter même la réalisation. Il n'y voyait point de mal, pourvu que la diète le laissât diriger à sa guise les affaires étrangères et disposer sans contrôle des recrues hongroises. Les réformes du reste n'allèrent pas plus loin, et la couronne n'eut point à tempérer l'ardeur révolutionnaire des Magyars. Ce fut l'Empereur qui demanda pour les bourgeois des villes l'admission aux emplois, et ce fut la diète qui s'y refusa. Les paysans obtinrent le droit de se déplacer ; on ne les affranchit même pas des puni-

---

[1] Sayous, *Histoire des Hongrois de 1790 à 1815*, Paris, 1872, p. 15-30.

tions corporelles. La propagation des principes français n'était vraiment point à redouter en ces pays. La réconciliation s'opéra spontanément entre les Hongrois, très-aristocrates, et leur souverain, respectueux de leurs priviléges. Le couronnement, qui eut lieu le 15 novembre, revêtit tout l'éclat d'une fête nationale; c'était comme un renouvellement du pacte séculaire qui unissait la Hongrie à la maison d'Autriche. Les poëtes célébrèrent cet avénement d'un roi que « le monde entier enviait à leur belle patrie [1] ».

En Hongrie, Léopold avait eu le temps de prévenir la révolution; en Belgique, il était contraint de l'étouffer. Mais il avait recouvré la libre disposition de ses troupes, et il achemina vers les Pays-Bas toutes celles que l'armistice conclu avec les Turcs, la soumission des Hongrois et la retraite des Prussiens venaient de rendre disponibles. Cependant le congrès dont la réunion avait été stipulée à Reichenbach, s'assemblait à la Haye. Léopold avait choisi pour plénipotentiaire le comte de Mercy, son ambassadeur à Paris. Ce diplomate arriva le 14 octobre. Le même jour, Léopold notifia aux Belges sa résolution de maintenir, sous la garantie des trois puissances médiatrices, l'Angleterre, la Prusse et la Hollande, les chartes des provinces[2]. Il promit une amnistie générale et invita ses sujets rebelles à se soumettre avant le 21 novembre. Les trois cours recommandaient aux Belges d'accepter ces offres. Les meneurs de la révolution décidèrent de les repousser; mais ils se virent réduits aux démonstrations. Leurs alliés les abandonnaient; leur armée se débandait; le Prussien Schœnfeld, qui en commandait une partie, se retira, terminant par une défection mal déguisée un rôle plus qu'équivoque.

Toute l'énergie de la résistance populaire se fondait, pour ainsi dire, et s'évaporait en fanatisme monacal. Bruxelles donne le spectacle de Paris au temps de la Ligue. On y voit, comme on le vit plus tard en Espagne, des moines brandissant le poi-

---

[1] Vers de PÉCZELY, cités par M. SAYOUS, p. 39.
[2] VIVENOT, Quellen, t. I, p. 63 et suiv., Précis des faits relatifs au congrès de la Haye. — BORGNET, t. I, ch. VI et VII. — JUSTE, t. II, ch. II, V, VI.

gnard d'une main et de l'autre élevant le crucifix, appeler par des harangues furibondes la populace aux armes. On se prépare aux barricades par des processions. Un mot imprudent, une dénonciation fortuite suffisent à exciter la foule aux massacres. Un jour, un passant est accusé d'avoir insulté une image de la Vierge que l'on promenait dans les rues. On se jette sur lui. « Vengeance au royaliste impie! » s'écrie le Capucin Hugues qui conduit le cortége. Le blasphémateur est pendu à un réverbère; la corde casse, on le met à genoux, on lui scie plutôt qu'on ne lui coupe la tête, on la plante au bout d'une pique, et l'on arbore ce trophée hideux dans le jardin des Capucins après l'avoir promené par la ville. Les gouvernants sont terrifiés. L'Assemblée délibère, dans l'épouvante, des mesures paradoxales. Pour satisfaire la populace, il ne suffit plus de revenir aux constitutions de Marie-Thérèse, il faut remonter de deux ou trois cents ans en arrière et rétablir les communes du moyen âge.

Sous cette pression de la rue, le congrès belge n'osait répondre à l'*ultimatum* de Léopold. Il ajournait et cherchait à temporiser. Le 21 novembre, à onze heures du soir, une heure avant l'expiration du dernier délai accordé par l'Empereur, il proclama l'archiduc Charles, troisième fils de Léopold, grand-duc héréditaire. Léopold ne s'arrêta point à ce compromis. Ses troupes se mirent en marche le 22 novembre; le 24, Namur avait capitulé; le 30, l'armée parut devant Bruxelles. Le congrès se dispersa, et la république s'effondra de soi-même. Le 2 décembre, la soumission était complète, et Léopold se trouvait maître de la Belgique. Il se montra dans sa victoire aussi modéré qu'il avait promis de l'être. Les édits de Joseph furent rapportés, les chartes rétablies, et tout fut replacé sur le pied où l'on était du temps de Marie-Thérèse, c'est-à-dire à l'époque la plus prospère de l'histoire de ces provinces. Un traité conclu à la Haye, le 10 décembre, mit fin à la médiation des alliés. La révolution de Belgique était terminée, et Léopold comptait pour assurer son autorité sur l'intérêt qu'avaient tous les partis à se rallier à son gouvernement : les aristocrates parce qu'il confirmait leurs priviléges, les démocrates parce qu'ils ne pouvaient attendre que de lui des réformes dans le sens de l'égalité.

La cour de Londres n'eut garde de le contrarier. Elle voyait dans cette restauration de l'autorité aux Pays-Bas la meilleure garantie contre le danger qu'elle redoutait le plus : une alliance des Belges avec les Français et une intervention de la France en Belgique [1]. Très-préoccupé d'ailleurs des progrès de la Russie, Pitt cherchait à la contenir, et une entente avec l'Autriche lui paraissait le seul moyen d'y arriver par les voies pacifiques. Léopold, se retirant de la guerre turque, devait naturellement désirer que la Tsarine n'y persistât point. Ce calcul se trouva juste, et lorsqu'au mois de novembre, Pitt envoya lord Elgin à Vienne pour s'entendre avec Léopold, il ne fit que devancer les intentions de cet empereur [2]. C'était une véritable révolution qui se préparait dans le système de l'Europe; elle devait tourner au détriment de la Prusse.

III

Frédéric-Guillaume ne concevait plus d'illusions sur la valeur des engagements de Reichenbach : la Russie n'en tenait pas compte, l'Autriche les tournait. La Prusse se voyait jouée par ses ennemis, abandonnée par ses alliés, maudite par les peuples qu'elle avait encouragés à la révolte. Ses officiers avaient quitté la Belgique, ses troupes évacuèrent Liége, qui fut occupée par des Autrichiens. La défection de Gustave III et le dédain avec lequel la Russie écarta la médiation prussienne en Orient consternèrent la cour de Berlin [3]. Pour mettre le comble à ses déconvenues, les Polonais votèrent, le 6 septembre, un décret qui interdisait formellement toute cession d'un territoire de la répu-

[1] Rapports de Londres, 14 décembre 1790, 4 février 1791.
[2] HERRMANN, t. VI, p. 395. — STANHOPE, t. II, ch. xv. — *Correspondance de Londres*, novembre et décembre 1795.
[3] « La surprise des Prussiens tient de la consternation. » — « Cette nouvelle est un coup de foudre qui écrase l'orgueil prussien. » Rapports de Berlin, 31 août et 25 septembre 1790.

blique à un État étranger. Les Polonais n'avaient plus qu'à se bien tenir : s'ils attribuaient désormais quelque portée à la garantie que la Prusse leur avait donnée de ce territoire, ils se méprenaient singulièrement sur la valeur des traités en général, et en particulier de celui que la cour de Berlin avait signé avec eux. Le marquis Lucchesini quitta Varsovie où il n'avait pour le moment plus d'affaires à suivre, et s'en alla chercher au congrès de Sistova une occasion de reprendre la partie avec d'autres partenaires. « Je ne serais pas fort surpris », écrivait le ministre d'Angleterre, qui connaissait les mœurs de son temps, « si le marquis cherchait à obtenir pour la Prusse un accroissement de territoire en Pologne, au moyen d'un accord avec les cours impériales [1]. »

L'échec bruyant du grand dessein de Hertzberg avait entièrement ruiné le crédit de ce ministre. S'il restait encore en place, et conservait l'expédition des affaires banales, le secret de la politique lui échappait : il avait perdu la confiance du Roi. Bischoffswerder s'y insinuait à sa place; mais le favori était trop habile homme et connaissait trop son maître pour briguer le ministère. Le pouvoir occulte lui suffisait. Ce théosophe ne goûtait que les réalités du pouvoir, et il en abandonnait volontiers la représentation aux politiques de carrière. Il n'opinait que dans le tête-à-tête et ne négociait que secrètement. Cet appareil de mystère et cette sorte de domesticité dans le conseil flattaient l'esprit fantasque et ombrageux de Frédéric-Guillaume, qui croyait véritablement mener seul toute la machine [2].

Bischoffswerder le conduisit à ses fins par des sentiers très-couverts et très-sinueux. Ces fins tendaient à une alliance de la Prusse avec l'Autriche. L'objet en devait être à la fois de refréner les ambitions de la Russie et de réprimer la propagande révolutionnaire des Français. A voir la façon dont Léopold relevait ses affaires, Bischoffswerder le jugeait homme de bonne com-

---

[1] Rapport de Hailes, 29 novembre 1790. — HERRMANN, t. VI, p. 331. — Cf. FERRAND, liv. IX.
[2] SYBEL, 4ᵉ éd., t. I, p. 272. — PHILIPPSON, t. I, p. 293.

pagnie et de ceux qu'il vaut mieux avoir pour amis que pour adversaires. Mais pour attirer dans son jeu un joueur aussi délié, il fallait le solliciter par un grand avantage et lui forcer la main, en quelque sorte, par un subtil coup de partie. Une imprudence des Français pouvait offrir aux Prussiens l'occasion qu'ils cherchaient. Ils résolurent de la provoquer. Les hommes d'État parisiens de la nouvelle école passaient, à juste titre, pour très-engoués de l'alliance prussienne. Bischoffsverder pensa qu'ils se laisseraient séduire par les premières avances qu'il leur adresserait, et qu'ils se porteraient à quelque impertinence ou à quelque excès envers l'Autriche : la Prusse, produisant à Vienne la preuve manifeste de la trahison de la France, ne pourrait manquer d'être accueillie avec reconnaissance, lorsqu'elle offrirait de remplacer cette alliée infidèle et, au besoin, de la combattre.

Le ministre de France à Berlin était nouveau dans ce poste. Le comte d'Esterno, tombé malade au cours de l'été, avait pris sa retraite. Son successeur, le comte de Moustier, n'arriva qu'au mois de décembre. Très-galant homme et fort bon royaliste, Moustier appartenait à cette école classique, qui dominait encore dans la carrière et dans les bureaux diplomatiques, et qui considérait le système autrichien comme une hérésie politique[1]. Cette opinion lui assurait, malgré ses sentiments monarchiques déclarés, une sorte de faveur indirecte dans le parti de la Révolution[2]. Il se trouvait, pour des motifs très-différents, exposé de la part de la Prusse aux mêmes séductions que les démocrates et prenable au même appât. Reçu très-froidement dans les premiers jours, il vit tout à coup les procédés changer

---

[1] *Mémoires de M. de Moustier sur les relations de la France et de la Prusse*, octobre 1790. Il conseillait de seconder la politique prussienne en Orient et dans le Nord, ce qui ramènerait la France à l'ancien système de protection de la Suède et de la Porte. « Il est difficile, concluait-il, de croire que la Prusse puisse se tenir dans la neutralité à l'égard de la France. Le retard est tout ce qu'on peut espérer dans les circonstances actuelles. Tout porte à faire désirer d'obtenir son alliance, tant pour le présent que pour l'avenir. Le sort du royaume peut dépendre du succès. »

[2] Rapport de Lasource sur la conduite de Montmorin, 31 août 1792. *Moniteur*, t. XIII, p. 591.

à son égard et la « triple muraille » dont on l'environnait s'ouvrir devant lui. Cette faveur subite masquait une manœuvre tortueuse qu'entreprenait alors à Paris le plus insidieux courtier d'affaires interlopes dont disposât la chancellerie de Berlin, le « conseiller de commission » Éphraïm. Ce Juif venait de prouver son savoir-faire dans la révolution des Pays-Bas. Frédéric-Guillaume le dépêcha à Paris, et une lettre de ce prince invita Goltz à lui faciliter les voies [1]. Goltz les avait préparées depuis longtemps. Il ménagea au royal entremetteur ses entrées chez Lafayette, chez Barnave, chez Lameth ; il le mit en rapport avec Pétion, Brissot, Gensonné et leurs amis. Éphraïm les trouva très-animés contre l'Autriche et pleins de complaisance envers la Prusse. Il se montra d'ailleurs plus anti-Autrichien qu'aucun d'entre eux, et le cynisme de son langage à l'égard de la Reine parut un sûr garant de la sincérité de sa sympathie pour la France. Le terrain ainsi disposé, Éphraïm s'introduisit chez Montmorin sous prétexte de conférer avec lui des intérêts économiques des deux nations. « L'objet qu'il a mis en avant, écrivait Montmorin, est un traité de commerce ; mais j'ai lieu de juger que sa mission va plus loin et qu'il a été chargé de nous sonder sur un rapprochement politique. » Éphraïm insinua qu'il trouvait M. de Moustier bien isolé à Berlin, qu'il serait heureux de « voir ce ministre en mesure de former des liaisons utiles » ; il finit par glisser entre les mains de Montmorin une lettre d'introduction auprès de sa femme « la Juive Éphraïm », comme on l'appelait. Elle avait, ajouta l'obligeant « conseiller de commission », les moyens de procurer à M. de Moustier l'occasion « de voir M. de Bischoffswerder et même le roi de Prusse [2] ». Montmorin crut expédient de faire tenir la lettre à Moustier, mais il eut soin de lui recommander une précaution extrême, l'aventure et ceux qui la menaient lui semblant suspects au premier chef.

Il fallait passer par ces portes dérobées. La Juive ouvrait celle du favori, et le favori celle du Roi. Moustier rencontra

[1] 14 septembre 1790. SYBEL, 4e éd., t. I, p. 274.
[2] Montmorin à Moustier, 20 décembre 1790.

Frédéric-Guillaume dans une maison particulière où ils eurent un entretien « qui ne pouvait être entendu de personne ». Il y fut question de la France. Le Roi dit « que le sort d'une aussi grande nation ne pouvait pas être indifférent à l'Europe. Il sentait cependant que la France, avec sa position, ses ressources et sa grande population, pouvait fort bien se passer du reste de l'Europe. » — Elle n'a point renoncé néanmoins à avoir des amis, répondit Moustier [1]. Le Roi laissa tomber le propos ; mais Bischoffswerder le releva dans une visite qu'il fit quelques jours après au ministre de France. Il prit Moustier par son faible, l'hostilité à l'Autriche. — Le Roi, insinua-t-il, « envisage dans l'Angleterre une amie équivoque et dans l'Empereur un ennemi couvert ». La France, ajouta-t-il, n'a point intérêt à affaiblir la Prusse, au moment où celle-ci se tourne contre la Russie. Moustier en conclut que l'on souhaitait à Berlin de renouer avec la France. « Ce qu'il était désirable pour nous de pouvoir obtenir, semble s'offrir soi-même, écrivait-il. Les premiers essais de rapprochement sont venus spontanément. » Toutefois, il ne répondit à ces ouvertures que par de vagues politesses, et demanda des instructions à Montmorin [2].

Ce ministre avait de bonnes raisons pour se méfier de toutes ces manœuvres prussiennes. Éphraïm jouait à Paris un rôle très-perfide. Il fréquentait les clubs et s'y faisait remarquer par ses violences démocratiques. « Son objet, écrivait Montmorin [3], est de nous compromettre avec l'Empereur, et il a pensé qu'en échauffant les esprits contre la Reine, il pourrait y parvenir plus facilement. Il se livre à des menées sourdes et cherche à agir sur les journalistes. J'ai à peu près la certitude qu'il répand de l'argent, et je sais qu'il touche des sommes considérables chez des banquiers [4]. » Ce manége révolutionnaire offrait l'argument le plus propre à désillusionner Moustier. Induit, au

[1] Rapport de Moustier, 30 décembre 1790.
[2] Rapport de ... lin, 26 janvier 1791.
[3] A Moustier, 23 janvier 1791. Cf. Sybel, 4º éd., t. I, p. 275.
[4] Fersen écrit à Gustave III, le 8 mars 1791, qu'Éphraïm fournit de l'argent aux agents de la propagande révolutionnaire. « Il n'y a pas longtemps qu'il a touché er   '100 livres. » Fersen, t. I, p. 87.

premier abord, en curiosité, si ce n'est en tentation, il n'était pas homme à s'aveugler longtemps. D'ailleurs, les propos qu'il recueillait à Berlin auraient mis en garde un diplomate moins attentif. Dans l'état où se trouve la France, répétait-on autour de lui, « on ne pouvait ni la craindre ni la désirer pour amie ». Lorsqu'il reçut l'avis de se tenir sur la réserve, il jugea l'instruction très-sage et s'y conforma très-volontiers [1].

La négociation s'arrêta sur ces tâtonnements, et il ne vaudrait guère la peine d'y insister si cette intrigue n'avait fourni plus tard un chef d'accusation contre Montmorin : les dupes d'Éphraïm imputèrent à trahison à ce ministre d'avoir repoussé les offres d'alliance du roi de Prusse [2]. L'émissaire de Frédéric-Guillaume, surpris dans sa besogne, disparut des antichambres du ministère. Moustier ne reçut plus les visites de Bischoffswerder, et ce favori cessa même de se montrer à la cour du roi de Prusse. Le bruit se répandit qu'il avait perdu la confiance de son maître. Moustier soupçonna quelque machination nouvelle. « Peut-être, écrivait-il à Montmorin, que si l'on connaissait la cause de la disgrâce de M. Bischoffswerder, on aurait la clef de la politique énigmatique de la Prusse. » C'était s'exprimer en homme avisé, ainsi que l'événement le fit bientôt paraître.

Tandis que la Prusse attisait à Paris la haine de l'Autriche, et qu'à Berlin elle travaillait à détacher la France de la cour de Vienne, elle s'employait avec non moins d'activité à soutenir le zèle contre-révolutionnaire des princes émigrés et à exciter la

[1] Rapports de Berlin, 4, 10 et 28 février 1791. « On ne saurait disconvenir, écrivait Moustier, qu'à la cour de Berlin on n'ait une idée si fausse de la politique, qu'on la confond aisément avec l'art d'intriguer par tous les moyens quelconques. L'immoralité dans ce genre est portée ici à un très-haut degré. » Une partie des pièces relatives aux négociations secrètes d'Éphraïm est aux Archives nationales : Rapports de Moustier, 30 décembre 1790; 18, 26 janvier, 4, 19 février 1791. Dépêche de Montmorin, 4 février 1791.

[2] « M. de Montmorin a rejeté l'alliance avec la Prusse et sacrifié par ce refus les intérêts de la France à ceux de l'Autriche... En vain vos comités ont-ils voulu supposer qu'il n'avait pas cru à la sincérité des avances de la cour de Berlin. Il n'était pas possible que cette cour ne fût pas de bonne foi. » — Rapport de Lasource, 31 août 1792. *Moniteur*, t. XIII, p. 591. Cf. Interrogatoire de Montmorin, *id.*, p. 493. — Voir Masson, *Affaires étrangères*, p. 102, 222.

méfiance et l'hostilité de l'Autriche contre la France [1]. En même temps qu'il se faufilait chez M. de Moustier, Bischoffswerder s'insinuait chez le ministre de l'Empereur, le prince de Reuss, et lui tenait des propos qui renversaient tous ceux qu'il venait de tenir à l'agent français. Ce n'était pas tout, et l'on ferait tort à la réputation du confident de Frédéric-Guillaume, si l'on omettait d'ajouter qu'en quittant le ministre d'Autriche, il se rendait chez celui de Russie et lui offrait également, avec ses services personnels, l'amitié de son roi [2].

Toutefois, le principal courant se portait vers l'Autriche; c'est de ce côté que la Prusse apercevait maintenant les plus utiles opérations. Le prince de Hohenlohe [3], le duc de Brunswick et d'autres grands personnages s'en allaient répétant partout qu'en présence du péril qui menaçait tous les trônes, le roi de Prusse avait modifié ses vues; qu'il oubliait ses intérêts pour ne songer qu'à ceux de l'Europe; qu'il désirait se rapprocher de l'Autriche et s'entendre avec elle pour rétablir le pouvoir monarchique en France. Ces politiques avaient soin d'ajouter que, dans le cas où les Français se montreraient récalcitrants, les alliés se dédommageraient à leurs dépens des frais qu'ils auraient faits pour les soumettre. S'il est beau de soutenir le droit, il n'est que juste d'y rechercher son profit. Ces champions de la bonne cause avaient déjà un plan d'action tout préparé. Le prince de Hohenlohe l'exposa, le 13 septembre 1790, au prince de Reuss : le cas échéant, l'Autriche prendrait une partie du Hainaut, et la Prusse attribuerait l'Alsace à l'électeur palatin, qui lui céderait, en échange, le pays de Juliers et de Berg [4].

A Vienne, Kaunitz haussait les épaules. « Il est temps, écrivit-il à Reuss [5], plus que temps même que nous reprenions vis-à-vis de la cour de Berlin le ton qui convient à une puissance du premier ordre telle que la nôtre, si nous voulons

---

[1] Sybel, 4ᵉ éd., t. I, p. 275-279. — Beer, *Leopold II und Catharina*, p. 36, 111 et suiv.
[2] Martens, *Traités de la Russie*, t. VI, p. 146.
[3] Le prince de Hohenlohe-Ingelfingen, général au service prussien.
[4] Beer, *Leopold und Catharina*, p. 37. Rapport de Reuss, 14 septembre 1790.
[5] 14 décembre 1791. Beer, p. 40.

la faire renoncer une bonne fois à celui de dictateur qu'elle a osé prendre vis-à-vis de nous. » Kaunitz, comme son rival de Berlin, Hertzberg, tenait pour l'hostilité classique des deux cours. Il allait lui advenir, ce qui advenait à Hertzberg, que son maître, voulant changer de système, le ferait à son insu. Léopold était un politique sans préjugés et sans entêtements ; il écoutait avec respect les conseils du vieux serviteur de sa maison, mais il n'en usait qu'avec mesure et n'obéissait qu'à son propre jugement. Le désarroi de la politique prussienne conduisait Frédéric-Guillaume à rechercher l'Autriche ; la suite des desseins de Léopold l'amenait à recevoir les avances de la Prusse. L'intrigue d'un côté, le calcul de l'autre concouraient à rapprocher les deux États.

Catherine venait de terminer la campagne par un coup d'éclat. Le 22 décembre 1790, ses soldats, fanatisés autant que commandés par Souvarof, s'étaient emparés d'Ismaïl, place forte sur le Danube. C'était le plus signalé fait d'armes de la guerre, et l'une des plus notables boucheries d'un siècle qui en compte de très-fameuses [1]. Catherine pensa que la sauvage intrépidité de ses Russes et cette prodigieuse extermination de Turcs inspireraient aux diplomates des réflexions pacifiques. Elle le prit donc de haut avec ses adversaires et même avec son allié. Elle exigea Otchakof et la ligne du Dniester. Léopold ne voulait ni faire la guerre pour soutenir les prétentions russes, ni permettre à la Russie d'étendre ses frontières sans en prendre prétexte pour rectifier au moins les siennes. Il avait promis, à Reichenbach, de traiter avec les Turcs sur le principe du *statu quo*, mais ce principe comportait des interprétations et des accommodements : on pouvait distinguer le *statu quo amélioré*, qui ne laissait point de présenter des avantages, et le *statu quo régularisé*, c'est-à-dire tel qu'il aurait dû être selon les prétentions de l'Autriche. Ce dernier procurerait des bénéfices parti-

---

[1] Les Russes étaient 22,000 et les Turcs 38,000. Les Russes perdirent 12,000 hommes et tuèrent 28,000 Turcs, parmi lesquels beaucoup d'habitants de la ville, qui fut mise à sac. LANGERON, *Journal de la seconde campagne en Bessarabie et en Moldavie*, 1790.

culièrement intéressants. En attendant, et à tout hasard, pour se donner quelque marge, Léopold rompit, le 10 février, les conférences commencées le 20 décembre à Sistova. Il y avait embrouillé si bien les choses que l'on ne s'entendit que pour ajourner le congrès [1].

Cependant il fallait expliquer ces atermoiements. L'envoyé de Pitt, lord Elgin, pressait l'Empereur de prendre un parti et de se prononcer contre la Russie, qui devant cette manifestation serait contrainte d'abaisser ses exigences. Léopold trouva pour éluder la démarche un fort spécieux prétexte. La combinaison qu'il faut désirer, dit-il, ce n'est pas une alliance à trois contre la Russie, mais une grande alliance, une alliance à quatre, Angleterre, Prusse, Russie, Autriche, pour la garantie des territoires respectifs et le maintien de la paix générale. « Il a, écrivait l'envoyé anglais, mûri ce projet dans sa pensée, en considérant la nature et les progrès de ce qu'il appelle les principes français. Il insiste sur ce fait que les émissaires français s'agitent en Europe, que les garnisons prussiennes en sont remplies, que les petits États allemands, où il y a sans doute *beaucoup de dur,* en seront la proie. L'alliance est la seule mesure à prendre dans ces conjonctures. Elle fonderait sur la base la plus solide la paix générale, et les confédérés, convaincus des inconvénients qu'aurait pour eux l'état de guerre en Europe, se préserveraient de l'intrigue, de l'orgueil et de l'égoïsme [2]. » C'est l'embryon de la Sainte-Alliance; mais ce projet, qui avait de l'étendue, n'était dans l'esprit de Léopold qu'un expédient politique. La considération des affaires de France ne s'y présentait encore, comme à l'époque de Reichenbach, qu'à titre subsidiaire.

Léopold en était là de ses spéculations sur l'ordre européen, lorsqu'il fut averti, par le prince de Reuss, que Bichoffswerder n'attendait qu'un signe pour venir à Vienne lui faire sa cour. Il

---

[1] Zinkeisen, t. VI, p. 806. — Vivenot, *Quellen,* t. I, Correspondances du Congrès.
[2] Rapport de lord Elgin, 9 janvier 1791. Herrmann, *Diplomatische Correspondenzen,* 1791-1797, Gotha, 1867, p. 43. — *Id., Geschichte Russland's,* t. VI, p. 397.

lui parut que l'ouverture arrivait à propos. Bischoffswerder apprit qu'il serait bien reçu par l'Empereur. C'est alors qu'il quitta Berlin et répandit lui-même le bruit de sa prétendue disgrâce, afin de dérober sa mission à Hertzberg : ce ministre, dans son inimitié pour l'Autriche, n'aurait pas manqué de contrecarrer les démarches du favori. Il semblait tout aussi nécessaire à l'Empereur de dissimuler ces pourparlers à Kaunitz. Bischoffswerder s'aboucha avec le vice-chancelier, le comte Philippe de Cobenzl, qui possédait toute la confiance de son souverain. A Vienne comme à Berlin, il fallait des hommes nouveaux à la nouvelle politique, et l'on se cachait des anciens ministres, en attendant l'heure de les déposséder. Bischoffswerder fut reçu par l'Empereur le 23 février. Si Léopold esquissait le plan de la Sainte-Alliance, Bischoffswerder en parlait déjà le jargon mystique et ampoulé. La sensibilité entra, par ses dépêches, dans la diplomatie et ajouta une boursouflure caractéristique au galimatias traditionnel des chancelleries. « Je suis tout extasié de l'audience qui me fut accordée, écrivait-il le lendemain. Quelle bonté ! quelle sérénité dans l'être de ce monarque ! Il est fait pour régner dans tous les cœurs [1]. » Bischoffswerder affirmait que « la voix de l'humanité parlait par sa bouche » ; la Providence intervenait continuellement dans ses propos. Toutefois il y fut beaucoup plus question de la Russie et de la Pologne, de Danzig, de Thorn, d'Otchakof et du *statu quo améliore,* que de la Révolution française et de la propagande. Léopold déclara qu'il serait heureux de s'accorder sur tous les points avec le roi de Prusse, qu'il aurait grand plaisir à se rencontrer avec lui, mais que l'on n'arriverait à rien aussi longtemps que Hertzberg resterait au ministère. Il ajouta que, du reste, il entendait, en toute conjoncture, demeurer fidèle à son alliance avec la Russie.

Bischoffswerder quitta Vienne le 4 mars, enchanté de

[1] Voir pour ces négociations, qui touchent plus à l'histoire de la question d'Orient qu'à celle de la Révolution française : VIVENOT, *Quellen*, t. I, n°s 47 à 116. — BEER, *Leopold II und Kaunitz*, p. 392 et suiv. — BEER, *Leopold II und Catharina*, p. 49 et suiv. — HERRMANN, *Geschichte Russland's*, t. VI, ch. VII. — *Dip. corr.*, ch. I. — SYBEL, 4ᵉ éd., t. I, p. 277 et suiv.

l'accueil qu'il avait reçu. Quant à l'Empereur, fort tranquillisé du côté des Prussiens et bien résolu à les laisser venir, il se prépara à partir pour l'Italie, après avoir donné à son ambassadeur à Pétersbourg l'ordre de tout raconter à l'Impératrice. Il lui suffirait, pensait-il, d'abandonner les choses à leur cours naturel pour qu'elles tournassent à son profit. Assurée que l'Autriche ne l'abandonnerait point, la Russie se montrerait inébranlable sur l'article d'Otchakof ; l'Angleterre ne ferait point la guerre pour ce lambeau de territoire turc ; la Prusse, isolée et déconcertée, se livrerait sans conditions à l'alliance autrichienne, et l'Empereur, devenu l'arbitre de la paix, rectifierait tranquillement sa frontière du côté de l'Orient. Dans tous ces calculs, Léopold comptait sans la France. Il faisait plus, il tâchait de l'éliminer des combinaisons européennes, ajournant les affaires litigieuses et décourageant l'empressement inconsidéré des petits États de l'Empire. Mais il ne pouvait ni éconduire les émissaires de la cour de France ni se débarrasser absolument des sollicitations des princes français émigrés : tout son voyage en devait être importuné, et toutes ses combinaisons en allaient être traversées.

CHAPITRE III

LES ÉMIGRÉS.

1790-1791

I

L'émigration, c'est l'ancien régime survivant à sa chute et se condamnant irrémissiblement. La France l'avait banni, il chercha à se reconstituer sur la frontière et à nquérir la France. Je ne parle point ici de cette troupe déplo. de fugitifs que la jacquerie chassa de leurs châteaux, que .archie expulsa des villes, que les persécutions des tyranneaux de village et de carrefour obligea de fuir leur patrie pour échapper à l'outrage, à la ruine, à la prison ou à l'échafaud. La loi ne leur fit un crime de l'exil qu'après que l'illégalité leur en eut fait une condition de salut. Ces malheureux ne sont comparables qu'aux proscrits de la révocation de l'édit de Nantes; pour n'avoir été victimes que de leur naissance, ils ne méritent pas moins de pitié. Mais cette émigration forcée ne commença guère que dans l'été de 1791 et ne prit des proportions sérieuses qu'en 1792. Celle dont il s'agit ici, c'est l'émigration volontaire, celle de la première heure [1], qui forma le parti politique et constitua le noyau de la future armée des princes. Elle est analogue à toutes les factions qui, dans tous les pays et dans tous les temps, vaincues dans la patrie, sont allées à l'étranger se préparer une revanche et chercher des alliés.

[1] Cf. ci-dessus, p. 4.

La plupart des émigrants français s'étaient réfugiés dans les pays de la rive gauche du Rhin, à Coblentz, à Mayence, à Worms. Beaucoup d'officiers qui sentaient leurs troupes rebelles à leur autorité et ne voulaient point d'ailleurs prêter serment aux nouvelles lois, passèrent la frontière en 1790 et vinrent se rassembler autour du prince de Condé. Le point d'honneur s'en mêla, et, tout autant que le point d'honneur, l'émulation de la gloriole. Nombre de gentilshommes opposants, ceux du Lyonnais, du Forez, du Vivarais, de l'Auvergne, avaient décidé de demeurer en France et, groupés dans le Midi, composaient le camp de Jalès [1]. Leur royalisme passait pour malappris et sentant son hobereau de province. D'autres estimaient que le devoir commandait de rester près du Roi [2]. En attendant qu'on « les taxât de lâcheté et qu'on les vouât à l'infamie », ce qui ne tarda guère [3], on se moquait d'eux dans le beau monde. « A votre âge, disait un gentilhomme à son fils, il faut faire ce que font les jeunes gens de sa génération [4]. » « Comme tout est de mode en ce pays-ci, écrivait Fersen, il est à présent de bon ton de s'en aller [5]. »

Ceux qui émigraient ainsi croient qu'ils reviendront très-vite et triomphalement [6]. On plaisante sur leur départ, sur leurs projets, sur leur retour. Ils s'échappent gaiement de l'État en péril, ils

[1] Ernest DAUDET, *Histoire des conspirations royalistes du Midi*, 1790-1793. Paris, 1881.

[2] « Nous voyons du premier coup d'œil que quitter son pays, au moment où il est en danger, est une mauvaise combinaison... Nous pensons que le devoir est de rester attachés à la patrie et de contribuer, selon ses faibles moyens, à rétablir l'ordre. » *Mémoires du comte de Cheverny*, Paris, 1886; t. II, p. 86.

[3] *Souvenirs du comte de Contades*, Paris, 1885, p. 4.

[4] « L'émigration était alors fort à la mode. Aux yeux d'un certain monde, rester en France avec la famille royale afin de partager ses dangers et de la défendre, passait pour une faiblesse, presque pour une trahison. Les rares amis dont mon père eut le temps de prendre congé, les femmes surtout, sans en excepter ses sœurs et sa mère, le félicitèrent de son départ comme d'un joyeux événement. On lui dit adieu comme à quelqu'un qui devait revenir le lendemain. » Le comte D'HAUSSONVILLE, *Souvenirs et mélanges*. Paris, 1878.

[5] 9 mai 1791. *Correspondance*, t. I, p. 120.

[6] Le marquis de Fournès, qui « s'était fait comme le recruteur de Coblentz, où il faisait de fréquents voyages », engageait les députés de la droite qui se réunissaient chez M. de la Tour du Pin à se dissoudre et à émigrer. « Il m'assurait, en septembre 1790, qu'emporter hors de France de quoi subsister pendant trois

complotent en riant des desseins belliqueux. Lorsque la déception viendra, qu'il faudra souffrir et affronter, non la bataille, qui leur est flatteuse et réconfortante, car ils demeurent avant tout soldats et gentilshommes, mais la misère médiocre, les privations humiliantes, les épreuves vulgaires et poignantes de l'exil, ils y apporteront ce même esprit de bravade élégante et de jactance hautaine. Ils traiteront la mort en usurière qui réclame son gage, avec mépris; mais ils resteront, partout et toujours, incorrigiblement frivoles et arrogants. La populace a envahi Versailles et investi les Tuileries, la vieille cour se retrouve en Allemagne et s'y étourdit de son propre tumulte.

Les princes ecclésiastiques du Rhin, l'électeur de Mayence, en particulier, reçurent avec magnificence les émigrés. Frédéric d'Erthal avait peu de naissance : ce concours d'hôtes illustres flattait sa vanité. Naguère il cherchait l'éclat en protégeant les lettres, et se piquait de « lumières ». Il est pris de peur maintenant, il excommunie les philosophes, et il met sa gloire à soutenir ceux qui les combattent. « Sa cour était brillante, écrit un émigré [1]; j'étais sans cesse invité à dîner et à souper, non-seulement aux grands repas de cérémonie, mais aussi dans la société particulière de l'Électeur, chez mesdames de F... et de G..., qu'on appelait tout bas ses deux ministres. » A Coblentz, chez l'électeur de Trèves, où se concentre l'état-major de l'émigration, ce sont chaque jour « des assemblées et des concerts ». Cette cour épiscopale est du meilleur monde, et « fort à la mode [2] ». A Bruxelles enfin, où les émigrés affluent dès que les Autrichiens y rentrent, la victoire facile de Léopold excite les illusions et entretient la bonne humeur.

Les Allemands s'amusent d'abord du fracas que font autour d'eux ces turbulents voyageurs. On les plaint, on les exploite surtout, car leurs dépenses animent le commerce et font circuler

---

mois serait plus que suffisant. » *Papiers d'un émigré, le baron de Guilhermy*, Paris, 1886, p. 34.

[1] Le baron d'Escars. GEFFROY, *Gustave III*, t. II, p. 152.

[2] Lettre de madame de Raigecourt, janvier 1791. Voir LA ROCHETERIE, *Marie-Antoinette et l'émigration*, *Correspondant*, t. XCVIII.

l'argent dans le pays. Mais cette première impression ne tarde point à s'effacer. Les émigrés ajournent les créanciers, et qui pis est, ils les raillent. Ils se moquent, et très-ouvertement, non-seulement des bourgeois, mais des gentilshommes du pays, prétentieux, lourds et ridicules. Ils daignent loger chez eux et au besoin même accepter l'aide de leurs bourses, mais ils entendent maintenir les distances. Cette noblesse de cour, qui « redoutait plus que tout de devenir provinciale [1] », redoutait bien davantage encore de passer pour tudesque. L'évêque de Mayence lui-même ne trouve point grâce devant ces impitoyables railleurs : ils l'appellent leur père, en public; ils se font apporter à leur auberge leur repas, préparé dans ses cuisines; mais en dînant et à huis clos, ils le qualifient d'abbé de Mayence et le traitent de parvenu. C'était en France la manière classique d'en user avec les « bons Allemands », et il était également classique chez les « bons Allemands » de sentir, sous l'aiguillon de ces sarcasmes, se réveiller sourdement la haine héréditaire pour les Français. Les émigrés, comme leurs pères au temps de la guerre de succession d'Autriche et de la guerre de Sept ans, en allaient faire bientôt l'expérience. Leurs distractions dégénérèrent promptement en dévergondage de garnison, si ce n'est de pays conquis. Les Allemands cessèrent de s'apitoyer sur des gens qui le prenaient de si haut avec leurs infortunes, se divertissaient de leurs disgrâces avec tant de scandale, et se souciaient si peu de ménager leurs hôtes. On commença de trouver, parmi les bourgeois et le populaire des pays du Rhin, que la révolution de France ne laissait point d'avoir de fortes raisons d'être. Le spectacle de l'émigration expliqua aux Allemands cette révolution française mieux que n'auraient pu le faire tous les écrits et tous les émissaires de la propagande.[2]

La noblesse française emporte à l'étranger toutes les causes de sa décadence [3]. Son impuissance à gouverner le royaume

---

[1] D'Haussonville, *op. cit.*, p. 24.
[2] Biedermann, p. 1219. — Perthes, t. I, p. 65-66, 205-6. — Hæusser, t. I, p. 292-3. — Cf. pour le Piémont, où les impressions furent les mêmes, Bianchi, t. I, p. 539 et suiv.
[3] Cf. t. I, p. 190-195, 217-218.

l'a réduite à l'exil ; elle s'y montre aussi incapable de se gouverner elle-même qu'elle l'était naguère de gouverner l'État. Son émigration n'est que la suite et la conséquence de son abdication à l'intérieur. Elle ne formait en France qu'une coterie de privilégiés ; elle ne présente au dehors qu'une troupe de partisans. Elle persiste à ne point prendre au sérieux la révolution qu'elle prétend anéantir. Ce n'est pas une croisade austère, enthousiaste et croyante qui se prépare sur les bords du Rhin, c'est une Fronde tapageuse, confuse et inconsidérée.

L'édifice que ces gentilshommes prétendent reconstruire est précisément celui qui vient de s'écrouler sur eux, dont ils ont eux-mêmes miné les assises et laissé successivement se désagréger toutes les pièces. « Nous étions, rapporte l'un d'eux, infatués de cette idée extravagante que plus le mal serait grand, plus le remède serait prompt et facile ; nous n'étions plus en état de rien entendre [1]. » Qu'on ne leur parle point du système anglais et surtout des deux Chambres. Quelques grands seigneurs, très-éclairés, y consentent à la vérité ; mais ils ne comptent qu'à titre d'exception, et la petite noblesse réprouve l'idée d'une chambre des pairs comme la plus humiliante des capitulations. La pire injure pour un émigré est le mot de *monarchien* [2].

Les émigrés n'ont pas compris, ils ne comprennent pas, ils ne comprendront jamais : voilà le pire de leurs maux. S'il y a dans les affaires du monde un péché sans rémission, c'est le péché contre l'esprit. Ils en sont entachés, et l'exil n'est point fait pour les en laver. Ils manquent d'idées, de jugement, de desseins, ou plutôt ils n'ont qu'une idée, qu'un jugement et qu'un dessein, idée de colère, jugement borné, dessein puéril : la contre-révolution absolue, pour les principes ; la répression brutale, pour les personnes. Ils croient tout possible à la force et tout facile par la force.

Ils n'ont pas assez de railleries pour la faiblesse du

---

[1] Le baron de Guilhermy au comte de Puisaye, 1807. *Papiers d'un émigré*, p. 34.
[2] AUGEARD, *Mémoires secrets*, p. 266-8. — LA ROCHETERIE, *op. cit.*, p. 304.

Roi, ses transactions pusillanimes, sa retraite continue devant l'ennemi. Ils traitent ce prince débonnaire avec autant de mépris que le font les plus injurieux démagogues de Paris. Ils se montrent plus implacables encore pour la Reine. Le fond de l'émigration se recrute dans le parti qui, avant la Révolution, cabalait contre Marie-Antoinette et la poursuivait de ses calomnies, de ses chansons et de ses pamphlets. La coterie de Rohan s'acharne à la perdre. Ses ennemis ne se croient pas encore assez vengés par son infortune [1]. Ils l'accusent d'être démocrate; ils déclarent que le premier usage qu'ils feront de leur victoire sera de l'écarter et de lui enlever toute influence [2]. « Qu'a donc fait ma malheureuse sœur à vos Français pour qu'ils la déchirent partout, dans mon parc, dans tous les lieux publics? » disait l'archiduchesse Christine, régente des Pays-Bas, à un serviteur de Marie-Antoinette [3]. La famille royale et les périls auxquels ils l'exposent par leurs témérités, ne comptent point à leurs yeux [4]. Leur principe est tout, et ce principe, c'est la restauration de l'ancien régime.

C'est par là seulement qu'ils sont de leur siècle. Ils spéculent dans l'abstrait; l'obsession de l'absolu n'est pas moins impérieuse chez eux que chez les plus étroitement doctrinaires et les plus fanatiques des jacobins. Aucune notion de l'histoire, aucun instinct de la tradition monarchique, aucun sentiment des réalités françaises. Ils considèrent la royauté en soi, sans égard aux institutions ni au caractère du monarque. Ils conçoivent une souveraineté royale, immuable, impersonnelle, imprescriptible comme celle du peuple dans le *Contrat social*, et ils y attribuent une

---

[1] Bombelles à Ostermann, 31 janvier 1792. — FEUILLET, t. V, p. 185.
[2] LA ROCHETERIE, *op. cit.*, p. 291 et 304.
[3] AUGEARD, p. 266.
[4] « Dans ce parti, un très-grand nombre de gens qui voulaient qu'on rétrogradât vers l'ancien régime, y auraient consenti au prix de la vie même du Roi. » LA MARCK, 23 avril 1791, t. III, p. 155. — « Ils ne tiennent pas à Louis XVI, mais à la royauté; il leur importe peu que ce soit le roi actuel ou M. le prince de Condé qui règne, pourvu que la noblesse soit rétablie dans son ancien pouvoir. » Rapport de Staël, GEFFROY, t. II, p. 163. — « Pourvu qu'il y ait un roi, des pensions et des grâces, c'est tout ce qu'il lui faut (au prince de Condé). » Fersen à Taube, 11 avril 1791, t. I, p. 100. Cf. *id.*, p. 81.

puissance propre, indépendante du temps, des circonstances et des hommes. Ils se font de cette forme vide et vague comme une sorte de divinité mystérieuse, qui se révèle par des oracles et se manifeste par des prodiges. Leur roi n'est que l'image passagère de la royauté. C'est le roi de la scolastique, et il diffère autant du roi de France que la nation française diffère du « peuple » de Rousseau, où la foule anonyme est tout et où les individus ne sont rien. Entêtés d'abstractions comme les révolutionnaires [1], les émigrés sont, comme eux, cosmopolites. « Ils se considèrent plutôt comme les compatriotes des nobles de tous les pays que comme les concitoyens des Français [2]. » Selon le révolutionnaire, le noble est l'ennemi universel : tout peuple qui se révolte est un peuple frère. Selon l'émigré, tout noble qui combat la Révolution est un compagnon d'armes. Les révolutionnaires suivent la tradition des guerres de religion, où les peuples, se groupant selon leurs croyances, se mêlent les uns aux autres et s'envahissent mutuellement ; les émigrés suivent la tradition des guerres civiles, où chaque parti, se croyant l'État même, tient par cela seul ses adversaires pour ennemis et ses alliés pour amis de l'État. Défenseurs des derniers vestiges de la féodalité, ils recourent aux procédés des ligues féodales [3].

Il ne faut pas leur dire qu'ils s'arment contre leur patrie : la patrie, c'est l'État, et l'État est où ils sont. Ils emportent avec eux la « vraie France », celle de leurs principes ; l'autre, la « France réelle », celle des Français, est illicite et dénaturée : en droit elle n'existe point. L'Assemblée nationale n'est qu'une faction séditieuse : ce qu'elle décrète est non avenu. L'émigration juge la Révolution française comme Rome juge l'hérésie. Étrange état d'esprit, spontané cependant et naturel encore, en ce temps-là, dans toute une classe d'hommes. La Révolution a eu précisément pour effet de le rendre incompréhen-

---

[1] Cf. t. I, p. 147, *l'Influence française;* p. 157, *l'Éducation;* p. 538, Conclusion. — Vitrolles, élevé avec la *Logique de Port-Royal* et farci de la *Nouvelle Héloïse*, devient à dix-sept ans un émigré passionné. *Mémoires de Vitrolles*, Paris, 1884, t. I, p. xv.
[2] Madame DE STAEL, *Considérations*, 3ᵉ partie, ch. I, De l'émigration.
[3] Cf. t. I, p. 57-58.

sible aux Français. « A force de nous menacer du retour du despotisme, disait Mirabeau, ils finiront par nous entraîner malgré nous à la république [1] ! » Dans le temps où les émigrés séparaient ainsi la cause de la royauté de celle de la nation, la nation brisait le lien séculaire qui la liait à la dynastie, et séparait aussi sa cause de celle de la royauté.

D'ailleurs, en cet excès de logique comme en leur frivolité naturelle, les émigrés restent bien Français, et l'on relève dans leur conduite aussi bien que dans leurs idées quelques-unes de ces louables inconséquences qui atténuent les fautes et rachètent les paradoxes. Ils s'imaginent vraiment que l'Europe va négliger ses propres querelles pour soutenir la leur ; que les princes, antagonistes séculaires de la France, vont tout à coup renoncer à leurs prétentions traditionnelles pour relever, dans son prestige passé, cette monarchie tant redoutée ; qu'en un mot, les étrangers vont abdiquer les *droits personnels* qu'ils revendiquent héréditairement sur l'État français, pour y rétablir le *droit commun* de tous les États. Mais s'ils demandent ainsi aux étrangers d'oublier leurs rancunes et de sacrifier leurs ambitions, ils ne renoncent eux-mêmes à aucune de celles de leur pays. On les verra plus d'une fois applaudir aux victoires des armées républicaines, se révolter contre les propositions de démembrement de la France, et plus tard même regretter de ne pouvoir conserver à la royauté les magnifiques conquêtes de la république [2]. Il leur suffira de signer le pacte qui les unira aux étrangers, pour sentir la chaîne et entrer en révolte contre leurs protecteurs.

Ils n'en sont point là vers la fin de 1790 ; c'est le temps des illusions. Tout semble facile à ces étourdis qui se grisent de leur puérile colère. Cependant ils se débattent dans le vide, et le pouvoir qu'ils ont perdu en France, qu'ils poursuivent par delà les frontières, est un fantôme qui fuit incessamment devant eux. Tout leur manque, parce qu'en réalité ils se manquent à

---

[1] Octobre 1790. 35ᵉ note. *Correspondance*, t. II, p. 259.
[2] Cf. André LEBON, *l'Angleterre et l'émigration*, Paris, 1882, p. 44, 146, 339, 340, 343, 345. — CHUQUET, *la Première Invasion prussienne*, Paris, 1886, p. 281-282. Et dans mes *Essais d'histoire et de critique*, les études intitulées : *l'Angleterre et l'émigration*, *l'Alliance russe et la Restauration*.

eux-mêmes. Ils raillent les variations et les divisions des partis révolutionnaires ; ils prônent leur obéissance comme la première des vertus d'État. Au fond, ils restent en exil ce qu'ils étaient en France, le plus divisé et le plus indiscipliné des partis : la division y procède de la vanité, et l'indiscipline du point d'honneur. L'antipathie de la noblesse de cour et de la noblesse de province persiste parmi eux ; elle s'irrite de toutes les blessures, et de toutes les impatiences de l'exil. Les distinctions subtiles qui les séparaient en France s'aggravent dans une promiscuité qui leur est insupportable, car elle est contradictoire avec l'idée même qu'ils se font de la noblesse. On voit se réveiller dans leurs hôtelleries du Rhin les guerres d'amour-propre des grands casernements de Versailles, sans que l'étiquette et le respect de la majesté royale étouffent la fermentation des rivalités personnelles.

L'émigration était insubordonnée ; ses chefs ne déployaient ni supériorité ni prestige. Le comte d'Artois, parti le premier, s'attribua le gouvernement de la « France extérieure ». Ce prince possédait tout le caractère qu'il faut pour perdre galamment une bataille et ruiner avec grâce une dynastie. Présomptueux de ses propres forces, dédaigneux de celles d'autrui ; ignorant la France qu'il avait habitée sans la connaître et l'Europe qu'il parcourait sans l'étudier ; absolu dans ses idées ou versatile dans ses desseins ; entêté de formules creuses qu'il qualifiait de principes et qui lui tenaient lieu d'idées claires et de pensées suivies ; accessible à toutes les chimères et à toutes les intrigues ; complaisant aux petites gens et aux petits moyens ; nonchalant d'esprit, indécis et affectant l'énergie ; fanfaron d'autorité dans son langage, enchaîné dans ses actes par la crainte des responsabilités ; chevaleresque avec une faculté d'effusion fugitive qui dérobait la froideur secrète de son âme ; ayant le propos facile, la repartie heureuse, mais l'intelligence étroite ; sans scrupule à provoquer les guerres civiles, mais sans empressement à s'y hasarder, il était bien, à tous égards, l'homme le moins fait pour diriger une faction et reconquérir un royaume. Son cousin le prince de Condé avait au moins les qualités militaires d'un chef de parti. Il portait avec convenance un nom écrasant dans les armées. A défaut du génie qui lui manquait, il avait acquis l'expérience, il avait le goût de la bataille, il savait conduire le soldat et s'en faire aimer. Mais il était plus apte à commander un corps dans une campagne régulière, qu'à soulever une insurrection et à organiser une guerre de partisans. Valeureux, résolu, il lui manquait l'élan entraînant et la verve aventureuse qui firent le prestige des Charette, des Bonchamps, des Lescure, des La Rochejaquelein.

Dans cette contrefaçon de cour et dans cet État apocryphe, le comte d'Artois portait le manteau royal, le prince de Condé tenait l'épée, M. de Calonne composait à lui seul tout le conseil et tout le gouvernement. C'était le conseil le plus inconséquent et le gouvernement le plus hasardeux qui furent jamais. Calonne menait avec désinvolture le deuil de la monarchie dont il avait précipité la banqueroute et préparé le suicide. Il continuait de jouer sous les dehors d'une parfaite élégance le rôle équivoque et funeste qu'il avait commencé de remplir à Paris. Il détestait Breteuil, qui représentait le Roi; il haïssait la Reine. D'ailleurs, le plus impopulaire des hommes en France, mais le plus goûté, le plus adulé, le plus admiré dans l'émigration. Il éblouissait ces incorrigibles dissipateurs d'argent et d'esprit par la fantasmagorie de ses chiffres et l'inépuisable feu d'artifice de son imagination. Croyant à ses panacées comme à son génie, il n'épargnait ni son zèle ni ses ressources, et se montrait toujours prêt à prouver sa confiance en payant de sa personne. Bien qu'il eût obéré ses propres finances et dilapidé celles de l'État, il passait toujours pour le premier financier du siècle. Il joignait à cette réputation celle du plus délié diplomate de l'Europe. Comme il ne s'était point encore essayé dans les affaires étrangères, les émigrés pouvaient prendre impunément son intrigue pour de l'habileté et son impertinence pour de la profondeur.

Tels étaient les hommes qui, sans troupes et sans argent, sans vues et sans crédit, préparaient, comme une fantasque partie de politique et de guerre, la conquête de la France, se flattant d'écraser la Révolution et de coaliser l'Europe pour la restauration de l'ancien régime. La carrière où ils entraient ne devait leur présenter qu'une série humiliante de déceptions. Elles s'annoncèrent dès leur première entreprise.

II

Le comte d'Artois, qui séjournait en Piémont, à la cour du Roi son beau-père, s'occupait à fomenter, pour le mois de décembre 1790, une grande insurrection. Le camp de Jalès en serait le foyer; Condé appuierait les mouvements par une pointe sur Lyon, tandis qu'un autre corps d'émigrés se rassemblerait à Bâle. On comptait que l'Alsace s'insurgerait immédiatement, et que les puissances étrangères seconderaient cette expédition par de fortes démonstrations. Calonne assurait que Pitt procurerait dix millions et prêterait dix vaisseaux [1]; que Gustave III viendrait avec sa flotte et que Catherine II, donnant la paix aux Turcs, enverrait ses armées sur le Rhin. Le roi de Sardaigne promit de faire marcher les siennes vers le Dauphiné. L'Espagne ne se prononçait pas, mais le comte d'Artois tenait que son silence valait un emprunt et un corps d'auxiliaires [2]. Il faut dire que ces souverains, prodigues de bonnes paroles envers des émissaires qui n'épargnaient pas les sollicitations, avaient mis à leur concours deux conditions préalables : la première, que le roi de France réclamerait expressément leur aide; la seconde, que tous les autres souverains prendraient part à l'entreprise. Or l'Autriche s'y refusait obstinément; cela suffisait à détruire toute la combinaison.

Léopold jugeait les émigrés avec sévérité [3]. Il les trouvait compromettants pour lui, dangereux pour la famille royale, incommodes pour tout le monde. Ce fin machiavéliste ne pouvait

---

[1] Augeard, *op. cit.*, p. 257.
[2] Bianchi, t. I, p. 611. — Baumgarten, p. 311.
[3] C'est un jugement de la première heure et qui ne se modifia pas. — Voir la lettre à Joseph II, juillet 1789. — Beer, *Leopold und Catharina*, p. 219.

considérer qu'avec un profond dédain des politiques brouillons qui l'importunaient par leurs indiscrétions, le blessaient par leurs insolences et risquaient, par quelque coup de tête, de déranger tous ses calculs. Il disposait d'ailleurs pour les congédier du plus péremptoire des motifs : le vœu de la cour de France.

Dès que Louis XVI fut averti du projet des émigrés, il leur dépêcha, pour les en détourner, M. de Jarjayes avec des lettres adressées à Victor-Amédée et au comte d'Artois [1]. La Reine écrivit en même temps à Léopold par un émissaire sûr [2] : « Il est impossible, dans ce moment, d'agir ni de sortir d'ici; ce serait tout perdre et exposer soi et les autres au plus grand danger... J'espère que cela les arrêtera; il est certain qu'il n'y a qu'ici et nous qui puissions juger du moment et des circonstances favorables, qui pourront enfin finir nos maux et ceux de la France, et c'est alors, mon cher frère, que je compte sur votre amitié et que je m'adresserai à vous... » Breteuil jusque-là n'avait point usé de ses pleins pouvoirs; il en donna connaissance à Mercy, qui, depuis la fin du congrès de la Haye, séjournait en Belgique et y suivait les affaires de France. Il confirma les paroles de la Reine [3].

C'est alors qu'un envoyé du comte d'Artois, le comte d'Escars, vint réclamer l'intervention de l'Empereur. Ce prince lui remit une réponse destinée « à ôter toute espèce d'espoir de secours [4] ». A défaut d'autres ressources, les émigrés possédaient un trésor inépuisable d'illusions. Improvisant une tactique qu'ils renouvelèrent depuis lors incessamment et où il entrait autant de fatuité que de calcul, ils prirent acte de cette défaite comme d'une promesse. Le comte d'Artois écrivit le 1er janvier à Léopold, le remercia et lui demanda une entrevue. Calonne se chargea de la ménager et partit pour Vienne. Le prince le suivit à distance [5]. C'était le temps du carnaval; celui de

---

[1] Louis XVI à Victor-Amédée, 7 décembre 1790. Bianchi, t. I, p. 613.
[2] 19 décembre 1790. Arneth, Marie-Antoinette, p. 143.
[3] 12 janvier 1791. Cf. Mercy à Kaunitz, 22 janvier. Feuillet, t. I, p. 423.
[4] Léopold à Kaunitz, 14 janvier 1791. Beer, p. 384.
[5] Feuillet, t. I, p. 390, 393.

Venise jouissait d'un juste renom. Le comte d'Artois s'arrêta dans cette ville et y attendit gaiement une réponse de Vienne, convaincu d'ailleurs qu'elle serait favorable. Il reçut un refus aussi formel que possible. L'Empereur avait eu des nouvelles directes des Tuileries par M. de Duras qui était venu le complimenter sur son couronnement. Il se trouva en mesure de décliner l'ouverture du comte d'Artois [1].

Cependant Calonne s'était mis en tête de se montrer à Vienne, il continua son voyage. Il eut l'imprudence d'en avertir le comte d'Artois au moyen de la poste; Léopold prévenu par son *cabinet noir* manda au chancelier de faire son possible pour « le débarrasser de tous ces tripotages français qui ne pouvaient faire que du mal, et surtout à la Reine [2] ». Il avait affaire à forte partie. Pendant que l'on tâchait de le dépister en route, Calonne débarquait dans Vienne sous un nom supposé. Il apportait une nouvelle lettre du comte d'Artois, qui, informé des projets de voyage de l'Empereur, annonçait qu'il l'attendrait, au passage, à Laybach [3]. La réponse de Léopold, adressée à Calonne par Cobenzl, repoussait sèchement la proposition « pour des raisons d'État les plus graves et de la plus grande conséquence, tant pour l'Empereur que pour le roi et la reine de France [4] ». Calonne persista néanmoins à séjourner à Vienne; il fallut pour le faire partir un congé en forme que Cobenzl lui signifia le 23 janvier [5].

Quelque complaisance qu'y missent les émigrés, ils ne pouvaient prendre ces procédés dédaigneux pour un encouragement. Le comte d'Artois protesta [6]. L'Empereur lui répondit en des termes qui ne permettaient aucune équivoque, et remit directement la lettre au comte d'Escars. « Je

---

[1] L'audience eut lieu le 6 janvier. Duras à Montmorin, 8 janvier 1791. Affaires étrangères. — Marie-Antoinette à Léopold, 19 décembre 1790. Arneth, p. 142. — Léopold au comte d'Artois, Feuillet, t. I, p. 395. — Cf. Mercy à La Marck, 14 janvier 1791, *Correspondance de La Marck*, t. III, p. 6.

[2] 14 janvier 1791. Beer, p. 304.

[3] 15 janvier 1791. Feuillet, t. I, p. 399.

[4] 19 janvier 1791. Feuillet, t. I, p. 404.

[5] Feuillet, t. I, p. 406-418, 422, 434, 437.

[6] Lettre à Léopold, 26 janvier 1791. Feuillet, t. I, p. 441.

lui ai expliqué, disait-il à Kaunitz, bien nettement et clairement mes sentiments contenus dans ma lettre, et que je ne voulais plus être mêlé de leurs plans ni projets [1]. » Forcé pour un temps de se faire une raison, le comte d'Artois quitta Venise, et repartit le 3 mars pour Turin [2]. Le désaccord était complet entre la cour de France et l'émigration. La cour avait des motifs sérieux de se prémunir contre les incartades des émigrés. Le plan de fuite était arrêté, et une imprudence pouvait tout compromettre.

III

Lorsqu'on parle de la cour, à cette époque, c'est la Reine qu'il faut entendre, car Marie-Antoinette seule tentait d'agir [3]. Elle est désormais l'âme de tous les conseils des Tuileries, et c'est elle qui jouera le premier rôle dans les tragiques aventures où s'achemine la famille royale. Louis XVI s'était décidé à fuir, mais, cette résolution prise, il retomba dans son inertie habituelle et laissa à la Reine tout le soin des préparatifs. Elle s'y appliquait avec une sorte d'impatience fiévreuse; elle y trouvait une diversion aux anxiétés qui l'assiégeaient, et la seule espérance où elle pût désormais se rattacher. Elle écrivit à Mercy, le 3 février, que Montmédy serait décidément le lieu de leur retraite [4]. Lorsqu'ils y seraient parvenus, le Roi lancerait un manifeste : il en rassemblait les matériaux. « Il faudra d'abord motiver sa fuite,

---

[1] Léopold au comte d'Artois, 6 février 1791, Feuillet, t. II, p. 2. — Léopold à Kaunitz, 8 février. — Beer, p. 391.

[2] La Rocheterie, p. 298.

[3] « Le Roi est sans la moindre énergie, écrivait La Marck; M. de Montmorin me disait l'autre jour que lorsqu'il lui parlait des affaires et de sa position, il semblait qu'on lui parlât des choses relatives à l'empereur de la Chine... J'agis, à la vérité, par dévouement pour la Reine. Tout ce que je viens de dire ne sert qu'à mieux faire ressortir la triste destinée de cette malheureuse princesse. Comme femme, elle est attachée à un être inerte; comme reine, elle est assise sur un trône bien tremblant. » La Marck à Mercy, 26 janvier 1791. Correspondance, t. III, p. 30.

[4] Feuillet, t. I, p. 444.

disait la Reine, pardonner au peuple qui n'a été qu'égaré, le flatter par des expressions d'amour ; excepter du pardon les chefs des factions, la ville de Paris, à moins qu'elle ne rentre dans l'ancien ordre, et tous les gens qui n'auraient pas rendu leurs armes à telle époque fixée ; rétablir les parlements, seulement comme tribunaux de justice, pour qu'ils ne puissent jamais se mêler de l'administration et des finances. Enfin nous sommes décidés à prendre pour base de la constitution la déclaration du 23 juin, avec les modifications que les circonstances et les événements ont dû y apporter. La religion sera un des grands points à mettre en avant.[1] » Et c'est tout. Leurs vues n'allèrent jamais au delà de ces propositions superficielles, où rien n'apparaît de ferme sinon ce qui les rend odieuses aux Français : les menaces de répression. Cette idée funeste, la seule qui se soutiendra dans tous les projets de la cour, se dessine ici pour la première fois : elle ne prendra corps que pour décider la chute de la monarchie.

L'incertitude est aussi complète sur les moyens que sur le but. Qui gouvernera, le moment venu de reprendre les rênes? Personne ne paraît à la hauteur de la tâche. « L'homme n'est pas aisé à trouver, et plus j'en cherche, et plus je trouve d'inconvénients à tous[2]. » L'argent manque : il en faudrait beaucoup, et il importe de ne point effrayer les porteurs d'assignats. Fersen conseilla de demander un milliard au clergé qui recouvrerait ses biens, mais grevés de ce formidable emprunt. Louis XVI parut y pencher. Quant à la guerre civile, il continuait à la réprouver. Il refusait absolument le concours des émigrés. La Reine le répudiait avec passion. Les propos méprisants tenus sur sa personne et sur le caractère du Roi, ce dédain affiché de leur vie et de celle de leurs enfants, ces vagues rumeurs de détrônement ou du moins de tutelle qui arrivaient jusqu'aux Tuileries, y semaient le soupçon et y nourrissaient l'inquiétude. En ce palais désastreux, au milieu de la populace ennemie, on se croyait, comme dans les gais refuges de l'émigration,

---

[1] La Reine à Mercy, 3 février. FEUILLET, t. I, p. 447.
[2] FERSEN, t. I, p. 123-128.

revenu au siècle de la Fronde. On devine dans l'âme de Marie-Antoinette comme une réminiscence des craintes qui tourmentèrent si souvent Anne d'Autriche. Les Condé étaient ses ennemis ; elle détestait le comte d'Artois ; elle ne lui pardonnait pas d'avoir appelé Calonne dans ses conseils [1]. Leur plan, disait-elle, conduirait à rendre le Roi « absolument nul » dans l'État. Les appeler à l'aide n'était pas seulement dangereux dans le présent, c'était, dans l'avenir, se placer sous leur dépendance [2].

Elle préférait l'appui des troupes autrichiennes, mais à titre de démonstration, pour fournir à Bouillé un prétexte de se concentrer. Les Autrichiens ne devraient, le cas échéant, donner qu'à toute extrémité, à côté des troupes françaises et en qualité de régiments auxiliaires. « Le Roi, écrivait une confidente de Marie-Antoinette, ne voulait pas conquérir son royaume armé de forces étrangères : il voulait en imposer à ses sujets et traiter avec eux [3]. » Louis XVI et Marie-Antoinette en revenaient toujours à cette conception ambiguë d'un congrès armé, dont la seule présence suffirait pour ramener toute la nation à son roi. La peur qu'elle aurait d'une invasion la jetterait dans ses bras ; il la rassurerait, il paraîtrait la sauver, et la reconnaissance achèverait l'ouvrage de la peur [4].

Malgré tous les tempéraments que la cour prétendait y apporter et l'espèce de brouillard dont elle l'enveloppait, ce projet d'intervention étrangère la conduisait à opposer sa politique occulte à la politique officielle de l'État, à organiser

---

[1] La Marck, *Correspondance*, t. II, p. 317.
[2] La Rocheterie, p. 307. — Fersen, t. II, p. 112.
[3] Madame de Bombelles. La Rocheterie, p. 308. Elle ajoute : « Le Roi rassurait les esprits, car jamais le despotisme ne pourra plus avoir lieu en France, et, il faut être juste, il n'est pas désirable. »
[4] « Nous ne demandons à aucune puissance (à moins d'un événement pressant) de faire entrer de leurs troupes dans ce pays-ci. Nous désirons seulement qu'au moment où nous serions dans le cas de les réclamer, nous puissions être assurés que les puissances voudront bien avoir des troupes sur leurs frontières bordant la France, en assez grand nombre pour servir de soutien et de ralliement à tous les gens bien intentionnés qui voudraient nous rejoindre, mais qui, par l'éloignement ou d'autres causes, ne pourraient pas arriver jusqu'à nous. » La Reine à Mercy, 14 avril 1791. Feuillet, t. II, p. 37.

dans l'ombre et par les souterrains une contre-diplomatie royale, comme elle avait organisé une contre-police, à justifier enfin, par des actes qu'une indiscrétion, une imprudence, un hasard, une lettre interceptée pouvaient déceler, les plus terribles des accusations élevées contre elle par ses ennemis. La correspondance, malgré la complication des chiffres, les encres sympathiques et tous les procédés habituels des négociations secrètes, offrait de continuels dangers.

Le pire encore, pour la cour, dans ces entreprises où la jetait l'excès du péril, c'est qu'elle avait à se garder des royalistes au moins autant que des révolutionnaires. La diplomatie du Roi, conduite par Breteuil, allait se heurter constamment à la diplomatie des princes dirigée par Calonne. Comme les agents de ce parti étaient les plus écervelés, les plus égoïstes et les moins discrets des hommes; qu'ils apportaient dans leur rivalité avec les agents du roi l'âpreté des brigues de cour, aigrie en eux par les impatiences de l'exil, qu'ils entretenaient des intelligences à Paris, que leurs émissaires y vivaient en promiscuité avec les déclassés et les intrigants de tous les partis, les démarches que la cour croyait les mieux cachées revenaient, à travers ces bas-fonds policiers, se révéler tout à coup, grossies et défigurées, aux journaux, aux clubs et à l'Assemblée nationale.

Cependant les dispositions de l'Europe, dont dépendait tout le succès, n'étaient rien moins qu'assurées. Breteuil travaillait les Cantons, afin d'obtenir la coopération des troupes suisses [1]. La Reine se méfiait de la Hollande, plus encore de la Prusse : c'était en elle le sang autrichien qui parlait. Elle croyait reconnaitre la main de la Prusse dans toutes les machinations de ses ennemis, celles des émigrés comme celles des révolutionnaires. L'Angleterre semblait irrémédiablement hostile : on demeurait persuadé, aux Tuileries comme dans le public, qu'elle fomentait les troubles, afin de s'emparer des îles. Pour paralyser la mauvaise volonté des Anglais et des Prussiens, la Reine et ses conseillers imaginèrent de leur opposer une ligue de l'Empire, de l'Espagne,

---

[1] Breteuil à Mercy, janvier 1791. FEUILLET, t. I, p. 429.

de la Russie, de la Sardaigne, de la Suède et du Danemark[1]. Fersen en écrivit à Gustave III, priant ce roi d'émouvoir la Russie et d'entraîner le Danemark.

La Prusse protesta de ses intentions et donna de bonnes paroles. Catherine passait pour favorable. L'Espagne annonça qu'elle prêterait des troupes si la Sardaigne et les Cantons en prêtaient aussi. Les Cantons et la Sardaigne déclarèrent qu'ils suivraient l'Espagne; mais tout le monde redoutait l'Angleterre, et personne ne voulait rien risquer sans être sûr du concours de l'Empereur[2]. L'Empereur devait être le principal agent de cette grande entreprise, l'Angleterre y était le principal obstacle. Tous les efforts de la cour se concentrèrent sur Vienne et sur Londres.

L'Europe, écrivit la Reine à Mercy, ne peut abandonner la France aux convoitises de l'Angleterre et de la Prusse, qui profiteraient de l'anarchie pour la ruiner et la démembrer[3]. « Ce qui s'y passe est d'un exemple trop dangereux. C'est la cause de tous les rois, et non une simple affaire de politique. » Marie-Antoinette demandait à l'Empereur d'engager les cours à ne point recevoir les nouveaux ministres que la France leur enverrait, de décider les princes d'Allemagne à repousser les indemnités que leur offrait l'Assemblée, de seconder enfin les mesures qui amèneraient Louis XVI à se faire médiateur entre l'Europe et ses sujets. Avant tout, elle lui recommandait de ne rien révéler aux émigrés, de ne leur attribuer aucune confiance et de les éconduire résolûment. Sur ce dernier point, Léopold était plein de bonne volonté; mais sur le reste, il se montra fort peu encourageant.

L'Europe s'en remettait à lui; il renvoya sa sœur à l'Europe. Il ne pouvait rien faire « sans le concert et le concours de plusieurs des principales puissances[4] ». Sa lettre était courte

---

[1] Marie-Antoinette à Mercy, 3 février 1791. FEUILLET, t. I, p. 448. — Fersen à Taube, 7 mars 1791, t. I, p. 83.

[2] La Reine à Léopold, 27 février 1791. ARNETH, p. 146. — Fersen à Taube, 1er avril, t. I, p. 90. — Fersen à Breteuil, t. I, p. 94 (cette lettre, publiée sous la date du 2 avril, est postérieure au 18; elle est probablement du 20).

[3] 3 février 1791. FEUILLET, t. I, p. 444. — Cf. FERSEN, t. I, p. 96-98, 100.

[4] Léopold à Marie-Antoinette, 14 mars 1791. ARNETH, p. 151.

et sèche; Mercy s'expliqua plus longuement sans donner plus d'espérance [1]. Il fallait d'abord sortir de Paris, s'assurer de l'appui d'un grand parti en France et des ressources nécessaires pour se soutenir deux ou trois mois en province. Alors l'Europe aviserait; en ce moment on n'en pouvait rien attendre. Tout y paraissait en suspens. « L'issue incertaine de la guerre russe tient l'Europe dans une perplexité absolue. Dans trois mois, la guerre peut éclater entre l'Autriche et la Prusse, et devenir universelle. » L'Angleterre arrête l'Espagne. Il faudrait la gagner à tout prix, ou au moins en obtenir la neutralité. « Ce serait un chef-d'œuvre de politique, si, au prix de quelques sacrifices, on pouvait engager la cour de Londres à ne point contrarier les mesures favorables au retour de l'autorité royale en France. Sans ce préalable, aucune puissance étrangère la mieux intentionnée ne pourra se montrer efficacement. » D'ailleurs, ajoutait ce prudent politique, « il ne faut pas se dissimuler le principe, reçu généralement, que les grandes puissances ne font rien pour rien. Cette vérité, quoique humiliante, n'en est pas moins réelle; on sait toujours la masquer du prétexte de la raison d'État. Il est peu ou point d'exemples que les cours s'en écartent; il convient de s'adapter à cette règle, si l'on veut réussir dans les grands objets politiques, et l'application n'en serait pas bien difficile dans le cas présent. » Mercy insinuait qu'on satisferait l'Espagne en lui livrant des lisières du côté de la Navarre, et qu'on intéresserait la Sardaigne avec Genève et des morceaux de territoire français le long des Alpes et sur le Var. L'Empereur était le seul souverain dont on pût obtenir « des secours désintéressés »; encore fallait-il que la Prusse le laissât faire, et la conduite des Prussiens dépendait de celle des Anglais.

Les conseillers habituels des Tuileries jugèrent qu'il importait de faire des « sacrifices raisonnables » pour gagner l'Angleterre. Bouillé suggéra « la cession de quelques possessions dans l'Inde ou même la totalité »; d'autres parlaient d'une île. Le Roi

---

[1] Mercy à Marie-Antoinette, 7 et 29 mars 1791. — ARNETH, p. 147, 152.

répugnait infiniment à ces mesures ; il les ajourna, voulant connaître auparavant l'avis de Breteuil. Tous, d'ailleurs, convenaient qu'il serait imprudent de risquer des propositions de ce genre avant d'être renseigné sur la façon dont elles seraient accueillies. On redoutait, en effet, que les Anglais, pour attiser le feu, ne révélassent aux chefs du parti démocratique les ouvertures qui leur seraient faites. On s'arrêta à l'idée de sonder, très-vaguement, leurs intentions sur la seule question du départ du Roi. On n'engagerait, s'il y avait lieu, une négociation en règle qu'après que le Roi serait hors de Paris. Une instruction dans ce sens fut préparée pour Barthélemy, qui gérait alors les affaires de l'ambassade. On résolut de la confier au chevalier de Champcenetz, gouverneur des Tuileries ; mais comme on n'était pas sûr de Barthélemy, on différa jusqu'à plus ample informé l'envoi de l'émissaire et de l'instruction [1].

La famille royale se débattait dans un cercle vicieux qui se resserrait incessamment autour d'elle. Les étrangers, pour l'aider, exigeaient qu'elle se formât au préalable un parti puissant en France ; elle comptait justement sur l'intervention de l'Europe pour décider ses partisans et les réunir. Chaque puissance subordonnait son concours éventuel au concours des autres, et toutes convenaient que, dans l'état des affaires, un concert général était impossible. Enfin il fallait de l'argent, quinze millions, pour commencer. Mercy répondait que l'argent manquait partout, sauf chez les Anglais, qui n'en donneraient point. Le landgrave de Hesse disposait de quelques millions de florins, mais il ne voulait prêter que sur « des garanties extraordinaires. Il avait refusé deux grandes cours ! » Mercy concluait que l'aventure paraissait très-scabreuse, et réclamait bien des précautions. « On frémit en pensant aux horreurs qui arriveraient, si l'on était trahi, arrêté [2]. » Des conseils incertains qui doublent les perplexités, des encouragements douteux qui ne fortifient

---

[1] Voir Fersen à Taube, 1er, 11 et 18 avril 1791, t. I, p. 90, 98, 101 ; à Breteuil, t. I, p. 94. — Marie-Antoinette à Mercy, 14 avril, FEUILLET, t. II, p. 38. — Sur Champcenetz, voir LESCURE, *Rivarol*, p. 147.

[2] Mercy à la Reine, 21 et 27 avril 1791. ARNETH, p. 156, 160.

que l'hésitation ; rien de clair que les difficultés ; rien d'évident que le péril ; rien de fixe que l'anxiété, voilà tout l'ouvrage de cette dangereuse correspondance.

IV

La lettre plus que compromettante adressée à la Reine par Mercy, le 7 mars, avait été interceptée et transmise au comité des recherches de l'Assemblée[1]. Il n'était bruit que de complots et de coalitions, de plans d'invasion, de ligues « copartageantes[2] ». L'Autriche avait déjà fait son lot : ce serait l'Alsace avec la Lorraine ; le roi de Prusse se dédommagerait en Belgique et dans la Silésie autrichienne. « Ce que je n'ai cessé de prédire est arrivé, écrivait Camille Desmoulins. Les rois font cause commune. Le roi de Suède est l'Agamemnon du siége de Paris[3] ». Les pamphlets redoublent contre la Reine[4]. Les *Mémoires secrets* de Duclos, qui viennent de paraître[5], jettent dans le public, comme un acte d'accusation rétrospectif, le récit romanesque des manœuvres de l'Autriche pendant la guerre de Sept ans. Marie-Thérèse abusait de la France, Marie-Antoinette la trahit. Tout se réunit pour semer le trouble dans les Tuileries, y jeter les esprits hors d'eux-mêmes et les pousser aux dernières extrémités.

La famille royale n'écoutait plus Mirabeau ; mais Mirabeau la protégeait encore et la couvrait de son éloquence. Il disparut brusquement de la scène[6], succombant à la tourmente de sa vie plus peut-être qu'à la tourmente de la Révolution ; achevant par une mort violente une existence remplie de surprises et de tempêtes. Cette fin imprévue lui laissait au moins

---

[1] Arneth, p. 147, note.
[2] Voir, par exemple, les rapports de Staël, 18 novembre 1790, 6 janvier, 17 mars, 2 mai 1791.
[3] *Révolutions de France et de Brabant*, n°⁸ 71 et 79.
[4] Staël, 30 mai 1791.
[5] Le livre est annoncé dans le *Moniteur* du 12 décembre 1790. Voir t. I, p. 304.
[6] 2 avril 1791.

l'honneur des regrets. Elle environnait sa tombe du mystère, toujours prestigieux aux peuples, des grandes œuvres inachevées. Il y avait je ne sais quoi de pathétique dans ce silence subit d'une voix dont les éclats passionnés avaient été tour à tour le scandale et la gloire de la France. Mirabeau échappait aux épreuves du pouvoir et aux déceptions du triomphe; il succombait en pleine bataille, et sa réputation grandissait de toutes les promesses de son génie.

Il aurait voulu que la cour dominât et exploitât les dissensions nationales. Désespérant d'en tirer parti, il en suivait les progrès avec une sorte d'angoisse. Les décrets sur le clergé provoquaient partout l'agitation, et dans plusieurs départements la révolte ouverte : « Voilà, écrivait-il [1], une plaie toute nouvelle, mais la plus envenimée de toutes, qui va encore ajouter un foyer de gangrène à tous ceux qui rongent, corrodent et dissolvent le corps politique; nous nous étions fait un roi effigie, sans pouvoir; un corps législatif qui informe, qui juge, qui récompense, qui punit, qui fait tout, excepté ce qu'il doit faire. A présent, nous arrangeons le schisme religieux à côté du schisme politique; nous n'avions pas assez de résistances, nous en suscitons à plaisir; de dangers, nous évoquons le pire de tous; d'embarras, nous soulevons le plus inextricable; c'est de quoi amener la fin de tout, si l'Assemblée ne se lasse bientôt d'obéir à l'anarchie... »

Elle s'y habituait, au contraire, et il en résultait entre elle et la cour un état de crise que personne n'était plus capable d'apaiser. Un incident auquel il fallait s'attendre en manifesta publiquement la gravité. Le temps pascal approchait. Louis XVI avait reçu une lettre du Pape portant qu'on ne pouvait jurer la Constitution civile sans encourir la note d'hérésie. Il se demandait s'il pouvait faire ses pâques [2]. Il s'en ouvrit à l'évêque de Clermont, M. de Bonald, qui lui conseilla de s'abstenir. C'était pour ce prince très-pieux la plus pénible des épreuves. Mais

---

[1] Dans une note intime, janvier 1791. — LUCAS-MONTIGNY, t. VIII, p. 248.
[2] Lettres de Fersen et de Madame Élisabeth, FERSEN, t. I, p. 102. — FEUILLET, t. II, p. 488. — FALLOUX, Louis XVI, p. 222. — STAEL, Correspondance, p. 198.

cette abstention, qui n'eût été pourtant que l'exercice de la liberté de conscience dans ce qu'elle a de plus personnel et de plus sacré, ne convenait point aux meneurs révolutionnaires. Fort irréligieux, en ce qui les concernait, ces libres penseurs despotiques entendaient que le Roi se soumît au schisme qu'ils l'avaient obligé de sanctionner. Ils exigeaient que, pour donner l'exemple de l'obéissance aux lois, Louis fréquentât sa paroisse, se confessât à un prêtre jureur et reçût de ses mains une communion constitutionnelle. La populace, ameutée par les clubs contre les prêtres insermentés, forçait la police à fermer les chapelles particulières. Celle des Tuileries n'était desservie que par des prêtres qui avaient refusé le serment. Louis ne douta point que son refus de se rendre à la paroisse ne donnerait prétexte à des troubles. Il imagina, pour tourner la difficulté, d'aller passer le temps pascal à Saint-Cloud. Le 17 avril, jour des Rameaux, la messe du château fut l'occasion d'une petite émeute. Les agitateurs dénoncèrent le projet de voyage du Roi comme une manœuvre dirigée contre le peuple et comme la première mesure d'exécution des complots dont le bruit se répandait partout. Le 18, quand Louis XVI voulut sortir des Tuileries, les gardes nationaux, commandés par Danton, s'y opposèrent. La foule les soutenait. Lafayette intervint, mais on ne l'écouta point. Il s'adressa aux soldats, qui refusèrent d'obéir; aux autorités civiles, qui refusèrent d'intervenir; au Roi lui-même, qui refusa de donner des ordres. La famille royale fut contrainte de rentrer aux Tuileries. « Au moins, dit la Reine à ceux qui l'entouraient, vous avouerez à présent que nous ne sommes pas libres [1] ! »

Désormais ils n'attendirent plus de remède que de l'excès du mal, et tous leurs efforts tendirent à faire constater par l'Europe la captivité où on les tenait, tandis que, par des concessions apparentes, ils tromperaient ceux qu'ils considéraient comme leurs geôliers. Ils vivaient jusque-là dans l'équivoque. L'événement les jeta dans la duplicité. « Le Roi

[1] Fersen, t. I, p. 105.

est toujours décidé à partir dans les quinze derniers jours de mai, écrivait Fersen [1]... Pour y parvenir plus sûrement, Sa Majesté s'est décidée à adopter un autre système de conduite ; et, pour endormir les factieux sur ses véritables intentions, il aura l'air de reconnaître la nécessité de se mettre tout à fait dans la Révolution, de se rapprocher d'eux ; il ne se dirigera que d'après leurs conseils et préviendra sans cesse le vœu de la canaille, afin de leur ôter tout moyen et tout prétexte d'insurrection, et afin de maintenir la tranquillité et leur inspirer la confiance si nécessaire pour la sortie de Paris, tous les moyens pour parvenir à ce but. » « Leurs Majestés, ajoutait-il [2], iront dimanche à la paroisse à la messe, et pour peu qu'on le désire, elles se confesseront et feront leurs pâques de la main d'un prêtre qui aura fait le serment. » Lorsque leurs consciences en étaient réduites à cette capitulation, et lorsqu'ils ne reculaient plus même devant ce sacrilège, qu'était-ce pour eux que de prêter des serments qu'ils retenaient en secret, de signer, en fermant les yeux, des décrets qu'ils réprouvaient, de négocier enfin avec leurs alliés une intervention dans le royaume ? Mesures politiques après tout et qui, selon eux, ne relevaient que de la raison d'État ! Ils invoquaient, pour combattre la Révolution, cette formidable maxime du salut public que la Révolution allait invoquer à son tour pour les anéantir.

Les ministres demandèrent à Louis XVI de déclarer qu'il était libre : il se rendit à l'Assemblée, le 19 avril, et il le déclara. Ils lui demandèrent d'adresser la même déclaration aux cours de l'Europe, et il y consentit : le 12 avril, une circulaire fut envoyée à cet effet par Montmorin à tous les agents français [3]. Mais en même temps, Breteuil, averti par Fersen, prévenait tous les souverains de n'être surpris par aucun des actes publics du Roi et de la Reine. « C'est toujours une suite de leur non-liberté [4] ! » Tous ceux qui servaient le Roi à l'étranger

[1] A Breteuil, derniers jours d'avril, t. I, p. 94 et suiv.
[2] A Taube, 22 avril 1791, t. I, p. 108.
[3] *Moniteur*, t. VIII, p. 213.
[4] FERSEN, t. I, p. 94 et 108. — Cf. Kaunitz à Léopold, 8 mai 1791. BEER, *Kaunitz*, p. 401. — LA ROCHETERIE, p. 308.

reçurent l'ordre de précipiter leurs démarches et de démontrer, par les événements mêmes qui venaient de se produire, la nécessité où était le Roi de quitter Paris et l'urgence qu'il y avait pour ses alliés à lui venir en aide.

V

L'inquiétude croissait en France. L'Assemblée exigea des précautions. Le 28 janvier, elle décida que les régiments seraient mis sur le pied de guerre et vota une levée de cent mille auxiliaires. L'exaltation révolutionnaire gagnait tous les bancs de l'Assemblée. Aux « patriotes incendiaires », comme les appelait Camille Desmoulins, qui, dans les clubs et les gazettes, poussaient le cri d'alarme et menaçaient d'extermination les monarchies assez imprudentes pour attaquer la France, se joignaient les orateurs politiques, les légistes, les militaires surtout [1]. Non-seulement le ministère était suspect, mais le comité diplomatique même passait pour aveugle, sinon pour complaisant. A quoi sert-il? s'écriait Robespierre : « Il ne vous fait aucune dénonciation [2] ! » Les agents diplomatiques avaient prêté presque tous le serment civique : cette soumission ne paraît plus une garantie suffisante de leur dévouement. Le ministère déplace les uns et remplace les autres : ces mouvements sont, dit-on, inspirés par les Tuileries, et les nouveaux venus sont encore considérés comme trop aristocrates [3].

Pressé et comme écrasé entre la cour et l'Assemblée, Montmorin s'amincit, pour ainsi dire, chaque jour, et succombe à la tâche. Associé à une partie des mesures de la

---

[1] Voir, par exemple, le discours du baron de Menou, maréchal de camp, député de la noblesse, 28 janvier 1791.

[2] 19 avril 1791.

[3] Voir les discours de Mirabeau, 28 janvier, et de Menou, 6 avril 1791. — Nominations du 27 mars : MM. de Ségur, de Vibraye, de Durfort, d'Osmond, de Gouvernet, de Montesquiou, Bonne-Carrère, envoyés à Rome, Stockholm, Venise, Pétersbourg, la Haye, Dresde, Liége. MASSON, *Affaires étrangères*, p.87.

cour contre l'Assemblée et chargé par cette Assemblée d'exécuter une partie des mesures qu'elle prend contre la cour, soupçonnant les desseins que la Reine lui dérobe, soupçonné ailleurs d'en être le complice, il est réduit au rôle insupportable de prêcher à tous une confiance qu'il n'éprouve pas lui-même et qu'il n'inspire plus. L'Assemblée voudrait un gouvernement docile et énergique, mais elle rend l'énergie impossible par les entraves dont elle entoure le pouvoir, et la docilité même impraticable par l'incertitude de ses ordres et les continuels revirements de ses passions. Elle se débat péniblement entre les maximes qu'elle a décrétées, les réalités de la vie, qui sont rebelles aux décrets, et les habitudes politiques qui se tournent contre les principes. Nulle part ces contradictions ne se déclarent avec plus de violence que dans les débats relatifs aux émigrés.

Lorsque, vers la fin de 1790, l'émigration commença de paraître un danger, les constituants s'aperçurent qu'ils avaient annulé en droit et abrogé en fait toutes les lois qui permettaient soit de l'empêcher, soit de la punir. L'ancien régime offrait une loi terrible et des précédents implacables contre les émigrations. La loi, c'est l'édit de Louis XIV du mois d'août 1669 ; le châtiment, c'est la confiscation, la perte de la qualité de Français, et dans certains cas, pour ceux qui prennent du service à l'étranger, même en temps de paix, la mort [1]. Si le complot ou simplement le dessein de complot s'y ajoute, soit avec des mécontents demeurés à l'intérieur du royaume, soit au dehors avec les étrangers, il y a lèse-majesté, ce qui entraîne la mort et la confiscation. Ces lois étaient celles de toutes les monarchies. Les Anglais les avaient appliquées aux catholiques dans le même temps que Louis XIV les appliquait aux protestants. Les Brabançons en avaient subi tout récemment les redoutables effets [2].

---

[1] *Édit du Roi, du mois d'août 1669, portant défense à tous ses sujets de se retirer de son royaume pour aller s'établir sans sa permission dans les pays étrangers.*
[2] *Traité des matières criminelles suivant l'ordonnance d'août 1670*, par Guy DU ROUSSEAUD DE LA COMBE, Paris, 1751, 4ᵉ éd., p. 84-90. — ERSKINE-MAY, *Histoire constitutionnelle de l'Angleterre*, traduction de M. Cornélis de Witt, Paris, 1865, t. I, p. 377, 598 ; t. II, p. 375-376, 393. — Cf. ci-dessus, p. 50.

L'Assemblée tenant, avec raison, ces anciens instruments de règne pour des instruments de despotisme, les rejeta solennellement et les anéantit, non sans apparat. Le 21 janvier 1790, sur le rapport de Guillotin, elle vota un décret qui instituait une réforme de la législation criminelle. L'article 3 stipulait : « La confiscation des biens du condamné ne pourra jamais être prononcée dans aucun cas. » Le 9 décembre, un avocat de Gascogne, hâbleur, prolixe et vil, parodiste de toutes les vertus et panégyriste de toutes les ignominies de son temps, Barère, vint lire un rapport sur la restitution des biens confisqués pour cause de religion. La restitution n'était que juste ; il est humiliant de la voir justifier devant la plus généreuse des assemblées par le sycophante impudent de la plus sanguinaire tyrannie qu'ait jamais subie la France. Barère flétrit l' « horrible loi » qui, « sur une simple dénonciation, sans jugement », avait livré au fisc la fortune de tant de particuliers coupables pour tout crime d'avoir refusé d'abjurer de leur foi [1]. Il condamna les « législateurs barbares » qui avaient qualifié de « crime de lèse-nation le droit d'émigrer, qui appartient à l'homme partout où il ne se trouve pas heureux et tranquille [2] ».

Trois mois ne s'étaient point écoulés depuis que l'Assemblée applaudissait ces déclarations, et déjà elle recherchait des expédients pour éluder ses propres précédents et tourner la loi qu'elle-même avait votée. Les menaces, les complots, les préparatifs des émigrés étaient dénoncés comme un danger public. La majorité en jugeait ainsi, et elle ordonna, le 21 février 1791, que le comité de constitution étudierait la question de savoir si « dans un moment de crise on peut empêcher les citoyens de sortir du royaume ». L'Assemblée se voyait ici enchaînée par sa réforme des lois pénales, ainsi qu'elle l'était naguère, à propos d'Avignon, par sa renonciation aux conquêtes. Il se trouva des casuistes pour accommoder le droit universel avec les

---

[1] Édits d'octobre 1685, de décembre 1689 ; déclaration du 4 mai 1724 ; arrêt du conseil du 15 mai 1751, concernant le dénombrement des biens des religionnaires fugitifs. — *Édits, déclarations et arrêts concernant la religion prétendue réformée*, Paris, 1885, p. 239, 330, 534, 601.

[2] « Le droit naturel d'émigration », dit-il encore le 25 février 1791.

nécessités particulières de la politique. Dès le 25 février, Barère, préludant à ses palinodies de la Terreur, soutenait qu'en cas de crise, et pour le salut du peuple, il était permis de suspendre l'exercice de la liberté naturelle [1]. Le 28, le futur législateur de la loi des suspects, Merlin, invoquant la loi même et le prophète, Rousseau et le *Contrat social*, affirma que « dans les moments de trouble, les émigrations pouvaient être défendues » ; il en conclut qu'une bonne législation contre les émigrés était chose possible. Rewbell et Prieur opinèrent comme Merlin. C'est le Comité de salut public qui s'annonce et qui propose déjà, selon le mot que Beaumetz emprunte à Montesquieu, de « jeter un voile sur les statues des dieux ».

Après une escarmouche très-vive, où l'on voit aux prises l'esprit de 1789 et celui de 1793, l'Assemblée décida qu'elle écouterait la lecture du projet proposé par le comité de constitution. Le rapporteur, Chapelier, condamnant d'avance son ouvrage, y dénonçait « une véritable dictature » et une atteinte aux lois constitutionnelles. C'était en effet, purement et simplement, la remise en vigueur des édits de Louis XIV : en temps de troubles, un comité de trois personnes statuerait souverainement sur le droit de sortir du royaume et l'obligation d'y rentrer. Ceux qui, sommés de revenir, s'y refuseraient, seraient déchus de leurs droits de citoyens et frappés de confiscation. A ce mot qui impliquait la rétractation d'une des mesures dont elle s'enorgueillissait le plus légitimement, l'Assemblée se révolta. « Laissez, s'écria Mirabeau[2], qui jeta dans cette discussion un de ses derniers éclairs, laissez ces lois à ces puissances qui ont voulu faire de leurs États une prison. Les lois les plus tyranniques sur les émigrations n'ont jamais eu d'autre effet que de pousser le peuple à émigrer. L'homme ne tient pas par des racines à la terre, il n'appartient pas au sol. L'homme n'est pas un champ, un pré, un bétail; ainsi il ne saurait être une propriété. » L'Assemblée, comme toutes les fois qu'elle dut opter entre le désaveu de ses principes et l'aveu de leurs conséquences, s'arrêta sur un compromis. Elle

[1] *Moniteur*, t. VII, p. 477.
[2] Séance du 28 février 1791.

ajourna le débat sur le fond, invita son comité à préparer un décret sur les passe-ports et stipula, le 28 mars, que tous les agents de l'État seraient astreints à la résidence : résolution sage et légitime, mais qui, par sa modération même, demeurait aussi impuissante à réprimer l'émigration qu'à la prévenir. Pour la prévenir, il aurait fallu gouverner selon les lois; pour la réprimer, il fallait en suspendre le règne [1]. L'Assemblée n'avait ni l'énergie de faire prévaloir ses décrets, ni le triste courage de les violer elle-même. Elle se laissa dériver vers la pire des contradictions : imposer le séjour de la France aux nobles et le leur rendre intolérable, rappeler dans leur patrie les plus acharnés ennemis de la Révolution et leur susciter de nouveaux alliés. Ses décrets entraînaient tous les inconvénients de l'abus de la force; ses actes emportaient tous les inconvénients de l'excès de la faiblesse.

VI

L'hospitalité que les émigrés trouvaient en Allemagne ne pouvait qu'aigrir le conflit engagé entre l'Assemblée de Paris et la diète de Ratisbonne au sujet de l'Alsace. Le règlement n'en avançait point. La France s'engageait de plus en plus dans un de ces inextricables procès d'empire qui, de tout temps, avaient dégénéré en guerres de limites et en rivalités nationales. La France ne consentait à accorder aux princes possessionnés que des indemnités à titre gracieux; elle n'admettait que des négociations directes avec les intéressés; elle déclinait la compétence de la diète et à plus forte raison l'intervention des garants de la paix de Westphalie [2]. L'empire interdisait

[1] « Toutes les bonnes lois sont des lois contre l'émigration, écrivait André Chénier. Faites exécuter les lois qui sont déjà faites; que toute propriété soit inviolable; que les seuls agents de la loi commandent; que tout citoyen paisible soit en sûreté; que des soupçons vagues ne donnent pas lieu aux inquisitions, aux diffamations, et chacun restera dans ses foyers. » *Sur l'esprit de parti*, avril 1791.
[2] Décret du 28 octobre 1790. Voir ci-dessus, p. 97. — La France invite les

d'user de son autorité, et non de l'abdiquer, ce qu'eût fait Pie VI en tolérant la constitution civile. Lorsqu'il revendiquait ses droits sur Avignon, Louis XIV ne déclarait point les droits des Avignonnais ; il mettait le Comtat en séquestre, il ne le mettait point en révolution. Ces différences fondamentales suffisent à expliquer pourquoi, après les décrets de l'Assemblée, toute négociation avec Rome, sur l'ancien pied, devenait impossible. L'Assemblée n'en voulait point entendre parler ; Rome avait constaté la parfaite inutilité de concessions qui n'étaient ni dans ses goûts ni dans ses principes, et que toute l'Église de France lui aurait imputées à défection. Bernis, considérant le serment civique comme incompatible avec son caractère épiscopal, refusa de le prêter et résigna son ambassade [1].

Le ministère songea un instant à le remplacer par le comte de Ségur, qui, ne pouvant retourner à Pétersbourg, était alors sans emploi. Sa qualité de royaliste libéral, ou comme on disait de « monarchien », l'eût fait écarter de la cour de Russie, où il avait naguère si brillamment représenté la France. Il se tenait prêt à partir pour l'Italie[2], lorsque parut un bref du Pape portant condamnation définitive de la Constitution civile[3]. S'appuyant sur l'*Exposition des principes* que les évêques de France lui avaient fait parvenir, le Pape mandait à tous ceux qui avaient prêté le serment de le rétracter ; il déclarait nulles, illicites et sacrilèges les élections et consécrations faites ou à faire d'après la constitution civile, et il adjurait les catholiques de France de rester fidèles à la foi de leurs pères. Quelques jours après, il fit entendre qu'il refuserait de recevoir tout

---

[1] Bernis à Montmorin, 24 décembre 1790, 22 et 23 février 1791. C'était à la fois pour Bernis la retraite et la ruine ; il la supporta avec résignation, et ce prélat gentilhomme, qui s'était montré très-frivole dans la prospérité, termina dignement, dans l'exil et parmi les privations, une carrière où le monde, puis la cour, puis enfin l'État avaient toujours occupé plus de place que l'Église. Voir Masson, *Bernis*, ch. xv et xvi : *la Destitution, les Dernières Années du cardinal.*

[2] Instructions de M. de Ségur, signées du Roi et de Montmorin, avril 1791.

[3] *Caritas quæ docente Paulo apostolo...* 13 avril 1791. Jager, t. XIX, p. 355. — Le Pape, tout en condamnant le principe, avait réservé son jugement définitif et demandé l'avis des évêques de France par le bref *Quod aliquantum*, 10 mars 1791. *Recueil des allocutions consistoriales.* Paris, 1865.

ambassadeur qui aurait prêté le serment [1]. Il ne resta plus à Rome qu'un chargé d'affaires officieux, Bernard, secrétaire de l'ambassade de Bernis; il avait, à la vérité, prêté le serment; mais comme il ne reçut point de caractère public, il continua de résider à Rome, d'où il suivit, quelque temps encore, la correspondance [2]. A Paris, le nonce avait protesté contre les mesures prises dans le Comtat [3]. La populace brûla, le 4 mai, au Palais-Royal, un mannequin à l'effigie du Pape; le nonce demanda ses passe-ports et partit le 30 [4]. C'était la rupture.

Cependant la guerre civile sévissait dans le Comtat avec un caractère particulier d'atrocité. Les bandes d'Avignon terrifiaient le pays et assiégeaient Carpentras. « Guerre barbare des deux côtés : de vieilles rancunes envenimées de fureurs nouvelles; moins une guerre qu'une scène horriblement variée d'embûches et d'assassinats [5]. » Menou présenta, le 30 avril, au nom du comité diplomatique et du comité d'Avignon, un nouveau rapport à l'Assemblée. Il concluait à la réunion d'Avignon et du Comtat. La discussion qui s'ensuivit reproduisit, à peu de chose près, celle du mois de novembre de l'année précédente. La seule nouveauté fut la production au débat du fameux mémoire composé, du temps de Choiseul, par M. de Monclar, procureur général du Roi près de son parlement de Provence. On l'avait inutilement recherché dans les archives, et on le supposait anéanti, à la demande du Saint-Siége, lorsqu'on parvint à le retrouver [6]. Un légiste normand, Goupil de Préfeln, l'apporta triomphalement à la tribune. Alimentée par « ce riche trésor », la discussion des textes reprit avec plus

---

[1] Rapports de Rome, 27 avril, 2 mai, 11 mai 1791.
[2] Masson, *Bernis*, p. 507.
[3] Notes du nonce, 15 janvier et 12 mars 1791.
[4] Il laissa un vicaire qui partit le 1er juillet. Bernard ne tarda pas à cesser de correspondre. Il n'y eut plus aucunes relations, même officieuses, entre l'État français et le Saint-Siége, à partir du 25 septembre 1791.
[5] Michelet, *Histoire de la Révolution*, t. II, p. 471. — Cavaillon est saccagé le 10 janvier. Le siège de Carpentras commence en avril. Il fut levé le 13 mai.
[6] Le président du comité des domaines à Montmorin, 27 juin 1790. — Rapport du dépôt des Archives, 3 juillet. — Montmorin à Bernis, 20 juillet. — Bouche à Montmorin, 27 juillet.

d'âpreté que jamais. Naguère, lorsqu'on délibérait sur les affaires d'Alsace, on se serait cru dans une des chambres du parlement de Metz; maintenant, c'était le parlement d'Aix qui ressuscitait dans l'Assemblée nationale. Les plus idéalistes parmi les révolutionnaires et les plus hardis novateurs se prirent d'un respect inattendu pour les précédents et la jurisprudence. « Il ne s'agit de rien innover, mais de déclarer un droit existant! » s'écriait Robespierre[1]. Le rapport de Menou arguait du vœu des populations[2]. Les orateurs de la droite en contestaient la sincérité[3]. Qu'à cela ne tienne, répliquaient les partisans de l'annexion : les habitants n'ont jamais cessé d'être Français. Les opposants admettaient que la France, en qualité de puissance amie du Saint-Siège, envoyât des troupes pour rétablir l'ordre dans le Comtat. La gauche s'y refusait : ce serait intervenir dans les affaires d'une nation étrangère et légitimer les prétentions des étrangers à se mêler de celles de la France. Il faut conclure sur le droit, déclara Merlin : si les habitants du Comtat sont Français, la France établira chez eux l'autorité des lois françaises; s'ils ne le sont point, la France ne se mêlera pas de leurs différends[4]. Et l'on recommença de disputer sur le principe des conquêtes.

Tous les arguments avaient été produits dans le débat de 1790; mais les événements les renouvelaient, et à travers les détours de ces discussions diffuses, on suit le progrès des passions et la déviation insensible des idées primitives. Les légistes et les militaires, qui conduisent le débat et le réduisent peu à peu aux anciennes formules, distinguent la conquête « résultat d'une guerre faite franchement », de la reprise d'un terri-

---

[1] Discours du 2 mai 1791.

[2] « Plusieurs actes authentiques prouvent évidemment l'existence du vœu de la très-grande majorité des citoyens d'Avignon. Dans le Comtat, sur 95 communes, 51 vous ont fait parvenir leurs délibérations en faveur de la réunion; d'autres ont dit qu'elles attendaient les événements et qu'elles se rangeraient au vœu de la majorité. La population du Comtat est de 126,000 âmes; celle des communes qui ont émis leur vœu pour la réunion est de 86,817... » Rapport de Menou, 30 avril 1791.

[3] Clermont-Tonnerre, La Rochefoucauld, 2 mai; Malouet, Duchâtelet, 3 mai 1791.

[4] Discours de Cazalès et de Maury, 30 avril; de Pétion, 30 avril; de Robespierre, 2 mai; de Lameth, 3 mai; de Merlin, 4 mai 1791.

toire indûment abandonné. A cette objection de la droite : — Si, au lieu d'être au Pape, Avignon appartenait à quelque prince puissant, ordonneriez-vous la réunion ? — Menou répond[1] : « Le plus fort ne commet pas une injustice lorsqu'il ne fait que reprendre ce qui lui appartient... Lorsqu'une propriété est injustement retenue par une force supérieure, on attend l'occasion favorable d'exercer son droit. Si cette réunion pouvait produire une guerre, vous ne seriez pas les agresseurs ; vous ne contreviendriez donc pas au décret par lequel vous avez renoncé à toute conquête, à tout projet hostile. » C'était, non-seulement dans les principes, mais dans les termes mêmes, toute la théorie classique des droits du Roi[2]. Le système du comité menait directement la nouvelle France à réclamer l'héritage de Charlemagne. Clermont-Tonnerre, qui le dit, ne crut lancer qu'un trait d'ironie[3]. Ce paradoxe passa inaperçu ; l'implacable logique de l'histoire en a fait une prédiction. Malouet déchira tous les voiles[4]. L'Assemblée, dit-il, ne paraît pas se rendre compte de la portée de ses décrets. Il faut qu'elle la mesure. « Il y a eu dans cette révolution un caractère qui n'appartient à aucune autre : c'est d'en généraliser les principes, de les rendre applicables à tous les peuples, à tous les pays, à tous les gouvernements ; c'est un véritable esprit de conquête ou plutôt d'apostolat qui a saisi les esprits les plus ardents et qui cherche à se répandre au dehors. Or, ce serait là une véritable agression contre les puissances étrangères, qui doit les tenir en garde et les armer contre nous... »

[1] Rapport du 30 avril 1791.
[2] Cf. t. I, p. 36-38.
[3] « Si, au milieu des principes politiques que vous professez, il était encore permis d'invoquer celui-là, vous auriez fait la plus illusoire des déclarations quand vous vous êtes interdit les conquêtes. Une rentrée de domaine n'étant pas une conquête, et toute aliénation de domaine étant imprescriptible, vous auriez la possibilité, toujours en deçà de votre déclaration, mais fort au delà de vos frontières actuelles, de revendiquer les domaines qui ont incontestablement appartenu à Charlemagne, et le tout sans autre intention que celle indiquée par M. le rapporteur Menou, de consulter pour l'époque des reprises le plus ou moins de force des puissances qui en seraient en possession. » Clermont-Tonnerre, 2 mai 1791. Cf. Maury, 3 mai.
[4] 2 mai 1791.

Ces arguments ébranlent l'Assemblée ; les arguments opposés ne l'émeuvent pas moins et la rejettent brusquement de la prudence vers laquelle elle incline par instinct politique, vers les témérités où la portent ses passions et où l'entraîne la logique de ses principes. « Si l'on recule devant un bref du Pape, dit Barnave [1], les puissances croiront que par le moyen d'un simple manifeste, vous abandonnerez tous vos droits. Ce que vous aurez fait pour Avignon, on vous le demandera pour l'Alsace. » L'Assemblée demeure ainsi comme ballottée entre des propositions contradictoires qui la sollicitent tour à tour. Elle ne peut ni résoudre la question, ni l'écarter : elle en est obsédée, et elle y revient sans cesse.

Le 4 mai, elle repousse [2] un projet de décret des comités déclarant « qu'Avignon et le comtat Venaissin font partie intégrante de l'empire français ». Mais, le lendemain, à la manière des parlements qui n'enregistraient les édits de restitution au Pape que sous réserve des droits du Roi, elle interprète son vote et, par l'interprétation, le rétracte totalement. « Tout le monde sait bien, dit Bouche, qu'Avignon et le Comtat ne font pas partie actuelle de l'empire français, mais tout le monde sait qu'ils doivent en faire partie et qu'ils le feront un jour [3]. » L'Assemblée n'a pas entendu autre chose en repoussant le texte présenté par les comités ; c'est dire qu'elle n'a rien résolu et que la décision n'est que différée.

Le débat recommence le 24, sur un nouveau rapport de Menou. La réunion est encore rejetée [4] ; mais le 25, l'Assemblée arrête, sur la proposition de Tracy, que des médiateurs seront envoyés pour rétablir la paix entre les Comtadins et Avignon, « comme un provisoire nécessaire avant de prendre aucun parti ultérieur relativement aux droits de la France sur ces pays ». Ainsi les droits sont réservés, l'intervention est décidée, et la réunion qui, le 4 mai, avait été repoussée par une majorité de 171 voix, ne l'est plus, le 24, que par une majorité de 6. Il est certain

---

[1] 3 mai 1791.
[2] Par 487 voix contre 316 ; 67 abstentions.
[3] *Moniteur*, t. VIII, p. 306. L'Assemblée décide que le résultat de l'appel nominal a été que l'Assemblée ne déclare pas qu'Avignon et le comtat Venaissin font partie intégrante de l'empire français.
[4] Par 374 voix contre 368.

désormais que l'Assemblée la décrétera et que la médiation n'est qu'un moyen de procédure pour préparer l'annexion. Les constituants sont sincères en leur dialectique ; mais ils ressemblent à ces théologiens subtils et emportés qui, venus au concile afin d'y établir leur orthodoxie, en sortent hérétiques et tirent leur hérésie de la controverse même instituée par eux pour affermir le principe de la foi.

En déclarant qu'il n'y aurait conquête ni à reprendre un territoire indûment aliéné, ni à réunir un pays dont les habitants se donnaient d'eux-mêmes, l'Assemblée n'avait voulu que définir son principe de la renonciation aux conquêtes. Il avait fallu presser assez vivement le texte pour l'étendre jusqu'à ces conséquences éloignées ; il suffisait au contraire de solliciter très-légèrement ces corollaires pour en obtenir le renversement total du principe. Les commentateurs n'y manquèrent point. Après les docteurs graves qui avaient disposé les voies, on vit arriver les disciples turbulents qui poussèrent à bout toutes les maximes. Pareils à ces compilateurs qui transportent aux nouveaux textes et approprient aux codes récemment promulgués toutes les annotations et toute la jurisprudence des anciennes lois, des publicistes ingénieux adaptèrent immédiatement au système de la renonciation les précédents de la conquête.

C'est encore, dit l'un d'eux, se défendre que de prévenir l'attaque ; il s'ensuit que si l'on attaque pour se défendre, on ne viole pas le principe, et que l'on peut alors conquérir légitimement, ne fût-ce que pour s'indemniser des frais d'une juste guerre et pour en prévenir le retour [1]. Le maintien d'un équilibre convenable entre les puissances est une des conditions de la sécurité des États ; on en conclut que si quelqu'un rompt cet équilibre à son profit

---

[1] Camille Desmoulins écrit dans ses *Révolutions*, n° 63 : « Je compte bien que Garat, Carra, Marat, Linguet, Gorsas, Laclos, Brissot, Audoin, Fréron, Robert et moi, et tous les patriotes incendiaires, nous irons encore incendier le Palatinat ; mais ce second incendie y fera bénir le nom français autant que celui de Louvois l'a fait détester. Il n'y a que le décret par lequel le peuple français s'est interdit les conquêtes qui puisse nous arrêter en ce moment, et nous devrions souhaiter l'agression de Léopold pour avoir le droit de passer le Rhin. Si la république féodale d'Allemagne, a dit Carra, s'ébranle contre la monarchie française, l'une doit écraser l'autre. »

ou médite de le rompre, ce n'est point sortir de la constitution que de rétablir la proportion des forces abusivement détruite : l'infraction de l'un relève l'autre de ses vœux [1]. C'est ainsi qu'un spéculateur politique propose au ministère français d'entreprendre la réforme de l'Allemagne, au moyen d'une sécularisation générale des principautés ecclésiastiques [2], et de régler la question d'Orient par une dislocation de l'empire turc et un nouveau démembrement de la Pologne [3]. L'opération serait, suivant ces casuistes diplomatiques, d'une parfaite orthodoxie. Les Pays-Bas y resteraient « en partage à la France », qui, pour accommoder la lettre de la constitution avec l'esprit de la politique, « aurait soin de se faire demander ». Un autre faiseur de plans, plus aventureux s'il est possible, suggère une alliance intime avec la Russie, contre l'Angleterre et la Prusse, au détriment des Turcs [4]. La Russie y gagnera ce qu'elle voudra, et la France y prendra la Crète, Lemnos, l'Égypte surtout, « conquête bien plus brillante, qui peut rendre à la France l'éclat auquel elle doit prétendre, lui donner la supériorité et la prépondérance sur tous les peuples commerçants et navigateurs de l'univers ».

[1] On lit dans un mémoire adressé au ministre des affaires étrangères, le 6 avril 1791 : « La France a renoncé formellement à faire des conquêtes; mais cette déclaration n'est pas tellement obligatoire qu'elle force à renoncer à toute compensation nécessaire pour la dédommager d'une guerre entreprise pour sa propre défense, dans le système de laquelle on peut, et toute puissance sage doit faire entrer les mesures propres à maintenir l'équilibre convenable entre toutes. »

[2] *Projet de modification dans la Confédération germanique*, avril 1791.

[3] Mémoire du 6 avril 1791, cité ci-dessus. Ce mémoire est du même auteur que le *Projet de modification*.

[4] *Observations sur la position actuelle de la France, avantages auxquels elle pourrait prétendre en s'alliant avec la Russie et en contribuant au démembrement de l'empire ottoman*. 1791. L'auteur prend pour épigraphe cette phrase de Guibert : « Le délire d'un citoyen qui rêve au bonheur de sa patrie a quelque chose de respectable. » Cette citation de l'auteur de l'*Éloge de Frédéric* n'empêche point notre publiciste de montrer à l'égard de la Prusse une clairvoyance très-rare et très-méritoire en ce temps-là. Il la range, avec l'Angleterre, parmi les ennemis *implacables* de la France, et il ajoute : « La Pologne, pour Thorn et Danzig; la Russie, pour la Courlande, la Livonie, etc.; le Danemark, pour le Holstein; la Suède, pour la Poméranie; la Saxe, pour elle-même, n'ont-elles pas tout à craindre d'un roi qui possède la meilleure armée de l'Europe, et, ne connaissant de lois que celles de ses intérêts et de son ambition, osera tout lorsqu'il croira pouvoir tout oser impunément? »

Voilà de beaux rêves patriotiques, mais ils nous entraînent loin de l'Assemblée constituante, de la paix perpétuelle des illusions de 1789 et des décrets de 1790! Les esprits s'acheminent, par des détours insensibles, de la région du droit pur jusqu'à celle de la convenance et de la raison d'État. La vieille coutume, solennellement brûlée, semble renaître de ses cendres. L'Europe de l'ancien régime avait aussi sa loi de renonciation aux conquêtes : c'étaient les traités signés entre les États et qui les obligeaient à respecter réciproquement leurs frontières ; toutefois on ne signait les traités qu'en réservant les prétentions, et l'on avait imaginé mainte façon de rompre les engagements dont on se sentait embarrassé [1]. Les publicistes de la Révolution, par leurs interprétations du nouveau droit, le ramènent à la mesure de l'ancien. L'Assemblée a introduit dans le monde une loi d'avenir : le vœu des peuples, arbitrage suprême des conquêtes. Mais cette belle proposition est prématurée dans l'Europe contemporaine ; elle tend à se fausser dès qu'on essaye de l'appliquer à la politique réelle que régit, et pour longtemps encore, la coutume de l'ancien régime. Il faut que la Révolution rentre dans cette coutume ou que la France renonce à jouer un rôle dans le monde. L'intérêt national l'emportera sur la raison pure, et non-seulement il ramènera la France nouvelle aux « guerres communes » d'autrefois, mais il l'entraînera jusqu'aux plus extraordinaires excès des « guerres de magnificence [2] ». Cette transformation s'annonce dès 1791, et pour que nul n'en ignore, en France et en Europe, pour que tout l'esprit de la Convention se révèle dans ces débats prophétiques, on y voit, le 3 mai, le futur rapporteur général du Comité de salut public fermer la bouche aux orateurs de la droite par cette phrase qui résume tout le programme de Danton et de ses disciples de l'an III : « J'ai cru, dit Barère, que la France pouvait, pour sa sûreté, user des mêmes droits qu'avaient exercés Louis XIV et Louis XV pour des intérêts moins grands. »

---

[1] Cf. t. I, p. 24 : *la Foi des traités*; p. 30 : *le Système de l'équilibre*.
[2] Cf. t. I, p. 318-330 : *le Problème des frontières, les Limites naturelles, la Tradition des conquêtes*.

CHAPITRE IV

VARENNES.

1791

I

L'Europe faisait peu d'état des principes, des manifestes qui les déclaraient et des conséquences qu'ils pouvaient porter dans l'avenir : elle ne s'occupait que des actes présents. Ceux de l'Assemblée semblaient incertains et timides ; l'Europe ne s'en inquiétait point. Le Saint-Siége protestait contre l'usurpation d'Avignon, mais les chancelleries s'étaient blasées depuis longtemps sur les doléances pontificales. Les princes allemands cabalaient et tracassaient dans toutes les cours ; mais on n'avait pas l'habitude de prendre au sérieux leurs réclamations, et la diète présentait un spectacle que l'Europe considérait avec une parfaite indifférence. Rien ne semblait, au printemps de 1791, plus improbable qu'une coalition contre la France, et la question d'Orient continuait d'occuper les cabinets infiniment plus que la Révolution française. On recommençait à parler de guerre. Le roi de Prusse, moins optimiste que son confident Bischoffswerder, se croyait joué par Léopold. Avant d'être mystique, ce prince était colère. Il avertit les Turcs de se tenir prêts, et les engagea à se porter sur le Danube[1]. Il ajouta qu'une flotte anglaise s'armait pour la Baltique : aussitôt qu'elle y paraîtrait, il commencerait la campagne contre les Russes.

---

[1] Mars 1791. HERRMANN, *Geschichte Russland's*, t. VI, ch. vi, p. 388 et suiv. — *Id. Dip. cor.*, p. 9. — BEER, *Leopold und Catharina*, p. 59.

Frédéric-Guillaume comptait fermement sur les Anglais. Pitt, irrité des atermoiements de l'Autriche et des hauteurs de la Russie, s'était résolu à les contraindre toutes deux à la paix. Il pensait qu'une démonstration comminatoire obligerait Catherine à se désister de ses prétentions, et que la soumission de la Russie entraînerait celle de l'Autriche. Il avait donc lancé les Prussiens en avant, et, dans un conseil tenu le 27 mars, il fit décider que, le lendemain, un message royal demanderait un crédit destiné à des préparatifs de guerre contre la Russie. Le Parlement et le cabinet même paraissaient fort divisés sur la question ; le public l'était beaucoup moins. L'idée d'une rupture avec la Russie ne rencontra guère dans Londres que des opposants. L'alliance russe passait encore, dans la Cité, pour un principe fondamental du système de l'Angleterre. Ces négociants ne pensaient qu'au Nord et au commerce de la Baltique ; ils ne se souciaient ni de la Méditerranée, ni de la mer Noire, et ils ne se doutaient pas de la révolution que l'établissement de l'Angleterre aux Indes apportait dans toute sa politique. L'envoyé de Catherine, Rostopchine, profitait fort habilement de ces dispositions. Il dépensait une activité prodigieuse à exciter les mécontents. Il faisait publier des articles dans les gazettes et répandait des brochures contre Pitt. Les esprits se montèrent au point que, sur les murailles de Londres, des passants écrivaient à la craie : Point de guerre avec la Russie [1] ! Quant aux hommes d'État, ils s'élevaient vivement contre Pitt. Ses passions l'égaraient, disaient-ils ; il abandonnait la politique traditionnelle, celle de Chatham, pour la vaine satisfaction d'enlever Otchakof à la Russie et de grandir le roi de Prusse [2].

Les débats commencèrent dans les deux Chambres le 29 mars, et se continuèrent, ranimés incessamment par des motions nouvelles, dans les semaines suivantes : débats assez monotones au fond, malgré l'éloquence des orateurs, et plus chargés de

---

[1] *Autobiographie de Rostopchine*, dans les *Archives du prince Woronzof*, Moscou, 1876.
[2] STANHOPE, *William Pitt*, t. II, p. 110 et suiv. — Rapport de la Luzerne, 1er avril 1791.

chiffres que ceux de l'Assemblée nationale ne l'étaient de phrases. On s'y attaque et l'on s'y défend à coups de statistiques douteuses et de formules incertaines d'économie politique. Ce qu'il y faut chercher, c'est l'expression de l'esprit public et le sentiment des Anglais sur la crise européenne. « La Russie est notre alliée naturelle », déclare le comte de Carlisle. « Qui a intérêt à arrêter la Russie? s'écrie Fox. La France, l'Espagne peut-être, mais pas nous. Qu'importe même la Méditerranée? Si la Russie y pénètre, on y verra trois puissances au lieu de deux : la France, l'Espagne et la Russie, et les deux premières étant nos ennemies, la dernière sera peut-être notre alliée. Supposez-les d'accord, nous serons simplement exclus de la Méditerranée... » Ces Anglais prennent cavalièrement leur parti de la chute de l'empire ottoman. Soutenir les Turcs, n'est-ce pas travailler pour la France, qui en a toujours fait l'instrument de ses intrigues? Burke n'admet point qu'on les compte comme un « facteur quelconque » de l'équilibre européen. Il fulmine contre eux l'anathème avec la même virulence que contre la Révolution française. « Qu'est-ce que ces êtres, pires que des sauvages, ont affaire avec l'Europe sinon à semer la guerre, la destruction et la peste? Tout ce qu'il y a de saint dans la religion, tout ce qui est moral et humain veut qu'on ait horreur des mesures qui accroîtraient cet empire. Toute puissance chrétienne est préférable à ces sauvages destructeurs. Pour ma part, quoique je puisse paraître raisonner d'après les vieux principes, je n'aime point cette anticroisade. Je ne suis pas d'avis de protéger ces barbares oppresseurs des chrétiens, au détriment de la civilisation et des progrès de l'humanité [1]. » C'est au cours de ces discussions que Pitt prononça ces paroles fameuses, dont la portée échappait aux contemporains et qui devaient être, dans le siècle suivant, la loi de la politique anglaise [2] : « On nous dit : Laissez la Russie garder toutes ses conquêtes; laissez-la pousser jusqu'au bout et chasser les Turcs

---

[1] Séances des lords et des communes, 29 mars 1791. HANSARD, t. XXIX, p. 35, 37, 61, 76, 77.
[2] 15 avril, HANSARD, t. XXIX, p. 243.

de l'Europe, cela n'a point d'intérêt pour nous ! Avec ceux qui posent ce principe, je refuse de discuter. »

Le nom de la France revient souvent dans les discours. La Révolution est un des arguments les plus efficaces des partisans de la paix. Elle agite tous les esprits. Les conservateurs se nourrissent du livre de Burke. Les démocrates propagent celui de Paine. Leurs divergences éclatent dans le Parlement en altercations passionnées. Elles entraînent, après un débat solennel, la rupture publique des deux grands orateurs du parti whig, Fox et Burke [1]. Fox exalte les Droits de l'homme, Burke les conspue. « Fuyez la constitution française ! » s'écrie-t-il, et citant Milton, il continue : « C'est l'obscure, gigantesque et formidable image de la mort. C'est un monstre informe, né du chaos et de l'enfer ! » — « Au moins, dit Fox se tournant vers son collègue, point d'amitié rompue ! » — « Si, réplique Burke, rupture d'amitié. Notre amitié a atteint son terme, car telle est cette détestée Révolution française, qu'elle empoisonne tout ce qu'elle touche. » Fox ne répondit point, et on le vit fondre en larmes [2].

C'étaient de grandes scènes oratoires. La conclusion pratique fut que la nation n'entendait ni attaquer la France, ni rompre avec la Russie [3]. Pitt n'avait aucun goût à se mêler de la révolution de France ; il comprit que la nation anglaise refusait de se mêler de la question d'Orient. Il jugea prudent de s'arrêter. Sa popularité et son pouvoir étaient à ce prix. D'ailleurs, l'état de l'Inde le préoccupait : la guerre que Tippou-Saheb y faisait à

---

[1] 6 mai 1791, débat sur la constitution du Canada. HANSART, t. XXIX, p. 364 et suiv.

[2] RÉMUSAT, l'Angleterre au dix-huitième siècle, t. II, p. 399. — Cf. VILLEMAIN, Cours de littérature, 1829, leçon XVI, p. 128, 147.

[3] La Luzerne écrivait le 6 mai 1791 : « Un ministre anglais qui voudrait nous attaquer sans sujet, non-seulement serait vivement opposé par les gens qui aiment la Révolution française, et le nombre n'en est pas peu considérable, mais il serait encore opposé par ceux dont les opinions sont le plus contraires à notre révolution ; car tout Anglais raisonnable sent le danger où est sa nation ; il sent que si l'on augmente les taxes, le peuple sera vivement mécontent, et que de là à tout ce qui s'est passé chez nous, il n'y a qu'un pas. Je crois donc que M. Pitt n'a maintenant aucune vue hostile contre nous ; mais je crois qu'il craint extrêmement notre rétablissement... »

Les princes allemands, et en particulier ceux du Rhin, continuaient à s'agiter bruyamment pour l'affaire des droits féodaux. Il s'y joignait maintenant, par suite de la constitution civile du clergé, des conflits de délimitations diocésaines avec les évêques de Trèves, de Spire, de Liége et de Bâle, auxquels le traité de 1648 conservait certains droits de juridiction ecclésiastique sur le territoire français. Troublés dans leurs loisirs et menacés dans leurs biens, excités d'ailleurs par les émigrés français, ces princes, pusillanimes d'habitude, devenaient violents et s'emportaient en fanfaronnades [1]. L'évêque de Spire refusait d'entendre à aucune négociation; l'archiduc évêque de Cologne proposait d'établir un cordon de troupes le long des frontières, de prohiber, par voie de représailles, les marchandises françaises en Allemagne, d'y séquestrer les biens des Français et de sévir contre les agents de la propagande [2]. L'électeur de Mayence n'exigeait pas seulement l'abrogation des décrets; il prétendait que l'Allemagne obligeât la France à maintenir, dans les provinces limitrophes de ses frontières, « une constitution analogue à celle de l'Empire, qui empêchât les Français de régir ces provinces aussi librement et arbitrairement que celles de l'intérieur [3] ». Tous s'accordaient d'ailleurs à soutenir que les décrets infirmaient les traités et autorisaient la diète, dégagée, par là, de toutes obligations, à déclarer nuls et non avenus les actes qui avaient enlevé à l'Empire l'Alsace, la Lorraine, la Franche-Comté, etc.[4]. Ils invoquaient l'appui de la Suède, qui avait garanti le traité de Westphalie. L'électeur de Trèves s'adressa même jusqu'en Russie, et les agents russes en Allemagne suggérèrent l'idée d'une intervention de leur cour, sous le prétexte qu'ayant garanti les traités de Teschen, qui confirmaient ceux de 1648, elle s'en trouvait garante rétroactivement.

---

[1] Hæusser, t. I, p. 272 et suiv. — Vivenot, I, Correspondance des princes allemands.

[2] L'électeur de Cologne à l'électeur de Mayence, 11 avril 1791. — Vivenot, t. I, p. 121. — Hæusser, t. I, p. 282.

[3] Lettre à l'Empereur, 21 mars 1791. Hæusser, t. I, p. 282.

[4] Hæusser, t. I, p. 284.

Au milieu de cette effervescence du « patriotisme germanique », l'Empereur paraissait étrangement froid et dédaigneux de l'Empire. Sa modération, toutefois, n'allait point jusqu'à risquer l'impopularité. Il jugea nécessaire de se montrer. Il avait écrit à Paris pour se plaindre de la propagande révolutionnaire, en demander la répression et en réclamer le désaveu [1]. Il fit un pas de plus, et, le 25 avril, il saisit officiellement la diète de la lettre que Louis XVI lui avait adressée, le 15 mars, pour décliner la compétence de l'Empire et proposer des négociations directes avec les possessionnés [2].

La Prusse, s'il eût négligé cette tâche, se serait empressée de s'en charger. Les princes allemands assaillaient la cour de Berlin des mêmes réclamations que celle de Vienne. Ils touchaient Frédéric-Guillaume au point le plus sensible, dans ses prétentions à jouer le rôle de protecteur de l'Allemagne. Lorsque l'influence prussienne subissait une si générale éclipse, ils rappelaient non sans ironie cette confédération des princes dont la Prusse avait fait naguère tant de bruit dans l'Empire. « Où est l'énergie de leur *Fürstenbund*, s'écriait l'archiduc électeur de Cologne, s'ils laissent tranquillement dépouiller tant d'États de l'Empire de leurs pays, droits et revenus [3]? » Une intervention en faveur des princes entrait d'ailleurs dans le plan de réaction que Wœllner appliquait à l'intérieur de la Prusse et que Bischoffswerder tâchait d'étendre au dehors. Convaincu que l'Autriche ne lui laisserait point l'honneur de soutenir seul la cause des princes d'Allemagne, Frédéric-Guillaume voulait au moins partager avec elle les bénéfices de l'entreprise, et il poussait l'Empereur en avant afin de l'accompagner. C'est ainsi que ces deux cours s'animaient l'une l'autre et s'engageaient l'une par l'autre dans le conflit qui divisait la France et l'Empire. Leur rivalité, qui les conduisait à s'entendre sur les affaires d'Allemagne, les obligea, pour les mêmes motifs, à s'accorder sur celles de Pologne : c'était

---

[1] 12 février 1791. Vivenot, t. I, p. 104.
[2] Rapport de Noailles, 13 avril 1791.
[3] Maximilien à Léopold, fin juin 1791, Vivenot, t. I, p. 543.

l'étrange destinée de cette république de toujours unir contre elle-même et à ses dépens ceux que, pour son salut, elle semblait appelée à diviser indéfiniment.

II

Une grande révolution venait de s'opérer à Varsovie. C'est la plus belle époque de l'histoire moderne de la Pologne, et l'un des beaux traits d'un temps fécond en mouvements généreux et en nobles propos. Toutes les conditions qui avaient amené le démembrement de 1772 semblaient se renouveler en 1790[1]. Les patriotes qui formaient la majorité dans la diète confédérée de Varsovie, délibéraient confusément depuis trois ans sur la réforme de l'État. Ils se rendirent compte qu'il fallait le réformer d'urgence, si l'on ne voulait point qu'il pérît avant qu'on eût même tenté de le sauver. Mais l'ancienne constitution conservait des partisans acharnés; la Russie les soutenait de son argent et les stimulait de ses conseils. Il importait de les surprendre et de prévenir leur résistance. La réforme de la constitution fut préparée comme se préparent les coups d'État[2]. Les patriotes parvinrent à gagner le Roi à leurs projets. L'esprit frivole de Stanislas s'échauffa un instant à la pensée de régner avec honneur et d'associer son nom à la régénération de sa patrie.

Le 3 mai, la diète se réunit au milieu d'un concours énorme de citoyens qui en occupaient les accès et les alentours. Sur l'ordre du Roi, le maréchal de la diète donna la lecture des rapports des agents de la république à l'étranger. Ils dénonçaient le péril de l'État. Lorsque le maréchal eut achevé cette lecture, il se tourna vers le Roi et lui dit : « C'est à Votre Majesté de proposer les moyens les plus efficaces de sauver la patrie. » Stanislas-Auguste fit connaître alors le plan de con-

---

[1] Voir t. I, p. 510, 529. Il faut lire Varsovie au lieu de Grodno, pour le lieu de réunion de la diète.
[2] FERRAND, t. III, liv. X. — HERRMANN, *Geschichte Russland's*, t. VI, ch. VI.

stitution préparé par les patriotes : le trône devenait héréditaire; après la mort du roi régnant, il passerait à la maison de Saxe; le *liberum veto* était supprimé; la diète se partageait en deux chambres, les lois étaient votées à la pluralité des suffrages; le Roi possédait un droit de *veto;* il gouvernait avec six ministres responsables; il nommait aux emplois; il commandait l'armée. Établir cette constitution, c'était détruire le principe même de l'anarchie. La délibération fut courte et ardente. Elle prit ce tour déclamatoire et revêtit cet appareil théâtral qui étaient dans les goûts du temps. Les représentants du parti russe défendirent avec acharnement les antiques priviléges. L'un d'eux s'avança au milieu de la salle, puis, à genoux, les bras étendus vers le trône, ayant à ses côtés un enfant de six ans son petit-fils : « Je l'ai amené, dit-il, pour l'immoler à la liberté si elle était violée dans cette funeste journée. » Les opposants invoquèrent les chartes, les *pacta conventa*, les mandats donnés aux députés par leurs électeurs. « J'irai, répondit un patriote, j'irai sans crainte présenter ma tête à mes commettants, en leur annonçant que j'ai mérité leur estime, lorsque, pour le salut de la patrie, j'ai transgressé la loi qu'ils m'avaient imposée! » Après sept heures de lutte, la loi nouvelle fut adoptée par acclamation. Le Roi y prêta serment et invita tous les patriotes à le suivre à la cathédrale pour y jurer avec lui la constitution. Les députés sortirent de la salle des séances, acclamés par une foule enthousiaste; puis ils se rendirent à l'église. Là, au milieu des trophées nationaux, devant les tombes du héros de la Pologne, ils levèrent solennellement la main vers le ciel et entonnèrent un cantique d'action de grâces.

Cette journée, qui marquait en Pologne la fin de l'anarchie, rappelait les grandes scènes qui avaient naguère marqué en France la fin du despotisme. La diète de Varsovie, comme l'assemblée de France, plaçait cette maxime au début de la constitution : « Dans la société tout pouvoir émane essentiellement de la volonté de la nation [1]. » L'influence de Rousseau

---

[1] Article V de la constitution du 3 mai 1791.

est très-sensible dans cette loi, mais c'est Rousseau commenté par lui-même, le *Contrat social* tempéré par le *Gouvernement de la Pologne*[1]. Jean-Jacques ne conseillait point aux Polonais d'instituer tout d'un coup chez eux la liberté civile; il voulait qu'on y préparât le peuple et qu'on l'y amenât progressivement; les bourgeois, selon lui, devaient s'élever peu à peu vers la noblesse, qui emporterait pour eux la participation au gouvernement de l'État. La constitution du 3 mai ne présentait, en ce sens, que des dispositions timides; mais elle contenait le germe d'où pouvait sortir le principal progrès de la République, le progrès qui ferait, d'après l'expression de Rousseau, que, « par degrés, sans révolution sensible », « la partie la plus nombreuse de la nation s'attacherait d'affection à la patrie et même au gouvernement[2] ». La tolérance était accordée à tous les cultes, et il en résultait une amélioration considérable; mais les conversions restaient interdites, et la religion catholique demeurait celle de l'État. Sous ce rapport l'esprit du catholicisme s'accordait fort bien avec celui du *Contrat social*. « Quiconque, disait la loi polonaise, abandonnera ce culte pour tel autre que ce soit, encourra les peines portées contre l'apostasie[3]. »

Dans son ensemble, dans ses tendances surtout, la constitution polonaise procédait de l'esprit qui régnait en France et qui, au dix-huitième siècle, avait soufflé sur toute l'Europe. Les patriotes polonais invoquaient les exemples de l'Assemblée nationale; les orateurs de cette assemblée acclamèrent la révolution de Pologne. On entendit, dès le 24 mai, Menou célébrer à la tribune de Paris les grandes résolutions de « ce sénat, jusqu'alors le plus aristocratique, composé de la noblesse la plus orgueilleuse de l'Europe, qui venait, par un élan sublime d'amour pour la liberté et de respect pour les droits des peuples, d'adopter les principales bases de notre constitution ». Mais l'imitation s'opérait de si loin et dans des conditions si diffé-

---

[1] Cf. t. I, p. 183.
[2] Comparez les articles 3, *Villes et bourgeois*, et 4, *Colons et autres habitants de la campagne*, de la constitution du 3 mai, avec les ch. VI et XIII du *Gouvernement de la Pologne*, de Rousseau.
[3] Article 7 de la constitution du 3 mai 1791.

rentes, que ce rapport tout idéal de principes entre les deux révolutions échappait à la plupart des contemporains. La révolution de Pologne eut le rare privilége d'être admirée à la fois par les partisans de la Révolution française et par le plus irréconciliable de ses adversaires. Burke la loua en termes dithyrambiques[1]. L'apologie sous sa plume n'était point suspecte : elle demeura parfaitement vaine et ne convainquit personne. Burke condamnait la Révolution française parce qu'elle déchaînait l'anarchie, il admirait la révolution de Pologne parce qu'elle la réprimait; ce fut précisément aux yeux de la plupart des hommes d'État de la vieille Europe le crime de cette révolution. Elle contrariait leur politique, et comme il n'y avait pas dans leur politique d'autre principe que la convenance, ils ne s'embarrassaient ni de la diversité des événements, ni de la contradiction des jugements qu'ils en portaient.

Le premier mouvement des Allemands fut la surprise et la déconvenue. Le maintien de l'anarchie en Pologne était une de leurs traditions. Ils jugèrent à propos d'échanger leurs vues sur ces conjonctures et sur les changements qui pourraient en résulter dans la politique de la Russie. C'est par là que la révolution de Pologne allait, pour le malheur des Polonais, se rattacher à toutes les affaires de l'Europe et se mêler à la Révolution française. Ce contre-coup, le plus singulier et le plus retentissant d'une époque où il y en eut tant de si profonds et de si extraordinaires, se préparait au printemps de 1791.

Tout occupée des deux guerres qu'elle soutenait à la fois contre les Suédois et contre les Turcs, Catherine avait négligé momentanément la Pologne. Mais à mesure que les difficultés dimi-

---

[1] « L'humanité doit se réjouir et se glorifier quand elle considère le changement de la Pologne; rien n'y est faible, rien n'y est honteux. Nous avons vu détruire l'anarchie et l'esclavage; nous avons vu le trône affermi par l'amour de la nation sans offenser la liberté... Un corps de noblesse, le plus généreux et le plus nombreux de la terre, s'est mis à la tête de citoyens nobles et libres comme elle; personne n'a éprouvé de perte, personne n'est opprimé : depuis le Roi jusqu'au plus simple particulier, chacun est confirmé dans ses relations naturelles; tout demeure à sa place et tout est amélioré. O nation fortunée, s'il t'est donné de pouvoir achever comme tu as commencé! » *Burke's Works*, Boston, 1839, t. III, p. 442 : *Appeal from the new to the old whigs.* — FERRAND, *op. cit.*

nuaient des autres côtés, elle se retournait vers cette république. Potemkine, gorgé de richesses, mais non encore rassasié d'honneurs, songeait à gagner sur la Vistule le royaume qu'il n'avait pu conquérir sur le Danube. Une guerre avec la Prusse lui en aurait fourni l'occasion [1]. La révolution du 3 mai compromettait ainsi tous les plans russes. N'ayant pu prévenir cette révolution, Catherine résolut d'en détruire les effets. Elle connaissait les Polonais et leur roi ; elle ne doutait point qu'avec du temps, de l'argent et de l'intrigue, elle n'arriverait à diviser les esprits dans la diète et à rompre toutes les mesures des patriotes. Ses diplomates ranimeraient les factions, ses soldats, lorsqu'ils en auraient fini avec les Turcs, se chargeraient d'éteindre le feu. L'assujettissement de la république domina désormais, aux yeux de la Tsarine, tous les autres intérêts. Elle ne pouvait rien entreprendre du côté de l'Orient, si elle n'était sûre des Polonais ; elle venait, une fois de plus, d'en faire l'expérience. Elle prit son parti avec sa décision accoutumée. L'Europe lui conseillait la paix, et parlait même de la lui imposer : elle se montra tout à coup conciliante, et déclara qu'elle se contenterait d'Otchakof avec la ligne du Dniester. Convaincue que l'Angleterre accepterait ces conditions, que l'Autriche y accéderait, et que la Prusse serait contrainte de s'y résigner, elle commença de masser des troupes du côté de la Pologne. Soltykof reçut l'ordre de réunir quarante mille hommes vers Polozsk, tandis que Potemkine se préparait à le soutenir avec l'armée du Danube [2].

Mais pour réduire la république à cet état de servitude où elle entendait la tenir, Catherine avait besoin d'en éloigner l'Autriche et la Prusse. Il lui importait fort que ces deux puissances ne vinssent pas traverser ses projets et, sous prétexte de maintenir la balance des forces, réclamer quelque nouveau partage. « Je me casse la tête, disait-elle, pour pousser les cours de Vienne et de Berlin à se mêler des affaires de

---

[1] Beer, *Leopold und Catharina*, p. 101; *id.*, *Orientalische Politik OEsterreichs*, Prague, 1883, p. 762. — Geffroy, *Gustave III*, t. II, p. 124.

[2] Sybel, traduction, t. II, p. 141.

France. Je veux les engager dans ces affaires pour avoir les coudées franches. J'ai beaucoup d'entreprises qui ne sont pas terminées, et je veux que ces deux cours soient occupées afin qu'elles ne me dérangent pas ¹. » Voilà désormais le fond de sa politique, et c'est là qu'il faut chercher la cause des mouvements inattendus qui, au cours de la Révolution, déplacèrent toutes les masses et firent dévier toutes les mesures des puissances coalisées contre la France. La permanence et la simplicité des intérêts de la Russie, la netteté avec laquelle Catherine les concevait, la constance qu'elle mit à les faire prévaloir, l'avantage qui résultait pour elle de l'éloignement de son empire et de la civilisation primitive de son peuple, expliquent le caractère et le succès de la politique qu'elle suivit dans cette crise.

Elle ne redoute point la propagande révolutionnaire. Il lui suffit d'un ordre de police pour réduire au silence les quelques francs-maçons qui représentaient dans ses États le seul élément d'agitation à la française ². Elle se montre ultra-royaliste, en ce qui concerne la France, et n'y admet pas d'autre système que la contre-révolution totale. C'est moins, chez elle, affaire de goût que de calcul. Elle tient à conserver une France forte, et elle n'en voit pas le moyen ailleurs que dans la restauration de la royauté absolue ³. Elle y pousse de toutes ses forces, soutenant toujours les mesures les plus rigoureuses. Elle déploie une ardeur d'autant plus vive à prêcher cette croisade qu'elle est bien résolue à n'y point prendre part. La Révolution française n'est pour elle que la diversion : son objet direct et personnel, c'est la Pologne.

Elle ne les sépare point dans ses combinaisons, et il ne faut pas s'étonner des jugements qu'elle en porte, car elle ne juge que par intérêt et ne parle que par passion. Aussi la voit-on confondre les jacobins de Paris avec les patriotes de Varsovie ; elle frappe des mêmes invectives l'Assemblée nationale, qu'elle

---

¹ Journal de Chrapowstky, cité par Martens, *Traités de la Russie*, t. II, p. 196.

² « La propagande dont je me moque. » Lettres à Grimm, 16, 27 septembre 1791, p. 557. — Voir les études de M. Rambaud sur Catherine II et la Révolution, *Revue politique*, 1878 et 1881.

³ Voir ses lettres à Grimm, juin 1791, p. 482, 483, 490.

accuse de détruire l'autorité royale, et la diète de Pologne, qu'elle accuse d'anéantir la liberté ¹. Il en va des orateurs comme des assemblées. Fox prétend qu'il ne faut point la contrarier en Orient : elle tient Fox pour un grand homme, et place son buste à côté de celui de Démosthène dans la galerie où elle rangeait naguère les figures des philosophes français ². Burke excommunie la Révolution : elle ne lui en demande pas davantage pour le mettre sur le même pied dans son temple de la gloire, et il passe pour un Démosthène à son tour ³. Elle ne s'embarrasse point de savoir si ces deux Démosthène anglais sont bien d'accord ensemble : ils la servent, cela suffit, Fox en l'aidant à conserver ses conquêtes en Orient, et Burke en appelant l'Europe aux armes contre la France. « Chacun, écrivait-elle à son agent à Vienne, opérera sa contre-révolution : les Allemands à Paris, les Russes à Varsovie ⁴. » Elle rassemble les Polonais dévoués à son parti qui est celui de l'anarchie, et elle s'attache les émigrés français qui ne respirent que le despotisme. Elle envoie aux princes tous les gentilshommes qui affluent en Russie, « leur monte la tête ⁵ ». Elle accable les princes eux-mêmes de compliments, elle les compare à Henri IV et leur prodigue les promesses. Au fond elle les traite en Polonais, c'est-à-dire avec mépris. « Ils me viennent tous avec la tête au-dessous de la besogne ⁶ ! » dit-elle ; mais peu lui importe, pourvu qu'ils fassent ses affaires.

---

¹ Il y a telle de ses lettres, qu'elle adresse à Grimm le 21 mai 1791, par exemple, où elle exprime tour à tour et sans transition ces sentiments en apparence contradictoires : « Par métier et par devoir, je suis royaliste, et n'ai vu encore faire à aucune assemblée nationale ou diète autre chose que des bévues. » Voilà pour la France ; quand il s'agit de la Pologne, c'est le même ton, mais le motif change : « Eh bien ! cette diète de Pologne, que vous mettez au-dessus de l'Assemblée nationale, vient de renchérir en folie, car par amour de la liberté et pour être plus sûre d'icelle, elle vient de se livrer pieds et poings liés au roi de Pologne en abolissant le *liberum veto*, le *palladium* de leur liberté polonaise, et elle s'est choisi une hérédité de rois. Ne faut-il pas avoir le diable au corps, depuis la tête jusqu'aux pieds, que de manquer ainsi à son premier principe ?... »
² Geffroy, *Gustave III*, t. II, p. 170. Cf. Lettres à Grimm, p. 576.
³ C'est le « Démosthène de l'Angleterre ». A Grimm, 23 janvier 1791, p. 505.
⁴ Sybel, trad., t. I, p. 307.
⁵ « Je monte la tête à tous ceux de chez eux qui me tombent entre les mains. » A Grimm, 7 septembre 1791. — 27 septembre, p. 551, 558.
⁶ Lettre à Monsieur, 30 août 1791. Feuillet, t. II, p. 195, 235. A Grimm, 27 septembre 1791, p. 558.

III

Elle n'eut qu'à lever la main pour lancer en avant l'homme le plus apte à embrouiller les choses et à précipiter la crise, le roi de Suède, Gustave III, naguère le plus acharné de ses ennemis, et désormais le plus docile de ses agents. Elle l'avait tenu tout l'hiver en haleine [1]. L'envoyé de Suède à Pétersbourg, Stedingk, la pressait de se prononcer, de se mettre à la tête de la ligue des rois et d'étouffer, dans son foyer, cette « épidémie d'effervescences populaires qui venait de s'étendre de l'Amérique sur la France ». Elle différait, raillant Louis XVI, qui lui faisait pitié. « Il n'y a que le roi de France, disait-elle, à qui tout ce qu'on fait chez lui est égal. Comment aider quelqu'un qui ne veut point être aidé? » Cependant comme il ne fallait point dépiter le roi de Suède, elle lui dépêcha au printemps le comte Stakelberg, avec un plan d'action commune contre la France. L'ardeur de Gustave III n'avait pas besoin de cet aliment.

Il ne tient encore rien de la Russie, et déjà il se porte garant des résolutions de Catherine. Il offre à Breteuil seize mille Suédois, il lui annonce huit mille Russes : il ne demande, en récompense, que le commandement en chef de l'armée d'intervention, et le renouvellement de ses anciens traités avec trois millions de supplément dans les subsides [2]. Quant à ses projets, ils sont tels que pouvait les souhaiter la souveraine philosophe dont il sollicitait l'alliance. Dissoudre l'Assemblée, en déclarer tous les membres rebelles et hors la loi, « ordonner, dans tout le royaume, de leur courir sus » ; rappeler les émigrés, réunir les parlements, « rétablir tout comme c'était avant la révolution », sauf les privilèges en matière d'impôt ; repous-

---

[1] Rapports de Stedingk, janvier 1791. — GEFFROY, t. II, p. 111 et suiv. — LÉOUZON-LE-DUC, *Correspondance de Staël*, p. XXVI et suiv.
[2] 17 mai 1791. — GEFFROY, t. II, p. 132. — FEUILLET, t. III, p. 353.

ser tout système de gouvernement mixte; faire condamner le duc d'Orléans, et, pour couronner l'ouvrage, anéantir Paris, « faire périr ce repaire d'assassins par un oubli total de son existence [1] ». Ces desseins arrêtés, Gustave part pour Aix-la-Chapelle. « J'y serai, écrit-il à Breteuil le 17 mai [2], à portée des événements; j'y pourrai négocier avec les princes d'Allemagne dont les droits, lésés par l'Assemblée, exigent la protection des lois de l'Empire dont je suis le garant. »

Ces discours et ces plans avaient de quoi transporter les émigrés; le bruit qui en parvint à la cour de France la jeta, au contraire, dans les plus vives alarmes. Ce n'était point que Louis XVI et Marie-Antoinette dédaignassent le secours de Gustave. Ils se trouvaient à bout de forces, et leur situation leur semblait tellement affreuse qu'ils étaient résignés « à risquer le tout pour le tout [3] ». Ils se disposaient à fuir; mais il ne fallait pas que les démonstrations intempestives de la Suède ou les fanfaronnades des émigrés, en fournissant de nouveaux prétextes à de plus étroites mesures de surveillance, compromissent des préparatifs déjà très-compliqués et très-périlleux par eux-mêmes. Breteuil supplia Gustave de modérer son zèle et d'apporter plus de discrétion dans ses mesures. Fersen tâcha de l'éclairer sur les dissidences qui séparaient la cour et l'émigration [4]. MM. de Bombelles et de Durfort eurent mandat de contenir le comte d'Artois et de prévenir l'Empereur contre les sollicitations que ce prince lui pourrait adresser. Bombelles devait, en outre, instruire Léopold des derniers détails du plan de fuite, et concerter avec lui les mouvements de troupes autrichiennes que Bouillé jugeait indispensables pour motiver la concentration de ses régiments [5]. Enfin l'on arrêta un projet

---

[1] Lettre à Staël, GEFFROY, t. II, p. 134. — Taube à Fersen, 6 mai 1791. FERSEN, t. I, p. 116.

[2] GEFFROY, t. II, p. 132 et suiv. Il partit le 24 mai.

[3] Fersen à Taube, 9 mai 1791. FERSEN, t. I, p. 119.

[4] Fersen à Taube, 20 et 31 mai 1791. FERSEN, t. I, p. 127-133. — A Breteuil, 16 mai, t. I, p. 123. — Breteuil à Gustave III, 9 juin 1791. FEUILLET, t. II, p. 365.

[5] Fersen à Breteuil, 23 mai. FERSEN, t. I, p. 124, 126, 132. — Marie-Antoinette à Léopold, 22 mai 1791. ARNETH, p. 165.

pour gagner l'Angleterre aux intérêts de la famille royale. Champcenetz reçut une instruction qui porte la date du 6 mai : il n'en devait user qu'après le départ du Roi, et si Barthélemy, chargé d'affaires de France à Londres, lui paraissait mériter confiance. Dans ce cas, Champcenetz le chargerait de pressentir la cour de Londres sur ce qu'elle pensait d'une ligue des puissances en faveur de Louis XVI. Il tâcherait de savoir si l'on pourrait obtenir « sa neutralité parfaite en lui faisant des avantages de commerce ou des sacrifices de possessions aux Indes et aux Antilles[1] ».

Cependant, il restait toujours un préliminaire indispensable à régler : l'entente avec l'Empereur. Rien ne se pouvait entreprendre sans son consentement, ni s'accomplir sans son aide. Les émigrés pensaient sur ce point comme la cour, et c'est Léopold qu'ils faisaient arbitre de leur conflit avec Louis XVI. Le comte d'Artois avait reçu avec emportement les représentations de son frère. « Qu'est-ce que le Roi? » s'écria-t-il, quand M. de Bombelles lui transmit les ordres qu'il avait reçus. « Monsieur, dans ce moment-ci, il n'est de roi que moi, et vous me devez compte de votre conduite[2]. » Ce prince se mit aussitôt en route pour Florence, afin d'y devancer les envoyés de son frère. Ainsi les plans de fuite de Louis XVI, les complots des émigrés, le grand dessein de Gustave III, les combinaisons machiavéliques de Catherine II, l'intervention de l'Angleterre en vue de la paix d'Orient, les offres d'alliance de la Prusse, les affaires de France, celles d'Allemagne, celles de Pologne et celles de Turquie formaient comme autant de fils qui, de toutes les parties de l'Europe, venaient se réunir en Italie et se nouer entre les mains de Léopold.

[1] Cette instruction a été publiée dans l'*Intermédiaire* du 10 mai 1875.
[2] LA ROCHETERIE, *op. cit.*, p. 300.

les événements lui forçassent la main, et c'est ce qui arriva.

Ses principales préoccupations venaient de la Prusse : il fut promptement rassuré de ce côté-là. Bischoffswerder le rejoignit, le 11 juin, à Milan [1]. Il lui annonça le désir de Frédéric-Guillaume d'avoir avec lui une entrevue, de s'expliquer et de s'entendre sur toutes les affaires, notamment sur celles de Pologne et d'Orient. En Pologne, la Prusse ne prétendait à rien et voyait avec plaisir la couronne attribuée à la maison de Saxe. En Orient, elle se disait obligée de soutenir les Turcs s'ils continuaient la guerre, et ils la continueraient si l'Autriche refusait de traiter sur le pied du *statu quo* strict. Frédéric-Guillaume conseillait à Léopold de conclure sur ce principe, sauf à rectifier ensuite sa frontière, lorsqu'il ne s'agirait plus que d'exécuter le traité. La Prusse, dégagée de ses promesses, ne s'y opposerait pas, et les Turcs, réduits à eux-mêmes, seraient obligés de se montrer conciliants. Ces propositions parurent opportunes à l'Empereur. Il venait d'apprendre, en effet, que la famille royale de France était formellement décidée à partir du 12 au 20 [2]. Il n'y avait plus d'échappatoires possibles. Léopold en prit son parti. Le 18 juin, il fit connaître à Bischoffswerder qu'il acceptait l'entrevue et accédait au projet d'alliance; puis il informa lord Elgin qu'il acceptait la paix sur le principe du *statu quo ante*, et qu'il appuierait auprès de la Russie les propositions des alliés. L'Anglais et le Prussien se montrèrent enchantés, et déclarèrent que, la paix une fois signée, leurs cours « feraient obtenir tous les avantages à l'Empereur pour les confins du côté de la Croatie [3] ». Bischoffswerder partit le 24 juin, emportant l'espoir d'amener l'Empereur à ses vues.

On avait décidé que l'entrevue aurait lieu dans l'été, au château de Pillnitz, chez l'électeur de Saxe. Ce fut pour Léopold une occasion de mettre sur le tapis les projets de concert et de congrès qu'il agitait vaguement dans son esprit. « Avant tout, nous

---

[1] Journal des négociations. VIVENOT, t. I, p. 176. — Kaunitz à Cobenzl, 8 juillet, t. I, p. 187. — HERRMANN, *Dip. cor.*, p. 31. — SYBEL, trad., t. I, p. 295-297.
[2] Fersen à Breteuil, 30 mai 1791, FERSEN, t. I, p. 132. — Marie-Antoinette à Léopold, 1er juin, FEUILLET, t. II, p. 172.
[3] VIVENOT, *Quellen*, t. I, p. 176, 179, 188.

traiterons des affaires en France », dit-il à Bischoffswerder dans leur premier entretien. « Il faut extirper le mal, ajouta-t-il un autre jour. Toutes les puissances doivent s'entendre sur la nécessité de mettre un obstacle à la propagation de ce fléau. » Néanmoins elles n'y devaient procéder qu'avec une « extrême circonspection » ; il fallait « laisser mûrir les événements, attendre que la nation française elle-même éprouvât le besoin d'un changement ». L'intervention ne serait efficace que si elle était collective. Léopold le marqua expressément dans une note qu'il remit à Bischoffswerder. Cette condition préalable était d'une importance capitale pour sa politique[1].

C'était, en effet, un acte politique qu'il se préparait à accomplir. Il n'entendait nullement sacrifier ses intérêts; or, ses intérêts étaient fort complexes en cette affaire. Il lui convenait, sans doute, « que la France ne fût point affaiblie au point d'ôter tout frein aux vues despotiques de l'Angleterre[2] » ; mais si, dans cette pensée, Léopold jugeait expédient de s'opposer à une dissolution totale de la monarchie française, il considérait que ce serait une imprudence de pousser plus loin les choses. Le concert, se disait-il, « ne devra jamais aboutir à rétablir la prépondérance politique de la France même ». Il ne doit viser qu'à « procurer au Roi Très-Chrétien, outre le degré convenable de sûreté, de respect et de lustre, telle mesure d'autorité et d'influence qui sauve la France de l'anarchie et d'un relâchement de subordination intolérable ». Léopold attendait de la Russie qu'elle partagerait son opinion sur tous ces objets. L'Espagne inclinerait vraisemblablement vers les mêmes sentiments mitigés par les mêmes considérations. Elle n'a point, pensait l'Empereur, « le désir de voir la France reprendre avec sa prospérité précédente l'influence et le ton prépondérant que la nature avait destinés à la puissance la mieux située et relativement la plus grande de toute l'Europe ». L'Angleterre serait

---

[1] VIVENOT, t. I, p. 178. — HERRMANN, *Dip. cor.*, p. 28. — SYBEL, trad., t. I, p. 298.

[2] Kaunitz à L. Cobenzl, à Pétersbourg, 8 juillet 1791. VIVENOT, t. I, p. 190 et suiv. — Kaunitz à Mercy, 23 juin, *id.*, t. I, p. 539.

vraisemblablement mal disposée : bien qu'elle redoute pour sa constitution, pour ses colonies, pour l'Irlande, en particulier, les effets de la Révolution française, elle souhaite la « perpétuité de l'état de confusion interne et de nullité externe où se trouve sa rivale ». Léopold espérait, au contraire, le concours le plus actif de la Prusse. « L'anéantissement du crédit politique de la France est opposé aux intérêts naturels de la Prusse; en conséquence, elle consentira et contribuera même volontiers à la contre-révolution la plus complète. »

Dans ces spéculations, la politique primait le sentiment, et les réflexions tirées de l'intérêt occupaient plus de place que celles qui procédaient du droit : c'était bien la façon de voir de l'ancienne Europe. Léopold estimait avoir fait une grande chose en esquissant ce dessein compliqué, et en consentant à traiter de la paix d'Orient pour se donner le loisir de penser à la Révolution française. C'étaient d'ingénieuses combinaisons. Mais la tempête qui montait à l'horizon soufflait avec trop de violence pour qu'il fût possible de louvoyer longtemps ainsi le long des côtes. La crise, selon le mot de Kaunitz, « déconcerta les soins prudents de l'Empereur ».

V

Le départ de la famille royale avait été retardé jusqu'aux derniers jours de juin. Le bruit des préparatifs commençait à percer dans le public; il fallait se hâter, sinon l'occasion serait perdue. Les nouvelles que la cour reçut des princes et des émigrés levèrent les dernières hésitations. Suivant une tactique qui leur devenait coutumière, les agents de l'émigration dénaturaient absolument le langage qui leur était tenu. Des paroles dédaigneuses, hautaines et décourageantes, qu'ils avaient entendues à Vienne et à Mantoue, ils composaient des discours pleins de promesses pour leur parti et de menaces pour la France. On apprit ainsi aux Tuileries que le comte d'Artois s'était mis d'accord avec l'Empereur, que ce prince consentait à faire marcher cent cinquante mille hommes, que ces troupes entreraient en campagne vers le 15 juillet, qu'un manifeste rendrait la ville de Paris responsable de tous les événements, et que, par suite, le Roi n'avait qu'à attendre tranquillement qu'on vînt le délivrer [1]. Ce projet consterna la famille royale : dans le présent, il l'exposait aux plus graves périls; dans l'avenir, il annulait le Roi. L'intervention des émigrés exaspérerait les modérés dont la cour n'avait rien à craindre, et exciterait les violents dont elle avait tant à redouter. Le Roi, réduit au rôle neutre et passif d'un otage, perdrait ce caractère d'arbitre et de pacificateur qu'il désirait s'attribuer. Il ne devrait pas le rétablissement de son autorité à son peuple ramené dans le devoir par la reconnaissance, il le devrait à la contrainte exercée par le plus impopulaire de tous les partis. La cour se sentait environnée d'intrigues et voyait ses affaires presque aussi compromises au dehors qu'elles l'étaient au dedans. La double crainte d'être retenu par les révolutionnaires et prévenu par les émigrés l'emporta sur toutes les considérations de la prudence, et l'on partit.

Le 20 juin, le Roi, la Reine, Madame Élisabeth et les enfants royaux sortirent de Paris, déguisés, dans une berline. Le comte de Provence et Fersen quittèrent également Paris, en suivant des voies différentes. Les mesures étaient mal prises, les soupçons étaient éveillés, et tout les provoquait : une voiture énorme et singulière, la lenteur de la marche, les stations prolongées aux relais de poste. Partout on rencontrait des patrouilles. Les Français étaient persuadés que le salut de la France et le salut de la Révolution étaient attachés à la présence du Roi au milieu d'eux. Les fugitifs n'avaient pas seulement à se garder contre les anarchistes, chaque passant devenait pour eux un espion, et le plus naïvement royaliste de leurs sujets était aussi redoutable pour eux que le pire de leurs ennemis. Louis fut arrêté le 21 juin au soir, à Varennes. Bouillé n'arriva pas à temps pour le déli-

---

[1] Marie-Antoinette à Léopold, 12 mai 1791. Arneth, p. 167. — Fersen à Taube, 2 juin, Fersen, t. I, p. 134.

vrer ; les troupes d'ailleurs refusaient de suivre leur général dans sa révolte contre l'Assemblée. Bouillé ne put que s'échapper à la hâte et passer la frontière. Le comte de Provence et Fersen réussirent à gagner la Belgique.

Léopold apprit à Padoue le départ de sa sœur. La nouvelle de l'arrestation parvint aussitôt après, le 1er juillet : elle venait à la fois de l'électeur de Trèves et du prince de Condé. Le lendemain, elle était démentie : des courriers de Genève et de Turin rapportaient que le Roi, sauvé par Bouillé, était arrivé à Metz et se rendait à Luxembourg. La déclaration de Louis XVI aux Français était jointe à ce message [1]. « Par la fuite du Roi, par la déclaration qu'il a publiée et la sûreté de la famille royale à Luxembourg, tout a changé de face », dit Léopold [2]. Cet Autrichien calculateur s'abandonna un instant à l'émotion. Il y eut dans sa politique comme un battement de cœur et un accès de générosité. Il écrivit à Marie-Antoinette : « Je loue le ciel de votre heureuse délivrance. Le Roi, l'État, la France, toutes les autres monarchies devront à votre courage, à votre fermeté et prudence leur délivrance. Tout ce qui est à moi est à vous : argent, troupes, enfin tout ! Disposez librement [3]. » Il donne aux Pays-Bas les ordres nécessaires [4] ; il presse la Sardaigne, l'Espagne, la Suisse, la Prusse de prendre leurs mesures pour aider le roi de France. Il avertit le prince de Condé de se mettre à la disposition de Louis XVI : « C'est présentement du Roi libre que dépendront tous les ordres à donner [5]. »

Le 6 juillet, tout est bouleversé : la vérité se fait jour. « Figurez-vous mes inquiétudes pour les suites et conséquences », écrit Léopold à Maximilien [6]. Ces conséquences, il

---

[1] Arneth, p. 181. — Vivenot, t. I, p. 545 et suiv. — Feuillet, t. II, p. 95.

[2] A son frère, l'électeur de Cologne, 5 juillet. Vivenot, t. I, p. 546.

[3] 2 juillet. Arneth, p. 181.

[4] 5 juillet. Arneth, p. 182-183. Instruction à Marie-Christine, régente des Pays-Bas, 5 juillet. Feuillet, t. III, p. 373-376.

[5] 4 juillet. Vivenot, t. I, p. 545.

[6] Ces détails d'après les lettres de Léopold à l'électeur de Cologne et à l'électeur de Trèves, 6 juillet. Vivenot, t. I, p. 546-547. — A Marie-Christine, 6 juillet. Feuillet, t. III, p. 385.

ne les avait que trop prévues et trop redoutées; au moins se trouve-t-il prêt à les envisager de sang-froid, et, dès le premier moment, ses plans sont arrêtés. Il s'adresse directement à tous les souverains : à la Tsarine, aux rois d'Angleterre, de Prusse, d'Espagne, de Naples, de Sardaigne [1]. Il n'a pas de peine à réunir les arguments propres à les émouvoir. Ces princes, écrit-il, « partageront l'indignation que lui a causée l'attentat inouï » de l'arrestation de la famille royale; ils partageront également les craintes qu'il ressent pour les « suites atroces » de l'événement. Cet acte de violence imprime le sceau de l'illégalité sur tout ce qui s'est fait en France, et « compromet immédiatement l'honneur de tous les souverains et la sûreté de tous les gouvernements ». L'Empereur propose de s'entendre pour « revendiquer la liberté et l'honneur du Roi Très-Chrétien et de sa famille, et pour mettre des bornes aux extrémités dangereuses de la Révolution française, dont il importerait à tous les gouvernements de réprimer le funeste exemple [2] ».

Léopold fait écrire dans le même sens aux princes et États de l'empire. Il les contenait naguère, il mande maintenant à ses ministres « d'animer et disposer des esprits de façon qu'on puisse agir bientôt et avec vigueur ». Mais il persiste à écarter les émigrés. Il invite sa sœur Marie-Christine, et il engage les électeurs ecclésiastiques à « empêcher ces Français et le comte d'Artois de faire des coups de tête [3] ». Il avertit également ce prince. Ces lettres expédiées, il se met en route pour l'Autriche. Il veut voir le roi de Prusse, s'entendre avec la Russie, rassembler ses forces, conclure la paix surtout, car elle

---

[1] Vivenot, t. I, p. 185.
[2] Il suggère l'idée de faire remettre par les agents diplomatiques des déclarations « capables de faire rentrer en eux-mêmes les chefs du parti violent », en laissant toutefois les voies ouvertes « à une résipiscence honnête ». On réclamerait la mise en liberté du Roi, on menacerait « de venger avec éclat les attentats ultérieurs », on ajouterait que les souverains ne reconnaîtraient que la constitution librement approuvée par le Roi, on annoncerait que s'il n'était point fait droit à ces représentations, les puissances emploieraient de concert tous les moyens pour étouffer une révolte. — Voir dans Vivenot, t. I, p. 186, le projet de déclaration joint à la lettre de Léopold.
[3] Léopold aux électeurs de Trèves et de Cologne, 6 juillet, Vivenot, t. I, p. 546, 547; à Marie-Christine, 6 juillet. Feuillet, t. III, p. 386.

est la condition préalable de la ligue des puissances, et cette ligue s'impose désormais comme une nécessité. « Je pars pour Vienne, écrit-il à son frère Maximilien. Il est plus que temps de sauver notre sœur et d'étouffer cette épidémie française [1]. »

[1] 6 juillet. VIVENOT, t. I, p. 547.

LIVRE III

LES CONFLITS

CHAPITRE PREMIER

PILLNITZ.

1791

I

L'Empereur était de retour à Vienne à la fin de juillet. Le chancelier Kaunitz avisa M. de Noailles de ne point demander d'audience et de s'abstenir même de paraître à la cour. Il le menaça de représailles sur sa personne et sur ses biens dans le cas où la mission impériale à Paris serait la victime de quelque attentat. — Nous sommes, écrivait cet ambassadeur, comme une puissance nouvelle que l'on est libre de ne point reconnaître [1]. — Un trait montrera combien tout était changé en Allemagne par l'événement de Varennes. Le Juif Éphraïm, qui était resté à Paris, y fut arrêté sous l'inculpation, d'ailleurs très-fondée, de fomenter des troubles. La Prusse le réclama, on l'élargit : l'Autriche s'émut de son sort. « Vous ne vous seriez pas attendu l'hiver dernier, écrivait Noailles, quand le Juif Éphraïm était payé par le ministère prussien pour

---

[1] Rapport de Noailles, 15 juillet; cf. *id.*, 24 juillet. — Rapport de Jacobi, 27 juillet. HERRMANN, *Dip. cor.*, p. 60.

intriguer à Paris, qu'il deviendrait un objet d'intérêt pour la cour de Vienne. En général, le ton actuel est ici de justifier la cour de Berlin plutôt que de vouloir lui trouver des torts [1]. » C'est que l'alliance de la Prusse formait le fond du concert que Léopold essayait d'établir entre les puissances et sans lequel, à ses yeux, aucune intervention n'était possible en France. Sa diplomatie s'occupait d'en réunir les éléments et d'en déterminer l'objet.

La circulaire et le mémoire que Kaunitz adressa, en cette occasion, aux agents diplomatiques de l'Empereur, ne sont guère qu'une amplification des idées que Léopold avait indiquées dans ses lettres personnelles aux souverains[2]. Le vieux chancelier s'applique à marquer le caractère européen de l'entreprise, à bien établir qu'il ne s'agit ni d'une affaire de famille, ni d'une combinaison particulière de la politique autrichienne. Sa démonstration est filandreuse et superficielle. Il rassemble tous les arguments qu'il peut trouver pour motiver une action commune, mais il ne paraît que médiocrement persuadé de la nécessité de l'intervention. Il disserte, il déduit, il n'est jamais ému. La nature de la Révolution française lui échappe encore. Il n'y aperçoit point ce qui la sépare de toutes les autres; il ne l'en distingue que par le degré d'intensité. Il n'y observe que les effets de l'« esprit d'insubordination et de révolte »; il n'y redoute que l'exemple de cette anarchie, naturellement séduisante aux populaces de tous les pays, et que le parti républicain de l'Assemblée propage au dehors « avec une perfidie de moyens qui menace le repos de tous les gouvernements ». Les puissances ont le droit de s'en préserver. L'Assemblée les y provoque : elle entreprend sur leurs droits, elle rompt les engagements de la France avec l'Europe, elle usurpe Avignon, elle dépouille les princes allemands. Tous les gouvernements sont fondés à résister et à « faire cause commune afin de préserver

---

[1] Rapport du 6 août 1791. L'arrestation d'Éphraïm fut un des chefs d'accusation élevés contre Montmorin. *Moniteur*, t. XIII, p. 493.

[2] Circulaire du chancelier de cour et d'État aux ambassadeurs et ministres de l'Empereur. Mémoire du chancelier de cour et d'État pour les ambassadeurs et ministres de l'Empereur, 17 juillet 1791. VIVENOT, t. I, p. 208 et 213.

la paix publique, la tranquillité des États, l'inviolabilité des possessions et la foi des traités ».

Le principal intérêt du document officiel de la chancellerie de Vienne, c'est l'esquisse qu'on y découvre d'une Europe politique se reconnaissant envers soi-même des droits et des devoirs. Cette conception, développée par plusieurs philosophes, demeurait fort étrangère aux hommes d'État de l'ancien régime; elle ne devait pénétrer dans leur esprit que par le contre-coup de la Révolution française et se réaliser dans la politique qu'à la suite de cette révolution. On la voit poindre ici, en quelque sorte, mais bien incertaine encore et tout empreinte de la philosophie du siècle. Kaunitz reconnaît que la contagion de l'anarchie française peut devenir un danger et qu'il y faudra pourvoir; mais le remède même qu'il y propose lui semble funeste. « La nécessité de ces moyens contre un mal qui se propage essentiellement par l'abus des communications et des lumières deviendra une calamité pour toutes les nations de l'Europe, dont la prospérité et la prédominance sur les autres peuples tiennent intimement à une communauté d'institutions en tous genres, d'administration interne, de mœurs douces et tranquilles, d'opinions éclairées et d'une religion bienfaisante et épurée, qui les réunit toutes en une seule famille de nations [1]..... L'indispensable emploi de précautions proportionnées à un genre de séduction que tant de voies favorisent, ne pourra que tendre à isoler les nations et forcera les princes les plus sages et les plus indulgents à s'interdire des réformes véritablement utiles et à sacrifier de nouveaux progrès de la félicité publique au salut de l'ordre et de la tranquillité qui en sont la première base [2]. » Ce n'est pas le cri de haine des émigrés ou l'anathème de Burke;

---

[1] Comparez ce passage de Voltaire : « Il y avait déjà longtemps qu'on pouvait regarder l'Europe chrétienne, à la Russie près, comme une espèce de grande république partagée en plusieurs États,... tous correspondant les uns avec les autres, tous ayant un même fond de religion, quoique divisés en plusieurs sectes, tous ayant les mêmes principes de droit public et de politique... » *Siècle de Louis XIV*, Introduction, ch. II.

[2] VIVENOT, t. I, p. 209-210.

c'est la protestation du despotisme éclairé contre la démocratie révolutionnaire, l'appel d'alarme d'un disciple aristocratique de Voltaire devant l'invasion de la troupe républicaine, fougueuse et paradoxale des élèves de Rousseau.

Cette digression dans le droit public et la philosophie ne fait point d'ailleurs perdre au chancelier la vue des intérêts autrichiens. Il ne saurait être question de rétablir le formidable gouvernement de Louis XIV. Il importe qu'en prenant leurs mesures, les puissances « rassurent la nation française sur ses appréhensions d'une contre-révolution violente et absolue ». Elles s'appuieront sur les modérés, qui sont le plus grand nombre, et qui sont en ce moment opprimés par les factieux. Quant aux moyens, Kaunitz précisait ceux que l'Empereur avait déjà proposés : un congrès, ou une conférence, puis une déclaration collective réclamant la cessation des armements, la répression de la propagande, le rétablissement des droits féodaux en Alsace, ou un dédommagement en nature aux princes allemands possessionnés, la restitution d'Avignon au Saint-Siége, le rétablissement de l'ordre à l'intérieur, la garantie des principes essentiels du gouvernement monarchique, la liberté et la sûreté du Roi. Si cette déclaration ne produisait point d'effet, les puissances rappelleraient leurs agents, cesseraient avec la France « toutes communications de personne et de commerce », et appuieraient leurs démarches par un déploiement « de troupes très-considérables », destinées, le cas échéant, à « réprimer et repousser les hostilités et violences que la France entreprendrait au dehors ». Les frais de la guerre seraient supportés en commun. L'Autriche et la Prusse fourniraient chacune 50,000 hommes.

Léopold savait déjà que ces dispositions étaient conformes aux vœux de la famille royale. Il s'en assura de nouveau par Fersen [1], qu'il vit le 4 août, et il en avertit sa sœur Marie-Christine. « Ne croyez rien, lui écrivait-il [2], ne vous laissez induire à rien et ne faites rien de ce que les Français

---

[1] Fersen, *Journal*, t. I, p. 9.
[2] 30 juillet 1791. Feuillet, t. III, p. 423.

et les princes vous demanderont, hors les politesses et les diners; mais ni troupes, ni argent, ni cautionnement pour eux. » Il ajoutait : « Je fais ma paix avec les Turcs... Je pousse l'Empire par les voies légales. » L'Empire ne demandait qu'à être poussé. Le 6 août, la diète prit un *conclusum* invitant l'Empereur à soutenir les droits des princes, à maintenir les traités, à invoquer l'intervention des puissances garantes et à provoquer, s'il y avait lieu, l'armement des autres. L'électeur de Trèves demanda du secours : Léopold lui répondit que six mille Autrichiens et six mille Prussiens allaient se porter en Souabe et en Franconie. Cette mesure fut notifiée au gouvernement français [1]. C'étaient les premiers résultats de l'entente entre l'Autriche et la Prusse : cette entente était assurée, et l'on s'occupait de la sceller par un traité.

Bischoffswerder était revenu à Vienne, et il y négociait directement avec Kaunitz. Le vieux chancelier n'aimait ni n'estimait la France; après l'avoir exploitée, en la méprisant, sous Louis XV, il en avait subi avec impatience le relèvement momentané, sous Louis XVI; il la détestait dans la Révolution [2]. Cette haine était si forte en lui, qu'elle l'emporta sur son inimitié pour les Prussiens. Ces derniers, d'ailleurs, se montraient aussi souples qu'insinuants [3]. Kaunitz n'avait pas eu de peine à se tenir en garde contre les sarcasmes de Frédéric, l'arrogance de ses agents et les fanfaronnades de Hertzberg. Il rencontrait maintenant un homme du monde, très-poli, courtisan au parler doucereux, qui se répandait à tout propos en effusions sentimentales ou en confuses congratulations. Plus infatué que jamais de sa personne et de ses idées, il se laissa, malgré tout son scepticisme, engluer à l'appât théosophique. Il s'imagina qu'il mènerait Frédéric-Guillaume et son favori comme il avait mené Louis XV et sa maîtresse. Il crut trouver dans l'alliance prussienne une fructueuse et facile revanche de la rup-

---

[1] HÆUSSER, t. I, p. 283-285. — VIVENOT, t. I, p. 216.
[2] FERSEN, *Journal*, 6 août 1791, t. I, p. 12.
[3] FERSEN, *Journal*, août 1791. — BEER, *Kaunitz*, p. 419 et suiv. — SYBEL, *Traduction*, t. I, p. 302-304. — HÆUSSER, t. I, p. 313.

acheminer 3,000 hommes sur le Nord. Au bout de trois mois on parvint à en réunir 10,000 en Catalogne et 2,000 en Navarre. L'Espagne s'en trouvait épuisée. Toutes les caisses étaient vides; depuis deux mois on ne payait plus même le conseil de Castille. La cour essaya de négocier un emprunt à Gênes et un autre en Hollande : elle eut toutes les peines du monde à se procurer 400,000 piastres qu'elle avait promises au comte d'Artois. Ajoutez des difficultés avec le Maroc, qui finirent par une déclaration de guerre. Par-dessus tout, la crainte de l'Angleterre. S'engageant dans une guerre avec la France, sans être assurée de la neutralité bienveillante des Anglais, l'Espagne exposait ses colonies à leurs entreprises. Or, les Anglais ne cessaient point de disputer sur les moindres précautions que les Espagnols prenaient du côté de la mer. Entravée de la sorte, l'Espagne ne pouvait que tergiverser ; c'est ce qu'elle commença de faire, pour le continuer longtemps. Burke la comparait à une baleine échouée qui suffoque sur la grève. Dès le commencement d'août, Charles IV considérait que Louis XVI pourrait fort bien s'accommoder avec son peuple au moyen d'une constitution. — Ce serait au surplus, disait-il, le meilleur des dénouements, car de l'humeur dont sont les Français, et avec l'enthousiasme qu'ils montrent pour leur révolution, une guerre contre eux aurait peu de chance de conduire à des résultats pratiques. Des armées conquérantes ne sauraient posséder en France que le terrain qu'elles occuperaient[1].—Le gouvernement de Madrid concluait à la neutralité.

Celui de Naples écrivit de belles dépêches, promit des vaisseaux, proscrivit les gazettes françaises et fit brûler les écrits de Filangieri. Il n'était point de taille à entreprendre davantage. La Sardaigne annonça qu'elle donnerait volontiers toutes ses troupes ; mais comme elle se jugeait menacée, elle commença par demander du secours afin de rétablir la tranquillité dans ses propres États[2]. Quant à la Tsarine,

---

[1] Charles IV à Gustave III, 3 août 1791. FERSEN, t. I, p. 153.
[2] FERSEN, p. 9-10. — VIVENOT, t. I, p. 272. — FRANCHETTI, p. 59-60. — BIANCHI, t. I, p. 631.

elle adressa à l'Empereur des adjurations vigoureuses ; elle invita ses agents diplomatiques à exciter le zèle de toute l'Europe pour une cause qui était celle de tous les rois ; elle envoya un subside aux émigrés ; mais elle n'offrit à la coalition ni argent ni soldats [1] : elle avait besoin pour ses propres opérations de ses trésors et de ses armées. « L'Impératrice ne se mêlera de rien, écrivait l'envoyé suédois [2] ; elle répond que la saison est trop avancée, qu'il faut attendre les réponses des autres cours. » Un émigré français lui demandait de prêter au moins ses vaisseaux pour porter les troupes du roi de Suède. Elle répliqua froidement : « Mes vaisseaux désarment. D'ailleurs, comment les Anglais regarderaient-ils cette expédition ? Ils sont de mauvaise foi. Ce projet-là est impossible [3]. »

L'Autriche se voyait ainsi rejetée sur la seule Prusse, et la ligue européenne se réduisait à une alliance entre les cours de Vienne et de Berlin. Mais, à Berlin même, les vues étaient loin d'être claires, directes et simples. Il restait dans les esprits bien des arrière-pensées. Avant de s'engager sur le chemin de la Terre Sainte, la croisade avait à débrouiller un terrible écheveau d'intérêts enchevêtrés.

II

Frédéric-Guillaume était « sensible » et très-infatué de sa royauté. L'arrestation de Louis XVI l'affecta dans tous ses sentiments. « Dans son intérieur, il était pensif, et il s'est écrié plusieurs fois : Quel terrible exemple ! » rapporte un diplomate [4]. Il manifesta d'abord beaucoup d'ardeur, et dit très-haut qu'il appuierait les démarches de l'Empereur. L'amour-propre,

---

[1] Catherine à Léopold, 1er août 1791. Vivenot, t. I, p. 550.
[2] Juillet 1791. Geffroy, t. II, p. 177.
[3] Rapport de Stedingk, 11 août 1791. Geffroy, t. II, p. 179. Cf. Fersen, t. I, p. 28.
[4] Rapport de Moustier, 2 juillet 1791. Cf. Mémoires d'un homme d'État, Paris, 1828, t. I, p. 122.

toujours agité chez lui, trouvait son compte à cette générosité : la Prusse, qui n'éprouvait depuis trois ans que des échecs et des déconvenues, se relèverait devant le monde par une noble et brillante entreprise [1]. Mais s'il s'emportait en paroles, ce monarque demeurait mesuré dans ses actes. Ses ministres le retenaient. Ils supputaient les bénéfices éventuels de l'entreprise et ne les trouvaient point évidents. La Prusse était calme et prospère; ils n'y redoutaient point la propagande française. Il leur semblait du reste que le meilleur moyen de s'en préserver était de ne point mécontenter le peuple en le chargeant de nouveaux impôts [2]. Le Roi méditait de se lancer dans une guerre de principes; ces politiques prévoyants éprouvaient le besoin de savoir qui en supporterait les frais. Il ne leur paraissait point expédient que ce fût le trésor prussien.

Ils se trouvaient dans ces dispositions, lorsque le ministre d'Autriche, le prince de Reuss, leur remit, le 27 juillet, un mémoire rédigé d'après les instructions de Kaunitz. Il avait pour objet d'établir une entente sur toutes les mesures à prendre en vue du concert; parmi ces mesures, l'Autriche indiquait expressément une déclaration commune des alliés, écartant toute idée de conquête. Les ministres prussiens n'en délibérèrent pas longtemps. Dès le lendemain, ils soumirent au Roi une réponse que ce prince approuva, et qui fut incontinent expédiée à Jacobi, chargé des affaires de la Prusse à Vienne [3]. Ce document se signalait par le sens pratique qui est, en général, le propre de la chancellerie de Berlin. Le ton n'en était pas

---

[1] HÆUSSER, t. I, p. 320 et suiv.
[2] Moustier écrivait le 2 août 1791 : « Il paraît que jusqu'à présent le gouvernement prussien a été très-tranquille sur l'effet de la révolution de France dans les États prussiens. En effet, lorsqu'on ne cherche point à innover, lorsque les taxes foncières sont immuables d'après les plus anciens cadastres, lorsque la justice distributive est parfaitement administrée, lorsque les revenus de l'État excèdent les dépenses au point de permettre l'entretien d'un trésor de réserve, enfin lorsque l'armée est parfaitement disciplinée, on n'est pas près d'éprouver une révolution, surtout de la part d'un peuple dont le caractère est fort éloigné de la mobilité et de l'inconstance. » Cf. Mémoires des ministres, 3 et 16 juillet 1791. HÆUSSER, t. I, p. 312.
[3] Frédéric Guillaume à Jacobi, 28 juillet 1791. VIVENOT, t. I, p. 218. — Lettre à Léopold, 30 juillet, id., p. 228. — HERRMANN, Dip. cor., p. 48 et suiv.

celui de l'enthousiasme, ni l'esprit celui du désintéressement. Le Roi acceptait, en principe, le projet de l'Autriche pour le concert des puissances ; mais il ajournait toute démarche effective à l'égard des Français après la conclusion de la paix entre la Russie et les Turcs. Il refusait de rompre les relations commerciales avec la France, parce que ses sujets en souffriraient. Il demandait à être éclairé sur les intentions des autres cours, et en particulier sur celles de l'Angleterre. Puis, découvrant la pensée intime, la pensée de derrière la tête, qui allait devenir bientôt la pensée dominante dans toute la négociation, il faisait observer que le système du désintéressement se comprendrait fort bien tant qu'il ne s'agirait que de sauver Louis XVI et de le rétablir sur son trône : « Mais, poursuivait-il, que ferions-nous si la guerre amenait un résultat différent, et peut-être plus vraisemblable, si l'établissement d'un nouvel ordre de choses en France rencontrait des difficultés insurmontables, et si, néanmoins, les armes des puissances alliées avaient opéré la facile conquête de l'Alsace et de la Lorraine? Il n'y aurait, dans ces conjonctures, aucune raison de les restituer à la France. Les princes allemands recouvreront tous leurs droits ; mais les possessions de ces princes ne représentant guère qu'un quart de ces provinces, que fera-t-on du reste? S'il s'agissait alors de le restituer à son ancien souverain, la maison d'Autriche, il est clair que cette restitution ne pourrait me laisser indifférent, et que si, au préalable, une entente ne se faisait pas sur cet objet et sur les moyens de me procurer un dédommagement équivalent, il en pourrait résulter des scissions et peut-être une rupture complète entre les alliés. Il est donc, à mes yeux, de la plus haute importance de s'entendre d'avance sur ce point [1]. »

Les ministres prussiens avaient déjà jeté leur dévolu sur la Silésie autrichienne : cet arrondissement leur paraissait, le cas échéant, le plus convenable pour la Prusse [2]. Ils ne connaissaient pas encore le traité préliminaire de Vienne. Quand ils en

---

[1] Post-scriptum à la dépêche ostensible du 28 juillet, HERRMANN, *Dip. cor.*, p. 57. — HÆUSSER, t. I, p. 314. — SYBEL, *Trad.*, t. I, p. 304-305.
[2] Rapport d'Ewart, 4 août 1791. HERRMANN, *Dip. cor.*, p. 74.

furent informés, ils jugèrent que Bischoffswerder avait été beaucoup trop vite en besogne; qu'il s'était trop occupé des principes et pas assez des garanties. L'article des hypothèques manquait dans le contrat qu'il avait minuté le 25 juillet. Les ministres attendirent, pour en dresser les ratifications, la réponse de l'Empereur à leurs ouvertures. Le Roi les laissait faire, jugeant qu'il y avait du bon dans leurs scrupules de praticiens. Bien certain que ces conseillers très-circonspects ne l'engageraient point à l'aventure, il s'attribuait l'honneur gratuit des beaux sentiments chevaleresques. Il recevait les émigrés, qui le caressaient dans toutes ses vanités et dans toutes ses passions; il appelait à sa cour Bouillé pour lui demander un plan d'opération[1], et il encourageait sous main Bischoffswerder à persister dans le rôle vertueux qu'il avait commencé de jouer à Vienne[2].

Ce manége de théosophie, de cupidité, de politique et de grandeur d'âme préoccupait l'Empereur, beaucoup trop avisé pour en être dupe. « Ils disent toujours qu'il faut voir, qu'il faut s'arranger sur les moyens, répétait-il à Fersen[3]; ils voudraient savoir qui payera les frais; ils veulent être assurés de ce payement; comment les en assurer? Je crois qu'ils voudraient être nantis de quelque chose, et quand ils l'auront, le rendront-ils? Vous savez que ce qui est bon à prendre est bon à garder, et j'ai peur que ce ne soit là leur principe. Ils disent d'ailleurs qu'il leur faut la réponse de l'Angleterre... » C'était un cercle vicieux, et de toutes ces correspondances diplomatiques, il ne résultait qu'une conclusion, l'impossibilité d'établir une entente entre les puissances. Or, sans cette entente, Léopold ne voulait rien entreprendre : il estimait que c'eût été « se sacrifier » inutilement[4], et il n'y avait aucun goût. L'Europe refusait de croire au danger qu'il lui dénonçait; au fond, il n'y croyait guère davantage. Toutes ces belles causes d'intervention

---

[1] Bouillé à Gustave III, 11 août 1791. Feuillet, t. III, p. 435. — *Mémoires de Bouillé*, ch. xii, p. 292.

[2] Manstein à Bischoffswerder, 2 août; Kaunitz à Spielmann, 14 août 1791. Vivenot, t. I, p. 222.

[3] Fersen, *Journal*, 14 août 1791, t. I, p. 14.

[4] Cf. Léopold à Marie-Christine, 6 août 1791. Feuillet, t. III, p. 430.

que sa chancellerie avait savamment déduites, n'étaient, à ses yeux, qu'un thème de diplomatie. Sa conscience de frère et de souverain s'accommodait de ces réflexions, et il revint à son système favori qui était de laisser passer les orages et de laisser aller les événements. Les nouvelles de France lui en fournirent sinon un motif sérieux, au moins un prétexte décent.

Marie-Antoinette lui fit tenir par l'entremise de Noailles une lettre portant que tout était changé en France, que l'on y préparait une constitution, qu'en l'acceptant, le Roi assurerait sa liberté, et qu'il avait l'espoir de s'entendre avec l'Assemblée[1]. En même temps qu'elle expédiait cette lettre, la Reine avertissait Mercy qu'il n'en fallait pas croire un mot; que ce n'était qu'un leurre pour endormir ses geôliers; que ses desseins véritables restaient toujours les mêmes, et que si elle attendait de l'Empereur une réponse ostensible destinée à rassurer l'Assemblée, elle comptait que, dans la réalité, il poursuivrait les négociations entamées en vue de l'intervention[2].

Léopold n'eut pas le moindre doute sur la pensée de sa sœur[3]; mais il lui convint de se méprendre sur le sens de ses lettres. Il aperçut là une échappatoire, et il en profita. Il se plut à croire qu'avec de la résignation, du temps et de l'adresse, Louis XVI conserverait la vie sauve et les apparences du pouvoir. Léopold n'en voulait pas davantage pour son beau-frère; on peut même dire que de toutes les solutions de la crise, c'était celle qui convenait le mieux à sa politique. Pourvu que l'on ne commît point d'attentat direct contre les personnes de la famille royale, une France réduite à l'état de la Pologne entrait parfaitement dans les plans de la maison d'Autriche[4]. Dès lors le parti de Léopold fut arrêté : il affecta de ne point répondre aux avis secrets de la Reine, et il prit à la lettre les déclarations ostensibles de Louis XVI, destinées à tromper l'Assemblée et le public.

---

[1] 30 juillet 1791, Arneth, p. 188.
[2] Marie-Antoinette à Mercy, 31 juillet et 1er août 1791. Arneth, p. 193-194.
[3] On lit dans le *Journal de Fersen*, à la date du 14 avril : « Il (l'Empereur) conclut que la lettre a été forcée et qu'ils veulent toujours qu'on les aide; il y paraît décidé, mais avec des précautions pour les assurer contre la canaille. »
[4] Voir la dépêche de Kaunitz à L. Cobenzl, 8 juillet 1791. Vivenot, t. I, p. 191.

Il encouragea Marie-Antoinette à persister dans la voie de la conciliation, ajoutant même, pour faciliter l'accord entre les Tuileries et l'Assemblée, que la libre acceptation par le Roi d'une constitution garantissant les principes du gouvernement monarchique, pouvait seule rassurer les puissances et suspendre les effets de la ligue qu'elles étaient sur le point de former [1].

C'était tout le résultat de six semaines de négociations : l'Europe ne s'était entendue que pour abandonner pompeusement le roi de France à sa mauvaise fortune. L'Empereur se félicitait de ce dénoûment inespéré d'une crise embarrassante. Il n'avait plus de souci que du côté de la Pologne; mais il pensait qu'étant d'accord avec la Prusse, il réglerait cette affaire à son gré.

Ces calculs de Léopold ne faisaient point le compte de la grande Catherine. Elle venait de signer avec les Turcs, à Galatz, le 11 août, des préliminaires de paix. Elle gardait Otchakof avec le pays entre le Boug et le Dniester. C'était peu de chose auprès de ce qu'elle avait ambitionné en commençant, trois ans auparavant, cette guerre d'Orient qui tournait court et finissait médiocrement. Elle n'était point femme à se contenter de cette obole, et si elle renonçait momentanément à poursuivre le « projet grec », c'était pour consacrer toutes ses forces au dessein polonais. Ses mesures contre la France se réduisaient à des démonstrations de chancellerie. Elle donna l'ordre à son agent de Paris, Simolin, de partir dès que les autres ministres se retireraient. A Pétersbourg, le chancelier, Ostermann, déclara à Genet, le chargé d'affaires de France, qu'il ne recevrait de lui aucune communication, et qu'il avait interdit, « sous peine d'être condamné à des châtiments corporels », à tout Russe d'accepter aucun paquet ou aucune missive de ses mains [2].

Catherine considérait que c'était la chose la plus aisée du monde de mettre au pas les révolutionnaires de France. Elle était convaincue que, si elle le voulait, elle en aurait aussi aisément raison que des Suédois et des Polonais. Elle tenait les prin-

---

[1] Léopold à Marie-Antoinette, 17 et 20 août 1791. ARNETH, p. 198-200.
[2] Rapports de Genet, 1ᵉʳ septembre, 14 octobre 1791.

cipes français pour de pures billevesées et les révolutionnaires pour de simples brouillons. L'idée d'une résistance nationale n'entrait point dans son esprit. « Il faut aux Gaulois un César pour en faire la conquête », disait-elle ; mais il aura la besogne facile [1]. « Je parie comme deux et deux font quatre que deux bicoques emportées par la force ouverte de qui il vous plaira, feront sauter tous ces moutons par-dessus le bâton qu'on leur présentera, de quel côté qu'on le voudra [2]. » Voilà qui est bientôt dit : reste à trouver le bâton et une main pour le tenir. « Vingt mille Cosaques seraient beaucoup trop pour faire un tapis vert depuis Strasbourg jusqu'à Paris ; 2,000 Cosaques et 6,000 Croates suffiraient [3]. » Cependant Catherine n'aura garde de les fournir. Elle laisse l'honneur de l'aventure au roi de Prusse, dont elle se moque, et à l'Empereur, dont elle se méfie. « C'est l'unique homme auquel je pardonne de jouer le jeu qu'il joue, disait-elle de Léopold ; je l'en félicite ; s'il ne trompe pas, je le plains. »

Léopold, sous ce rapport, était l'homme du monde le moins digne de pitié. Il voyait très-clairement dans le jeu de l'Impératrice, et Frédéric-Guillaume, sans posséder la même sagacité, se défiait d'instinct de cet étrange zèle d'une puissante souveraine pour une cause qu'elle soutenait si peu. L'ardeur des deux Allemands à guerroyer sur le Rhin se refroidissait à mesure que s'échauffait l'ardeur de la Russie à les y pousser. Cet appel aux armes qui partait de Pétersbourg les incitait à détourner la tête, et, au lieu de la France qu'on leur désignait, c'était la Pologne qui tombait sous leurs regards. Cependant, la Tsarine n'avait point entièrement perdu son temps et ses paroles. Les Polonais du parti russe recommençaient à conspirer, le roi de Suède menait grand tapage de fanfares à l'avant-garde de la future coalition, et les émigrés français, prosternés aux pieds de Catherine, remplissaient le monde des éclats de leur reconnaissance.

---

[1] A Grimm, 27 avril 1791, *Corr.*, p. 506.
[2] A Grimm, 7 septembre 1791, *Corr.*, p. 551. Cf. p. 553.
[3] A Grimm, 13 septembre 1791, *Corr.*, p. 556.

III

L'émigration avait maintenant un roi et un connétable. Le roi, c'était le comte de Provence, sorti de France à la fin de juin; le connétable, c'était Gustave III, arrivé le 14 à Aix-la-Chapelle [1]. Déployant sur ce théâtre d'Allemagne le faste tumultueux et l'appareil légèrement ridicule qu'il mêlait aux actions même les plus graves ou les plus nobles de sa vie, il faisait état de chef de parti et se posait en lieutenant général de l'Europe monarchique. Il invitait à de brillantes réceptions les émigrés qui affluaient dans la ville pour lui faire leur cour. Il offrait, trois fois par semaine, à ses nobles clients de France des dîners de cent couverts. Il tranchait du héros, du négociateur, du protecteur surtout et de l'homme à principes. Ceux qu'il affichait se signalaient par une simplicité radicale. La propagande et les émissaires lui paraissaient, au demeurant, le moindre des périls que la Révolution française faisait courir à l'Europe; le vrai péril venait des « monarchiens » et de leur gouvernement « métaphysique », qui, s'il se consolidait, présenterait « un exemple encore plus dangereux et servirait à bouleverser tous les trônes [2] ». Sa logique poussait le raisonnement jusqu'aux conséquences extrêmes; la monarchie était tout à ses yeux, le monarque rien : pourvu que le prince régnât absolument, son nom importait peu. « Il peut être égal, écrivait-il à Catherine [3], si c'est Louis XVI, ou Louis XVII, ou Charles X qui occupe le trône, pourvu qu'il soit relevé, pourvu que le monstre du manége soit terrassé, et que les principes destructeurs de toute autorité soient détruits avec cette infâme assemblée et le repaire infâme où elle a été créée. Le seul remède à cela, c'est le fer et le canon. Il se pourrait qu'à ce moment, le Roi et la

---

[1] Voir GEFFROY, *Gustave III*, t. II, ch. IX.
[2] Lettre à Stedingk, 10 juillet 1791. GEFFROY, t. II, p. 174.
[3] 9 juillet 1791. FEUILLET, t. III, p. 309.

Reine fussent en danger, mais ce danger n'équivaudrait pas à celui de toutes les têtes couronnées que la Révolution française menace. »

C'est la pure doctrine du salut public ; elle ne se rapprochait que trop des vues qui dominaient parmi les émigrés et jusque dans l'entourage des princes du sang. « Dégoûté de les voir. Il y a ici des joies indécentes ! » avait écrit Fersen, en arrivant à Bruxelles, après le désastre de Varennes. « J'en ai trouvé beaucoup, rapporte Augeard dans le même temps, qui me disaient que c'était un bonheur que le Roi eût été arrêté [1]. » L'émigration n'avait plus, en effet, de mesure à observer : la captivité de Louis XVI la déliait d'une obéissance qui lui pesait, encore qu'elle la gardât peu. Dès qu'il fut à Bruxelles, « Monsieur fit examiner ses droits par les premiers magistrats de Rome, par des pairs, grands officiers de la couronne, archevêques et évêques. Il fut convenu d'une voix unanime que, par les lois de France, par la captivité du Roi et du Dauphin, Monsieur était, de droit, et *ipso facto*, régent de France ; qu'il pouvait, qu'il devait même prendre cette qualité, et que tout ce qui émanerait de lui devait être regardé comme de droit émané de l'autorité du Roi même; qu'il n'avait besoin d'aucun acte, d'aucune formalité préalable, et qu'il entrait en exercice par devoir même de son droit[2]. » Les princes et leurs conseillers se trouvaient les maîtres de la « vraie France »; ils pouvaient s'abandonner à leur génie, sauver l'État à leur façon et travailler dans le grand. Ils ne perdirent pas de temps à arrêter leurs mesures.

Le 5 juillet, le roi de Suède réunit à Aix-la-Chappelle, dans une sorte de conseil, le comte de Provence, le comte d'Artois et l'évêque d'Arras, M. de Conzié[3]. Gustave qui avait, dès le 27 juin, mandé à Staël de rompre avec le gouvernement français, exposa comment il entendait le renverser pour rétablir l'ancien ordre des choses. — Le Roi étant empêché, dit-il, Mon-

---

[1] FERSEN, *Journal*, 10 juillet 1791, t. I, p. 4. — AUGEARD, *Mémoires*, p. 274.
[2] Mémoire de Gustave III à Catherine, 9 juillet 1791. FEUILLET, t. III, p. 395.
[3] Mémoire lu par le roi de Suède Gustave III à Catherine, 9 juillet 1791. FEUILLET, t. III, p. 379, 391. — Les princes à Catherine, 31 juillet 1791. FEUILLET, t. II, p. 187.

sieur doit prendre le titre de régent, former un gouvernement, envoyer des ambassades, négocier des alliances. Les bons Français, en le soutenant, ne seront point des rebelles; ils seront au contraire des sujets fidèles luttant contre un pouvoir usurpateur. Monsieur, à son retour en France, appellera autour de lui les pairs, les grands officiers de la couronne, les évêques, les parlements, et promettra de conserver les anciennes lois du royaume et les lois des différents ordres. L'ancien régime sera rétabli dans son intégrité; on aura la « monarchie sans mélange [1] ». — Les décrets constitutionnels de l'Assemblée, déclarèrent de leur côté les princes, sont tellement détestables « qu'il est impossible d'en conserver sans tout perdre ». « Le Roi, remis en possession de son autorité, accordera à ses peuples tout ce qu'ils peuvent espérer de sa bienfaisance. Il réformera les abus, et fixera les bornes d'une liberté raisonnable... » Mais, jusque-là, point de transaction ni de conciliation. « Il n'y en a aucune qui soit praticable. On ne peut pas composer avec le crime, on ne peut pas se fier à la perfidie; on ne peut pas traiter avec une assemblée nulle en elle-même... » « Ce n'est que par la force des armes qu'on subjuguera le fanatisme de l'opinion [2]. » Cette force devait être irrésistible : Gustave III en répondait. Se forgeant d'après son imagination et les romans politiques de Calonne une Europe de fantaisie, il voyait 35,000 Autrichiens envahissant la France par la Flandre, 12,000 Suisses entrant par la Franche-Comté, 15,000 Sardes par le Dauphiné, 20,000 Espagnols par les Pyrénées; 16,000 Suédois avec 6 à 8,000 Russes, sous ses ordres, débarqueraient en Normandie, occuperaient les rives de la Seine et affameraient Paris, tandis que les princes avec les émigrés et les contingents de l'Empire pénétreraient dans le royaume par le Brisgau et l'Alsace. L'Angleterre laisserait faire : les Antilles, au besoin, payeraient sa neutralité.

---

[1] Cf. La Rocheterie, *op. cit.*, p. 951.
[2] Les mots entre guillemets sont extraits de la lettre des princes à Catherine. Feuillet, t. II, p. 192-193. Cf. Fersen, t. I, p. 7, *Journal* du 25 juillet : « Le comte d'Artois ne veut aucune négociation, mais la force. »

Ces projets furent adoptés par les princes et leur allié. Mais ces résolutions prises, il fallait trouver de l'argent et des soldats, c'est-à-dire gagner le concours de l'Europe. Gustave III se fit le porte-parole de cette régence qu'il avait presque suscitée. Il avait écrit déjà au roi de Prusse, il écrivit à celui d'Espagne [1]; il chargea Fersen de gagner l'Empereur, et il envoya un long mémoire à la Tsarine dont il attendait tout. Puis il manda près de lui le marquis de Bouillé afin d'étudier les plans d'exécution. Bouillé arriva, aigri de son impuissance à sauver le Roi, exalté contre la Révolution et altéré de vengeance, au point d'en perdre toute retenue et toute mesure. Il avait écrit à l'Assemblée une lettre furieuse [2] : « J'ai voulu sauver ma patrie, mon roi, sa famille... Vous répondrez de leurs jours, je ne dis pas à moi, mais à tous les rois; et je vous annonce que si on leur ôte un cheveu de la tête, avant peu il ne restera pas pierre sur pierre à Paris. Je connais les chemins, j'y guiderai les armées étrangères!... » Il prépara les étapes avec Gustave. Tournant contre la France les renseignements qu'il avait été chargé naguère de recueillir pour la défendre, il montra au roi de Suède la frontière ouverte à l'invasion, l'armée « perdue sans ressource », privée d'officiers, manquant de discipline, dépourvue de munitions; les places délabrées, vides d'artillerie et pleines de complices prêts à en ouvrir les portes. Il espérait, en se livrant ainsi au roi de Suède, que ce prince n'en abuserait point contre la France [3] : il voyait en lui le seul allié désintéressé de Louis XVI, et confondait le salut de son maître avec celui de l'État et de la patrie : excuse dont s'abusaient alors et dont se réclament devant l'histoire des hommes de cœur, comme celui-là, jetés brusquement hors de toutes leurs voies par la tempête, et aussi incapables d'en mesurer la force que d'en discerner la direction.

---

[1] Gustave III au roi de Prusse, 3 juillet 1791; au roi d'Espagne, 16 juillet, GEFFROY, t. II, p. 186; à Catherine, 9 juillet, FEUILLET, t. III, p. 391; à Fersen, 21 juillet, FERSEN, t. I, p. 148.
[2] 26 juin. *Mémoires de Ferrières,* Paris, 1822, t. II, p. 472. — *Moniteur*, t. IX, p. 6. — LA ROCHETERIE, *op. cit.*, p. 964.
[3] BOUILLÉ, *Mémoires*, ch. XII, et Appendice : *Notes sur les affaires de France.*

colère, et le bruit se répandit dans Vienne que pour faire revenir l'Empereur sur cette déclaration, il était allé jusqu'à lui offrir la Lorraine[1]. Léopold resta inflexible. Tout ce qu'obtint le comte d'Artois fut l'autorisation de venir à Pillnitz : mais on eut soin de le prévenir que sa présence y serait parfaitement inutile et ne changerait rien aux intentions de l'Empereur[2]. Le langage des ministres était des plus décourageants; ils ne dissimulèrent pas qu'ils « regardaient l'affaiblissement de la France comme un grand avantage pour la maison d'Autriche, et que ce serait contraire à la politique de cette maison de contribuer à lui rendre sa splendeur, à moins d'en retirer de grands dédommagements ». Kaunitz considérait les affaires en France « comme désespérées et perdues sans retour ». Il détournait son maître de s'en mêler. D'ailleurs, répétait-il, « si Louis XVI s'entend avec l'Assemblée nationale, la guerre devient inutile ». Loin de se préparer à combattre, l'Empereur songeait à réduire ses armements[3]. C'est dans ces dispositions qu'il partit, le 22 août, pour la Saxe. Le comte d'Artois, avec sa suite, grossie de plusieurs émigrés de marque, se mit en route le même jour.

IV

Pillnitz est un château, près de Dresde, résidence d'été des souverains saxons. L'Empereur y arriva, le 25 août, avec le maréchal Lacy et le baron de Spielmann, référendaire à la chancellerie de cour et d'État, intrigant subalterne, commis à tout faire, parti de bas, en voie de percer, et s'élevant par la faveur du prince à une sorte d'importance occulte. Il avait débuté dans l'emploi des confidents, il visait maintenant les

---

[1] Sybel, *Trad.*, t. I, p. 308. — Hæusser, t. I, p. 322. — Herrmann, *Dip. cor.*, p. 65-68.
[2] *Mémoires d'Esterhazy*, Feuillet, t. IV, p. 59.
[3] Rapports de Jacobi, 20 et 29 août 1791. Herrmann, *Dip. cor.*, p. 67 et 69.

seconds rôles : par son caractère, ses origines et ses dispositions, c'était un partenaire parfaitement assorti au colonel Bischoffswerder. Spielmann avait déjà négocié à Vienne avec le favori du roi de Prusse. Il le retrouva dans le cortége de ce prince. Frédéric-Guillaume parut à Pillnitz peu d'instants après l'Empereur ; il amenait un officier général, le prince de Hohenlohe-Ingelfingen, et un aide de camp de confiance, Manstein, rival secret et complaisant public de Bischoffswerder. Les princes héritiers d'Autriche et de Prusse accompagnaient leurs pères. Ce fut la première des innombrables entrevues qui devaient réunir François II et Frédéric-Guillaume III, au cours des événements extraordinaires qui se préparaient alors, et qui leur réservaient à tous les deux de si orageuses destinées.

La réception de l'électeur de Saxe fut splendide : un banquet somptueux, suivi d'un spectacle de gala, d'illuminations, d'une assemblée brillante et d'un souper, remplirent la journée et une partie de la nuit. A travers ces fêtes, qui se poursuivirent le lendemain, les souverains ne purent causer qu'en termes généraux et par échappées. Toutefois, l'impression de ces entretiens fut excellente de part et d'autre. « Le roi de Prusse, écrit Léopold[1], a été on ne peut plus franc, cordial et honnête avec moi. Il me paraît pleinement convaincu de l'utilité de l'alliance, et la désirant sincèrement et de bonne foi. » Ils se bornèrent à échanger des témoignages de confiance : c'était, au fond, le véritable objet de leur entrevue. Les ministres causèrent de la Pologne, mais sans rien arrêter, et il est probable qu'aucune affaire sérieuse n'aurait été délibérée à Pillnitz, sans l'arrivée des Français[2]. Le comte d'Artois se présenta le 26 au château, entouré de toute la diplomatie et de tout le conseil de guerre de l'émigration : Condé, Calonne, Roll, Esterhazy, d'Escars, Polignac, Flachslanden, Châteauneuf, Bouillé enfin qui apportait le plan de campagne préparé sous les yeux du comte de Provence par les maréchaux de Broglie et de Cas-

---

[1] A Kaunitz, 30 août 1791, BEER, *Kaunitz*, p. 424.
[2] Rapport de Spielmann, VIVENOT, t. I, p. 236. — SYBEL, *Trad.*, t. I, p. 311.

tries[1]. Nassau-Siegen, agent officieux de Catherine auprès des princes, avait pris place dans le cortége. L'objet de cette bruyante visite était de compromettre les souverains allemands dans la cause de la noblesse et de les engager à des démarches qu'ils seraient ensuite obligés de soutenir par la force : l'occupation de l'Alsace, par exemple [2]. Le roi de Prusse y paraissait disposé : l'idée de faire entrer ses troupes dans le royaume flattait son orgueil, et il s'en pouvait suivre des combinaisons d'échange qui ne laissaient point de l'intéresser. Il écrivit, de Pillnitz même, à son agent à Vienne, Jacobi [3] : « Ce que vous me faites observer au sujet de la Lorraine dont il aurait été question à Vienne, entre le comte d'Artois et l'Empereur, et qui pourrait servir d'indemnité pour les frais de la guerre, est de la plus haute importance et mérite d'être considéré avec la plus grande attention. » Ainsi raisonnait ce prince au moment où les émigrés, convaincus de sa générosité, se leurraient de son désintéressement.

Le comte d'Artois développa ses plans devant l'Empereur et le roi de Prusse. « Il insista terriblement [4] » pour obtenir leur adhésion aux dix *points à fixer* qu'il leur présenta par écrit [5] : le fond en était la reconnaissance de Monsieur en qualité de régent, les moyens de lever des troupes dans l'Empire et de les organiser aux Pays-Bas, des armements pour soutenir les démarches des princes et un manifeste adressé aux Français, menaçant, en cas d'attentat contre le Roi, les membres séditieux de l'Assemblée, leurs fauteurs et leurs complices des *derniers supplices,* et Paris même d'*extermination*. Léopold connaissait ces desseins, il les désapprouvait entièrement. Il les combattit dans l'esprit du roi de Prusse, après que le comte d'Artois se fut retiré. Les vues des émigrés répondaient assez bien à celles de Frédéric-Guillaume, et il se montrait sensible aux adulations qu'ils ne lui ménageaient point ; mais il y avait

---

[1] BOUILLÉ, *Mémoires*, p. 293.
[2] Léopold à Kaunitz, 30 août, BEER, *Kaunitz*, p. 424
[3] 28 août 1791. HERRMANN, *Dip. cor.*, p. 68.
[4] Mot de Léopold. Lettre à Kaunitz, *loc. cit.*
[5] *Points à fixer*. VIVENOT, t. I, p. 231.

en lui un fonds de prudence, et il subissait l'ascendant de Léopold. Il ne se dissimulait pas les inconvénients d'une guerre entreprise sans le concours assuré de l'Europe : il en vit les dangers, il n'en discerna pas clairement les avantages. Les deux alliés convinrent de répondre, point par point, aux demandes du comte d'Artois [1] : la régence de Monsieur produirait un effet tout contraire à celui que l'on désirait obtenir, et qui était de rendre confiance à Louis XVI ; le manifeste ne saurait procéder que d'un concert des puissances ; les puissances avaient été invitées à en former un ; il convenait d'attendre leurs réponses ; l'Empereur n'était pas en mesure de faciliter aux princes des levées de troupes dans l'Empire, et s'il autorisait les émigrés à séjourner « tranquillement » dans ses États, il ne saurait les autoriser à s'y organiser militairement, avant qu'il se fût établi, sur cet objet, un accord entre les puissances.

Cependant, comme on ne pouvait congédier tout crûment un prince de si haute naissance et tous ces brillants gentilshommes qui lui faisaient cortége, on leur fit au moins les honneurs du théâtre, et on les invita à prendre leur part des banquets et des fêtes. Ils ne manquèrent point d'y paraître, de s'y agiter et d'y faire étalage des distinctions extérieures qu'ils recevaient, ce qui, devant leurs partisans et devant le public, leur donnait quelque couleur de crédit. On les vit rechercher les aparté, poursuivre les ministres et les favoris, et les presser en toute occasion. Ils insistaient beaucoup sur l'article du manifeste. Spielmann trouvait que le comte d'Artois et M. de Calonne y apportaient « une effronterie et une importunité sans exemple ».

Les Prussiens, au demeurant, se montraient de meilleure composition que les Autrichiens. Calonne eut un entretien avec le prince de Hohenlohe et Bischoffswerder ; mais cette conversation n'eut pas les effets qu'il en attendait [2]. « Le général de Hohenlohe m'a dit, rapporte Fersen [3], que l'exagération, l'emportement, l'inconséquence et la légèreté de M. de

---

[1] Communication verbale de l'Empereur, VIVENOT, t. I, p. 233.
[2] 26 août. *Mémoires d'Esterhazy.*
[3] Rapport à Gustave III, 27 septembre 1791. FEUILLET, t. IV, p. 107.

Calonne avaient effrayé le roi de Prusse et avaient même refroidi M. de Bischoffswerder. »

A force de solliciter les ministres, le comte d'Artois obtint, à la fin, la réunion d'une conférence où l'on délibérerait sur le manifeste. C'était l'idée fixe des émigrés et l'épouvantail dont la seule apparition devait, selon eux, anéantir la Révolution et les révolutionnaires. Léopold vit là un moyen de se débarrasser d'hôtes qui le gênaient ; il crut aussi que la menace d'une intervention donnerait à réfléchir aux Français et les conduirait à s'accommoder avec le Roi. Spielmann fut chargé de préparer un texte qui concilierait toutes les idées, parce qu'il n'en préciserait aucune. Éconduire les émigrés sans les désavouer publiquement, inquiéter les Français sans les irriter outre mesure, servir les desseins de la cour sans provoquer la colère des révolutionnaires, paraître agir, en un mot, et ne s'engager à rien, tel était l'objet de la déclaration vague et équivoque dont Spielmann dressa la minute [1].

Léopold l'approuva, jugeant que tout y était calculé pour « empêcher le mauvais usage que le comte d'Artois pourrait vouloir en faire [2] ». La déclaration devait être signée par l'Empereur et par le roi de Prusse ; elle portait que ces deux monarques, après avoir entendu les représentations de Monsieur et du comte d'Artois, considéraient la situation de Louis XVI, ainsi que le rétablissement de l'ordre et de la monarchie en France, comme un objet d'intérêt commun à tous les souverains.

« Leurs Majestés *espèrent* que cet intérêt ne peut manquer d'être reconnu par les puissances dont le *secours* est *réclamé*,... et qu'en conséquence, *elles ne refuseront pas* d'employer, conjointement avec Leursdites Majestés, les moyens les plus efficaces, relativement à leurs forces... *Alors, et dans ce cas*, Leursdites Majestés, l'Empereur et le roi de Prusse, sont résolues d'agir promptement, d'un mutuel accord, avec les forces nécessaires pour obtenir le but proposé et commun. En attendant, elles donneront à leurs troupes les ordres convenables pour qu'elles soient à portée de se mettre en activité. »

[1] Vivenot, t. I, p. 234.
[2] Lettre à Kaunitz, Beer, *Kaunitz*, p. 425.

La déclaration était tout hypothétique : les armements qu'elle annonçait étaient subordonnés à un accord conjectural des puissances. Cet accord même n'était présenté que comme une espérance; il était réclamé, rien n'indiquait qu'il fût prochain, ou seulement probable. Le fait est que Léopold, instruit des intentions de l'Angleterre, considérait le concours de l'Europe comme une impossibilité, et par suite ne s'obligeait à rien. « Ces mots : *alors et dans ce cas*, disait-il, sont pour moi la loi et les prophètes; si l'Angleterre nous fait défaut, le *cas* n'existe point[1]. »

La conférence eut lieu le 27 août entre Calonne, Spielmann et Bischoffswerder. Calonne était un politique brouillon, médiocre et infatué; mais il avait l'esprit de cour, il se connaissait en intrigue, et s'il manquait de l'instinct des grandes choses, il possédait un flair très-subtil pour les petites. Il ne se laissa pas prendre aux roueries des Allemands. Trouvant la déclaration « rédigée en termes si vagues, dans des phrases si ambiguës, que son effet en serait évidemment nul[2] », il se mit à en discuter le texte et batailla pour y introduire quelque amendement qui en changerait le sens et la portée. Il se trouvait aux prises avec des interlocuteurs insinuants, tenaces et féconds en expédients. Comme ils objectaient toujours, il s'anima. « Il a été emporté et étourdi, racontait l'Empereur[3]. Quand on le contrariait, il disait : Ah ! il me vient une idée subite ! Et c'était une nouvelle folie. » On disputa en particulier sur la dernière phrase, celle des armements. Réduit pour toute créance à ce billet sans cause certaine et sans échéance fixe, Calonne s'évertuait pour le commenter de façon à en tirer l'engagement, de la part des souverains, de mettre toutes leurs troupes sur pied et d'entreprendre une campagne d'hiver. Malgré son « incroyable emportement » et l'insistance non moins vive du comte d'Artois qui vint à la rescousse, les Allemands ne cédèrent point d'une ligne. Ils déployèrent autant

---

[1] Sybel, *Trad.*, t. I, p. 311.
[2] *Mémoires d'Esterhazy.*
[3] Fersen, *Journal*, t. I, p. 28.

d'entêtement à défendre leur texte que les Français en mettaient à l'attaquer. Ils l'emportèrent de haute lutte. La déclaration fut signée, le 27 août, avec tous les sous-entendus et toutes les restrictions qui, dans la pensée des signataires, la rendaient insignifiante [1].

V

C'était un échec complet pour les émigrés ; mais ils n'étaient pas gens à se déconcerter d'un refus. Ils étaient pleins de ressources pour la politique de contenance. Ils annoncèrent à tout le monde, comme une promesse d'alliance, le congé que l'on venait de leur signifier en forme diplomatique. Ils se plaignaient naguère du caractère vague de la déclaration ; ils s'aperçurent que cette ambiguïté pouvait tourner à leur avantage. Ils s'employèrent à reprendre par le commentaire ce qu'on leur refusait par le texte, et s'attachèrent à circonvenir les souverains allemands afin d'autoriser, par une faveur simulée de ces princes, le bruit qu'ils répandaient des prétendus engagements de l'Autriche et de la Prusse avec le comte d'Artois.

Léopold se tenait sur ses gardes. Après avoir échangé avec Frédéric-Guillaume de nouvelles assurances d'entente sur les affaires de l'Empire et sur celles de la Pologne, il partit de Pillnitz bien décidé à s'en tenir à la lettre même de la déclaration. Il se rendit à Prague pour se faire couronner roi de Bohême. Le prince royal de Prusse, le prince de Hohenlohe et Fersen le suivirent. Bouillé et Polignac se joignirent à eux pour donner des avis, fournir des renseignements et exciter le zèle des alliés. Le prince royal n'était au courant de rien ; quant à Hohenlohe, le Roi avait pris soin d'informer Léopold qu'il ne lui avait donné aucune mission [2]. Hohenlohe comprit que le seul moyen de faire sa cour à l'Empereur était de ne lui

---

[1] Léopold à Kaunitz, 30 août, BEER, p. 425.
[2] FERSEN, *Journal*, t. I, p. 30.

point parler de guerre [1]. Lorsque Bouillé essaya d'en toucher un mot à Lacy, ce maréchal lui répondit qu'il n'avait point d'instructions pour en conférer, qu'on ne pouvait entreprendre à la légère une guerre de cette nature, que la France possédait d'immenses ressources et que les frontières du royaume lui paraissaient inattaquables [2]. Léopold n'eut d'ouverture qu'avec Fersen : il le jugeait plus raisonnable que les émigrés, plus discret, plus dévoué aux intérêts de la famille royale. Il se montra ému des humiliations que subissait sa sœur et des dangers qu'elle courait; mais quand Fersen essaya d'en venir au chapitre des secours, l'Empereur se déroba. Il arguait de la saison, qui était trop avancée, du concert qui était indispensable, de l'Angleterre dont on ne pouvait se passer et dont on ignorait les intentions, de l'espérance enfin que l'on concevait de voir le Roi et l'Assemblée s'accorder sur la constitution [3]. L'idée que l'on se faisait de ce concert hypothétique demeurait toujours flottante et incertaine. L'Empereur insinuait par moments que ce congrès que l'on réunirait devrait être armé ; Cobenzl et Spielmann soutenaient qu'il ne le devrait point être [4]. Tous se méfiaient des Prussiens, lesquels ne dissimulaient point leur manque de confiance dans leurs nouveaux alliés. « Ils veulent faire de cela une affaire d'intrigues », écrivait Fersen après une conversation avec Hohenlohe [5]. Ajoutez les rumeurs qui se répandaient sur les projets de la Russie et l'inquiétude que commençaient à causer ses préparatifs contre la Pologne [6]. Rien ne semblait donc plus éloigné que la réalisation de ce fameux *alors et dans ce cas* qui renfermait tout le sens de la déclaration de Pillnitz. L'Empereur, son chancelier, ses ministres, s'accordaient pour tout ajourner jusqu'au vote de la constitution. Le roi de Prusse se rendit à leurs conseils et écrivit même, le

---

[1] Hæusser, t. I, p. 322-323.
[2] Bouillé, *Mémoires*, ch. xii, p. 296-297.
[3] Fersen, *Journal*, 2-18 septembre 1791, t. I, p. 22-30.
[4] Fersen à Gustave III, 21 septembre 1791, Feuillet, t. IV, p. 105.
[5] *Journal*, 6 septembre, t. I, p. 25.
[6] Herrmann, *Geschichte Russland's*, t. VI, p. 445; *Dip. cor.*, p. 226. — Hæusser, t. I, p. 321.

3 septembre, à son agent à Vienne, de tourner les choses de façon que la délibération du 27 août ne reçût point d'effet [1].

Les émigrés revinrent à la charge. Le prince de Polignac menait grand train à Prague pour le couronnement. « Il n'a rien, disait-on dans l'entourage de l'Empereur, sinon sa vaisselle et son cuisinier. » Il faisait de l'une et de l'autre tout l'état qu'il pouvait [2]. Il remit à Léopold une lettre du comte d'Artois, un mémoire relatif à la régence de Monsieur et aux feintes promesses de Pillnitz. L'Empereur en était obsédé. « Je lui ai dû répondre fortement, écrivait-il à sa sœur Marie-Christine [3], et protester que je désavouerai publiquement toute démarche qu'ils feraient contraire à ce que nous avons fixé à Pillnitz avec lui. Ces princes, avec leurs projets, et Calonne surtout qui les dirige, se mêle de tout, et qui est un très-mauvais sujet, ne pensent qu'à eux et point au Roi, ni au bien de la chose, et ne veulent qu'intriguer et engager moi et le roi de Prusse à quelque démarche pour nous obliger ensuite à la soutenir avec toutes nos forces... Avec ces gens-là, il n'y a rien à faire, et l'on ne peut aider le Roi et la Reine qu'avec le parfait concert de toutes les cours, qui sera difficile : l'Espagne ne voulant pas agir, et l'Angleterre voulant l'empêcher. » Il ne se borna point à déclarer ces idées, il les fit sanctionner, en quelque sorte, par une conférence ministérielle qui fut tenue le 10 septembre, et dont on dressa le protocole [4].

Il causa avec ses officiers des mouvements des troupes qu'il opérerait dans le cas où le congrès se réunirait et où les autres puissances s'armeraient également. Mais ces combinaisons militaires restaient éventuelles. La même restriction suspendait toutes les mesures. Les cabales des statistes en Belgique, et leurs intrigues avec les « ex-Jésuites » de Hongrie, préoccupaient l'Empereur infiniment plus que les affaires de France. Il écrivait à

---

[1] HERRMANN, *Dip. cor.*, p. 99.
[2] FERSEN, t. I, p. 25. — Rapport à Gustave III, 21 septembre. — FEUILLET, t. IV, p. 105. — HÆUSSER, p. 322. — VIVENOT, t. I, p. 235.
[3] 5 septembre 1791, FEUILLET, t. IV, p. 86. — L'Empereur au comte d'Artois, 5 septembre, VIVENOT, t. I, p. 243.
[4] VIVENOT, t. I, p. 245.

sa sœur, la régente, le 5 septembre : « Des troupes que vous avez aux Pays-Bas, rien ne sera employé contre la France [1]. » Loin de pousser l'Empire à prendre les armes, il retarda la ratification du *conclusum* que la Diète avait pris au sujet de l'Alsace [2]. Enfin il déployait toutes les ressources de sa diplomatie pour traîner les choses en longueur et faciliter cette transaction entre le Roi et la nation française qui lui semblait, pour Louis XVI comme pour l'Europe, la meilleure et la plus simple des solutions. Il la conseillait à Marie-Antoinette, et il la faisait conseiller secrètement aux modérés de l'Assemblée [3].

Telle était la valeur réelle de cette fameuse déclaration de Pillnitz « que les politiques ont rangée dans la classe des comédies augustes », disait un pénétrant publiciste [4]. Les politiques, en effet, ne s'y méprirent pas [5]. Mais il y avait deux classes de personnes qui trouvaient un égal intérêt à travestir le sens de l'acte du 27 août et à en fausser la portée : les révolutionnaires, pour en tirer la preuve d'une trahison de la cour et d'un complot tramé par le Roi avec les étrangers ; les émigrés, pour faire croire à une coalition de l'Europe en leur faveur et déconcerter les révolutionnaires par l'effroi où cette croyance

---

[1] Feuillet, t. IV, p. 85.
[2] Hæusser, t. I, p. 324.
[3] Léopold à Marie-Antoinette, 17 et 20 août 1791. Arneth, p. 198-200. — Hæusser, t. I, p. 323.
[4] Mallet du Pan, *Mémoires et correspondance*, t. I, p. 254.
[5] Voir la lettre de La Marck à Mercy, 10 septembre 1791. *Correspondance*, t. III, p. 225. « Les puissances sembleraient s'accorder d'abord sur des projets hostiles contre la France, qu'il serait chimérique de compter sur la durée d'un tel accord... », etc. — Je rapproche de ce jugement une très-curieuse lettre, — son premier aperçu politique peut-être, que Napoléon Bonaparte adressait de Valence, le 27 juillet 1791, à M. Naudin : « Aura-t-on la guerre? J'ai toujours été pour la négative. L'Europe est partagée par des souverains qui commandent à des hommes et par des souverains qui commandent à des bœufs ou à des chevaux. Les premiers comprennent parfaitement la Révolution, ils en sont épouvantés... ils n'oseront jamais lever le masque, de peur que le feu ne prenne chez eux. Voilà l'histoire de l'Angleterre et de la Hollande... Quant aux souverains qui commandent à des chevaux, ils ne peuvent saisir l'ensemble de la constitution ; ils la méprisent ; ils croient que ce chaos d'idées incohérentes entraînera la ruine de l'empire franc... Ceux-ci ne feront aucun mouvement ; ils attendront le moment de la guerre civile. » Coston, *Biographie des premières années de Bonaparte*, Paris, 1840, t. II, p. 174.

jetterait le peuple français. En cette circonstance, comme dans toutes celles où ils intervinrent, les émigrés ne travaillèrent qu'à ruiner leur cause et à perdre la royauté ; ils ne servirent que la révolution violente. « Les émigrants, sans s'en douter, écrivait Rivarol, ont donné jusqu'ici un grand degré d'énergie à l'Assemblée : ce sont les terreurs qu'ils inspirent qui rallient tous les cœurs et tous les esprits au corps législatif[1]. » Rien n'était mieux combiné pour exalter les passions contre la famille royale que la lettre par laquelle Monsieur et le comte d'Artois portèrent à la connaissance du public la déclaration du 27 août. A l'horreur qu'inspirait déjà aux Français l'idée du rétablissement de l'ancien régime, se joignit l'épouvante d'une invasion, et la haine de l'émigration s'augmenta de toutes les anxiétés du patriotisme. Les Français se virent attaqués par les princes, non-seulement dans leurs libertés civiles et politiques, mais dans leur indépendance nationale. Cette lettre, qui est datée de Coblentz, le 10 septembre, forme un véritable manifeste, aussi insultant pour la nation, menacée d'assujettissement et de conquête, qu'outrageux pour le Roi, accusé de lâcheté devant l'Europe et frappé publiquement de déchéance morale.

Les princes annonçaient que les puissances, « dont ils avaient réclamé le secours » pour le Roi, « étaient déterminées à y employer leurs forces, et que l'Empereur et le roi de Prusse venaient d'en contracter l'engagement mutuel ». Ils assuraient que toutes les cours étaient « dans les mêmes dispositions ». La nation anglaise, « trop généreuse pour contrarier ce qu'elle trouve juste », ne s'opposera certainement pas à « cette noble et irrésistible confédération ». « L'immortelle Catherine, à qui aucun genre de gloire n'est étranger, ne laissera pas échapper celle de défendre la cause de tous les souverains. » Appuyés ainsi de l'Europe entière, les princes notifiaient à Louis XVI que si la violence le contraignait à souscrire une constitution « que son cœur rejette et que son devoir de roi

---

[1] Note au Roi, 4 septembre 1791. LESCURE, *Rivarol*, p. 264. Paris, 1883.

lui interdit expressément, ils protesteraient à la face de toute la terre, et de la manière la plus solennelle, contre cet acte illusoire et tout ce qui pourrait en dépendre ». Pour que nul ne s'y pût abuser et qu'aucun doute ne subsistât sur leurs intentions, ils ajoutaient : « Dussiez-vous même nous le défendre, et fussiez-vous forcé de vous dire libre en le défendant, ces défenses, évidemment contraires à vos sentiments, puisqu'elles le seraient aux premiers de vos devoirs..., ne pourraient certainement pas nous faire trahir notre devoir, sacrifier vos intérêts et manquer à ce que la France aurait droit d'exiger de nous en pareille circonstance. » Ce factum déclamatoire, qui fut lancé dans les gazettes, constituait contre la famille royale un acte d'accusation plus formidable que tous ceux que pouvaient dresser les plus acharnés des révolutionnaires. Dans un moment où Louis XVI n'avait plus de sauvegarde que dans un serment, ses frères frappaient d'avance ce serment de parjure et enlevaient aux actes du Roi jusqu'à l'apparence même de la sincérité.

La déclaration de Pillnitz suivait, à titre de preuve ou de pièce à l'appui, ce sophistique commentaire qu'en donnaient les princes. C'est dans cet esprit que la France entière la lut et la comprit [1]. Devant cette glose véhémente, que devenaient les savantes réticences du texte et toutes ces minutieuses atténuations dont Spielmann avait enveloppé et comme paralysé ses phrases? Le merveilleux *alors et dans ce cas*, qui ravissait Kaunitz et rassurait Léopold, fut comme non avenu pour les Français. Ils interprétèrent avec leurs passions cette pièce rédigée par un rédacteur très-retors pour des diplomates de profession, qui ne lisent qu'entre les lignes et ne parlent qu'à mots couverts. Le fin des choses leur échappa; mais ce n'est point par le fin des choses que l'on saisit les imaginations populaires. Le peuple veut des idées simples; celles qui ne le sont pas, il les simplifie, sauf à en altérer le sens. C'est à quoi s'étaient exposés les auteurs de la déclaration. Les

---

[1] La lettre des princes est imprimée au *Moniteur* du 23 septembre, t. IX, p. 733. La déclaration était connue depuis le 18. *Id.*, p. 693.

ils pussent gouverner. Le moment leur parut opportun pour contraindre la couronne à capituler. Ils étaient effrayés du progrès des idées anarchiques et de l'extrême lassitude des esprits. L'Assemblée siégeait depuis deux ans. La France avait reporté sur elle cette confiance sans limites et ces espérances infinies que la royauté lui inspirait autrefois. Malgré tant et de si bienfaisantes réformes, l'Assemblée se trouvait aussi discréditée dans l'opinion publique que l'était la royauté à la veille des États Généraux. C'est qu'elle ne gouvernait point. La nation ne se contentait pas des principes.

Elle voulait non-seulement la réalité des réformes, mais cette sécurité publique qu'un bon gouvernement est seul capable de garantir. Il parut aux modérés que ce désir manifeste de l'opinion publique, cette espèce de réaction qui se déclarait en faveur de la royauté, leur permettraient de corriger les excès des premiers décrets constitutionnels, et de rendre dans les décrets définitifs, sinon à la personne du souverain, ce qui leur importait assez peu, mais au pouvoir exécutif, ce qui les touchait davantage, le ressort et le prestige sans lesquels aucun ministère ne pouvait se soutenir [1]. Ceux qui naguère combattaient Mirabeau avec le plus d'acharnement allaient essayer de reprendre en sous-œuvre ses plans de résistance.

Barnave personnifia cette seconde période de la Révolution comme Mirabeau avait personnifié la première. « Il n'y a point de divinité en toi ! » lui disait ce grand tribun, au cours d'une de leurs luttes. Barnave avait du cœur : il y puisa de grandes pensées et y trouva le secret de l'éloquence. Il fut un des trois commissaires désignés par l'Assemblée pour ramener le Roi à Paris. Ils montèrent dans la berline de Louis XVI, où s'entassèrent avec eux la Reine, Madame Élisabeth et les deux enfants. L'anxiété de l'avenir, l'humiliation du présent, la colère contenue, la honte refoulée, la fatigue enfin, concouraient à accabler la famille royale. La curiosité de la foule, les injures, les

---

[1] Voir DUVERGIER DE HAURANNE, *Histoire du gouvernement parlementaire*, Paris, 1857, t. I, p. 179 et suiv. — LA MARCK, *Correspondance*, t. III, p. 127 et suiv. — Madame DE STAEL, *Considérations*, 2ᵉ partie, ch. XXI.

menaces, la gêne et la contrainte de ce voisinage forcé dans cette prison roulante, ajoutaient je ne sais quoi de vulgaire et d'atroce à cette immense infortune. Les commissaires n'avaient qu'une attitude à garder : le silence et le respect. Latour-Maubourg s'y renferma et agit en galant homme ; Pétion en sortit et se conduisit en drôle [1]. Barnave fut ému de pitié. Il avait trente ans, un fond d'imagination romanesque, l'ambition de jouer un grand rôle en servant sa patrie. Il possédait une de ces âmes élevées que le succès insolent froisse, que la grossièreté de la force révolte, et qui ne peuvent résister au spectacle de la douleur. Celle de la Reine l'enchaîna. Il aurait fallu à la cour un million de livres pour payer l'alliance de Mirabeau, il suffit de quelques larmes pour gagner celle de Barnave [2]. Il revint à Paris résolu de sauver la monarchie.

L'entreprise était noble, mais tout conspirait à la contrarier. Les royalistes reniaient les constitutionnels, les Feuillants, comme on les nommait du nom de l'ancien couvent où se réunissait leur club [3]. Le parti de la monarchie pure les voyait, avec une complaisance ironique, se débattre dans le torrent qu'ils avaient déchaîné. Les démocrates, leurs alliés de la veille,

---

[1] « Latour-Maubourg et Barnave fort bien, Pétion indécent », écrivait Fersen après avoir entendu le récit de la Reine (*Journal*, t. II, p. 8). Il ne connaissait point le récit de Pétion. (Voir Mortimer-Ternaux, *Histoire de la Terreur*, Paris, 1863, t. I, p. 353.) Indécent est trop faible. Ce niais emphatique et lascif, Valmont de basoche affublé de la défroque de Saint-Preux, jeté par le hasard dans une des scènes les plus tragiques de l'histoire, n'y voit que le motif d'une fantaisie licencieuse, parodiée des pages inavouables des *Confessions*. Je ne connais de comparable, pour la dépravation fade et lourde du goût, que la préface placée par Manuel en tête de son édition des lettres de Mirabeau, et dont André Chénier, en la flagellant comme elle méritait d'être flagellée, a fait si bonne justice. (*Observations aux auteurs du Journal de Paris*, 12 février 1792. Œuvres en prose, p. 112.) — Voir sur Pétion, Quinet, t. I, liv. VII, ch. v.

[2] Voir Sainte-Beuve, *Causeries du lundi*, t. II, article *Barnave*. Il a dit plus tard « qu'en gravant dans son imagination ce mémorable exemple de l'infortune, elle lui avait servi sans doute à supporter facilement les siennes ». — « Barnave, dit madame de Staël, qui se connaissait à ces sentiments complexes où le cœur et la passion politique s'agitent à la fois, Barnave sentit une respectueuse pitié *pour le sort de la Reine en particulier*. ». C'est la nuance, et c'est tout le roman. *Considérations*, 2ᵉ partie, ch. XXI.

[3] Ferrières, *Mémoires*, Paris, 1822, t. II, p. 417 ; — Malouet, *Mémoires*, Paris, 1868, t. II, p. 159 ; — Dumont, p. 336 ; — Guilhermy, p. 32.

devenus des adversaires, les accusaient de trahison. Dans la campagne qu'ils menaient contre la royauté depuis 1789, les constitutionnels avaient tiré toute leur puissance du concours du parti révolutionnaire. Ils étaient soutenus naguère par ce parti, ils en étaient assaillis désormais, et ils n'avaient pour y résister qu'une forteresse dont ils avaient eux-mêmes démantelé les remparts et dispersé la garnison. La monarchie ne leur présentait aucune ressource : ce n'était plus qu'une fiction.

En fait, et tandis que l'on discute dans l'Assemblée une constitution monarchique, la France est en république. Les Feuillants ne s'aperçoivent pas qu'ils habituent la nation à ce gouvernement, dans le temps même où ils croient l'en éloigner pour toujours [1]. L'Assemblée souveraine règne et administre. Les ministres expédient les affaires sous le contrôle de ses comités; elle adresse des circulaires aux agents diplomatiques et des notes aux représentants des puissances étrangères; elle envoie des commissaires aux armées. Elle montre ainsi à la France la première ébauche d'une Convention, et lorsqu'un an plus tard on proclama la République, on n'eut pour en organiser le gouvernement provisoire qu'à revenir aux précédents que l'Assemblée nationale avait posés. Le Roi, gardé à vue aux Tuileries, était condamné à une sorte de détention préventive et d'interdiction, jusqu'à ce qu'il eût accepté la loi que délibéraient les députés. Pendant cet interrègne de trois mois, la République, dont la nouveauté effrayait tant d'esprits, s'imposa sous forme d'expédient, et d'utopique qu'elle semblait auparavant, elle commença de paraître, après cette expérience, la conclusion naturelle de la Révolution.

Cette conclusion se dégageait, en quelque sorte, de la constitution même. On ne l'aurait point conçue autrement, si l'on avait voulu démontrer l'impossibilité de la monarchie tempérée [2]. Les pouvoirs publics n'y conservent de force que pour s'entraver les uns les autres. Il ne reste dans l'État de ressort que pour l'anarchie. On délibère partout, on n'agit nulle part. Tout

---

[1] Voir QUINET, liv. VIII, ch. III à V.
[2] Voir DUVERGIER DE HAURANNE, t. I, p. 191-220

est si bien combiné pour résister aux usurpations de la couronne, qu'il ne reste aucune barrière à opposer aux invasions de la multitude. Le Roi nomme les ministres; mais il ne peut ni les choisir dans l'Assemblée pour s'y assurer la majorité, ni dissoudre l'Assemblée lorsque la majorité est en désaccord avec les ministres. Le recours à la nation, qui est la ressource nécessaire et la solution légitime de toutes les crises dans les États constitutionnels, est interdit en France. Cette loi qui organise le conflit des pouvoirs ne leur laisse d'autre ressource que l'usurpation des uns sur les autres, c'est-à-dire la révolution. Elle enchevêtre les mécanismes les plus compliqués pour associer une royauté inviolable à une Assemblée omnipotente. Il suffit de mettre en mouvement cette absurde machine pour en faire éclater l'incohérence. La royauté se présentera nécessairement à l'Assemblée comme un obstacle, à la fois le plus gênant et le plus facile à briser. Il a paru simple de séparer les pouvoirs, il paraîtra plus simple encore de les concentrer. L'Assemblée qui les possède voudra les exercer directement ; le Roi qui en a encore l'exercice voudra les posséder. L'Assemblée et la couronne sont ainsi poussées aux coups d'État, et l'on marche inévitablement vers le despotisme d'une Convention ou vers celui d'un usurpateur.

Il semble que l'Assemblée nationale en ait eu le pressentiment. Énervée par l'excès de ses travaux, elle finissait sa carrière dans une véritable fièvre intermittente dont chaque accès était suivi d'un plus profond découragement. En deux années, elle avait parcouru la voie qu'avait suivie l'ancien régime depuis l'avénement de Louis XVI et les réformes de Turgot, jusqu'aux expédients de Calonne et à la convocation des États. Elle en venait, comme naguère la monarchie, à ne plus trouver en soi ni invention ni ressource, et se sentant défaillir à sa tâche, elle en appelait à la nation. Il y avait autant d'impuissance que de désintéressement dans le décret qui interdit aux constituants de siéger dans l'Assemblée législative et d'exercer pendant quatre ans aucune fonction dans l'État. « En telles occasions, disait Richelieu à la reine d'Angleterre, qui quitte la partie la perd[1]. » Les hommes de 89 consommaient un suicide.

La constitution présentée le 5 août à la révision de l'Assemblée fut adoptée le 1ᵉʳ septembre. Le 3, une députation la porta à Louis XVI. On ne doutait pas qu'il ne la sanctionnât : on avait mis sa liberté, sa vie même et celle de ses enfants au prix de cette sanction.

II

Parti de Paris en fugitif, Louis XVI y était rentré en otage. Captive aux Tuileries, la famille royale n'a qu'une pensée, celle de tous les captifs, être libre. Son histoire, durant cette période, se résume en un perpétuel complot de délivrance. Tout le fardeau en retombe sur la Reine. Louis XVI paraît plus insignifiant et plus écrasé que jamais ; son esprit alourdi se fige, pour ainsi dire, dans une sorte d'incertitude molle. Le moment des grands sacrifices, qui sera pour lui le moment de l'élévation, n'est pas encore venu. Humble d'esprit et résigné de cœur, il attend de la Reine qu'elle pense pour lui, de ses serviteurs qu'ils agissent pour sa cause, et de Dieu qu'il ait enfin pitié de la Maison de France.

La Reine va au plus pressé et tout directement. Elle n'avait pu qu'être touchée du respect de Barnave. Cependant, si elle n'éprouvait pas pour lui cette invincible répulsion qu'elle ressentait pour Mirabeau, elle ne lui accordait pas au fond plus de confiance. Mais elle savait que l'Europe ne viendrait pas à son secours[2]. « Nous n'avons ni forces ni moyens, écrivait-elle à Mercy ; nous ne pouvons que temporiser[3]. » Pressée de choisir entre les émigrés et les Feuillants, elle essaya de neutraliser les uns par les autres. Les Feuillants, tout compte fait, lui semblaient moins odieux encore et moins redoutables à la royauté que les émigrés.

---

[1] Instructions à Montreuil, février 1641. GUIZOT, *Charles Iᵉʳ*, t. I, p. 464.
[2] Mercy à la Reine, 28 juillet 1791. ARNETH, p. 186.
[3] 1ᵉʳ et 7 août 1791. ARNETH, p. 195-196.

Les prétentions de Monsieur à la régence l'avaient profondément blessée. Louis XVI lui-même en fut, pour un instant, réveillé de son atonie. La Révolution l'atterrait; il la supportait comme une maladie, sans la comprendre. Mais dans les manœuvres de ses frères et de leurs conseillers, il devinait l'ambition, le calcul, la perfidie. C'étaient les vraies souffrances royales : il y était exercé. Devant ces cabales de cour, il se retrouvait roi, jugeant clairement les choses et parlant encore en maître. Il désavoua formellement la prétendue régence et n'autorisa de démarches auprès des puissances que celles qui seraient faites d'accord avec le baron de Breteuil. La Reine le soutenait dans ces sentiments; elle y joignait l'indignation de la femme qui se sait détestée. Les menées du comte de Provence la troublaient dans la seule espérance qui l'animât, le bonheur et la gloire à venir de son fils [1]. Les émigrés, disait-elle, réussiraient-ils, contre toute attente, que « nous retomberions sous leurs agents, dans un esclavage nouveau et pire que le premier [2] ». Rien avec eux ni rien pour eux : « Il faut que l'Empereur l'exige ; c'est la seule manière dont il puisse, et surtout à moi, me rendre service. Les lâches, après nous avoir abandonnés, veulent exiger que seuls nous nous exposions, et seuls nous servions tous leurs intérêts [3]. »

Cette hostilité aux émigrés était le seul sentiment qui pût réunir les Tuileries et les Feuillants. Louis XVI se prêta volontiers à envoyer à ses frères, pour les engager à rentrer dans le royaume, un mémoire rédigé sous l'inspiration de Barnave. M. de Coigny reçut, le 21 juillet, l'ordre de le porter au comte d'Artois. Les démarches que les Feuillants réclamèrent de la

---

[1] C'est le soutien constant de sa pensée. « Mon sang coule dans les veines de mon fils, et j'espère un jour qu'il se montrera digne petit-fils de Marie-Thérèse. » — A Mercy, 16 août. Feuillet, t. II, p. 225. — Tragique destinée de ces petits-fils de Marie-Thérèse nés du sang français, l'un, le fils du roi Bourbon, meurt rongé par la vermine du Temple dans la geôle immonde de Simon ; l'autre, le fils du César corse, succombe à Vienne, épuisé, dans le gynécée énervant de Metternich. Fersen, t. I, p. 147 ;— Arneth, p. 184 ; — Feuillet, t. II, p. 156, 291 ; t. IV, p. 167, 469.
[2] A Mercy, 16 août 1791. Feuillet, t. II, p. 223.
[3] A Mercy, 21 août 1791. Arneth, p. 204.

Reine auprès de l'Empereur, éprouvèrent plus de difficulté. Il s'agissait de gagner ce prince à leurs desseins et d'obtenir qu'il les secondât en rassurant la nation française sur ses intentions. La Reine avait trop de motifs de craindre que son frère n'accueillît avec empressement des ouvertures de ce genre. Cependant elle ne voyait pas d'autre moyen de se concilier des hommes dont le hasard faisait ses seuls défenseurs; elle se soumit. Elle écrivit à Mercy et à l'Empereur des lettres rédigées sur des notes de Barnave; elle y joignit un mémoire des Feuillants pour l'Empereur, et l'on confia le tout à un émissaire que La Marck présenta et qui paraissait capable non-seulement de remettre les dépêches, mais d'en développer le contenu : l'abbé Louis, fort mince personnage alors, en quête d'occasions, ardent à se produire, né pour les affaires et très-impatient d'en tâter. Il partit pour Vienne, emportant les diamants qui appartenaient en propre à la Reine [1]. Dans le même temps, un autre émissaire, envoyé à Mercy, l'avertissait que les lettres confiées à Louis n'étaient pas du style de la Reine; que Louis n'était qu'un intrigant; que le seul objet de ce manége était de gagner du temps; qu'il fallait recevoir l'envoyé des Feuillants, l'écouter, l'encourager même par une réponse ostensible, mais, dans la réalité, s'en tenir invariablement au plan d'intervention concerté au mois de juin [2].

Le travail de la constitution avançait; le moment approchait où il faudrait l'accepter, ce qui serait mentir à soi-même et au monde, ou la rejeter, ce qui serait se perdre. « Ce moment est affreux », écrivait la Reine [3]. Affreux en effet; Marie-Antoinette n'apercevait point d'issue dans quelque direction qu'elle se retournât. « On désire que nous allions soit à Fontainebleau, soit à Rambouillet; mais, d'un côté, comment et par qui serions-nous gardés? et de l'autre, jamais le peuple ne laissera

---

[1] Marie-Antoinette à Mercy, 29 juillet; à Léopold, 30 juillet; à Mercy, 1er août 1791. Arneth, p. 187, 188. — La Marck à Mercy, 5 et 10 août; *Correspondance*, t. III, p. 171, 174. — Staël à Gustave III, Geffroy, t. II, p. 456.

[2] La Reine à Mercy, 31 juillet et 1er août 1791. Arneth, p. 193-194. — La Marck à Mercy, 5, 10, 23 août; *Correspondance*, t. III, p. 171, 174, 178.

[3] A Mercy, 7 août 1791. Arneth, p. 196.

sortir mon fils. On l'a accoutumé à le regarder comme son bien. Rien ne les fera céder, et nous ne pouvons pas le laisser seul. » « Il n'est plus possible d'exister comme cela[1]. » Que tenter cependant, qui n'eût été essayé déjà et qui n'eût échoué avant le voyage de Varennes? A défaut des secours, qui n'arrivaient pas, la Reine demandait des conseils et en recevait de toutes mains. « J'ai écouté autant que je peux des deux côtés, écrivait-elle à Mercy; et c'est de tous leurs avis que je me suis formé le mien. »

Cet avis était, sous une forme plus décevante et sous de plus spécieux prétextes, l'éternelle utopie du congrès des puissances et de la médiation du Roi[2]. La constitution, se disait Marie-Antoinette, est « si effrayante et si monstrueuse », qu'elle ne peut se soutenir. La France s'en dégoûtera par les excès mêmes qui en résulteront. Il faut attendre ce revirement de l'opinion et, en l'attendant, le préparer. Il convient d'endormir les nouveaux chefs de l'Assemblée « et de leur donner confiance pour les mieux déjouer après ». Le premier point est d'écarter les émigrés, dont l'intervention entraînerait le plus terrible de tous les périls, la guerre civile. La Reine en mesure toute l'horreur, elle voit, comme dans une sorte d'hallucination rapide, se dessiner devant ses yeux l'avenir qui l'attend; et pourtant, par une aberration étrange du jugement, elle se persuade qu'il suffit de retenir les émigrés pour éviter la guerre civile, et d'éviter la guerre civile pour que l'intervention des étrangers, au lieu de tout perdre, puisse tout sauver. « Un congrès atteindrait le but désiré. Le langage ferme et uniforme de toutes les puissances de l'Europe, appuyé d'une armée formi-

---

[1] A Mercy, 7 août 1791. Arneth, p. 197.
[2] Voir : Marie-Antoinette à Léopold, 12 août 1791, Feuillet, t. V, p. 21; — à Mercy, 16 août, Feuillet, t. II, p. 220. — Cf. La Marck, t. I, p. 314; — la Reine à Mercy, 21 et 26 août, Arneth, p. 203, 285; — à Léopold, 8 septembre, id., p. 206; — à Mercy, 12 septembre, id., p. 209. — Mémoire joint à la lettre à Léopold du 8 septembre. Feuillet, t. II, p. 289. — Cf., à titre d'éclaircissements rétrospectifs sur les intentions de la cour pendant cette crise : Marie-Antoinette à Fersen, 26 septembre, 19 octobre, 31 octobre, 25 novembre, 9 décembre. Fersen, t. I, p. 192, 198, 199, 206, 230, 271. — Mémoire du Roi annexé à la lettre du 25 novembre. Fersen, t. I, p. 231.

dable, aurait les conséquences les plus heureuses : il tempérerait les audaces des émigrés, dont le rôle ne serait plus que secondaire. Les factieux seraient déconcertés, et le courage renaîtrait parmi les bons citoyens, amis de l'ordre et de la monarchie. » Cette « armée formidable » ne serait toutefois qu'un épouvantail ; elle se tiendrait « toujours assez en arrière pour ne pas provoquer au crime et au massacre ». La nation en serait dûment avertie et ne pourrait concevoir sur ce point le moindre doute ; un manifeste l'instruirait des intentions des puissances. Elles déclareraient qu'elles ne prétendent point s'ingérer dans le gouvernement intérieur de la France, mais qu'elles ne connaissent que le Roi et ne veulent traiter qu'avec lui, quand il sera libre. Cette déclaration serait accompagnée de menaces terribles pour les rebelles. La nation effrayée supplierait le Roi de la sauver de l'invasion et de la guerre. « Le Roi rétabli dans ses pouvoirs serait chargé de traiter avec les puissances étrangères, et les princes reviendraient, dans la tranquillité générale, reprendre leur rang à la cour et dans la nation[1]. »

Rêves de captifs, troubles et incohérents, comme les rêves des malades ; conception chimérique abandonnée cent fois parce que la raison la condamne, et cent fois reprise parce qu'elle obsède l'imagination, qu'elle s'empare à la longue de l'âme et l'engourdit, en quelque sorte, par un continuel balancement du désespoir à l'espérance. La Reine n'en était venue là qu'à travers les hésitations d'un esprit rebelle aux combinaisons suivies, et les défaillances d'un cœur auquel rien ne coûtait plus que de s'abaisser aux dissimulations. La lutte ouverte aurait exalté sa vaillance ; cette ruse de toutes les heures, ce masque de jour et de nuit, ces cheminements souterrains, cet appareil de conspiration, ces lettres écrites en cachette, glissées dans l'ombre à des émissaires qui se faufilent sous les déguisements, l'irritent et l'énervent : que n'est-elle à la bataille, son fils dans ses bras, au milieu des Hongrois de Marie-Thérèse !

[1] Mémoire joint à la lettre à Léopold, du 8 septembre 1791, FEUILLET, t. II, p. 299-308. C'est toute la matière du futur manifeste de Brunswick, notamment dans la partie relative aux « règles établies pour la guerre », p. 304-305.

Dans ces retours cruels sur elle-même, le néant de ses illusions se décèle à son âme et l'épouvante; alors elle crie à l'aide, et appelle son frère : « Persuadez-le qu'il n'y a plus de ressource qu'en lui, que notre bonheur, notre existence, celle de mon fils dépendent de lui seul [1] ! » Lorsqu'à la fin, sur ses instances, le Roi s'est décidé, elle l'annonce avec une sorte d'angoisse [2]. « Le sort en est jeté, ne croyez pas que mon courage m'abandonne; non pour moi, pour mon enfant, je me contraindrai, et je remplirai jusqu'au bout ma longue et pénible carrière. Je ne vois plus ce que j'écris. Adieu [3] ! »

Le 13 septembre, Louis XVI fit connaître à l'Assemblée, par un message, qu'il acceptait la constitution. Ce message, rédigé par les Feuillants, était grave et digne. Les députés l'accueillirent par de vifs applaudissements. Les esprits s'accordent toujours aisément sur ces belles paroles, la liberté, la paix, le bonheur. Mais le lendemain, il fallut que le Roi parût en personne, et il suffit d'un incident fortuit, pour dévoiler les âmes et découvrir à quel point elles restaient divisées. Louis XVI se rendit à l'Assemblée afin de prêter serment à la loi qu'il avait sanctionnée. Les dispositions prises pour cette cérémonie répondaient aux nouveaux principes. Point de trône sur l'estrade, mais un fauteuil ordinaire disposé à la gauche de celui du président. Ce poste était rempli ce jour-là par un légiste normand, Thouret, naguère avocat au parlement de Rouen. Le Roi s'avança devant le siége qui lui était réservé; les députés se tenaient debout et découverts. Le Roi, debout et découvert aussi, commença de prononcer la formule du serment; alors les députés se couvrirent et s'assirent. Le Roi ne s'y attendait pas; il hésita un instant, devint très-pâle, puis s'assit brusquement. Il acheva son serment d'une voix troublée. Les applaudissements et les cris de : Vive le Roi! ne le consolèrent ni de ce mouvement de l'Assemblée, où il voyait un outrage, ni de sa propre gaucherie, où il sentait un abais-

---

[1] A Mercy, 16 août. FEUILLET, t. II, p. 225.
[2] A Mercy, 26 août. ARNETH, p. 206.
[3] A Mercy, 12 septembre. ARNETH, p. 210.

sement de sa personne. Il rentra aux Tuileries plus ému de cette manifestation silencieuse de la souveraineté nationale, qu'il ne l'avait été des hurlements de la populace de Paris. Il semble que cette révolution d'étiquette lui ait révélé la profondeur de la Révolution française et l'abîme de sa propre déchéance. La Reine avait assisté à la cérémonie dans une loge. « Tout est perdu! s'écria Louis XVI, lorsqu'ils se retrouvèrent au palais. Oh! madame, vous avez été témoin de cette humiliation! Vous êtes venue en France pour voir...! » Il s'arrêta suffoqué par les sanglots[1].

Louis XVI notifia, le 18, aux souverains étrangers l'établissement de la constitution[2]. Il en informa ses frères par une lettre ostensible où leurs derniers actes, et notamment leur présence à Pillnitz, étaient désapprouvés. Il les engageait à rentrer en France : « Pensez, leur disait-il, que la victoire n'est rien si l'on ne peut ensuite gouverner, et que cependant on ne gouverne pas un grand royaume contre un esprit dominant[3]. » Tandis qu'il tenait devant le public ce langage très-prudent, et accomplissait ces démarches très-constitutionnelles, ses agents secrets démentaient partout ses déclarations officielles : ce n'étaient, affirmaient-ils, que de vaines formalités commandées par la nécessité; l'Europe les devait considérer comme non avenues, et n'y voir qu'un expédient pour endormir les factieux jusqu'au jour où l'intervention des puissances les obligerait à se soumettre. « Les folies des princes et des émigrants nous ont forcés dans nos démarches, écrivait la Reine[4]; il était essentiel, en acceptant, d'ôter tout doute que ce n'était pas de bonne foi... Plus nous avancerons, plus ces gueux-ci sentiront leur malheur. Peut-être en viendront-ils à désirer eux-mêmes les étrangers... »

Telle est la tragique équivoque où se réfugiaient ces infortunés souverains. Ils s'obligeaient à convaincre l'Europe et

---

[1] *Mémoires de madame Campan*, t. II, ch. xix. Louis BLANC, t. VI, p. 92.
[2] Voir sa lettre à Léopold, 18 septembre. ARNETH, p. 212.
[3] FEUILLET, t. II, p. 328.
[4] A Fersen, 26 septembre. FERSEN, t. I, p. 192.

la France de la nécessité de deux politiques absolument opposées. Pour se faire décerner par les Français ce rôle de médiateur dont ils attendaient leur salut, il leur fallait se réconcilier publiquement avec la nation française, ce qui rendait aux yeux de l'Europe le congrès inutile; il leur fallait, en même temps, préparer une intervention de l'Europe, ce qui rendait, au premier soupçon que l'on en aurait en France, toute réconciliation impossible entre le peuple et le Roi. Un dévouement très-sincère de la part de ceux qui se disaient ses alliés, une obéissance très-loyale de la part de ceux qui se disaient ses partisans, auraient pu seuls atténuer les périls d'une entreprise où la force des événements et la faiblesse de son caractère contribuaient également à engager Louis XVI. Mais, pour son malheur, les rois ses alliés eurent intérêt à le croire sincère, afin de n'avoir point à le secourir; tandis que les princes, ses frères, jugèrent utile de trahir son secret, afin de forcer l'Europe à lui venir en aide. Il s'ensuivit que l'Europe ajourna le congrès, que les émigrés en annoncèrent la réunion, que la France y crut, que Louis XVI passa pour le complice des étrangers au moment où ceux-ci l'abandonnaient, et qu'il perdit, avant la réunion du congrès, cette confiance qu'il devait inspirer au peuple pour que le congrès portât les conséquences qu'il en attendait.

III

« La poltronnerie et la faiblesse du bon Louis XVI nous tireront d'affaire », disait Kaunitz après la déclaration de Pillnitz[1]. La nouvelle que le Roi avait accepté la constitution parvint à Prague le 25 septembre, et elle y fut très-bien reçue. L'Empereur déclara nettement que « depuis que le Roi avait sanctionné, il n'y avait plus rien à faire[2] ». A Vienne, le cham-

---
[1] Kaunitz à Spielmann, 4 septembre 1791. Vivenot, t. 1, p. 251.
[2] Fersen, *Journal*, t. I, p. 30.

cert éventuel ». C'était un ajournement en forme diplomatique. Les princes français en furent informés, et Léopold les engagea à se conduire en conséquence [1].

Les Prussiens prirent en bonne part ces prudentes résolutions de l'Autriche. Les ministres y trouvèrent une défaite honnête, et le Roi une occasion de se montrer magnanime sans bourse délier. Il reçut, le 1er octobre, en audience de congé, M. de Moustier, qui était rappelé en France. Il déclara, en portant la main sur son épée, qu'il était prêt à marcher au secours du roi de France avec cinquante mille hommes, si l'Autriche en armait autant; mais l'Empereur arrêtait tout [2]! L'Empereur n'arrêtait que des gens fort peu empressés de marcher avec lui, à moins qu'il ne les payât en bonnes terres d'Allemagne, de France ou de Pologne. « La reine de France est la sœur de l'Empereur, disait un diplomate prussien à Gustave III; mon maître craint que, la puissance étant rendue au roi de France, la Reine ne favorise trop son frère [3]. » Léopold éprouvait les mêmes méfiances à l'égard de Frédéric-Guillaume [4]. Le traité préliminaire que les deux cours avaient signé à Vienne, le 25 juillet, ne paraissait donc point en voie de se convertir en une alliance effective [5].

A Madrid, le comte de Florida-Blanca se montra très-hau-

[1] Léopold aux princes, 12 novembre 1791. FEUILLET, t. IV, p. 246.
[2] Rapport de Moustier, 1er octobre. — Cf. FERSEN, t I, p. 32, 198, 236.
[3] FERSEN, t. II, p. 206. — Cf. TREITSCHKE, t. I, p. 123.
[4] FERSEN, t. I, p. 214.
[5] Barthélemy écrivait de Londres, le 21 octobre : « L'envoyé de Prusse à Londres (M. de Redern), en s'entretenant de nos affaires, il y a peu de jours, avec un de ses amis, lui dit qu'il avait été pendant quelques semaines dans la crainte que le Roi son maitre et l'Empereur ne voulussent réellement attaquer la France; qu'ils n'ont certainement plus cette pensée dans le moment présent; que, rassurés en quelque sorte sur les dangers qu'ils pourraient craindre de notre révolution par les maux qu'elle nous fait, ils préféreront, ainsi que toutes les autres puissances de l'Europe, de nous laisser nous affaiblir par nos divisions; qu'au printemps ils régleront leur conduite sur notre situation; qu'assurément, si, à cette époque, nous étions en proie aux ravages d'une guerre civile, il serait impossible qu'ils n'intervinssent pas; mais qu'il espérait que nous serions assez sages pour profiter de cet intervalle pour réparer nos affaires... Ce que dit M. de Redern de l'intérêt que toute l'Europe met à nous voir nous affaiblir par nous-mêmes, est particulièrement applicable à l'Angleterre, qui s'enrichit de tout ce que nous perdons. »

tain et très-sceptique lorsque l'envoyé français, Bourgoing, lui notifia la constitution. Il la déclara nulle en soi et extorquée par la violence. Mais il reçut bientôt des lettres de Vienne et de Berlin. On l'entendit déblatérer contre la faiblesse de la Prusse et l'égoïsme de l'Autriche ; toutefois il jugea bon de s'inspirer de leur exemple, et adoucissant le ton de ses discours, il présenta Bourgoing à la cour. « Cette politique est un mystère d'inconséquence », écrivait un diplomate. Le mystère était simple : l'Espagne n'avait ni crédit, ni troupes, ni alliés ; à mesure que la France tombait, l'Angleterre devenait plus arrogante, et il importait aux Espagnols, quelque fiers qu'ils fussent, de rester sur la réserve [1].

Quant aux restrictions que Louis XVI apportait secrètement à son langage public, la politique conseillait à ces cours de n'en point tenir compte, et elles affectèrent de n'en avoir point connaissance. Les seuls gouvernements qui montraient du zèle pour les affaires de la cour de France étaient la Suède, qui n'y pouvait rien par elle-même, et la Russie, qui ne voulait qu'y engager les autres. Catherine s'indignait de la « mauvaise foi » de l'Empereur ; elle prétendait « le forcer de dégaîner [2] ». Mais, dans le même temps, elle pestait contre les Tuileries et contre Breteuil, qu'elle trouvait indocile à ses conseils et rebelle à sa diplomatie [3]. Toutes les démarches des puissances, disait-elle, devaient être fondées sur la captivité du Roi : « on ne pouvait reconnaître d'autres chefs à la monarchie que les princes, qui jouissaient de leur pleine liberté [4]. » Ainsi, de ce côté même, tout contribuait encore à déconcerter les desseins de la famille royale. Louis XVI demandait à l'Europe de l'aider et de contenir les émigrés. Parmi les souverains, les uns consentaient aisément à éconduire les émigrés,

---

[1] BAUMGARTEN, p. 333-349. — L'Angleterre, disait Florida-Blanca, pousse au conflit général « pour empêcher la France de rétablir sa puissance, et se dédommager de ses dépenses aux frais des richesses des colonies espagnoles ». Rapport de Zinoviev, TRATCHEVSKY, *op. cit.*

[2] Taube à Fersen, 26 janvier 1792. FERSEN, t. II, p. 151.

[3] Note de Catherine, fin 1791. FEUILLET, t. IV, p. 282.

[4] Rapport de Stedingk, 5 novembre 1791. FERSEN, t. I, p. 217.

mais ils ne voulaient rien faire pour le Roi ; les autres se disaient prêts à entrer en campagne, mais ils exigeaient au préalable que le Roi abdiquât entre les mains de l'émigration. La conduite des princes rendait à Louis XVI cette abdication plus pénible et plus dangereuse qu'elle ne l'avait jamais été.

IV

Ces semaines d'août et de septembre, toutes d'anxiété, d'angoisse et d'amertume pour la famille royale, avaient été pour l'émigration une saison d'illusion joyeuse et d'étourdissement. La « France extérieure » se croyait décidément un État ; elle étalait devant l'Europe une cour et un camp, images réduites et défigurées de ce qui avait été la monarchie française.

Coblentz est la cour ; le comte de Provence y règne [1]. Fin, délié, sceptique, insaisissable à autrui, trop nonchalant et trop indécis pour se saisir lui-même; fugitif et subtil jusque dans ses calculs intimes, ne montrant de conséquence que dans son parfait égoïsme, ce prince n'avait encore révélé aucune des hautes qualités royales que l'expérience du pouvoir devait plus tard développer en lui. Il s'abandonnait aux séductions d'une royauté d'avant-scène, où il apportait plus de vanité que de véritable ambition [2]. Il n'attendit pas, pour agir en maître, les pouvoirs qu'il avait réclamés de son frère. Il enfreignit même les instructions réitérées de Louis XVI, enleva au baron de Breteuil ses pouvoirs et prit personnellement la conduite des négo-

---

[1] Voir La Rocheterie, *Correspondant*, t. XCVIII, p. 941 et suiv. — Geffroy, *Gustave III*, t. II, p. 147.

[2] « Monsieur, disait un émigré, n'est pas fâché qu'on soit persuadé de la nullité de son frère, car c'est sur la croyance de cette nullité qu'il échafaude sa politique. » *Mémoires de Goguelat*, éd. Lescure, p. 240. — « Il y a, écrivait la Reine, dans ce cœur plus d'amour personnel que d'affection pour son frère et certainement pour moi. Sa douleur a été toute sa vie de ne pas être né le maître, et cette fureur de se mettre à la place de tout n'a fait que croître depuis nos malheurs, qui lui donnent l'occasion de se mettre en avant. » A madame de Lamballe, juillet 1791. Feuillet, t. II, p. 148.

ciations [1]. Il organisa un gouvernement, avec Calonne pour premier ministre, chargé de la police et des finances; il choisit l'évêque d'Arras, M. de Conzié, philosophe, esprit fort, galant homme et sans préjugés, pour chancelier [2]. Vaudreuil avait la guerre, sauf à consulter, pour les opérations, le prince de Condé, qui devait les conduire. Ce gouvernement eut des ambassadeurs en titre : le baron de Flachslanden à Vienne, le baron de Roll à Berlin, le comte Esterhazy à Pétersbourg, le baron d'Escars à Stockholm, sans parler de la nuée des secrétaires improvisés, des missions volantes, et de tous les diplomates volontaires qui foisonnaient dans cette cour d'oisifs, gens inquiets, agités, avides de se faire valoir et désireux de courir le monde, ne fût-ce que pour se divertir [3].

Pour compléter la fiction, Monsieur réunissait à Coblentz une femme légitime et une maîtresse en titre. Madame passait depuis longtemps pour une épouse délaissée. La maîtresse figurait parmi ses dames d'honneur. Douée d'un esprit naturel, plus caustique qu'aimable, hautaine, sûre d'elle-même et de son influence, madame de Balbi se plaisait à tenir à ses pieds des courtisans dont elle se savait parfaitement détestée [4]. Son service terminé chez Madame, elle recevait, et c'est dans son salon que le comte de Provence tenait sa cour. Assis près de la cheminée, appuyé sur une canne dont le pommeau était découpé de façon à dessiner sur les murs la silhouette de Louis XIV, Monsieur se livrait doucement à son goût pour le bel esprit. Il ne demandait, disait-on, à sa maîtresse d'autre complaisance que de lui donner la réplique en ces dialogues précieux, et d'amener ses bons mots. Indifférent aux plaisirs comme aux affaires, et moins soucieux de régner que de paraître, ses amours s'écoulaient en marivaudages, sa politique s'évaporait en dissertations et son gouvernement en épigrammes.

---

[1] Monsieur à Breteuil, 2 juillet 1791. FEUILLET, t. II, p. 139. — La Reine à Fersen, 8 juillet. FERSEN, t. I, p. 148.
[2] FORNERON, *Histoire générale des émigrés*, Paris, 1884, t. I, p. 256.
[3] « L'esprit de Coblentz... c'était celui de tous les rassemblements de gens oisifs et qui s'ennuient. » *Souvenirs du comte de Contades*, Paris, 1885, p. 11.
[4] CONTADES, *Souvenirs*, p. 16-20.

Le comte d'Artois n'y mettait point tant d'apprêt. Il aimait ardemment une femme très-passionnée, madame de Polastron, et ne s'occupait que de l'aimer[1]. Chacune des deux maîtresses avait ses fidèles qui se déchiraient à belles dents[2]. Les deux frères se dénigraient l'un l'autre : leurs ministres les dénigraient tous les deux. Dans les petits comités où il pérorait, Calonne disposait des princes ses maîtres avec la même impertinence que de la France et de l'Europe[3]. La France et l'Europe lui laissaient des loisirs ; il employait à cabaler contre ses rivaux le temps qu'il ne donnait point au jeu ou au libertinage. Breteuil, qu'il avait fait éconduire, déblatérait contre lui et cherchait à traverser ses desseins[4].

Il en allait des coteries royalistes comme des clubs révolutionnaires : les extrêmes y dominaient. On y raffinait sur les principes, et l'on en arriva très-vite à ne trouver de vertu que dans la violence et d'orthodoxie que dans le paradoxe. Ces gentilshommes, très-frivoles pour la plupart, ne se piquaient point de philosophie ; mais leurs idées, pour être plus étroites, n'en devenaient que plus absolues. Un fanatisme de bon ton exalta tout à coup chez eux l'esprit naturellement arrogant et intolérant d'une noblesse très-exclusive ; on les vit excommunier tous ceux qui ne se rencontraient pas sur la même « ligne géométrique d'opinions[5] ». Il fallut faire ses preuves sur la foi monarchique comme on les faisait sur la naissance. « Quand deux émigrés se rencontrent, ils s'épurent », disaient

---

[1] « Madame de Polastron, maîtresse bien affichée de M. le comte d'Artois, voyait dans son amant un héros, sans songer que, dans ses bras, il oubliait la gloire et négligeait les affaires. Son air de douceur et de bonté lui avait acquis tous les cœurs. En comparant M. le comte d'Artois à Henri IV, elle se trouvait tout naturellement Gabrielle, mais le grand Henri ne passait pas tous les jours quinze heures chez sa maîtresse, et l'on n'était pas obligé de l'y aller chercher toutes les fois que son devoir l'appelait ailleurs. » CONTADES, *Souvenirs*, p. 23-24.

[2] Simolin à Ostermann, 19 août 1791. FEUILLET, t. II, p. 232.

[3] CONTADES, *Souvenirs*, p. 26. — Cf. *id*., p. 12. — Stedingk à Fersen, 20 janvier 1792. FERSEN, t. II, p. 140. — *Mémoires d'Esterhazy*. FEUILLET, t. IV, p. 58.

[4] Voir la lettre de Mounier, du 13 octobre 1791. FEUILLET, t. IV, p. 194.

[5] MALLET DU PAN, t. I, p. 370. — Cf. *id*., p. 278, 356.

les contemporains ¹. « Le séjour de Coblentz me parut celui de Versailles, d'une manière encore plus hideuse », rapporte un émigré dissident, du parti de la Reine; c'était « un cloaque d'intrigues, de cabales, de bêtises et de singeries de l'ancienne cour. Je quittai Coblentz en secouant la poussière de mes pieds, me promettant bien de ne jamais les remettre en si mauvais lieu ². »

Le camp se tenait à Worms. Coblentz présente en raccourci et en relief tous les vices de la noblesse à la cour; Worms rassemble tous les défauts de la noblesse à l'armée ³. L'armée cependant demeure bien supérieure à la cour. L'esprit y est fou, mais c'est une folie chevaleresque, et chacun se prépare à la payer de son sang. Le chef commande, et on le suit. Condé, qui ne laissait point d'ailleurs de faire en sa résidence épiscopale grande parade de sa maîtresse, madame de Monaco, était idolâtré de ses soldats. « Le vieux de la montagne, raconte l'un d'eux, n'avait pas plus d'empire sur ses disciples que le prince sur les gentilshommes de son armée. » Très-capable de les entraîner au combat, il l'était moins de les discipliner. On compte environ dix mille émigrés en armes à la fin d'octobre; on estime qu'ils s'élèveront à quinze ou dix-huit mille en février. Cette troupe présente beaucoup d'officiers et fort peu de soldats. La plupart sont venus pour commander, et n'ont point de goût à obéir. Ils narguent leurs officiers improvisés et jugent humiliant d'apprendre, d'instructeurs suédois, l'exercice d'in-

---

¹ « On obligeait tous ceux qui se rendaient à Coblentz à prendre une attestation de quatre gentilshommes qui répondaient de leurs principes et de leur attachement à la bonne cause. » FERRIÈRES, t. III, p. 35. — D'ALLONVILLE, *Mémoires secrets*, Paris, 1838-1845, t. II, p. 209. — Cf. D'HAUSSONVILLE, *Mélanges*, p. 23. — M. d'Avaray était suspect « d'apparence de démocratie ». On lui prêtait ce mot : « Le comte d'Artois est pur, je ne le suis pas. » FORNERON, t. I, p. 257. — Voir LA ROCHETERIE, *op. cit.*, *Correspondant*, t. XCIX, p. 121-125. — MALLET DU PAN, t. I, p. 261 et suiv.

² AUGEARD, *Mémoires secrets*, p. 281-282. — « C'est un foyer d'intrigues abominables », écrivait Fersen, le 6 août, à Gustave III. FEUILLET, t. III, p. 432. — Voir LA ROCHETERIE, *Correspondant*, t. XCVIII, p. 948; t. XCIX, p. 278.

³ Voir LA ROCHETERIE, *Correspondant*, t. XCVIII, p. 949-952; t. XCIX, p. 117-126. — GEFFROY, *Gustave III*, p. 147. — DAUDET, *Conspirations royalistes*, p. 121. — CHUQUET, *La première invasion prussienne*, Paris, 1886, ch. VIII, *les Émigrés*, notamment p. 273-280. — CONTADES, *Souvenirs*, p. 10-35.

fanterie avec des bâtons, à défaut des fusils qu'on ne peut leur donner [1]. Très-animés d'ailleurs contre Coblentz et les princes, ils s'accordent pour les accuser de lenteur, d'insouciance et de faiblesse. « Laissez-les rentrer en France, disait la grande Catherine avec cette ironique bienveillance dont elle les environnait, il y a toute apparence que, pour peu que ces princes soient dignes du sang de leurs veines, ils feront très-bien tout seuls leur besogne... Il ne faut, pour cela, que quatre ou cinq ingrédients qui ne sont pas si difficiles à remplir : courage, fermeté, magnanimité, sagesse et le jugement convenable, pour mettre toutes ces pièces à leur place [2]. » Cette grande princesse en parlait fort à son aise. A part le courage qui ne défaillit jamais, ces ingrédients étaient précisément ce qui manquait le plus aux émigrés.

Ils gardaient encore quelque mesure avec le Roi avant son arrestation. Ils n'en observent plus depuis sa captivité. La monarchie passe avant le Roi, et la noblesse avant la monarchie. Ils forment sous le nom d'*Union des provinces* une sorte de ligue qui se ramifiera dans toute la France ; si elle réussit à rétablir la royauté, elle placera les Bourbons au rang où Guise et sa faction prétendaient placer les Valois. Le Roi ne sera le chef de cette ligue que pour y obéir. Il régnera : les nobles gouverneront [3]. En attendant qu'ils assujettissent Louis XVI, ils l'insultent. « Jamais, rapporte Goguelat, je n'ai ouï parler de Louis XVI avec autant d'irrévérence. *Le pauvre homme, le soliveau, le béat...* C'étaient les courtisans de Monsieur qui avaient mis à la mode ces qualifications injurieuses [4]. »

Les princes avaient protesté d'avance contre l'acceptation que Louis XVI pourrait faire de la constitution. La lettre que

---

[1] Voir les *Mémoires d'Esterhazy*, FEUILLET, t. IV, p. 58. — « Le comte de Laval arrive de Coblentz, il dit que l'insubordination est à son comble, que la petite noblesse se révolte contre celle de la cour. » FERSEN, *Journal*, t. II, p. 2. — « C'est un spectacle vraiment curieux et en même temps triste de les entendre et de les voir », avait dit Gustave III, qui rêvait cependant de combattre à leur tête. Lettre du 16 juin 1791. GEFFROY, t. II, p. 162.
[2] Lettre à Grimm, 25 août 1792, p. 573.
[3] LA ROCHETERIE, *Correspondant*, t. XCIX, p. 129 et suiv. — AUGEARD, p. 277.
[4] *Mémoires*, p. 239. — AUGEARD, p. 180. — LA ROCHETERIE, p. 128.

le Roi leur fit tenir par M. de Coigny [1] renfermait les observations les plus sensées et procédait d'un instinct historique supérieur. Elle faisait grand honneur à Barnave, qui l'avait inspirée; elle ne toucha nullement les princes et ne modifia en rien leurs sentiments. La criminelle absurdité d'une alliance étrangère [2], l'impossibilité d'une contre-révolution, la nécessité de réformer la monarchie si l'on voulait la raffermir, toutes ces leçons que donnait le présent et que confirma l'avenir, y étaient déduites avec fermeté. « Quand on pense, concluait ce mémoire, que, même avec des armes partout victorieuses, le conquérant serait forcé de composer avec l'opinion publique, de ménager tous les points sur lesquels elle est invincible, c'est-à-dire de rétablir à peu près tout ce qu'il aurait voulu renverser, on est forcé de convenir que le projet de faire la guerre à un grand peuple, pour le forcer de changer ses lois, n'est heureusement qu'une folie. »

Lorsque les princes apprirent que Louis XVI avait prêté serment, ils le désavouèrent publiquement, et dans un billet qu'ils lui adressèrent en secret, ils ajoutèrent, à propos des constitutionnels : « Si on nous parle de la part de ces gens-là, nous n'écouterons pas; si c'est de la vôtre, nous écouterons, mais nous irons tout droit notre chemin [3]. » Le chemin qu'ils entendent suivre est celui de la conquête pure et simple. Leurs moyens sont élémentaires : pour persuader, la menace; pour soumettre, la force. Le mot d'ordre est : « Point d'accommo-

---

[1] Voir ci-dessus, p. 271.

[2] « Peut-on supposer que M. le comte d'Artois, membre de la famille appelée à la royauté, oublie assez son intérêt et sa gloire pour donner le premier le signal de la guerre civile, pour livrer le royaume à des étrangers et en causer le démembrement? Même après de tels succès, celui qui en serait l'auteur serait en horreur à son pays... On devrait d'ailleurs s'attendre à une guerre qui n'a point d'exemple dans les annales d'aucun peuple, à la guerre de toute une nation contre une armée, et d'une nation se renversant sur ses frontières pour conserver non-seulement ses foyers, mais ses lois et le libre exercice de sa pensée. Son amour de la liberté s'exalterait jusqu'au fanatisme et doublerait ses forces; la dignité réunirait contre des étrangers ceux qui ne sont divisés que contre des citoyens. » Mémoire envoyé à M. le comte d'Artois, *Correspondance de La Marck*, t. III, p. 163.

[3] La Rocheterie, *op. cit.*, p. 112-115.

dement[1]. » La guerre qu'ils feront prendra le « caractère d'une guerre féodale[2] ».

Mais cette force en quoi se résume toute leur politique et sur quoi se concentrent toutes leurs espérances, ils n'en disposent même point. Leur armée manque de magasins, leur trésor est vide, leur signature sans crédit. En fait de finances, les princes n'ont à administrer que leurs dettes, et tout l'art de Calonne consiste à en différer l'acquittement. Ils sont réduits aux subsides, c'est-à-dire à la portion congrue. La gêne commence : ils la bravent dédaigneusement ; mais les créanciers allemands ne s'accommodent ni des ajournements ni des impertinences. Ils témoignent rudement, à leur manière rustique, que leurs hôtes les incommodent et leur sont onéreux[3]. Les émigrés feignent de ne s'en point apercevoir, et payent de contenance. Comme ils ne trouvent de ressources que dans la présomption, ils en abusent. Ils ont pris le parti de s'imposer à l'Europe, et de l'engager dans leur cause en l'y compromettant. Après l'entrevue de Mantoue, ils ne parlaient que des armées et des millions qu'on leur avait promis. Après Pillnitz, il n'est bruit parmi eux que d'emprunts, de garanties, de traités et de coalitions contre la France[4]. Lorsque le comte d'Artois revient de ce voyage marqué par tant de déconvenues, ses partisans lui préparent une réception triomphale, et les agents des princes s'en vont, réclamant partout l'exécution de ces prétendus engagements que les souverains ont péremptoirement refusé de consentir[5].

Le ministère anglais les congédie sans ménagement. Pitt juge les émigrés comme faisait Horace Walpole, qui les trou-

---

[1] MALLET DU PAN, t. I, p. 261.
[2] Pellenc à La Marck, 28 décembre 1791. *Correspondance*, t. III, p. 279.
[3] PERTHES, t. I, p. 66, 206. — HÆUSSER, t. I, p. 292-293. — PHILIPPSON, t. II, p. 14. — VARNHAGEN VON ENSE, t. I, p. 84-86. — « On m'a assuré qu'ils étaient très-mal vus dans les villes d'Allemagne. Ils y dépensèrent beaucoup, mais sans rien payer. » Kotchouhey à Woronzof, Berne, 17 août 1791. *Archives Woronzof*, t. XVIII, Moscou, 1880, p. 12.
[4] Marie-Antoinette à Mercy, 12 septembre 1791. ARNETH, p. 209.
[5] *Mémoire à l'Empereur et au roi de Prusse*, 29 août 1791. FEUILLET, t. II, p. 255. — LA ROCHETERIE, t. XCVIII, p. 968 ; t. XCIX, p. 111.

vait insensés. Ils n'ont pour eux, en Angleterre, que Burke, dont l'esprit excessif et l'imagination chevaleresque s'abusent de leurs chimères; mais Burke ne leur offre que des discours et ne leur envoie que des brochures : le moindre prêt d'argent ferait mieux leur affaire [1]. Léopold en use comme l'Angleterre. Le roi de Prusse y met plus de formes.

La cour de Berlin offrait le plus beau champ du monde aux manœuvres de l'émigration. Un officier suisse, le baron de Roll, maréchal de camp au service de France, assez lourd et empêtré d'apparence, mais insinuant avec bonhomie et rompu aux cabales, y déploie une diplomatie aussi souple qu'entreprenante. Il trouve un auxiliaire inattendu dans un personnage fort équivoque, que l'on va voir tremper, dès lors, dans toutes les négociations suspectes de ce temps. C'est un baron alsacien, Heymann, qui servait à l'armée de Bouillé en qualité de maréchal de camp [2]. Forcé d'émigrer après Varennes, il se réfugia en Prusse, où le Roi l'employa dans son état-major. Mêlé, en France, à cette noblesse brouillonne que l'ennui, le désir des nouveautés, le besoin d'agitation, les passions de coteries, bien plus que l'enthousiasme philosophique, avaient jetée dans la Révolution, Heymann passait pour orléaniste. Il connaissait Mirabeau, fréquentait Biron, et se rencontrait çà et là avec un homme peu connu encore, réduit à tracasser dans les coulisses du théâtre, mais que les événements allaient bientôt jeter sur le devant de la scène, Dumouriez. Ces liaisons très-diverses permettaient à Heymann de servir en même temps les partis les plus opposés. Il se faufile entre les deux camps, passe de l'un dans l'autre et joue tour à tour les personnages les moins suivis. L'inconsistance d'un caractère trop enclin à l'intrigue, le besoin de se donner un rôle, une obligeance d'homme important qui veut paraître dans toutes les affaires, la coquetterie des amitiés brillantes et des grandes relations jointes à un naturel serviable et à une incontestable fidélité dans les attachements personnels, faisaient

---

[1] STANHOPE, *William Pitt*, t. II, p. 133. — RÉMUSAT, *l'Angleterre au dix-huitième siècle*, t. II, p. 410. — FORNERON, *Histoire des émigrés*, t. I, p. 215
[2] Voir CHUQUET, *l'Invasion prussienne*, p. 119-120.

de ce politique subalterne un confident précieux et un collaborateur infiniment utile. Ses goûts, au fond, étaient pour l'émigration, et ses services pour le roi de Prusse.

Bischoffswerder se fit auprès de son maître l'introducteur de ces ambassadeurs apocryphes. Le mystagogue qualifié de Frédéric-Guillaume et les empiriques de l'émigration s'entendaient à demi-mot, se dupaient à l'envi et se considéraient respectivement comme des brouillons, sinon comme des fourbes de haute volée. Ils effleurèrent ensemble les sujets les plus scabreux. Bischoffswerder insinua « qu'au moyen de quelques sacrifices de frontières de la France, on viendrait aisément au secours du Roi ». L'opération consistait à attribuer aux Prussiens la part palatine de la succession de Juliers, ce qui les arrondirait sur le Rhin ; l'électeur palatin se dédommagerait avec une portion de l'Alsace ; l'Empereur prendrait le reste et trouverait dans la Flandre française le surplus de ses convenances[1]. Les princes réprouvaient cette contrebande ; mais leurs agents en écoutaient les propositions avec un certain excès de complaisance, et c'était assez pour qu'on les accusât partout de s'en faire les complices[2]. Il n'en fallait pas non plus davantage pour ressusciter dans l'âme de Frédéric-Guillaume le génie lucratif des croisades teutoniques ; le ministre, Schulenbourg, revenant un jour de Potsdam, s'écria : « Le Roi veut

---

[1] Note du marquis de Bombelles sur les causes du désaccord entre le roi de France et les princes. FEUILLET, t. V, p. 82.

[2] Barthélemy écrivait de Londres, après des conversations avec le ministre de Russie, c'est-à-dire avec le représentant de la puissance la plus favorable aux émigrés et la mieux informée de leurs affaires : « M. de Woronzof m'a fait promettre de ne pas le nommer, mais mon devoir me prescrit de vous mander qu'il m'a dit qu'il était instruit de la manière la plus positive que nos émigrés avaient parlé au roi de Prusse, pour l'engager à partager leurs vues, d'un arrangement qui lui permettrait de s'étendre sur le Rhin par des acquisitions dont des cessions de quelques parties de l'Alsace dédommageraient l'électeur palatin. » Rapport du 2 septembre 1791. — Barthélemy revient sur le même sujet, le 30 septembre : « Il (M. de Woronzof) me répétait hier que rien n'était plus certain, que les princes français, pour engager le roi de Prusse à leur donner des troupes, lui avaient fait offre de prendre Berg et Juliers, dont l'électeur palatin serait dédommagé en Alsace ; que le roi de Prusse, enchanté de ce plan, l'avait communiqué à l'Empereur, en lui faisant entendre qu'il pourrait faire pour son compte des acquisitions en Alsace et dans la Flandre française. » — Cf. ci-dessus, p. 160.

la guerre[1]! » C'est ainsi que les émigrés se croyaient sûrs de la Prusse.

Gustave III était parfaitement sincère dans ses promesses; mais il ne pouvait donner que sa parole et engager que son épée. L'agent des princes, M. d'Escars, éprouva en arrivant en Suède, vers la fin de septembre, une cruelle déconvenue[2]. Il s'attendait à trouver une flotte sous voiles et une armée prête à s'embarquer pour la Normandie. Les ports étaient vides, les arsenaux déserts et le trésor à sec. C'était la Tsarine qui devait fournir les convois, les hommes et l'argent. Gustave III en était encore à négocier avec elle l'alliance dont elle le leurrait depuis leur traité de paix. Les princes se voyaient donc réduits à solliciter les grâces de cette impératrice, et ils y apportaient tous les raffinements de l'adulation. Leurs épîtres tournent au dithyrambe. Ils tombent dans une sorte d'extase en songeant à « l'intérêt dont Elle daigne honorer leur cause ». Lui écrire, « c'est, pour ainsi dire, tenir conseil en sa présence : Elle ne saurait croire combien cette pensée les exalte! » « Passant le Rhin ne fût-ce qu'avec dix mille hommes, nous en aurions bientôt cent mille : le génie de Catherine II marchera devant nous[3]! » Catherine admet à sa cour l'envoyé de Monsieur, Esterhazy; elle reconnaît le régent; elle lui envoie un ambassadeur, le comte Roumiantsof; elle lui fait présent de deux millions de roubles; elle l'engage à lire la *Henriade*, et à se pénétrer du génie de son aïeul qui régna :

> Et par droit de conquête et par droit de naissance[4].

Mais pour le surplus, elle se réserve. Il n'est point d'encens, fût-ce celui d'un Bourbon, qui soit capable de troubler un instant la cervelle de cette élève de Frédéric. Sa politique ne se règle

---

[1] Hæusser, t. I, p. 322.
[2] Voir ses rapports. Geffroy, t. II, p. 195.
[3] Les princes à Catherine, 14 et 23 septembre 1791. Feuillet, t. II, p. 327 et 359. Voir dans les *Archives Woronzof*, t. XVIII, p. 14, la lettre de Kotchoubey à Woronzof, du 12 octobre 1791, et l'adresse à Catherine, p. 15.
[4] *Mémoires et Instructions d'Esterhazy*. Feuillet, t. IV, p. 62; t. II, p. 265. — Catherine aux princes, 19 août et septembre 1791. Feuillet, t. II, p. 238, 338, 355.

que sur la raison d'État : cette raison lui dit que l'armée des princes est une armée « sur le papier », et que leurs ressources sont toutes en « espérances ». Elle avisera vers le printemps prochain « aux moyens d'être de la partie, si les circonstances le lui permettent [1] ». Toutes ses réponses ne sont que de pompeuses et narquoises défaites. Il plaît aux princes de s'en abuser, et Calonne, qui séjourne à Londres, où il n'éprouve d'ailleurs que des déboires, écrit à l'un de ses amis, vers la fin de septembre : « Nous commençons à avoir de grands moyens... Les princes viennent de recevoir une dépêche affectueuse, sublime et décisive de la magnanime souveraine de Russie [2] ! »

L'Espagne fait ce qu'elle peut [3]. Charles IV prélève sur l'or des galions une part pour ses cousins. Ils reçoivent d'abord 400,000 piastres, puis un million. Le Roi en promet dix à Gustave III, sous forme de subsides. Il parle de marcher à la tête de ses troupes : il a 15,000 hommes en Catalogne et lèvera 20,000 Suisses. Cette expédition s'appuiera sur une insurrection royaliste. Les émigrés la fomentent dans le Midi. Elle éclate à Perpignan, elle avorte, et l'Espagne se modère. « Que voulez-vous attendre de gens qui sont plus occupés de leurs plaisirs que de leurs droits? disait Florida-Blanca. C'est madame de Monaco qui mène la politique du prince de Condé, et madame de Polastron qui mène celle du comte d'Artois [4]. » Il n'est question parmi les diplomates que des embarras que les émigrés causent partout, des importunités dont ils excèdent tout le monde. « Ils ne seraient soutenus par aucune puissance étrangère », dit à Barthélemy le ministre de Prusse à Londres, M. de Redern [5]. Mais s'ils ne parviennent pas à entraîner l'Europe dans leur querelle, ils ne réussissent que trop, par leurs forfanteries, à exaspérer les Français. Ils sont assez aveugles pour s'en féliciter.

[1] Catherine à Nassau-Siegen, août 1791. FEUILLET, t. II, p. 329. — Réponse à Esterhazy, septembre 1791. FEUILLET, t. II, p. 357.
[2] Rapport de Barthélemy, 30 septembre 1791.
[3] BAUMGARTEN, p. 333-340.
[4] BAUMGARTEN, p. 339.
[5] Rapports de Barthélemy, 2 octobre, 2 et 9 décembre 1791.

V

La famille royale et l'émigration, qui attendaient tout d'une intervention de l'Europe, la sollicitaient sans pouvoir l'obtenir; la France, qui en redoutait tout, travaillait inconsciemment à l'attirer. Il fallait, pour émouvoir les rois, que la Révolution les atteignît dans leurs intérêts propres : c'est à quoi la Révolution marchait en cet automne de 1791.

Le 12 septembre, le lendemain du jour où, par l'acceptation du Roi, la constitution était devenue la loi fondamentale de l'État, l'Assemblée décrétait la réunion d'Avignon et du comtat Venaissin à la France. L'Assemblée avait envoyé des commissaires dans le Comtat pour désarmer les partis[1]. Les partis ne désarmèrent point; les commissaires revinrent à Paris apportant des vœux de réunion émis par la majorité des habitants du pays, et déclarèrent que cette réunion était le seul moyen de suspendre la plus atroce des guerres civiles[2]. L'affaire fut renvoyée aux comités qui en avaient déjà connu. Menou présenta un rapport dans la séance du 13 septembre. Il concluait à la réunion[3]. Les arguments étaient épuisés. Maury essaya de combattre le projet de décret. L'Assemblée ne l'écouta point. La réunion fut votée. Le décret consacra l'équivoque qui avait constamment obscurci le débat : le droit ancien et le droit nouveau y étaient invoqués conjointement[4].

---

[1] Voir ci-dessus, p. 200.

[2] 10 septembre. — *Moniteur*, t. IX, p. 633.

[3] Sur 98 communes contenant 152,919 citoyens, 71 avaient voté : 52 s'étaient prononcées pour la réunion, 19 contre, 27 s'étaient abstenues. Les communes qui avaient adopté la réunion représentaient 101,045 citoyens; celles qui l'avaient repoussée en représentaient 51,813, sur lesquels 30,667 seulement avaient émis un vote négatif.

[4] « L'Assemblée nationale déclare qu'en vertu des droits de la France sur les États réunis d'Avignon et du comtat Venaissin, et conformément au vœu librement émis par la majorité des communes et des citoyens de ces deux pays pour être incorporés à la France, cesdits États réunis d'Avignon et du Comtat font dès ce moment partie intégrante de l'Empire français. »

L'Assemblée s'estimait quitte envers tous les principes, les siens et ceux de l'Europe; elle se jugeait conséquente avec elle-même et irréprochable aux yeux d'autrui. Elle croyait enfin avoir coupé court à toutes les réclamations en décidant que des négociations seraient ouvertes avec la cour de Rome « pour traiter des indemnités et dédommagements qui pourraient lui être dus ». Les légistes qui remplissaient les comités oubliaient que le juge du litige n'était point un parlement de jurisconsultes devant lequel on argumente, et qui tranche le procès par de fines distinctions; le juge, c'était l'Europe. Moins soucieuse des mots que des choses, fort indifférente en matière de principes et fort dédaigneuse des textes, elle jugeait les intentions d'après les actes et les décrets d'après les conséquences qui en découlaient. Les observateurs avisés ne se méprirent point sur celles du vote de réunion : les discussions qui l'avaient précédé ne laissaient point d'ailleurs d'en éclairer toute la portée.

« Il est évident, écrivait le comte de la Marck [1], que d'après cette conduite la France va être en véritable état de guerre avec tous les gouvernements; elle les menacera sans cesse d'insurrections chez eux, et les insurrections la conduiront à la conquête. Rome détrônant les rois, quand les peuples se mettaient sous sa protection, n'avait pas d'autre système... Il est possible que quelques têtes folles de la nouvelle Assemblée profitent de l'enthousiasme de la réunion pour faire décréter une invasion dans les Pays-Bas, en représentant les menaces des puissances comme des hostilités, et avec la conviction qu'une nouvelle insurrection dans les Pays-Bas serait pour la France une barrière de plus. De là à l'insurrection du pays de Liége et de Hollande, il n'y aurait qu'un pas. Tout cela vous paraitra fou; eh bien! pour la prochaine législature, telle qu'elle est composée, des mesures aussi incendiaires, aidées de l'ambition de M. de Lafayette, paraîtront la chose du monde la plus simple. »

C'était voir clairement. Les Pays-Bas, de tout temps le théâtre des conquêtes de la royauté, étaient destinés à ouvrir

---

[1] A Mercy, 16 septembre 1791. *Correspondance*, t. III, p. 234.

le premier champ aux annexions nationales. Tandis que le principe de ces réunions se développait en France, les occasions de l'appliquer se préparaient dans les Pays-Bas. Le gouvernement restauré de l'Autriche essayait d'y louvoyer entre tous les partis ; il les mécontentait tous. Tous s'accordaient pour désirer une nouvelle révolution, les aristocrates aussi bien que les démocrates, les anciens statistes aussi bien que Vonck et ses amis qui s'étaient réfugiés en France. On y encourageait leurs illusions et l'on y favorisait leurs préparatifs de revanche. Lafayette, Brissot, Camille Desmoulins s'efforçaient de les persuader que la France les aiderait à fonder la république des États-Unis des Flandres, rêve commun des patriotes belges. Il n'était point jusqu'au ministre de France à Bruxelles qui ne crût de son devoir de travailler avec ses secrétaires contre la maison d'Autriche[1]. Leurs manœuvres occultes tenaient encore plus de l'intrigue d'ancien régime que de la propagande révolutionnaire. Cette propagande s'était exercée plus directement à Liége, et c'est là que débuta le futur ministre des affaires étrangères de la République.

La restauration de l'évêque de Liége avait suivi celle du gouvernement autrichien aux Pays-Bas. Soutenu par les troupes de l'Empereur, ce prince procéda à une contre-révolution absolue. Les patriotes liégeois se retirèrent en France et tâchèrent de s'y organiser. A leur tête se trouvait un aventurier, fort subalterne et fort obscur, que les plus étranges contre-coups de la fortune devaient mener bientôt à occuper la place de Richelieu, de Mazarin, de Lionne, de Torcy, de Choiseul, de Vergennes, et à diriger la politique française dans une des plus grandes crises de l'histoire de France[2]. Il se nommait Lebrun-

---

[1] Metternich écrivait de Bruxelles à Kaunitz, le 17 septembre 1791 : « Les efforts des démocrates français tendent à encourager en Belgique aristocrates comme démocrates, malgré la différence des principes des uns et des autres... Cet état de fermentation dans lequel ils savent entretenir les anciens rebelles de la Belgique peut leur être utile par la suite; ils espèrent qu'elle donnera occasion à quelques mouvements. » BORGNET, t. I, p. 249. — Affaires étrangères : *Correspondance de Bruxelles.* — WOLF, *Marie-Christine*, ch. IX. — Cf. dans FEUILLET, *passim*, les lettres de Marie-Christine à Léopold, dans l'automne de 1791.

[2] Voir MASSON, *Affaires étrangères*, p. 161. — ERNOUF, *Maret, duc de Bassano*, Paris, 1878, p. 41. — BORGNET, ch. IX et X.

Tondu. Né à Noyon en 1763, il était Français d'origine, mais fort cosmopolite par ses goûts, par son éducation et par sa carrière, si l'on peut appeler de ce nom les fantasques détours qui le ramenaient dans sa patrie en qualité de réfugié liégeois. Boursier du chapitre de Noyon, élève du collége Louis-le-Grand, il entra au séminaire et reçut les ordres : comme il montrait plus de dispositions aux mathématiques qu'à la théologie, ses supérieurs le firent admettre parmi les pensionnaires du Roi à l'Observatoire. Il y demeura peu. Il avait négligé l'Église pour cultiver la science; il abandonna la science pour la guerre, et la guerre pour les voyages : après s'être enrôlé, il déserta. Le hasard le conduisit à Liége. On l'y voit successivement précepteur chez un échevin de la ville, commis chez un libraire, imprimeur pour son compte et gazetier. Il crée le *Journal général de l'Europe*, qui se répand avec un grand succès dans les Pays-Bas et sur le Rhin. Dans l'exercice de sa nouvelle profession, il étudie à bâtons rompus le droit public, recueille des bribes d'histoire, rassemble, à travers les lectures hâtives et les conversations de rencontre, des notes incohérentes sur les hommes et sur les choses de l'Europe. Il accumula ainsi dans sa tête un fatras de connaissances. Un certain bon sens natif et une heureuse étroitesse d'esprit lui permirent d'ordonner ce fouillis avec plus de profit que n'aurait pu faire un homme de plus d'imagination et de plus de ressources. Lebrun était médiocre et exalté, plus médiocre encore qu'exalté, ce qui, sans le sauver de l'échafaud, le sauva au moins des tragiques folies. Avec cela liant, chaleureux, ouvert; il noua des amitiés fort mêlées, dont il tira grand parti plus tard et qui formèrent le fond de sa diplomatie.

Revenu à Paris, il y connut Dumouriez, qui le fascina du premier coup d'œil et qui le domina toujours. Il se trouva introduit tout naturellement dans la société des agitateurs révolutionnaires.

Brissot y tenait le premier rang et y donnait le ton. On y rencontrait, autour de lui, Maret, qui s'essayait alors dans le métier de journaliste; Hérault de Séchelles, parlementaire déclassé qu'une grande fortune, de belles manières, l'habitude et le goût du monde poussaient à se refaire par la brigue diplomatique, dans la société nouvelle, la situation que ses opinions lui avaient fait perdre dans l'ancienne; Danton enfin, qui s'élevait au milieu du chaos de la démagogie et, par échappées, portait sur l'Europe sa curiosité menaçante[1]. Dans ces mêmes cercles fréquentait un secrétaire des Jacobins, plus ou moins client et officieux de Mirabeau, et nommé naguère, par l'influence du grand orateur, ministre résident à Liége[2] : c'était un ancien lieutenant d'infanterie appelé Bonne-Carrère, employé par Vergennes dans diverses missions en Angleterre, aux Indes et en Afrique. Répandu dans toutes les coteries sans appartenir précisément à aucune, il remplissait en France, auprès des réfugiés liégeois, la mission que l'évêque de Liége ne lui permettait point de remplir à sa cour.

Tandis que s'accumulaient, en France même et sur les frontières, tant d'éléments d'incendie, les électeurs procédaient à la nomination des députés à l'Assemblée législative, et la constitution était proclamée dans tout le royaume, au milieu des témoignages de cet enthousiasme docile, banal et naïf dont les peuples saluent toujours les nouveautés. Le temps était aux effusions, et l'on peut dire que la France entière sacrifiait avec allégresse au dieu inconnu! Peut-être les âmes, fatiguées par deux ans de révolution, s'excitaient-elles à l'espérance et entrait-il plus d'effort que de véritable élan dans ces manifestations de la confiance publique[3]. « On fit des fêtes comme si l'on était heureux,

---

[1] Voir ROBINET, *Danton émigré*, Paris, 1887, p. 5 : Danton en Angleterre.

[2] MASSON, p. 156. — ERNOUF, p. 41. — « M. de Bonne-Carrère, gentleman dont Votre Grâce a certainement entendu parler, car il a été plusieurs fois en Angleterre, homme d'intrigue et non dépourvu de savoir-faire, va à Liége. » *Rapports de lord Gower*, 1er avril 1791, p. 76.

[3] Voir le *Journal d'une bourgeoise*, 2 août 1791, publié par Ed. Lockroy, Paris, 1880 : « Il résulte de ce que j'ai recueilli dans toutes les conversations, que l'esprit public est confiant et croit que nous touchons au point. Quant à la coalition des puissances : *parturiunt montes, nascetur ridiculus mus*. » 11 août : « On craint peu les ennemis du dehors, on se moque de ceux du dedans. » 15 août : « Je ne crains guère toutes ces puissances étrangères dont on nous fait un terrible épouvantail. Il y a division de tous côtés, et d'ici à ce qu'elles soient d'accord sur le point capital, l'attaque, l'hiver nous en garantira. »

dit un contemporain [1] ; on commanda des réjouissances pour se persuader que les dangers étaient passés. Il semblait que la Révolution fût achevée et la liberté fondée. Toutefois on se regardait les uns les autres, comme pour obtenir de son voisin la sécurité dont on manquait soi-même. » Le 30 septembre, Louis XVI se rendit à l'Assemblée : il renouvela les déclarations qu'il avait déjà faites de son amour pour le peuple et de sa résolution de faire respecter les droits de l'État. Les députés accueillirent ses paroles par des acclamations réitérées de : Vive le Roi! « Sire, lui dit Thouret qui présidait, Votre Majesté a fini la Révolution par son acceptation si loyale et si franche de la constitution. » Il ajouta que l'Assemblée avait achevé ses travaux, et les députés se séparèrent. Ils avaient décrété la paix au dedans et au dehors; mais la contradiction régnait dans les principes, l'hostilité couvait dans les âmes, et, au dehors comme au dedans, la force des choses poussait aux conflits. La même constitution, royaliste et pacifique dans ses articles, devait, par la combinaison naturelle de ses éléments, conduire le peuple français à la république et à la guerre. C'est ce qui s'annonce clairement dès les premières séances de l'Assemblée législative.

[1] Madame DE STAEL, *Considérations,* 2ᵉ partie, ch. XXIII.

CHAPITRE III

LES PARTIS ET LA GUERRE.

1791

I

L'Assemblée législative se réunit le 1er octobre. Elle comptait 745 membres. « Jamais il n'y eut d'assemblée plus jeune. Elle apparut comme un bataillon uniforme d'hommes presque du même âge, de même classe, de même langue et de même habit. Sauf Condorcet, Brissot et quelques autres, ils sont inconnus [1]. » Ils sont médiocres aussi, et sans aucune expérience des affaires. La droite, c'est-à-dire désormais les constitutionnels, ne compte qu'une centaine de membres. Avec ses alliés très-incertains du centre, ce parti peut réunir 160 voix. La masse flottante, environ 250 députés, qui fait la majorité dans toutes les assemblées et décide, en se laissant tomber d'un côté ou de l'autre, des destinées de l'État, doit, en grande partie, son élection à l'influence des jacobins; mais elle n'est pas seulement liée à cette société par ses origines, elle l'est surtout par ses passions et par ses préventions. Elle hait la cour, l'aristocratie, le clergé; elle soupçonne partout des coalitions et des complots de contre-révolution; elle est persuadée que pour défendre la Révolution, il faut en précipiter la marche.

[1] MICHELET, *Histoire de la Révolution*. — « La pièce semble n'être jouée que par des doublures... » « Les trois quarts des nouveaux députés sont nuls ; les autres ne sont remarquables que par des opinions incendiaires. » La Marck à Mercy, 16 septembre et 15 octobre, t. III, p. 233, 252.

Les jacobins sont environ 330 ; ils occupent le côté gauche : la plupart sortent des prétoires de petite ville d'où ils se sont poussés dans les administrations départementales. Ces légistes provinciaux ne dirigeront jamais l'Assemblée. L'influence passe à une caste qui figurait à peine dans l'Assemblée constituante et qui va désormais accaparer la tribune : les gens de plume et les rhéteurs. La république des lettres envahit l'État. C'est l'avénement de ces factions d'amour-propre, les plus ardentes et les plus acharnées de toutes, qui, pendant plusieurs années, déchireront la France, dénatureront la Révolution et mêleront aux plus nobles luttes qu'ait jamais soutenues un peuple, les plus atroces et les plus mesquines jalousies qui aient jamais divisé des hommes[1]. Ceux-ci ont les mêmes haines et la même ambition : leurs haines les tiennent unis tant qu'il s'agit de monter à l'assaut du pouvoir; leur ambition les divise aussitôt que la forteresse capitule et qu'il s'agit de s'en partager le gouvernement. Les rivalités occuperont désormais toute la place que les discussions de principes avaient occupée jusque-là dans la Révolution.

Les plus exaltés des jacobins forment, à l'extrême gauche, l'avant-garde du parti républicain : on y remarque Merlin de Thionville, Chabot, Lecointre, Bazire, Thuriot, Couthon, Cambon, Hérault de Séchelles. Ce groupe est plus puissant au dehors qu'au dedans de l'Assemblée. Par les clubs, il mène la France et entraîne la Révolution. Robespierre, que sa qualité de constituant éloigne de l'Assemblée, est déjà, au club des Jacobins, le censeur et le régent du parti. Tandis que le pontife et l'inquisiteur se révèlent en lui, Danton s'annonce comme le tribun futur de la République. C'est lui qui assure aux jacobins, dans les heures critiques, le concours décisif des forces populaires.

Le groupe qui domine dans la gauche de l'Assemblée est celui que l'on désignera plus tard sous le nom de Gironde, pour le distinguer de la fraction plus radicale du parti qui gardera

---

[1] Voir tome I, p. 234.

seule alors le nom de Jacobins. On range ces députés sous le patronage de l'un d'entre eux, non le plus brillant, le plus pur ou le plus éloquent, mais le plus turbulent, le plus en vue, le plus constamment bruyant sur le théâtre et le plus remuant dans la coulisse : on les appela les Brissotins.

Brissot avait des connaissances, de l'invention, de la souplesse, de la chaleur, de la bonne humeur et une sorte de sensibilité humanitaire qui se mêlait étrangement dans son âme aux plus venimeuses inimitiés. Forcé de quitter la France à la suite d'incartades de presse qui le menèrent à la Bastille, il flétrit les années décisives de sa vie, celles où le caractère se trempe ou se fausse, dans le pire des tripots politiques et littéraires, celui que tenaient à Londres les libellistes, réfugiés ou proscrits, de toute provenance européenne. Brissot les a démasqués avec une effronterie amère[1]; il n'en a pas moins vécu parmi eux, de leur industrie vénale, et emporté de ces bas-fonds pernicieux une fièvre dont il ne s'est jamais guéri. Il acquit, à cabaler avec les conspirateurs cosmopolites, à coudoyer les informateurs à gage, les courtiers occultes et les apologistes salariés de toutes les chancelleries, la pratique des dessous de l'Europe. Il s'approvisionna de ces notes d'émigré, plus trompeuses et plus illusoires encore que les notes de police; il s'habitua aux procédés équivoques et aux alliances inavouables. Dans une société politique où la meilleure compagnie était cynique et pervertie, il fréquenta la plus mauvaise et s'en donna le ton. Il s'exerça aux jugements hâtifs, aux systèmes échafaudés sur des débris d'idées, aux ouvrages bâclés avec des rognures d'histoire. Il développa, par un exercice incessant, ses facultés extraordinaires d'improvisateur; mais il perdit dans les polémiques sans scrupules, parce qu'elles étaient sans responsabilité, le sens du vrai, l'instinct de la mesure, l'appréciation exacte de la portée des mots, la rectitude du jugement, la délicatesse du tact moral. Quand il revint en France, où il fonda, en 1789, le *Patriote français*, Brissot avait trente-sept ans; il avait visité l'Angle-

---

[1] Voir dans ses *Mémoires*, ch. XLI, ce qu'il dit de « l'infâme Morande ».

terre, la Hollande, la Suisse, l'Amérique. Il disposait de l'Europe avec un aplomb imperturbable. C'était une espèce de Figaro exalté, ambitieux de mouvement bien plus que de puissance, assez léger pour tout dire, assez sincère pour tout croire, assez fanatique pour tout oser, serviable à ses amis, vindicatif avec ses adversaires, âpre à la brigue, désintéressé pour sa propre personne et se faisant, par là, de ses passions même les plus mesquines, des vertus d'État. « Il avait le zèle du couvent », rapporte un homme qui le connaissait de près [1]. On disait *brissoter* pour intriguer. Il était le meneur universel de son parti, traçant tous les rôles, tenant tous les fils, prêchant partout, dans son journal, dans les clubs, à la tribune, une révolution dans le droit public, propageant avec une exubérance brouillonne d'aventurier de lettres les doctrines de Favier, et joignant aux mœurs d'un agent secret de l'ancien régime l'exaltation communicative d'un sectateur de la philosophie.

Brissot sera le plus actif boute-feu de la guerre qui se prépare entre les vieilles monarchies et la Révolution française. Ses amis, même les plus brillants, n'apparaissent qu'au second rang dans ces grandes querelles européennes, réduits, comme Vergniaud et Isnard, au rôle de coryphées ou, comme Condorcet, à l'emploi de rédacteur didactique de manifestes. Sieyès se mêlait volontiers à leurs conciliabules, dirigeant souvent leurs conseils, les inspirant presque toujours. Spéculateur subtil et inventif, législateur chimérique, politique embarrassé, doctrinaire et machiavéliste à la fois, fugitif de l'Église, nomade dans le monde, ce théologien dérouté, qui avait dit le premier mot de la Révolution et qui en trouvera le dernier, prétendait posséder le secret du siècle. Il attendait l'heure de le révéler à ses contemporains et portait solennellement dans sa tête le moule où devait s'ordonner la France nouvelle. Il voyait juste, par d'étroites et profondes échappées, mais toujours de trop loin et par-dessus les obstacles. Une sorte de presbytie politique le condamnait à poser le pronostic d'événements qui bouleversaient tous les

---

[1] Dumont, *Souvenirs*, ch. xviii, p. 357.

calculs, à susciter des hommes qui ruinaient tous ses desseins, à ne trouver enfin de moyens efficaces et de formules populaires que pour les idées d'autrui. Il opérait à la manière des alchimistes qui, en recherchant l'absolu, préparèrent l'avénement de la science positive, et avec elle l'irréparable déconvenue de leurs prétentions. La haine de la cour le rapprochait en ce temps-là des amis de Brissot : persuadé que la Révolution ne s'affermirait que par un changement de dynastie, il animait et soutenait ces hommes qu'il jugeait les plus propres à en hâter l'accomplissement[1]. C'était le principal secret de leurs liaisons ; mais les brissotins, par leur véhémence et leur étourderie, n'allaient pas tarder à déconcerter ses spécieuses combinaisons.

Leur entrée en scène fut un triomphe. Ce n'est point user de métaphore que de parler ici de théâtre et de drame. Malgré leur sincérité, qu'ils soutinrent jusqu'à la mort, les girondins nous apparaissent bien moins comme les agents d'une grande crise de l'histoire, que comme les héros d'une tragédie où les meut une main inconnue qui a d'avance tracé leurs rôles. Mais ils en sont pénétrés; ils les remplissent avec foi. Le peuple est ravi et les acclame. Ils personnifient toutes ses aspirations, tous ses sentiments, toutes ses velléités contradictoires. De là le merveilleux succès de leurs débuts, la rapidité de leur disgrâce, la profondeur de leur chute. Le même peuple qui applaudissait en eux ses propres espérances ne leur pardonnera point leur impuissance à les réaliser. Il se jugera trompé, joué, trahi, et les girondins tomberont victimes des illusions qu'ils auront entretenues. On ne peut les étudier sans sympathie, ni les condamner sans regret; ils avaient l'entraînement de la jeunesse, le prestige de l'éloquence, l'élan de la générosité; mais l'histoire juge les hommes sur leurs actes, et les actes de ceux-là ne sont qu'une série d'inconséquences et de faiblesses. Si les girondins s'étaient contentés de la réputation de philosophes ou du renom d'orateurs, ils auraient laissé le souvenir d'amis ardents de l'humanité; ils ont prétendu gouverner les

---

[1] Voir MALLET DU PAN, t. I, p. 260 et 430. — LA MARCK, t. III, p. 260.

hommes : ni l'enthousiasme ni la générosité n'y suffisent. Il y faut, ce qui manquait le plus à la Gironde, la fermeté des vues, la suite des volontés et cette qualité qui, en matière d'État, prime jusqu'au génie même : le caractère.

L'une des premières préoccupations de la nouvelle majorité fut de s'assurer l'exercice du pouvoir. Les comités qui s'étaient formés, au jour le jour, dans la Constituante, et que la force des choses avait indéfiniment prolongés, deviennent dans la Législative une institution fondamentale. Il y en a vingt-trois, qui sont permanents et qui absorbent toute l'administration. C'est, en fait, le gouvernement direct d'une assemblée souveraine et l'ébauche, de plus en plus distincte, du système futur de la Convention. L'Assemblée annule ainsi les ministres, et par les ministres la royauté. Elle tient surtout à se saisir de cette partie des affaires qui est considérée comme la prérogative par excellence du souverain : les relations extérieures. Le comité diplomatique devient le principal foyer de l'Assemblée. Il se compose de douze membres ; il est renouvelable tous les trois mois. Cinquante-cinq députés s'inscrivent pour en faire partie [1]. Le 16 octobre, on le constitue : à part Koch, publiciste de profession, et Brissot, qui se pique de politique européenne, les autres membres sont des nouveaux venus. Trois seulement : Gensonné, Lemontey, Jaucourt, ont laissé un nom. Les conjonctures voulaient que les questions qui agitaient le plus l'Assemblée conduisissent à des conflits diplomatiques. Ce fait se marqua, dès l'abord, à propos des émigrés.

II

Les deux partis les plus opposés dans la Révolution, les jacobins et les émigrés, qui s'exécraient, s'excommuniaient et méditaient de s'anéantir l'un l'autre, ne cessaient, en réalité, de s'animer réciproquement et de travailler l'un pour l'autre. La

---

[1] MASSON, *Affaires étrangères*, p. 113.

France se faisait jacobine par haine du régime féodal et de la domination étrangère. Les jacobins exploitaient au profit de leur régime ces passions naïves et véhémentes. Ils méditaient d'anéantir les nobles et de les exproprier de leurs biens, après les avoir dépouillés de leurs priviléges. Ils se portaient à des mesures de plus en plus rigoureuses contre ceux qui demeuraient en France, ils les forçaient à s'expatrier, et confirmaient les émigrés dans cette pensée qu'aucune transaction n'était possible entre l'ancienne société et la Révolution. Ils condamnaient ainsi à une résistance désespérée toute une classe de Français; ils fortifiaient incessamment de nouvelles recrues un parti très-peu redoutable en ses commencements, et parce qu'il s'était lui-même condamné à l'exil, et parce qu'il était exécré de l'immense majorité de la nation. « La horde énergumène de Coblentz n'a pas de plus sûrs auxiliaires », disait André Chénier, en parlant des jacobins[1]. Les énergumènes de Coblentz fournissaient en retour à ceux de Paris de constants prétextes à de nouvelles dénonciations suivies de nouvelles violences.

Ajourné au mois de février sur la demi-mesure des passeports et du séjour des fonctionnaires[2], le débat sur l'émigration, se ranima en juillet, sous le contre-coup de la fuite du Roi et de la proclamation de la régence de Monsieur. Après quelques vives escarmouches, où l'on évoqua de part et d'autre la mémoire de Louis XIV, les uns pour réprouver ses édits, les autres pour s'en réclamer, l'Assemblée rendit, le 1ᵉʳ août, un décret ordonnant aux émigrés de rentrer dans le délai d'un mois, et les frappant, en cas de refus, d'une triple imposition. Ce décret fut abrogé, le 15 septembre, par l'amnistie générale qui suivit l'établissement de la constitution. Mais l'indulgence ne produisit pas plus d'effets que la répression. Le 14 octobre, le Roi publia une proclamation invitant les émigrés à se soumettre. Il espérait éviter ainsi une discussion à la tribune. La précaution était vaine; le débat commença le 20 octobre, et depuis lors cet objet demeura, pour ainsi dire, con-

---

[1] *De la cause des désordres*, 23 février 1792. *OEuvres en prose*, p. 130.
[2] Cf. ci-dessus p. 193.

stamment à l'ordre du jour de l'Assemblée. Moins partagés dans leurs passions et moins susceptibles sur l'article des principes que leurs prédécesseurs, les nouveaux représentants ne se mirent point en frais d'arguments. La raison d'État leur parut une raison suffisante de toutes leurs mesures. Louis XIV, avec son édit de 1669, fit tous les frais de la délibération [1]. Le 31 octobre, l'Assemblée enjoignit à Monsieur de revenir dans le royaume, avant deux mois, sous peine d'être déchu de ses droits à la régence. Le 9 novembre, elle déclara suspects de conjuration les Français rassemblés au delà des frontières; elle décréta qu'ils seraient passibles de la peine de mort, et que leurs biens seraient séquestrés si, avant le 1er janvier 1792, ils n'étaient pas rentrés en France [2]. Poussant jusqu'au dernier terme cette application aux aristocrates des lois rendues contre les hérétiques, Condorcet proposa de leur déférer le serment civique, et de rendre leurs droits de citoyen à ceux qui consentiraient à le prêter [3].

---

[1] Comparez les discours de 1791 avec le préambule de l'édit de 1669. « Je ne parle pas de l'obligation morale, de ces sentiments qu'une âme noble et reconnaissante conserve pour son pays, même injuste...... Mais... je dis que.... tout citoyen doit, à sa première demande, voler au secours de la patrie ; la liberté absolue n'appartient qu'à l'homme sauvage ; les obligations de service, de soins, de dangers et même d'affection sont réciproques entre la patrie et le citoyen. » CONDORCET, 25 octobre 1791. Au mois de juillet, le 9, Barère avait dit : « Qui abandonne la cité en péril est déchu de ses droits. » Le 7, Vernier, rapporteur, définissait l'*absence coupable*, celle qui « est faite dans les temps orageux ». Il ajoutait, en parlant de ceux qui portent leur industrie ou leurs armes à l'étranger : « Cet excès de liberté ne peut avoir lieu que dans l'état de nature, il contraste directement avec le pacte social. » — Voici maintenant le texte de 1669 : « Quoique les liens de la naissance qui attachent les sujets naturels à leurs souverains et à leur patrie soient les plus étroits et les plus indissolubles de la société civile ; que l'obligation du service que chacun leur doit soit profondément gravée dans le cœur des nations les moins policées, et universellement reconnue comme le premier des devoirs, et le plus indispensable, des hommes : néanmoins, nous aurions été informés que pendant la licence des derniers temps, plusieurs de nos sujets, oubliant ce qu'ils doivent à leur naissance, ont passé dans les pays étrangers... et les servent utilement contre ce qu'ils nous doivent et à leur patrie. Ce qui nous oblige... à renouveler les anciennes ordonnances faites sur ce sujet... »

[2] *Édit d'octobre* 1685 *portant révocation de celui de Nantes*, art. X. Les réformés ont quatre mois pour rentrer dans le royaume ; leurs biens leur seront alors restitués, sinon ces biens demeureront confisqués. — *Déclaration du Roi du* 1er *juillet* 1686, art. V. Tous les réformés qui se rassembleront pour pratiquer leur culte seront punis de mort.

[3] *Déclaration du* 1er *juillet* 1686, art. VI : « Ordonnons... que ceux qui, avant

L'Assemblée refusa de s'élever à l'égard des laïques jusqu'à ce degré d'orthodoxie constitutionnelle; mais elle ne se fit point de scrupules de le dépasser avec les ecclésiastiques. Elle procura ainsi, le plus imprudemment du monde, à l'émigration ce qui lui manquait le plus, des alliés dans le peuple français.

La noblesse émigrée constituait une faction qui prétendait imposer par les armes ses volontés à la nation : il était légitime et nécessaire de la contraindre à respecter les lois régulièrement instituées par les représentants de la nation. Les gouvernements libres ne comportent pas plus que les despotiques d'État dans l'État, ni d'État contre l'État; mais dans tout gouvernement libre, tout citoyen doit rester maître de ses opinions et souverain juge dans sa conscience. L'Assemblée pécha contre l'esprit même de la Révolution, quand elle confondit la conduite du clergé réfractaire avec celle de l'émigration armée. Elle ne se contenta point de demander au clergé l'obéissance d'action aux lois civiles et politiques de la France; elle prétendit en exiger l'obéissance d'intention et l'obéissance confessionnelle aux règles d'une véritable Église d'État. Le serment imposé aux prêtres impliquait l'adhésion à une constitution ecclésiastique réprouvée solennellement par l'Église, entachée de schisme et notée d'hérésie. Le 29 novembre, un décret stipula que tout prêtre réfractaire à ce serment serait non-seulement déchu de ses droits aux pensions et placé hors la loi de l'Église constitutionnelle, mais déchu de ses droits d'homme et placé hors la loi commune des citoyens : il serait considéré comme suspect de révolte, soumis à la surveillance des autorités, et pourrait être éloigné de son domicile par l'ordre du directoire du département. C'était le système de l'ancien régime à l'égard des dissidents. Louis XIV l'avait suivi avec les réformés; mais ce n'était point pour ressusciter l'intolérance et renouveler l'arbitraire de l'ancien régime que la France avait accompli sa révolution.

Ce décret ne laissait au clergé catholique de choix qu'entre

ledit jour, 1ᵉʳ mars (1687), reviendront dans notre royaume et feront abjuration de leur fausse religion, rentrent en la possession de leurs biens... »

l'apostasie, le mensonge ou la révolte. En droit, il était inique ; en fait, il était impolitique. Il jetait dans la lutte contre la Révolution tout le bas clergé, qui en avait naguère très-spontanément accepté les principes ; il y précipitait à la suite de ce clergé la masse de fidèles, bourgeois, artisans et paysans, pour lesquels la Révolution s'était faite, qui s'y étaient ardemment attachés, mais qui ne comprenaient pas qu'après les avoir affranchis dans leurs personnes, dans leur travail et dans leurs biens, on prétendit les assujettir dans leurs croyances. L'Assemblée réunissait et solidarisait ainsi ce qu'elle aurait dû à tout prix séparer : la cause de la noblesse émigrée et celle de la religion catholique. La seule guerre civile sérieuse que la Révolution ait eu à affronter, la guerre de l'Ouest, a son origine dans ce décret de novembre 1791. L'événement prouva tour à tour, par l'acharnement de cette guerre et par les facilités de la pacification, l'étendue de la faute de la Législative. La France entière se souleva pour combattre les émigrés. La République usa ses meilleures troupes contre les populations vendéennes insurgées. Mais ces paysans, dont les bandes parurent un moment plus dangereuses que les armées les mieux organisées du continent, se soumirent dès qu'on leur rendit leurs prêtres. Ils témoignèrent par là que, s'ils avaient combattu en même temps que l'émigration, ils n'avaient point combattu pour la même cause, et que s'il y avait un antagonisme invincible entre l'émigration armée et la France de la Révolution, il n'y en avait pas entre cette France nouvelle et les paysans catholiques de la Vendée.

Ces conflits, qui entraînèrent à l'intérieur des suites si graves, précipitèrent les collisions entre la France et l'Europe. Préoccupée comme elle l'était des manœuvres des émigrés, l'Assemblée ne pouvait tolérer qu'ils s'armassent impunément aux portes de la France et couvrissent leurs complots de l'inviolabilité de l'Empire. C'est à ce propos que Brissot prononça, le 20 octobre, son premier grand discours diplomatique. On y voit se dessiner tous les traits qui marqueront sa polémique belliqueuse. C'est le ton de la force et l'attitude de l'arrogance cavalière. Point de négociations, encore moins de ménagements : la menace est, selon lui, le seul langage que comprennent les rois.

« Les Anglais, dit-il, ne s'amusèrent pas à faire de petites lois contre les émigrations : ils ordonnèrent aux princes étrangers de chasser les princes anglais de leurs États, et le fier Louis XIV fut forcé d'expulser lui-même son proche parent. » Brissot déploie, et ce sera un des procédés favoris de sa manière, un tableau de l'Europe brossé à grands coups de main, plein de contrastes heurtés, sans dessin, sans lignes, sans perspective, mais plaqué de couleurs tranchantes et traversé d'épisodes saillants. Il y a de petits États qui se mêlent de fronder contre la France ; Brissot en parle comme le grand Roi aurait fait du doge de Gênes : « Le gouvernement de Venise qui n'est qu'une comédie ! » Gênes « cet atome de République ! » Les principicules d'Allemagne, « dont l'insolence eût, dans le siècle dernier, attiré, dès les premiers pas, toutes les foudres du despotisme de Louis XIV ? » Leur rôle est de trembler. Quant aux grandes puissances, leur conduite semble hostile : Brissot en conclut qu'il faut leur parler ferme et mettre l'Europe en demeure « de chasser les Français rebelles ou de leur donner une protection ouverte ». Ce langage doit être appuyé par le déploiement de toutes les forces de l'État. Si les réponses ne sont pas satisfaisantes, il n'y a pas à balancer : « Il faudra attaquer vous-mêmes les puissances qui oseront vous menacer. » C'est la guerre. Quelque ardente que soit l'Assemblée, elle peut s'en effrayer ; mais Brissot ne l'excite à la lutte que pour la rassurer aussitôt sur la facilité du succès. Voilà encore un de ses artifices familiers. Cette Europe, qui tout à l'heure tramait contre la France une coalition formidable, n'est plus qu'un fantôme. « A Dieu ne plaise que je veuille vous environner de terreur !... » Si le gouvernement de Londres nous hait, « le peuple anglais aime notre Révolution... » « Je dois vous rassurer sur la conduite de la cour autrichienne : son chef aime la paix, veut la paix, a besoin de la paix. » Brissot ne se soucie point des menaces de la Russie, trop éloignée et trop préoccupée d'autres intérêts pour être malfaisante[1]. Il dédaigne de considérer comme un ennemi le roi de Prusse, qui se ruine à mal payer des soldats mécontents. La France peut donc hardiment prendre « une attitude imposante » ; elle doit « effacer l'avilissement dans lequel l'insouciance ou la pusillanimité l'ont plongée ». Nul langage n'était plus propre à jeter les esprits dans cet état de trouble où la colère se mêle à la présomption, et qui conduit d'autant plus aisément aux résolutions extrêmes, qu'elles paraissent à la fois plus nécessaires et moins redoutables.

Montmorin essaya de ramener l'Assemblée à la mesure exacte des choses. On lui avait demandé un rapport sur l'état des relations de la France avec les puissances de l'Europe[2] ; il le présenta le 31 octobre. C'était un bon mémoire de commis, lourd dans la forme, véridique dans les faits, judicieux dans les conclusions. Il ne dissimulait ni la froideur avec laquelle les cours avaient envisagé l'établissement de la constitution, ni le dessein que plusieurs d'entre elles avaient formé de se liguer contre la France. Il en attribuait la cause à la propagande, aux excès de la presse, aux manœuvres des émissaires des clubs révolutionnaires. Tout le danger venait de là, et c'était le seul danger que la France eût à craindre. Les émigrés n'étaient effrayants ni par eux-mêmes ni par leurs alliances : ils n'avaient pas d'armes, et personne ne les soutenait. Koch, rapporteur du comité diplomatique, convenait aussi que les émigrants ne formaient « qu'un chétif rassemblement », et que tout le monde en Europe « considérait comme désespérée la cause de ces rebelles » ; mais il en tirait cette conséquence que la France avait le devoir et le pouvoir d'exiger des princes allemands la dispersion de ces rassemblements contraires au droit des gens[3].

Le rapport de Montmorin provoqua une discussion assez vive. L'Assemblée y manifesta son goût pour cette diplomatie comminatoire que l'on commençait déjà d'appeler la politique à la

---

[1] Elle ne songe « qu'à occuper ses rivaux et à attendre la couronne d'Orient ». 16 décembre 1791.
[2] 22 octobre. *Moniteur*, t. X, p. 178.
[3] Rapport de Koch, 22 novembre. *Moniteur*, t. X, p. 441.

romaine[1]. Les agents français dans les cours d'Allemagne furent accusés de faiblesse. Leur timidité équivalait à une trahison. Ruhl, député d'Alsace, théologien frotté de légiste, demanda le rappel de ces ministres onéreux, suspects et inutiles. Il avait besoin d'une autorité. Brissot avait allégué Louis XIV; Ruhl invoque le roi de Prusse : « Frédéric le Grand, dit-il, quand il avait affaire à ces gens-là, — les Allemands, — leur envoyait un officier enrôleur avec une lettre où était l'objet de sa demande, sur laquelle il ne fallait même pas délibérer : ces négociations réussissaient toujours et ne coûtaient pas plus de cent louis [2]. » L'Assemblée décréta, le 29 novembre, qu'une députation s'en irait par devers le Roi, lui exprimerait la sollicitude de l'Assemblée pour les dangers de la patrie, l'inviterait à requérir la dispersion des émigrés, à presser la conclusion de l'affaire des possessionnés, à faire enfin dans le corps diplomatique les changements propres à assurer la fidèle et prompte exécution des ordres du gouvernement. La députation se rendit le lendemain aux Tuileries. Vaublanc lut à Louis XVI un discours dont l'Assemblée avait, au préalable, approuvé les termes. Le Roi et l'Europe y étaient péremptoirement mis en demeure; l'Assemblée tenait à la cour et à l'Europe le même langage soupçonneux, hautain et impérieux :

« Dites aux puissances étrangères que nous garderons religieusement le serment de ne faire aucune conquête [3]; que nous leur offrons le bon voisinage, l'amitié inviolable d'un peuple libre et puissant; que nous respecterons leurs lois, leurs usages, leur constitution, mais que nous voulons que la nôtre soit respectée. Dites-leur que si des princes d'Allemagne continuent de favoriser des préparatifs dirigés contre les Français, nous porterons chez eux non le fer et la flamme, mais la liberté. C'est à eux de calculer quelles peuvent être les suites du réveil des nations... Prescrivez un terme prochain au delà duquel nulle réponse dilatoire ne sera reçue; que

---

[1] Le cercle de Popilius devient une métaphore courante dans le style oratoire. Voir le discours de d'Averhoult, 27 novembre (*Moniteur*, t. X, p. 482), et celui de Robespierre, 28 novembre. Louis BLANC, t. VI, p. 224.

[2] Discours du 29 novembre.

[3] Koch avait déjà dit (22 novembre), à propos des réclamations des possessionnés et de l'indemnité qu'on leur accordait : « La déclaration que nous avons faite de ne plus entreprendre de conquêtes, ne leur serait-elle pas une compensation suffisante de la perte de quelques droits féodaux? »

votre déclaration soit appuyée par les mouvements des forces qui vous sont confiées, et que la nation sache quels sont ses amis et ses ennemis. Nous reconnaîtrons à cette éclatante démarche le défenseur de la Constitution. »

Comme les allusions s'imposent à la parole quand les rapprochements ressortent des faits mêmes, ces députés, détracteurs véhéments et destructeurs acharnés de l'ancien régime, en vinrent, comme à leur insu, à tirer argument du plus détestable des précédents de la monarchie :

« Si les Français, chassés de leur patrie par la révocation de l'édit de Nantes, s'étaient rassemblés en armes sur les frontières, s'ils avaient été protégés par des princes d'Allemagne, Sire, nous vous le demandons, quelle eût été la conduite de Louis XIV?... Ce qu'il eût fait pour son autorité, que Votre Majesté le fasse pour le salut de l'Empire, pour le maintien de la Constitution. »

La réclamation était très-fondée en droit. Mais cette question des asiles et des émigrations était de celles qui, sous l'ancien régime, ne se posaient en réalité que selon la convenance et ne se résolvaient que par l'intérêt[1]. Les étrangers n'en devaient point décider à l'égard de la France d'après ses arguments, mais d'après ses tendances et ses actes. Ils ne se demanderaient point si la France avait raison selon les principes, mais s'ils obtiendraient d'elle les égards et la justice qu'elle exigeait d'eux. La paix entre les États repose sur un contrat tacite : si la France voulait que l'Europe respectât ses droits, il fallait qu'elle garantît aux étrangers un respect réciproque. L'Assemblée s'aperçut bientôt qu'elle ne le pourrait ni même ne le voudrait faire, et elle démontra avec trop d'évidence qu'il n'existait plus en cette matière de commune mesure entre la France et ses voisins.

Le 18 décembre, Lebrun-Tondu se présenta devant l'Assemblée à la tête d'une députation de Liégeois réfugiés : ils sollicitaient l'autorisation de se former en légion de volontaires. Le lendemain, le gouvernement annonça que des émigrés belges se réunissaient à Lille et à Douai. Ils appartenaient au parti aristocratique ; sous l'influence des démocrates brabançons,

---

[1] Cf. t. I, p 53, 63 et suiv.

le directoire du département du Nord avait pris des mesures pour les disperser. Le ministère réclama l'avis de l'Assemblée [1]. Des membres du côté droit firent observer qu'on ne pouvait demander à l'Empereur de dissiper les rassemblements des émigrés français en Allemagne, si l'on tolérait en France les rassemblements des émigrés belges. Hérault leur répondit par la question préalable. « Je ne vois pas, dit Duhem, pourquoi vous repousseriez chez eux des hommes qui fuient la tyrannie. » Les modérés obtinrent cependant un décret de dispersion; mais il leur fallut alléguer le caractère aristocratique de l'émigration belge et faire appel à l'influence des démocrates des Pays-Bas, réfugiés à Paris [2]. Ainsi, on dispersait ces Belges, non parce qu'ils s'armaient contre l'Autriche, mais parce qu'ils s'armaient contre la démocratie. Les jacobins manifestèrent hautement leur intention de favoriser au contraire les réfugiés qui, comme les patriotes bataves, les Liégeois et les vonckistes, se prépareraient à soutenir en Hollande, à Liége et en Belgique la cause démocratique. Il parut certain alors que le parti révolutionnaire ne réglerait sa conduite dans les affaires extérieures que sur l'intérêt de la Révolution, et qu'il ferait de la résistance à l'oppression son principe constitutionnel au dehors comme au dedans. Rien de plus conséquent en soi, mais rien de plus incompatible avec la paix de l'Europe; rien de moins rassurant pour les voisins de la France et de moins fait pour les encourager aux transactions. Un conflit diplomatique engagé dans ces conditions devait conduire inévitablement à la guerre. La guerre seule pourrait trancher un différend qui portait non sur l'application, mais sur l'essence même et l'objet du droit d'asile. Personne ne s'y trompait à Paris, et il s'ensuivit dans l'Assemblée et dans les clubs des discussions ardentes et singulières.

[1] Séances des 20 et 21 décembre.
[2] Discours de Ramond, 20 novembre. BONCNET, t. I, p. 255; — ERNOUF, p. 44.

III

C'est le premier éclat des fameuses dissidences qui séparèrent les deux grandes fractions du parti révolutionnaire. La scission entre la Gironde et les jacobins proprement dits ne se fait point dans le fond des choses. Le dessein est le même de part et d'autre : affaiblir, puis supprimer la royauté. La divergence ne se manifeste que sur les moyens de parvenir. La guerre, selon les girondins, assurera le succès de la Révolution; selon les jacobins, elle le compromettra. Les uns et les autres montrent, en cela, une incontestable clairvoyance sinon de leurs propres intérêts et de ceux de l'État, au moins des plans de leurs communs adversaires.

Les girondins estiment qu'il suffirait au Roi d'adhérer sincèrement à la Constitution et de gouverner avec quelque autorité dans le sens de l'opinion, pour regagner le peuple qui échapperait alors à leur influence. Ils ne voient qu'un moyen de réunir autour d'eux les esprits : c'est d'animer ces deux passions invétérées du Français : l'égalité et l'amour de la patrie, de les identifier avec la Révolution et de les tourner contre la royauté en confondant, par le fait de la guerre, la cause du Roi avec celle des étrangers, des émigrés et de la contre-révolution[1]. A ces motifs tout politiques, se joignent leurs convictions personnelles, leur fanatisme, leur ardeur de propagande, leur amour de la gloire, leur générosité : ils seront les maîtres de la guerre, la guerre fera d'eux les maîtres de la France, les chefs de la Révolution, les libérateurs de l'Europe et les bienfaiteurs de l'humanité. Isnard est le prédicateur véhément de cette croisade dont Brissot se fait l'insidieux organisateur. C'est Isnard

---

[1] « Quatre mois avant que Dumouriez entrât au ministère, j'avais fait part de mon opinion aux Jacobins, et j'avais prouvé que la guerre était le seul moyen de dévoiler les perfidies de Louis XVI. » — Discours de Brissot, 3 avril 1793. *Moniteur*, t. XVI, p. 54.

qui, dans la séance du 29 novembre, porte le premier à la tribune cette fougue de prosélytisme qui jusque-là ne s'était manifestée que dans les clubs. Il excite ce ferment d'héroïsme et d'orgueil, cet esprit d'aventure, ce besoin d'expansion, cette prodigalité de cœur mêlée à l'ambition des conquêtes lointaines, qui couvent confusément dans toutes les âmes françaises. Jamais « guerre de magnificence » ne fut présentée à un peuple sous des couleurs plus éblouissantes. Jamais appel de clairon plus entraînant et plus sonore n'éveilla chez des hommes le frisson solennel des grandes luttes :

« Le Français va devenir le peuple le plus marquant de l'univers : esclave, il fut intrépide et fier; libre, serait-il timide et faible? Traiter tous les peuples en frères, ne faire aucune insulte, mais n'en souffrir aucune; ne tirer le glaive que pour la justice, ne le remettre dans le fourreau qu'après la victoire; enfin, toujours prêts à combattre pour la liberté, toujours prêts à mourir pour elle et à disparaître tout entiers de dessus le globe plutôt que de se laisser réenchaîner, voilà le caractère du peuple français! Ne croyez pas que notre position du moment s'oppose à ce qu'on frappe ces grands coups. Un peuple en état de révolution est invincible. L'étendard de la liberté est celui de la victoire... Parlons aux ministres, au Roi, à l'Europe avec la fermeté qui nous convient. Disons à nos ministres que jusqu'ici la nation n'est pas très-satisfaite de la conduite de chacun d'eux; que désormais ils n'ont à choisir qu'entre la reconnaissance publique et la vengeance des lois, et que par le mot *responsabilité* nous entendons la mort..... Disons à l'Europe que le peuple français, s'il tire l'épée, en jettera le fourreau; qu'il n'ira le chercher que couronné des lauriers de la victoire... Disons à l'Europe que si les cabinets engagent les rois dans une guerre contre les peuples, nous engagerons les peuples dans une guerre contre les tyrans. Disons que tous les combats que se livreront les peuples contre les despotes ressemblent aux coups que deux amis, excités par un instigateur perfide, se portent dans l'obscurité : si la clarté du jour vient à paraître, ils jettent leurs armes, s'embrassent et châtient celui qui les trompait; de même si, au moment que les armées ennemies lutteront avec les nôtres, le jour de la philosophie frappe leurs yeux, les peuples s'embrasseront à la face des tyrans détrônés, de la terre consolée et du ciel satisfait... Disons enfin à l'Europe que dix millions de Français, embrasés du feu de la liberté, armés du glaive, de la plume, de la raison, de l'éloquence, pourraient seuls, si on les irrite, changer la face du monde et faire trembler tous les tyrans sur leurs trônes d'argile. »

L'Assemblée parut comme transportée par cette harangue : elle en vota l'envoi aux départements. Les Français s'estimaient magnanimes et se croyaient invincibles. Des étrangers, admirateurs fervents de la Révolution, venaient solliciter leur amitié et encourager leurs espérances. Anacharsis Clootz, qui déjà l'année précédente [1] s'était présenté à la barre de l'Assemblée constituante en qualité d'orateur du « Comité des étrangers », reparut à la Législative, le 13 décembre, à titre d' « orateur du genre humain ». Il demanda que, le 20 janvier 1792, trois armées se missent en route par Bruxelles, Liége et Coblentz, vers les bouches de l'Escaut, de la Meuse et du Rhin. « Les merveilles du seizième siècle seront effacées par les merveilles du dix-huitième. » Les peuples allemands, bohémiens, catalans, allobroges, bataves, germains « secoueront et briseront leurs chaînes avec fureur » ! Voilà tout le programme de la première croisade révolutionnaire. Ce baron allemand, nourri de la lecture des philosophes et disciple enthousiaste de cette école qui faisait, au dix-huitième siècle, de l'Europe civilisée une sorte de grande République française, avait, dès 1786, esquissé ce programme dans son étrange prophétie révolutionnaire : *les Vœux d'un gallophile*[2]. Il le développe maintenant à la tribune des Jacobins, et découvre, par une de ces saillies d'imagination qui lui étaient familières, à la fois le but et le moyen de la guerre conventionnelle, le plan de conquête de Danton et le plan financier de Cambon : les frontières naturelles et le décret du 15 décembre 1792. — « C'est parce que je veux la paix que je demande la guerre. Nos écrits modérés sont des torches en Allemagne. Savez-vous quel est le plus redoutable des pamphlets? Les assignats. Inondons leurs provinces de nos assignats à l'aide de nos armées. Les cases du damier de la France seront augmentées de douze cases nouvelles *dont le rebord sera le Rhin et le sommet les Alpes* [3] ! »

---

[1] 19 juin 1790.

[2] Il proposait un remaniement de l'Europe : l'Autriche aurait la Moldavie et la Valachie ; la Prusse, Danzig et le pays de Posen ; la Hollande, la Frise ; la France, les bords du Rhin. « Pour Cologne, Liége, Trèves, Mayence, Spire, on prendra des arrangements subséquents. Mais d'abord, avant tout, que Clèves, ma vallée, mon berceau, soit réunie à la France ! » — Georges AVENEL, *Anacharsis Clootz*, Paris, 1865, t. I, p. 85.

[3] Discours aux Jacobins, 1er janvier 1792. Louis BLANC, t. VI, p. 243.

Le parti qui, vers la fin de 1791[1], prône ces desseins d'expansion et d'affranchissement, est précisément celui qui, lorsque ces desseins prévaudront, s'efforcera d'en tempérer le principe et d'en mesurer l'application. Les hommes, au contraire, qui bientôt feront des frontières naturelles une sorte d'article imprescriptible de la Constitution et qui érigeront la propagande armée en système, se montrent alors violemment hostiles à la politique même qui les portera au pouvoir et leur permettra plus tard de s'y maintenir. Les jacobins se disent que, en ce moment, la guerre ne favorisera que leurs adversaires ou leurs rivaux. Si elle est heureuse, elle rend au Roi une armée obéissante et, avec l'armée, la force et le prestige ; si elle est malheureuse, la cour y succombe, mais c'est la Gironde qui recueille la succession du pouvoir. Robespierre ne veut pas plus du règne de Louis XVI que de la régence de Brissot. Ce n'est pas que son fanatisme le cède à celui de la Gironde, ni que les jacobins soient possédés d'une foi moins ardente dans la Révolution : ils égalent et dépassent même dans leur zèle de prosélytisme les girondins les plus exaltés ; mais ils entendent consacrer au triomphe exclusif du parti révolutionnaire les ressources développées par la Révolution. La guerre qu'ils attendent est celle qu'il mèneront et qui se fera par la Révolution pour les révolutionnaires. Il leur importe avant tout d'être les maîtres au dedans. C'est pourquoi la guerre aux rois d'Europe leur semble une folie tant que la guerre au roi de France ne sera pas terminée.

Robespierre ne parlait plus qu'aux Jacobins : c'est là que se porte la lutte, et c'est dans ce club, d'où sortit la Convention, que se forment les factions qui firent de la Convention la plus déchirée, la plus tragique et la plus sanguinaire des assemblées. Brissot y vient professer sa politique et Isnard prêcher sa croisade.

Le 18 décembre, un Suisse de Neuchâtel envoie à la Société une épée destinée au premier chef français qui vaincrait les ennemis de la liberté. Isnard la saisit, l'embrasse, et la brandissant

---

[1] 16 décembre. Louis BLANC, t. VI, p. 231. — BUCHEZ et ROUX, *Histoire parlementaire*, t. XII, p. 410.

dans ses mains : « La voilà ! dit-il, elle sera victorieuse. La France pousse un grand cri, tous les peuples répondront : la terre se couvrira de combattants, et tous les ennemis de la liberté seront effacés de la liste des hommes¹ ! » — Robespierre n'avait de calcul que dans le complot et de profondeur que dans les soupçons ; il défaillit étrangement dans l'exercice du pouvoir ; il se montra despote inquiet, tortueux, stérile, et jamais chute misérable ne fut plus logique que la sienne ; mais il déploya dans l'attaque des ressources extraordinaires, une perspicacité, une suite, un mélange de ruse cauteleuse et de témérité, un art sophistique de surprendre les esprits, de les circonvenir et de les captiver. Il fut un délateur prodigieux, et rarement il frappa de coup plus habile que celui qu'il dirigea dans cette séance contre les girondins. D'une parole froide, d'un geste glacial, il suspend tous ces transports qui éclataient et rappelle le club au sang-froid et à la méfiance². Il dévoile les piéges tendus aux patriotes imprudents qui courront à la frontière sans regarder derrière eux. Brissot a cité Louis XIV ; il invoque, avec infiniment plus de sens, l'exemple des Américains : « Eussent-ils triomphé, guidés par les ministres et conduits par le général de Georges III ?... Il ne faut pas déclarer la guerre maintenant. Il faut avant tout, partout et sans relâche faire fabriquer des armes ; il faut armer le peuple, ne fût-ce que de piques !... Il faut punir les ministres coupables et réprimer les prêtres séditieux ³ ! » — « Je n'ai qu'une crainte, répliqua Brissot, c'est que nous ne soyons pas trahis. » « Les grandes trahisons ne seront funestes qu'aux traîtres. Nous avons besoin de grandes trahisons ! »

Il répète à l'Assemblée ce qu'il a dit aux Jacobins : « La guerre est actuellement un bienfait national, et la seule calamité à redouter, c'est de n'avoir pas la guerre⁴. » Hérault de

¹ Louis BLANC, t. VI, p. 234.
² Louis BLANC, t. VI, p. 235 et suiv.
³ 30 décembre 1791. Louis BLANC, t. VI, p. 241.
⁴ 29 décembre 1791. *Moniteur*, t. X, p. 753, 754, 759. Il revient incessamment sur son double thème : qu'il faut faire la guerre, et que la guerre ne sera pas dangereuse. « On cherche en vain sur la carte de l'Europe quelle est la puis-

Séchelles l'appuie d'arguments qui déconcertent la Gironde [1]. La guerre, dit-il, sera la ruine de la contre-révolution, elle permettra d'écraser toutes les résistances intérieures. Ce démagogue musqué voit tout d'un coup plus loin que les plus hardis tribuns : « Vous pouvez prendre en état de guerre des mesures que l'état de paix pourrait faire trouver trop sévères... Toutes les mesures que vous prendrez pour le salut de l'État seront justes comme l'était l'autorité consulaire créée par les Romains dans des temps de détresse... Le moment est venu de prendre un voile et de le jeter sur la statue de la Liberté [2] ! » C'est la dictature : les girondins la réprouvent, et la majorité de l'Assemblée en détourne ses yeux. Comme les rhéteurs qui l'entraînent, elle s'aveugle de ses illusions : elle croit pouvoir concilier la liberté avec la guerre, car la guerre, telle qu'elle la conçoit, ne se fera que pour la liberté. Une brillante escarmouche d'avant-garde suffira pour disperser les émigrés, et l'entreprise se terminera par un défilé triomphal des armées françaises au milieu des peuples allemands ravis de leur délivrance.

Ces imaginations généreuses et confuses se déploient dans un manifeste que Condorcet fit voter dans la séance du 29 décembre. C'est le code idéal de la guerre d'affranchissement, telle que la rêvaient les girondins. Un an après, l'Assemblée qui remplaçait la Législative édictait, avec le décret du 15 décembre, le code réaliste et implacable de la guerre révolutionnaire, de la guerre jacobine, comme on peut la nommer, pour la définir d'un mot et l'opposer aux conceptions de 1791. Les propositions de la Gironde étaient destinées à porter de surpre-

---

sance que pourrait encore redouter la France. » ... « Aucune puissance considérable ne pourra nous attaquer. » ... « Il faut montrer une grande force pour faire cesser la comédie que jouent les têtes couronnées. »

[1] Il se pique de connaître l'Europe, et, comme Brissot, il s'attache à rassurer l'Assemblée après l'avoir effrayée. « Un grand complot existe contre la liberté de l'univers. Partout où il y a un trône, nous avons un ennemi ! » Mais, ajoute-t-il, ces ennemis ne sont pas redoutables. Ils sont « endettés ou ruinés ». « Très-probablement le roi de Prusse ne prendra pas parti contre la France. » Léopold est philosophe, il est pacifique, il doit craindre « d'exciter dans le Brabant un volcan dont l'explosion terrible jetterait peut-être le Brabant lui-même dans la France ». — Discours du 29 décembre, *Moniteur*, t. X, p. 762.

[2] Séance du 29 décembre 1791.

nantes conséquences ; plus elles semblent étranges, au premier abord, plus il importe, et pour l'enchainement des faits et pour l'équité des jugements, d'en déterminer le caractère d'utopie et d'en signaler le paradoxe primordial :

« La nation française ne cessera point de voir un peuple ami dans les habitants des territoires occupés par les rebelles et gouvernés par des princes qui les protégent. Les citoyens paisibles dont ses armées occuperont le pays ne seront point des ennemis pour elle. Ils ne seront pas même ses sujets... Fière d'avoir reconquis les droits de la nature, elle ne les outragera point dans les autres hommes ; jalouse de son indépendance,... elle ne portera point atteinte à l'indépendance des autres nations... Elle saura montrer à l'Europe le spectacle d'une nation vraiment libre, fidèle aux règles de la justice au milieu des orages de la guerre, et respectant partout, en tout temps, à l'égard de tous les hommes, les droits qui sont les mêmes pour tous... Le droit cruel de représailles, justifié par l'usage, condamné par la nature, ne la fera point recourir à ces moyens employés contre son repos... Victorieuse, elle ne cherchera ni dédommagement ni vengeance... Tels sont les projets de la nouvelle politique qu'elle adopte. Repousser la force, résister à l'oppression, tout oublier lorsqu'elle n'aura plus rien à redouter, et ne plus voir que des frères dans des adversaires vaincus, réconciliés et désarmés : voilà ce que tous les peuples trouveront au fond du cœur des Français. »

Le parti de la guerre finit par l'emporter à l'Assemblée comme aux Jacobins ; mais en lançant la Révolution dans cette aventureuse entreprise, les girondins, qui croyaient s'en assurer la direction, ruinaient au contraire, par le succès même de leur politique, tout l'avenir de leur parti. Ils étaient bons à prêcher la croisade ; ils étaient incapables de mener une guerre et surtout celle qu'ils fomentaient, la guerre de révolution. Les luttes devaient être impitoyables, pleines d'obscurités, de complots, de surprises ; il fallait, pour y pourvoir, une énergie violente, une véhémence d'improvisation, un sens de la réalité, une verve audacieuse, une indifférence pour les moyens, une insouciance du droit, le don naturel et comme la familiarité de la force, pour tout dire, une sorte de monstrueux instinct d'État qui faisaient absolument défaut à la Gironde. Robespierre ne les possédait point davantage ; mais à l'heure même où de nouvelles nécessités s'imposaient à la Révolution, on vit surgir l'homme terrible pour lequel cette lutte semblait préparée, et qui seul parut un moment de taille à la soutenir. « La société des Jacobins a fini par se décider pour la guerre, et pour la guerre offensive », écrivait le 23 décembre un observateur très-perspicace des hommes de ce temps[1]. « Elle provoque une nouvelle révolution autant qu'il est en son pouvoir, et il ne dépendra pas d'elle que cette révolution ne s'étende à toute l'Europe. Chaque séance offre de nouveaux traits de son système de propagande pour l'extérieur et de républicanisme pour l'intérieur. Il paraît que Danton y jouera désormais un grand rôle. »

IV

Entre les partis extrêmes, l'émigration armée qui veut le rétablissement de l'ancien régime et les jacobins de toutes nuances qui marchent à la république, les modérés disparaissent. Disséminés dans l'Assemblée, ils n'arrivent qu'à grand'-peine à se grouper et ne parviennent point à demeurer unis.

Montmorin était usé. Il ne gardait le ministère que pour aider le Roi à franchir le périlleux tournant de la constitution. Sa démission fut annoncée le 31 octobre à l'Assemblée. Il n'était point facile de le remplacer. La Reine pensait à M. de Moustier. Les feuillants le jugèrent trop aristocrate, et la Cour se retourna vers M. de Ségur. Celui-ci, sondé par un ami, déclara qu'il n'accepterait le ministère que s'il était assuré de la confiance entière du Roi et de la Reine. Il comprit qu'il ne l'obtiendrait point, et il refusa. Quelques-uns parlèrent de Bigot de Sainte-Croix, qui avait servi avec distinction dans l'armée et dans la diplomatie; la Reine l'exclut. Choiseul-Gouffier et Barthélemy, que l'on tâta, déclinèrent les offres. Alors, de guerre lasse, on se rabattit sur le ministre de l'intérieur, de Lessart. Il porta aux affaires étrangères l'empirisme banal, la docilité, les perplexités d'un commis médiocre et appliqué, que le pouvoir étourdit et que les responsabilités écrasent. Un ancien

---

[1] Pellenc à la Marck, *Correspondance*, t. III, p. 272.

intendant, Bertrand de Molleville, prit la marine; un avocat, Cahier de Gerville, l'intérieur; Duport du Tertre conserva les sceaux et Tarbé les finances, dont ils étaient déjà chargés. Le ministère le plus en vue, la guerre, fut confié au comte de Narbonne. Tous ces ministres passaient pour feuillants; mais s'ils se proposaient le même objet, ils le poursuivaient avec des desseins fort différents et par des moyens fort opposés. Ils s'entendaient mal, se défiaient les uns des autres et apportaient dans une situation déjà très-embarrassée un élément nouveau de trouble et de complication. En résumé, ils composaient le conseil le moins propre à régler l'opinion, à rassembler les esprits, à dominer les factions et à diriger la cour.

Bertrand de Molleville marchait à part de ses collègues; il était le seul des ministres pour lequel le Roi professât quelque estime. Il avait de l'esprit, de la résolution, du savoir-faire; il aimait l'intrigue, il y croyait, il s'y perdit. Il distribuait de l'argent, achetait les plumes vénales, stipendiait les démagogues mercenaires et nouait obscurément des trames équivoques avec des émissaires suspects : besogne onéreuse et puérile, qui ne servait à rien [1]. Les autres ministres formaient deux partis : le premier, où l'on plaçait Duport, Cahier de Gerville, Tarbé et de Lessart, subissait l'influence de Barnave et des Lameth. Leur plan était de discréditer l'Assemblée avec laquelle, selon eux, il était impossible de gouverner, de réunir une Assemblée nouvelle, de reviser la constitution, de fortifier la prérogative royale et d'instituer deux chambres élues l'une et l'autre par le peuple [2]. Ils redoutaient la guerre, qui en cas d'échec aurait déchaîné l'anarchie, et en cas de victoire, fortifié la couronne; mais ils persistaient à attendre une diversion utile d'un congrès des puissances et d'une médiation du Roi. Ils espéraient que Léopold dissoudrait les rassemblements d'émigrés, et que, cette satisfaction donnée aux Français, l'Empereur s'en ferait écouter lorsqu'il leur conseillerait, au nom de l'Europe, de transiger

---

[1] Pellenc à la Marck, 23 décembre 1791, 3 janvier 1792. *Correspondance*, t. III, p. 271, 284. — MALLET DU PAN, t. I, p. 257.
[2] MALLET DU PAN, t. I, p. 257, 431.

avec le Roi. Ces constitutionnels entraient de la sorte, sans le savoir, dans les desseins de la cour. Mais ils avaient contre eux, dans le ministère même, un adversaire redoutable, qui contrariait tous leurs plans : le comte de Narbonne.

Narbonne avait trente-six ans et joignait dans sa personne à l'éclat de la naissance les grâces de l'esprit, les séductions du cœur et un prestige de génie dont étaient éblouis tous les contemporains. Ils voyaient renaître en lui ce Guibert, naguère l'enchantement du beau monde, qui venait de disparaître brusquement de la scène, arrêtant au prologue un personnage qui s'annonçait comme le héros du drame. Narbonne montrait plus de fond, plus de force, plus de ressources : il paraissait plus homme et plus vivant. Il avait gagné régulièrement ses grades dans l'armée, et trouvé le moyen de lire beaucoup et de s'approprier de toutes mains toutes les choses de la politique. Après avoir étudié le droit public sous Koch, à Strasbourg, il apprit la diplomatie aux archives des affaires étrangères, avec les maîtres qui en possédaient le mieux les traditions et le grand style, Gérard de Rayneval et Rulhière. Bref, un parfait modèle de grand seigneur libéral, qu'une ombre de défaveur du côté de la cour achevait de mettre en saillie et en lumière quand il se tournait du côté du peuple. Ce qui prévalait dans son âme, a dit madame de Staël, qui l'admirait, l'inspirait de ses idées et l'animait de son généreux enthousiasme, « c'était l'honneur militaire et la bravoure française : s'opposer aux étrangers dans quelque circonstance que ce fût lui paraissait toujours le devoir d'un citoyen et d'un gentilhomme ». Cependant, malgré tous ces dons, malgré une rare élévation d'esprit et une chaleur toute chevaleresque de l'âme, Narbonne était trop de son temps pour le dominer et trop de son monde pour entraîner la France. L'homme de salon et de coterie absorbait trop en lui le politique; il y avait dans sa hardiesse un fond de présomption qui l'empêchait de mesurer le péril et rétrécissait, pour ainsi dire, tous ses plans. Il ne se défendait point assez contre ce scepticisme sur les moyens et sur les gens, que l'on professait inconsidérément chez les roués où il fréquentait;

s'abandonnait avec trop de complaisance à cette intrigue insidieuse qui se masque d'élégance et s'insinue, comme une forme très-raffinée de l'escrime, dans les calculs des grands, même les plus méprisants de la brigue malapprise.

Narbonne avait Biron pour confident et Talleyrand pour conseil : deux gentilshommes de haute race dévoyés dans la Révolution, Biron par son libertinage de cœur, Talleyrand par son libertinage d'esprit; l'un renié par la cour, l'autre excommunié par l'Église[1]; dissipateurs et ruinés l'un et l'autre, faisant scandale de jeu et de galanterie en une société qui se piquait de peu de scrupules sur ces articles. Ils avaient embrassé, selon le mot piquant d'un contemporain, « la carrière de l'ambition pour rétablir leurs affaires[2] ». Biron était plus dissolu que dépravé ; il entrait beaucoup de fatuité dans ses égarements. Après avoir rêvé de gouverner Catherine et de fasciner Marie-Antoinette, il se voyait réduit à courir les aventures de politique et de guerre, et, faute de n'avoir pu sous l'ancien régime devenir Leicester ou Potemkine, il faisait le métier de parvenu dans la Révolution. Tout s'était gâté en lui, sauf l'honneur militaire, le patriotisme et le courage ; c'était son enjeu dans la partie où il s'engageait aveuglément. Il avait étudié les révolutions en Pologne ; il se conduisit dans la Révolution française comme un magnat polonais, conspirant, bataillant, sans discerner le but des intrigues où il risquait son honneur, et l'objet de la guerre où il risquait sa vie. Talleyrand les apercevait déjà plus clairement. Le politique se dégageait et se développait en lui à mesure que se déroulait cette Révolution, dont il devait être moins le meneur ou le chef, que le précepteur à ses débuts et le conseiller dans sa maturité.

Si le plan de Barnave le rapprochait de la cour, le plan de Narbonne et de ses amis les rapprochait de la Gironde et les amenait à préparer la guerre comme Barnave était amené à préparer le congrès. Ils cherchaient dans une régénération de

---

[1] Bref du 26 avril, publié au *Moniteur* du 1er mars 1791.
[2] Morris à Washington, 4 février 1792. Morris, trad., t. II, p. 109.

l'armée le moyen de sauver la Constitution et la royauté[1]. Ils se proposaient d'enlever le Roi, de le conduire à Fontainebleau, et de le placer à la tête de troupes fidèles. Une campagne brillante rétablirait la discipline dans les régiments et rendrait du prestige à la royauté. L'armée ainsi reconstituée, disait Narbonne, deviendrait pour le Roi « un refuge d'où il soutiendrait la majorité saine de l'Assemblée et intimiderait les clubs ». Les rassemblements des émigrés dans l'électorat de Trèves fourniraient un prétexte populaire à une expédition qui serait courte et facile. Les auteurs de ce dessein comptaient en effet que l'Autriche n'agirait que faiblement, si elle n'était pas soutenue par la Prusse, et ils se berçaient de l'espoir de retenir la Prusse, sinon de la rallier à la nouvelle politique de la France.

Ces plans que Barnave, Narbonne et leurs amis formaient alors pour l'affermissement de la liberté et le salut de la monarchie, n'étaient en eux-mêmes ni absurdes ni inexécutables; ils n'étaient que prématurés. Une guerre régénérant l'armée, l'armée devenant l'arbitre de l'État, le général vainqueur et pacificateur apaisant l'anarchie et organisant les conquêtes civiles de la Révolution, c'est ce que l'on vit huit ans après, à la fin de 1799. Une invasion étrangère, un congrès des puissances, un roi médiateur entre une coalition et la France, rendant la paix au pays, restaurant le trône et garantissant aux Français les principes essentiels déclarés par l'Assemblée constituante, c'est ce que l'on vit en 1814. Dans ces deux crises, Talleyrand, qui suggérait ces mesures dès 1791, en fut le principal instrument. Mais quelles que fussent sa prévoyance et sa sagacité, et bien qu'il fût, comme il l'a dit finement d'un autre, « un des hommes du siècle qui ont eu le plus d'avenir dans l'esprit[2] », il ne pouvait s'imaginer que, pour accomplir ces destinées entrevues alors dans le salon de madame de Staël, il lui faudrait la faveur d'un lieutenant d'artil-

---

[1] Mallet du Pan, t. I, p. 257. — Lettre de Pellenc, du 3 janvier 1792, *Correspondance de la Marck*, t. III, p. 285. — Villemain, *Souvenirs contemporains, M. de Narbonne*, Paris, 1856, t. I, p. 33.

[2] *Essai sur les avantages à retirer des colonies*. Mémoire lu à la séance publique de l'Institut, le 25 messidor an V.

lerie qu'il ne connaissait même pas de nom ; que ce soldat devenu son maître ferait de lui un chambellan, de Narbonne un ambassadeur, et proscrirait madame de Staël, parce qu'elle serait demeurée fidèle aux idées de leur jeunesse.

Le ministère constitutionnel prenait le pouvoir « dans des circonstances qui auraient fait trembler un Richelieu, un Oxenstiern ou un Chatham [1] ». Non-seulement il ne les maîtrisait pas, mais divisé contre lui-même ainsi qu'il le paraissait, il offrait à ses adversaires de tous les côtés des brèches et leur ménageait, par l'incohérence de ses actes, d'incessantes diversions. Narbonne, par dessein, par goût et par faiblesse, recherchait la popularité et s'appuyait sur les brissotins ; ceux-ci le servaient, mais seulement afin de précipiter les mouvements qui devaient le renverser. Leur alliance l'obligeait à des ménagements qui relâchaient entre ses mains tout le ressort de l'autorité ; elle le rendait très-suspect à la cour et à ses collègues moins belliqueux que lui. Barnave marchait avec la cour comme Narbonne avec Brissot. Il voulait la monarchie, mais tout autrement que la cour, et la cour, en l'employant, le minait sourdement. Enfin Narbonne et Barnave, qui prétendaient, chacun à sa façon, sauver le Roi malgré lui, se heurtaient aux obstacles que leur propre parti avait élevés depuis trois ans entre eux et la royauté. Ils demandaient à Louis XVI d'avoir confiance en eux, d'inspirer confiance à la nation et d'agir avec énergie, après qu'ils avaient tout fait pour limiter ses pouvoirs et le discréditer dans l'opinion. Ni l'Assemblée ne croyait à la sincérité du Roi, ni le Roi à celle des constitutionnels. Mais la même force des choses qui condamnait les ministres à étayer un édifice dont ils avaient ruiné la base, condamnait la cour à saper l'échafaudage dont elle essayait de se soutenir. La politique royale secondait celle du parti qui voulait le renversement de la royauté.

---

[1] Malouet, t. I, p. 245.

V

Il entrait dans les plans de la cour que le ministère ruinât la Constitution et que l'Assemblée usât le ministère. Quelqu'un qui connnaissait bien les Tuileries assure que, si l'on n'y avait point insisté pour avoir M. de Moustier aux affaires étrangères, c'était « par estime pour lui [1] ». C'est par hostilité au contraire qu'on y avait un instant voulu placer Ségur. « Je voudrais qu'il acceptât, écrivait la Reine; il sait parler, c'est tout ce qu'il faut dans ce moment où nous ne pouvons avoir de bons ministres à nous, et cela le perdra peut-être; il n'y aura pas encore grand mal à cela [2]. » Il y avait dans cette amertume autant de désespoir des choses que de mépris pour les hommes. La famille royale se jugeait toujours prisonnière. Elle se sentait comme avilie à dessein, autant par ses ennemis du dedans que par ses prétendus partisans du dehors : blessures de surface, peut-être, mais dont la plaie constamment rouverte portait, en s'irritant, la souffrance jusqu'au cœur [3].

Louis XVI avait adressé à ses frères, à la fin de septembre, une lettre sage et touchante : il se plaignait d'avoir lu leur manifeste dans les gazettes avant de l'avoir reçu de leur part; il leur démontrait l'inanité de leurs projets et les invitait à suspendre leurs démarches qui déconcertaient les siennes [4]. Il leur écrivit encore le 16 octobre et le 11 novembre, sur un ton plus ferme et plus pressant [5]. Ils ne se rendirent point, et

---

[1] La Marck à Mercy, 30 octobre 1791. *Correspondance*, t. III, p. 259.

[2] A Fersen, 19 octobre 1791. Cf. lettre à Mercy, février 1792 : « Il y a guerre ouverte entre les ministres Lessart et Narbonne. Le meilleur des deux ne vaut rien du tout. » Fersen, t. I, p. 199. — Arneth, p. 245. — Le général de Ségur rapporte que son père sortit des Tuileries convaincu que « tout ministre qui conseillerait la Reine et s'y résignerait, même pour la servir, perdrait son estime et serait sans crédit sur elle ». *Histoire et Mémoires*, Paris, 1873, t. I, p. 9.

[3] Voir les *Mémoires de madame Campan*, t. II, ch. xix, et le rapport de Nassau-Siegen. Feuillet, t. IV, p. 315.

[4] Feuillet, t. II, p. 328.

[5] Feuillet, t. IV, p. 201, 241.

la peine qu'on en ressentit aux Tuileries fut d'autant plus vive que l'insubordination des princes y provoqua de plus intimes déchirements. Madame Élisabeth n'avait pas été, comme le Roi et comme la Reine, « étonnée et révoltée » de la conduite de ses frères. Elle leur donnait raison, au contraire, et s'entourait de leurs émissaires. « C'est un enfer que notre intérieur...; il n'est pas moyen de se parler, ou il faudrait se quereller tout le jour », écrivait Marie-Antoinette [1]. Le Roi ne la soutenait point. « La répugnance invincible de Louis XVI pour le travail de la pensée [2] » devait le paralyser jusqu'à la fin.

Le courage de Marie-Antoinette ne s'éteignait pas, mais il s'épuisait en éclats stériles, comme un foyer dont les vents excitent et dispersent en même temps la flamme. Elle s'emportait par instants : « Quel bonheur si je puis un jour redevenir assez pour prouver à tous ces gueux que je n'étais pas leur dupe ! » D'autres fois, et comme par répit, l'enjouement natif de son caractère se réveillait, et elle se reprenait à sourire : « Le comte Louis de Narbonne est enfin ministre de la guerre. Quelle gloire pour madame de Staël et quel plaisir pour elle d'avoir toute l'armée à elle ! » C'était de ces traits dont le ricochet lui avait été naguère si funeste à Versailles ; mais la femme ne s'y révélait plus que par échappées : elle se trahissait plus souvent par la lassitude, par l'énervement, par les pleurs [3].

Elle presse, elle supplie son frère de la secourir [4] ; mais le malentendu entre elle et l'Empereur s'aggrave tous les jours.

---

[1] A Fersen, 31 octobre, t. I, p. 207.

[2] La Marck à Mercy, 28 septembre 1791. *Correspondance*, t. III, p. 237. — La Reine à Fersen, 9 décembre, t. I, p. 271.

[3] « Adieu ! je suis fatiguée à force d'écritures ; jamais je n'ai fait un tel métier, et je crains toujours d'oublier ou de mettre quelques bêtises... » « Je n'ai pas un moment à moi entre les personnes qu'il faut voir, les écritures et le temps que je suis avec mes enfants. Cette dernière occupation, qui n'est pas la moindre, fait mon seul bonheur, et quand je suis bien triste, je prends mon petit garçon dans mes bras, je l'embrasse de tout mon cœur, et cela me console dans ce moment. » — A Fersen, 7 novembre, 7 décembre 1791, t. I, p. 213, 267.

[4] La Reine à Léopold, 4 octobre 1791. FEUILLET, t. II, p. 405. — A Mercy, 10 octobre. LA MARCK, t. III, p. 249. — A Mercy, 19 octobre. ARNETH, p. 215. — A Fersen, 25 octobre. FERSEN, t. I, p. 202. — Mémoire de Louis XVI, novembre. FERSEN, t. I, p. 231. — Mémoire de Mounier, FEUILLET, t. IV, p. 160.

Les mesures que Louis XVI est obligé de prendre pour donner aux puissances le temps d'agir, deviennent pour les puissances autant de motifs de suspendre leur action. C'est ainsi que, le 12 novembre, le Roi répandit, pour apaiser les esprits, une proclamation où il blâmait l'attitude des princes[1]. Il se déclarait prêt à défendre la sûreté du royaume « contre tous les rassemblements armés qui se formaient sur la frontière ». L'Autriche en prit acte aussitôt pour établir que le Roi était libre et que, dès lors, « le congrès serait plus nuisible qu'utile à la France[2] ». « L'Empereur vous trompe, écrit Fersen. Il ne fera rien pour vous, et, sous le prétexte spécieux de votre sûreté personnelle et de remplir vos intentions en n'agissant pas avec les princes, il vous abandonne à votre sort et laisse consommer la ruine totale du royaume[3]. »

Marie-Antoinette est consternée de ces nouvelles; elle découvre autour d'elle comme « une trame infernale »; elle soupçonne que ses lettres sont interceptées; elle refuse de croire à une pareille trahison de la part de son frère[4]. Cependant Fersen lui propose un plan qui déjouera ces calculs artificieux; elle s'y conforme et y rallie le Roi. Louis XVI signe les ordres préparés par Fersen et transmet les lettres dont cet infatigable serviteur a dressé le canevas[5]. Le Roi entend n'avoir plus qu'un seul représentant au dehors, le baron de Breteuil; les autres envoyés seront sous ses ordres : Bombelles à Pétersbourg, Brissac à Berlin, la Vauguyon à Madrid[6]. Ces instructions données, Louis XVI écrit au roi de Prusse. La lettre est du 3 décembre. Louis XVI appelle les rois à son aide. « Je leur présente l'idée d'un congrès appuyé d'une force armée, comme

---

[1] Cf. ci-dessus, p. 306.
[2] Mercy à la Reine, 18 et 30 novembre. Arneth, p. 223, 227.
[3] *Mémoire pour la Reine*, 26 novembre 1791, t. I, p. 233. — Cf. *Journal*, t. I, p. 34. — *Rapport à Gustave III*, t. I, p. 184.
[4] A Fersen, 9 décembre, Fersen t. I, p. 271. — A Mercy, 16 décembre. Arneth, p. 232.
[5] *Mémoire pour la Reine*, Fersen, t. I, p. 233 et suiv. — Fersen à Gustave III, 25 décembre, *id.*, p. 311.
[6] La Reine à Fersen, 7 décembre 1791, t. I, p. 267. — Cf. *id.*, p. 311. — Feuillet, t. IV, p. 375.

la meilleure manière pour arrêter ici les factieux, donner les moyens de rétablir un ordre de choses plus désirable et empêcher que le mal qui nous travaille puisse gagner les autres États[1]. » Il écrit dans le même sens au roi de Suède, le 10 décembre. La Reine transcrit et signe la lettre destinée à Catherine[2]. En même temps, elle adresse un appel désespéré à Mercy : « Que mon frère se persuade donc bien que nous ne pouvons tenir à une constitution qui fait le malheur et la perte de tout le royaume... Notre sort va être entièrement entre les mains de l'Empereur... J'espère qu'il se montrera mon frère et le véritable allié du Roi... On ne peut plus différer, voilà le moment de nous servir. Si on le manque, tout est dit, et l'Empereur n'aura plus que la honte et le reproche à se faire aux yeux de l'univers d'avoir laissé traîner dans l'avilissement, pouvant les en tirer, sa sœur et son beau-frère[3]. »

Louis XVI avait envoyé à ses frères la comtesse d'Ossun et le baron de Vioménil ; mais les princes ne tinrent pas plus de compte des injonctions verbales du Roi que de ses adjurations écrites. Ils lui répondirent le 3 décembre ; leur lettre était un persiflage : ils concluaient par un refus formel d'obéissance. « Ils nous tuent, ils nous égorgent ! » s'écria la Reine ; et plusieurs fois, à travers les sanglots : « Caïn ! Caïn ! Monsieur nous livre, il nous assassine ! Quelle âme de fer !... Il ne nous reste donc plus qu'à mourir[4] ! » Le Roi adressa aux princes une nouvelle missive où se manifestaient la bonté de son cœur, la faiblesse de son caractère et les touchantes illusions qui régnaient encore dans son esprit : « J'ai lu attentivement votre lettre ; j'y découvre le but où vous tendez ; j'y vois que vous pensez plus à vous qu'à moi ; j'y vois que vous y proposez un bouleversement impraticable, que vous de-

---

[1] Feuillet, t. IV, p. 269, et t. VI, p. 15. — Flammermont, *Négociations secrètes de Louis XVI et du baron de Breteuil avec la cour de Berlin*, Paris, 1885.
[2] Louis XVI à Gustave III. Feuillet, t. IV, p. 271. — Marie-Antoinette à Catherine, 3 décembre ; à Gustave III, 8 décembre 1791. Feuillet, t. IV, p. 276, 290.
[3] A Mercy, 25 novembre, 16 décembre 1791. Arneth, p. 226, 231.
[4] *Mémoires de Goguelat*.

mandez le rétablissement de l'ancien ordre de choses, qui ne pourrait s'effectuer qu'en répandant le sang à grands flots. Oh! vous me faites frémir d'horreur. Puisse plutôt la monarchie s'écrouler, que d'adhérer jamais à de pareils projets! Votre devoir est de cesser de susciter des ennemis à la France. » Un officier dévoué, le baron de Goguelat, fut chargé, le 10 décembre, de porter ce message aux frères du Roi et d'ajouter, de vive voix, tout ce qui paraissait de nature à les convaincre et à les amener à résipiscence.

Cependant le Roi avait à se prononcer sur les décrets rendus par l'Assemblée contre les émigrés et les prêtres réfractaires [1]. Louis refusait absolument de frapper les prêtres. C'était un point sur lequel il lui semblait impossible de transiger; il se rejeta sur les émigrés. Il comptait que les mesures qu'il ordonnerait contre eux décideraient les puissances à intervenir et leur en fournirait une occasion « bien forte et bien palpable [2] ». « Je crois, écrivait la Reine, que nous allons déclarer la guerre, non pas à une puissance qui aurait des moyens contre nous, nous sommes trop lâches pour cela, mais aux électeurs et à quelques princes d'Allemagne, dans l'espoir qu'ils ne pourront pas se défendre. Les imbéciles ne voient pas que, s'ils font telle chose, c'est nous servir, parce qu'enfin il faudra bien, si nous commençons, que toutes les puissances s'en mêlent pour défendre les droits de chacun. » Le 14 décembre, Louis XVI se rendit à l'Assemblée et annonça que, tout en espérant le maintien de la paix et tout en continuant à demander à l'Empereur ses bons offices, il avait déclaré à l'électeur de Trèves que si, avant le 15 janvier, les rassemblements d'émigrés n'étaient pas dispersés, il le traiterait en ennemi.

Le même jour, il expliqua au baron de Breteuil les motifs de sa conduite et ce qu'il attendait de l'Europe [3]. « Il est clair, disait-il, pour toute personne qui marche sur deux pieds, qu'intérieurement, je ne puis approuver la Révolution et la

---

[1] Voir ci-dessus, p. 306-307.
[2] A Fersen, 9 décembre 1791, t. I, p. 271.
[3] Louis XVI à Breteuil, 14 décembre 1791. Feuillet, t. IV, p. 296.

constitution absurde et détestable qui me met au-dessous de ce qu'était le roi de Pologne. » Il ne souhaite point, d'ailleurs, que l'Électeur se rende à ses sommations : le parti de la Révolution en concevrait trop d'arrogance, et ce succès « soutiendrait la machine pendant un temps ». Il demande aux puissances de prendre l'affaire en main, de disperser les rassemblements, de recueillir les émigrés désarmés et de se porter à la défense des électeurs. Si la guerre s'ensuit, Louis XVI ne la redoute point. « Au lieu d'une guerre civile, ce sera une guerre politique, et les choses en seront bien meilleures... L'état physique et moral de la France fait qu'il lui est impossible de la soutenir une demi-campagne ; mais il faut que j'aie l'air de m'y livrer franchement, comme je l'aurais fait dans des temps précédents... Il faut que ma conduite soit telle que dans le malheur, la nation ne voie de ressource qu'en se jetant dans mes bras. »

Concours déplorable de projets qui se détruisent l'un l'autre ; expédients hasardeux sans autre lien que celui de la nécessité qui les suggère et qui, jugés à distance, ne semblent profonds que par une illusion de l'obscurité. Une reine passionnée, mais incapable de concerter ses passions ; un roi apathique chez qui les vertus privées amollissent et étouffent la raison d'État, se jettent à l'aveugle dans un dédale de complots où Catherine userait son énergie et Léopold son machiavélisme. On va voir arriver dans les cours étrangères des agents déclarant, de la part des ministres français, que le Roi réclame la neutralité complète des puissances ; d'autres déclarant, de la part du Roi, qu'il ne faut tenir aucun compte des recommandations des ministres ; d'autres enfin déclarant, de la part des princes, que le Roi n'étant pas libre, ceux qui parlent en son nom ne méritent aucune créance. Et comme si cet enchevêtrement de projets et d'ambassades n'eût pas suffi à embrouiller toutes les affaires, les ministres à leur tour vont avoir leur diplomatie officielle et leur diplomatie secrète opérant l'une contre l'autre. Cette déclaration du 14 décembre, qui parut réunir un instant le Roi et le parti de la Constitution, était destinée, dans la pensée du Roi et dans celle des feuillants, à servir les desseins les plus opposés. On ne s'était, cette fois encore, accordé que sur une équivoque, et l'on ne s'alliait que pour se contrecarrer à l'envi.

VI

Les divergences qui séparaient, à l'intérieur, les constitutionnels se marquaient bien davantage à mesure que leurs vues s'éloignaient de la France et s'étendaient vers le dehors. Barnave et ses amis voulaient un congrès et point de guerre : toute leur combinaison reposait sur une entente avec Léopold. Ils lui demandaient de contenir l'Allemagne et d'engager l'électeur de Trèves à se soumettre [1]. Ils ne réclamaient de la Prusse que l'abstention et de l'Angleterre que la neutralité. Narbonne et son parti voulaient la guerre, une guerre limitée sans doute ; mais loin de redouter que l'Autriche y intervînt, ils le souhaitaient, comptant que l'entreprise en deviendrait plus populaire. Il leur importait, au premier chef, de neutraliser l'Empire et de gagner la Prusse. L'alliance prussienne était le premier chapitre du projet ; la neutralité de l'Angleterre en était la suite nécessaire. Ainsi Barnave entendait conserver, en le transformant, le système de 1756 ; Narbonne se proposait de le détruire et d'y substituer le système opposé. Le ministre des affaires étrangères, de Lessart, flottait entre les deux coteries, tergiversait entre les deux plans et, sous prétexte d'accorder les gens et les idées, ne se décidait que pour les faux-fuyants, les demi-mesures et les atermoiements.

La régénération de l'armée formait le fond du plan de Narbonne. Il était urgent d'y pourvoir ; ce fut le motif d'une négociation très-extraordinaire qui caractérise, mieux qu'aucun autre signe, l'état troublé de ces temps, où la France nouvelle se dégageait péniblement de l'ancienne France. A cette œuvre de

---

[1] *Mémoire pour l'Empereur*, ANNEXE, p. 270. Il fut envoyé en janvier 1792.

restauration militaire que concevait le ministre de la guerre, l'homme manquait. Narbonne ne se sentait point assez d'autorité ; celle de Lafayette était trop ébranlée. Il fallait un chef dont le nom imposât à la cour aussi bien qu'au pays, dont la réputation fût assez éclatante pour dominer toutes les oppositions. Le souvenir du maréchal de Saxe était encore vivant dans les mémoires ; l'idée d'appeler au commandement des troupes françaises un général étranger ne révoltait aucune conscience et n'éveillait aucun scrupule, ni dans le monde de la cour, ni parmi les constitutionnels. S'il y avait en Europe un prince qui semblât prédestiné à cette grande tâche, c'était le duc Ferdinand de Brunswick, l'un des héros du dix-huitième siècle et l'un des demi-dieux de la philosophie[1]. On se figura qu'en l'appelant à Paris on ferait un chef-d'œuvre : on enlèverait à l'Allemagne le plus illustre de ses guerriers, on acquerrait un médiateur très-considéré à la cour de Berlin et l'on porterait ainsi à l'Autriche les coups les plus funestes. Par une rencontre assez singulière, cet « ami des lumières » joignait à la faveur du grand monde royaliste l'admiration des plus ardents boute-feux de la Révolution. Carra vantait ses vertus, et Fersen conseillait à la Reine de l'attirer dans son parti[2].

La négociation était fort délicate ; on ne craignit pas de la confier à un très-jeune homme, François de Custine, fils du général. Entré de très-bonne heure dans l'armée où il servait avec distinction, François de Custine était un ami de Narbonne et un admirateur assidu de madame de Staël. Il n'avait encore que vingt-trois ans, mais il se montrait instruit, sérieux, réfléchi. Mirabeau, qui le rencontra à Berlin, en 1786, en fut charmé ; il

---

[1] Voir *les Mœurs politiques et les traditions*, p. 114 : Les gouvernements éclairés ; — et pour le détail des négociations, l'étude intitulée : *la Mission de Custine à Brunswick*, Revue historique, t. I, p. 154. — Cf. Chuquet, *Invasion prussienne*, p. 123-127.

[2] « Le duc de Brunswick est un homme d'esprit, de talents et d'une grande ambition ; il a de l'influence à Berlin. Ne croyez-vous pas qu'il serait intéressant de le gagner? Il a toujours aimé la France. » 22 décembre 1791. Fersen, t. I, p. 317. — Carra, *Annales patriotiques*, 1792; *Précis de la défense de Carra*, 1793. — Vatel, *Vergniaud*, Paris, 1872, t. II, p. 454-456.

discerna en lui un des diplomates de l'avenir [1]. La jeunesse même de Custine lui donnait un moyen d'influence dans une mission où il fallait agir d'élan et convaincre plus par la chaleur des sentiments que par la logique de la raison. Un séjour prolongé en Allemagne, où il avait étudié l'art militaire à l'école de Frédéric, lui procurait de précieuses alliances, celle du prince Henri de Prusse entre autres. Intime ami de Brunswick, ce prince passait pour le chef de ce qu'on appelait encore le parti français à Berlin.

De Lessart opposa d'abord quelque résistance à ce projet scabreux. Le Roi hésitait à s'y prêter. « M. de Narbonne a eu une idée folle », écrivait la Reine, qui tenait Fersen au courant de toutes les mesures des ministres. Narbonne insista : Louis XVI céda de guerre lasse, comptant que le duc refuserait et que cet échec servirait ses propres desseins [2]. Il consentit à signer une lettre au duc, rédigée par les ministres; elle devait tenir lieu à Custine de lettre de créance et lui permettre de se faire recevoir et écouter. Le Roi n'y manifestait que ses intentions pacifiques. Quant à la véritable mission de Custine, elle demeurerait secrète jusqu'à ce que le ministère fût éclairé sur les sentiments du duc. S'ils paraissaient favorables, le ministère saisirait l'Assemblée de la proposition et adresserait à Brunswick des offres officielles. Custine partit dans les premiers jours de janvier 1792.

Après avoir pourvu de la sorte aux besoins de l'armée, Narbonne et ses amis s'occupèrent de la diplomatie proprement dite. Brissot et Clavière, qui avaient tous deux fait à Londres le commerce des intrigues et passaient pour connaître la place, affirmaient que non-seulement il était possible de s'assurer la neutralité de l'Angleterre, mais qu'avec quelque savoir-faire on obtiendrait même une alliance. Ces adversaires irréconciliables de l'Autriche étaient d'avis de ne point ménager les sacrifices pour gagner les Anglais; cependant, comme on ne peut offrir aux gens avec quelque succès que les choses qu'ils désirent;

---

[1] *Histoire secrète*, lettre du 21 octobre 1786, t. I, p. 251. — Cf. note du 26 juin 1790, *Correspondance*, t. II, p. 59.
[2] La Reine à Fersen, 28 décembre 1791. FERSEN, t. I, p. 312.

Narbonne et ses conseillers de la Gironde furent conduits à renouveler auprès de Pitt les insinuations que Champcenetz avait été naguère chargé de lui porter de la part de la cour. Seulement ils taillaient dans le patrimoine national plus librement qu'on ne le faisait aux Tuileries, et ils allaient jusqu'à risquer dans leur partie, si Tabago ne suffisait pas, l'île de France et Bourbon [1]. On prétendit même qu'ils poussèrent plus loin encore l'absence de scrupules, et donnèrent à entendre que, s'il le fallait, ils « remettraient aux Anglais des places de sûreté [2] ». Quant au négociateur, il était tout désigné : c'était Talleyrand. Governor Morris conseillait depuis plusieurs mois à l'ancien évêque d'Autun de rechercher une ambassade; c'était, lui disait-il, « le vrai moyen de faire sa fortune et de se tenir en évidence sans trop se compromettre [3] ». Talleyrand goûtait fort la sagesse de cet avis. L'Angleterre l'avait toujours attiré; une alliance anglaise, resserrée par un traité de commerce, entrait dans les plans qu'il combinait naguère avec Mirabeau. Il se croyait en mesure, surtout si on lui adjoignait son ami Biron, de monter contre Pitt de formidables cabales.

C'étaient de bien grosses aventures pour un politique aussi pusillanime que de Lessart. Cependant, caressé et enguirlandé chez madame de Staël, il se laissa séduire; mais la cour se montra très-hostile. Bertrand de Molleville s'opposa formellement à la mission, et Barnave le soutint. On finit par s'entendre sur une demi-mesure. Talleyrand, en sa qualité d'ancien membre de la Constituante, ne pouvait être investi de fonctions officielles. On convint qu'il irait à Londres à titre privé, qu'il y observerait les événements, y tâterait le terrain, et que sur les rapports qu'il enverrait, on aviserait à entamer de véritables négociations.

---

[1] Morris, *Journal*, 11 janvier 1792, t. I, p. 235-236. — Pellenc à la Marck, 8 janvier 1792. Feuillet, t. V, p. 125.

[2] Rapport de Staël, 19 janvier 1792. Léouzon le Duc, p. 249. — Staël était à même d'être bien renseigné. — G. Morris parle de Dunkerque et de Calais, *Rapport du 4 février* 1792, t. II, p. 111 et 114.

[3] Morris, *Journal*, t. I, p. 301-326. — H. Lytton-Bulwer, *Essai sur Talleyrand*, trad. de M. G. Perrot, Paris, 1868.

La principale préoccupation de Lessart venait de l'Autriche. Cet essai de rapprochement avec l'Angleterre ne manquerait pas de froisser Léopold. De Lessart prit les devants et le rassura. — Le voyage de l'évêque d'Autun, écrivit-il à Noailles [1], n'a d'autre raison d'être que de calmer l'opinion; quand on a vu l'Empereur disposé à soutenir l'électeur de Trèves, on a reproché au Roi d'avoir montré à l'Empereur une confiance aveugle et négligé de se procurer d'autres alliés. Mais l'Empereur n'a point à prendre ombrage de cette démarche; tout ce qu'on lui demande, c'est d'engager l'électeur de Trèves à se soumettre : s'il veut la guerre, il fait le jeu de l'Angleterre [2]. — La diplomatie du ministre des affaires étrangères contrariait celle du ministre de la guerre à Londres et à Vienne. Il en allait être de même, et plus fortement encore, près de la diète et dans l'Empire.

Il s'agissait de prévenir toute intervention de la diète et de l'Empire en faveur de l'électeur de Trèves. Un diplomate qui avait plusieurs fois négocié en Allemagne, Barbé-Marbois, fut chargé de rassurer les petits États sur les intentions de la nation française [3]; il devait, et leur représenter les dangers qu'une alliance entre la Prusse et l'Autriche ferait courir à l'indépendance du corps germanique, et leur montrer l'intérêt qu'il y avait pour l'Allemagne à se rapprocher de la France [3]. Semées de digressions pompeuses sur les nouveaux rapports des nations et les nouveaux principes de la France, les instructions de Marbois étaient faites pour obtenir un succès de lecture au comité diplomatique; mais Marbois, qui se disait dévoué à la couronne, avait pour mission véritable, non d'animer l'Empire contre

---

[1] 16 janvier 1792.

[2] « Cette cour fomente nos troubles intérieurs et cherche à nous donner des embarras au dehors. » A Noailles, 23 décembre 1791.

[3] *Instructions* du 1er janvier 1792. — Le ministère s'efforçait de rassurer également les Suisses sur les dangers de la propagande. Barthélemy, nommé ambassadeur près des Cantons, eut pour instruction de s'y employer. « Le sieur Barthélemy... fera sentir que rien dans la Constitution ne fait un devoir à ceux qui y sont dévoués, de travailler à amener les autres nations au système politique qui nous gouverne. » Voir, sur cette instruction, donnée le 22 janvier 1792, et sur les négociations qui s'ensuivirent, les *Papiers de Barthélemy*, 1792, publiés par T. Kaulek, Paris, 1886.

l'Autriche, mais de prêcher partout, à Ratisbonne, où il se rendait d'abord, puis à Vienne, où il irait ensuite, les accommodements et la paix[1]. A cette mission officielle, doublée d'une mission officieuse qui la corrige, Marbois en ajoute une troisième plus secrète, où l'on reconnaît la touche des roués qui avaient étudié les négociations dans le cabinet de Favier. La diplomatie révolutionnaire donne par eux la main à la diplomatie secrète de Louis XV. Elle en procède directement, et l'on verra, dans la suite, les plus violents démocrates reprendre pour leur compte les procédés d'intrigue et jusqu'aux combinaisons conçues en 1791, par des familiers de Laclos et des émules de Biron. L'une des plus ingénieuses consistait à gagner, à beaux deniers comptant, les bâtards de Deux-Ponts. Le duc leur père montrait, parait-il, beaucoup de faiblesse pour ces bâtards. On espérait, par leur influence, le réconcilier avec son cousin Charles-Théodore de Bavière, dont il était l'héritier présomptif. On se flattait ainsi de détacher la Bavière de l'Autriche et de l'empêcher de soutenir la cause des princes[2]. C'était un mouvement tournant d'une stratégie très-subtile. Celui que les mêmes politiques allaient tenter à Berlin paraît bien autrement hasardeux encore.

L'alliance prussienne était le pivot de toutes les manœuvres de la nouvelle école ; mais les partisans de cette alliance ne se dissimulaient pas que le parti français était alors en grande défaveur à la cour de Berlin. Favoris et maîtresses conspiraient à animer le roi de Prusse contre la France. Leur hostilité était notoire ; mais leur vénalité ne l'était pas moins[3]. On croyait à Paris posséder un moyen sûr de les gagner. Mirabeau en avait donné la recette dans ses lettres de Berlin ; Talleyrand, qui naguère les déchiffrait pour Vergennes, en était tout pénétré ; Biron, qui avait autrefois reconnu le terrain, à Berlin même,

---

[1] De Lessart à Noailles, 16 janvier 1792. Rapport de Marbois, 18, 20, 28 février 1792. — Cf. Morris, t. I, p. 326. *Journal* du 11 janvier 1792.
[2] *Addition aux instructions de Marbois*, 1ᵉʳ janvier 1792. — On lui adjoignit pour cette affaire spéciale un M. Bourdois, « homme très-intelligent qui se trouve allié à la branche naturelle de Bavière ». — *Instructions à Naillac*, ministre aux Deux-Ponts, 1ᵉʳ avril ; *à Caillard*, ministre à Ratisbonne, 1ᵉʳ mai 1792.
[3] Sur la cour de Berlin, voir t. I, p. 476, 480 et suiv.

répondait du succès des opérations [1]; il croyait d'ailleurs trouver à cette cour un allié et un agent dans la personne de Heymann. Biron exerçait alors un commandement à l'armée du Nord; dès qu'il fut informé de l'arrivée de Narbonne au ministère, il lui confia son plan et le développa dans des lettres intimes adressées à Talleyrand. Il proposait d'acheter « les entours illuminés et corruptibles du Roi », Bichoffswerder, Wœllner, la comtesse Doenhof, son oncle Lindorf, madame Rietz, la maîtresse d'habitude, son mari, le valet de chambre du Roi, Heymann lui-même, à qui l'on promettrait une place de ministre et que l'on ne rechercherait pas « sur sa comptabilité de corruption [2] ». Talleyrand était tout feu. Cette négociation de Prusse lui semblait le complément nécessaire de celle d'Angleterre. « Je vais faire, écrivait-il à Biron, tout ce que je pourrai pour le succès de cette grande mesure... Si une fois nous parvenons à faire décider le roi de Prusse pour nous, nous sommes les maîtres du terrain; la Constitution marchera, et les défiances cesseront. Je ne doute pas que la résolution du roi de Prusse ne fasse celle de l'Empereur [3]. »

C'était bien l'avis de Barnave et de Lessart; mais ils entendaient autrement la négociation à suivre avec Frédéric-Guillaume. Craignant surtout que ce prince, excité par les émigrés, ne se lançât en avant et que l'Empereur ne fût obligé de le suivre, ils ne cherchaient qu'à le contenir. Il ne restait à Berlin, depuis le retour de Moustier, qu'un chargé d'affaires. Le ministère jugea urgent d'y envoyer un ministre. La mission exigeait de la sagesse, de la mesure, de l'autorité. De Lessart proposa de la confier à Ségur. Ce diplomate accepta par dévouement la tâche ingrate qu'on lui confiait : il en mesurait toutes les difficultés, et il se méfiait à juste titre des contre-lettres de la cour de France. Ses instructions, qui portent la date du 22 décembre, étaient toutes pacifiques : Ségur devait engager la Prusse à ne

---

[1] *Correspondance intime et politique du général Biron*, du 9 décembre 1791 au 10 décembre 1792. Archives de la guerre. Cf. ci-dessus, p. 57-58.
[2] Biron à Talleyrand, 9, 17 et 18 décembre 1791.
[3] Talleyrand à Biron, 14 et 15 décembre 1791.

point s'immiscer dans les affaires intérieures de la France, à ne point appuyer par les armes l'électeur de Trèves, à user de son influence pour faire disperser les rassemblements des émigrés et pour persuader aux princes possessionnés en Alsace d'accepter une indemnité.

Le choix d'un agent aussi éprouvé et d'un aussi galant homme déroutait les calculs de Biron et de ses associés. C'est, écrivait Biron, « une mesure qui rend toutes les autres impraticables [1] ». La cour n'était pas moins émue et déconcertée que Biron. Si Ségur décidait la Prusse à demeurer neutre, c'en était fait du plan tracé par Louis XVI dans ses instructions à Breteuil. « J'ignore, écrivait Fersen, quel est l'objet de la mission de M. de Ségur, mais elle ne peut être que mauvaise ; j'ai cru qu'il était nécessaire de la prévenir, s'il en est temps encore, ou du moins de la combattre, si elle est déjà entamée [2]. » Il envoya une estafette à M. de Carisien, ministre de Suède à Berlin. Les émigrés, non moins alarmés que la cour, avertirent de leur côté M. de Roll, agent des princes à la cour de Prusse, de se mettre en campagne. L'imprudence des roués leur avait déjà fourni les moyens de perdre Ségur.

Biron était vite revenu de son premier mouvement de dépit. Ce qu'un envoyé officiel n'accomplirait pas, un agent secret pouvait le tenter. Biron trouva précisément sous la main l'instrument qu'il lui fallait, et quelques heures après qu'il écrivait à Talleyrand : « Tout est perdu ! » il lui dépêchait un homme capable, assurait-il, de tout sauver. C'était un M. de Jarry, adjudant général, homme de toutes mains et de toute besogne, qui avait été le secrétaire officieux, ou comme on disait alors, le « faiseur militaire » de MM. de la Marck, de Liancourt et de Noailles. Mûri dans les brigues, Jarry avait servi vingt ans en Prusse et pris une part occulte aux manœuvres prussiennes dans les récentes révolutions de Belgique. On le voyait encore, de temps en temps, à Bruxelles, où il jouait le démocrate. Il s'était fixé à Raismes, sur la frontière, près

---

[1] A Talleyrand, 25 décembre 1791.
[2] A Gustave III, 25 décembre 1791. Fersen, t. I, p. 311.

du château du comte de la Marck. « Cet homme est à moi, écrivait ce dernier[1]; il m'est exclusivement dévoué. Il sert à contre-cœur dans le parti qui l'emploie... Il a voulu rejoindre les princes à Coblentz, je l'en ai empêché en l'assurant que je parviendrais un jour à le faire servir les Tuileries. » L'occasion s'en offrit. Sceptique sur la vertu, comme tous les libertins, Biron avait la superstition aveugle de l'intrigue. Il rencontra Jarry, s'entêta de sa personne, lui remit, le 25 décembre, une lettre pour Talleyrand et lui confia tous ses desseins. Deux jours après, le comte de la Marck en était instruit et communiquait à Mercy un extrait des prétendues instructions du comte de Ségur, qui n'était que la reproduction, à peu près littérale, du plan développé par Biron à Talleyrand dans sa lettre du 17 décembre[2]. Le même jour, Fersen en recevait également une copie et l'envoyait immédiatement à M. de Carisien.

Cependant Jarry, arrivé à Paris, s'y était abouché avec Talleyrand, qui persistait à trouver « l'idée de Berlin tout ce qu'il y avait de plus sauveur en ce moment-là ». Narbonne ne répugna point à employer ces moyens inavouables. De Lessart s'y refusa d'abord, puis, comme toujours, il se soumit. « Il trempe un peu là dedans, écrivait à la Marck un de ses correspondants. Il soupe souvent chez madame de Staël, et on l'a environné de tout ce parti[3]. » Le 5 janvier 1792, les fonds étaient faits, et Talleyrand écrivait à Biron : « J'espère que vous serez un peu content de moi, mon cher Lauzun. M. Jarry part comme vous l'avez ordonné pour la Prusse; ses instructions sont celles que vous auriez dictées. » Talleyrand l'aurait pris d'un ton moins cavalier, s'il avait lu les lettres que, quelques jours après, la Marck écrivait à Mercy : « Le nouvel agent, parti depuis deux jours de Paris pour Berlin, est un nommé Jarry. Il vient de me faire informer de la mission qu'il reçoit et de me donner son adresse à Berlin[4]. »

[1] A Mercy, 10 janvier 1792. FEUILLET, t. V, p. 127.
[2] Voir dans FEUILLET, t. IV, p. 380, la reproduction du texte apocryphe transmis par Fersen, avec sa lettre du 1ᵉʳ janvier 1792, à Gustave III.
[3] FEUILLET, t. V, p. 126.
[4] 10 janvier 1792, *Correspondance*, t. III, p. 291.

Tandis que Narbonne préparait ainsi une guerre limitée avec l'électeur de Trèves et l'Empereur [1], que Barnave préparait une médiation bienveillante de Léopold, et la cour une intervention armée de toutes les puissances, l'Assemblée et le public de Paris déchaînaient la guerre réelle et passionnée, la guerre nationale où la haine séculaire contre l'Autriche s'enflammait de toutes les ardeurs de la propagande révolutionnaire. Tous ces frêles échafaudages de diplomatie et d'intrigue en allaient être bouleversés, en France comme en Europe.

[1] Le 14 décembre, après la déclaration royale, Narbonne avait annoncé la formation de trois armées, une au Nord, commandée par Rochambeau, une seconde sur la Meuse, commandée par Lafayette, une troisième sur le Rhin, commandée par Lukner. Il adressa aux départements une circulaire pour hâter l'organisation des volontaires appelés par les décrets du mois de juin, puis il partit pour reconnaître par lui-même l'état des troupes et les besoins de la défense. Voir CHUQUET, *Première Invasion prussienne*, ch. II, L'armée française.

CHAPITRE IV

L'ALLIANCE AUSTRO-PRUSSIENNE.

1792

I

On reprochait en France à Léopold de soutenir l'électeur de Trèves; en Allemagne, on lui reprochait d'abandonner ce prince. L'Empereur continuait de louvoyer. Après avoir donné l'ordre de disperser les émigrés qui se rassembleraient en armes aux Pays-Bas[1], il retarda, jusqu'au 10 décembre 1791, la ratification du décret par lequel la diète avait, au mois d'août, prescrit une revendication énergique des droits des princes allemands lésés par la France. Il se contenta d'en écrire à Louis XVI, le 3 décembre, et d'exposer les faits. Les petits États se plaignaient de sa mollesse; ils s'effrayaient sérieusement des progrès de la Révolution [2]. On observait de l'inquiétude et du trouble en Saxe, en Souabe, dans les villes impériales. L'agitation croissait dans les pays de la rive gauche du Rhin, et, sans être très-redoutable, elle suffisait à intimider des gouvernements faibles et désarmés. La ville de Worms demanda l'expulsion des émigrés. Les états du pays de Trèves réclamaient l'exercice de la souveraineté qu'ils déclaraient leur appartenir. On est convaincu à Vienne, écrivait un diplomate, que si les Français passaient le Rhin, « tous les villages depuis

---

[1] Ordre du 22 octobre 1791.
[2] Voir les travaux cités ci-dessus : de BIEDERMANN, p. 1210-1211, 1218; WOHLWILL, p. 29, 83; REMLING; VENEDEY.

Bonn jusqu'à Bâle se déclareraient pour eux et s'entendraient pour égorger les princes, les comtes, les nobles qui leur tomberaient sous la main[1] ».

Les journaux et les lettres que l'on recevait de Paris découvraient à tous les yeux les périls prochains dont l'Europe était menacée. Les diplomates commençaient à signaler dans la Révolution française ces nouveautés formidables qui leur avaient échappé jusque-là. « Le but des factieux tend plus ouvertement que jamais à renverser la monarchie et à y substituer un gouvernement républicain », écrivait Mercy, le 24 décembre, dans un rapport où l'on reconnaît l'influence des écrits de Mallet du Pan : « Tout ce qui en découlera aura un caractère nouveau et d'autant plus effrayant, quand on observera que la liberté et l'égalité, principes de la Révolution française et du gouvernement chimérique qui en résulterait, pourraient être moins considérées comme des questions politiques que comme *un fanatisme propre à gagner le peuple, en promettant la terre aux pauvres, comme le christianisme leur promettait le ciel. Les droits de l'homme sont devenus un évangile commun à tous les peuples, auxquels ils transfèrent immédiatement la souveraineté, par droit de principes, en invoquant Dieu et la nature*[2]. »

L'Empereur y réfléchissait sérieusement lorsqu'il fut avisé des sommations adressées par le gouvernement français à l'électeur de Trèves. « Tout l'électorat tremblait d'une terreur panique incroyable, lui écrivait cet évêque. Je me suis trouvé entre une révolte de mes sujets, dont plusieurs ont gagné l'esprit du voisinage, et une invasion hostile de la part de la France[3]. » L'Électeur appelait l'Autriche et la Prusse à son secours. La Prusse offrait son assistance; Léopold n'hésita pas à promettre la sienne. « Voyant, écrivait Noailles, le 22 décembre, qu'aucun pouvoir n'est respecté, recevant chaque jour des rapports sinistres sur le progrès que fait en France l'esprit démocratique,

---

[1] Rapport de Simolin, 17 mars 1792. Feuillet. t. V, p. 310.
[2] Vivenot, t. I, p. 331. — Cf. Sayous : Mallet du Pan, *Extraits du Mercure*, t. I, p. 248 et suiv. Le rapport de Mercy est en français.
[3] A Léopold, 1ᵉʳ janvier 1792. Vivenot, t. I, p. 304.

il s'est déterminé à prendre la défense de l'électeur de Trèves, sans approuver sa conduite. » L'Empereur se déclarait prêt à soutenir cet évêque, s'il était attaqué, mais à condition qu'il aurait au préalable dissipé les rassemblements armés et se serait mis dans son droit à l'égard de la France.

L'électeur de Trèves obéit incontinent. Celui de Mayence jugea prudent de suivre son exemple. Les émigrés, expulsés de Coblentz, se répandirent sur les chemins, par la boue et la neige. Leur retraite ressemblait à une déroute. Les habitants manifestaient impunément leur animosité contre ces Français dispersés. On les repoussait partout. Le landgrave de Hesse, le duc de Wurtemberg, le roi de Prusse lui-même refusèrent aux fugitifs l'entrée de leurs territoires. Condé se retira avec sa troupe à Ettenheim, dans les terres du cardinal de Rohan. Il ne resta plus chez l'évêque de Trèves que les deux frères du Roi, neveux de l'électeur, qui ne crut pas devoir les chasser de sa maison. Le 21 décembre, ce prince informa officiellement le gouvernement français des mesures qu'il avait prises. Le même jour, Kaunitz en confirma la nouvelle ; toutefois il ajouta que si, malgré cette satisfaction donnée à la France, l'Électeur était attaqué, l'Autriche marcherait à son secours. L'Empereur désire vivement, concluait Kaunitz, « éloigner cette extrémité et les suites infaillibles qu'elle entraînerait, tant de la part du chef et des États de l'Empire germanique que de la part des autres souverains réunis en concert pour le maintien de la tranquillité publique et pour la sûreté et l'honneur des couronnes [1] ». Ce concert n'était rien moins que formé ; mais la Reine avait souvent répété à Léopold que la seule annonce qui en serait faite produirait sur les Français une impression salutaire. L'Empereur pensa que cette menace leur donnerait à réfléchir, et il l'appuya du bruit de quelques armements.

L'irritation ne diminuait point pour cela dans les cours où l'on se piquait de contre-révolution, et où l'on tenait pour le parti des princes. Ce n'étaient que protestations véhémentes

---

[1] Kaunitz à Noailles, 21 décembre 1791. Vivenot, t. I, p. 566.

contre la perfidie du « maudit Florentin ». Gustave III, qui avait enfin signé avec la Russie son traité d'amitié et d'alliance[1], s'impatientait des retards imposés à sa gloire. Dans sa colère contre l'Autriche, il allait jusqu'à soupçonner Marie-Antoinette de fournir à son frère des prétextes de s'abstenir. Louis XVI n'inspirait depuis longtemps à ces cours qu'une pitié méprisante. « La conduite honteuse du roi de France, écrivait Gustave, a sûrement passé en lâcheté et en ignominie tout ce qu'on pouvait présumer. » Le roi de Suède, en ces invectives, se mettait au ton de son alliée : « Ce sont vraiment des lâchetés indignes, déclarait Catherine; — on dirait qu'ils n'ont ni foi, ni loi, ni probité. Je suis dans une colère horrible; j'ai frappé du pied en lisant ces... ces... horreurs-là[2]. » Il ne s'agissait encore que des lois constitutionnelles; la déclaration du 14 décembre mit le comble à l'indignation. Ni la cour de France ne paraissait comprendre l'état de l'Europe, ni les chancelleries d'Europe la situation de la cour de France. Il fallait à tout prix dissiper le malentendu. Fersen partit pour Paris. Il voyageait sous un nom supposé avec des passe-ports de la reine de Portugal.

Le plus clair de ses espérances lui venait de la Russie. L'expédition que projetait Gustave reposait sur l'assistance de Catherine[3]. Le roi de Suède ne doutait pas des intentions de la Tsarine; il en répondait à Louis XVI. Rien n'était plus incertain cependant. Tandis qu'elle entretenait en Suède, à Paris, sur le Rhin, ces décevantes illusions, Catherine écrivait à l'un de ses confidents[4] : « Le nouvel allié n'a pas honte de demander à venir se montrer ici, chose que nous chercherons à éviter autant qu'humainement possible. Comment voulez-vous que je lui confie

---

[1] 19 octobre 1791.
[2] Gustave à Fersen, 11 novembre 1791. Fersen, t. I, p. 223. — Catherine à Grimm, 25 septembre; p. 560. — Voir dans Fersen, t. I, p. 278 et 281, les lettres de Gustave à Fersen et à Louis XVI, 22 décembre 1791.
[3] Fersen à Marie-Antoinette, 26 novembre; Gustave III à Louis XVI, 22 décembre 1791; Fersen à Gustave III, 7 mars 1792. Fersen, t. I, p. 236, 251, 285; t. II, p. 201.
[4] A Grimm, 2 novembre, p. 562.

des troupes? il ne les sait pas mener. » Ces troupes s'acheminaient alors vers la Pologne, et formaient une armée de cent trente mille hommes, destinée à une tâche, infiniment moins aventureuse et moins chevaleresque, mais infiniment plus pratique et plus lucrative que la délivrance de Louis XVI. La paix avec les Turcs venait de se conclure définitivement à Jassy [1], et les généraux russes reçurent l'ordre d'entrer en Pologne. « Si l'Autriche et la Prusse s'opposent à ce plan », écrivait l'Impératrice à Zoubof, en lui transmettant ces ordres, « je leur proposerai un dédommagement ou un partage [2]. »

Les politiques de Vienne et de Berlin savaient parfaitement à quoi s'en tenir sur ce manége russe. « L'Impératrice, disait Kaunitz [3], n'attend que de voir l'Autriche et la Prusse engagées en France pour tout culbuter en Pologne. » L'intérêt de l'Autriche était le même dans les deux pays : elle souhaitait de voir s'établir, en France, une espèce de compromis entre les partis, une sorte de constitution monarchique qui entretiendrait une fermentation incessante, la faiblesse au dedans, la nullité au dehors; en Pologne, une monarchie assez consistante pour n'être pas absorbée par ses voisins, assez débile pour n'en inquiéter aucun, en un mot, « une puissance intermédiaire et de convenance [4] ». Mais les lettres de plus en plus précises et pressantes de Marie-Antoinette, les événements de Paris, le compte rendu des débats de l'Assemblée, le flot montant de haine contre l'Autriche qui s'en dégageait, les armements annoncés, le bruit de toutes ces missions diplomatiques compliquées de missions secrètes, ne permettaient pas à l'Empereur de s'abuser sur l'imminence de la guerre [5]. Le ministère la croit inévitable, écrit Noailles le 24 décembre. L'affaire des princes possessionnés,

---

[1] 9 janvier 1792, sur les bases des préliminaires de Galatz.
[2] Catherine à Zoubof, annexe au rapport de Goltz, du 3 février 1792. Herrmann, *Dip. corr.*, p. 231.
[3] Dépêche au prince de Reuss, à Berlin, 25 janvier 1792. Vivenot, t. I, p. 358.
[4] Mémoire de la chancellerie, 12 janvier 1792. — Considérations de Kaunitz, mars 1792. Vivenot, t. I, p. 340, 418-420.
[5] Voir la *Correspondance de la Marck*, notamment, t. III, p. 290, 293. — Feuillet, t. V, p. 104 et 124. — Rapports de Mercy, Herrmann, *Dip. corr.*, p. 133-135.

poursuivie jusque-là avec mollesse, prend un caractère soudain
de gravité. C'est une affaire urgente, disent les Autrichiens;
l'Empereur ne peut la négliger sans se discréditer dans l'Empire. « Il m'est démontré, conclut Noailles, que la guerre éclatera au printemps. » Les Autrichiens insinuent, à titre d'expédient, l'idée d'un échange de terres avec les princes intéressés.
Ils ne dissimulent pas qu'une invasion de troupes françaises dans
l'Empire serait regardée comme une déclaration de guerre par
le corps germanique, et que l'Empereur soutiendrait cette guerre
de toutes ses forces[1]. Ils redoutent d'ailleurs, et non sans motif,
une « entente et un complot » entre les révolutionnaires de
France et ceux de Brabant; ils voient les Pays-Bas sous le coup
d'une incursion subite des Français.

L'intérêt de l'Autriche commandait à l'Empereur de se mettre en mesure. Un conseil de gouvernement se réunit le 17 janvier 1792, en présence de Léopold et de l'archiduc François[2].
On y reprit l'idée d'une intervention et l'on en détermina
l'objet. Ce ne pouvait être la restauration de la monarchie absolue : Kaunitz le déclara en termes formels. — Ce dessein, dit-il,
entraînerait une guerre onéreuse, et le succès n'en serait point
désirable pour l'Autriche. « Sacrifier notre or et notre sang pour
rétablir la France dans son ancien état de puissance, lui rendre
son influence en Europe et ranimer, par conséquent, la rivalité avec nous, ce serait commettre la plus impardonnable et la
plus dangereuse des fautes politiques que la maison d'Autriche
eût jamais commises et pût jamais commettre. » Quant aux
indemnités destinées à couvrir les frais et les risques de la guerre,
la meilleure solution consisterait, pour l'Autriche, dans l'échange
des Pays-Bas contre la Bavière. — Le chancelier concluait à
renouer les négociations avec l'Europe, au point où elles étaient
demeurées suspendues au mois de septembre. Les puissances
se concerteraient pour réclamer la cessation immédiate des
mesures menaçantes prises contre l'Allemagne et en particulier

---

[1] Kaunitz à Noailles, 5 janvier; à Blumendorf, 11 janvier 1792. Vivenot, t. I,
p. 564, 567.
[2] Voir dans Vivenot le *Protocole et les pièces annexées*, t. I, p. 327 et suiv.

des préparatifs de guerre annoncés le 14 décembre. Le conseil adopta ces propositions. L'Empereur offrait à ses alliés, pour appuyer les démarches communes, ses troupes des Pays-Bas et une armée de quarante mille hommes, à condition que le roi de Prusse en fournirait autant. Les autres puissances seraient invitées à indiquer le contingent qu'elles apporteraient à la coalition. Quant au congrès, il ne se réunirait que si, à la suite des représentations collectives, la nation française exprimait le vœu que le Roi se portât pour médiateur entre elle et l'Europe.

La négociation du traité d'alliance entre l'Autriche et la Prusse n'avait jamais été rompue ; mais on en était resté aux préliminaires. L'Autriche fit exprimer à Berlin son désir très-vif d'arriver promptement à un accord définitif, tant au sujet de la France qu'au sujet de la Pologne. Elle proposa de régler ce dernier objet par une disposition séparée : la Prusse et l'Autriche y conviendraient de respecter l'intégrité de la République et de maintenir la constitution du 3 mai 1791 ; elles inviteraient ensuite la Russie à adhérer à cette convention. Les instructions que Léopold adressait à son représentant à Berlin, le prince de Reuss, ne touchaient pas à l'article des compensations[1]. Léopold entendait en laisser l'initiative aux Prussiens ; mais dans ses entretiens avec Jacobi, Kaunitz n'en écartait nullement l'idée. Spielmann ne se gênait pas pour en parler tout haut. « Il est vraisemblable, disait-il, que l'Autriche et la Prusse s'empareront de quelques provinces, et il conviendrait de les garder jusqu'à ce qu'on fût assuré des dédommagements des dépenses de la guerre[2]. » Quant au commandement supérieur des armées alliées, on ne pouvait le confier qu'à un guerrier éprouvé, que sa naissance et sa réputation plaçaient au-dessus de toutes les rivalités, et dont l'autorité serait reconnue par les troupes autrichiennes et par les prussiennes. Tout le monde désignait déjà le duc Ferdinand de Brunswick. Telle était la réputation de

---

[1] L'Empereur et Kaunitz à Reuss, 4 janvier 1792. VIVENOT, t. I, p. 304 et suiv.

[2] Rapport de Jacobi, 7 janvier 1792. HERRMANN, *Dip. corr.*, p. 143.

« ce héros », que l'Allemagne et la France, au moment d'en venir aux mains, recherchaient son concours comme un gage de victoire et se disputaient l'honneur de combattre sous ses ordres.

II

Custine arriva le 12 janvier à Brunswick [1]. Le duc l'accueillit « avec une exquise politesse, mais avec une réserve extrême ». Custine l'entretint plusieurs fois sans oser lui révéler l'objet de sa mission. Brunswick montrait « un esprit supérieur, exempt de préjugés, planant au-dessus de toutes les idées de grandeur et de pouvoir absolu », une ambition très-haute, mais froide et calculée. C'était un prince philosophe, ami de la liberté d'esprit, mais un prince au demeurant, professant aussi peu de goût pour la démocratie que pour l'Église. La raillerie des préjugés, le zèle pour les réformes, la chaleur pour l'humanité se mêlaient chez lui, comme chez Voltaire et chez Frédéric, au plus profond mépris pour la foule ignorante et la multitude vulgaire. Il admirait les principes de la Révolution et blâmait les désordres qui l'accompagnaient; il déplorait le sort des émigrés et ne les estimait point; il regrettait la destruction de la noblesse : — C'est un préjugé, disait-il, mais il est reçu dans l'Europe entière. Cependant il ne voulait rien faire pour la rétablir en France. « Il éloignait toute idée d'influence étrangère dans les affaires intérieures. »

Le 20 janvier, à la suite d'un entretien où le duc avait paru se familiariser davantage, Custine fit tomber la conversation sur l'éclat du rôle que jouerait en Europe « l'homme d'un grand caractère qui, sachant maintenir en France, par la restauration de l'armée, l'ordre au dedans et la considération au dehors, deviendrait l'idole des Français et le bienfaiteur de la postérité ». Le duc écoutait avec complaisance; Custine se

---

[1] Les mots entre guillemets sont extraits des rapports de Custine. Voir *Revue historique*, t. I, p. 162 et suiv.

hasarda, et après avoir obtenu du prince sa parole d'honneur que l'objet de leur entretien « resterait enseveli dans un éternel silence », il lui dit : « — Si la nation française, reconnaissant l'importance des grandes considérations que je viens de vous présenter, déclarait par l'organe de ses représentants que, dans la crise dont elle est menacée au dedans et au dehors, un seul homme en Europe est, par sa gloire passée, par la puissance de ses talents, capable de remplir ces hautes destinées; qu'elle réclamât les services de cet homme unique qui se doit à la postérité; que le Roi se joignit à cette déclaration par une démarche éclatante, et que ce grand homme... fût vous, Monseigneur, que répondriez-vous? » Custine s'était ému en prononçant ces paroles. Le duc en parut troublé et touché à la fois; mais il fit des objections, s'excusa, demanda le temps de réfléchir. Custine, en revenant du palais, songeait malgré lui et plus qu'il ne l'aurait voulu, au jugement que Mirabeau portait naguère sur Ferdinand, à cette perplexité qui formait le fond de son caractère, à cette méfiance de lui-même et des hommes qui paralysait jusqu'à sa passion pour la gloire, à cette prudence subtile qui tempérait les écarts de son imagination, à cette circonspection enfin qui réprimait constamment sa verve ambitieuse. Lorsque Custine le revit, le lendemain, la réflexion était venue, parfaitement égoïste, mais sensée et sans réplique. « Je vois trop de difficultés à vaincre, dit-il. Vous avez trop de gens d'esprit, des juges trop éclairés et trop sévères, l'opinion publique est trop versatile... Croyez-moi, les lieux communs et les sophismes de ceux qui soutiendraient que c'est contre la cause des rois que j'irais combattre, ne sont pas ce qui peut m'arrêter. Je sais que penser de ces déclamations, et je les réduis à leur valeur. Je n'ai pas fui dans ma vie les grandes entreprises, et je sais apprécier un grand rôle sur le premier théâtre du monde. Mais il faudrait que je fusse bien présomptueux ou bien incapable pour ne pas sentir en ceci pour moi l'impossibilité du succès; et, sûr, dans ma position actuelle, de conduire quelques troupes, si on me les confie, à peu près aussi bien qu'un autre, j'ai trop d'amour-propre pour vouloir risquer ma réputation dans une entreprise par trop hasardeuse et compliquée. » Custine était sous le charme, et malgré tout il ne désespérait pas. Il se figurait qu'une seconde lettre du Roi, plus pressante et plus explicite que la première, lèverait les scrupules de Brunswick. Il s'abusait en cela complétement, prenant pour des tergiversations ce qui n'était que des défaites. Le duc le traitait avec sympathie et l'éconduisait avec égards. Custine pouvait s'estimer heureux de n'avoir pas trouvé à Brunswick les terribles déconvenues qui attendaient en Prusse son collègue, M. de Ségur.

Ségur s'était mis en route pour Berlin, le 26 décembre [1]. Pendant qu'il s'y acheminait par la voie de Strasbourg avec les instructions du ministère, le chevalier de Belzunce y courait, de Bruxelles, avec les instructions de Breteuil [2]. Dans une lettre adressée à Schulenbourg, au nom de Louis XVI, Breteuil désavouait formellement Ségur et infirmait d'avance ses pouvoirs. Il insinuait même que la mission de l'envoyé constitutionnel se rattachait à des desseins de propagande révolutionnaire dans les États prussiens. Une dénonciation très-compromettante confirma, sur ce point, les suggestions de Breteuil. Ségur s'était arrêté à Strasbourg. Cette ville était devenue le principal foyer de propagation des idées nouvelles dans l'Empire; les Allemands enthousiastes des principes français venaient y respirer l'air de la liberté, y chercher le baptême et la bonne parole, fêter la fédération et s'affilier même, le cas échéant, aux sociétés démocratiques [3]. Ségur reçut à son hôtel le maire de la ville, Dietrich. Ce dernier était « vif, chaud patriote ». Il croyait l'Alsace menacée d'invasion. Il entretint Ségur « des intelligences qu'il avait en Allemagne et des dispositions où étaient les peuples à embrasser, en conséquence, la cause des Français ». Un Allemand occupait une chambre voisine; c'était un de ces voyageurs curieux et indiscrets qui se plaisent à écouter à travers les

[1] Pour le détail de la mission de Ségur et la légende calomnieuse dont elle a été l'objet, voir les études publiées dans le *Temps*, 10, 12, 18 octobre 1878.
[2] Breteuil à Schulenbourg, 4 janvier 1792. FLAMMERMONT, p. 10.
[3] Voir WOLHWILL, notes sur Kerner et Schubart; VENEDEY, notes sur Euloge Schneider, etc.

cloisons. Il savait mal le français, il saisit des lambeaux de la conversation et la comprit à moitié. Mais, plein de zèle pour sa patrie, il adressa aussitôt un rapport à Berlin. Il y présenta l'entretien tout intime de Ségur et de Dietrich comme un « conciliabule de jacobins délibérant sur la propagande à faire en Allemagne [1] ».

L'agent des princes en Prusse, M. de Roll, renchérit sur ces calomnies; il y joignit une manœuvre plus perfide. Pendant son ambassade à Pétersbourg, Ségur, très-entêté de l'alliance russe, avait activement combattu la politique prussienne et fait son possible pour éloigner Catherine de Frédéric-Guillaume. Il avait exercé plus d'une fois sa verve caustique aux dépens du roi de Prusse, de ses thaumaturges, de ses mariages simultanés, de ses divorces périodiques, de son cabinet de revenants et de son harem piétiste. On gardait à Berlin autant de ressentiment de sa diplomatie que d'aigreur de ses persiflages. Roll réveilla ces blessures d'amour-propre, rappela les mauvais offices de Ségur en Russie, colporta ses épigrammes, et les émigrés, faisant le chœur, le peignirent partout comme mauvais Prussien et ennemi personnel de Frédéric-Guillaume.

Sur ces entrefaites, le ministre de Suède et celui d'Autriche reçurent, l'un par Fersen, l'autre par Metternich, et tous les deux de Bruxelles, un extrait des instructions apocryphes de Ségur. Ils en répandirent immédiatement des copies; il ne fut bruit d'autre chose dans Berlin. Les intéressés, c'est-à-dire les personnes désignées dans ces prétendues instructions avec leur valeur vénale et leur mise à prix, l'épouse morganatique, Bischoffswerder, la maîtresse d'habitude, le valet son mari, toute la « clique », comme on les appelait, crièrent plus fort que les autres et manifestèrent leur vertu en flétrissant le suborneur. Ce fut précisément cet Heymann auquel Biron voulait confier la « machine des fonds secrets », qui se chargea d'en révéler le mystère au roi de Prusse. Ce prince, très-prévenu contre Ségur, et fort alarmé des progrès de la propagande, considéra

[1] Les mots entre guillemets d'après le rapport de Ségur, 12 février 1792. — Cf. rapport de Reuss, 14 janvier. Vivenot, t. I, p. 321.

comme un outrage la mission de l'envoyé français. Il n'admettait point « qu'on pût le croire assez inconséquent pour quitter un système huit jours après l'avoir embrassé », et qu'on le jugeât capable de trahir son allié parce qu'un intrigant aurait corrompu sa maîtresse. Ségur arriva le 10 janvier, tout était déjà concerté pour le perdre [1].

Il se rendit aussitôt chez les ministres [2]. Schulenbourg l'entretint longtemps et lui parla ouvertement. Il ne dissimula point les véritables causes du conflit qui menaçait d'éclater. « C'est en France, dit-il, qu'on peut empêcher la guerre. Je ne vois rien de si inquiétant dans un petit nombre d'émigrants auxquels on ne permet pas de s'armer. Satisfaites les princes de l'Empire possessionnés en Alsace. Mettez fin chez vous à des troubles qui inquiètent les autres nations, et ne vous étonnez pas s'il y a une ligue des rois, des ministres et de la noblesse de tous les pays contre la propagation de vos principes, qui les attaquent tous et qui causent tant de désordres. » — « Que les princes allemands ne s'accommodent-ils avec nous? répondit Ségur. Voulez-vous que l'on dérange l'uniformité des lois, qu'on révolte le peuple, qu'on s'attire la guerre civile parce que les princes de l'Empire, ou plutôt l'Empire (car quelques princes négocient) refuse une indemnisation juste en argent? » — « Votre embarras et votre constitution, repartit le ministre prussien, n'importent en aucune façon aux étrangers. L'Empire avait aussi sa constitution qui lui défendait d'aliéner, et cependant on vous a bien cédé l'Alsace. L'Empire ne peut se contenter d'indemnités en argent, parce que l'argent se mange et ne reste point; d'ailleurs il y a des droits honorifiques qui ne peuvent être compensés par rien. » Il finit par suggérer l'idée d'un échange de territoires.

Cette première rencontre laissait à Ségur peu d'espoir pour la suite de sa campagne. Il sentait autour de lui une hostilité sourde, et comme une réprobation mal dissimulée. « Il a cherché à m'en... disait Reuss au Roi; je lui ai répondu en bon

[1] Rapport de Ségur, 31 janvier 1792.
[2] 10 janvier. Rapport du 12.

Allemand. » — « C'est aussi de la sorte que je l'éconduirai », repartit Frédéric-Guillaume. Il ne se décida à l'admettre à sa cour que sur les instances de ses ministres. Il le reçut, le 12 janvier, avec une affectation très-marquée de froideur. « La France, dit-il, sera bien longtemps sans aucune influence en Europe. » — « Elle n'a nulle envie, répliqua Ségur, de se mêler inutilement des affaires des autres; mais elle est trop vaste et trop peuplée pour ne pas être toujours d'un grand poids. J'espère que le règne de Votre Majesté sera toujours heureux; cependant si la fortune lui attirait quelques revers, l'influence de la France lui deviendrait fort nécessaire, et Elle regretterait alors qu'on eût affaibli cet utile contre-poids. » Frédéric-Guillaume se montra peu sensible à cet argument. Il semblait plein de confiance dans l'avenir. Ségur en conclut que l'alliance de la Prusse avec l'Autriche était conclue, à quelques formes près. « Peut-être, ajoutait-il, en racontant son audience à Lessart, si l'on résistait, l'Alsace serait-elle l'indemnité de l'entreprise? » Le 17 janvier, jugeant sa mission dorénavant inutile et n'y trouvant que des désagréments personnels, il demandait au ministre de l'en relever le plus tôt possible. L'arrivée de Jarry, qui l'avait suivi de près, fournit un nouvel aliment aux calomnies. Ségur finit par connaître les motifs de l'ostracisme dont il était l'objet. Il en fut atterré. Sa santé s'ébranla; il tomba malade. Ses ennemis prétendirent que la honte le rendait fou et qu'il avait voulu se tuer. Les agents de l'émigration en dépêchèrent la nouvelle dans toutes les cours et en firent un scandale abominable en Europe. Ségur n'avait plus qu'à partir, et il insista de nouveau pour obtenir son rappel [1].

Cependant pour s'estimer impuissant à poursuivre les négociations à Berlin et pour considérer comme une chimère l'idée d'une entente avec la Prusse, Ségur ne pensait pas qu'il fallût encore désespérer de la paix. En cela, il se montrait perspicace. Les affaires du congrès n'avançaient point. Frédéric-Guillaume avait reçu avec satisfaction les propositions que Reuss avait, le

---

[1] Rapport du 8 février 1792.

10 janvier, communiquées à son gouvernement. Mais cette première impression s'était affaiblie avec la réflexion. Les conseils de ses ministres refroidissaient toujours le zèle du roi de Prusse. Il reconnaissait que le congrès, « s'il était bien combiné, pourrait avoir l'effet désiré » ; mais, ajoutait-il, ce serait une « opération lente et difficile ». Il ne le dissimula point dans la réponse dilatoire, sous une forme bienveillante, qu'il adressa à Louis XVI. Il demandait, avant de rien entreprendre, l'assurance qu'il serait indemnisé des frais de ses armements[1]. Les ministres prussiens disaient même que si la France se rendait aux réclamations de l'Empire, qui selon eux n'avaient rien d'excessif, la guerre serait certainement évitée.

Noailles emportait les mêmes impressions de ses entretiens avec les politiques de Vienne. L'Empereur paraissait satisfait du mémoire des constitutionnels. Mercy le trouvait sage, et l'on comptait encore à Vienne sur les négociations. Mais il fallait que la France s'y prêtât[2]. « J'oserais presque dire, écrivait Noailles le 20 janvier, après une entrevue avec Colloredo, qu'il n'y aura point de guerre à moins que nous ne la déclarions. » Marbois mandait de Munich qu'il n'avait vu de troupes nulle part et que l'on ne songeait point, dans l'Empire, à en lever[3]. Son séjour à Vienne le confirma dans ces sentiments. « Je crois, écrivait-il le 18 février, que la paix est encore entre nos mains. » Elle lui paraissait surtout dépendre de l'affaire des possessionnés, et il croyait cette affaire accommodable.

Le ministère français pouvait-il consentir aux conditions que l'Empereur et le roi de Prusse mettaient au maintien de la paix? Pouvait-il restituer Avignon au Pape[4], fournir aux possessionnés une indemnité en terres, réprimer la propagande, rendre du ressort à l'autorité royale? Tout défend de le croire, et le fait est qu'il n'eut même pas l'occasion de le tenter. Trop

[1] Le roi de Prusse à Schulenbourg, 13 janvier; à Louis XVI, 14 janvier 1792. FLAMMERMONT, *op. cit.* — Cf. FERSEN, t. II, p. 128-129.
[2] Réponse au mémoire, FEUILLET, t. V, p. 157. — FERSEN, t. I, p. 274, et t. II, p. 143. — VIVENOT, t. I, p. 340 et 342.
[3] Rapport du 4 janvier 1792.
[4] Cf. ci-dessus, p. 234. — VIVENOT, t. I, p. 215, 328, 336, 347.

de passions diverses traversaient ses desseins. Les partis les plus opposés conspiraient à en contrarier l'exécution. Les agents de la cour invitaient les émigrés à résister aux ordres de dispersion et à reformer leurs rassemblements, convaincus que la France attaquerait et que l'Empereur serait alors forcé de défendre l'Empire[1]. Les girondins, dans l'Assemblée, poussaient à la guerre : les mesures qu'ils provoquaient étaient de nature à rendre les transactions impossibles et la rupture inéluctable.

III

Le 31 décembre 1791, de Lessart communiqua à l'Assemblée l'office de Kaunitz, du 21, annonçant que l'Empereur soutiendrait l'électeur de Trèves, s'il était attaqué, et que des ordres avaient été donnés, en conséquence, aux troupes des Pays-Bas. Le ministre fit connaître ensuite la réponse du Roi : Louis XVI déclarait à l'Empereur que si, à la date fixée, les rassemblements n'étaient pas effectivement dispersés, il aurait recours aux armes. L'Assemblée décida d'en délibérer. La question de la guerre se trouva ainsi portée à la tribune aux harangues, et l'on entendit les orateurs traiter les États, les nations et les souverains étrangers comme ils avaient pris l'habitude de traiter, en France, les partis, les ministres et la cour. Le 1er janvier 1792, sur la proposition de Brissot et sur le rapport de Gensonné, les frères du Roi et Calonne furent décrétés d'accusation. Le 5, commença le débat sur les affaires étrangères. Isnard entama l'action et, dès les premiers coups, l'engagea de tous les côtés à la fois. — « Une guerre est prête à s'allumer, s'écrie-t-il, guerre indispensable pour consommer la Révolution, mais qui peut-être va incendier l'Europe entière. » Il ne faut point se bercer d'une trompeuse confiance dans les dispositions de l'Empereur. « La première politique des empereurs est

---

[1] Fersen à Marie-Antoinette, 6 janvier 1792. FERSEN, t. II, p. 114.

d'étouffer la liberté des peuples. » La France est isolée : c'est le crime de Montmorin de l'avoir laissée sans alliances. Elle peut s'en passer, il est vrai ; mais le devoir du Roi est d'en trouver, et pour y réussir, il suffira de le tenter. — Isnard présente alors la panacée politique de la Gironde, le spécifique qui forme la base de toutes ses combinaisons de diplomatie et de guerre : l'alliance prussienne. — « Ah ! si Frédéric vivait, ce philosophe roi aurait bien trouvé dans la Révolution française de quoi consolider pour toujours la balance du Nord ! »

Au cours de cette discussion, que des affaires plus urgentes interrompent et suspendent constamment, Narbonne, qui avait inspecté les frontières du nord et de l'est, lit à la tribune un rapport prestigieux et téméraire qui flatte les illusions de la majorité, et qu'elle couvre d'applaudissements. Il affirme que la France est prête. « Tout nous est possible, excepté de supporter la honte d'un traité qui permettrait aux étrangers de s'immiscer dans nos débats politiques ! » Cette conclusion inconsidérée demeurait bien loin de la vérité. Bouillé s'en rapprochait davantage, hélas ! dans le compte qu'il rendait aux étrangers de la désorganisation militaire de la France. La vérité est que « l'on n'était prêt sur rien [1] ». L'optimisme présomptueux de Narbonne produisit une conséquence qu'il n'attendait pas et qui tourna contre ses projets. L'Assemblée, trop rassurée, refusa d'ordonner l'incorporation des volontaires dans la ligne et la levée de 51,000 hommes, que le ministre demandait pour compléter le pied de guerre. En même temps, et comme on se croyait capable de soutenir une lutte à la fois nécessaire et facile, on s'y précipitait avec plus d'entraînement. Les déclarations du ministre impliquaient une équivoque funeste. Narbonne désirait une guerre limitée contre un électeur ecclésiastique, mollement soutenu par l'Autriche que la Prusse paralyserait. C'est pour cette opération, sorte de grande manœuvre au canon et de duel au premier sang, qu'il se disait en

---

[1] « Je ne puis concevoir comment on a pu déclarer la guerre, en n'étant prêt sur rien. » Lafayette à de Grave, 6 mai. Voir Camille ROUSSET, *les Volontaires*, Paris, 1870, ch. I à IV. — CHUQUET, *Invasion prussienne*, ch. II : l'armée française.

mesure; mais il ne l'était pas pour la guerre nationale et révolutionnaire, la guerre européenne acharnée ; c'est à cette guerre-là que marchait la France [1]. Dans les journaux et dans les clubs l'exaltation populaire déchira tous les voiles, et la guerre perdit, dès qu'elle fut annoncée, le caractère artificiel et tout politique que les feuillants se flattaient d'y imprimer. Elle leur échappa aussitôt qu'ils essayèrent de la régler.

« Moi aussi, je demande la guerre! disait Robespierre [2]. Je la demande à grands cris, mais telle que le génie de la liberté la déclarerait, telle que le peuple français la ferait lui-même, et non telle que de vils intrigants pourraient la désirer... Mais quoi ! voilà tous les orateurs de la guerre qui m'arrêtent; voilà M. Brissot qui me dit qu'il faut que M. le comte de Narbonne conduise toute cette affaire, qu'il faut marcher sous les ordres de M. le marquis de Lafayette, que c'est au pouvoir exécutif qu'il appartient de mener la nation à la victoire et à la liberté. Ah! Français! ce seul mot a rompu tout le charme, il anéantit tous mes projets. Adieu la liberté des peuples! » De ce seul coup de tribune, Robespierre anéantissait le ministère et blessait à mort la Gironde. Les girondins sentirent le soupçon autour d'eux. Il ne fallait désormais ni calculer, ni réfléchir, ni composer avec les événements ; il fallait se montrer enthousiaste, véhément, excessif, dénoncer des complots et poursuivre la cour d'une haine implacable : la popularité et le pouvoir étaient à ce prix. La Gironde était aussi jalouse de l'une qu'impatiente de l'autre. Elle s'élança aveuglément à l'assaut [3].

Le 14 janvier, Gensonné, au nom du comité diplomatique, présente un rapport d'ensemble sur les relations de la France

---

[1] « Les patriotes désirent la guerre autant que les aristocrates la redoutent », écrit Merlin de Douai, 18 janvier 1792. REYNAUD, *Merlin de Thionville*, Paris, 1860, p. 5. — Morris écrit à Washington, le 4 février : « Dans des vues différentes, toute la nation veut la guerre. Ajoutons que l'esprit du pays a toujours été guerrier. » T. II, p. 112. — Cf. lettre de Pellenc à la Marck, *Correspondance*, t. III, p. 278. — MALLET DU PAN, t. I, p. 247.

[2] Aux Jacobins, 11 janvier. Louis BLANC, t. VI, p. 243.

[3] « Ils ne songèrent plus qu'à mettre le feu à l'Europe et à proclamer leurs résolutions au milieu de scènes propres à impressionner vivement l'imagination populaire. » Louis BLANC, t. VI, p. 258.

avec la cour de Vienne. Il y condense tous les griefs accumulés depuis trente ans contre l'alliance autrichienne. Il la présente comme un crime d'État : l'argument atteint la Reine, et ce mystérieux « comité autrichien » dont on parle partout, que personne ne connaît, mais où les révolutionnaires englobent dans une même suspicion la cour, les constitutionnels, l'Empereur et tous les adversaires dont ils poursuivent la chute. Gensonné déclare qu'il faut prendre les devants, et s'inspirer de l'exemple donné par le grand Frédéric au début de la guerre de Sept ans. Il demande que l'Empereur soit sommé de s'expliquer, avant le 10 février, sur ses intentions à l'égard de la France. « La guerre est nécessaire, conclut-il ; l'opinion publique la provoque ; le salut public en impose la loi. » Au cours de son rapport, il a dénoncé le projet d'un congrès comme une trahison de la cour. A ce mot, Guadet, qui préside, descend du fauteuil et s'élance à la tribune : « Marquons d'avance, dit-il, une place aux traîtres, et que cette place soit l'échafaud. Je propose de décréter à l'instant même que la nation française regarde comme infâmes, traîtres à la patrie, coupables du crime de lèse-nation, tout agent du pouvoir exécutif, tout Français qui prendrait part, directement ou indirectement, soit à un congrès dont l'objet serait d'obtenir une modification à la constitution, soit à une médiation entre la nation et les rebelles, soit enfin à une composition avec les princes possessionnés en Alsace. » L'Assemblée semble transportée, les députés se lèvent, et les mains tournées vers la tribune, ils s'écrient : « Nous le jurons ! Oui, oui, la Constitution ou la mort ! » Le décret est porté. Le Roi le sanctionne le jour même. Il est condamné désormais à le déchirer ou à en subir la loi.

Le ministère se sent perdu. Vainement Lessart essaye-t-il, dans la séance du 16, d'apaiser les esprits en assurant, pièces en main, que les rassemblements sont dispersés. Vainement, le 17, Koch déclare-t-il, au nom du comité diplomatique, que les nouvelles d'Allemagne et des Pays-Bas deviennent entièrement rassurantes. L'objet primitif du conflit, les rassemblements, a déjà disparu. Ce prétexte écarté, il en surgit un autre mille fois plus passionnant encore : le congrès et le plan d'intervention étrangère, les complots du ministère et ceux de la cour. C'est le point vulnérable. Brissot y porte tout l'effort de ses philippiques. « Le masque est enfin tombé; notre ennemi véritable est connu [1]! » Il allègue, après Isnard, le grand Frédéric, qui passe au rang de prophète de la Révolution. — N'attendez pas, ne négociez même point! Léopold traînera les négociations et en profitera pour s'armer. Qui négociera d'ailleurs? Des diplomates de cour qui détestent la constitution et sacrifient, comme leurs prédécesseurs, l'intérêt de la France à celui de l'Autriche. Brissot déclare que la Constitution est un anathème aux trônes absolus; mais tout à coup, par un de ces revirements familiers à son esprit brouillon qui semble, en s'échauffant, s'obscurcir de sa propre vapeur, il montre la Prusse revenant à son alliée naturelle, la France, l'Empire coalisé pour rompre l'« union monstrueuse » de Frédéric Guillaume et de Léopold, et cet empereur, isolé, désarmé, con... le capituler sans même s'être battu. « Je n'ai qu'une crain... ...ute-t-il, décelant toute sa pensée, c'est que nous n'ayons pas l... ...rre, et malheureusement ma crainte se réalisera, car, dans tous les cabinets, le désir de la guerre n'a été qu'un jeu pour vous épouvanter [2]. » Les constitutionnels essayent de répondre. Il suffit à Vergniaud de quelques traits pour réduire à néant l'argumentation embarrassée de Mathieu Dumas, qui, n'osant pas s'opposer de front à la guerre, prêche vaguement la modération. « Défendez votre liberté et celle du genre humain! » s'écrie l'orateur girondin. « La rupture de l'alliance est une révolution aussi nécessaire pour l'Europe que la démolition de la Bastille l'a été pour la France. » « Attaquez, lorsque tout vous fait encore présager d'heureux succès. Si, dans la guerre de Saxe, Frédéric eût temporisé, son successeur ne serait peut-être que le marquis de Brandebourg. » Ramond réplique sans persuader, Beugnot sans conclure. Fauchet prêche la propagande générale, l'alliance universelle des nations, l'abrogation de

[1] Séance du 17 janvier 1792.
[2] Séance du 18 février 1792.

tous les traités[1]. Après cet intermède humanitaire, Becquet reprend la thèse des feuillants : « la prudence unie à la force » dans les négociations. Isnard s'enflamme alors. « Si les ministres de la cour de Vienne se refusent à nos justes réclamations, il faut porter la liberté dans la Belgique, elle se communiquera au pays de Liége, peut-être même à la Hollande... Rome suivit toujours une politique à peu près semblable. Lorsque quelque orage intérieur la menaçait, le Sénat portait la guerre loin de l'État, et il résultait de cette diversion salutaire la paix dans Rome et la victoire au dehors. » Quant aux ministres, si on les soupçonne, il est des moyens sûrs de les réduire au devoir. C'est « de bien aiguiser pour eux le glaive des lois ». Le 25 janvier, l'Assemblée, sur la proposition de Hérault de Séchelles, décrète que l'Empereur sera invité à déclarer qu'il renonce à toute intention ou à tout acte hostiles à la souveraineté et à l'indépendance de la nation française. Il aura jusqu'au 1er mars pour s'expliquer. Son silence ou une réponse dilatoire seront considérés comme une déclaration de guerre.

L'agitation croît. Le 9 février, l'Assemblée met le séquestre sur les biens des émigrés. La municipalité de Paris se renouvelle : Pétion, Manuel, Danton surtout y dominent dorénavant. Charrier propose une levée en masse, au son du tocsin. La propagande redouble d'activité et prend une sorte de caractère officiel et public. On organise, à l'ombre du comité diplomatique, sous les auspices de Brissot et de Condorcet, une agence qui étudie les moyens de révolutionner la Belgique. Des légions belges et liégeoises se rassemblent et s'arment sous la direction de Lebrun-Tondu, de Bonne-Carrère et de Maret. Ce dernier se rend en Belgique. Sa mission consiste à rapprocher, en vue d'une action commune, les patriotes belges si profondément divisés entre eux[2]. Des Hollandais se présentent à la barre de l'Assemblée. C'est un de leurs anciens compatriotes, un proscrit de la révolution de 1787, devenu Français, Daver-

---

[1] Séances des 18, 20 janvier 1792.
[2] Borgnet, t. II, p. 263-265. — Ennouf, p. 42. — Papiers de Maret, Affaires étrangères.

hoult, qui préside ce jour-là. « Bataves, leur dit-il, vous que le peuple romain honora de son amitié, vous serez les alliés du peuple français[1]! » Dans les clubs, ce n'est plus qu'un cri de guerre. « Il y a veto sur les décrets contre les émigrés et les prêtres, s'écrie Anacharsis Clootz aux Jacobins ; eh bien ! sanctionnons les décrets à coups de canon, passons le Rhin ! »

Le ministère désorienté fléchit sous cette tempête qui le presse de toutes parts. Lessart songeait à acquérir, pour désintéresser les princes possessionnés, des terres en Pologne ou en Allemagne. Le 21 janvier, Koch, au nom du comité diplomatique, présente un décret qui ouvre les voies à cet expédient. Mais l'Assemblée, qui soupçonne le projet, le désavoue et le condamne. « Quoi! dit Mailhe, lorsque Louis XIV et Louis XV abolirent tous les droits régaliens qui répugnaient au régime de la monarchie française; lorsque Louis XV et Louis XVI même firent les mêmes suppressions en Lorraine, l'Empire et l'Empereur se turent. Et lorsque c'est la nation qui exerce elle-même la souveraineté, l'Empire et l'Empereur voudraient lui contester ce droit[2] ! » Il proteste contre l'achat des terres ; ce serait dire aux habitants : « Vous êtes esclaves, nous ne vous achetons que pour vous forcer à changer de maître. Une pareille mesure déshonorerait la nation française. » Il propose de décréter qu'il sera fait une déclaration des droits de la France sur l'Alsace et la Lorraine ; que les indemnités seront purement pécuniaires, et que les princes qui n'auront pas entamé de négociations avant le 1er avril seront présumés y avoir renoncé. L'Assemblée vote l'impression du discours et du projet de décret.

Ce souvenir de Louis XIV qui plane sur l'Assemblée, ce nom de Frédéric qui s'échappe de toutes les lèvres trahissent les mouvements secrets auxquels obéissaient les députés. L'empire militaire que la Révolution portait en soi s'annonçait à ces signes incertains que les contemporains n'observaient pas. En dépit des déclamations humanitaires et des effusions

---

[1] Séance du 19 janvier 1792.
[2] Séance du 25 février 1792. — Mailhe était un légiste de Toulouse.

des cosmopolites, la France s'approchait du despotisme conquérant des jacobins et s'éloignait de plus en plus du libéralisme pacifique des constituants. On ne s'en doutait point alors, ou si parfois, à quelque conséquence imprévue, on en éprouvait le pressentiment, c'était pour s'arrêter aussitôt et reculer avec horreur. Ainsi, en 1792, l'Assemblée repoussait énergiquement l'idée d'acquérir des starosties en Pologne ou des fiefs en Allemagne pour dédommager les princes allemands possessionnés en Alsace. Ceux qui manifestaient alors, avec une indiscutable sincérité, une indignation très-légitime d'ailleurs chez des hommes animés du premier esprit de la Révolution, ne prévoyaient pas que, dans un temps très-rapproché, ils considéreraient comme une nécessité pour le salut de la Révolution de conquérir des provinces entières au delà des frontières de l'ancienne France, et que, pour conserver ces conquêtes, ils seraient conduits, non plus à échanger quelques seigneuries, mais à bouleverser d'énormes territoires, à opérer des démembrements d'États et à tremper dans des marchés étranges de nations.

Les négociations devenaient superflues. De Lessart tâcha timidement de retarder la catastrophe, il s'épuisa en tempéraments puérils, adoucissant pour le dehors les violences de Paris, palliant à Paris les irritations du dehors. Il transmettait à Vienne les injonctions de l'Assemblée; mais il recommandait à Noailles de les traduire à l'Empereur « avec toutes sortes de ménagements[1] ». Quant à la Prusse, comprenant qu'il n'en fallait plus rien attendre, il rappela Ségur. « Nous nous serions flattés en vain, écrivait-il[2], d'engager le roi de Prusse à se séparer de l'Empereur dans une cause qui intéresse le corps germanique. La résolution invariable de Frédéric-Guillaume, résolution prise déjà par le feu roi de Prusse, est de consolider la confiance des États de l'Empire dans le cabinet de Berlin, et d'empêcher l'Empereur de se l'approprier. » Le ministère décida de ne conserver à Berlin qu'un chargé d'affaires : Cus-

---

[1] 21 janvier 1792. VIVENOT, t. I, p. 380.
[2] A Ségur, 30 janvier 1792.

tine, dont la mission à Brunswick n'avait plus de raison d'être, reçut l'ordre de se rendre en Prusse et d'y suivre la correspondance.

Il n'était plus question d'appeler un prince allemand à régénérer l'armée française; c'est à peine si Narbonne pouvait se flatter encore de la commander quelques semaines. La brusque attaque de la Gironde avait bouleversé toutes ses combinaisons. La cour s'en félicitait.

IV

La famille royale en arrivait à ce degré de désespoir où l'extrême anxiété produit dans les imaginations comme une sorte de mirage de salut. « J'aime mieux, disait la Reine à l'agent de Catherine II, Simolin, courir tous les dangers possibles que de vivre plus longtemps dans l'état d'avilissement et de malheur où je suis[1]. » L'Assemblée, en déclarant la guerre, allait forcer la main à l'Empereur. « Qu'il sente une fois ses propres injures, écrivait la Reine à Mercy ; qu'il se montre à la tête des autres puissances avec une force, mais une force importante, et je vous assure que tout tremblera ici. Ils sont insolents par excès de peur[2]. »

Le 14 février, Fersen arriva aux Tuileries[3]. Il tenta vainement de décider Louis XVI à partir. Le Roi refusa : il avait promis de rester, il se faisait scrupule de manquer à cette parole. Il consentit seulement, lorsque les troupes alliées approcheraient, à essayer de fuir à travers les bois, guidé par des contrebandiers, et à se faire rencontrer par un détachement de cavalerie. Il persistait à espérer dans l'efficacité d'un congrès, « croyant, disait-il, ne rien risquer, car les rebelles avaient besoin de lui pour obtenir une capitulation ». Fersen l'assura qu'avec l'appui

---

[1] FERSEN, t. II, p. 4.
[2] Voir la Reine à Léopold et à Mercy, 1er février 1792. ARNETH, p. 243-245. — Rapport de Simolin. FEUILLET, t. V, p. 165. — Breteuil à Schulenbourg, 1er février. FLAMMERMONT, p. 14-18.
[3] FERSEN, t. II, p. 5 et suiv., 176, 179 et suiv.

des étrangers rien n'était plus facile que de rétablir l'autorité royale dans sa plénitude ; il le persuada, l'amena à toutes ses vues et s'en alla de Paris convaincu qu'on avait arrêté un plan et que le succès en était encore possible. Il n'emportait que de nouvelles illusions et se trouvait encore bien loin de compter avec les dispositions de l'Europe.

Fersen faisait grand fonds sur la Prusse, c'est de cette monarchie également que les émigrés attendaient les secours les plus efficaces. Rapprochement singulier et qui montre bien toute la force des traditions françaises[1] : tandis que Brissot dénonçait dans l'alliance autrichienne la cause de tous les maux de l'État, et désignait l'alliance prussienne comme le remède infaillible à ces maux, les amis les plus dévoués de la cour de France accusaient Léopold, en termes presque aussi violents, de trahir son beau-frère, imputaient à ses arrière-pensées égoïstes l'échec de toutes les mesures d'intervention et pressaient le roi de France de se jeter dans les bras de Frédéric-Guillaume[2]. Il y avait évidemment des grâces d'état pour la Prusse. A Paris et sur le Rhin, les Français ne parlaient pas de l'Autriche sans dénoncer sa perfidie et sa « politique sourde et astucieuse » ; il n'était bruit au contraire, dans le parti de la Révolution, que des « lumières » du gouvernement prussien, et, dans le parti de la noblesse, que des sentiments chevaleresques du roi de Prusse. Il convenait d'en rabattre des deux côtés. Le fait est que les émigrés enguirlandaient Frédéric-Guillaume, qui les écoutait avec une faveur chaque jour plus marquée ; que le danger de la Révolution apparaissait, à Berlin, plus prochain et plus menaçant ; que les discussions de l'Assemblée et en particulier le « sauvage décret » du 25 janvier, comme on le qualifiait, avaient excité en Prusse une émotion générale. « On s'est aperçu, écrivait un diplomate[3], que les principes français avaient fait

---

[1] Cf. t. I, p. 295-297.
[2] *Mémoire du roi de Suède envoyé au roi de France.* FERSEN, t. I, p. 285 et suiv. — Le roi de Suède à la Reine, 22 décembre 1791, *id.*, p. 297. — Fersen à Nolcken, à Vienne, 3 février 1792. FERSEN, t. II, p. 159. — Fersen à Gustave III, 29 février 1792, *id.*, p. 182. — A Marie-Antoinette, 6 mars, *id.*, p. 199.
[3] Rapport de Custine, 1ᵉʳ avril 1792 : rapport d'ensemble et rétrospectif.

de rapides progrès dans le peuple, et qu'il se trouvait parmi les bourgeois de Berlin beaucoup de démocrates et même de républicains. Alors la cour et la ville ont sérieusement pris l'alarme. Les entours du Roi l'ont exaspéré par des rapports souvent exagérés. La mission de M. de Ségur est survenue, et avec elle toutes les calomnies, les idées de corruption, de séduction, de révolution, d'intrigues de toute espèce dont on l'a fait précéder. Dès lors, l'animosité n'a plus connu de bornes; on est devenu aristocrate dans les salons de Berlin comme on peut l'être dans ceux de Paris. Ce qui n'avait occupé que secondairement jusqu'alors est devenu le sujet unique et universel de tous les entretiens. La faveur des agents de Coblentz a été extrême... Voyant le Roi chez les princes, admis fréquemment chez le Roi lui-même et chez madame de Dœnhoff, ils ont des moyens que la sévérité de l'étiquette refuse aux envoyés des cours étrangères à qui tous ces lieux sont interdits. »

Dans ce monde remuant et oisif, on s'enflammait à l'envi pour la guerre. « On se la représentait comme une expédition facile et de peu de durée, on se rappelait la Hollande [1]. » Il n'avait fallu à l'armée prussienne que trois semaines pour étouffer cette révolution, disait-on à la cour de Berlin; la révolution de France devait exiger au plus l'ouvrage de deux mois. Le Roi, flatté de ces discours, s'abandonnait à son goût pour la gloire. Cependant ses ministres le contenaient encore. La politique classique conservait des défenseurs : c'était le parti des vieux Prussiens, élèves de Frédéric, complaisants aux idées françaises, pénétrés surtout d'une irrémédiable méfiance de l'Autriche. Ils se groupaient autour du prince Henri; Hertzberg les animait, plein d'aigreur pour le système nouveau, plein de rancune envers les favoris qui l'appliquaient, oubliant, dans sa jalousie de ministre évincé, son hostilité invétérée contre la France. Ces opinions rencontraient de nombreux adhérents parmi les fonctionnaires et dans l'armée surtout, où la liberté de parole était grande et la haine de l'Autriche toujours vivante.

[1] PHILIPPSON, t. I, ch. IV et V. — HÆUSSER, t. I, p. 334. — CHUQUET, p. 20. Custine, 2 mai 1792. — Cf. HÆUSSER, t. I, p. 348-349.

Il parut une brochure : *Avertissement dans l'intérêt de la nation prussienne,* qui prônait l'alliance française et dénonçait les desseins perfides de la Russie. Le duc de Brunswick oscillait entre ces deux partis, recherché des uns et des autres, et fort soucieux de conserver l'admiration de tous. Il se rendait compte des dangers et des inconvénients de la guerre, il tenait à l'estime des Français, il n'aimait point l'Autriche; mais il savait que l'on pensait à lui pour commander en chef les armées d'Allemagne, et son orgueil s'en exaltait. Il ne se serait point pardonné de compromettre une si flatteuse fortune, et il redoutait d'encourir, en combattant les penchants du Roi, les apparences même d'une défaveur[1].

Il y avait un point sur lequel tout le monde s'accordait, le Roi, les favoris, les ministres, et c'était le point d'achoppement de toute l'affaire : le dédommagement des frais de l'entreprise. Schulenbourg s'en était ouvert à Breteuil. Ce dernier, demeurant à Bruxelles, accrédita en Prusse le vicomte de Caraman, qui s'y rendit au commencement de février. Il paraît qu'au premier abord les Prussiens laissèrent entendre que, même dans le cas où ils réussiraient à relever la monarchie, ils exigeraient, pour prix de leurs peines, une cession de territoire. On s'en montra fort ému dans le camp royaliste, et Schulenbourg consentit à se contenter d'une promesse de remboursement[2]. Il ne s'y résigna toutefois qu'avec une restriction mentale. Si l'on ne parvenait pas à restaurer le trône de Louis XVI, on se payerait soi-même en nature. Le règlement de cette créance éventuelle formait le fond des pourparlers entre Vienne et Berlin. Le Roi désirait des engagements précis : insistant sur une combinaison déjà suggérée par la Prusse, il indiquait pour son lot Juliers et Berg ; l'Autriche et la maison palatine s'indemniseraient en Alsace ou en Lorraine[3]. L'Empereur refusa d'entrer dans les détails, mais il ne contesta pas le principe des prétentions de

---

[1] Cf. *Revue historique,* t. I, p. 174-177. — Sybel, t. I, liv. I, ch. III.

[2] Breteuil à Schulenbourg, 1er et 2 février. — Schulenbourg à Breteuil, 13 février 1792. Flammermont, p. 14-18. — Fersen à Gustave III, 29 février, t. II, p. 182.

[3] Cf. ci-dessus, p. 160 et 290.

la Prusse. On ne poussa pas plus loin les choses à Berlin, sentant que si l'on tentait de s'expliquer plus précisément, on ne s'entendrait plus[1].

Parler d'indemnités, c'était parler de la Pologne, et, sur ce chapitre, une divergence notable de vues se manifestait entre les deux cours. Vienne entendait conserver la République; Berlin flairait un partage. Léopold proposait une entente contre la Russie pour défendre la Pologne et la neutraliser en quelque sorte; Frédéric-Guillaume inclinait à se rapprocher de Catherine pour obtenir une part dans un nouveau démembrement de cette république. « Si des troupes russes envahissent la Pologne et si l'Impératrice propose un nouveau partage, écrivait le ministre d'Angleterre à Berlin, on ne manquera pas ici de motifs plausibles pour démontrer la nécessité politique d'y participer[2]. »

Dans ces conditions, le traité qui se négociait entre les deux cours ne pouvait contenir que des stipulations équivoques et des clauses ambiguës. C'est en effet ce qui arriva lorsqu'on le conclut à Berlin, le 7 février[3]. Il établissait, comme le traité de Versailles de 1756, qui servait de modèle, une alliance défensive. Les Pays-Bas, d'une part, et les États prussiens de Westphalie, de l'autre, étaient exclus de la garantie. Chacun des alliés promettait à l'autre, sur sa réquisition, un secours de 20,000 hommes qui pourrait être remplacé par un subside. Les articles secrets portaient que l'on s'entendrait sur les affaires de France et qu'on inviterait la cour de Russie à convenir « de ne rien entreprendre pour altérer l'intégrité et le maintien d'une libre constitution de la Pologne ». L'Autriche avait proposé de mentionner dans le traité définitif, comme on

---

[1] Le Roi à Jacobi, 4 février; les ministres à Reuss, 8 février 1792. Herrmann, *Dip. Corr.*, p. 163-165. — Kaunitz à Reuss, 25 janvier. Vivenot, t. I, p. 351. — Sybel, trad., t. I, p. 452; t. II, p. 141. — Haeusser, t. I, p. 349-350.

[2] Rapport de Morton Eden, 16 février 1792. Herrmann, *Dip. Corr.*, p. 246. — Sybel, trad., t. I, p. 455. — Martens, t. II, p. 197. — Haeusser, t. I, p. 352.

[3] Voir le texte dans Neumann, t. I, p. 471. — Cf. Ranke, *Ursprung und Beginn der Revolutionskriege*, Berlin, 1875, p. 347.

l'avait fait dans le préliminaire [1], *l'intégrité et le maintien de la libre constitution de la Pologne,* qui s'entendait clairement de la constitution du 3 mai 1791 ; la Prusse n'avait consenti à y inscrire que *l'intégrité et le maintien d'une libre constitution,* ce qui ne l'engageait absolument à rien. Le traité du 7 février ne formait donc, en réalité, qu'une pièce de procédure ; l'alliance demeurait en suspens ; si l'on voulait agir, il importait de l'assurer.

Frédéric-Guillaume y paraissait disposé, au moins quant à la France. L'Autriche proposa que chacun des alliés mît sur pied 40,000 hommes, dont 6,000 immédiatement ; le roi de Prusse y consentit, ajoutant qu'à ses yeux le vote de l'Assemblée du 25 janvier équivalait à une déclaration de guerre. Il manda le duc de Brunswick à Berlin pour dresser le plan de campagne et envoya Bichoffswerder à Vienne pour régler le chapitre des indemnités [2], *objet essentiel,* comme le déclaraient sans détour les instructions de l'envoyé prussien. Ce document marquait une nuance nouvelle dans la négociation. Jusque-là on n'avait prévu que deux hypothèses : le rétablissement ou le renversement de la monarchie française ; dans le premier cas on serait payé en argent par Louis XVI, dans le second on se dédommagerait en territoires. Les ministres prussiens distinguèrent un troisième cas : celui où Louis XVI étant rétabli sur son trône, il arriverait cependant, « d'après l'état désespéré des finances du royaume, qu'une restitution pécuniaire rencontrerait autant de difficultés que de longueurs, et qu'elle serait même impossible ». Alors, disaient-ils, les conquêtes « offriraient un moyen naturel de s'assurer un juste dédommagement ». Tels étaient les progrès de la coalition. Il avait été difficile d'en déterminer le principe. A mesure que l'on essayait de l'appliquer, l'entreprise changeait de caractère. L'intervention destinée à défendre la cause commune des souverains, le droit public et la vie du roi de

---

[1] 25 juillet 1791. Cf. ci-dessus, p. 236.
[2] La conférence avec Brunswick eut lieu le 17 février ; les instructions de Bichoffswerder sont du 18. Voir le texte dans Ranke, *op. cit.,* p. 351. — Cf. Sybel, trad., t. I, p. 456.

France, se transformait peu à peu, sous l'impulsion des mœurs établies, en une opération de lucre où la défense de l'ordre public ne figurerait plus qu'à titre de prétexte, où le salut du roi de France ne serait plus que l'accessoire, et où la spoliation du royaume deviendrait le principal, bientôt même l'unique objet des alliés.

Le roi de Prusse ne différa point à déclarer publiquement qu'il se portait à la défense de l'Empire. Le 28 février, Goltz notifia au gouvernement français que toute invasion de l'Allemagne serait considérée à Berlin comme un cas de guerre. Custine, arrivé le 22 février, accompagna Ségur chez M. de Schulenbourg. Ce ministre protesta que les Allemands n'en voulaient point à la constitution française. « Mais, ajouta-t-il avec vivacité, il faut bien se préserver de la gangrène. » Les envoyés français emportèrent de cette entrevue la conviction que si la France « mettait le pied sur le territoire allemand, l'orgueil national rendrait tous les Allemands ses ennemis [1] ». Ségur partit quelques jours après. Il n'apercevait plus qu'un moyen d'éviter la guerre, et il ne le croyait plus applicable : c'était de réprimer la propagande. « Si le désordre continue, écrivait-il dans son dernier rapport, le 25 février, on nous regardera à la fois comme des voisins dangereux et comme une proie facile, et, dans cette supposition, toute la valeur française ne pourrait nous préserver des plus grands malheurs. » Il n'était plus possible de se tromper sur les dispositions de la Prusse. Les ministres prussiens ne laissaient pas d'ailleurs d'invoquer, à leur tour, et non sans quelque ironie, ce Frédéric dont le nom retentissait si impertinemment à la tribune française. Un jour que Custine essayait encore de temporiser : « Si Frédéric eût vécu, lui répondit Schulenbourg, l'invitation du Roi du 25 janvier eût sans aucun doute immédiatement décidé la guerre : la dignité des souverains doit être soutenue et vengée [2]. »

Il n'y avait plus pour retarder la rupture que l'hésitation de l'Empereur. Il avait d'abord ressenti vivement la provocation

---

[1] Rapport de Ségur, 24 février.
[2] Rapport de Custine, 6 mars 1792.

de l'Assemblée. « Les Français veulent la guerre, s'écria-t-il dans le premier moment; ils l'auront, mais ils payeront les frais[1]. » Il s'inquiétait pour la Belgique. « Vous êtes partis d'un principe si dangereux », disait Cobenzl à Noailles, à propos d'Avignon, « qu'au premier jour on pourrait faire dire aux habitants des Pays-Bas qu'ils veulent se donner à la France[2]. » On croyait, du reste, à Vienne comme à Berlin, que la guerre serait « une sorte de débordement tumultueux, bien plus qu'une guerre méthodique, dangereuse et de quelque durée[3] ». Cependant, cette colère s'apaisa, et le plus sage parut encore d'attendre, avant de se lancer dans l'aventure, qu'on y fût absolument contraint par les événements. L'Empereur essaya une dernière fois de prêcher la patience à la cour et la modération au gouvernement de France[4]. Simolin, envoyé de Catherine en France, était parti de Paris avec un message de la Reine pour son frère. Arrivé à Vienne, le 24 février, il se présenta chez Kaunitz, et le trouva plus sec, plus pédant, plus indifférent et plus ironique que jamais[5]. « Je ne vois pas, disait-il, ce que le roi et la reine de France désirent : est-ce le rétablissement de l'ancien régime? Cela est impossible. Si c'est une modification à la constitution, il faut qu'elle se fasse de gré à gré. Les puissances étrangères ne peuvent s'immiscer ni en droit ni en fait dans les affaires domestiques d'une nation indépendante sans en être requises, et elles ne le sont pas. » Quant au concert, Kaunitz jugeait impossible de le former. Simolin lui peignit la douleur de la Reine, ses humiliations, ses périls. « Ce sont, disait Kaunitz, des lieux communs que j'ai déjà entendus. » L'Empereur et son ministre estimaient qu'un cordon sanitaire suffirait à contenir la propagande. « Il n'y a, répétait le chancelier, qu'une chose à faire, empêcher les idées

---

[1] FERSEN, t. II, p. 3. — HERRMANN, *Dip. Corr.*, p. 148.

[2] Rapport de Noailles, 12 mars 1792.

[3] Mercy à Kaunitz, 29 février 1792. HERRMANN, *Dip. Corr.*, p. 193.

[4] Voir son Mémoire en réponse aux constitutionnels, ARNETH, p. 282 et suiv., et le Mémoire qu'il faisait préparer pour la Reine, FEUILLET, t. II, p. 422, et ARNETH, p. 260, note.

[5] Rapport de Simolin, 6 mars 1792. FEUILLET, t. V, p. 255.

françaises de passer la frontière, et laisser la France se dégrader de plus en plus. »

Ses réponses aux notes françaises, encore qu'empreintes d'une certaine hauteur, motivée par le caractère comminatoire des décrets de l'Assemblée, réservaient quelques moyens de négociation [1]. L'Autriche discutait, et n'armait pas. Cette conduite n'était point celle d'un prince qui veut la guerre et cherche à se la faire déclarer. Léopold atermoyait donc toujours et s'efforçait de retarder la collision, lorsque, le 1er mars, il mourut presque subitement. Il ne fut point regretté par les adversaires de la Révolution. « Dans toutes les sociétés », écrivait Fersen, alors à Bruxelles, « sa mort a fait peu d'effet, et n'a pas dérangé les parties. Les généraux ne témoignaient pas même là-dessus le moindre chagrin, mais bien le contraire ; les officiers étaient contents. Thugut dit au baron de Breteuil qu'il en était bien aise [2]. » L'opinion que les royalistes se faisaient du successeur de Léopold contribuait autant que leurs rancunes à une satisfaction qu'ils prirent peu de soin de dissimuler.

V

François II passait pour « militaire dans l'âme » ; on assurait qu'il avait, à plusieurs reprises, « blâmé la politique nulle et indécise de son père [3] ». Il n'avait pas vingt-quatre ans, il ne possédait aucune expérience de la politique. D'un esprit peu étendu, mais non sans clarté ; médiocre dans les vues d'ensemble, judicieux et sensé dans le détail ; entêté, mais capable d'élever l'entêtement jusqu'à la constance, le nouveau roi de Bohême et de Hongrie montrait de la dignité, payait

---

[1] Kaunitz à Blumendorf, 17 février ; Kaunitz à Noailles, 9 février 1792. Vivenot, t. I, p. 372, 379, 385. — *Moniteur*, t. XI, p. 524, 528.
[2] Fersen, t. II, p. 12.
[3] Fersen, t. II, p. 202.

d'attitude et déployait tous les dehors de l'autorité et du caractère. Au fond, très-disposé à subir des influences, discernant le mieux, susceptible de se prêter au pire, sauf à le déplorer lui-même, et à railler doucement ceux qui l'y entraînaient. Minutieusement dévot; professant pour toute doctrine d'État le dogme de l'immobilité absolue [1]; attaché à ses devoirs; jaloux de l'amour de son peuple, sensible à la popularité vulgaire qui se traduit dans la rue en acclamations, méfiant de l'opinion qui discute et pèse ses jugements; mêlant à la rigueur dans les mesures et dans le commandement cette bonhomie superficielle et cette sensibilité fugitive qui n'excluent ni l'égoïsme ni la sécheresse; ne connaissant d'autres joies que celles de la famille, mais y portant je ne sais quoi d'impersonnel et de banal, il était destiné à décevoir successivement ceux qui spéculeraient sur la fermeté de ses principes et ceux qui compteraient sur la force de ses attachements. « Jamais, disait plus tard Metternich, monarque n'a eu comme lui des entrailles d'État [2]. » Les « principes » dont il se prévalait volontiers se rapprochaient, moins l'angoisse des scrupules et l'éclat des larmes, de ceux que professait naguère Marie-Thérèse à l'endroit de la Pologne. François ne tint jamais pour iniques que les partages inégaux, et rarement la loi de l'intérêt et le jeu de la politique soumirent un souverain à de si extraordinaires vicissitudes. On devait le voir, dans ce règne qui dura plus de quarante-trois années, engager la guerre contre la Révolution et en consacrer ensuite le triomphe par une alliance de famille, travailler au renversement de la dynastie qu'il avait unie à la sienne, entrer deux fois à Paris pour y consommer la ruine de son petit-fils, y rétablir une monarchie dont il avait auparavant sanctionné la chute, et la voir tomber à son tour sous l'effort de cette Révolution, qu'il combattit un demi-siècle sans jamais la comprendre; témoin imposant et impassible de catastrophes immenses, au milieu desquelles un ministre d'un talent supérieur lui tailla un rôle de premier ordre; un de ces hommes que leur destinée

---

[1] Gouverner, ne changer rien. METTERNICH, *Mémoires*, t. I, p. 675.
[2] Cité par MARTENS, t. III, p. 113, d'après le rapport d'un envoyé russe.

dépasse, qui représentent l'histoire de leur temps et qui ne la font point; grande figure terne et vague que l'on s'étonne de voir passer dans cette épopée et se dresser au premier plan de la scène, dans le plus grand drame du monde moderne.

L'Autriche prit tout à coup un ton plus belliqueux et hâta ses mouvements. François n'avait point pour l'alliance prussienne la même méfiance que son père. Le jour même de la mort de Léopold, il écrivit à Frédéric-Guillaume pour lui en donner la nouvelle et lui exprimer en même temps son désir de cimenter l'alliance [1]. Il y inclinait. La faveur passait à ceux qui la prônaient. D'ailleurs, François était candidat à la couronne impériale; il avait à gagner les Brandebourg et ne pouvait le céder à personne dans la défense des intérêts des Allemands. Le vieux Kaunitz lui-même, ménageant les restes d'une influence qu'il sentait lui échapper, éprouva, comme jadis, au temps du premier partage de la Pologne, un mouvement de grâce prussienne, et se mit à parler le langage de Berlin. « Il est temps, disait-il, de mettre la France ou dans la nécessité de s'exécuter, ou de nous faire la guerre, ou de nous mettre en droit de la lui faire »; mais, ajoutait-il, il faut préférer qu'elle nous attaque « pour mettre tout le bon droit du côté des puissances et les autoriser à faire des conquêtes, s'il se peut, et à les garder, en ce cas légitimement, en dédommagement des frais de la guerre dont elles se flatteraient en vain de toute autre manière [2] ». C'était marcher à la guerre, mais à la guerre pure et simple, à la guerre d'ancien régime, et l'on s'éloignait ainsi chaque jour davantage du congrès de Louis XVI, de sa médiation et de tout cet appareil compliqué de guerre de contenance que Kaunitz déclarait plus que jamais « absurde et impraticable [3] ». Ces vues prévalaient dans l'entourage de François; elles se rapprochaient sensiblement de celles que Bichoffswerder avait été chargé de développer à Vienne.

[1] 1er mars 1792, Vivenot, p. 403.
[2] Considérations sur l'état actuel des affaires françaises, 3 mars 1792. Vivenot, t. I, p. 403.
[3] Rapport de Caraman, 16 avril 1792. Fersen, t. II, p. 227.

L'effet de ces changements se fit aussitôt ressentir à Berlin. Le roi de Bohême rivalisant de patriotisme germanique avec le roi de Prusse, rien ne tempéra plus désormais l'ardeur du parti de la guerre. Ceux des ministres prussiens qui avaient résisté jusque-là, jugèrent impossible de retenir leur maître et prirent le parti de le devancer. Ils n'opposèrent plus de difficultés à l'alliance autrichienne : ils n'y étaient pas convertis, mais ils estimaient que le plus sûr moyen d'en faire revenir le Roi, c'était de l'y conduire, et ils tenaient que pour ruiner ce système il n'y avait plus d'autre ressource que de la mettre en pratique. C'est ainsi, écrivait Custine, qu'ils sont portés « à précipiter une crise dans laquelle l'Autriche risquerait plus que la Prusse et dont le terme serait aussi celui de l'alliance [1] ». A ces considérations fort subtiles, s'ajoutèrent des arguments positifs. La Russie se chargea de les fournir.

Catherine trouvait que la Prusse et l'Autriche la faisaient attendre. Ses troupes étaient prêtes à entrer en Pologne, et les voies n'étaient pas libres. Elle comprit que sa politique était percée à jour à Vienne et à Berlin. Elle aurait préféré, sans nul doute, engager d'abord ces deux puissances contre la France et disposer ensuite, à son gré, de la Pologne. Mais jugeant que les Prussiens ne partiraient point tant qu'ils conserveraient quelques inquiétudes de ce côté, craignant surtout que Frédéric-Guillaume ne s'accordât avec l'Autriche pour contrarier ses projets, elle se résigna à partager la proie, faute de pouvoir l'accaparer. Le 28 février, le vice-chancelier Ostermann s'en ouvrit au ministre de Prusse à Pétersbourg, M. de Goltz [2]. — Si la constitution du 3 mai s'affermit, lui dit-il, la Pologne unie avec la Saxe formera une puissance de premier ordre; elle gênera la Prusse plus qu'elle ne nous gênera nous-mêmes; et il en résultera une grande extension de pouvoir pour la maison de Saxe dans l'Empire. — Goltz écouta et comprit

---

[1] Rapport de Custine, 23 mars 1792.
[2] HERRMANN, *Dip. Corr.*, p. 233. — MARTENS, t. II, p. 197; t. VI, p. 161. — SYBEL, trad., t. I, p. 457-461; t. II, p. 143-144. — HÆUSSER, t. I, p. 352-355. — VIVENOT, t. I, p. 420.

à demi-mot le sens de « cette insinuation verbale ». Il devina que la Russie serait disposée à s'associer avec la Prusse en vue d'un nouveau partage, à la condition de détruire, dans ce qui subsisterait de la Pologne, la constitution de 1791 et « d'éloigner l'hérédité du trône ». Dans cet entretien, Ostermann n'avait parlé de la France qu'avec indifférence et subsidiairement. Il recommanda le plus grand secret sur les affaires polonaises. — Cela ne regarde que nous trois, disait-il; mettons-nous d'accord, et nous nous moquerons des autres.

Frédéric-Guillaume était instruit de ces intentions de la Russie, lorsque, le 10 mars, le ministre d'Autriche, Reuss, remit au ministre prussien une note où il insistait sur l'intégrité de la Pologne, la garantie de la constitution de 1791 et le principe de l'hérédité du trône. « Nous ne pourrons jamais y consentir ! » s'écria le roi de Prusse. L'Autriche lui proposait « un suicide politique[1] » ; la Russie lui offrait un accroissement. Le goût de la vie l'emporta. Cependant Frédéric-Guillaume aurait eu quelques motifs, sinon de se résigner au suicide, au moins de chercher à vivre en gardant sa parole. Le traité du 7 février 1792 n'était point fait pour l'embarrasser : les clauses se prêtaient à toutes les interprétations; mais le traité signé le 29 mars 1790 avec la Pologne ne laissait de prise à aucune équivoque. L'article 27 garantissait formellement à la République « la possession tranquille des États, provinces et villes et de tout territoire qu'elle possédait dans le temps de la conclusion du traité d'alliance[2] ». Le roi de Prusse et ses ministres ne s'y arrêtèrent point. Le Roi qui avait trouvé dans son consistoire des casuistes pour briser une union qui gênait ses caprices matrimoniaux, savait bien qu'il ne manquerait pas dans sa chancellerie de légistes capables de rompre un traité qui embarrassait sa cupidité. Il leur en laissa le soin, et ne s'occupa que d'une question qui ne touchait ni à la morale ni aux principes : la résistance possible de l'Autriche à l'opération. Il se reporta aux précédents, consulta Finckenstein, qui les connaissait, et se dit qu'une fois engagée

[1] Sybel, trad., t. I, p. 458.
[2] Cf. ci-dessus, p. 68.

contre la France et placée devant le fait accompli, l'Autriche serait incapable d'apporter à ses desseins une opposition sérieuse [1]. La guerre offrirait d'ailleurs des occasions de l'indemniser. « Si l'on y réussissait, mandait-il le 12 mars à son agent à Vienne, le plan russe serait toujours le plus avantageux pour la Prusse : il est bien entendu que nous y gagnerions toute la rive gauche de la Vistule. » Le 13 mars, les ministres écrivirent à Vienne qu'ils déclinaient les propositions de l'Autriche au sujet de la Pologne, et à Pétersbourg qu'ils étaient disposés à écouter celles de la Russie.

Ces résolutions que l'on prenait à Pétersbourg et à Berlin, tout naturellement, sans approfondir, par le seul jeu des intérêts et comme sous l'influence de la coutume, devaient être, dans l'avenir, d'une prodigieuse portée. Il en était de ces mouvements sourds de la diplomatie comme des ondulations insensibles du sol, qui, sur les grands plateaux, décident du cours des fleuves. Il fut décidé, dès lors, que les rois ne feraient point de croisade. Comme pour manifester par un signe éclatant cette banqueroute et ce parjure des monarchies envers elles-mêmes, le seul prince qui apportât dans la coalition des vues désintéressées disparut dans le temps même où la coalition tournait à la conquête.

« Je rentrerai la tête haute dans ma capitale », avait dit Gustave III en quittant Aix-la-Chapelle. « On peut m'assassiner, mais me détrôner, jamais [2] ! » Il fut assassiné, le 16 mars, à Stockholm, au milieu d'un bal masqué. Ce crime était le résultat d'un complot, et l'événement est un des plus caractéristiques de l'état troublé de l'Europe. Un prince qui s'armait pour rendre à la noblesse française ses priviléges fut arrêté dans sa marche par des nobles suédois auxquels il avait enlevé

---

[1] « ...Qu'importe que la cour de Vienne consente ou ne consente pas à cette acquisition? Si nous nous entendons avec les Russes, ils (les Autrichiens) seront bien forcés de consentir en rechignant à des choses qu'ils ne peuvent changer... » Frédéric à Finckenstein, 15 mai 1771. Voir : *la Question d'Orient au dix-huitième siècle*, ch. XI, p. 168.

[2] *Journal des campagnes*, 1790-1791, par le comte DE LANGERON. Affaires étrangères.

leurs immunités[1]. Les fanatiques français appelaient sa chute parce qu'il prétendait rétablir en France l'ancien régime, les fanatiques suédois le renversèrent parce qu'il avait supprimé l'ancien régime en Suède. Il s'était formé dans ce pays, à côté de la noblesse turbulente, une démocratie enthousiaste : tous sentaient que Gustave, guerroyant pour l'absolutisme, allait, en réalité, combattre sur le Rhin contre leurs libertés. Les plus ardents s'unirent pour l'en empêcher. Ils trouvèrent des complaisants jusqu'aux côtés du trône. Le frère du Roi, le duc Charles de Sudermanie, n'était séparé de la couronne que par son neveu, un enfant de quatorze ans. Ce duc était un ambitieux sournois et visionnaire; ses somnambules lui avaient annoncé qu'une prochaine régence et la mort violente du Roi entraient dans les vues d'en haut. Il s'y prêta et encouragea secrètement les conjurés. La conspiration se trama entre cinq complices : le comte de Ribbing, ennemi personnel de Gustave; le comte de Horn, qui avait à venger son père, victime des coups d'État; le baron Pechlin, l'âme de la conspiration, vieillard de soixante-douze ans, que Gustave nommait « le premier républicain de la Suède »; Lilienhorn, capitaine aux gardes, suppôt obscur, et l'assassin, Ankastroem, fanatique à l'âme étroite et farouche, mystique exalté par la solitude, plus illuminé que républicain et plus voisin, au fond, de Jacques Clément que de Charlotte Corday.

Gustave survécut quelques jours à ses blessures. Son agonie traîna dans l'abandon. Sa mère était morte : il la détestait d'ailleurs et en était haï. Sa femme et son fils parurent à peine à son chevet. Agité, comme tous les contemporains, de visions de la république romaine, et l'imagination toute pleine de tragédies, il se représentait, dans la fièvre qui l'emporta, quelques-unes de ces grandes scènes à la Plutarque comme il s'en vit

---

[1] Tout, dit M. Geffroy (t. II, ch. x), se réunissait contre Gustave : « ressentiments d'une noblesse qu'il avait cru réduire et qui s'était seulement avilie, passions démagogiques, craintes superstitieuses enfantées par le renversement de toute doctrine religieuse ou morale, faiblesse d'un règne qui avait détruit tous les effets de sa première inspiration toute libérale par les excès d'un absolutisme imprudent et irréfléchi, une ambition de gloire insensée réduite à n'être plus que le visible expédient d'une politique aux abois. »

tant à Paris, au cours de la Révolution. « Qu'on me porte sur une civière! s'écriait-il. J'irai sur la place publique. Je parlerai au peuple. Allez, ajoutait-il, en se tournant vers son favori Armfeld, allez, et comme un autre Antoine, montrez les vêtements sanglants de César pour anéantir ses ennemis! »

A Paris, les démagogues célébrèrent la vertu de Brutus Ankastroem. En Europe, on se plut à attribuer le complot à la propagande révolutionnaire. Tous les souverains s'en émurent. La grande Catherine elle-même en fut comme décontenancée un instant. Les émigrés se montrèrent consternés. Leur chef disparaissait : commandés par un roi, ils pouvaient se croire une puissance ; leur rôle se réduisait désormais à celui d'auxiliaires dans une coalition. « Il y a maintenant du vide dans le Nord », disait-on parmi eux [1]. La Suède entrait dans les troubles d'une régence : les conjurés n'avaient tué le Roi, et la nation ne les avait tacitement approuvés, que pour échapper à la crise européenne et recouvrer enfin l'exercice de ses libertés traditionnelles. C'était une voix, et la plus convaincue sinon la plus persuasive, que la cour de France perdait pour le congrès.

Cette réunion de l'Europe ne prenait de consistance que dans les discours où les jacobins la dénonçaient comme un péril public et une trahison de la cour. Au fond, l'Europe en déclinait la proposition, et tout se réduisait à une intervention particulière des Allemands. L'Espagne faisait défaut à la coalition en même temps que la Suède; mais tandis que Gustave y était ravi par un coup éclatant et lugubre, l'Espagne s'y dérobait sourdement et par l'effet de sa propre déchéance. Florida-Blanca n'était pas un grand ministre, néanmoins c'était encore un ministre. Il conservait la tradition et le respect des choses de l'État; à défaut des ressources de la grande politique, il en avait au moins l'instinct et les velléités. Dans les derniers temps, il caressait le projet d'unir l'Espagne à la Russie, au Danemark et à la Suède, dans une quadruple alliance dirigée contre le despotisme maritime de l'Angleterre. L'intervention en France y

---

[1] *Mémoires d'un homme d'État*, t. I, p. 264.

était comprise et sous-entendue, et l'idée, qui venait de Catherine, paraissait salutaire au conseiller de Charles IV [1]. Tandis qu'il y rêvait, une cabale de cour s'ourdissait contre lui. Le 28 février, on apprit à Aranjuez sa disgrâce, et quelques jours après son arrestation : il était accusé d'abus de pouvoir et de malversations. La vérité est qu'il avait essayé d'ouvrir les yeux au Roi sur le scandale de la cour et le péril de l'État. La Reine avait pleuré, menacé, dénoncé à son tour le ministre, et le Roi, confus et confondu, avait sacrifié le serviteur éprouvé de son père aux rancunes d'une femme qui souillait sa couronne et dilapidait insolemment son trésor. Marie-Louise ne se crut pas encore assez sûre du pouvoir pour y appeler Godoy. Le comte d'Aranda fut chargé d'une sorte d'intérim ; il préparait les voies à l'impudent aventurier qui avait fasciné la Reine et ensorcelé le Roi.

Aranda avait soixante-quinze ans; il comptait naguère parmi les ministres « amis des lumières » dont s'enorgueillissait l'Europe « éclairée » ; il admirait Frédéric, détestait l'Angleterre, prônait le système de l'alliance française, fréquentait les philosophes quand il venait à Paris. L'expulsion des Jésuites l'avait rendu célèbre. On l'appelait en France le « vertueux » Aranda : vertueux comme Pombal à Lisbonne, comme Bernstorff en Danemark, comme Manfredini à Florence, comme Mœllendorf à Berlin ; « vertueux » comme on était « honnête homme » sous Louis XIV, c'est-à-dire homme de bon ton, dans l'esprit du temps et dans le goût du siècle. Il avait la pratique des affaires et passait pour indépendant : l'Espagne accueillit avec joie son retour au gouvernement. Nul n'était moins disposé à seconder les intrigues de la Reine, mais nul n'était mieux choisi pour y servir de manteau. Sa réputation de probité favorisait les plans de Marie-Louise. Aranda n'avait jamais été laborieux; en vieillissant, il était devenu nonchalant. Il laissa faire, et sa faiblesse même permit à ceux qui l'employaient de le discréditer et, quand le moment vint, de se débarrasser de lui.

---

[1] Cf. Tratchevsky, *l'Espagne à l'époque de la Révolution française*, Revue historique, t. XXXI, p. 34-36.

L'envoyé constitutionnel de la France, Bourgoing, était arrivé à Madrid quelques jours avant la chute de Florida-Blanca : ce ministre, alors tout ardent pour la coalition, refusa de le recevoir. L'un des premiers soins d'Aranda fut de l'admettre. Il se montrait, à l'inverse de son prédécesseur, plein de retenue avec les représentants des puissances du Nord, plus que froid, hostile même avec les émigrés français qu'il détestait. Un rapprochement avec la France semblait possible; en tout cas, la neutralité devenait certaine. « Aussi longtemps que la France demeurera dans cet état d'agitation et de dissolution », disait Aranda au ministre de Prusse, dans les derniers jours de mars, « l'Espagne ne peut être pour elle ni un allié ni un ami. Mais je considère les Français comme une nation qui, par sa situation et ses rapports, est inséparable de l'Espagne, et je les traiterai avec ménagement et humanité. » Ni la cour de France, ni les Allemands ne pouvaient plus faire de fond sur le concours de l'Espagne. Les préoccupations que cette puissance concevait du côté de l'Angleterre auraient suffi d'ailleurs à lui commander la réserve. L'Angleterre se renfermait dans un silence inquiétant, ne se prononçait point. Elle avait intérêt à se maintenir dans ce système d'observation qu'elle avait adopté. Les amis de la cour de France désespéraient de l'en faire sortir, et le négociateur du ministère feuillant n'y avait pas réussi davantage.

VI

Georges III apportait dans sa haine pour la Révolution française toute la violence de son caractère. En sa qualité de prince allemand, il se sentait lésé et comme outragé par la suppression des droits féodaux en Alsace. La querelle des possessionnés l'agitait comme s'il y eût été directement intéressé. Lorsqu'il reçut le chargé d'affaires de France, Hirsinger, qui remplaçait Barthélemy, appelé à l'ambassade de

Suisse, Georges III lui dit : « Je plains de tout mon cœur votre roi et la Reine, ils sont bien malheureux. Votre Assemblée nationale est un composé de fous et d'extravagants en délire qui achèveront de perdre ce beau royaume par toutes leurs bêtises et toutes leurs folies; en vérité, il n'y a plus que Constantinople et Londres, où un Français employé puisse vivre tranquille. Je suis bien aise pour vous que vous soyez ici [1]. » Mais, à part ses répugnances personnelles qui ne comptaient point en politique, et ses boutades auxquelles on ne prenait pas garde, Georges III se rendait docilement aux avis de Pitt, et Pitt ne voulait pas de guerre. Le Parlement se réunit le 21 janvier. Le message royal déclara que la paix n'avait jamais paru mieux assurée; il annonça un désarmement et proposa de dégrever l'impôt de 200 mille livres en même temps que la dette serait amortie de 200 autres mille livres. Il affirmait ainsi, avec preuves à l'appui, que l'Angleterre n'interviendrait pas dans les affaires du continent. Pitt estimait qu'elle avait assez à s'occuper des siennes; l'Irlande s'agitait, une partie grave s'engageait aux Indes avec Tippou-Saheb; enfin les mouvements qui se manifestaient à l'intérieur du royaume conseillaient au ministre de hâter l'exécution des réformes foncières qu'il avait en vue depuis longtemps, et qui formaient alors le principal objet de son gouvernement.

La Révolution française ne laissait pas de produire quelques contre-coups dans la nation anglaise. Au lieu d'en conclure, comme on faisait à Vienne, à Berlin, à Pétersbourg, qu'il fallait étouffer cette révolution en France et en réprimer la propagation, Pitt se préoccupait de la prévenir en satisfaisant les vœux de la majorité des Anglais. Ces vœux ne se portaient point vers les nouveautés françaises. A mesure que la Révolution devenait plus violente et plus anarchique, les sympathies qu'elle avait d'abord éveillées à Londres parmi les libéraux s'affaiblissaient rapidement. Les ardents s'excitaient, sans doute, de l'exemple de la France et s'en autorisaient pour

---

[1] Rapport de Hirsinger, 20 janvier 1792.

se remuer avec plus de tapage; mais, au fond, le nombre n'en augmentait pas. Il s'était constitué une société dite *des Amis du peuple* qui comptait une centaine d'adhérents, parmi lesquels vingt-huit membres du Parlement. A défaut de Fox qui n'y figurait pas, on y rencontrait plusieurs de ses intimes : Grey, Sheridan, lord Maidland, le comte de Lauderdale. On citait aussi la *Société des études constitutionnelles,* plus avancée dans le sens de la Révolution, mais médiocrement active, plutôt club académique qu'agence de propagande. Cette propagande, à la française, avait son foyer dans la *Société de correspondance de Londres,* la seule de ces associations qui parût redoutable. Elle groupait environ six mille affiliés, dirigés par un comité occulte de six personnes. Elle combattait à grands coups de libelles, démasquait la tyrannie des rois, la corruption des ministres, l'hypocrisie des prêtres, l'injustice oppressive des lois. Pitt observait de très-près les manœuvres de ces sociétés; il savait que ses adversaires ne manqueraient point de s'en faire une arme contre lui. De plus, son ministère se partageait : le chancelier Thurlow détestait le premier ministre et le minait sourdement. Pitt n'était sûr que de Dundas et de Grenville. Tous ces motifs la détournaient de s'engager contre la France, mais ils ne le poussaient pas à s'en rapprocher. C'est dans ces conjonctures que Talleyrand arrivait à Londres pour obtenir la neutralité de l'Angleterre et disposer, s'il était possible, les esprits à une alliance.

Il débutait alors sur ce théâtre diplomatique où il devait faire une si grande figure. Quelque singulier et brillant que soit le rôle qu'il y a joué, ce rôle n'a eu rien d'inattendu pour lui. Talleyrand n'est point de ceux auxquels la Révolution a découvert leurs voies. Il semble, au contraire, qu'elle l'ait entraîné hors des siennes pour l'y ramener sur le tard, vers le déclin, après d'extraordinaires aventures, qui, malgré l'éclat de sa fortune, le réduisirent pendant longtemps à n'être qu'un illustre déclassé au milieu de grands parvenus. Tout paraissait sous l'ancien régime le destiner aux premiers emplois de l'État. S'il ne possédait ni la conception d'ensemble, ni la suite des propositions, ni la fermeté d'âme de Richelieu, ni ce je ne sais quoi de sublime dans le génie, qui élève un homme au-dessus même du premier rang, il déployait, avec autant d'ouverture et d'étendue, toute la souplesse, tous les expédients, toute la fertilité de l'auteur de la paix des Pyrénées. Il avait, en même temps, la naissance qui manquait à Mazarin et le conseil qui manquait à Retz. Il y joignait l'esprit de son siècle, le plus léger, le plus subtil, le plus séduisant qui fût au monde. En voilà plus qu'il ne fallait pour le placer hors de pair. Portant un des plus nobles noms de France, évêque à trente-cinq ans, il était né cardinal et premier ministre. Mais il était né aussi indolent, libertin, sceptique; incapable de ces ambitions fortes et concentrées qui se ramassent sur elles-mêmes et savent s'élancer de loin. Une enfance reléguée, sans charme et sans tendresse; une jeunesse maladive et mélancolique; une carrière subie comme une disgrâce et détestée; une hypocrisie qui froissait à la fois l'orgueil de l'incrédule et l'honneur du gentilhomme; un ennui des choses, un dégoût de soi-même, une inquiétude que les dissipations ne pouvaient apaiser; le vide du cœur avec l'agitation de l'esprit; un besoin impérieux d'être entraîné au dehors et emporté par la vie. Il confessa dans son âge mûr qu'il n'avait échappé au désespoir qu'en essayant de s'engourdir dans l'indifférence. « Je n'ai point assez aimé les autres, disait-il; mais je ne me suis guère aimé non plus, et je n'ai pas pris assez d'intérêt à moi... La Révolution attaquait des principes et des usages dont j'avais été victime; elle me paraissait faite pour rompre mes chaînes, elle plaisait à mon esprit; j'embrassai vivement sa cause, et depuis, les événements ont disposé de moi [1]. »

Il s'y abandonna d'abord; plus tard, le même penchant qui le portait à s'en laisser gouverner le porta à les vouloir conduire, à les tourner à lui, puis à les susciter. Les affaires, où il s'était jeté par divertissement, devinrent pour lui un besoin. Tout l'y disposait d'ailleurs : l'Église l'y avait initié, l'Assemblée nationale acheva de l'y exercer. Il y apportait cet

---

[1] *Mémoires de madame de Rémusat,* Paris, 1880, t. III, p. 325-328.

instinct qui démêle dans chaque conjoncture l'élément essentiel, dans chaque crise l'homme supérieur, dans chaque problème la solution possible; le dédain du paradoxe, la haine de la confusion, l'horreur du disproportionné, le goût, en un mot, dans la politique; le talent de simplifier, de discerner les traits capitaux et de les rassembler; l'esprit d'à-propos poussé jusqu'au génie; ces rencontres heureuses de mots et d'expressions qu'amène seule la parfaite justesse de la pensée; un art de vivre comparable à ce qu'était chez Voltaire l'art d'écrire. Sa conversation était exquise, son silence plus raffiné. Point de désintéressement, de l'avidité même; il ne se faisait aucun scrupule de rançonner les clients de sa diplomatie et de prélever sa dîme sur les profits de la République; mais il cherchait volontiers son intérêt à bien servir l'État, ne recevant que de ceux qu'il jugeait utile d'obliger, estimant opportun de ne devenir lui-même l'obligé de personne et restant toujours ministre jusque dans les exactions. Ajoutez une assurance imperturbable qu'il sut élever parfois à l'intrépidité; une souplesse merveilleuse à préparer les revirements, une aisance imposante à les découvrir; le calme jusque dans le cynisme, et ces dehors spécieux du vice qui éblouissent le monde; une attitude qui prévenait l'étonnement et déconcertait le mépris; un tact des bienséances qui corrigeait le décousu d'une vie insolente de scandales; une culture intellectuelle qui l'isolait, en quelque sorte, dans la mauvaise compagnie, et le protégeait dans la familiarité des subalternes; un souffle de libéralisme qui survécut aux servitudes voulues ou acceptées; enfin un fond de vertu d'État qui s'affermit avec le temps et répara, en partie, les infirmités du caractère : il aimait la France [1].

En 1792, Talleyrand n'avait pas encore l'expérience de la carrière qu'il abordait; il allait précisément en commencer l'apprentissage à Londres. Il avait montré beaucoup de légèreté lors de

---

[1] Le général DE SÉGUR, *Histoire et Mémoires*, t. VII, p. 137. — GUIZOT, *Mémoires*, t. II, p. 266, 268-269. — MIGNET, *Portraits et notices*, t. I, art. *Talleyrand*. — SAINTE-BEUVE, *Nouveaux Lundis*, t. XII, art. *Talleyrand*. — Henri LYTTON BULWER, trad. de M. G. Perrot, *Essai sur Talleyrand*, Paris, 1868.

l'envoi de Jarry à Berlin; il en montra davantage dans les préparatifs de sa propre mission. Il évitait de rencontrer lord Gower, cabalait contre Pitt, donnait à entendre qu'il serait en mesure de le renverser et se flattait d'acheter, dès qu'il serait à Londres, les gens dont il aurait besoin. Ces propos inconsidérés reçurent une sorte de créance tapageuse par le choix que Talleyrand fit de Biron pour l'accompagner. Le prétexte du voyage était un achat de chevaux pour l'armée; mais personne n'y crut, et la mission prit un caractère d'intrigue que le parti de la cour eut grand soin d'ébruiter. Il n'était que trop aisé de prévenir le roi Georges contre le nouvel envoyé. Les émigrés et les agents de la Reine s'y employèrent à l'envi, le montrant sous les traits les plus répugnants au monarque anglais : un grand seigneur conspirant contre son Roi, un prélat étalant cyniquement son apostasie. Quand il arriva à Londres, le 24 janvier, il était désavoué d'avance par sa cour et décrédité par tous ceux de sa caste qui jouissaient en Angleterre de quelque crédit[1].

Talleyrand était porteur d'une lettre de Lessart au comte de Grenville[2]. Il y était dit que « l'ancien évêque d'Autun se rendait en Angleterre pour différents objets qui l'intéressaient personnellement ». M. de Talleyrand, ajoutait le ministre, « n'est, en sa qualité de membre de l'Assemblée nationale, susceptible d'aucun caractère diplomatique; mais comme il a été à portée d'étudier nos rapports politiques, surtout ceux que nous avons avec l'Angleterre, je désire que Votre Excellence veuille bien s'en entretenir avec lui ». Le chargé d'affaires, Hirsinger, reçut l'ordre de se mettre à sa disposition; il s'employa à lui ménager des entrevues avec Pitt et Grenville et une présentation à la cour. En attendant, Talleyrand, qui avait des lettres pour plusieurs membres de l'opposition libérale, lord Lansdowne, Fox, Sheridan, s'occupa de

---

[1] Fersen à Gustave III, 15 janvier 1792, t. II, p. 132. — La Marck à Mercy, 22 janvier, *Corr.*, t. III, p. 293. — Morris à Washington, 17 mars, t. II, p. 118. — Cf. *id.*, t. I, p. 326-327. — Rapport de Hirsinger, 17 janvier 1792.
[2] 12 janvier 1792.

s'insinuer auprès d'eux. Il y trouva des dispositions favorables, et sous la première impression de l'accueil qu'il reçut, il écrivait à Paris, le 27 janvier : « Un rapprochement avec l'Angleterre n'est pas une chimère. » Il reconnut promptement qu'on n'en prenait pas le chemin.

Hirsinger le conduisit chez Pitt[1]. Ils n'étaient point absolument inconnus l'un à l'autre; ils s'étaient vus, en 1783, chez l'archevêque de Reims, oncle de Talleyrand, lors du voyage que Pitt, encore très-jeune, faisait en France avec Elliot et Wilberforce. Talleyrand jugea qu'il appartenait à Pitt de rappeler le premier cette rencontre. Cette nuance toute personnelle d'empressement eût marqué quelque désir de s'entendre. Il convint à Pitt de n'en point laisser paraître, et il n'eut garde de se souvenir de l'oncle pour n'avoir pas à reconnaître le neveu. La visite se passa en politesses. Il en alla de même chez le comte de Grenville. Talleyrand fut présenté au Roi le 1er février, et à Reine le 2. Le Roi affecta de ne lui marquer aucune attention; la Reine lui tourna le dos. « L'accueil de la cour détermina celui des gens du monde. Talleyrand se vit exclu du grand cercle de la société comme une espèce d'homme redoutable, un agent de faction, qu'on ne pouvait pas repousser, mais qu'on ne devait point accueillir[2]. »

Il se rejeta sur Lansdowne House, où il devint bientôt un hôte assidu. On l'y rechercha. Tout ce qui conservait du goût pour les principes français se montrait avide de connaître un homme qui avait pris une part aussi active aux travaux de l'Assemblée nationale. Talleyrand retrouvait dans cette société Dumont, qu'il avait connu à Paris, et qui lui amena Duroverai, son compatriote de Genève, un des anciens «faiseurs» financiers de Mirabeau. Les façons et l'esprit d'un prélat de cour devenu l'apologiste d'une révolution déroutaient un peu les Anglais qu'il fréquentait; ils ne trouvaient en lui rien qui répondit à leurs préjugés communs sur les Français, ni la frivolité, ni

---

[1] 28 janvier 1792. — Lettre de Talleyrand, 31 janvier. — Cf. Dumont, *Souvenirs*, ch. xviii. — Stanhope, *Pitt*, t. II, ch. iv.

[2] Dumont, *Souvenirs*, p. 565.

le bavardage, ni l'indiscrétion, ni la gaieté nationale. C'était « une manière sentencieuse, une politesse froide, un air d'examen » qui formaient comme « une défense » autour de son personnage diplomatique. Il laissait dans le monde l'impression d'un homme « remarquablement silencieux et remarquablement pâle ». Il réservait toutes ses séductions pour l'intimité. On le voyait alors, et l'on était sous le charme, « familier, caressant, attentif, aux petits soins pour plaire, et amusant pour être amusé [1] ».

Les affaires se dérobaient à lui ; il observa et, faute de pouvoir négocier avec les Anglais, il médita sur les moyens d'y réussir. Ses lettres sont beaucoup moins des rapports qu'il adresse au ministre, que des projets d'instructions qu'il lui expose. — L'Angleterre, écrivait-il, trouve son intérêt dans la neutralité. Il importe de le lui faire sentir plus vivement, et d'appuyer les raisonnements par une démonstration maritime. « C'est avec cent cinquante mille hommes que nous parlons aux puissances du Nord ; c'est avec une escadre que je crois fermement qu'il convient de parler à l'Angleterre. » « Les dispositions sont plus que rassurantes, elles sont même bonnes » ; ces moyens en accéléreront l'effet. Il ne suffit pas, du reste, que l'Angleterre reste neutre ; il faut qu'elle déclare sa neutralité. Pour l'obtenir, la France doit inspirer de la confiance ; elle n'en inspirera que si elle en montre. On a trop dit qu'elle est affaiblie, qu'elle est impuissante, qu'elle n'a plus de politique. « Un bon maintien est nécessaire. » Un négociateur, attaché à la Révolution, persuadera les Anglais que la constitution de la France est la garantie de la leur, et que les intérêts du commerce anglais dépendent de la bonne entente avec la France. Il fera « pressentir l'utilité d'une alliance par laquelle il faut que nous finissions un jour... » — Talleyrand se croyait en mesure d'entamer la négociation. Il était d'ailleurs prêt à mettre le prix aux choses et proposait, le cas échéant, pour convaincre les Anglais, de leur offrir Tabago, moyennant quoi ils garantiraient à la France

---

[1] Dumont, p. 361, 362. — Bulwer, p. 24.

un emprunt de trois ou quatre millions de livres. On l'avait envoyé pour voir, il avait vu. Il attendait des directions, et les réclamait avec insistance[1]. « Vous ne m'écrivez donc point, mandait-il le 14 février à Lessart, je n'entends rien à cela, et je vous jure que c'est mal. »

L'impatience et le découragement le gagnèrent bientôt. Les nouvelles de France ébranlaient la mince faveur qu'il s'était acquise. « Tout ce qui est hors de France, écrivait-il, demande à qui l'on peut s'adresser et sur qui l'on peut compter[2]. » Les journaux de Paris l'injuriaient, et ses ennemis colportaient ces injures à Londres. On l'y représentait comme un agent de la « faction d'Orléans ». On publiait l'analyse détaillée d'un prétendu entretien qu'il aurait eu avec Pitt : Pitt y tenait le langage le plus épigrammatique pour la France, et s'y répandait en diatribes contre le ministère constitutionnel[3]. Les échos du scandale qui éclatait à Berlin autour de Ségur retentirent jusqu'à Londres; Biron offrit à ses ennemis l'occasion d'y faire un scandale pire. On l'arrêta pour dettes, le 6 février; les émigrés avaient machiné le piége. Talleyrand parvint à délivrer son ami la semaine suivante, mais l'esclandre s'était produit, et il en restait sur toute leur ambassade un vernis très-fâcheux. Talleyrand sentit le terrain se dérober sous lui : il prit les devants et risqua une démarche.

Le 15 février, il alla voir Grenville[4]. L'entretien sortit des banalités; mais Talleyrand en fit tous les frais. Il parla près de trois quarts d'heure, et commença par une apologie de sa conduite dans la Révolution. Il marqua le désir que l'on avait en France de s'entendre avec les Anglais. « De tous temps, dit-il, j'ai soutenu que l'Angleterre était notre alliée naturelle. » Il exposa l'état du royaume, expliqua la cause des troubles, con-

---

[1] Lettres des 3, 7 février 1792, et 27 février 1792.

[2] Lettre du 14 février 1792.

[3] On prêtait à Pitt ces phrases qui n'étaient qu'un lourd persiflage : « Je vous laisse; j'ai rendez-vous avec M. Morris, qui est à Londres, pour y travailler dans un sens contraire au vôtre. Il en résultera qu'à la première conversation que j'aurai avec vous, vous me trouverez plus au fait de vos affaires. — J'en serai ravi, répondait Talleyrand. Je vais de mon côté voir M. Fox pour me mettre au courant des vôtres. » *Moniteur*, 7 février 1792, t. XI, p. 313.

[4] Lettre de Talleyrand, 17 février.

séquence inévitable d'une si grande transformation, peignit l'énergie que déployait la nation pour défendre la constitution et empêcher les étrangers d'intervenir. Il désavoua toute idée de propagande. La France, en définitive, faisait tout simplement ce que l'Angleterre avait fait aux siècles précédents. Il conclut par un vœu d'union intime que scellerait une garantie réciproque des possessions respectives, orientales et européennes; ce dernier mot était destiné à rassurer lord Grenville au sujet de l'Irlande. Quand il eut fini, il pria son interlocuteur de ne lui point répondre sur l'heure, et de prendre son temps. On ne pouvait pas mieux entrer dans les vues du ministre anglais. Grenville se contenta de déclarer à Talleyrand [1] que, « eu égard à sa requête, il le verrait de nouveau, quoiqu'il lui parût loyal d'ajouter que, selon toute probabilité, sa réponse serait qu'il était absolument impossible d'entrer dans aucune espèce de discussion ou de négociation avec une personne n'ayant aucun caractère officiel ». C'était une défaite; Talleyrand voulut y voir une invite, et il écrivit à Lessart d'envoyer le plus tôt possible un plénipotentiaire, accrédité selon les règles. Il suggéra le nom du marquis de Chauvelin, un jeune homme qu'il croyait sans conséquence et qu'il pensait tenir à sa discrétion. « Il a de l'esprit à grande dose », ajoutait Talleyrand, qui se montrait généreux, « une manière franche et prononcée dans la Révolution ».

Il en était là lorsqu'il reçut des instructions de Paris. La dépêche de Lessart portait la date du 15 février. Il est vraisemblable qu'elle sortait des bureaux : l'esprit nouveau ne l'animait point, mais elle était remplie de bon sens. Le ministre repoussait l'idée d'une démonstration navale : elle provoquerait une rupture, les Anglais n'étant point gens à se décider sous les menaces. Il fallait s'expliquer franchement avec eux sur leurs intentions et sur celles de la France. « La guerre ayant lieu, les Pays-Bas seront naturellement le premier théâtre des hostilités. » C'est sur ce point très-sensible et très-délicat qu'il

---

[1] Lord Grenville à lord Gower, 6 mars 1792. BULWER, p. 126.

est urgent de la sonder. D'autre part, le roi Georges est électeur de Hanovre; que fera-t-il en Allemagne? S'il se borne à fournir, le cas échéant, son contingent d'Empire, il n'y a point de difficultés à élever; mais s'il porte toutes ses forces en Allemagne, il ne peut se prétendre neutre, en sa qualité de roi.

Ces instructions n'étaient point précisément celles que Talleyrand souhaitait de recevoir [1]; il y fit ses réserves, mais il s'en inspira cependant lorsqu'il retourna, le 1er mars, chez Grenville. Ce ministre le considérait comme un homme « profond et dangereux ». Il se renferma dans le « laconisme le plus sec », répétant ce qu'il avait dit dans le précédent entretien. C'était, affirmait-il, « la seule réponse qu'il pût donner à toutes les propositions que Talleyrand pourrait faire [2] ». Il l'assura d'ailleurs que l'Angleterre ne considérait point la France comme son ennemie, et qu'elle ne désirait nullement la voir demeurer dans l'état de trouble où elle était. Il défendit son gouvernement contre ceux qui l'accusaient d'avoir fomenté ces troubles. « Nous les défions, dit-il, d'en fournir la moindre preuve [3]. » Talleyrand revint alors à ses insinuations, qu'il présenta comme des idées personnelles. Il eut toutefois la prudence de ne rien dire de Tabago, et bien lui en prit, car il se serait compromis très-inutilement. Grenville se dérobait à toutes les avances. « Enfin, écrivait Talleyrand, je lui ai dit avec confiance qu'il m'était prouvé que tôt ou tard l'alliance aurait lieu. Loin d'écarter cette idée, il m'a répondu sur-le-champ et positivement qu'il l'espérait. » Talleyrand se retira sur cette bonne parole.

« La neutralité est incontestable, mandait-il à Lessart. Les intentions de l'Angleterre sont loin d'être inquiétantes. Le gouvernement anglais, par intérêt, par prudence et même par opinion, ne voudra ni nous inquiéter ni nous contrarier. » Il se figurait même, dans son optimisme, que l'Angleterre ne s'opposerait pas à l'invasion de la Belgique, en cas de guerre entre la France et l'Autriche, et il en raisonnait ainsi : L'Angleterre redou-

---

[1] Lettre du 27 février 1792.
[2] Grenville à Gower, 3 mars. Bulwer, p. 127. — Dumont, p. 368.
[3] Talleyrand, lettre du 2 mars 1792.

tait par-dessus tout l'accroissement de l'Autriche et de la Russie ; le traité de la Haye, du 10 décembre 1790, n'avait jamais été ratifié ; ce traité, qui ne garantissait d'ailleurs à l'Autriche que la tranquillité intérieure de la Belgique, prévoyait le cas d'une révolution, non celui d'une invasion. « Je vous atteste, concluait Talleyrand, que je ne voudrais pour mon compte qu'un titre et du temps devant moi pour fonder et établir ici les rapports les plus utiles pour la France [1]. »

Le voyage de Talleyrand à Londres rappelait fort celui qu'y avait fait le duc d'Orléans, au commencement de la Révolution. Mais les événements avaient étrangement marché depuis 1790, et les illusions dont s'abusait alors ce prince ne pouvaient tromper longtemps la perspicacité de l'ancien évêque d'Autun. Il comprit, à la réflexion, que l'Angleterre ne voulait point d'alliance, et que, en voulût-elle une, elle prétendrait la conclure à des conditions incompatibles avec les vues du parti qui dominait à Paris. Il faudrait, de plus, pour la négocier, un gouvernement qui donnât quelque sécurité : c'était, de tous les titres de créance, celui qui manquait le plus à Talleyrand dans ses négociations. Les lettres de ses amis lui montraient le ministère affaibli de toutes parts et fort ébranlé. Une crise paraissait imminente. Talleyrand ne jugea point devoir l'attendre à Londres. Il partit, emmenant avec lui Dumont et Duroverai : il comptait sur le crédit de ces deux Génevois, du second surtout, qui avait une réputation de révolutionnaire, pour agir sur Brissot et le gagner à ses vues. Les trois voyageurs arrivèrent à Paris le 9 mars : la première nouvelle qu'ils y apprirent fut que Narbonne était renvoyé du ministère, et la seconde, que Brissot allait demander la mise en accusation de Lessart.

[1] Lettre du 2 mars.

LIVRE IV
LA GUERRE

CHAPITRE PREMIER
LA RUPTURE AVEC L'AUTRICHE.
1792

I

La Gironde voulait la guerre, et, par la guerre, le pouvoir. Comme tous les partis qui s'expulsèrent l'un l'autre et se succédèrent dans la Révolution, les girondins confondaient le triomphe de la Révolution avec leur propre avénement et le salut public avec leur propre salut. L'enthousiasme de la liberté, le prosélytisme le plus généreux, l'ambition de dominer, l'amour de la France se réunissaient pour entraîner aux abîmes ces esprits turbulents et chimériques. Des aspirations très-nobles s'associaient chez eux à des passions très-étroites, et il entrait dans leur conduite autant d'exaltation que de calcul. Il s'y joignait beaucoup d'imprévoyance, et cette étourderie guerrière qui se grise de la bataille, ne considère que la gloire du succès et ne se préoccupe point du lendemain de la victoire. Gouverner la cité lorsqu'ils l'auraient conquise n'était pas leur affaire, et ils ne s'en occupaient pas : le génie de la Révolution y pourvoirait. Éblouis de leurs idées, infatués d'eux-mêmes, ils marchaient au combat, sans s'inquiéter de savoir quelle armée les suivait : il leur suffisait que cette armée les poussât pour qu'ils s'en crussent les chefs. Ils n'avaient point connu les responsabilités du pouvoir ; ils ignoraient même jusqu'aux scrupules de la raison d'État. Tous les moyens leur étaient bons : c'est ainsi qu'avec une imprudence sans égale, ils armèrent les mains qui les devaient frapper un jour, et posèrent, en quelque sorte, tous les précédents de leur propre procès.

Ils connaissaient les desseins des émigrés, ils soupçonnaient ceux de la cour et ne séparaient point les premiers des seconds. Ils ramenaient tous ces plans à la contre-Révolution totale, c'est-à-dire à la ruine de leurs principes, à la proscription, à l'anéantissement même de leurs personnes. Ils se voyaient environnés de complots. Cependant, malgré les hallucinations qui troublaient le repos de plusieurs [1], malgré la « consternation romaine » qu'affectaient quelques autres, malgré cette obsession « d'assassinats, de Saint-Barthélemy des patriotes » que les gazettes répandaient dans le public [2], on se ferait une image fausse de ces temps, si on se les peignait sous des couleurs sinistres. La France, Paris en particulier n'étaient ni abattus, ni sombres : ils étaient agités tour à tour de terreur, de colère, d'espérance. Ces alternatives violentes jetaient les esprits hors de leur assiette, et tout alors semblait immodéré. C'étaient des jours d'orage, mais de ces orages qui oppressent et raniment tour à tour la nature, et découvrent, en s'éloignant, d'étincelantes éclaircies de ciel.

Les girondins suivirent la tactique que devaient employer après eux toutes les factions : entraîner la garde nationale, les sections armées et la populace démagogique de Paris. Ils adulent cette populace; ils répètent qu'elle est le peuple même et le véritable souverain ; ils flattent ses instincts et déchaînent ses appétits. Ils ne craignent pas de l'animer à la guerre sociale pour l'exciter davantage à la guerre étrangère. Ils nourrissent ses soupçons, la troublent et l'épouvantent. Toutes leurs attaques se concentrent sur le comité autrichien, foyer insai-

---

[1] Chamfort se croyait sur une mine toujours prête à éclater. Sicyès voyait, dans ses rêves sinistres, sa tête rouler sur le tapis. DUMONT, ch. XIX, p. 391.

[2] *Journal d'une bourgeoise*, p. 85-92.

sissable de complots toujours renaissants, d'autant plus effrayants qu'ils se masquent à tous les yeux. La Gironde y voit la main de tous ses ennemis. La Reine en est l'âme; autour d'elle Montmorin, les feuillants, le triumvirat, comme on les nomme : Duport, Barnave, Lameth. Le ministre Lessart est leur agent. Narbonne, qu'on acclamait naguère, est soupçonné de s'y affilier. « Ce sera demain d'Orléans, Dumouriez, Bonne-Carère! » dit avec ironie un membre de la droite. Ce député croit plaisanter : l'année suivante, Brissot, suspect à son tour, sera immolé à l'effroyable panique qu'il aura plus que personne contribué à déchainer sur la France. Lessart tenait le poste que les girondins jugeaient le plus nécessaire d'occuper. Il n'avait ni consistance, ni prestige; c'est par lui que l'exécution commença.

Le 1er mars, il se présenta devant les députés et donna lecture des correspondances échangées avec la cour de Vienne, conformément aux résolutions de l'Assemblée [1]. La dépêche de Kaunitz à Blumendorf, du 17 février, souleva dès les premiers mots de violents murmures. Le chancelier y entrait dans de longs détails sur les préliminaires du congrès et sur la déclaration de Pillnitz; il se livrait à des appréciations très-sévères sur les affaires intérieures de la France et sur la propagande; il attribuait la cause des désordres « à l'influence et à la violence du parti républicain » ; il invoquait contre ces factieux la résistance de la partie « saine » et pacifique de la nation. Kaunitz avait cru, en composant ce hautain et maladroit factum, inspirer aux Français une crainte salutaire, et les amener à résipiscence. Il excita une réprobation générale. C'est au milieu d'interruptions hostiles que Lessart ajouta : — Le Roi réprouve toute idée d'ingérence étrangère dans les affaires intérieures de la France; il le fait connaître à Vienne ; en retour de ses déclarations pacifiques, il attend que l'Autriche manifeste sa volonté de maintenir la paix, par une réponse « prompte, franche et catégorique », dont elle prouvera la sincérité en ramenant ses troupes des Pays-

---

[1] Voir ces pièces dans le *Moniteur*, t. XI, p. 522. — Cf. ci-dessus, p. 373.

Bas sur le pied où elles étaient en février 1791. — Ces communications remplirent la séance du jour; il y eut une autre séance le soir, et l'indignation s'y manifesta avec plus de véhémence. La modération des dépêches de Lessart est qualifiée de félonie. L'Assemblée décide qu'un rapport sera fait sur la conduite de ce ministre. C'est la mainmise sur le gouvernement, et l'on ne s'en cache point. « Il faut que l'Assemblée prenne le pouvoir exécutif ou que le Roi remplisse son devoir », dit le lendemain Cambon.

Le ministère s'écroulait. Les amis de Barnave accusaient Narbonne de complicité avec la Gironde ; les amis de Narbonne accusaient Barnave de complicité avec l'Autriche. La Reine travaillait à perdre les uns par les autres. Narbonne lui paraissait le plus redoutable : l'occasion parut bonne à l'écarter. Sous le prétexte qu'il voulait « se faire ministre de la nation et indépendant du Roi », Bertrand, soutenu en cela par ses collègues, demanda à Louis XVI de le révoquer [1]. Louis s'y décida sans peine, et le 9 mars, il le remplaça par le colonel de Grave. Les feuillants s'imaginèrent avoir remporté une victoire, parce qu'ils s'étaient débarrassés d'un collègue compromettant qui les engageait témérairement dans la guerre ; l'Assemblée ne leur laissa pas longtemps cette illusion.

Les correspondances communiquées, le 1ᵉʳ mars, par Lessart avaient été renvoyées au comité diplomatique. Brissot fut chargé du rapport. Lorsqu'il en donna lecture à ses collègues, un étranger qui assistait à la réunion du comité [2] fit observer que les griefs relevés contre le ministre paraissaient vagues et contradictoires. Brissot écoutait avec un sourire sardonique. « C'est un coup de partie! s'écria-t-il. Il faut absolument que de Lessart soit envoyé à Orléans [3]. Nous avons besoin de gagner de vitesse sur les jacobins, et cet acte d'accusation nous donne le mérite d'avoir fait ce qu'ils feraient eux-mêmes. Je sais bien

---

[1] Fersen à Gustave III, 24 mars 1792. FEUILLET, t. V, p. 359. — Kotchoubey à Woronzof, 12 mars 1792. *Archives Woronzof*, t. XVIII, p. 28.
[2] DUMONT, ch. XIX, p. 378-411.
[3] Siége de la haute cour de justice.

qu'il sera absous, car nous n'avons que des soupçons et pas de preuves ; mais nous aurons gagné notre objet en l'éloignant du ministère. Il faut sauver la France, et nous ne pouvons détruire le cabinet autrichien qu'en mettant un homme sûr dans les relations extérieures. » « Il était si violent, rapporte le même témoin, que je lui ai entendu proposer de déguiser quelques soldats en uhlans autrichiens et de leur faire faire une attaque nocturne sur quelques villages français ; à cette nouvelle, on aurait fait une motion à l'Assemblée législative, et l'on aurait emporté un décret d'enthousiasme. » L'impéritie de la cour épargna à Brissot la peine de recourir à ce scabreux stratagème et offrit à la Gironde la « journée » dont elle avait besoin.

Tout se réunit, dans la matinée du 10 mars, pour exciter dans l'Assemblée cette fièvre qui précède toujours les catastrophes parlementaires. Le bruit du renvoi de Narbonne et la nouvelle de la mort de Léopold se répandirent en même temps dans les couloirs. L'interrègne qui s'ensuivait dans l'Empire allait, se disait-on, ralentir les armements ; l'entente de l'Autriche avec la Prusse en pouvait être compromise ; on se félicitait de la disgrâce de Florida-Blanca en Espagne et de l'arrivée au ministère d'Aranda, sur qui l'on croyait pouvoir compter. La coalition parut bouleversée ; la cour perdait ses alliés. « Toutes les suites d'un ordre de choses si nouveau étaient senties par les deux partis opposés, et la terreur de l'un égalait l'audace de l'autre [1]. » La Gironde profita sur-le-champ du désarroi de la droite. A peine le président eut-il donné lecture du billet laconique par lequel Louis XVI annonçait le remplacement de Narbonne, que les protestations éclatèrent sur les bancs de la gauche. L'Assemblée, qui, la veille, aurait été toute prête à accuser ce ministre de trahison, vota qu'il emportait ses regrets. Brissot vint alors lire son rapport, et l'on vit se dérouler des scènes qui se reproduisirent ensuite avec une sorte de monotonie tragique dans les grandes journées de la Révolution. Elles y

---

[1] Pellenc à la Marck, 11 mars 1792. *Corr.*, t. III, p. 296.

impriment ce caractère théâtral qui, même à un siècle de distance, frappe encore, de loin, et saisit les imaginations[1]. Brissot fit en ce jour la leçon à Barère et tissa le canevas des réquisitoires de l'avenir : la dénonciation emphatique d'un complot ténébreux, l'insinuation tenant lieu de preuves, l'apostrophe substituée à la discussion ; et, pour soutenir l'accusation, les vociférations commandées des tribunes couvrant la voix des défenseurs et jetant l'effroi dans l'esprit des juges. Que l'on compare cette harangue à toutes celles qui se succédèrent en 1793 et en 1794, et sous lesquelles succombèrent successivement les ministres, le Roi, les girondins, les dantonistes, Robespierre et les montagnards mêmes, on verra que le plan ne varie point, que la mise en scène demeure identique, et qu'il n'y a que les noms de changés. Comme la guillotine, qu'elle est destinée à pourvoir, cette éloquence inquisitoriale est sourde et aveugle : elle tue sinistrement, sans voir et sans entendre.

Il n'y a contre Lessart que des soupçons ; mais les coups qui visent le ministre passent au-dessus de sa tête pour atteindre la famille royale. Tout le monde le sent ; c'est l'intérêt pathétique de la journée. Brissot propose de mettre Lessart en accusation et d'inviter la cour de Vienne à déclarer qu'elle renonce au projet de concert européen sur les affaires de France. La Gironde, appuyée par toute la gauche et soutenue par les tribunes, réclame le vote immédiat. Les feuillants insinuent qu'il serait bon d'ajourner et d'entendre le ministre. « Pour rendre un décret d'accusation, répond Vergniaud, des présomptions suffisent. » Qu'importent, d'ailleurs, et Lessart, et sa défense ? Ce ne sont que des incidents dans le procès qui s'engage. Rappelant une apostrophe célèbre de Mirabeau, Vergniaud s'écrie : « De cette tribune on aperçoit le palais où des conseils perfides éga-

---

[1] Les contemporains, acteurs et spectateurs, en avaient bien le sentiment. Madame Julien (de la Drôme), républicaine très-fanatisée, mais témoin très-sincère, écrivait en sortant d'une de ces séances du printemps de 1792 : « La séance a été d'un intérêt qui a crû jusqu'au dénoûment, comme si la Providence avait fait pour ce jour une pièce régulière et magnifique en forme de tragédie, dont la chaleur et l'importance augmentaient à chaque scène. » *Journal d'une bourgeoise*, 30 avril 1792, p. 79.

rent le Roi... La terreur et l'épouvante sont souvent sorties de ce palais; qu'elles y rentrent aujourd'hui au nom de la loi! Que tous ceux qui l'habitent sachent que le Roi seul est inviolable, que la loi y atteindra sans distinction tous les coupables, et qu'il n'y a pas une tête qui, convaincue d'être criminelle, puisse échapper à son glaive! » Le décret est porté, au milieu des applaudissements.

Cependant, aux Tuileries, on recevait dans l'angoisse les échos de cette terrible séance [1]. La Reine était encore sous le coup de la mort imprévue de son frère, quand on vint lui raconter qu'un complot, ourdi de longue main, devait éclater ce jour-là; que le duc d'Orléans et Lafayette y trempaient de complicité avec Brissot, Sieyès, Condorcet, Narbonne; que leur plan était de suspendre le Roi et de séquestrer le Dauphin. La manœuvre a été prévenue, ajoute-t-on; Lessart seul en sera victime, mais il faut aviser sur l'heure et prendre un grand parti. Tel est le langage que tiennent à la famille royale les seuls amis qu'elle écoute. Ce qui se passe à l'Assemblée semble confirmer leurs récits. Au surplus, le Roi et la Reine sont résignés à toutes les extrémités. Les menaces qui grondent autour d'eux annoncent cette crise suprême dont ils sont réduits à attendre leur salut. L'Europe sera contrainte enfin de leur venir en aide. Ils savent que les négociations en vue du concert ont été renouées. Ils se figurent que François se montrera plus ardent et plus actif que son père, et que les événements lui forceront la main [2]. Ils se disent que la guerre par laquelle on croit les perdre sera l'occasion de leur délivrance. S'y refuser serait accréditer tous les soupçons; il convient donc de l'accepter hardiment, d'affronter l'ennemi et de déconcerter la Gironde en se livrant à elle. Elle veut le pouvoir; on le lui donnera. On la ruine du coup, et l'on se couvre, juste le temps qu'il faut pour attendre l'arrivée des alliés. La Reine dépêcha, le 13 mars, Goguelat à Vienne

---

[1] Fersen à Gustave III, 24 mars 1792, Feuillet, t. V, p. 358. — Id., 1er avril, Fersen, t. II, p. 221. — Pellenc à la Marck, 11 mars, Corr., t. III p. 295. — Mathieu Dumas, *Mémoires*, t. I, p. 103.

[2] Mercy à la Reine, 16 février et 1er mars 1792. La Reine à Mercy, 2 mars, Arneth, p. 253, 254. — Fersen, t. II, p. 215.

avec un billet de deux lignes pour François [1]; puis elle brûla ses papiers et manda à Fersen de ne lui plus écrire. « Le Roi rapporte un contemporain, se conduit dans son intérieur comme un homme qui se prépare à la mort. » « Sans appui, sans conseil, sans consolation, écrivait Fersen après avoir reçu l'émissaire des Tuileries, ils attendent avec résignation et fermeté le sort qu'on leur prépare, sans avoir aucun moyen pour le prévenir... Voilà quelle est la position déchirante de la famille de Bourbon : elle n'a d'appui que les puissances étrangères; toute son espérance se fonde sur leur générosité [2]. »

Louis XVI accepta la démission de ses ministres et appela les girondins à leur désigner des successeurs. Les chefs de la Gironde ne pouvaient, aux termes de la constitution, s'attribuer directement le pouvoir. Comme Barnave et les Lameth, dans le ministère feuillant, ils y placèrent des subalternes. De Grave demeura à la guerre. Lacoste prit la marine, et Duranton reçut les sceaux. Les finances et l'intérieur exigeaient plus de réputation : il fallait pour la trésorerie un homme d'expédients et pour la police un homme de contenance. Clavière fut chargé des finances : Français d'origine, Génevois d'adoption, agioteur, gazetier et brochurier infatigable, l'un des collaborateurs de Mirabeau devenu le conseil de Brissot, esprit entreprenant, capable de sagacité et de finesse, armé, à défaut d'autre courage, de toute l'opiniâtreté d'un amour-propre de parvenu, il se figurait qu'on pourrait appliquer sans effort à la France le gouvernement populaire qu'il n'avait pas pu faire prévaloir à Genève [3]. Roland, que l'on plaça à l'intérieur, y devait montrer les vertus d'un stoïcien, les façons d'un pédagogue, l'impéritie d'un idéaliste confondu par les événements et la stérilité d'un commis écrasé par les affaires. Ce ministère n'était rien. Il fallait cependant un homme à ce poste des affaires étrangères, pour lequel la Gironde avait engagé le combat du 10 mars. Ce poste était le seul où la cour portât encore quelque

---

[1] Arneth, p. 358.
[2] *Correspondance de la Marck*, t. III, p. 298. — Feuillet, t. V, p. 361.
[3] Mallet du Pan, t. II, p. 267. Dumont, p. 398.

visée, et l'on n'y pouvait imposer, comme dans les autres, le premier comparse venu au choix du Roi. La Gironde crut faire merveille en dirigeant ce choix sur le général Dumouriez.

II

Poussé tout à coup au premier rang, Dumouriez a été successivement ministre des affaires étrangères et général d'armée. Ce qui étonne le plus dans son élévation subite et sa fortune, c'est de lui trouver autant de souffle, de découvrir en lui autant de ressources inattendues, d'entrevoir soudain dans ce parvenu les traits et le geste d'un grand homme, de reconnaître qu'il n'en est que le fantôme, de suivre enfin jusqu'à la trahison qui en forme la catastrophe, ce roman d'intrigue qui un instant, dans sa crise principale et dans sa péripétie, tourne à la grande histoire. Dumouriez resta pourtant le même dans toutes ces vicissitudes : on se l'explique quand on considère son passé. C'est dans ses origines qu'il faut chercher le lien qui rattache entre eux les personnages, en apparence si divers, qu'il joua tour à tour.

Son père était commissaire des guerres; en 1757, il fut attaché à l'armée du maréchal d'Estrées, qui opérait en Allemagne contre la Prusse. Dumouriez, qui avait alors dix-huit ans, le suivit dans cette expédition, et partit, « faisant, à ce qu'il assure, des vœux pour le grand Frédéric [1] ». Il débutait à la fois dans l'armée et dans les cabales. Il vit de près l'ennemi et put étudier la grande guerre; bien lui en prit, car il n'eut pas d'autre occasion de la connaître, jusqu'au jour où on le nomma général en chef. En 1763, à la paix, il fut réformé avec le grade de capitaine, la croix de Saint-Louis et 600 livres de pension. C'était le plus clair des bénéfices de ses campagnes. Il en rapportait des blessures et des déceptions, une admiration enthousiaste

---

[1] *Mémoires de Dumouriez*, Hambourg, 1794, et Paris, 1822.

pour le roi de Prusse ¹, et une haine acharnée contre l'Autriche. Ces sentiments le rapprochèrent de Favier, qu'il rencontra lors de son retour en France; ils se lièrent, et cette liaison exerça sur l'avenir de Dumouriez une influence décisive ². Par la faute de son caractère, qui lui fit un grand nombre d'ennemis, et de ses goûts, qui l'entraînaient dans beaucoup de désordres, Favier en était réduit, dans la diplomatie, au point où Dumouriez se trouvait dans l'armée. Il avait voulu faire carrière de parvenu, et il n'avait fait carrière que de mécontent; mais, comme il était beaucoup plus âgé que Dumouriez, il était mécontent depuis plus longtemps et plus radicalement. Il inculqua à son élève le mépris de la diplomatie officielle, la haine des gens en place, et la superstition de la politique secrète, la seule voie par laquelle ils pouvaient encore l'un et l'autre tenter la fortune. Il lui inculqua surtout ses idées, ses plans, son système.

Cependant il fallait vivre. Dumouriez sollicita une mission en Italie. En attendant qu'on la lui donnât, il se l'attribua. Il se jetait ainsi dans la vie errante qu'il mena si longtemps, qu'il ne quitta que pour la durée d'un orage et qu'il reprit ensuite pour finir misérablement dans les auberges, le long des chemins de traverse et des ornières, comme il avait commencé. La Corse était en révolution, elle l'attire; il s'y compromet, passe en Espagne, puis en Portugal, revient à Paris et obtient de Choiseul une mission en Pologne, où il achève son éducation de conspirateur et de partisan. Impliqué dans le dernier et inextricable complot de la diplomatie secrète de Louis XV, il fut jeté à la Bastille ³. Il y fit de bonnes lectures, se moqua de ses juges et attendit patiemment la grâce que lui accorda Louis XVI en montant sur le trône. L'année 1789 le trouva commandant militaire à Cherbourg. Il composait mémoires sur mémoires pour prouver l'uti-

---

¹ Frédéric « le plus grand des rois ». Instructions de Dumouriez à Naillac, 1ᵉʳ avril 1792.
² Sur Favier et son système, voir les *Mœurs politiques et les traditions*, p. 304 et suiv. — Cf. Sénac de Meilhan, *le Gouvernement, les mœurs et les conditions en France avant la Révolution, Portraits*, éd. Lescure, Paris, 1862, p. 439.
³ Voir le *Secret du Roi*, par le duc de Broglie, Paris, 1879, liv. II, ch. ix.

lité et montrer les moyens de créer dans ce port un grand établissement maritime. Ce travail ne lui rapportait ni honneur ni profit, et il était aussi avide de l'un que de l'autre.

Après trente années d'agitation, pendant lesquelles il avait plus négocié que combattu et plus intrigué que négocié, il avait obtenu à grand'peine cette place subalterne. C'était un ambitieux : il n'avait pas réussi, il était inquiet frondeur, mécontent. Parmi les survivants du ministère secret de Louis XV, quelques-uns le connaissaient et le tenaient pour un génie méconnu. Dans les bureaux de la guerre, on le considérait comme un brouillon; dans ceux des affaires étrangères, comme un homme à chimères et un agent dangereux. S'usant ainsi à piétiner dans ces oubliettes de province, chargé de dettes, prodigue et besoigneux, se jugeant apte à tous les emplois, rongeant sa chaîne, se poussant dans tous les sens, se heurtant et se meurtrissant à tous les angles, il atteignait, avec un passé de déceptions, l'âge où les plus téméraires cessent de compter avec l'imprévu. I n'en était encore pourtant qu'à l'apprentissage de sa vie. Mais comment l'eût-il pu croire? La fortune qui lui était réservée était de celles qui échappent à tous les calculs et déconcertent jusqu'aux rêves.

La Révolution lui découvrit un monde nouveau. Elle lui sembla faite pour lui. C'est dans cet esprit qu'il en adopta les principes, et de là vint qu'il n'en comprit jamais bien le caractère et la portée. Il y vit surtout un grand déplacement de personnes, une occasion de revanche pour les déshérités de l'ancien régime. Il arrivait trop tard; il avait été trop secoué par la vie, il avait reçu trop de blessures, il avait gardé de ses longues migrations trop de douleurs et trop de fièvres, il apportait dans son ardeur de parvenir trop d'impatience et d'âpreté pour ressentir ce qu'il y avait de pur, de généreux, de désintéressé dans le premier élan de la Révolution française. Il n'appartenait pas à la génération des jeunes héros : on ne trouve aucune commune mesure entre son âme et celle d'un Marceau, d'un Hoche, d'un Desaix. La Révolution française n'était pas, à ses yeux, une régénération de l'humanité : c'était une carrière. Il s'y jetait avec un parfait scepticisme, une indifférence complète sur les moyens, prétendant jouer de cette révolution comme Retz avait joué de la Fronde, comme naguère Frédéric avait joué de la philosophie et des « lumières » du siècle; la considérant du dehors en quelque sorte; jugeant les partis en étranger, rusant, pactisant, traitant avec eux et décidé à se servir de tous sans se livrer à aucun. D'ailleurs, comme il était de son temps, qu'il avait lu Jean-Jacques et s'était imprégné de Diderot, il avait l'émotion facile et le don des larmes. C'était, en toute matière, un merveilleux improvisateur, et sa verve, s'échauffant d'elle-même, pouvait passer pour de l'inspiration. L'extrême souplesse de son tempérament, ses facultés d'assimilation et de mimique faisaient de lui un artiste de l'espèce la plus rare, capable de se composer un grand rôle, de croire à son personnage, de le jouer avec conviction. Il pouvait parler le langage de l'enthousiasme et, par bouffées, en éprouver le sentiment; mais, descendu de la scène et rentré dans sa loge, il se retrouvait ce qu'il était au fond : un roué qui avait reçu de la nature le génie des expédients.

Déiste en philosophie, constitutionnel en politique, soldat par-dessus tout, c'est-à-dire ennemi-né du désordre, méprisant la « canaille », épris d'un pouvoir fort qui garantirait les réformes civiles, rêvant enfin de voir finir entre ses mains cette révolution qui commençait à son profit, il tenait, comme il le dit plus tard à Louis XVI, qu'il fallait faire la part du feu, « abonder totalement dans le sens des jacobins, adopter leur esprit, leur langage, pour mieux les tromper [1] », marcher avec eux, en un mot, jusqu'au jour où l'on serait assez fort pour marcher contre eux. C'était un mouvement tournant, préparé de longue main, qu'il méditait : il fut un des premiers à chercher le salut de l'État dans une intervention de l'armée.

Il avait des amis parmi les hommes au pouvoir; il se fit envoyer en Belgique, dans l'été de 1790, et alla étudier sur place son futur champ de manœuvre et de bataille [2].

---

[1] *Mémoires de Malouet*, t. II, p. 207.
[2] *Mémoires*, t. II, liv. II, ch. IV. BORGNET, t. I, p. 169. JUSTE, t. II, p. 211.

A son retour, on lui donna le grade de maréchal de camp avec le commandement de Niort. Il s'y lia avec Gensonné, qui fut son introducteur parmi les girondins. Sa haine de l'Autriche lui tint lieu de principes démocratiques et lui servit de passeport auprès de Brissot. Il n'avait garde cependant de négliger les liaisons qu'il s'était ménagées près de la cour. L'intendant de la liste civile, Laporte, le connaissait de longue date. Dumouriez lui persuada qu'il ne s'était jeté dans la Révolution que pour sauver la monarchie. Lorsque la politique de guerre triompha et que le calcul du Roi, pour conserver sa couronne, se rencontra en ce point avec celui des révolutionnaires, pour la lui enlever, Dumouriez se trouva naturellement désigné pour le ministère. Il avait gagné la confiance des girondins, et, en même temps, en secret, il se déclarait disposé à servir le Roi. C'est ainsi que, le 15 mars 1792, Louis XVI le nomma ministre des affaires étrangères. « Je vais travailler dans le grand, dans le très-grand », disait-il une vingtaine d'années auparavant à M. de Choiseul, qui l'envoyait en Pologne. Il avait attendu longtemps son heure, mais cette heure était venue. Si la guerre tournait mal et que dans la crise la royauté sombrât, il devenait l'homme nécessaire : on le faisait dictateur; si la guerre tournait bien, et qu'il sauvât la monarchie, il devenait connétable. Il croyait jouer à coup sûr cette gigantesque partie et l'entamait avec une imperturbable confiance dans sa fortune.

Il avait alors cinquante-trois ans : « Un petit corps râblé et nerveux; figure commune, presque laide, physionomie agréable; œil petit, mais vif et hardi, bouche grande, mais douce et riante, quelquefois fine et dédaigneuse... le ton net et ferme, des manières brusques sans être rudes et vives, et, en même temps, retenues sans être emportées. » Poudré à blanc, très-soigné dans sa mise, gesticulant fort de ses mains, qu'il avait petites et ridées; rien du soudard ni de l'officier de fortune; rien non plus du fanatique, encore moins du puritain; très-cultivé; familier avec les lettres, plein de politesse, d'esprit, de séduction, aussi rompu aux mœurs des chancelleries qu'à celles des camps, plus près enfin de l'état-major de Frédéric que de celui de Cromwell ou de Washington [1].

Les grandes occasions lui arrivaient. La vie lui avait donné tout ce qui convient pour les exploiter, rien de ce qu'il faut pour s'en rendre maître. Il connaissait les affaires, il y appliquait, avec une sagacité toujours en éveil, une extraordinaire souplesse d'esprit, une fécondité surprenante de moyens, l'art de se plier aux circonstances, le coup d'œil, la repartie, l'invention. Mais il n'avait pratiqué la politique que dans les dessous, étudié la diplomatie que dans les coulisses. Son génie était condamné à ne briller que par étincelles et à ne luire que dans les mines. Il comptait trop avec les hommes, avec lui-même surtout, pas assez avec les événements : attendant trop des petites passions qu'il savait gouverner, rien des grandes, qui lui échappaient; trop artiste en intrigue, trop confiant dans la ruse; une vue pénétrante, mais courte, grossissant les objets voisins et se troublant sur les hauteurs; une imagination présomptueuse qui l'aveuglait sur les obstacles et le trompait sur les moyens; enfin, une incurable étourderie qui diminuait tout en lui et rompait constamment la suite de ses desseins. Il avait l'étoffe d'un politique, mais le vêtement qu'il portait était fait à la taille d'un agent secret; et le ministre le garda. De même, l'homme de guerre conserva toujours quelque chose du batteur d'estrade et du partisan. Il possédait « toutes les ressources des grands hommes [2] »; le caractère lui manquait. La tempête dans laquelle il s'était jeté le souleva très-haut : en reprenant terre, il reparut tel que son existence équivoque l'avait fait. On le vit, tour à tour et à très-peu de distance, se présenter en héros et se retourner en traître. Au fond, il y avait en lui de l'un et de l'autre : c'était un aventurier.

[1] ROEDERER, t. III, p. 274. — *Notes de Stahremberg*, VIVENOT, t. III, p. 4.
[2] MIGNET, *Histoire de la Révolution française*.

III

Dumouriez arrivait au ministère avec une politique à suivre et des amis à placer[1]. Il destitua les anciens commis, Gérard de Rayneval et Hennin, qui lui étaient suspects, et les remplaça par des hommes nouveaux dont il se croyait sûr. Bonne-Carrère devint directeur général; Lebrun-Tondu fut chargé, en qualité de premier commis, de la correspondance avec l'Angleterre, la Hollande, la Belgique[2]; un de ses anciens condisciples, qui l'avait été aussi de Robespierre, Noël, ci-devant clerc tonsuré, puis professeur de collége, puis journaliste, eut la correspondance d'Allemagne. Pour le dehors, Dumouriez prépara un grand mouvement dans le personnel des ambassades et des légations; mais la plupart des agents qu'il choisit figuraient déjà dans la carrière[3]. Ils n'étaient que les instruments de la révolution qu'il se proposait d'accomplir dans la diplomatie. Il avait résolu d'opérer un changement de front devant l'ennemi et de réaliser en pleine crise de l'Europe les *Conjectures raisonnées* de Favier. Son plan était ingénieux dans l'ensemble, profond même dans quelques-unes des parties. Ce n'étaient plus les combinaisons timides de Narbonne, les mouvements embarrassés et gauches de Lessart. L'affaire des rassemblements et celle des possessionnés d'Alsace, qui avaient été l'origine des conflits, y devenaient l'accessoire et passaient au second plan. L'objet direct, c'était la guerre à l'Autriche, et le théâtre de cette guerre se transportait de Trèves aux Pays-Bas.

Dumouriez partait de cette donnée, fort juste d'ailleurs, que l'Europe considérait la France comme un État en dissolution,

---

[1] Dumouriez, *Mémoires*, liv. III, ch. vi. — Masson, *Affaires étrangères*, ch. iv.
[2] Sur Bonne-Carrère et Lebrun, cf. ci-dessus, p. 293.
[3] De Maulde à la Haye, Naillac aux Deux-Ponts, Sémonville à Turin, Verninac à Stockholm, Vibraye à Copenhague, Mackau à Naples, Montesquiou (le fils du général) à Dresde, Maisonneuve à Stuttgard, Caillard à Ratisbonne, Villars à Mayence, Pons à Cologne.

une seconde Pologne ; que les puissances voisines voudraient profiter, comme en Pologne, de l'anarchie pour intervenir et de l'intervention pour démembrer; que les puissances éloignées laisseraient faire les autres, ne voulant point s'opposer à l'entreprise ou ne pouvant point s'y associer. On annonçait un congrès ; c'était la préface du partage. Il fallait déconcerter la ligue qui se formait, séparer l'Autriche de ses alliés, et profiter de l'irritation de ses sujets belges pour porter hardiment la guerre dans ses États. « J'ai conseillé la guerre offensive, écrivait Dumouriez quelque temps après son entrée au ministère [1], parce que je l'ai crue nécessaire dans les Pays-Bas : 1° pour éloigner le fléau et la confusion de la défense d'une frontière qui n'est qu'à cinquante lieues de Paris ; 2° parce que le peuple belge semblait attendre l'instant de notre invasion dans les Pays-Bas pour embrasser la cause de la liberté ;... parce que je savais que nous n'avions pas dans la trésorerie nationale un numéraire suffisant pour la campagne [2]... Je ne me suis pas dissimulé l'insubordination des troupes, l'inexpérience des officiers de remplacement et même d'une partie des généraux ; mais j'ai compté sur le courage français... »

Sa confiance était raisonnée; l'événement prouva qu'il raisonnait bien. « Nous soutiendrons cette guerre avec énergie, et même avec succès, écrivait-il le 30 mars [3], parce qu'il est impossible que des opérations militaires combinées entre tant de puissances puissent réussir, et parce que la rage de la liberté gagnera tous les stipendiaires qui viendront se frotter contre nous. » « Quels que soient, ajoutait-il dans un écrit du même temps [4], nos premiers essais militaires, lors même que la supériorité de la discipline préparerait dans une première cam-

[1] Projet de lettre au président du comité diplomatique, 1er mai 1792.
[2] Il voyait, disait-il encore, à ce plan « l'avantage de trouver dans un pays riche un numéraire considérable qui aurait diminué les embarras pécuniaires dans lesquels nous jetterait une guerre purement défensive ». Rapport à l'Assemblée, 4 mai 1792. — Cf. Mathieu Dumas, t. II, p. 503.
[3] Réflexions pour la négociation d'Angleterre en cas de guerre, 30 mars 1792.
[4] *Projet d'instructions pour MM. Chauvelin, Talleyrand et Duroverai*, 19 avril 1792.

pagne quelques succès aux ennemis de la France, jamais ils ne pourront triompher de la résistance d'une nation populeuse et brave dont tous les individus sont armés, d'une nation qui envoie, en deux mois, cent mille recrues aux frontières, au lieu de cinquante mille qu'on lui demande, qui possède des domaines fonciers de quoi pourvoir dès à présent à l'acquittement de toutes ses dettes exigibles, d'une nation que les sujets des princes qui veulent l'oppression regardent déjà comme leur libératrice et qui a, dans les dépouilles de ses citoyens rebelles, plus de deux cent mille arpents de bonne terre à offrir aux soldats ennemis qui préféreront au joug sous lequel ils gémissent, la qualité d'hommes libres et de soldats citoyens... » C'était de la propagande à la romaine, et les États de l'ancien régime ne s'étaient jamais interdit ce moyen de recruter des partisans ou d'encourager des amis. La Russie se préparait à l'appliquer sur une large échelle dans la Pologne, et Dumouriez ne faisait ici que mettre au service de la liberté un des plus antiques moyens de séduction du despotisme. Toutes ses conceptions sont comme imprégnées du vieil esprit; le nouveau n'en colore que la surface, et la Révolution, dans son dessein, n'est que le prétexte et le mobile d'une guerre de tradition.

Cette guerre, il en avait depuis longtemps médité le plan. Il ne faisait qu'y appliquer les idées courantes à la fin du dix-huitième siècle parmi les diplomates et les militaires sur l'extension de la France et le système de ses frontières [1]. Il avait naguère exposé ses vues à Lessart, qui ne s'y arrêta point [2]. Elles consistaient à « se tenir sur une défensive exacte partout où des montagnes comme *Alpes* et *Pyrénées*, la mer ou une rivière comme le *Rhin* présentaient une *barrière naturelle*, et à porter la guerre au dehors partout ailleurs ». Au midi, on s'emparerait « de toutes les possessions du roi de Sardaigne jusqu'aux Alpes ». Au nord, on envahirait la Belgique, le pays de Liége, et, plus tard, si l'on était en mesure, les États de la rive gauche du Rhin.

[1] Cf. t. I, p. 321 et suiv.
[2] *Mémoires*, liv. IV, ch. III.

Décidé de la sorte à prévenir l'offensive de l'ennemi et à porter directement la guerre sur le champ de bataille classique de la France, Dumouriez estime qu'il n'y a point lieu de ruser avec l'Autriche et de perdre son temps en formalités de chancellerie. Le ton péremptoire qui convenait à ses desseins flattait ses passions : il détestait l'Autriche, il exécrait Kaunitz, et il trouvait un ragoût tout personnel d'amour-propre à humilier la cour de Vienne et son ministre dont il avait autrefois essuyé les dédains, sinon les mépris. Le 18 mars, il adressa des instructions très-pressantes à Noailles [1]. Il reçut peu après un courrier de cet ambassadeur ; il y trouva une note très-roide de Kaunitz, datée du 18. L'Autriche ne parlait point de désarmer ; elle contestait les griefs de la France, maintenait les siens, et insistait sur l'intervention des puissances [2]. Dumouriez répondit, le 27 mars, par un véritable *ultimatum* : la France ne cédera sur rien et exigera une satisfaction complète sur tous les points avant le 15 avril ; si d'ici là, d'ailleurs, elle est avertie que les armements de l'Autriche continuent, elle les considérera comme une déclaration de guerre [3]. Il lut, le 29, à l'Assemblée la note de Kaunitz et annonça qu'il avait demandé des explications catégoriques. Convaincu d'ailleurs que l'Autriche accepterait immédiatement la guerre, il s'occupa de disposer le terrain des opérations.

Il voulait provoquer en Belgique un soulèvement qui faciliterait l'invasion. Les nations voisines en ressentiraient le contre-coup. Il y avait beaucoup de mécontents en Hollande ; le parti « patriote », vaincu par les Prussiens en 1787, n'attendait qu'une occasion pour prendre sa revanche [4]. Le sta-

---

[1] *Moniteur*, t. XII, p. 145. — FEUILLET, t. V, p. 332.
[2] Kaunitz à Noailles, 18 mars, VIVENOT, t. I, p. 425. — Rapport de Noailles, 18 mars.
[3] *Moniteur*, t. XII, p. 147.
[4] « Sans vouloir exagérer les effets d'une guerre entreprise d'une part pour appauvrir, de l'autre pour défendre la liberté, il n'est pas douteux qu'il n'en résulte une forte commotion, non-seulement chez tous les peuples qui en seront le théâtre, mais encore chez les peuples voisins. Soit que nous nous établissions dans la Belgique, soit que nous demeurions sur le Rhin, le voisinage où nous serons des Provinces-Unies y favorisera probablement une révolution qui ne peut qu'être

thouder et ses amis seraient forcés d'y réfléchir. Par un singulier coup de partie, l'invasion de la Belgique, qui devait surprendre l'Autriche, devait du même coup paralyser l'Angleterre. A ne raisonner que sur les faits acquis et d'après les idées reçues, il semblait que cette offensive des Français aurait, en 1792, comme elle l'avait eu de tout temps, pour résultat inévitable d'amener les Anglais à prendre parti pour les Autrichiens. Dumouriez en attendait un effet tout contraire. C'est qu'il ne comptait pas annexer la Belgique. Il connaissait ce pays; il savait que, sauf une minorité de démocrates, les habitants étaient plus hostiles encore à la Révolution française qu'à la domination autrichienne. Ils étaient prêts à acclamer les Français, si les Français arrivaient en libérateurs, mais également prêts à se soulever contre la France si elle prétendait les « révolutionner [1] ». Ils entendaient enfin être libres à leur manière. Dumouriez songeait à établir en Belgique, sous la protection plus ou moins avouée de la France, une république fédérative [2]. Cette combinaison, très-pratique et très-naturelle, conciliait les principes qui interdisaient les conquêtes avec les intérêts qui commandaient d'affaiblir l'Autriche [3]. Dumouriez pensait que l'Angleterre s'y résignerait pour éviter une annexion pure et simple de la Belgique et surtout une révolution en Hollande.

fatale à la maison d'Orange et aux liaisons que l'Angleterre a formées dernièrement pour rétablir son ancienne influence dans ces provinces... » *Projet d'instructions pour MM. Chauvelin, Talleyrand et Duroverai.*

[1] Instructions au général Lafayette : « Il n'entrera dans aucun détail sur la manière de faire leur révolution ; pourvu que leur insurrection soit franche et à peu près universelle, il nous est absolument égal dans quel sens elle sera conduite... il annoncera partout que les Français n'entrent en Belgique que pour assurer sa liberté. » Voir Mathieu Dumas, t. II, p. 508-516.

[2] « Il faut s'arrêter à l'idée d'une république fédérative obéissant au même pouvoir pour tout ce qui concerne la défense commune et les relations extérieures, et les provinces ayant chacune une administration distincte et indépendante. L'unité d'État ne pourra avoir lieu que quand il y aura dans les peuples des différentes provinces unité de principe, égalité de connaissances morales et politiques. » Dumouriez à Maret, 30 avril 1792.

[3] « Nous portons la guerre dans les États de la maison d'Autriche pour éviter notre ruine en opérant la sienne... il est contre les principes de notre constitution de conquérir. » *Projet d'instructions pour Londres.*

Il chargea Maret de grouper les efforts de tous les adversaires de l'Autriche aux Pays-Bas et de rassembler tous les fils. Il l'avait pris en amitié, le jugeait homme d'avenir et l'excitait aux ambitions. Pour l'exercer aux affaires, il lui racontait ses campagnes en Pologne, lui préparant, disait-il, dans de meilleures conditions et avec plus de chances de succès, un rôle analogue en Belgique [1].

Il lui recommandait, ainsi qu'à tous les autres agents de la France, de ne s'appuyer exclusivement sur aucun parti, car aucun n'était assez fort pour dominer les autres [2]. Il fallait les animer tous et les unir s'il était possible : « Tâchez, écrivait-il à l'un de ses émissaires, qu'ils ne conservent de leurs affections actuelles que la haine contre la maison d'Autriche et un violent désir d'en secouer le joug. » C'était tout ce qu'il lui fallait alors, ses vues pour l'avenir dépendant de la conduite que tiendrait l'Angleterre. Il se réservait toutes les chances et ne s'engageait avec personne. L'agression préparée de la sorte contre les Autrichiens, Dumouriez tâcha de les isoler.

Il fit appel à la Prusse. Il n'ignorait pas que Frédéric-Guillaume, circonvenu par les émigrés, entraîné par ses favoris, était tout à la guerre et s'armait bruyamment pour la croisade des rois; mais il se disait que la Prusse avait ses traditions, ses intérêts, ses nécessités historiques; que la rivalité avec l'Autriche était le premier et le dernier mot de sa politique; que si ces deux ennemies héréditaires se rapprochaient un instant, ce n'était que pour se mieux tromper l'une l'autre ; que leur alliance ne résisterait pas à l'épreuve d'une campagne; qu'il y avait à Berlin, à la cour même, dans la chancellerie, dans l'armée, un parti de philosophes prussiens que leurs goûts portaient vers la France et que leurs passions éloignaient de l'Autriche; que, tôt ou tard, ces causes rapprocheraient la Prusse de la France et la sépareraient de la coalition. Le temps

---

[1] Cf. ERNOUF, ch. IX.

[2] Aucun des partis n'étant assez fort pour représenter la nation belge, il ne faut s'appuyer exclusivement sur aucun, sans cela on renouvellerait les scènes affreuses de 1790, et l'on perdrait l'espoir d'une révolution stable. Dumouriez à Maret, 23 mai 1792.

devait infailliblement amener ce résultat, Dumouriez croyait possible de hâter l'œuvre du temps [1].

Dès le 18 mars, il écrivit à Custine une dépêche qui présentait l'entière contre-partie de celle qu'il adressait à Noailles le même jour. Il annonçait au jeune diplomate que le Roi le nommait ministre plénipotentaire, et lui envoyait des lettres de créance, s'en remettant à lui de l'usage qu'il en conviendrait de faire. Custine ne devait point commencer ses négociations par une maladresse, et ce serait la plus insigne de toutes, de s'exposer à être publiquement éconduit. L'important, c'était d'être écouté. Il devait protester des intentions de la France. Tout le mal, devait-il dire, vient « des menaces qui nous ont été faites, du rassemblement de nos émigrants », en Allemagne, sur nos frontières. C'est ce qu'il faut faire cesser en s'expliquant loyalement : « Une guerre de la part de la Prusse contre la France serait contraire à tous les principes de la saine politique entre les deux puissances. Ce sont ces principes qui devraient diriger à l'avenir toutes les négociations entre le roi des Français et le roi de Prusse... Ces deux puissances doivent être alliées naturelles ; toute autre alliance, de part et d'autre, ne pourrait être qu'un système forcé, momentané, et ne pourrait procurer que des guerres continuelles. C'est ainsi que le concert actuel est une monstruosité en politique et ne peut produire qu'une guerre affreuse qui ruinera toutes les puissances belligérantes, et dans laquelle, en cas de succès, la part de la Prusse est zéro. » — C'était plus que la paix, c'était l'entente et l'alliance que Custine proposerait à la Prusse. — « Si les Prussiens se montraient disposés, écrivait Dumouriez, je prendrai les ordres du Roi pour vous autoriser à traiter franchement et promptement, et à aplanir toutes les difficultés. »

Pour soutenir Custine et pour le surveiller peut-être, Du-

---

[1] Il disait à Governor Morris que le roi de Prusse n'agirait pas, qu'il était tout à fait tranquille sur ce point. — Le seul objet de la Prusse, ajoutait-il, était d'engager l'Autriche dans la guerre pour profiter de ses embarras. Ce qui se passait en Pologne le fortifiait dans cette conviction. — G. Morris, *Mémorial*, 15 mai 1792, t. I, p. 336. Lettre à Jefferson, 10 juin, t. II, p. 146. — Cf. Dumouriez, liv. IV, ch. I.

mouriez lui adjoignit des secrétaires : Rivals, qui avait des liaisons en Allemagne, et de Bays, qui se vantait de connaître Hertzberg. Ils devaient tous deux se rendre à Berlin par les voies détournées et s'arrêter en route, dans les petites cours [1]. Ni l'un ni l'autre, d'ailleurs, n'avait l'entière confiance de Dumouriez; la seule personne qu'il admît en partie dans ses secrets était un homme de lettres, doublé d'un agioteur, Benoît, qui avait de l'ambition, du savoir-faire et de l'intrigue. Cet agent, qui se remua fort dans la Révolution, se fixa sous l'Empire, et devint, sous la monarchie restaurée, comte, ministre d'État et membre du conseil privé, était l'homme qu'il fallait pour comprendre à demi-mot et préparer dans l'ombre les desseins très-compliqués que méditait Dumouriez. Il comptait sur le prestige du nom de Frédéric et sur la popularité de l'alliance prussienne, pour masquer, aux yeux des Français, ses négociations équivoques avec Berlin. Dans le temps où il se préparait, à Paris, le rôle de sauveur de la patrie, il lui importait de se ménager, à Berlin, celui de restaurateur de la royauté. C'était l'objet très-délicat de la mission qu'il confiait à Benoît.

Il ne suffisait point de gagner la Prusse, il fallait neutraliser l'Empire. Dumouriez se flattait d'y parvenir, grâce aux petits États du sud et du centre. Il estimait, et il ne se trompait point, que ceux mêmes de ces États qui poussaient naguère au conflit trembleraient à l'approche de la guerre, qu'ils chercheraient à en détourner le péril et à en éviter les charges, qu'ils redouteraient enfin la coalition de la Prusse et de l'Autriche presque autant que la Révolution française. Dumouriez donna pour instruction à ses agents de les rassurer. A Stuttgart, Maisonneuve déclarerait que « la nation et le Roi sauraient parfaitement distinguer la ligue germanique d'avec la ligue despotique et ecclésiastique qui les menaçait [2] ». De Bays répéterait partout, particulièrement dans les cours du sud, que la France ne passerait pas le Rhin et n'attaquerait le roi de

---

[1] Dumouriez à Custine, 10 et 24 avril 1792.—Instructions à M. de Bays, 22 avril, *Mémoires de Dumouriez*, liv. III, ch. v. — SYBEL, 4º éd., t. I, p. 375.

[2] Dumouriez à Maisonneuve, 31 mars 1792.

Bohême que dans les Pays-Bas[1]. Il n'était point jusqu'aux électeurs de Mayence et de Cologne que Dumouriez ne cherchât à remettre en confiance[2]. Il dépêcha à la diète un agent du métier, rompu aux négociations d'Allemagne, Caillard, qui avait pour mission d'y faire jouer tous les anciens ressorts, de diviser les deux grandes puissances, d'en éloigner les petites, d'éclairer et de soutenir les faibles, de relever la diète de ce rang dont l'Autriche l'avait contrainte de descendre et où l'avait placée la France, au temps des du Bellay, du P. Joseph, de Servien, de Lionne et de d'Avaux[3]. Pour les possessionnés, Dumouriez n'admettait que les négociations séparées sur le principe d'une indemnité en argent[4]. Les agents français en Allemagne devaient y engager les Allemands, et déclarer que ce serait peine perdue de demander à la France de revenir sur les principes fondamentaux de sa nouvelle constitution. Les princes, devait dire Caillard, ont le choix entre une transaction équitable et tous les périls d'une guerre. Que ne reviennent-ils à la politique des traités de Westphalie? « La France est aujourd'hui la seule nation qui puisse sauver la liberté germanique. » — C'est à la Bavière surtout que ces discours s'adressent : l'Autriche a voulu la démembrer, elle médite de l'annexer en transportant la dynastie aux Pays-Bas[5]; la France ne cessera de s'y opposer; elle a élevé la Prusse contre l'Autriche, il est de son intérêt d'élever entre la Prusse et l'Autriche une troisième puissance qui les divise et les contienne : ce rôle est réservé à la maison de Bavière et la doit conduire aux plus hautes destinées.

La neutralité qu'il espérait de l'Allemagne, Dumouriez était sûr de l'obtenir du Danemark et de la Suède : Gustave III était seul à vouloir la guerre, et l'on venait de l'assassiner. La Russie était très-hostile, mais elle était très-éloignée. Dumouriez pénétrait bien ses intentions, et il ne s'en effrayait pas[6].

[1] Instructions, 22 avril. Rapport de Bays, 5 mai 1792.
[2] Dumouriez à Villars et à Pons, 28 avril 1792.
[3] Instructions de Caillard, mars 1792.
[4] Notes pour le conseil, 28 mars 1792.
[5] Cf. t. I, p. 301, 444, 450 et suiv.
[6] DUMOURIEZ, liv. IV, ch. 1. — Instructions à Verninac, 21 avril 1792.

Les États de l'Italie étaient faibles; il ne les craignait point : une démonstration de la flotte contraindrait Naples à la neutralité[1]. Il serait plus difficile d'y décider le roi de Sardaigne, cependant ce prince aimait la terre et n'aimait point l'Autriche. Dumouriez espérait qu'en lui offrant le Milanais, on le détournerait d'une guerre fort hasardeuse et qui ne pouvait guère lui rapporter d'autre bénéfice que celui-là[2]. La France, en compensation, prendrait Nice et la Savoie. La Hollande suivait l'Angleterre, l'Espagne la redoutait. La Hollande ne bougerait point si elle n'était soutenue par l'Angleterre. Aussi longtemps que l'Angleterre demeurerait neutre, l'Espagne n'oserait se lancer dans la coalition; il lui fallait, pour s'engager contre la France, la certitude que les Anglais ne profiteraient point de ses embarras sur le continent pour l'attaquer aux colonies[3]. Ainsi, l'abstention de ces deux États dépendait de celle de la cour de Londres. Cette neutralité des Anglais était absolument nécessaire au succès des plans de Dumouriez.

Il se croyait sûr de l'obtenir : si l'on ne menaçait les Anglais dans aucun de leurs intérêts essentiels, pensait-il, on n'avait point à redouter d'agression de leur part. Pouvait-on attendre davantage, les amener à un rapprochement sérieux et solide avec la France nouvelle? Quelques-uns l'espéraient, et Talleyrand les y encourageait. Ce qu'il écrivait de Londres, il le dit en termes plus formels peut-être, après son retour à Paris, au commencement de mars : « L'évêque d'Autun, rapporte un contemporain très-bien placé pour tout savoir en ces matières[4], a flatté les gens qui gouvernent ici, que, dans aucun cas, l'Angleterre ne prendrait parti contre nous, même dans celui où nous attaquerions le Brabant. » C'étaient bien les dispositions qui convenaient à Dumouriez; mais le négociateur ne lui plaisait point.

Il avait peu de goût pour Talleyrand; il aurait préféré un

[1] Instructions à Mackau, 10 juin 1792.
[2] Instructions de Sémonville, 8 avril 1792. — BIANCHI, t. I, p. 646-655.
[3] Dumouriez à Bourgoing, 18 mars, 3, 10 avril 1792.
[4] Montmorin à La Marck, 19 avril 1792. *Correspondance de La Marck*, t. III, p. 302.

homme plus facile à saisir, plus souple et tout à fait à lui[1]. Talleyrand, de son côté, ne professait pour Dumouriez qu'une admiration limitée : « Il met de l'activité dans son département, écrivait-il à son ami Biron ; ses dépêches sont bien au fond, mais n'ont pas assez de noblesse dans le style. » Cependant ils avaient intérêt à s'entendre, ils avaient des amis communs, ils s'entendirent. Talleyrand tenait à retourner à Londres, moins peut-être pour le rôle qu'il y pourrait jouer que pour celui auquel il échapperait à Paris. Sieyès l'avait rapproché de la Gironde. Brissot ne l'aimait pas, mais il le savait perdu à la cour, ce qui compensait tout. Talleyrand toutefois ne pouvant être ambassadeur en titre[2], on imagina de nommer un ministre officiel qui recevrait les honneurs de la mission sans en avoir la conduite. « Il est nécessaire, disait Dumouriez dans son rapport au Roi, le 28 mars 1792, que cet adjoint soit entièrement dans la main de M. de Talleyrand et ne puisse rien faire seul et de lui-même, n'étant absolument qu'un prête-nom. Je propose, pour cette adjonction, M. de Chauvelin, qui convient à M. de Talleyrand. » Talleyrand se trompait. Chauvelin était l'homme du monde qui convenait le moins à ce rôle discret et délicat. On l'a montré, plus tard, « étincelant de saillies[3] », après que de ci-devant marquis et d'ex-citoyen, il était devenu comte de l'Empire et conseiller d'État. C'étaient, en 1792, des étincelles latentes. Très-jeune encore, fort inconsidéré, plein de suffisance, d'une vanité ombrageuse, obsédé par l'inquiétude où il était de se faire pardonner sa naissance, Chauvelin se montra émissaire compromettant, observateur médiocre et négociateur maladroit.

Cette négociation d'Angleterre paraît avoir été la principale préoccupation de Dumouriez. Il y a consacré deux grands mémoires[4] : ce sont les pièces les mieux faites pour nous éclairer sur ses vues politiques et ses propositions d'avenir.

---

[1] Voir les *Souvenirs* de Dumont.
[2] Cf. ci-dessus, p. 336, 387.
[3] *Le Livre des orateurs*, par Cormenin.
[4] *Réflexions pour la négociation d'Angleterre*, 30 mars. *Instructions pour MM. Chauvelin, Talleyrand et Duroveray*, 19 avril 1792.

L'Angleterre, dit-il, semble disposée à la neutralité, mais ce ne sont que des intentions, et les assurances verbales qui en ont été données ne suffisent point : elles ne constituent pas un engagement. Il nous faut davantage. Les Pays-Bas vont devenir le théâtre de la lutte. « Il est possible que l'Angleterre... prenne ombrage de l'envahissement de ces belles provinces et fasse semblant de croire que nous voulons les joindre à l'Empire français. » Il importe de prévenir cette objection, de montrer les nécessités qui nous obligent à prendre l'offensive, de démasquer la coalition qui nous menace. « Ce concert par lequel des puissances étrangères se réunissent pour influer sur la constitution que la France vient de se donner, n'est, dans le fait, qu'une grande conspiration des despotes contre les États libres. C'est un renouvellement des entreprises que forma jadis Louis XIV, et que formèrent après lui l'Espagne et la Suède pour forcer l'Angleterre à rappeler les Stuarts. Nous ne craignons point qu'après avoir établi sa constitution sur le droit imprescriptible du peuple à réformer son gouvernement, à changer l'ordre ancien de succession au trône, le ministère et la nation britanniques veuillent entrer dans un concert qui porte atteinte chez un peuple voisin à ce principe auquel la Grande-Bretagne est redevable de sa prospérité. » L'Angleterre doit être rassurée sur nos intentions. « Nous déclarons que nous ne voulons point garder les Pays-Bas ni les joindre à notre empire. »

L'Angleterre n'a point de motif de s'opposer à notre entreprise ; elle doit engager les Hollandais à demeurer neutres. Quel intérêt aurait-elle à soutenir une coalition de l'Autriche, de la Prusse, de la Russie, qui les rendrait arbitres du Nord et de l'Orient, maîtresses de la Baltique et de la mer Noire? Du reste, le succès de cette ligue est improbable : elle est divisée, les Français sont unis. Considérons les résultats possibles. La victoire de la coalition, c'est le démembrement de la France. L'Autriche prendra l'Alsace et la Lorraine; mais elle ne sera pas seule à prendre ; les autres voudront des compensations, il y aura des partages en Allemagne, en Courlande, en Turquie, en Pologne ; l'Angleterre en souffrira, elle les doit prévenir. De plus, si la coalition triomphe, elle rétablira l'ancien régime, et, du même coup, l'alliance autrichienne et le *Pacte de famille*. Voilà pour la première hypothèse. La seconde et la plus vraisemblable, grâce aux ressources du pays et à l'élan du patriotisme, c'est le succès de la France, et par suite le développement de ses immenses richesses commerciales. La France sortira de la lutte plus puissante et plus prospère. L'Angleterre doit choisir : arrêter cet essor ou le seconder. Si elle nous combat, elle ruine notre commerce, mais elle ruine aussi le sien. Elle sera obligée, comme pendant la guerre de Sept ans, de soudoyer des armées en Allemagne. Qu'y gagnera-t-elle? Nos colonies? Elles sont dévastées, en proie à l'anarchie, et d'ailleurs les Anglais y rencontreront le Espagnols, et les Américains, qui leur disputeront l'empire. Les Français, pour se dédommager, garderont la Belgique, s'établiront sur le Rhin et, par le seul effet de leur voisinage, provoqueront une révolution en Hollande. La France ainsi affermie et agrandie, sera-t-il indifférent à l'Angleterre de l'avoir pour amie ou pour ennemie? Le ministère anglais doit réfléchir « sur les efforts dont sera un jour capable la France régénérée dans ses finances et soumise dans toutes les parties de son administration au régime sévère de la liberté ». N'est-il pas expédient de commencer par où l'on devra finir? de mettre un terme à ces rivalités odieuses qui séparent deux nations faites pour s'entendre?

« Calculez, devra dire Talleyrand, calculez la perte de l'alliance de la Hollande, l'ouverture de l'Escaut, et tout ce que vous aurez à craindre d'un surcroît de population de cinq à six millions d'hommes, et de la possession d'un pays riche et abondant. Vous seuls aurez porté atteinte à notre constitution, vous seuls nous aurez forcés d'étendre notre puissance en propageant notre esprit de liberté... Vous nous aurez rendus conquérants malgré nous, puisque nous serons obligés de garder ces belles provinces en nantissement de ce que vous nous aurez enlevé... Au lieu que si vous restez neutres, nous sommes sûrs de démembrer la ligue, nombreuse, mais peu solide, de nos ennemis. Vous pouvez même nous aider à contenir le roi de Prusse et la Hollande. Dans ce cas, vous devenez nos bienfaiteurs et nos alliés naturels ; nos rivalités cessent, et nous devenons conjointement les arbitres de la paix ou de la guerre dans l'univers. »

C'est l'alliance : Talleyrand la proposera formellement. Les alliés se garantiront toutes leurs possessions en Europe et dans les deux Indes. On s'entendra sur la politique continentale, on s'entendra sur la politique commerciale, on pourra même s'entendre sur le chapitre des colonies. Le Nouveau Monde est assez étendu pour qu'on se le partage. Dumouriez découvre ici les plus vastes perspectives. Si l'Espagne se montre hostile, on examinera « si le moment ne serait pas venu de former entre la France et la Grande-Bretagne, en y joignant, s'il le faut, l'Amérique septentrionale, quelque grande combinaison qui ouvre à ces trois puissances le commerce des possessions espagnoles, tant dans la mer du Sud que dans l'Atlantique ». C'étaient là des bénéfices d'avenir ; dans le présent, la France se montrait disposée à confirmer le traité de commerce conclu en 1786. Dumouriez espérait que cette concession engagerait le gouvernement anglais à garantir un emprunt de 3 ou 4 millions sterling que le trésor français contracterait à Londres. « Dans le cas, ajoutait-il, où il serait nécessaire, pour obtenir la garantie du gouvernement britannique, que nous fissions un sacrifice, le Roi vous autorise à offrir à la Grande-Bretagne la cession de l'île de Tabago, que nous avons acquise par le dernier traité de paix. Ceux qui habitent cette île sont presque tous nés dans l'empire britannique ; leurs mœurs, leurs habitudes, leur langage, leurs besoins même les mettent dans une relation nécessaire avec leur ancienne patrie. Cette circonstance nous fait croire que le commerce britannique attacherait à la restitution de cette île une véritable importance. De son côté, Sa Majesté pense qu'en l'offrant à l'Angleterre, sous la réserve nécessaire du consentement des habitants eux-mêmes, elle donne à cette puissance un gage des dispositions amicales de la nation française et du désir qu'elle a d'effacer entre elle et la nation britannique toute trace des anciennes mésintelligences. »

Une entente avec l'Angleterre fondée sur la communauté des

formes du gouvernement et cimentée par un traité de commerce ; la grosse difficulté des prétentions rivales sur la Belgique réglée par l'établissement dans ce pays d'une république fédérative vouée par son caractère même à la neutralité ; l'affranchissement des colonies espagnoles ; l'ouverture au commerce français et à l'anglais de ces vastes débouchés ; la paix du continent garantie et gouvernée par les deux plus puissants États de l'Europe, ce n'étaient point des données vulgaires, ce n'étaient point non plus des visées chimériques. Ce que Dumouriez proposait pour prévenir l'épouvantable guerre de Vingt-trois ans fut précisément ce que l'on imagina plus tard pour en éviter le retour. Ce sont les combinaisons qui ont prévalu dans le siècle suivant et assuré à l'Europe apaisée quelques-unes de ses plus belles années de civilisation et de prospérité. Enfin, il convient de relever dans ces projets de Dumouriez une phrase capitale, qui contenait tout un programme d'avenir, et qui présente, en matière de droit des gens, la véritable application des idées de 1789 : *la réserve nécessaire du consentement des habitants eux-mêmes.* La France mettait cette réserve à la cession éventuelle d'une de ses colonies, elle la mettait aussi à ses desseins sur la Belgique.

Tandis que Dumouriez méditait et traçait à la hâte ces instructions, les événements se précipitaient. La coalition se nouait en Allemagne, et, à Paris, chaque jour augmentait le péril de la famille royale, l'audace des anarchistes, la violence de la Révolution. Le ministère laissait couler autour de lui le courant qui l'avait porté au pouvoir et qui le soulevait encore. Dumouriez n'en avait pas mesuré la puissance : c'était le vice irrémédiable de ses combinaisons politiques. Il comptait sans la tempête, c'est-à-dire sans la force même des choses qui avait fait de lui un ministre de Louis XVI. Il avait sainement jugé l'Europe ; mais il se trompait sur l'état de la France, sur la nature de la Révolution, sur ce caractère singulier qui allait joindre à l'enthousiasme patriotique les emportements d'un fanatisme sectaire, et transformer en un prosélytisme conquérant le premier élan de la défense nationale. Il trouva devant lui, concourant à entraver sa politique, la propagande révolutionnaire, la diplomatie secrète de la cour, les intrigues de l'émigration. La trame était trop subtile; elle ne pouvait résister à ce triple engrenage.

IV

L'agent de la cour, Goguelat, avait devancé à Vienne les courriers du ministère. Il arriva portant, outre le billet de la Reine, une lettre de Breteuil et une autre de Mercy qu'il avait prises en passant à Bruxelles[1]. Le 30, il eut une audience de Cobenzl[2]. Il peignit la situation affreuse de la famille royale, révéla le complot ourdi contre la Reine, annonça l'imminence de la guerre, ajouta qu'on la ferait, « en passant le Rhin et en attaquant la Sardaigne ». Le Roi et la Reine désavouaient tout ce qu'on les obligeait à dire et à faire; ils ne demandaient qu'une chose, que l'Europe vînt promptement à leur secours, convaincus que, la guerre une fois déclarée, un grand parti se rallierait autour d'eux et seconderait les étrangers. La France considérerait les alliés comme des libérateurs, pourvu qu'ils n'annonçassent point l'intention de rétablir le pouvoir absolu. La cavalerie, poursuivait Goguelat, est royaliste; l'infanterie se prononce pour la guerre, mais elle est indisciplinée, dépourvue de ressources, et, dans les places fortes, sous la menace d'un bombardement, la population forcerait les garnisons à capituler[3]. Ces renseignements furent confirmés par une lettre de la Reine à Mercy, du 26 mai : elle révélait que, dans un conseil tenu la veille, le ministère avait décidé de prendre l'offensive et de commencer l'attaque par la Savoie et par le pays de Liége[4].

[1] Marie-Antoinette à François II, 13 mars 1792. Breteuil à François II, 24 mars. ARNETH, p. 258. — FERSEN, t. II, p. 14. — FLAMMERMONT, op. cit., p. 20.
[2] Sur cette conférence, voir : Cobenzl à Kaunitz, *Précis*, VIVENOT, t. I, p. 430. — Breteuil à Caraman, 27 avril 1792. FLAMMERMONT, p. 26.
[3] Rapport de Jacobi, 10 avril 1792. HERRMANN, *Dip. corr.*, p. 210.
[4] ARNETH, p. 259. Cf. la Reine à Fersen, 30 mars. FERSEN, t. II, p. 220.

Ce que Goguelat disait à Vienne, Breteuil le mandait à Berlin. Frédéric-Guillaume fit répondre qu'il n'attendait que l'Autriche, et qu'il en réclamait une action vigoureuse. « Les circonstances, écrivaient, le 5 avril, les ministres prussiens à Bischoffswerder, ne permettent plus de balancer sur l'emploi des moyens sérieux pour mettre enfin des bornes à la frénésie des démocrates [1]. » Le courrier qui portait ces instructions se croisa en route avec Bischoffswerder, qui venait annoncer à Berlin les intentions de François [2]. Ce prince écrivait, le 3 avril, au duc de Brunswick : « Le roi de Prusse et moi avons résolu de vouer des forces considérables à l'exécution d'un concert général auquel toutes les puissances vont être invitées pour sauver la France, notre chère et commune patrie, et l'Europe des progrès de l'anarchie. Jamais entreprise n'aura été formée pour une cause plus importante. Elle sera digne d'avoir à sa tête le premier capitaine de nos jours. »

La situation de l'ambassadeur de France à Vienne était des plus critiques. Traité en Autriche comme un ennemi, Noailles se savait dénoncé à Paris comme un traître. La mise en accusation de Lessart l'atterra. Il écrivit au Roi le 29 mars, pour demander son rappel; il insista, le 1er avril, dans une lettre au ministre : « Mon temps est fini. Je suis obligé d'avouer la parfaite impuissance où je suis de rendre désormais ici aucun service à ma patrie. » Il avait hésité à remettre la note de Dumouriez du 18 mars, estimant que l'Autriche y avait répondu d'avance. Il croyait sage d'attendre l'impression que ferait à Paris cette réponse. Le 4 avril, il reçut l'*ultimatum* de Dumouriez. Il n'avait plus à balancer, et il notifia incontinent cet *ultimatum* à Cobenzl [3]. L'Autriche considérait la guerre comme une nécessité. Les sommations de Dumouriez

---

[1] Flammermont, *op. cit.*, p. 20-22. — Ranke, *Ursprung und Beginn der Revolutions kriege*, p. 363.

[2] François à Frédéric-Guillaume, au duc de Brunswick, 3 avril 1792; Vivenot, t. I, p. 433-434.

[3] Rapports de Noailles, 28 mars, 1er et 5 avril. — Les *Mémoires de Dumouriez*, écrits à distance et en exil, contiennent de nombreuses inexactitudes. Je rétablis les faits et les dates d'après les documents originaux des affaires étrangères.

précipitèrent ses délibérations. Un Habsbourg ne pouvait laisser à terre le gant que lui jetait cet aventurier. Kaunitz ressentit personnellement l'injure. « Les intérêts réunis de toute l'Europe n'auraient pu l'émouvoir, écrivait Caraman ; il a été mis hors de lui en lisant les insolences de M. Dumouriez, à qui il veut prouver que sa débile main peut encore les embarrasser beaucoup[1]. » Cobenzl ne discuta point les réclamations de la France ; il se contenta de déclarer à Noailles que l'Autriche s'en tenait purement et simplement à sa note du 18 mars. Nous sommes, ajouta-t-il, entièrement d'accord sur ce point avec la Prusse[2]. Le 9 avril, Goguelat quittait Vienne avec un billet de François pour Louis XVI.

On se félicitait à Vienne de voir les Français assumer le rôle d'agresseurs[3]. A la suite d'un conseil de cabinet, tenu le 13, on activa les préparatifs et l'on tâcha de hâter la marche des troupes. Les confidents de François, ceux qui passaient pour représenter la pensée du nouveau règne, se montraient tout ardeur. La Prusse proposa de prendre l'offensive ; l'Autriche y consentit[4]. La chancellerie de Vienne s'efforçait d'émouvoir l'Europe ; elle animait les Allemands, elle sollicitait l'Angleterre, elle pressait la Russie. Elle proposait même à la Tsarine de s'entendre avec elle au sujet de la Pologne, de garantir « à jamais le repos de cette république à ses trois voisins », et de prévenir entre eux tout sujet de collision. « C'est la France qui menace, devaient dire les agents autrichiens, c'est elle qui arme, qui provoque de toute manière, en sorte que ces motifs produisent aujourd'hui l'occasion, le droit et l'objet d'une intervention armée[5]. » Cependant on ne se trouvait point encore en me-

---

[1] Caraman à Breteuil, 8 mai 1792. Fersen, t. II, p. 270.
[2] Rapport de Noailles, 7 avril 1792. *Moniteur*, t. XII, p. 167. — Cobenzl à Blumendorf, 7 avril. Vivenot, t. I, p. 434. — Cf. ci-dessus, p. 412.
[3] Rapport de Jacobi, 10 avril 1792. Herrmann, *Dip. corr.*, p. 211.
[4] Protocole du Conseil du 13 avril, Vivenot, t. I, p. 456. — Rapports de Jacobi, 18 et 20 avril, Herrmann, p. 212.
[5] Circulaires des 13, 21 et 28 avril 1792 ; Kaunitz à Stadion, à Londres, 17 et 18 avril ; à L. Cobenzl, à Pétersbourg, 12 avril ; François à l'électeur de Trèves, 18 avril. Mémoire de Kaunitz, 2 avril. Vivenot, t. I, p. 437, 450, 460, 464, 467 ; t. II, p. 1-7.

sure d'agir. Il fallait mettre l'Empire en mouvement, ce qui était toujours compliqué, et acheminer les armées d'Autriche et de Prusse jusqu'aux Pays-Bas, dont les Français inquiétaient déjà les frontières. Il parut expédient de traîner les formalités finales de la déclaration officielle de la guerre, et de laisser dans les dernières communications diplomatiques quelque apparence d'ouverture à des négociations dilatoires qui permettraient de gagner le temps dont on avait besoin. « Le roi de Hongrie, écrivait Fersen à Marie-Antoinette, a mandé qu'il était las de tout ce qui se passait en France ; qu'il était décidé à y mettre fin et d'agir ; qu'il allait faire marcher ses troupes de concert avec le roi de Prusse ; que si les Français attaquaient, il fallait les amuser pendant six semaines ou deux mois, que les armées puissent arriver ; que s'ils n'attaquaient pas, il était de même décidé à les attaquer, et qu'il fallait également les amuser par des apparences de paix jusqu'au moment où il pourrait agir [1]. » Cette lettre était datée de Bruxelles, et c'est aussi de Bruxelles que partit l'agent, très-suspect, qui se présenta en France de la part du comte de Metternich, ministre d'Autriche aux Pays-Bas, sous le prétexte d'ouvrir les voies à un raccommodement. Avec un antagoniste aussi rompu que Dumouriez aux feintes de la politique secrète, c'était perdre son temps que de chercher de la sorte à occuper le tapis [2].

Dumouriez était décidé à brusquer le dénoûment. Les perplexités de ses collègues l'y engageaient autant que les atermoiements de l'Autriche. Malgré l'exaltation que la Gironde entretenait dans les tribunes de l'Assemblée, dans les clubs et dans cette minorité oisive de la population de Paris qui se croit née pour mener la France, le parti de la guerre rencontrait des résistances qui semblaient croître à mesure que le moment de la rupture approchait. La Gironde retrouvait, jusque dans le sein du ministère, ces scrupules et ces hésitations bourgeoises et vulgaires qu'elle combattait ailleurs avec tant de véhé-

---

[1] Fersen à la Reine, Bruxelles, 24 avril 1792. Cette lettre fut envoyée dans une caisse de biscottes. FERSEN, t. II, p. 242.
[2] DUMOURIEZ, *Mémoires*, Paris, 1822-24, t. II, p. 198.

mence et de mépris : Roland et Clavière ne pouvaient se résoudre à cette extrémité ; de Grave les appuyait [1]. Roland et Clavière reculaient d'instinct, par effroi des responsabilités ; de Grave, encore que subalterne, élevait des objections plus sérieuses : il avait du bon sens, savait son métier et voyait bien que l'on n'était pas prêt [2]. Au milieu de ces tergiversations, Dumouriez reçut, le 13 avril, à minuit, le courrier de Noailles [3] avec le rapport où cet ambassadeur exposait ses hésitations à remettre la note du 18· mars, et insistait sur sa démission. Dumouriez se rendait compte que les girondins ne laisseraient point échapper l'occasion de provoquer un de ces votes d'enthousiasme qu'ils préparaient depuis trois mois. Les lenteurs de Noailles et sa démission « plate et perfide » ne leur fourniraient que trop d'arguments. Il n'avait point oublié la terrible leçon donnée à son prédécesseur. La catastrophe de Lessart, se disait-il, me menace du même sort, si je tiens la même conduite [4]! Le 14, il courut chez le Roi et demanda le rappel immédiat de Noailles ; puis comme il fallait rassurer les timorés et que le ministère balançait encore, il proposa d'envoyer à Vienne de Maulde, dont il était sûr, avec une lettre autographe du Roi : « Les Français ont juré de vivre libres ou de mourir ; j'ai fait le même serment, et le sieur de Maulde expliquera les moyens qui restent pour empêcher et prévenir les calamités de la guerre qui menace l'Europe. » Louis XVI signa la lettre. Ses précautions prises du côté des modérés, Dumouriez se retourna vers les violents, et alla lire toute la correspondance à l'Assemblée [5]. Il déclara qu'avant vingt jours on aurait la réponse définitive de l'Autriche, et que dans l'intervalle la France continuerait d'armer. Par cette démarche, il ne se couvrait pas seulement, il se coupait la retraite. Portées à la tribune et jetées dans

---

[1] Dumont, p. 418.
[2] Chuquet, *Invasion prussienne*, ch. i.
[3] Lettre de Noailles, 29 mars. Rapport du même, 1er avril 1792. Voir ci-dessus.
[4] *Mémoires*, t. II, p. 203.
[5] Dumouriez à Noailles, 18 et 27 mars. Lettre et rapports de Noailles, 6 avril. Louis XVI à François, 14 avril. *Moniteur*, t. XII, p. 145 et suiv.

le public, des sommations comme celles qu'il lançait à l'Autriche ne se retirent plus; des menaces telles que l'Autriche en adressait à la France ne sauraient plus être atténuées par aucune explication. Ni la nation française attaquée dans son indépendance, ni la cour de Vienne attaquée dans sa dignité ne pouvaient désormais reculer, la première sans ouvrir ses frontières aux étrangers, la seconde sans perdre son prestige en Europe.

L'Assemblée applaudit le ministre et vota la mise en accusation de l'ambassadeur. Dans la nuit du 14 au 15, Dumouriez reçut les rapports de Noailles du 5 et du 7 avril [1]. Le premier annonçait la communication à la cour de Vienne des instructions du 27 mars; le second exposait le refus formel de cette cour de déférer aux réclamations de la France. Cette dernière dépêche était d'une extrême gravité. Dumouriez se réserva d'y réfléchir; mais il ne différa point d'avertir le comité diplomatique que Noailles avait rempli sa mission : le décret d'accusation fut ajourné dans la séance du 15 avril. Le 18, l'Assemblée apprit officiellement que la réponse de l'Autriche se trouvait entre les mains du ministre des affaires étrangères, et qu'elle serait, ce jour-là, au conseil, l'objet « d'une très-grande délibération ». Cependant Dumouriez avait préparé un mémoire où il résumait la négociation. Il le soumit à ses collègues [2]. Lorsqu'il se rendit au conseil, il était encore fort incertain sur les résolutions qui en sortiraient. La lecture du rapport de Noailles du 7 avril, la réponse brève, sèche et péremptoire de Cobenzl, bouleversèrent les pacifiques. Le conseil approuva le mémoire de Dumouriez et décida que le Roi proposerait à l'Assemblée un décret portant qu'il y avait lieu de déclarer la guerre à l'Autriche [3]. Mais, en prenant cette résolution, les timides se flattaient encore de la vaine espérance de retarder l'explosion des hostilités. Ils se figuraient que cette démarche effrayerait l'Europe et qu'avant trois semaines on négocierait. Ils en étaient si bien persuadés qu'ils autorisèrent l'agent chargé de porter la note

---

[1] Publiés dans le *Moniteur*, t. XII, p. 134 et 160.
[2] C'est celui qu'il lut à l'Assemblée dans la séance du 20.
[3] 18 avril; Dumouriez, t. II, p. 209.

de rupture à Vienne, à y demeurer quelque temps pour recevoir les propositions de paix qui lui pourraient être faites [1]. Palliatifs puérils devant l'invasion de la fièvre qui secouait déjà Paris! Dumouriez l'attisait pour ainsi dire et en précipitait les accès à coups de révélations, livrant, par bribes, aux commentaires désordonnés de la foule le secret des dangers de l'État. Le 19, il donna lecture à la tribune du rapport du 7 avril et de la réponse de Cobenzl; puis il annonça que, le lendemain, le Roi se rendrait à l'Assemblée. Le décret d'accusation contre Noailles fut rapporté, et la séance fut levée sous l'impression de la colère provoquée par le langage des ministres autrichiens.

Le 20 avril, l'Assemblée se réunit au milieu d'un concours énorme de peuple agité : les tribunes se remplirent d'un public plus recherché que d'habitude ; on y remarquait beaucoup de femmes élégantes et parées. C'était un spectacle extraordinaire auquel on se pressait; on y venait chercher des émotions dramatiques. Des bruits singuliers qui s'étaient répandus le matin y préparaient les esprits. On racontait que l'impératrice de Russie était renversée de son trône et emprisonnée ; la nouvelle de la mort du roi de Suède, annoncée déjà, se confirmait. Les fanatiques y découvraient la main de leur Dieu, les habiles d'heureux hasards et tout le monde des accidents inattendus dont les imaginations étaient frappées [2]. Le Roi avait fait connaître qu'il viendrait à midi. La séance s'ouvrit avec un appareil futile de mise en scène. Charlier proposa que, « pour ne pas perdre un temps précieux », l'Assemblée écoutât un rapport sur l'éducation nationale. Condorcet en était chargé, et il commença de le lire. La turbulence du public contrastait avec cette affectation d'une sécurité philosophique qui n'était dans l'esprit de personne. L'arrivée du Roi interrompit la lecture. Louis XVI s'assit à sa place constitutionnelle, et Dumouriez lut le rapport adopté par

---

[1] La Reine à Fersen, 19 avril, FERSEN, t. II, p. 234; — à Mercy, 30 avril, ARNETH, p. 264.
[2] Voir au *Moniteur* du 20 avril la lettre de Francfort, t. XII, p. 163. — « La mortalité est si bien répandue sur tous ceux qui sont irrités de la Révolution française, que j'en deviens de plus en plus crédule à ma divine Providence, qui opère si miraculeusement. » *Journal d'une bourgeoise*, 20 avril, p. 69.

le conseil. Le Roi y ajouta quelques phrases qu'il avait écrites lui-même. « Un mélange de résignation et de dignité réprimait en lui tout signe extérieur de ses sentiments. Il proposa la guerre du même ton de voix avec lequel il aurait pu commander le décret le plus indifférent du monde [1]. » La proposition royale consternait les royalistes; elle remplissait le vœu des ennemis de la couronne. Les premiers déploraient la faiblesse du monarque, ils se turent; les seconds, qui en triomphaient, la méprisaient cependant, et ils n'applaudirent point. La séance fut levée après le départ du Roi et renvoyée à cinq heures du soir [2].

Paris était en effervescence. Les députés revinrent étourdis, grisés ou terrifiés par le formidable cri de guerre qui sortait de la foule et les accompagnait jusqu'à leurs bancs. Les prudents et les timides, qui la veille encore répugnaient à la guerre, s'y rallièrent par un effet même de leur prudence et de leur timidité. Les girondins se sentirent débordés. Ils voyaient, dès le premier instant, cette guerre qui devait inaugurer leur règne, usurpée, pour ainsi dire, entre leurs propres mains, et accaparée par leurs rivaux. Ils tenaient à leur réputation d' « hommes d'État »; ils se piquaient d'observer les formes. Lasource proposa le renvoi du projet de décret au comité diplomatique; quelqu'un ajouta qu'il conviendrait d'examiner les pièces et de savoir, entre autres choses, à quoi l'on s'en devait tenir avec la Prusse. Ces motions très-sages et très-opportunes furent étouffées par les clameurs. Abandonnée par les tribunes, la Gironde changea aussitôt de tactique et chercha à gagner de vitesse. Mailhe demande que l'on discute sur l'heure et sans rapport. Il est couvert d'applaudissements. Ce qui subsiste de la droite, Mathieu Dumas et ses rares amis, tâchent vainement de s'y opposer. On crie : A l'ordre! et la discussion immédiate est votée, presque à l'unanimité. L'exaltation des esprits avait gagné les bancs du centre. C'est un modéré, un feuillant, un gentilhomme parle-

---

[1] Madame DE STAEL, *Considérations*, t. I, p. 372.
[2] Cf. Mathieu DUMAS, liv. IV, ch. II. — *Mémoires d'un homme d'État*, t. I, p. 315. — DUMONT, p. 418.

mentaire, historien, membre de l'Académie des inscriptions, futur sénateur de l'Empire, futur pair et chancelier du royaume, Pastoret, qui parle le premier en faveur de la guerre : « La liberté va triompher ou le despotisme va nous détruire. Jamais le peuple français ne fut appelé à de plus hautes destinées. Nous ne pouvons douter du succès d'une guerre entreprise sous de si généreux auspices. La victoire sera fidèle à la liberté. » Un seul des opposants, Becquet, prit la parole. Il montra du courage et opina judicieusement, au milieu des huées. On ne lui répondit que par des apostrophes véhémentes. Il se trouva que la passion avait raison contre le sens commun. Becquet et ses amis ignoraient les desseins des puissances et se refusaient à croire à la complicité de la cour : c'était le fond de leurs arguments, qui tombaient à faux. Becquet s'exprima comme si la guerre n'avait eu d'autre prétexte qu'un conflit de droit public et d'autre cause que la brigue des girondins. « Si on l'entreprend, dit-il, qui contiendra au dedans les séditieux? — On murmure. — La paix est nécessaire pour rétablir les finances. — Vous ne les connaissez pas! interrompt Cambon ; nous avons de l'argent plus qu'il n'en faut. »
— Becquet continue : « L'Autriche ne désire point la guerre ; son intérêt est d'observer la révolution de Pologne et de surveiller la Russie. Elle n'a pris que des mesures défensives contre vos trois armées. Vous l'attaquez parce que vous êtes certains d'être plus préparés qu'elle. — A l'ordre! — Le concert des puissances est purement défensif. Vous déclarez la guerre sur un soupçon, et vous en faites une réalité. Les rois vont se liguer contre nous. La Prusse marchera d'accord avec l'Allemagne. L'Angleterre interviendra ; elle considère les Pays-Bas comme une barrière nécessaire à la sécurité de son commerce. J'ai peur des dangers de la guerre! » De longs murmures arrêtent l'orateur. Il conclut, quand il peut se faire entendre : « Bornons-nous à nous défendre. La guerre relève les espérances de tous les ennemis de la constitution. Vous comblerez leurs vœux en la déclarant. »

Les girondins répliquent, mais sans argumenter. Ils affirment, ils s'emportent, ils raillent, et l'on applaudit. Un jacobin, Bazire, demande que l'on discute; il est à peine soutenu. Mailhe déclame, et on l'écoute : « Le peuple veut la guerre. Hâtez-vous de céder à sa juste, à sa généreuse impatience. Vous allez décréter peut-être la liberté du monde entier. Je demande que l'Assemblée ne désempare pas avant d'avoir décrété la guerre. » On exige de toutes parts la clôture et le vote. « Ne craignez pas de précipiter votre décision, dit Aubert-Dubayet. Elle ne saurait être trop prompte. » Jaucourt oppose la question préalable. Les cris : Aux voix! redoublent. Mathieu Dumas demande à être entendu; on décide qu'il ne le sera point. Le plus fougueux des coryphées de la Révolution armée, Merlin de Thionville, s'élance à la tribune. On décrète la clôture. Alors éclate une de ces paroles formidables qui dépassent le débat qui les inspire, surprennent l'homme même qui les prononce et dégagent tout d'un coup la pensée qui germe confusément dans le trouble des esprits. « Ce que je voulais dire, s'écrie Merlin, c'est qu'il faut déclarer la guerre aux rois et la paix aux nations ! »

La question est mise aux voix. La guerre est décidée au milieu des transports d'enthousiasme des députés et des tribunes. Il reste à rédiger le décret; on le renvoie au comité diplomatique. Cependant Condorcet vient lire un manifeste qui servira d'exposé des motifs au décret, et que la rapidité des débats n'a point permis de produire en temps utile. Cette digression semble superflue. Merlin a dissipé toute équivoque; son programme est de ceux qui se passent de commentaires. L'avenir est aux audacieux, aux forts, aux violents. Les philosophes sont réduits au rôle d'apologistes de la raison d'État; on ne les appelle à disserter que sur des faits accomplis, pour les justifier; la métaphysique n'a plus la parole que dans les intermèdes. Condorcet défend la France d'ambitionner des conquêtes et de menacer la liberté des peuples. « On a fait entendre que le vœu du peuple français pour le maintien de son égalité et de son indépendance était le vœu d'une faction... Qu'est-ce qu'une faction qu'on accuse d'avoir conspiré pour la liberté du genre humain? C'est l'humanité tout entière. » L'Assemblée applaudit la phrase, mais elle ajourne la décision sur le fond.

Vergniaud propose de consacrer par une fédération nouvelle « la grande et terrible détermination » que l'on vient de prendre. L'Assemblée se fatigue visiblement et s'impatiente. Elle passe à l'ordre du jour. Il est près de dix heures du soir, lorsque Gensonné donne lecture du projet de décret préparé par le comité diplomatique. Dumouriez assistait à la délibération du comité, et il a fait introduire dans le texte une disposition qui consacre une de ses idées favorites : l'adoption des étrangers qui combattront pour la France. Les considérants du décret visent la protection accordée aux émigrés par l'Autriche, le concert formé par elle contre la France, ses refus réitérés d'y renoncer, ses armements, ses réclamations en faveur des princes allemands d'Alsace, enfin ses tentatives pour diviser les citoyens français et l'offre faite aux mécontents de l'appui des puissances coalisées. Le décret même promet aux peuples de ménager les personnes et les biens : les Français ne confondent point leurs frères avec leurs véritables ennemis ; ils entendent faire retomber les malheurs inséparables de la guerre sur ceux-là seuls qui se ligueront contre la liberté. Le décret ajoute, résumant dans leur sincérité primitive les convictions de tous les contemporains :

« L'Assemblée nationale déclare que la nation française, fidèle aux principes consacrés par la Constitution, *de n'entreprendre aucune guerre dans la vue de faire des conquêtes et de n'employer jamais ses forces contre la liberté d'aucun peuple,* ne prend les armes que pour la défense de sa liberté et de son indépendance ; que la guerre qu'elle est obligée de soutenir n'est point une guerre de nation à nation, mais la juste défense d'un peuple libre contre l'injuste agression d'un roi. »

Sept membres seulement votèrent contre ce décret[1].

La guerre déclarée, Dumouriez ne perdit point de temps pour réclamer les moyens de la soutenir. Le 23 avril, il demanda six millions de fonds secrets pour les affaires étrangères, et il écrivit au président du comité diplomatique, Koch, cette lettre significative : « Six millions déposés dans un coffre qui ne sera ouvert qu'à des besoins bien calculés augmenteront chaque

---

[1] Th. Lameth, Jaucourt, M. Dumas, Becquet, Hua, Baërt, Gentil.

jour la masse de nos ressources; je profiterai par ce moyen du zèle des citoyens courageux qui se dévouent au service de la chose publique; ils ne rougiront pas de recevoir les bienfaits de la patrie. Je n'enrichirai personne, mais personne ne s'appauvrira soit en protégeant, soit en défendant les grands intérêts de la nation. Je vous prie, Monsieur le président, de mettre ces observations franches sous les yeux du comité diplomatique et d'ajouter seulement que je me glorifie d'être pauvre et que je n'aurai jamais besoin d'être riche. » Vergniaud présenta le rapport le 6 avril; il fit observer que ces fonds devant être dépensés dans les pays étrangers, les six millions se trouvaient, par l'effet du change, réduits à trois. On hasarda quelques objections timides; la Gironde fit adopter le décret. Ce vote achevait de définir le caractère très-mêlé de l'entreprise dans laquelle se jetait la France.

L'esprit de la guerre est tout révolutionnaire; mais les prétextes, les moyens, les acteurs procèdent de l'ancien régime. La France attaque l'Europe pour la régénérer; mais l'Europe n'ayant point changé de place, il faut bien, pour l'envahir, passer par les routes anciennes. Comme on ne peut se déborder de tous les côtés à la fois, on est contraint de choisir son théâtre et de se concentrer. Comme on ne se trouve point en mesure d'anéantir d'un seul coup tous les rois, on est obligé de ménager, au moins pour un temps, ceux que l'on ne peut exterminer. Il devient indispensable de négocier en combattant. Il faut une diplomatie secrète pour éclairer la marche de l'irruption populaire, et des intrigues de chancellerie pour ouvrir des avenues à la propagande démocratique. Les passions nationales, le prosélytisme humanitaire, les mœurs politiques d'un siècle où les roués qui menaient les affaires allaient de pair avec les idéalistes qui spéculaient sur les progrès de la société, les brigues de Brissot, la métaphysique de Condorcet, les fonds secrets de Dumouriez, le fanatisme de Merlin, le patriotisme et l'exaltation de tous : on voit, dans les journées où fut déclarée la guerre, fermenter les éléments divers qui s'y devaient confondre.

Il semble que tous les malheureux que cette guerre devait

perdre s'y précipitaient sous l'influence du même vertige. Aux Tuileries, ainsi qu'à l'Assemblée, la déclaration de guerre fut accueillie comme une victoire. La Reine craignit jusqu'au dernier moment que les pusillanimes ne l'emportassent dans le conseil, que le ministère ne tachât d'atermoyer et que l'Autriche ne s'y prêtât encore. « M. de Maulde part pour Vienne, mandait-elle à Mercy le 15 avril ; il me semble que c'est la dernière au Roi ; on veut absolument la guerre ici ; tant mieux, si cela peut décider tout le monde, car notre position n'est plus supportable. » Et le 19, à la suite du conseil où l'on avait résolu de rompre publiquement avec l'Autriche : « Les ministres espèrent que cette démarche fera peur et qu'on négociera dans trois semaines. Dieu veuille que cela ne soit point et qu'enfin on se venge de tous les outrages qu'on reçoit de ce pays-ci ! »

Elle n'envisage depuis longtemps dans les ministres, dans l'Assemblée, dans la nation révolutionnaire, que des criminels contre lesquels tous les moyens sont légitimes. L'amour maternel soutient en elle l'orgueil royal, et le cœur passionne ici la raison d'État ; Marie-Antoinette ne se fait point scrupule d'épier ses adversaires et de découvrir leurs desseins aux ennemis de la France : la France, à ses yeux, c'est le Roi, ce sont ses enfants ; il s'agit de les sauver et de les réhabiliter. Louis n'a point de secrets pour elle ; elle n'en a point pour leurs alliés. Tout ce qu'elle peut pénétrer des plans de guerre, — l'attaque sur les Pays-Bas, — elle le communique à Montmorin, à Fersen, à Mercy [1]. Elle écrit, le 30 avril, à ce dernier pour résumer encore une fois ses projets, ses vœux, ses espérances [2]. Elle ajoute que

---

[1] Fersen, t. II, p. 230, 234, 299.

[2] Arneth, p. 263. « La cour de Vienne doit tâcher d'éloigner sa cause le plus que possible de celle des émigrés » ; 'qu'elle les amène à se rallier à la cause du Roi ; qu'elle manifeste clairement ces intentions dans son manifeste ; qu'elle évite d'y trop parler du Roi, de dire trop clairement que c'est lui que l'on se propose de défendre. « C'est de la nation qu'il faut parler, pour dire que l'on n'a jamais eu le désir de lui faire la guerre... éviter de paraître vouloir d'abord se mêler des affaires intérieures... Les Français repousseront toujours toute intervention politique des étrangers dans leurs affaires, et l'orgueil national est tellement attaché à cette idée qu'il est impossible au Roi de s'en écarter s'il veut rétablir son royaume. »

les ministres comptent sur le soulèvement des pays voisins, sur la désertion des troupes, sur la défection de la Prusse : « On y consacre des millions. » Elle s'efforce de prévenir la négociation d'Angleterre. Dumouriez a obtenu une lettre de Louis XVI pour Georges III. Il importe que ce prince sache que, « si elle est écrite de la main du Roi, elle n'est au moins pas de son style [1] ».

Cette négociation préoccupait infiniment tous les agents de la cour. Montmorin redoutait le « machiavélisme » des Anglais. Il craignait qu'ils ne se rendissent aux avantages que Talleyrand leur proposerait, qu'on ne reprît l'ancien projet de placer le duc d'Orléans aux Pays-Bas [2], et que l'Angleterre n'y consentît pour prolonger les troubles de la France, tout en affaiblissant la maison d'Autriche. On répétait autour de Breteuil que l'Angleterre cherchait à retenir la Russie, qu'elle prétendait au rôle d'arbitre général, que son ambition était de gouverner l'Europe en abaissant la France [3]. L'Angleterre, en demeurant, comme il était vraisemblable, parfaitement anglaise en cette crise, allait à la fois dissiper les craintes des royalistes et décevoir les illusions de la Gironde.

V

Dumouriez avait proposé de déclarer la guerre à la maison d'Autriche; l'Assemblée l'avait en réalité déclarée à la vieille Europe, et la portée du vote dépassait singulièrement celle du décret. Merlin avait défini en une phrase l'ère de combats qui commençait. Ce terrible cri de guerre bouleversait du premier coup toute la diplomatie de Dumouriez. Il avait préparé une entreprise toute politique; c'était une croisade révolutionnaire

---

[1] La Reine à Fersen, 19 avril. FERSEN, t. II, p. 234.
[2] Cf. ci-dessus, p. 56.
[3] Montmorin à la Marck, 19 avril 1792. Corr., t. III, p. 302. Caraman à Breteuil, 28 avril et 5 mai. FERSEN, t. II, p. 249, 258.

que l'on prêchait. Il avait tout disposé en vue de cette guerre, et elles se dérobait à lui dans l'instant même où elle était déclarée.

C'était sur Londres qu'il avait dirigé son principal effort ; ce fut à Londres qu'il put, dès les premiers jours, mesurer l'étendue des obstacles qui se dressaient de toutes parts autour de lui. La propagande cosmopolite, l'appel à la révolte générale des peuples et à la réforme radicale des sociétés avaient encore affaibli en Angleterre le parti des amis de la France. Ceux qui se présentaient comme les émules ou les associés de la Révolution française contribuaient, par leur agitation bruyante et séditieuse, au discrédit où tombait tout ce qui se rattachait au gouvernement de Paris. Paine avait publié la seconde partie de son écrit sur les *Droits de l'homme;* la violence en parut telle que Pitt songea à provoquer une mesure d'éclat. Il venait de se faire battre à la Chambre des communes en défendant le principe de l'abolition de la traite des noirs; cet échec ne trahissait point de la part du Parlement beaucoup de complaisance aux principes qui prévalaient en France. Pitt n'eut pas de peine à faire repousser la réforme électorale, qu'il combattit comme dangereuse et inopportune. La déclaration de guerre survint sur ces entrefaites; il s'ensuivit une forte baisse sur les fonds publics. Les Anglais s'inquiétèrent aussitôt de la Belgique, et l'on parla de faire une presse de matelots. Il n'en fut rien. Le ministère rassura les commerçants, se montra confiant et demeura pacifique. Une note envoyée aux journaux, le 28 avril, le déclara formellement. La neutralité semblait donc certaine avant l'arrivée de la nouvelle mission française [1]; mais les mêmes dispositions qui assuraient la neutralité s'opposaient à l'alliance. Si la France s'aventurait jusque-là, elle était sûre d'être arrêtée.

L'ambassade formée par Dumouriez ne se pressait point de

---

[1] Le chargé d'affaires, Hirsinger, écrivait le 28 avril : « Il ne se fait aucun préparatif dans les ports et arsenaux, et tout annonce que l'Angleterre ne se départira point du système de neutralité qu'elle a adopté depuis le commencement de notre révolution. » — Cf. Governor Morris à Jefferson, 25 avril, t. II, p. 134.

partir de Paris. Le 20 avril, elle y était encore [1]. C'était Chauvelin qui commençait ainsi, avant même d'être en route, à entraver la mission dont il était le chef nominal. On y avait associé, à côté de Talleyrand, le Génevois Duroverai. Chauvelin s'en offensa, se voyant, dit un contemporain, « comme un jeune homme qu'on envoie dans une cour étrangère avec deux gouverneurs ». Il ne montra pas toujours autant de perspicacité. Dumouriez s'impatientait de ces retards. Il fit venir Dumont, l'ami de Mirabeau, qui patronnait les envoyés français auprès des libéraux de Londres : « M. de Talleyrand s'amuse, lui dit-il; M. de Chauvelin boude; M. Duroverai marchande. Dites-leur que, s'ils ne sont pas en route demain soir, après-demain une autre ambassade sera nommée et partira avant midi. » Cette menace mit d'accord les trois envoyés, et ils prirent la malleposte. Ils emmenaient, en qualité de secrétaire, un théologien wurtembergeois qui s'était fait Français par amour de la Révolution, Reinhard : il savait le droit public et possédait, a dit Talleyrand, une force et une souplesse de raisonnements remarquables ; il représentait, dans la mission, la gravité, le travail, les connaissances, tout le fond de chancellerie. On lui adjoignit, pour le divertissement, un homme de lettres, Garat, celui que Camille Desmoulins appelait « Garat l'orateur », non qu'il lui trouvât du talent, mais parce qu'il voulait le distinguer de son homonyme, « Garat le rossignol », qui se contentait de chanter. Garat mettait plus d'esprit dans sa conversation qu'il n'en montrait dans la politique; il fit la joie du voyage. Il était ravi de quitter Paris, de respirer librement, de voir du pays. « C'est un écolier en vacances ! » disait Talleyrand. Arrivé en Angleterre, il admirait tout et s'étonnait de tout, surtout peut-être d'y arriver en ambassade. « Quel dommage ! s'écriait-il, si l'on allait révolutionner ce beau pays ! Quand la France sera-t-elle aussi heureuse que l'Angleterre ? »

Le 2 mai, Chauvelin eut son audience du Roi. Il faisait les visites, Talleyrand dirigeait la mission et dictait les rapports [2].

[1] Dumont, ch. xxi, p. 421 et suiv.
[2] Talleyrand à Dumouriez, 28 mai 1792. — Les travaux étaient difficiles : les

L'accueil de Georges III fut plus que réservé. Deux jours après, les journaux français apportèrent à Londres le texte de la lettre que Chauvelin avait remise au Roi de la part de Louis XVI. On l'avait publiée à Paris avant qu'elle eût été communiquée au souverain auquel elle était adressée. Cette indiscrétion, écrivaient les envoyés, est bien faite pour éloigner la confiance « d'un gouvernement dont les confidences remplissent les gazettes et qui notifie quand il paraît insinuer.[1] » Pour corriger le fâcheux effet de cette impertinence, pour atténuer surtout les inquiétudes qui se répandaient autour d'eux, ils crurent devoir répudier solennellement les vues de prosélytisme et de conquête[2]. Leurs déclarations péremptoires dépassaient singulièrement les données de leurs instructions. Talleyrand le jugeait nécessaire. « Comment, écrivait-il le 23 mai, pourrions-nous caractériser d'atteinte au droit des gens l'intervention de l'Autriche dans nos affaires, si nous ne nous interdisions scrupuleusement tout acte du même genre envers des puissances amies ou même neutres, surtout envers celles qui, comme l'Angleterre, ont constamment respecté les lois du bon voisinage sans prendre aucune part dans nos troubles intérieurs? »

Il n'y avait point à espérer de révolution en Angleterre; il importait de ne s'y point rendre suspect de propagande. La cour, le public même étaient prévenus contre les envoyés[3]. Ils avaient été reçus « très-froidement à la cour et presque injurieusement par le public », rapporte Dumont. Ils ne fréquentaient que les membres de l'opposition, Fox, Sheridan, fréquentations compromettantes de part et d'autre. La retenue extrême des ministres à leur égard ne tarda point à les inquiéter; leurs sentiments et leur situation sont vivement décrits dans

---

négociateurs n'avaient apporté aucun bagage diplomatique, et ils ne trouvèrent aucune ressource dans les archives de l'ambassade, pas même un recueil de traités. Rapport du 4 mai.

[1] Rapport du 4 mai 1792.
[2] Note du 12 mai à lord Grenville. *Moniteur*, t. XII, p. 470.
[3] « Il n'y a pas de calomnie atroce qu'on ne débite sur M. de Chauvelin. Enfin M. de Carency a été dire à M. Burke qu'il était déguisé en poissarde le 6 octobre. » Madame de Coigny à Biron, 4 mai 1792. *Lettres de la marquise de Coigny.*

un rapport, où l'on devine la main de Talleyrand [1]. Sous prétexte d'exposer l'état des affaires, il insinue de sages conseils et de judicieuses critiques. Il explique qu'il n'y a rien à attendre de l'opposition parlementaire, et qu'elle n'a rien de commun avec un parti de révolution. On la regarde « comme un expédient aussi nécessaire à la constitution que le ministère lui-même; mais c'est là tout; et, tant qu'on les voit aux prises l'un avec l'autre, on se croit sûr de la liberté ». Les réflexions discrètes de Talleyrand sur ce chapitre étaient suivies de propositions tout aussi raisonnables, tout aussi pratiques, mais dont le sommaire suffit à montrer à quelle impuissance se trouvait réduite l'ambassade. Il demandait qu'on s'abstînt de menacer le ministère britannique, de l'injurier, de cabaler contre lui, qu'on évitât dans les journaux de présenter comme une victoire de la liberté toute agitation qui éclatait en Angleterre, car c'était avec le ministère qu'il fallait négocier et traiter. Il suppliait qu'on ne lût pas leurs dépêches à la tribune, qu'on ne les communiquât point toutes vives aux journaux. « Le ministère britannique est le plus secret de toute l'Europe; on lui en reconnaît même le droit, parce qu'il est responsable. » Quant à la France, « elle a besoin d'avoir plus que jamais un gouvernement ferme et actif pour conserver le langage et l'attitude d'une puissance. Nous en avons besoin aussi pour continuer à la représenter avec courage. »

La désillusion perce sous la forme très-circonspecte de ces *Lettres sur les Anglais*, que Talleyrand commençait à écrire, et qui, lues à distance, nous présentent moins les pièces d'une négociation qui se déroba toujours, que les jugements et les avis d'un des plus sagaces observateurs que rencontra jamais un ministre des affaires étrangères. Il fallait bien s'en tenir à la critique, aux exposés, aux définitions et aux conseils; le dédain et la prudence du ministère anglais réduisaient les envoyés de Dumouriez à ces occupations tout académiques. Après les avoir fait attendre près d'un mois, lord Grenville se contenta de leur trans-

[1] 23 mai 1792.

mettre, le 24 mai, une proclamation qui fut publiée le 25 [1]. L'Angleterre déclarait son regret de la guerre; elle promettait de respecter les traités; elle exprimait le désir de demeurer en paix avec la France et le vœu que la France y contribuât « en faisant respecter les droits de Sa Majesté et de ses alliés ». Lord Grenville désignait par cette dernière phrase la Prusse et la Hollande. Conseiller à Dumouriez de ménager la Prusse, c'était prêcher un converti; il était disposé, pour la Prusse, à bien autre chose qu'à des ménagements. Il aurait voulu la gagner à tout prix. Mais il était trop tard : la propagande qui éloignait les Anglais de l'alliance poussait les Prussiens à la guerre.

A Berlin, le parti français était réduit au silence. Les nouvelles de Paris le décréditaient chaque jour davantage. Se montrer pacifique, c'était passer pour jacobin. La bourgeoisie de Berlin ne s'en faisait pas faute; mais, écrivait Custine, « son zèle ardent et inquiétant pour les principes démocratiques ne contribue pas peu à irriter le Roi jusqu'au délire [2] ». Les émigrés français en profitaient habilement. Ils acclamaient en Frédéric-Guillaume le sauveur de la monarchie et lui promettaient l'alliance de la royauté restaurée. Ils lui affirmaient qu'à l'apparition de ses troupes, au premier son de ses fifres, on verrait se disperser les hordes révolutionnaires et s'ouvrir d'elles-mêmes les portes des citadelles. « N'achetez pas trop de chevaux, disait Bischoffswerder aux officiers, la comédie ne durera pas longtemps. L'armée des avocats sera bientôt anéantie en Belgique, et nous serons de retour dans nos foyers vers l'automne [3]. » On espérait donc que la campagne serait brillante et facile. On s'attendait de plus qu'elle serait lucrative; non que l'on songeât à dépouiller directement la France : on se bornerait, s'il était nécessaire, à la laisser dépouiller par l'Autriche, qui aurait l'odieux de la mesure et les embarras du démembrement. La Prusse ne demanderait à Louis XVI que le payement des frais de la cam-

---

[1] *Moniteur*, t. XII, p. 534. Voir dans Feuillet, t. V, p. 447, la réponse insignifiante de Georges III à Louis XVI, 18 mai.
[2] Rapport du 29 avril 1792.
[3] *Mémoires d'un homme d'État*, t. I, p. 357.

pagne et un bon traité d'alliance, supplantant ainsi l'Autriche au moment même où elle semblerait en soutenir la cause. Quant aux bénéfices matériels, elle les trouverait ailleurs, dans cette terre promise de Pologne, où, comme on disait naguère, il n'y avait qu'à se baisser pour prendre. La grande Catherine préparait une vaste opération et se déclarait disposée à y associer la Prusse. Les prudents conseillers de Frédéric-Guillaume avaient jugé nécessaire de s'assurer contre les risques avant de jeter dans cette grande partie l'héritage de Frédéric : l'armée prussienne et le trésor de guerre. La garantie était venue de Pétersbourg, les diplomates s'occupaient d'en dresser le contrat, et convaincus désormais qu'allant à l'honneur ils reviendraient avec le gain, les successeurs des chevaliers teutoniques brûlaient de partir pour la croisade.

Le vide se faisait autour de Custine[1]. A son arrivée, on l'avait « toléré », grâce au patronage du duc de Brunswick, à l'amitié du prince Henri, à d'anciennes liaisons formées en 1786. Il était désormais en quarantaine. L'assassinat de Gustave III avait fort affecté le Roi et fourni des arguments aux ennemis de la France. On voyait partout des assassins et partout des conjurés, surtout à la légation de France. Cette nouvelle « est affreuse pour nous, écrivait Custine. Je n'avais pas besoin de ce surcroît de difficultés. » Il n'y avait rien à attendre de l'intrigue ni de la corruption. L'intrigue travaillait pour les émigrés : leur agent, le baron de Roll, passait pour avoir accompli ce prodige de rapprocher les deux coteries et de réconcilier la favorite avec le favori. La « maîtresse en exercice », la comtesse Dœnhoff, était très-aristocrate et craignait de se mêler de politique. La « maîtresse douairière », madame Rietz, qui s'en mêlait, était « au dernier degré d'exaltation contre-révolutionnaire ». « Un jeune Français, ajoutait Custine, prenait le soin particulier de la confirmer dans ces dispositions. » Quant à Bischoffswerder, c'eût été peine perdue de chercher à le gagner. L'alliance autrichienne était son ouvrage et la condi-

---

[1] Rapport du 1er avril 1792. — Archives nationales.

tion même de son influence. « Supposé qu'il soit vénal, ce que j'ignore, si nous lui offrons de le payer, ce sera pour embrasser un parti qu'il déteste contre un parti qu'il aime et qui lui rapporte également. Il faut être bien gauche pour lui donner ainsi une tentation d'être honnête homme ou l'occasion facile de s'en donner l'air à si bon marché. » « Que ne peut l'argent dans une maison si pauvre? » disait naguère Mirabeau. L'argent n'y pouvait rien pour Custine : on l'excluait du marché. Il y avait un cordon de police autour de sa maison. « Les moyens que tous les diplomates du monde emploient pour se faire écouter ou être informés de ce qui se passe, et dont tous les ministres résidents à cette cour se servent avec plus de succès et plus généralement qu'ailleurs, me sont interdits. » S'il essayait d'y recourir, il se ferait surprendre avec scandale, puis congédier avec éclat. Il fallait laisser passer l'orage. Si la France résistait à l'agression et démentait le calcul des favoris, Frédéric-Guillaume reviendrait de son erreur. « Ils reconnaîtront que combattre contre nous, c'est combattre contre eux-mêmes, et qu'ils seront ruinés de notre ruine. » Pour les dégoûter de l'alliance autrichienne, il suffisait de les en laisser faire l'épreuve. La force des choses les conduirait à se réconcilier avec nous. Il était dangereux et prématuré de les en solliciter en ce moment, mais il convenait de leur en ménager le moyen. « Évitons, concluait Custine, ce qui dans une rupture pourrait aigrir et aliéner trop fortement deux États que la nature destine à se rapprocher. »

Il n'y avait donc point à parler d'alliance. Custine en était convaincu, et il en eut une preuve trop manifeste, lorsque, après avoir reçu les instructions de Dumouriez, il en alla conférer avec Schulenbourg [1]. Custine lui représenta que l'intérêt des puissances commandait la paix. « Si l'intérêt doit être compté, répondit Schulenbourg, l'honneur des couronnes doit l'être aussi, et cet honneur est blessé par vos provocations, vos demandes d'explications péremptoires, accompagnées de menaces

---

[1] Rapport de Custine du 1er avril 1792.

et présentées comme des conditions de la paix. » Il fut question des troubles qui agitaient la Belgique. Custine défendit à la France de les fomenter : « Nos principes sont connus, ils proscrivent l'esprit de conquête. » Schulenbourg demanda comment on les conciliait avec l'annexion d'Avignon. « C'est, répliqua Custine, que nous ne faisions que reprendre notre bien. » La diversion était insidieuse ; Custine sut l'éviter et revint à son thème. Il insista sur l'intérêt évident de la Prusse à ménager la France. Schulenbourg l'interrompit : « Assurément la ruine de la France ne serait un bien pour aucune puissance, excepté peut-être pour l'Angleterre. La Prusse en souffrirait plus qu'aucune autre... Vos principes, ajouta-t-il, et votre constitution ne la regardent en rien, tant qu'ils ne s'appliquent qu'à vous ; leurs inconvénients ne peuvent affecter le Roi que par l'intérêt qu'il a à repousser cet esprit de prosélytisme qui semble menacer tous les potentats et vouloir s'étendre sur tous les pays. — Mais reprit Custine, si la France, donnait sur tous les points en litige des déclarations rassurantes? — Qui les garantirait? demanda Schulenbourg. Sur quoi peut-on compter aujourd'hui chez vous, où deux ou trois partis se disputent la victoire et la domination? — Sur la constitution, répondit Custine. Si l'on nous force à faire la guerre, on verra que les partis qui vous semblent acharnés à se détruire se réuniront pour la défendre. — En ce cas, la guerre serait un bonheur pour vous. — Rien n'est plus possible sans doute. »

Schulenbourg, qui avait été constamment attentif et poli pendant l'entretien, promit d'en référer à Frédéric-Guillaume. La réponse qui fut donnée, le 6 avril, à Custine portait que le Roi n'avait rien à lui dire de plus qu'à M. de Ségur. Schulenbourg l'engagea vivement à ne point insister pour être admis en qualité de ministre. Les circonstances ne s'y prêtaient pas. Frédéric-Guillaume recevait des lettres qui lui prédisaient le sort de Gustave III. Il voyait dans les discours de l'Assemblée « la cause du fanatisme par lequel ses jours étaient menacés ». L'amnistie accordée aux assassins d'Avignon acheva de déconcerter les derniers partisans de la France. « Rien, écrivait

Custine le 10 avril, n'a plus contribué à nous ôter des amis, à nous perdre dans l'opinion. Tous ont été indignés, et plusieurs des plus précieux défenseurs de notre constitution, dans la classe des gens de lettres et des savants, ont annoncé ouvertement qu'ils ne pouvaient soutenir un gouvernement qui se déshonorait par de pareilles mesures. »

Custine avait donc perdu toute espérance de négociation, lorsque arriva la nouvelle de la déclaration de guerre. Elle ne s'adressait qu'à l'Autriche ; mais il y avait alliance entre l'Autriche et la Prusse, et Frédéric-Guillaume se considéra comme attaqué. Le 29 avril, dès qu'il connut la nouvelle, il revint précipitamment à Berlin et donna l'ordre de presser les préparatifs, « laissant paraître l'agitation, la colère, la violence dont il était possédé ». Le 1er mai, Custine se rendit chez Schulenbourg, qui lui annonça l'entrée en campagne de la Prusse. Le ministre prussien était fort ému des discours de l'Assemblée et des circonstances qui avaient accompagné la déclaration de guerre. Comme Custine lui faisait observer qu'en cas de succès comme en cas de revers, l'entreprise serait malheureuse pour la Prusse : « On l'a voulu, répondit Schulenbourg. Depuis dix mois, les tribunes françaises retentissent d'injures contre les têtes couronnées ; il fallait que cela finît. » Il ne dissimula pas que « l'indifférence sur notre existence future, sur les calamités qui nous attendent après une contre-révolution, que le désir de la vengeance pour le passé, celui d'assurer la tranquillité des gouvernements dans l'avenir, étaient les seuls moteurs des résolutions actuelles ». Il n'y avait plus rien à faire à Berlin. « Tous, écrivait Custine, consentent que la France disparaisse de la balance européenne et composent leurs calculs politiques sur de nouveaux éléments. » Et il ajoutait, le 13 mai : « La position est insoutenable et dénuée du seul espoir qui pût la faire soutenir, l'espoir d'être utile [1]. »

Si Custine se voyait congédié de la sorte, malgré son nom, son caractère public, ses relations personnelles et la parfaite

---

[1] Rapports de Custine, 6, 10, 21, 24, 29 avril ; 1er, 2, 12, 13 mai 1792. Archives nationales.

correction de sa conduite, les émissaires de Dumouriez, réduits aux seuls moyens de l'intrigue et naturellement suspects de propagande, n'avaient aucune chance de se faire écouter. Benoît était arrivé à Berlin le 24 avril [1]. Il vit plusieurs fois Heymann. Schulenbourg refusa de le recevoir, ne voulant pas, disait-il, « compromettre le Roi avec ces misérables »; mais il lut un mémoire que Benoît avait rédigé, et il écouta ce que Heymann rapportait de leurs entretiens. Benoît, dans son mémoire, demandait au roi de Prusse de se faire médiateur entre la France et l'Empire pour les affaires d'Alsace, et de s'entremettre afin de rétablir l'ordre en France. Dans les conversations, il en dit bien davantage, et l'étrangeté de ses propos ne laissa point de surprendre les Prussiens. Si le roi de Prusse, que tout le monde redoute, disait Benoît, recourait aux voies pacifiques, son intervention serait accueillie avec empressement. « On pourrait même en venir à rétablir la noblesse, pourvu que ce point et, en général, les amendements de quelque importance que l'on voudrait faire à la constitution ne fussent pas mis d'abord en avant, de crainte d'effaroucher le peuple. » Le seul article qu'on ne pourrait toucher était celui des biens ecclésiastiques. Schulenbourg conclut de ces insinuations que le ministère français redoutait fort la Prusse et désirait la séparer de l'Autriche. Il démêla même fort clairement les arrière-pensées de Dumouriez. La suite prouva qu'il ne se trompait pas en supposant que, « dans la position critique des affaires, ce général désirait que ce fût lui-même qui parût donner lieu au rétablissement de l'autorité royale, et se flattait de s'en faire un mérite et d'y trouver son compte ». Le ministre prussien jugea expédient de tout raconter à Vienne, où Maulde portait peut-être des propositions du même genre; mais il ne crut pas devoir, dans l'intérêt même de Louis XVI et de la Reine, décourager entièrement Benoît et celui qui l'envoyait. Il était bon de les intéresser à la sécurité de la famille royale; il n'était pas inop-

---

[1] *Note sur la mission de Benoît*, affaires étrangères. — Schulenbourg au roi de Prusse, 28 avril 1792. Archives de Berlin (communiqué par M. Flammermont). — Sybel, 4° éd., t. I, p. 375-376.

portun non plus de ménager à la Prusse, le cas échéant, un intermédiaire auprès du parti de la Révolution. Schulenbourg fit donc savoir à Benoît que la Prusse persistait fermement dans le concert ; elle ne se séparerait pas de l'Autriche et n'entamerait de négociation en France que lorsqu'elle y trouverait un gouvernement assurant avec la répression de l'anarchie le rétablissement de l'autorité royale. L'esprit de la communication se trahit dans le commentaire qu'en donna Heymann. « Partez vite », dit-il à Benoît le 29 avril, en lui transmettant les paroles de Schulenbourg ; « tâchez d'éviter les hostilités. Du reste, sauvez le Roi, ayez un gouvernement, nous vous abandonnons la noblesse et le clergé, et nous serons à vous. » Ayez, ajouta-t-il, des égards bien marqués pour la Prusse. Continuez, si cela est nécessaire à votre popularité, d'injurier l'Autriche ; la Prusse fera savoir à Vienne ce qu'il en faut penser. — Benoît partit le lendemain, déclarant que le dernier mot n'était pas dit, qu'il reviendrait où et quand la Prusse le désirerait. — Peut-être, ajouta-t-il, vaut-il mieux, pour le succès de la négociation, que l'armée prussienne se trouve sur le territoire français. — Ce fut, en effet, dans ces conditions-là que, quelques mois après, Benoît reprit, en Champagne, la conversation au point où il la laissait alors à Berlin.

Les deux autres émissaires de Dumouriez arrivèrent lorsque tout était déjà perdu. Rivals et Bays venaient de traverser le sud de l'Allemagne. On s'y était montré d'autant plus pacifique que ces deux voyageurs assuraient plus fortement que les Français ne passeraient point le Rhin [1]. Ils étaient à Berlin le 12 mai. Rivals fit connaître sa qualité de secrétaire de légation ; Bays crut sage de dissimuler la sienne. Hertzberg, qu'il alla voir, le reçut « avec beaucoup d'honnêteté », mais déclara qu'il ne se mêlait plus de rien, que son amitié pour la France contribuait à sa disgrâce et qu'il ne pouvait rien entendre sans l'agrément du Roi. Il conseilla à son interlocuteur de quitter Berlin, ce que Bays fit le 4 juin [2].

---

[1] Rivals à Dumouriez, 5 et 12 mai 1792.
[2] Rapports de Bays, 12, 14, 19 mai 1792. — FERSEN, t. II, p. 273. — *Mémoires d'un homme d'État*, t. I, p. 367.

Ces allées et venues d'agents achevaient de décontenancer Custine. Il songeait à se réfugier à Rheinsberg, chez le prince Henri, en attendant son rappel; mais Schulenbourg lui notifia qu'il serait gardé à Berlin, jusqu'à ce que M. de Blumendorf et un courrier prussien, retenus à Paris, fussent libres d'en sortir [1]. Custine servait ainsi d'otage pour le chargé d'affaires d'Autriche : voilà tout ce qui restait des grands desseins fondés sur l'alliance prussienne. Dumouriez, cependant, ne pouvait se résigner à battre en retraite sur ce champ de manœuvre de Berlin, qu'il croyait si bien connaître et où il espérait jouer de si beaux coups de partie. Il était rompu à tous les artifices de la vieille diplomatie et ne voulait abandonner aucune de ses cartes sans en avoir essayé. On lui avait voté six millions de fonds secrets; il y avait de quoi faire, et il essaya. Il avait envoyé aux Deux-Ponts M. de Naillac, conseiller d'ambassade, « un des plus constants voyageurs politiques » de l'ancienne diplomatie. L'agent était adroit; il trouva cette petite cour dans l'épouvante. Le duc pusillanime, prodigue, avide et obéré, son ministre M. d'Esebeck, remuant, brouillon, effaré, tremblaient devant l'invasion de la France. S'ils faisaient mine de résister, la France les expulsait; s'ils avaient l'air de se soumettre, l'Allemagne les traitait en ennemis. Enfin le duc était héritier présomptif de la Bavière; l'Autriche le menaçait d'expropriation; il avait grand besoin que la France lui garantît son héritage. Narbonne avait songé à l'entreprendre par ses bâtards [2]. Dumouriez pensa qu'il trouverait en lui un interprète convaincu auprès de la Prusse. Le courtage en valait la peine. « Vous pouvez, écrivait-il à Naillac, le 19 mai, annoncer au ministre que, s'il réussit à empêcher la marche des Prussiens et à faire accéder la cour de Berlin à la même neutralité que le reste de l'Empire, il y aura un million pour le duc des Deux-Ponts et deux cent mille livres pour celui ou celle qui aura fait réussir cette négociation. » Elle ne réussit pas. Aux ouvertures qui leur furent faites, les ministres prussiens répondirent, le 7 juin, que la

---

[1] Rapport de Custine, 18 mai 1792.
[2] Voir ci-dessus, p. 338.

Prusse ne se séparerait point de l'Autriche, et ils ajoutaient : « Il est impossible d'entrer en négociations quelconques avant que le pouvoir légal, le seul avec lequel on puisse traiter, soit rétabli en France avec l'autorité nécessaire pour que l'on puisse négocier avec lui. »

Le même jour, Custine, instruit de l'arrivée à Bruxelles du comte de Goltz et avisé qu'il obtiendrait ses passe-ports, les demanda. Le 9, en partant, il écrivait à Dumouriez : « La cour de Berlin est aujourd'hui celle qui désire le plus la rapidité, l'irrésistibilité de l'expédition de France... L'accord avec la Russie n'est plus douteux. Tout ceci présage et déterminera peut-être plus tôt qu'on ne pense un nouveau partage de la Pologne. » Quatre jours auparavant, le 5, Blumendorf avait quitté Paris, et Noailles était invité à quitter Vienne. Toute l'ambassade se retirait à la fois, y compris Maison, qui avait porté la déclaration de guerre. Il avait eu le temps de constater qu'il ne ferait rien d'utile en Autriche; on lui exprima d'ailleurs formellement le désir de ne l'y point voir séjourner [1].

La négociation était manquée en Prusse. En Sardaigne, on n'avait même pas pu l'entamer [2]. Le Roi était tout feu pour la coalition. Il en attendait précisément le bénéfice que lui offrait la France, la Lombardie; mais, au lieu de l'obtenir, malgré l'Autriche, en échange de la Savoie et de Nice, cédées aux Français, il espérait la recevoir des Autrichiens eux-mêmes, en compensation des conquêtes qu'il les aurait aidés à faire sur les Français. Il en était là lorsqu'il reçut l'avis que le gouvernement de Paris lui envoyait un ministre et avait désigné pour cette mission M. de Sémonville, alors accrédité à Gênes. Au nom seul de l'agent, Victor-Amédée s'emporta : « Je ne le recevrai pas, s'écria-t-il; je ne m'abaisserai pas à l'humiliation de voir dans mon royaume un jacobin de cette espèce. » Le fait est que, pour une cour qui tenait de si près à la famille royale et à l'émigration, le choix était au moins inconsidéré. « Actif, délié, intelligent, dit la Marck, fait pour l'intrigue,

---

[1] Rapports de Custine, 2 et 9 juin. — Rapport de Noailles, 5 juin.
[2] Bianchi, t. I, p. 640 et suiv.

dans laquelle il se plaisait, indépendamment des avantages qu'elle pouvait lui rapporter[1] », Sémonville avait été l'un des adeptes les plus zélés et l'un des préparateurs les plus experts de la fameuse « pharmacie politique » de Mirabeau. Après la mort de son patron et ami, le grand tribun, il s'était lancé dans la diplomatie et y avait apporté les mêmes habitudes d'intrigue, les mêmes goûts d'agitation, les mêmes inclinations pour les moyens de police. A Gênes, il passait pour travailler à révolutionner l'Italie, et les émigrés, auxquels il faisait une guerre acharnée, l'avaient depuis longtemps dénoncé à la cour de Turin. Sous prétexte que sa nomination n'avait pas été notifiée dans les formes, Victor-Amédée donna l'ordre au gouverneur d'Alexandrie de l'arrêter au passage et de lui refuser des passeports, ce qui fut fait le 19 avril. Dumouriez déclara, le 26, à la tribune qu'il exigerait une réparation éclatante. En réalité, il la réclama posément et traîna les choses en longueur. C'est qu'il espérait renouer avec Victor-Amédée et cherchait, par l'intermédiaire d'un Sarde établi à Paris, le baron Trichetti, à faire admettre un autre envoyé. Il proposait un ancien consul général, fort modéré d'opinions, Audibert-Caille, qui aurait pour instructions d'apaiser le différend relatif à Sémonville et d'obtenir la neutralité de la Sardaigne[2]. Les Sardes ne refusèrent ni n'acceptèrent; ils firent attendre à Audibert ses passe-ports jusqu'au moment où ils se crurent en mesure de rompre ouvertement. Le 2 juillet, le comte Viretti, secrétaire du Roi, à qui Audibert s'était adressé, lui répondit par un refus formel : « Il était impossible, concluait-il, d'entrer en négociation avec un gouvernement fondé sur le sable, au moment où la France était au bord de l'abîme et touchait à sa destruction. »

C'était la même réponse qu'à Berlin. L'Espagne avait consenti à recevoir le ministre de France, Bourgoing, mais l'accueil, qui avait été plus que froid de la part du Roi et de la Reine, avait été injurieux de la part des courtisans. L'Espagne craignait de se mêler à la guerre; elle espérait que l'Autriche et la

---

[1] *Correspondance*, t. I, p. 220, 222; t. II, p. 82, 83.
[2] Instructions pour Audibert-Caille, 1er juin 1792.

Prusse réussiraient à rétablir en France l'autorité royale ; elle se réservait et attendait. D'ailleurs, l'Angleterre demeurant neutre, la prudence lui conseillait de s'abstenir. Cette neutralité de l'Angleterre commençait à revêtir une nuance assez marquée de malveillance et d'inquiétude. La cause en était dans les progrès de la propagande qui, prêchée violemment à Paris, s'organisait ouvertement sur la frontière de Belgique.

Le 24 mai, lord Grenville, dans la note pacifique qu'il avait remise à Chauvelin, indiquait, comme une condition de la neutralité anglaise, le respect des droits de l'Angleterre et de ses alliés. Que fallait-il entendre par ce mot : les alliés de l'Angleterre? S'agissait-il de la Hollande? s'agissait-il de la Prusse? et prétendait-on à Londres que la France respectât leurs droits, alors même qu'elles ne respecteraient point ceux de la France? Chauvelin essaya de le tirer au clair avec Grenville [1] ; ce ministre ne parut point pressé de s'expliquer. C'est la Hollande, dit-il, qu'il avait particulièrement en vue. « Mais, fit observer Chauvelin, si la Hollande est en première ligne dans les préoccupations de l'Angleterre, la Prusse prend la même place dans celles de la France. » Grenville reconnut que l'Angleterre n'ayant que des alliances défensives, le *casus fœderis* ne se poserait pour elle que si la France attaquait ses alliés ; il n'existerait point, au contraire, « si tel allié se faisait agresseur ». Ce discours, très-vague, donna beaucoup à penser à Dumouriez. L'Angleterre avait, depuis le traité d'Utrecht et celui des Barrières jusqu'à la convention de la Haye en 1790, conclu nombre de pactes défensifs et garanti, sous une quantité de formes, la Belgique à la maison d'Autriche. « Se croirait-elle autorisée à empêcher les troupes françaises de faire une invasion dans les Pays-Bas? » C'était, pour Dumouriez, un point à déterminer « sans laisser la moindre équivoque ». Il en écrivit aussitôt à Chauvelin [2], et ajouta, au sujet de la Hollande : « Nous ne demandons qu'à continuer à vivre dans la meilleure harmonie avec la République, et toutes nos négociations à la Haye sont

---

[1] Rapport de Chauvelin, 5 juin 1792.
[2] 14 juin 1792.

entièrement dirigées vers ce but; mais il faut que, de son côté, la Hollande nous garantisse la neutralité la plus parfaite. » Une révolution suivra le succès des armées françaises en Belgique. La France sera tenue, « par toutes les lois de l'honneur et de la justice, à maintenir cette indépendance, par conséquent la nouvelle forme de gouvernement qui s'introduirait nécessairement dans ces provinces ». Si la Hollande intervient en vertu de ses traités avec l'Autriche, l'Angleterre jugera-t-elle que, dans ce cas, la France sera l'agresseur? Enfin si la diète de Ratisbonne déclare la guerre à la France, et que le roi Georges y prenne part, à titre d'électeur de Hanovre, l'Angleterre y sera-t-elle engagée?

La dépêche de Dumouriez était pressante. Les envoyés français à Londres ne se crurent point en mesure de le prendre avec les Anglais sur un ton aussi péremptoire. Ils estimèrent, et l'on reconnaît ici le coup d'œil de Talleyrand, qu'il ne convenait point de tant préciser les questions et de les développer avec cette roideur de logique; qu'il valait mieux paraître s'accorder sur un malentendu que s'exposer à rompre pour avoir tenté de le dissiper; qu'il importait de ne paraître douter ni d'autrui ni de soi-même; qu'il n'y avait point lieu de s'appesantir sur ce mot élastique d'*alliés*, et qu'il serait plus expédient de demander à l'Angleterre d'engager simplement ses amis à suivre la même conduite qu'elle tiendrait elle-même. On lui fournirait ainsi un prétexte pour détourner la Hollande, la Prusse et le corps germanique du parti de l'Autriche. Talleyrand et Chauvelin comptaient, pour l'y décider, sur l'inquiétude que l'irruption des Russes en Pologne devait causer à Londres et à Berlin. Ils rédigèrent, dans cet esprit, une note que Chauvelin porta, le 18 juin, à Grenville [1]. Les circonstances leur parurent d'ailleurs « tellement graves » que, pour mieux éclairer le ministère français, ils lui envoyèrent un agent sûr chargé de compléter par des explications verbales les observations contenues dans leur correspondance. Il

---

[1] Rapport du 18 juin 1792.

s'agissait de la propagande et des obstacles qu'elle mettait à leurs démarches. Tandis qu'ils s'engageaient, à Londres, à respecter les droits de la Hollande et réclamaient de cette république une parfaite neutralité, on enrégimentait publiquement à Paris « des patriotes bataves », et l'on parlait de révolutionner les Provinces-Unies. Nous nous sommes toujours élevés, écrivaient-ils, « contre ce malheureux esprit de propagandisme qui a fait au dehors tant d'ennemis à la France ». Ils sollicitaient une déclaration annonçant que la France réprimerait ces excitations à la révolte des étrangers : elle serait du meilleur effet en Angleterre et en Hollande [1]. « Nous persistons à croire, ajoutaient-ils quelques semaines après, que si, au lieu de paraître approuver dans les pays étrangers les personnes qui allaient y semer des germes de soulèvement et de révolte, on avait hautement annoncé en France le plus grand respect pour les gouvernements des autres pays et la résolution de ne rien permettre qui leur soit hostile, on aurait empêché plus facilement cette ligue menaçante qui s'est formée contre la Révolution française d'acquérir aucune solidité [2]. »

C'était parler en politiques, mais c'était méconnaître absolument le caractère et la force d'impulsion du mouvement révolutionnaire. Dumouriez se débattait dans un cercle vicieux. Il avait compté sur les négociations pour faciliter le succès de la guerre, et il arrivait que la déclaration de la guerre entravait toutes les négociations. Il avait espéré qu'une guerre rapide, suivie d'une paix glorieuse, relèverait le pouvoir et permettrait d'étouffer la démagogie : l'impuissance du pouvoir livrait la France aux démagogues, et le triomphe de la démagogie transformait la guerre contre l'Autriche en une guerre européenne où la France, isolée devant une coalition, jouait ses destinées. Mais les événements ne déconcertaient jamais Dumouriez. L'extrême mobilité de son esprit, qui l'exposait à tant de mécomptes, ne le laissait, en compensation, jamais à court

[1] Rapport du 10 juin 1792.
[2] Rapport du 10 juillet 1792. — Cf. *Papiers de Barthélemy*, 1792, rapports de février à juin.

d'expédients. Il lui restait à employer le remède suprême de la vieille diplomatie dans les cas désespérés : il tâcha d'émouvoir le Turc et de provoquer une diversion en Orient.

Il voyait assez clair dans le jeu de la Tsarine. « Je pense, écrivait-il à Genet, le 10 juin, que plus occupée de ses projets sur la Pologne que de la guerre des Pays-Bas, elle cherchera à amuser par de belles promesses les cours de Vienne et de Berlin, afin d'empêcher cette dernière de partager la Pologne. » Il se figura qu'en dénonçant ces projets aux Turcs, il les induirait à déclarer la guerre. L'ambassadeur qui se trouvait à Constantinople, Choiseul-Gouffier, passait pour royaliste dans les affaires intérieures et pour très-russe dans celles du dehors. C'était l'homme le moins fait pour la négociation que méditait Dumouriez. Celui-ci décida de la confier à Sémonville, qui, depuis sa mésaventure d'Alexandrie, était retourné à Gênes. Il lui écrivit, le 12 juin, de se préparer en toute hâte à partir pour Constantinople. Les instructions qu'il lui fit dresser étaient fort étendues. Sémonville devait expliquer les raisons qui amenaient la France à changer de système. On avait eu naguère grand'peine à faire comprendre aux Turcs que, cessant de combattre l'Autriche, la France les engageait à vivre en paix avec sa nouvelle alliée ; il fallait leur montrer pourquoi l'on revenait aux anciennes traditions et les exciter à opérer, d'accord avec les Polonais et peut-être les Suédois, une diversion contre les coalisés. Sémonville annoncerait l'envoi d'une flotte dans l'Archipel ; il ferait entrevoir à la Porte « l'indépendance de la Crimée et la destruction du port de Cherson comme une suite infaillible de l'apparition d'une escadre française dans la mer Noire ». Il devait animer le pacha de Scutari et fomenter des troubles en Hongrie. Des fonds secrets très-abondants seraient mis à sa disposition « pour se procurer des intelligences dans le sérail et capter la bienveillance du ministère ottoman ». Les présents devaient être « magnifiques, pour prouver à ces barbares qu'un peuple libre est encore plus généreux qu'un despote ». « Il faut, écrivait Dumouriez quelques semaines après à Lebrun, agiter la Hongrie ; que tous les fils de la conjuration soient à Constantinople entre les mains de Sémonville. Imitons les Romains quand Annibal était à leurs portes[1] ! »

Ces propositions complètent les plans de guerre et de diplomatie formés par Dumouriez dans son passage au ministère. Il se trompait, mais son erreur était assez singulière; ce ministre improvisé n'avait point péché par ignorance de l'Europe. C'était la France qui avait tout dérouté. Ce que ce parvenu de la Révolution connaissait le moins, c'était précisément la Révolution qui l'avait porté au pouvoir. Il la jugeait en politique d'ancien régime et commettait, sous ce rapport, la même faute que les hommes d'État de la vieille Europe. Mais si la Révolution avait un caractère si nouveau qu'il échappait aux hommes mêmes qu'elle emportait dans son cours et qui prétendaient la diriger, l'Europe ne changeait pas; c'est pourquoi les combinaisons de Dumouriez, dans ce qu'elles avaient d'essentiel, devaient tôt ou tard être reprises : elles le furent bientôt. La Prusse, en particulier, les avait fort déconcertées. La Prusse, cependant, devait être la première à les justifier et à en faire le principe d'un système politique. La paix de Bâle, signée en 1795, ne fut que la conséquence des négociations proposées en 1792. Les événements qui rendirent cette paix nécessaire se préparaient dans le temps même où Dumouriez déclarait qu'elle était possible. La coalition se minait déjà dans ses fondements. L'édifice, à peine élevé, se lézardait, et l'on apercevait la fissure qui permettrait à l'assiégeant de faire sa brèche.

[1] 12 août 1792. Ernouf, p. 68-69.

CHAPITRE II

LA DÉCHÉANCE.

1792

I

Le 28 avril, les trois colonnes de l'armée du Nord destinées à envahir la Belgique se mirent en mouvement [1]. Le général Dillon rencontra les Autrichiens; ses cavaliers n'en soutinrent pas même la vue, ils tournèrent bride, se débandèrent et coururent, dans leur panique, se réfugier jusque sous Lille, en criant à la trahison. Blessé par ses propres soldats, Dillon fut massacré par la populace de la ville. Biron essuya la même déroute et n'échappa au même sort que grâce à l'énergie des magistrats de Valenciennes. Lafayette, qui marchait sur Namur avec le gros de l'armée, s'arrêta dès qu'il connut ces désastres et battit en retraite. Cet échec humiliant trahissait une incohérence dans le commandement, une impéritie dans l'organisation, une indiscipline dans les troupes qui ne confirmaient que trop les assertions des émigrés et les espérances des Allemands. Si les alliés avaient été en mesure, ils auraient alors frappé des coups funestes; mais l'armée autrichienne des Pays-Bas n'était capable que de se défendre : les renforts qu'elle attendait n'étaient pas encore en route, et les Prussiens mêmes, bien que mieux préparés et plus dispos, n'étaient pas sortis de leurs frontières. Les lenteurs des alliés permirent à la France de se remettre de cette lamentable défaillance et d'en corriger les effets.

[1] Chuquet, *Invasion prussienne*, p. 46-47

On vit ainsi, dès la première rencontre, s'annoncer ces retards salutaires qui, dans la suite de la campagne, suspendirent constamment l'offensive des coalisés. Le même obstacle qui s'opposait à leur départ empêcha le progrès de leurs opérations [1].

Au moment où l'Autriche et la Prusse donnaient à leurs troupes l'ordre de marcher sur la France, Catherine II donnait aux siennes l'ordre d'entrer en Pologne. Les Allemands venaient en France pour y faire cesser l'anarchie, les Russes allaient en Pologne pour l'y rétablir; les premiers se proposaient de détruire une constitution qui affaiblissait l'autorité royale, les seconds combattaient une constitution qui avait pour objet de la fortifier. L'absence totale de principes qui caractérise l'Europe de l'ancien régime ne se manifesta jamais avec plus de scandale que dans cette crise solennelle. La même époque allait voir Louis XVI, détrôné par son peuple, périr sur l'échafaud, pour avoir conspiré, avec les rois de l'Europe, la restauration de la royauté en France, et Stanislas-Auguste, détrôné par les rois alliés de Louis XVI, périr en exil, pour avoir conspiré avec son peuple l'établissement de la monarchie en Pologne. Cette contradiction ne procède point de la coïncidence fortuite de desseins opposés. Les deux entreprises qui amenèrent ces conséquences ont été conçues en même temps et se sont développées simultanément. Il y a entre elles une liaison qui forme, pour ainsi dire, la trame même de cette histoire, et les actions qu'elles ont exercées l'une sur l'autre ont déterminé tous les mouvements de l'Europe pendant la Révolution française.

Malgré la chaleur et le patriotisme des auteurs de la révolution du 3 mai 1791, la réforme de l'État avançait trop lentement en Pologne. La diète avait porté l'armée à 100,000 hommes. On en mit à grand'peine sur pied 50,000, très-médiocrement équipés. Les vaincus du 3 mai, c'est-à-dire l'ancien parti russe et les chefs de la faction aristocratique, un instant déconcertés, recouvrèrent leur audace. Ne voyant, pour rétablir l'ancien

---

[1] Voir Fersen à Marie-Antoinette, 2 juin 1792. FERSEN, t. II, p. 286; rapport de Bombelles, 8 mai 1791, *id.*, t. II, p. 266.

régime, d'autre moyen que de suivre les anciennes mœurs, ils s'adressèrent à Catherine. Ils revendiquaient les libertés traditionnelles, appelant de ce nom le *liberum veto* et le *droit de confédération*, qui ne représentaient, en réalité, que la constitution de l'anarchie et le droit à la guerre civile. Les émigrés français plaçaient les priviléges de la noblesse au-dessus même de la vie du roi; les Polonais réfugiés en Russie faisaient aussi de leurs priviléges la première et la seule affaire de l'État.

Catherine les tint à distance et les leurra de belles paroles, jusqu'au jour où elle eut signé la paix avec les Turcs; mais après le traité de Jassy, elle les accueillit à Pétersbourg. Ils y préparèrent sous ses auspices et avec ses subsides un plan de confédération. Les passions intimes de Catherine soutenaient ici ses calculs politiques, et l'avidité des favoris trouvait son compte aux ambitions de la souveraine. Potemkine était mort [1], après un triomphe aussi insolent que sa fortune, au milieu d'hommages qui enveloppaient impudemment dans une même « frénésie adoratrice » ce couple prodigieux de parvenus, le « satrape », comme on le nommait, et son impériale maîtresse [2]. Potemkine rêvait une couronne. Zoubof, qui le suppléait auparavant, lui succéda dès lors dans l'emploi d'amant en titre. Simple héros d'alcôve, « chétive et triste caricature » d'un aventurier de race, il ne recherchait en Pologne que des dépouilles; il ne considérait, dans l'assujettissement de la République, que des magnats à évincer de leurs domaines et des starosties à usurper. Mais il y songeait avidement, et la Tsarine, qui l'aimait avec inquiétude, se montrait impatiente de le combler de richesses. Assurée de la neutralité de la Prusse, considérant la guerre comme imminente entre la France et l'Autriche, Catherine mit, le 8 avril, en mouvement les deux armées qu'elle destinait à soumettre les Polonais. L'une, qui venait du Danube, comptait 64,000 hommes; l'autre, qui descendait du nord, en

---

[1] « ...Mon élève, mon ami et presque mon idole, le prince Potemkine le Taurique est mort. » Catherine à Grimm, 13 octobre 1791.

[2] Les mots entre guillemets sont tirés des *Mémoires inédits du comte de Langeron* : *Événements de la campagne de 1790 des Russes contre les Turcs*; — *Campagne de 1791*; — *Révolutions et campagnes de Pologne*. Affaires étrangères.

comptait 32,000. La Tsarine fit connaître, en même temps, à Vienne et à Berlin son refus d'adhérer à l'article secret du traité du 7 février, qui stipulait l'engagement de ne « rien entreprendre pour altérer l'intégrité et le maintien d'une libre constitution de la Pologne ».

La diète se réunit à Varsovie le 16 avril, sous le coup des plus menaçantes nouvelles. Elle confia au Roi la direction des troupes, décida de lever la *pospolite* si l'armée régulière ne suffisait pas, et vota un emprunt de 30 millions de florins. Jamais roi de Pologne n'avait disposé d'un si vaste pouvoir et de moyens si étendus. Stanislas-Auguste ne se montra point digne de l'honneur que lui faisaient ses concitoyens. Ils oubliaient que son principal titre à la couronne était sa qualité d'amant honoraire de Catherine II. Sa complaisance, lors du partage de 1772, aurait dû mettre les Polonais en garde sur la faiblesse de son caractère. Il tremblait pour ses biens; la mort de Gustave III le consternait. Cet aimable et fastueux gentilhomme n'était point de trempe à sauver une nation.

Avant même que la confédération fût entièrement constituée, le 30 avril, Catherine écrivit à son agent en Pologne, Bulgakof, que ses troupes entreraient dans la République, du 12 au 22 mai, pour y soutenir les confédérés. Ceux-ci se réunirent le 14 mai à Targowitz. Le manifeste qu'ils lancèrent pour appeler la Pologne à la guerre civile était écrit dans le jargon déclamatoire du temps, et leur style rappelait celui des révolutionnaires de Paris. Ces magnats factieux dénonçaient à la nation le complot ourdi contre ses libertés par un pouvoir royal « insatiable de domination » : « La tyrannie forge des chaînes à la Pologne. » « Le cœur sensible du citoyen a palpité de douleur! » Ils louaient en termes dithyrambiques le temps de l'anarchie : « C'était l'époque du règne des lois! il n'y avait point alors de choc entre la force et la liberté... A la vue de cet équilibre, frémissait l'ambition avide d'un vaste pouvoir ; elle entreprit de subjuguer les vertueux républicains à l'aide de leur propre vertu. » — L'insurrection paraît aux confédérés le plus saint des devoirs; ils déclarent la diète déchue, ses actes nuls, la constitution du 3 mai abrogée. Ils placent sous la sauvegarde de Catherine les libertés nationales ; ils se reposent de leur indépendance « sur la magnanimité de cette grande princesse ». Catherine renchérit sur cette rhétorique romaine. Le 18 mai, Bulgakof remet à la diète une déclaration qu'il a reçue de Pétersbourg. La même princesse qui adressait tant d'invectives méprisantes aux jacobins de Paris ne rougit point d'accuser devant l'Europe la diète polonaise d'avoir « usurpé, confondu, réuni en elle tous les pouvoirs », violé les lois, ameuté le peuple, « consommé toutes ses funestes entreprises en renversant de fond en comble l'édifice du gouvernement », et substitué, en un mot, la monarchie héréditaire au régime républicain.

Dans leur péril, les Polonais se tournèrent vers la Prusse. Ils voyaient auprès d'eux, dans la salle de leurs séances, assistant à leurs débats, ce même Lucchesini qui naguère les encourageait à l'indépendance. Ils tenaient de sa main le traité où Frédéric-Guillaume garantissait de sa parole royale l'intégrité de la République. Mais Lucchesini semblait ne plus comprendre lorsqu'on en évoquait le souvenir. « Ce patelin de Lucques », comme l'appelait Grimm [1], ne se piquait point de fausse pudeur. — Mon maître, dit-il aux Polonais, le 4 mai, ne se trouve point engagé par son traité, qui est du 29 mars 1790, à défendre par les armes la monarchie héréditaire qui a été établie par la constitution du 3 mai 1791. — Cette constitution, en effet, ne convenait point à Frédéric-Guillaume, et il suffisait, paraît-il, aux légistes de Berlin qu'un État passât du système républicain au monarchique pour dégager le roi de Prusse de la garantie qu'il avait donnée à cet État. Malgré cet avertissement, les Polonais eurent l'ingénuité d'invoquer le traité de 1790 ; ils s'attirèrent une réponse effrontée de Lucchesini. — Le Roi, déclara-t-il, témoigne hautement de sa loyauté en rétractant ses engagements de 1790. « Il ne veut pas que, dans des circonstances aussi critiques, la nation polonaise puisse être en doute sur les mesures qu'elle a à prendre

---

[1] A Catherine, 24 février 1794. *Correspondance*, p. 537.

et sur les craintes qu'elle peut avoir[1]. » C'était, en un galimatias cynique, notifier à la Pologne sa condamnation. La petite armée des patriotes, débordée de tous côtés par un ennemi très-supérieur en nombre, fut forcée de battre en retraite. Les Russes en usèrent comme ils avaient coutume de faire en pays conquis, et les Polonais apprirent qu'ils n'avaient plus, comme le leur conseillaient les confédérés de Targowitz, « qu'à mettre la confiance la plus entière dans la générosité et le désintéressement » de la grande Catherine.

Cette impératrice avait aussi des traités un peu plus sérieux, au moins dans l'apparence, que ceux du roi de Prusse et de la république de Pologne. L'alliance de 1781, qui l'unissait à l'Autriche, avait été renouvelée et prolongée pour huit ans, en 1789[2]. L'Autriche, attaquée par la France, avait le droit de réclamer le secours promis par la Russie. Catherine s'y attendait; elle avait reçu récemment de Vienne et de Berlin l'invitation d'adhérer au concert formé par les deux cours au sujet des affaires françaises[3]. Elle résolut de prendre les devants, et le fit avec cette parfaite aisance qui était à la fois la grande coquetterie et le principal artifice de sa politique. Frédéric aurait trouvé sans doute que les missives de son commis Lucchesini à la diète de Pologne sentaient encore leur casuiste de cabinet et leur cuistre de chancellerie; mais les deux lettres que Catherine adressa au roi François l'auraient à coup sûr induit en jalousie[4]. L'ironie en était raffinée et le ton merveilleusement dégagé. — « Il est beau, mandait l'Impératrice à ce jeune souverain, d'ouvrir une carrière par une entreprise dont l'objet est de préserver toute l'Europe de la contagion d'un exemple à la fois funeste et scandaleux. » Je suis tout acquise à ce noble dessein. « Mais si ce qui est arrivé dans un pays situé à une aussi grande distance de mes États a excité mon attention à ce

---

[1] FERRAND, t. III, p. 194.
[2] MARTENS, t. II, p. 107 et 191. — Cf. *Les mœurs politiques et les traditions*, p. 520 et suiv.
[3] Lettres de François, avril 1792. BEER, *Leopold II, Franz II und Catharina*, p. 168, 170. Kaunitz à Cobenzl, 9 mai; VIVENOT, t. I, p. 31.
[4] 12 avril et 2 mai 1792. BEER, p. 172, 175.

degré, à quel point je ne la dois pas à ce qui se passe dans mon voisinage le plus immédiat! » La « subversion » qu'a portée dans la république de Pologne la constitution du 3 mai y produira des désordres analogues à ceux de la France. Il n'est que temps d'aviser à sévir contre un mal « qui fait des progrès si rapides dans toutes les contrées ». Je m'y emploierai, et j'aurais de ce chef le droit de requérir de l'Autriche contre les Polonais le secours stipulé dans notre alliance; mais je reconnais qu'au milieu des difficultés où elle est engagée, l'Autriche n'y pourrait point aisément pourvoir, et, par égard pour ses embarras, je consens à n'en rien réclamer. D'ailleurs, l'alliance de 1781 est formelle et générale; pas n'est besoin d'en conclure une nouvelle à l'occasion de la France. — Ces raisonnements prévenaient toutes les observations de l'Autriche; ils donnaient, par surcroît, à Catherine un lustre nouveau de grandeur d'âme.

Elle s'en faisait honneur auprès des émigrés avec autant de libéralité qu'auprès de la cour de Vienne. Les princes français continuaient à se louer de ses propos. Ils ne parlaient que des dix-huit mille Russes qui s'apprêtaient à marcher sur le Rhin, et des Suisses que l'Impératrice voulait prendre à sa solde. « Ils partiront dans trois semaines », écrivait Fersen, le 10 juin [1]. Ces trois semaines dataient, dans la pensée de Catherine, de l'achèvement de la campagne de la Pologne : il s'ensuivit que ni Russes ni Suisses à la solde de Russie ne parurent sur le Rhin. Les émigrés n'en persistaient pas moins à vanter la générosité russe et à déblatérer contre l'égoïsme autrichien. C'est que Catherine mettait publiquement à son entrée dans la coalition quatre conditions préalables qui ravissaient les émigrés : que l'on ne ferait rien sans les princes, que l'on ne composerait point avec les rebelles, que le royaume ne serait point démembré et que la monarchie ne recevrait point de constitution. Comme l'Autriche manifestait des vues fort différentes, la Tsarine avait de quoi combler les vœux des émigrés, tout en ajournant indéfiniment

---

[1] Rapport de Bombelles, 8 mai 1792. Fersen à Marie-Antoinette, 2 et 10 juin; au roi de Suède, 3 juin; FERSEN, t. II, p. 267, 286, 287, 296.

son adhésion effective à l'alliance. Tandis qu'elle se dérobait aux instances de l'Autriche et de la Prusse, elle persuadait les princes français que ces deux cours conspiraient le démembrement de la France, et qu'elles paralysaient ainsi toute sa bonne volonté[1]. « D'où vient, écrivait-elle à Grimm[2], que vous croyez que les affaires de la Pologne ne sauraient aller en même ligne et de front avec celles de France? Apparemment vous ignorez que la jacobinière de Varsovie est en correspondance régulière avec celle de Paris...; Et vous voulez que je plante là mes intérêts et ceux de mon alliée la république et mes amis républicains pour ne m'occuper que de la jacobinière de Paris? Non, je la battrai et combattrai en Pologne; mais pour cela je ne m'en occuperai pas moins des affaires de France, et j'aiderai à battre le ramas des sans-culottes tout comme feront les autres. »

Il y avait beaucoup d'esprit, et du plus sarcastique, dans cette diplomatie. Les Prussiens étaient gens à en apprécier la finesse; mais ce ragoût ne leur suffisait pas. Catherine trouvait des associés à Berlin; elle ne pouvait se flatter d'y faire des dupes. Les dispositions d'ailleurs y demeuraient favorables à la Russie. La Prusse avait pris son parti de rompre avec la Pologne. On se disait à Berlin que le système de l'alliance russe institué par Frédéric avait rapporté naguère une très-belle province à la monarchie; que l'alliance polonaise n'avait donné que des mécomptes, et l'on revenait, naturellement, au système du grand Frédéric[3]. Le 25 mai, le ministre de Russie proposa aux ministres prussiens de négocier avec eux une alliance séparée; elle aurait pour but une guerre de principes contre la Révolution française. Le roi de Prusse n'avait point d'objections contre les principes, et il ne lui déplaisait point de paraître désintéressé envers la France, pourvu qu'il trouvât autre part ses convenances[4]. D'ailleurs, Nassau-Siegen, confident attitré de Cathe-

---

[1] Note d'Ostermann, 15 mai 1792. Ostermann à Alopeus, 21 juin. HERRMANN, *Dip. corr.*, p. 237, 249. — SYBEL, 4ᵉ éd., p. 473. — FERSEN, t. II, p. 267, 275, 277, 278.

[2] 20 mai 1792. *Correspondance avec Grimm*, p. 566.

[3] Cf. HÆUSSER, t. I, p. 354-355.

[4] SYBEL, *Trad.*, t. I, p. 474; t. II, p. 146. — HERRMANN, *Dip. corr.*, p. 239.

rine, insinuait qu'en définitive il vaudrait mieux, en France, prendre des provinces qu'affaiblir l'autorité royale [1]. On était donc sûr de gagner dans tous les cas et de partager dans toutes les hypothèses. Mais avant de conclure une alliance séparée avec la Russie, la Prusse devait, aux termes du traité du 7 février, en référer à l'Autriche : toutes les difficultés recommencèrent.

L'Autriche s'entêtait à écarter de la coalition les princes français et les émigrés; elle s'opposait à la restauration de la monarchie absolue, et, quant aux conquêtes, elle hésitait encore à s'en expliquer catégoriquement. Kaunitz, à la vérité, tenait pour expédient de prendre en France, à tout hasard, ce qu'on pourrait garder, le cas échéant, et de se nantir ainsi, ne fût-ce qu'à titre de gage, pour le payement des dépenses de la guerre [2]. Mais il s'obstinait à conserver une Pologne indépendante, au moins en théorie : elle séparerait ses trois voisins comme une sorte de territoire neutre, qu'ils s'engageraient à respecter. Sur ce chapitre, l'antagonisme était complet entre Pétersbourg et Vienne, et à Vienne, on en avait très-bien le sentiment [3].

Les Prussiens s'en doutaient; ils jugèrent qu'ils perdraient leur temps à disputer avec le vieux chancelier. Ils savaient que le crédit de Kaunitz déclinait, que François, encore que plein de déférence envers lui, plaçait ailleurs sa confiance et se rendait plus volontiers à d'autres conseils. Ils suivirent l'exemple donné naguère par Léopold, lorsqu'il avait voulu, malgré le

---

[1] Martens, t. VI, *Traités avec la Prusse*, p. 161.
[2] Mémoire du 27 mai 1792. Kaunitz à Reuss, 4 mai. Vivenot, t. II, p. 60, 23. — Rapports de Jacobi, 2 et 3 mai. Herrmann, *Dip. corr.*, p. 213, 215.
[3] Le vice-chancelier Philippe Cobenzl écrivait à son cousin Louis Cobenzl, ambassadeur à Pétersbourg, le 12 avril : « Nous ne savons plus que penser des sentiments de la Russie envers notre cour. D'abord, on prend contre nous le parti des princes et des émigrés. On accueille leurs gasconnades et leurs plans absurdes... On se plaint à peu près en toutes les cours de ce que nous n'avons pas voulu éclater en leur faveur au cœur de l'hiver... Pendant tout ce temps, on ne dit mot sur la Pologne, et on nous encourage à chercher de bien lier la partie avec la Prusse... Serait-il donc vrai que la Russie n'a cherché qu'à nous engager bien avant dans les affaires françaises, sans avoir envie de nous y seconder, et avec le projet réservé d'en profiter pour exécuter je ne sais quels desseins en Pologne? » Vivenot, t. I, p. 447.

comte de Hertzberg, s'entendre avec Frédéric-Guillaume. Ils frappèrent à la porte de l'escalier de service et s'adressèrent à Spielmann[1]. Le 21 mai, Schulenbourg alla trouver le prince de Reuss et le pria de faire passer secrètement au roi François, par le canal de ce confident de cour et d'État, une communication délicate. — La Russie, dit Schulenbourg, veut s'emparer de l'Ukraine et assujettir le reste de la Pologne; il est urgent que l'Autriche et la Prusse prennent un parti et envoient chacune dix mille hommes dans la République; la Prusse y prélèvera son indemnité pour la guerre de France, l'Autriche en obtiendra l'équivalent en Alsace.

Spielmann se montra flatté de l'importance qu'on lui attribuait. Ces spéculations de territoires entraient dans ses goûts. Il s'en ouvrit au vice-chancelier, le comte Philippe Cobenzl, puis à François[2]. Le Roi et le ministre en parurent séduits. Ils se dirent qu'attaquée par la France, l'Autriche ne saurait s'opposer à une invasion de la Pologne par la Russie et par la Prusse; le seul résultat qu'elle tirerait de son opposition serait de se faire exclure du partage qui paraissait inévitable; elle ne pouvait se passer de la Prusse aux Pays-Bas et sur le Rhin; la Prusse exigeait une indemnité en nature; autant valait la lui laisser prendre en Pologne. Restait à déterminer la compensation de l'Autriche. La conquête de l'Alsace semblait une opération difficile à justifier sous le rapport des principes, et plus difficile encore à accomplir par les moyens de force. Il paraîtrait étrange de ravir cette province au roi de France, dans le temps qu'on prétendait le délivrer. Après l'avoir prise, d'ailleurs, il faudrait la conserver, et la France ne s'y prêterait peut-être pas. Enfin, disait Spielmann, « que sert d'acquérir si l'on ne s'arrondit pas? » Si au moins on s'emparait de la Flandre et du Hainaut? — Mais on y rencontrait les mêmes difficultés. Il ne restait qu'une solution : l'échange de la Bavière contre les Pays-Bas. La Prusse avait autrefois forcé l'Autriche

---

[1] Sybel, 4e éd., t. I, p. 478-486. — Reuss à Spielmann, 22 mai 1792. Vivenot, t. II, p. 55.
[2] Spielmann à Reuss, 29 mai 1792. Vivenot, t. II, p. 63.

à renoncer à ce troc; elle offrait maintenant une occasion de le remettre sur le tapis : l'Autriche la saisit.

Elle le fit d'autant plus aisément que la Russie l'y engageait. Le ministre de Catherine à Vienne, Rasoumowski, insinua, en passant, dans un entretien avec Cobenzl, « que si l'Autriche songeait encore à effectuer le troc de la Bavière contre les Pays-Bas, ce serait peut-être à présent le moment où les circonstances pourraient faciliter ce projet [1] ». Cobenzl ne laissa point tomber le propos. « Si l'Autriche y songeait encore, répondit-il, elle serait arrêtée par la considération de la Prusse, son alliée, qui s'y opposerait, à moins qu'on ne lui offrît un équivalent. — Je sais bien cela, répliqua le Russe; aussi faudrait-il lui laisser faire quelque acquisition. — Mais quelle acquisition? reprit l'Autrichien. Supposé même que nous parvenions à arracher à la France quelque lambeau de sa vaste monarchie, le roi de Prusse n'en voudrait pas au prix de nous permettre un arrondissement dans son voisinage. — Sans doute, mais vous savez qu'il louche toujours à vue Danzig et Thorn; c'est par là qu'on pourrait le gagner. — Cela se peut; mais c'est une chose que vous ne permettrez jamais. — C'était bon autrefois, répondit Rasoumowski. — Soit, repartit Cobenzl; mais croyez-vous que, si nous y trouvions notre convenance, l'Impératrice y consentirait sans vouloir aussi quelque avantage pour elle? — Oh! non, dit le Russe, je crois qu'elle voudrait aussi avoir quelque chose. » Il indiqua l'Ukraine. « Oui, reprit alors Cobenzl; mais comment et à quel titre prendre aujourd'hui Danzig et d'autres provinces à la République? — L'Ukraine peut nous être avantageuse, répondit Rasoumowsky, et quant au moyen de l'acquérir, on trouverait aisément dans les archives des documents qui autoriseraient des démembrements. » D'ailleurs, poursuivit-il, les Polonais y pourraient consentir d'eux-mêmes, les uns pour conserver la constitution de 1791, les autres pour la détruire; le parti qui l'emportera sera disposé à payer son triomphe au

---

[1] Philippe Cobenzl à Louis Cobenzl, 13 septembre 1792. Vivenot, t. II, p. 202. Le dialogue est en français dans l'original. — Sybel, 4ᵉ éd., t I, p. 481, note

prix d'un partage de la République. — Cobenzl n'y contredit pas, et quand ils se quittèrent, ils se trouvaient bien près de s'entendre.

Le marché était ouvert. La Prusse, instruite des dispositions accommodantes de l'Autriche, rivalisa avec elle de bons procédés. Frédéric-Guillaume assura que, si on le laissait s'arrondir en Pologne, il se prêterait à l'échange de la Bavière [1]. Cependant les Russes avançaient en Pologne ; Kaunitz, qui ne savait rien, continuait à les harceler de toutes les fusées de sa diplomatie. La Tsarine pouvait en concevoir de l'impatience et, dans un mouvement de colère, rompre la négociation. François se décida donc à la découvrir au vieux chancelier, ajoutant qu'il comptait, après l'élection impériale, rencontrer le roi de Prusse, et qu'ils accommoderaient tout entre eux dans cette entrevue [2]. Kaunitz avait l'orgueil de ses idées ; il entrait même beaucoup de fatuité dans ses convictions. Cette révélation l'offusqua au dernier point ; il se vit disgracié, qui pis est, ridicule. On l'avait laissé négocier à la cantonade, alors que les grands intérêts passaient à ses subalternes. La colère qu'il en ressentit contre ces rivaux qui le supplantaient dans la confiance de son maître, l'éclaira merveilleusement sur la vanité de leurs desseins. Ce négociateur sceptique du partage de la Pologne, de l'expropriation, puis du troc de la Bavière, se sentit tout à coup traversé par d'étranges scrupules. Il lui suffit d'apercevoir, sous d'autres traits que les siens, le personnage qu'il jouait en Europe depuis près d'un demi-siècle, pour le désavouer aussitôt. Le plan, disait-il, est chimérique dans toutes ses données [3] ; « il est injustifiable » en ce qui touche la Pologne : on ne peut « honnêtement » démembrer cette république, sous prétexte qu'elle a établi chez elle une constitution, que, d'ailleurs, on lui a promis de respecter ; il est « inacceptable » en ce qui touche la Bavière : la maison régnante ne donnerait pas son

---

[1] Reuss à Spielmann, 4 et 9 juin 1792. Vivenot, t. II, p. 80, 89.
[2] François à Kaunitz, 21 juin 1792. Vivenot, t. II, p. 107. Voir *id.*, p. 97-107. — Sybel, 4ᵉ éd., t. I, p. 483.
[3] Note de Kaunitz, 25 juin 1792. Vivenot, t. II, p. 114.

consentement, et l'Autriche, d'autre part, a, par le traité de la Haye, formellement renoncé à cet échange[1]; il est imprudent enfin et inique, car le partage serait inégal, et la Prusse entrerait en jouissance de son lot, alors que l'Autriche demeurerait encore réduite aux espérances. « Votre Majesté, écrivit-il à François[2], décidera dans sa sagesse; pour moi, je La prie de ne me donner aucune part à cette affaire, ne voulant point, contre toutes mes convictions, terminer ma carrière par un acte de ce genre. » C'était la retraite. Kaunitz s'y acheminait à travers les vains ménagements dont affectait de l'entourer la nouvelle cour. Il ne demanda et n'obtint son congé officiel qu'au mois d'août; mais il cessa, dès la fin de mai, de diriger la chancellerie[3].

L'électeur de Saxe fut le premier à ressentir les effets de ce changement de la part de l'Autriche. Ce gouvernement, qui naguère le pressait très-fort d'accepter la couronne de Pologne, lui fit entendre que désormais il se croyait obligé de l'en dissuader[4].

II

La Prusse voyait dans la guerre de France la condition préalable d'un partage de la Pologne : elle s'apprêtait à cette guerre avec une ardeur très-sincère, car l'entreprise n'impliquait plus le moindre désintéressement. L'Autriche y mettait beaucoup moins de zèle, non qu'elle y apportât plus d'abnégation ou éprouvât plus de scrupules; mais le même souci des intérêts qui excitait les Prussiens la retenait au contraire et lui commandait la circonspection. Toujours lente à se mouvoir, autant par caractère que par calcul, cette cour hésitait à se découvrir

---

[1] Art. IV du traité de la Haye, du 10 décembre 1790. NEUMANN, t. I, p. 440.
[2] 26 juin 1792. VIVENOT, t. II, p. 115.
[3] VIVENOT, t. II, p. 157-179.
[4] Id., t. II, p. 97.

du côté de la Pologne, alors que ses rivales y engageaient une partie où ses propres chances lui semblaient encore très-incertaines. Ses préparatifs militaires contre la France demeuraient donc subordonnés au règlement de cet inextricable litige des indemnités. Il se manifestait, d'ailleurs, autant d'incertitudes sur le plan de la campagne future, qu'il en subsistait sur l'objet véritable et sur les résultats éventuels de la coalition.

Le duc de Brunswick, qui avait accepté le commandement supérieur des armées, désapprouvait le principe de la guerre et ne pouvait se mettre d'accord ni avec lui-même, ni avec autrui, sur la manière d'en conduire les opérations. Très-vaillant de sa personne, calme et intrépide au feu, plein de ressources sur le terrain, inventif dans le détail, plus opiniâtre qu'entreprenant et plus intelligent des difficultés que hardi à les trancher, ce héros de la vieille Europe manquait de desseins, de décision, de suite surtout dans les grandes mesures. Il dissertait avec aisance, projetait avec inquiétude, exécutait avec perplexité. Il le savait; la conscience qu'il avait de son indécision en doublait les inconvénients et paralysait souvent sa volonté. Il n'avait d'étendue dans la pensée que pour errer. Il était de ceux qui manquent la victoire pour s'être trop préoccupés d'assurer la retraite. Se piquant de science militaire et de conceptions raisonnées, dédaigneux de l'occasion, plus méprisant encore que méfiant des hasards, il négligeait, de parti pris, ce qui échappe au calcul : les traits d'audace, les coups de génie et tous les secrets empiriques des victoires remportées contre les règles par les parvenus de la gloire [1]. Ce guerrier philosophe était doué à un rare degré de l'esprit de critique, antipode de l'esprit de la guerre. Il y joignait l'esprit de cour, le plus dissolvant aux armées, le scrupule excessif et obsédant de la réputation, l'anxiété des jugements du monde, la curiosité des avis, le scepticisme sur les con-

---

[1] Voir CHUQUET, *Invasion prussienne*, p. 112-115. Sur la méthode de guerre des Allemands à cette époque, les vues de Brunswick, les jugements qu'il portait de Frédéric, sur la personne et le caractère du duc, *id.*, p. 121-127. — SYBEL, *Trad.*, t. I, p. 465. — Grimm à Catherine, 24 février 1794. *Correspondance*, p. 556-557

seils, un besoin d'approbation qui fait que l'on consulte chacun, un amour-propre soupçonneux qui fait que l'on ne croit personne, et dans l'incertitude d'une âme qui se distrait sans cesse, se disperse et s'embarrasse de la sorte, un seul mobile impérieux, la soumission au maître. Habitude d'obéissance militaire, tradition de dépendance féodale, Brunswick, malgré les révoltes sourdes de son orgueil et les protestations secrètes de sa raison, cédait toujours aux ordres, voire aux désirs du roi de Prusse.

Sa première pensée était de ne point risquer de ces batailles où la fortune a trop de part, mais d'occuper les frontières de la France avec de grandes forces, de s'y établir solidement « et d'attendre la défaite des Français de leurs inquiétudes intérieures et de leur banqueroute ». Cependant lorsque Frédéric-Guillaume lui offrit le commandement en chef, et lui fit connaître ses propres vues sur la conduite de la guerre, Brunswick modifia ses plans et proposa une offensive rapide. — Mais, ajoutait-il aussitôt, ce projet n'a de raison d'être que dans l'état de désorganisation où se trouve l'armée française ; si cette armée possédait encore des chefs habiles et expérimentés, l'entreprise deviendrait des plus scabreuses ; même dans les conjonctures présentes, il ne leur faut point laisser le temps de se reconnaître [1]. « Il peut survenir des événements dont les conséquences seraient incalculables, et les têtes qui gouvernent en ce moment la France sont sous l'empire d'une effervescence dont on peut attendre les résultats les plus extraordinaires [2]. » C'est avec les mêmes réserves qu'il se rallia à l'idée de marcher sur Paris, par la Champagne.

Cette idée fut adoptée, en principe, dans une conférence tenue à Sans-Souci le 12 mai. Le roi de Prusse présidait ce conseil, et le général en chef des troupes autrichiennes, le prince Frédéric de Hohenlohe-Kirchberg, y représentait son souverain. Bouillé

---

[1] Conversation avec Custine. Rapport de Custine, 24 février 1792.

[2] Mémoire du 19 février 1792 et lettre à Bischoffswerder. MASSENBACH, *Memoiren*, Amsterdam, 1809, t. I, p. 267. — SYBEL, *Trad.*, t. I, p. 468. — HÄUSSER, t. I, p. 360.

était le véritable instigateur de ce dessein; il fut appelé à en préparer l'exécution, d'accord avec les alliés[1]. Quant aux émigrés, Brunswick réduisait leur rôle à des opérations dans la haute Alsace, très-loin par conséquent du principal théâtre de la guerre. Les alliés comptaient mettre en mouvement environ 174,000 hommes, dont 42,000 Prussiens, 106,000 Autrichiens, 20,000 émigrés, 6,000 Hessois. Ils se flattaient, déduction faite de l'armée des Pays-Bas, des garnisons, des corps détachés et auxiliaires, de concentrer sur la Meuse 110,000 hommes, avec lesquels ils soumettraient la France, en réduisant Paris. Encore fallait-il porter cette armée aux frontières. Les Prussiens se vantaient d'atteindre Coblentz dès les derniers jours de juin; mais l'Autriche demandait un mois de plus et déclarait que le gros de ses troupes ne serait pas sur le Rhin avant la fin de juillet. C'était l'époque fixée pour l'élection de l'Empereur et pour le couronnement. Les souverains se réuniraient alors; leurs généraux et leurs diplomates conféreraient sous leurs yeux. On convint d'ajourner à ce temps les dernières déterminations, aussi bien sur le plan de guerre que sur le corollaire indispensable de ce plan, le règlement des indemnités[2].

L'Autriche s'efforçait d'animer l'Allemagne. Mais le Saint-Empire semblait oublier, avec presque toute l'Europe, que la défense de ses droits avait été l'objet primitif de la guerre. L'Empire était fort menacé pourtant, bien plus que l'Autriche et surtout que la Prusse. Il fallait s'aveugler étrangement pour ne point voir que la révolution opérée en Alsace se propagerait sur la rive gauche du Rhin, partout où pénétreraient les armées françaises. Mais les électeurs ecclésiastiques n'étaient point de taille à se défendre, et toute leur énergie s'usait à crier au secours, à traiter grossièrement les envoyés français et à fulminer de puérils anathèmes contre la Révolution[3]. Parmi les gouvernements laïques, quelques-uns, comme celui des Deux-

---

[1] BOUILLÉ, *Mémoires*, ch. XIV.
[2] Protocole de la conférence. VIVENOT, t. II, p. 38. — SYBEL, *Trad.*, t. I, p. 469. HÆUSSER, t. I, p. 361. — CHUQUET, p. 143.
[3] PERTHES, t. I, p. 68.

Ponts, considérant que la France, qui était à leurs portes, promettait de les respecter, jugeaient plus expédient de la ménager que d'appeler l'Autriche, qui était loin et parlait de les déposséder, ou tout au moins de les troquer à sa convenance.

Les princes de la rive droite montraient moins d'inquiétude que ceux de la rive gauche. Ils se figuraient que le fleuve les gardait contre l'invasion, et que le caractère de leurs peuples les protégeait contre la propagande. Ces peuples semblaient paisibles. Il convenait à des régents pusillanimes de s'abuser. Le fait est que si, dans ces pays, on admirait par échappées la Révolution française, on ne songeait nulle part à l'imiter. Les plus chaleureux adeptes des idées nouvelles continuaient à se montrer des sujets très-soumis de leurs maîtres. Il se manifestait même parmi les publicistes un mouvement de critique et de résistance assez marqué [1]. Quelques patriotes pensaient à opposer aux droits de l'homme d'au delà du Rhin ceux de l'homme d'en deçà [2]. Les premières déroutes de l'armée française donnèrent aux timides un prétexte pour se rassurer; elles découragèrent les enthousiastes qui s'attendaient à quelque scène à la Léonidas, et ne lurent dans les gazettes que le récit d'une honteuse panique [3]. Ceux qui, comme Klopstock, demeuraient sous le charme et conjuraient les rois de ne point s'armer pour asservir une noble nation, trahissaient dans leurs représentations plus d'inquiétude pour la cause de la liberté que pour celle du despotisme [4]. « Je ne puis, écrivait un des

---

[1] BIEDERMANN, p. 890, 1205-1212; — SCHLÖZER, *Straatsanzeigen*, t. XIV, p. 100; etc.

[2] Articles de SCHIRACH, dans le *Journal politique* d'Altona; Reichard, de Gotha : *Appel d'un Allemand à ses compatriotes du Rhin*; — *Les droits de l'homme de ce côté et de l'autre du Rhin*. BIEDERMANN, p. 1210.

[3] « Celui qui ne peut mourir pour la liberté — est digne de porter des chaînes. — Il mérite qu'à coups de fouet le prêtre et le noble — le chassent de son propre foyer. — O Français, croyez-vous que la lâcheté — se cache sous des cruautés de tigre? — Honte à vous qui tuez votre chef — et massacrez vos prisonniers! — Je rêvais d'être votre Tyrtée — même contre la patrie d'Hermann. — Je souhaite la victoire et le succès — à qui vous portera des chaînes. » — BURGER, *Straflied*, 1792. — « L'ennemi frappe à coups de poing et non à coups de phrases. » *Id., Unmuth*, 1792.

[4] Ode : *Der Freiheitskrieg*, avril 1792, contre la guerre. Lettre à Lafayette,

princes les plus éclairés de l'Allemagne, Auguste de Gotha, désespérer encore de la liberté. La rage et la folie de quelques milliers d'hommes ne peuvent balancer à mes yeux l'intérêt que je prends à vingt-cinq millions [1]. » Les impressions étaient donc très-complexes et les sentiments très-mélangés dans l'Empire. On ne s'accordait que sur un point : le peu de disposition que l'on éprouvait à se battre, à mesure que l'instant de la bataille approchait.

La diète sonnait désespérément l'alarme. L'Autriche et la Prusse l'invitaient à passer aux actes et l'engageaient à former une ligue comme celle qui avait combattu Louis XIV au temps de la succession d'Espagne [2]. Cet âge était loin, et l'Empire, depuis lors, avait vieilli de près d'un siècle. Il ne se trouvait même plus de force à payer de contenance. Ces mêmes princes qui, par leurs prétentions excessives et leur refus d'entrer en composition, précipitaient naguère la rupture, se dérobaient maintenant; mis en demeure de paraître, ils ne savaient que gémir et trembler. Les petits États, qui réclamaient si passionnément la restitution à l'Empire des provinces qui en avaient été distraites, se montraient beaucoup moins ardents à la guerre depuis qu'ils savaient qu'ils n'y trouveraient point de bénéfice. Les bruits de démembrements, d'indemnités, d'échanges, qui circulaient sourdement dans les cours secondaires, y arrêtaient l'empressement. On n'y avait point de goût à se compromettre ou à se ruiner pour agrandir l'Autriche et la Prusse, c'est-à-dire pour travailler à sa propre diminution, si ce n'est à son propre assujettissement. Le cercle de Souabe, après mûres réflexions, proposa de constituer une association défensive provisoire. Le cercle de Franconie exprima la crainte que le passage des troupes autrichiennes et prussiennes n'affamât le pays [3]. L'électeur de Hanovre, se rendant aux conseils de ses ministres anglais, se

---

22 juin 1792; à Brunswick, 2 juillet, en lui adressant l'ode du mois d'avril et l'engageant à déposer le commandement.

[1] Lettre à Herder, 13 mai 1792, publiée dans le *Gœthe Iahrbuch*, 1885, p. 43-44.
[2] Voir dans VIVENOT les circulaires autrichiennes, 5, 8 et 10 mai, t. II, p. 27, 30, 35. — SYBEL, *Trad.*, t. I, p. 471 — HÆUSSER, t. I, p. 342
[3] SYBEL, *Trad.*, t. I, p. 471.

déclara neutre dans la guerre entre la France et l'Autriche, ajoutant seulement que si la guerre d'Empire était officiellement déclarée, il fournirait son contingent, ce qu'il ne pouvait d'ailleurs refuser sans forfaiture. Il entraîna dans sa neutralité la Saxe et les petits États du Nord. L'électeur de Bavière répondit qu'il avait toujours eu pour politique de se maintenir en bons termes avec la France. Seul, le landgrave de Hesse-Cassel, qui aimait à faire parade de ses belles troupes, offrit de les mettre au service de la cause commune; mais il exigea la promesse du titre d'électeur et le remboursement de ses frais; moyennant cela, il fournit six mille Hessois à la coalition et fut cité à la diète comme le seul prince patriote de l'Allemagne. « Il ne faut pas, disait naguère Kaunitz à l'envoyé prussien à Vienne, laisser à l'ennemi le temps de s'aguerrir, et il importe de porter promptement des coups décisifs[1]. » Ces grands coups se trouvaient différés à deux mois. C'était plus qu'il n'en fallait à la Révolution pour opposer à l'Europe un terrible fait accompli.

III

Les tergiversations des alliés désespéraient la famille royale. Elle ne se les expliquait point. Chaque journée perdue emportait une partie de ses espérances et l'éloignait davantage de ce port chimérique où Louis XIV et Marie-Antoinette croyaient trouver le salut. A mesure que la crise s'aggravait, l'écueil vers lequel ils étaient entraînés à la fois par le courant des eaux, par la force de la tempête et par leur propre égarement, sortait peu à peu du brouillard et se découvrait devant eux, plus prochain et plus formidable. Cependant ils se figuraient qu'ils pourraient le tourner encore, et qu'au moment de sombrer, quelque miracle de la Providence les ramènerait tout à coup dans la passe. Ils s'attachaient plus que jamais à séparer leur

[1] Rapport de Jacobi, 2 mai 1792. HERRMANN, *Dip. corr.*, p. 213.

cause de celle de l'émigration. Montmorin et Malouet, qui continuaient à les assister de leurs conseils, jugeaient indispensable de s'en expliquer décidément avec les alliés et avec les princes. Malgré tant de lettres et tant d'émissaires, il subsistait entre le Roi et ses alliés des malentendus, et ces malentendus, pour Louis XVI, étaient mortels. Malouet proposa de dépêcher en Allemagne un homme d'un caractère sûr, d'un langage ferme et d'un esprit pénétrant, le Génevois Mallet du Pan, avec lequel il était en parfait accord. La rude campagne royaliste que Mallet avait poursuivie dans le *Mercure* lui avait attiré trop d'inimitiés; il se voyait contraint, pour échapper aux dangers qui le menaçaient, de quitter Paris. Il prépara en grande partie et concerta avec Malouet et Montmorin les instructions qui lui furent données par le Roi [1].

Le premier objet en était de détourner les princes de se mêler à la coalition. La guerre devait conserver le caractère d'une guerre étrangère et d'un conflit entre puissances. Les princes n'avaient point à se porter pour arbitres dans le différend de la France et des alliés, « cet arbitrage devant être réservé à Sa Majesté lorsque la liberté ainsi que la puissance royale lui seraient rendues... Toute autre conduite produirait une guerre civile, menacerait les jours du Roi et de sa famille, ferait égorger les royalistes, rallierait aux jacobins tous les révolutionnaires qui s'en sont détachés et s'en détachent chaque jour, et rendrait plus opiniâtre une résistance qui fléchira devant les premiers succès décisifs, lorsque le sort de la Révolution ne paraîtra pas remis à ceux contre qui elle a été dirigée et qui en ont été les victimes. » Pour éviter cette méprise, le Roi demandait aux alliés de rédiger leur manifeste « de manière à séparer les jacobins et les factieux de toutes classes du reste de la nation... et à rassurer tous ceux qui, sans vouloir la constitution actuelle, craignaient le retour des grands abus ». Les alliés devaient se prononcer sur le maintien de l'*intégrité du royaume* [2], affirmer

---

[1] Mallet du Pan, t. I, p. 280 et suiv. *Instructions*, p. 284. *Mémoire présenté par Mallet aux souverains alliés*, p. 427. — Malouet, t. I, p. 209 et suiv.

[2] « Il serait bien nécessaire que le manifeste fût de nature à rassurer ceux qui

qu'ils faisaient la guerre « à une faction antisociale et non pas à la nation française ». Ils déclareraient qu'ils ne voulaient « imposer ni proposer aucun système de gouvernement », et qu'ils ne poursuivaient que « le rétablissement de la monarchie et de l'autorité royale légitime, telle que Sa Majesté elle-même entendait la circonscrire ». Cela posé, et le caractère de l'intervention déterminé de la sorte, les mesures d'exécution devaient être irrésistibles. Le Roi invitait les alliés à notifier « avec force à l'Assemblée nationale, aux corps administratifs, aux ministres, aux municipalités, aux individus, qu'on les rendrait personnellement et particulièrement responsables, dans leurs corps et biens, de tous attentats commis contre la personne du Roi, contre celle de la Reine et de leur famille, contre les vies et propriétés de tous les citoyens quelconques ». Pour conclure, les alliés se diraient prêts à donner la paix, mais seulement à la suite d'une négociation engagée avec le Roi libre, et où l'on délibérerait « d'un plan général de restauration sous les auspices des puissances ».

Les vues que ces instructions développaient sur les émigrés, sur la contre-révolution totale, sur l'intervention directe des étrangers dans les affaires de l'État, sur l'intégrité du royaume enfin, partaient d'une juste observation des choses; mais on ne pouvait, sans s'abuser prodigieusement, s'imaginer qu'il suffirait de quelques phrases affichées sur les murs et imprimées dans les gazettes, pour décider les Français à risquer leur indépendance nationale, leurs libertés politiques, leurs libertés civiles, toute la Révolution enfin et toute la patrie, sur la foi de déclarations aussi subtiles et de distinctions aussi raffinées que celles-là. Les Français tenaient le Roi pour apathique et subjugué, la Reine pour hostile, la noblesse pour implacable, l'Autriche pour ennemie. On prétendait leur persuader tout d'un coup que cette rivale héréditaire envahissait leur pays avec 100,000 Allemands dans le seul dessein d'y fonder la

craignent le démembrement de la France, la vengeance des émigrés et l'influence des puissances étrangères sur notre gouvernement. » Montmorin à la Marck, 19 juin 1792. *Corr.*, t. III, p. 317.

monarchie tempérée et d'étonner le monde par la grandeur de son désintéressement; que, rétabli par les étrangers dans la plénitude du pouvoir, le Roi n'en userait que pour confirmer les réformes; que la Reine ne s'appuierait pas sur les troupes autrichiennes pour faire prévaloir son influence; que les émigrés rentrés, non, si l'on veut, avec l'armée d'invasion, mais à la suite de cette armée, ne reviendraient que pour observer des lois qu'ils condamnaient avec tant de violence; qu'ils oublieraient l'ancien régime, et que s'ils se montraient rebelles, le Roi les contraindrait à l'obéissance. Demander aux Français cet acte de soumission aveugle, c'était attendre de leur part une crédulité inouïe et une confiance en leur monarque que ni le caractère de Louis XVI, ni la réputation de ses conseillers, ni leur conduite depuis le commencement de la Révolution n'étaient capables d'inspirer. Le plus grand nombre des Français avaient beaucoup profité des réformes accomplies; ils y étaient passionnément attachés, ils souffraient peu de l'anarchie et la considéraient, en tout cas, comme transitoire. Il restait en eux un fonds presque inépuisable d'optimisme. Comment se figurait-on que ce peuple, encore enthousiasmé de la Révolution, allait se transformer sous la consigne, s'amollir dans un découragement commandé et s'avilir sous les menaces vagues et infinies des châtiments; que, par la plus invraisemblable des aberrations, il confierait alors la défense de ses droits à cette couronne contre laquelle il les avait conquis et que la voix publique accusait de vouloir les reprendre; qu'il répudierait, au contraire, les hommes qui, après avoir accompli la Révolution, paraissaient les plus directement intéressés à la soutenir contre les nobles, contre la cour et contre les étrangers? Quelle idée enfin se faisait-on de ces révolutionaires mêmes, quand on les estimait à la fois si dangereux, si stupides et si lâches? On les mettait en demeure de choisir entre la mort, la confiscation, l'exil et le pouvoir. Ce pouvoir, qui devenait leur sauvegarde, on leur en ouvrait les avenues. On les désignait au peuple français comme les vrais défenseurs de la patrie en les désignant comme les pires ennemis des émigrés et des étrangers. On invitait la France à se prononcer entre l'avénement d'hommes nouveaux qui avaient pour eux le prestige de la Révolution, et le retour d'un gouvernement décrédité, sinon haï universellement, et dont le souvenir n'éveillait plus que des soupçons ou des colères. Pour admettre un instant que la nation balancerait entre ces extrémités, il fallait non-seulement méconnaitre la force de la Révolution, mais la force même de l'histoire de France.

Les signes ne se firent pas attendre. Mallet du Pan quitta Paris le 21 mai. Le 23, Gensonné et Brissot dénonçaient de nouveaux complots du comité autrichien et réclamaient la mise en accusation de Montmorin. Il y avait beaucoup de fantasmagorie dans leurs déclamations : Brissot accumulait les accusations et incriminait avec les mêmes accents indignés le projet de rétablir la prérogative royale, la servilité du ministère envers l'Autriche, son hostilité à la Prusse et à l'Angleterre, l'indulgence du Roi pour les émigrés, sa tiédeur dans la conduite de la guerre et le projet de ses conseillers d'établir deux chambres[1]. Mais à côté de ces artifices oratoires, que de traits directs et acérés qui atteignaient le but! La coalition des puissances recherchée et favorisée, l'invasion désirée, le secret des opérations livré à l'ennemi, les intrigues du dedans préparant et soutenant l'attaque du dehors, le dessein de dissoudre l'Assemblée et de modifier la constitution[2]. Les mesures se succèdent pour obliger Louis XVI à se découvrir, pour l'assaillir, pour le désarmer. Le 27 mai, l'Assemblée décrète la déportation des prêtres insermentés[3]; le 29, elle licencie la garde constitutionnelle du Roi; le 8 juin, elle décide la formation sous Paris d'un camp de 20,000 fédérés. Le Roi renonce à sa garde, mais il résiste aux décrets sur la déportation des prêtres et sur le camp des fédérés : sa conscience lui interdisait de sanctionner le premier, le plus vulgaire bon sens lui commandait d'opposer son *veto* au second.

Cette résistance fit éclater les dissentiments qui couvaient dans le ministère. Dumouriez se sépara de ses collègues giron-

---

[1] *Moniteur*, t. XII, p. 465.
[2] Gensonné, *Moniteur*, t. XII, p. 463. Cf. Brissot, *id.*, p. 468.
[3] Il suffit que vingt citoyens la réclament pour que les autorités la prononcent.

dins. Il tenait le pouvoir; il avait trop d'orgueil, trop d'ambition et trop d'audace pour servir d'instrument à un parti qu'il méprisait au fond, car il en avait pénétré la faiblesse et la vanité. Il comprenait que la Gironde n'avait exercé d'influence que par les mouvements populaires, et qu'elle ne les dirigeait plus[1]. Elle ne pouvait plus le soutenir, il crut pouvoir s'en détacher. Il combattit le projet du camp des fédérés. Servan, officier du corps des ingénieurs, qui remplaçait de Grave à la guerre depuis le 10 mai, appuyait le décret. « La discussion fut si vive que, sans la présence du Roi, le conseil eût fini d'une façon sanglante[2]. » Roland lut une longue remontrance, dissertation de pédant, qu'il qualifiait d' « austère langage de la vérité ». Il concluait par des menaces significatives : « La Révolution est faite dans les esprits; elle s'achèvera au prix du sang et sera cimentée par le sang, si la sagesse ne prévient pas des malheurs qu'il est encore possible d'éviter. » Louis XVI, tout résigné qu'il était, ne put supporter cette semonce au ton rogue et comminatoire. Dumouriez profita de l'impatience du Roi pour provoquer une résolution qui entrait dans ses plans : Roland, Servan et Clavière furent renvoyés. L'Assemblée déclara qu'ils emportaient les regrets de la nation. Le 14 juin, le Roi annonça que Mourgue remplaçait Roland à l'intérieur, que Naillac serait appelé aux affaires étrangères[3], et que Dumouriez passait au ministère de la guerre. Dumouriez put se croire un jour le maître de l'État. L'expérience qu'il fit le désabusa vite. Le fait est que s'il quittait les relations extérieures pour s'occuper de l'armée, c'est que la diplomatie lui échappait.

Il n'en eut pas de preuve plus cruelle que son impuissance à secourir la Pologne. L'envoyé de France à Varsovie, Descorches, demandait des instructions, celles qu'on lui avait remises à son départ étant parfaitement vagues et insignifiantes[4].

[1] Mathieu DUMAS, t. I, p. 186.
[2] DUMOURIEZ, *Mémoires*, t. II, p. 267.
[3] Il n'était point à Paris et il ne reçut point en réalité le portefeuille. Le 16 juin, il fut remplacé par M. de Chambonas. MASSON, *Affaires étrangères*, p. 179-187.
[4] Mémoire pour servir d'instructions au sieur Descorches de Sainte-Croix, 9 mai 1791.

« Si vous jugez, écrivait-il le 2 mai à Dumouriez, qu'il vous convient de prendre intérêt à la conservation de ce pays, il pourra n'être point inutile, avant même que d'avoir arrêté les moyens, de témoigner cet intérêt au ministre polonais à Paris, afin de soutenir le courage de ces gens-ci qui, comme vous pouvez imaginer, ont grand besoin de sentir qu'ils ne sont pas abandonnés de tout le monde. » Dumouriez avait le jugement rapide et clair ; il estimait les Polonais et se faisait scrupule de les décevoir. Il répondit, le 10 juin, que la France ne pouvait prendre aucun parti. — Si l'Autriche, disait-il, se décide pour la Pologne, l'alliance française nuira aux Polonais ; si l'Autriche se décide contre la République, la guerre que la France fait à l'Autriche vaudra tous les traités d'alliance. — Le raisonnement était juste ; mais qu'il en devait coûter au disciple de Favier, à l'ancien agent de Choiseul près des confédérés de Bar, de renoncer à une si belle occasion de remuer le nord de l'Europe !

Débouté dans toutes ses tentatives de négociations, Dumouriez en était réduit aux ressources de la propagande, et il en usait, au moins pour préparer l'invasion des Pays-Bas. Il y fit répandre des proclamations parmi le peuple et parmi les soldats. Il disait au peuple : « Nos armées sont sur vos frontières ; elles apportent la guerre aux tyrans, la liberté aux citoyens. Déclarez-vous ! que le lion belgique se réveille ! Peuples belges, nous jurons de vous rendre libres. » Aux soldats : « Les Français sont libres. Vous voulez l'être ? Venez en France... Désertez en masse. Comment êtes-vous nourris ? Plus mal que les chiens de France. Vos chefs vous regardent comme des bêtes féroces qu'ils font battre à leur gré. Venez, braves soldats ; goûtez les douceurs de nos lois, et divisez-vous les terres et propriétés des d'Artois, de Condé et de cette bande de coquins qui partagent leurs crimes et leurs scélératesses. Exterminez-les avant, purgez le monde de ces monstres, et venez vivre et mourir avec vos frères les Français[1] ! »

Maret, nommé *agent général du gouvernement pour les affaires*

---
[1] Vivenot, t. II, p. 16.

de Belgique, n'avait pu se rendre à Bruxelles[1]. Il se contenta de lancer un manifeste invitant le peuple brabançon à nommer une assemblée constituante[2]. Il demeurait à Valenciennes en attendant que les troupes reprissent l'offensive. Il y reçut des dépêches de Dumouriez et de Bonne-Carrère. Elles n'étaient que la confirmation de leurs précédentes instructions. Elles l'invitaient derechef à « exciter l'esprit d'insurrection » en Belgique, et à tâcher de réunir tous les partis dans cette insurrection[3]. Bonne-Carrère ne se dissimulait pas que les Belges étaient « d'un siècle en arrière » sur les Français; il comprenait le danger d'alarmer ces peuples en attaquant leurs coutumes, leurs confréries, leur clergé; bref, il sentait que le moyen de soulever ce pays contre l'Autriche n'était point d'y recommencer, avec exagération et violence, l'entreprise manquée de Joseph II. Ces conseils très-sages, que Bonne-Carère songeait à donner à Maret, lui parurent sans doute téméraires et compromettants : il les avait écrits sur la minute de sa dépêche, il les supprima dans l'expédition. C'était cependant la condition nécessaire du succès des plans de Dumouriez sur la Belgique, et ce ministre put mesurer dès lors l'étendue des difficultés qu'il y rencontrerait.

La mission confiée à Maret n'était point d'une exécution facile. La seule espérance de renouveler la révolution ranimait toutes les factions, et jamais elles n'avaient paru plus acharnées à se combattre. Les vonckistes, que l'on considérait, avec assez de raison, comme les feuillants de la Belgique, se montraient épouvantés de l'ardeur révolutionnaire du *comité des Belges et Liégeois unis* qui opérait à Paris sous les auspices des jacobins. Ils redoutaient aussi que la France ne les abandonnât. Maret leur prodiguait les assurances; il finit par leur persuader de soutenir, avec un corps de partisans, l'invasion française. Mais cette invasion se faisait attendre, et, tandis qu'elle se préparait, la propagande jacobine jetait l'alarme parmi le plus nombreux

---

[1] ERNOUF, p. 50-61. — BORGNET, t. II, p. 21.
[2] *Moniteur,* 29 avril 1792.
[3] Bonne-Carrère à Maret, 4 mai 1792; *id.*, 23 et 28 mai.

des partis nationaux en Belgique, celui des statistes, qui ne s'étaient révoltés naguère contre l'Autriche que pour défendre leurs priviléges religieux et leurs anciennes immunités politiques [1]. Cette propagande, qui se déchaînait non-seulement contre les rois, mais contre tous les pouvoirs, toutes les institutions, tous les droits établis, contre les prêtres, les nobles, les bourgeois, les propriétaires, et annonçait aux peuples une sorte de *millenium* démagogique [2], bouleversait la politique ministérielle. Dumouriez, avec son dessein de Constituante belgique et ses appels à la désertion, n'employait, en définitive, que des artifices classiques, et n'en usait pas autrement qu'on ne faisait sous l'ancien régime lorsque, selon le mot de Saint-Simon, on « brassait » chez ses voisins « d'étranges révolutions ». Le prosélytisme jacobin, avec son âpreté fanatique, noyait, dans son débordement, tous ces petits complots de chancellerie.

Le motif qui avait fait avorter les plans de diplomatie de Dumouriez ruina plus promptement encore ses projets de politique intérieure. Reprenant le dessein de Mirabeau qui consistait à céder aux injonctions de l'Assemblée pour regagner la confiance du public, il conseillait au Roi de sanctionner les décrets du 27 mars et du 8 juin. Il se faisait fort d'envoyer les fédérés à la frontière, et il espérait, en sacrifiant les prêtres, déconcerter les jacobins et rallier les indépendants. Le Roi gagnerait ainsi quelques semaines, puis, la guerre sérieusement commencée, il suffirait d'une victoire pour rallier l'armée à la couronne : le général victorieux serait nécessairement populaire et pourrait, à la tête de ses troupes, prendre à revers les factieux. C'est le plan que jusqu'à la catastrophe de sa vie Dumouriez devait incessamment agiter dans sa pensée et tenter sous toutes les formes [3]. Le premier essai qu'il fit pour l'exécuter permettait de préjuger l'issue des autres. Le 13 juin, il parut à l'Assemblée, en sa qualité nouvelle de ministre de la guerre. Il tâcha d'émouvoir et de réunir les esprits en leur dévoilant sans

---

[1] Borgnet, t. II, p. 46.
[2] Voir Avenel, *Anacharsis Clootz*, t. I, liv. IV : *la Propagande armée*.
[3] Dumouriez, t. II, p. 289. Mathieu Dumas, t. I, p. 193.

ambages le péril militaire de la France. L'armée, dit-il, manque de tout; les places sont démantelées; il y a un déficit de 40,000 hommes et de 10,000 chevaux. Il faut des mesures énergiques et pratiques : la plus urgente est de rétablir la discipline. Dumouriez expose ses projets pour relever les effectifs et procurer des armes. Avant tout, il réclame, non sans hauteur et sans courage, la confiance de l'Assemblée : « Il est temps que toutes les factions se taisent devant le danger de la patrie. C'est au corps législatif à soutenir l'intégrité des pouvoirs constitués; il doit donc maintenir l'autorité du pouvoir exécutif. Nous subirons tous les malheurs possibles, et nous les aurons mérités, si, dès ce moment, il n'y a pas en France une législature ferme et un gouvernement actif. » La législature n'avait de fermeté que pour paralyser l'activité du gouvernement. Les députés reprochaient d'ailleurs, et très-justement, à Dumouriez d'avoir provoqué la déclaration de guerre lorsque le désarroi de l'armée était aussi profond. Il avait été bien léger, s'il ne s'en était point informé; bien perfide si, le sachant, il n'en avait pas tenu plus de compte. Il sortit de cette séance suspect aux yeux de la majorité, autant par ses révélations inattendues que par les arrière-pensées de coup d'État qui perçaient dans tout son discours.

Les députés l'avaient accueilli en conspirateur; le Roi continua de le traiter en intrigant. Louis XVI ne s'était servi de lui que pour se débarrasser de Roland et de Clavière. Il refusa de suivre ses conseils. Dumouriez comprit qu'il se perdrait inutilement s'il persistait à garder le pouvoir. Il donna sa démission le 15 juin et partit pour l'armée du Nord, où il prit un commandement. Il n'était encore, au demeurant, qu'un inconnu dans la Révolution. Il n'avait ni crédit dans le peuple, ni autorité dans l'armée; son intervention mécontenta les révolutionnaires plus qu'elle ne les inquiéta.

Celle de Lafayette fit plus que les irriter, elle les effraya. Lafayette exerçait encore du prestige : il tâcha d'en user pour sauver la monarchie. Il écrivit à l'Assemblée une lettre qui fut lue dans la séance du 18 juin. Il dénonçait comme les pires ennemis du repos public les jacobins, État dans l'État, « faction organisée comme un empire à part » ; il les accusait de fomenter l'anarchie et le trouble dont souffrait la France ; il réclamait la suppression des clubs, le rétablissement de l'autorité royale, la garantie de la liberté religieuse. La droite et le centre applaudirent et parvinrent à faire voter l'impression de la lettre, malgré les clameurs de la gauche. « M. de Lafayette, s'écria Guadet, n'ignore pas que lorsque Cromwell tenait un pareil langage, la liberté était perdue en Angleterre. » Les constitutionnels parurent reprendre courage. Les révolutionnaires se virent environnés de complots et se crurent à la veille d'une journée royale. Ils résolurent de le prévenir en prenant l'offensive et d'assujettir par la peur la cour et l'Assemblée. La cour leur en fournit l'occasion.

Le 19 juin, Louis XVI notifia son *veto* aux décrets sur les prêtres et sur les fédérés. Une émeute fut concertée pour le lendemain. Les girondins en prirent l'initiative et la direction. Ils comptaient que l'Assemblée, dans son effroi, leur livrerait le gouvernement, et que le Roi, n'ayant plus de recours qu'en eux, se ferait l'instrument passif de leur volonté. Les jacobins secondèrent la Gironde, persuadés que le mouvement l'emporterait et qu'elle demeurerait prisonnière de ses alliés. Les chefs de la démagogie, qui disposaient des moyens d'action et de qui tout dépendait, servirent ces deux partis par des motifs analogues. Tous d'ailleurs se sentaient liés, en ce moment-là, par le même intérêt et animés par la même passion. Ils mirent en œuvre toutes leurs ressources, et l'on vit se manifester dans leur sédition cet art d'organiser la violence, qui imprime un caractère si terrible aux journées de la Révolution. Le 20 juin, huit mille pétitionnaires en armes, suivis d'une foule immense, se présentèrent aux portes de l'Assemblée. Ils réclamaient le rappel des ministres et la sanction des décrets. C'était un principe, depuis 1789, qu'il fallait éloigner les troupes en armes du lieu des délibérations, afin que l'appareil de la force ne troublât point le jugement des législateurs. Les girondins se piquaient de droit public et se vantaient d'aimer la liberté ; mais ils se réservaient de faire respecter le droit et de faire prévaloir la liberté quand ils tiendraient le pouvoir. Il s'agissait, ce jour-là, de le conquérir, et Vergniaud proposa à l'Assemblée de capituler devant l'émeute. Pendant trois heures, la populace envahit les bancs des députés, et les émeutiers défilèrent au pied de la tribune. Le nouveau despote, la foule parisienne insurgée, réalisait la légende de Louis XIV : elle entrait, le fouet à la main, dans l'enceinte législative et proférait, devant les représentants de la loi consternés, l'insolente et brutale formule : L'État, c'est moi !

L'Assemblée asservie de la sorte, c'était peu de chose, semblait-il, de réduire le Roi à demander merci. Les organisateurs de la journée ne connaissaient pas Louis XVI. Parce qu'ils l'avaient toujours vu hésitant et timide à employer la force, ils se le figuraient pusillanime de sa personne ; en quoi ils se trompaient. Louis estimait qu'il avait péché, par faiblesse et par politique, en sanctionnant naguère des lois impies ; il s'en faisait de cruels reproches ; il était prêt à tout souffrir plutôt que de céder désormais sur un article de conscience, et sa résignation, ailleurs voisine de la nonchalance, devenait ici de la vertu. Il y joignait la dignité de l'attitude : modeste dans la puissance, indolent dans les affaires, il ne se sentait vraiment roi qu'en présence du danger, et sa mansuétude naturelle donnait je ne sais quoi de touchant à son courage. Le chrétien soutenait le prince. Il n'avait aucune crainte de la mort. Il s'y était préparé. La veille, il écrivait à son confesseur : « J'ai fini avec les hommes, je dois me tourner vers Dieu[1] ! » Les émeutiers envahirent les Tuileries et passèrent devant le trône vide du Roi comme ils avaient passé devant le fauteuil du président de l'Assemblée. Acculé dans l'embrasure d'une fenêtre, à peine protégé par quatre grenadiers fidèles, affublé du bonnet rouge, injurié, menacé, Louis restait impassible, tandis que près de lui Marie-Antoinette faisait à ses enfants épouvantés une sorte de rempart avec la table du conseil. Ni la Reine ne faiblit, ni le

---

[1] Malouet à Mallet du Pan, **29 juin**. MALLET, t. I, p. 303.

Roi ne céda. Il tint tête à ces furieux, horribles et grotesques à la fois dans l'impuissance de leur brutalité contre l'abnégation d'un roi vaincu et désarmé. La foule se retira sans avoir obtenu le désaveu qu'elle prétendait imposer. La journée était manquée, et toute cette manœuvre de la Gironde n'avait amené qu'un résultat, le plus funeste de tous pour ce parti comme pour la France, l'abaissement de la loi et l'avilissement de la représentation nationale. « Journée plus fatale à la république qu'à la royauté, dit un républicain. On frappa la république avant qu'elle fût née, et l'on prépara l'avortement de la Révolution [1]. » Une fois entrée dans l'Assemblée, l'émeute n'en sortit plus. Les girondins lui en avaient livré les abords. C'est par ces chemins qu'un an plus tard elle les assaillit eux-mêmes, les arracha de leurs bancs et les traîna au supplice, au milieu des insultes de ces mêmes énergumènes que, le 20 juin 1792, ils avaient lancés contre les constitutionnels et contre la famille royale.

L'effet de la journée du 20 juin et des discussions qui s'ensuivirent fut déplorable au dehors. « J'avais représenté la masse des Français comme adorant son roi », écrit un agent, Desportes, naguère maire de Montmartre, fort décidé pour la Révolution et accrédité dans un pays enclin à la neutralité, les Deux-Ponts; mais, ajoute-t-il, « je n'ai pu colorer l'horrible événement du 20 de ce mois ». Cette « atrocité » a détruit toute opinion favorable. On ne nous considère plus que comme des *régicides*, des *anthropophages* avec lesquels toute alliance est illusoire [2]. — A Londres, l'ambassade est dans le désarroi. Ce qui se passe dément tous ses discours. « Les personnes les mieux intentionnées en ont été consternées. En même temps qu'on admire la fermeté avec laquelle le Roi a maintenu et préservé le pouvoir que lui donne la constitution, on croit voir dans ce qui s'est passé l'effet d'une désorganisation absolue, et vous jugez bien que, jusqu'à ce que l'on connaisse précisément à qui appartiennent l'autorité et le pouvoir

---

[1] Quinet, liv. X, ch. i, p. 277.
[2] Rapport du 28 juin 1792.

en France, notre position ne peut être ici que très-difficile [1]. »
En apprenant qu'un nouveau ministre, M. de Chambonas, était appelé aux affaires étrangères [2], Talleyrand demanda à venir se concerter avec lui, ce qui lui fut aussitôt accordé. Les négociations se trouvèrent indéfiniment suspendues.

Le pouvoir était vacant. La Gironde se leurrait encore de l'espoir de l'occuper ; il lui suffirait, croyait-elle, d'un second coup de force mieux frappé que le premier, et elle ne se cachait pas de le concerter. Les motifs ne lui manquaient pas pour soulever le peuple de Paris et agiter le peuple de France. Le péril public ne paraissait que trop pressant et trop réel. Les étrangers s'armaient. Tout le monde les croyait en mesure ; on ignorait les dissensions qui les retardaient, et l'on se répétait ce mot sinistre attribué à l'un des chefs d'armée, le vieux Lukner : « Dans l'état effroyable où se trouve l'armée, je ne puis répondre que les Autrichiens ne soient à Paris avant six semaines [3]. » Les émigrés annonçaient d'effroyables vengeances. Ils se vantaient de posséder partout des intelligences, et il semblait que la guerre civile allait seconder de tous côtés l'invasion étrangère. Les royalistes se rassemblaient dans les Cévennes. En Bretagne, en Vendée, en Poitou, les paysans se soulevaient et réclamaient leurs prêtres. Le bruit courait que des provinces du Midi voulaient se séparer de la France et se confédérer en république [4]. Ce n'était pas seulement la Révolution qui était menacée, mais l'unité nationale, l'unité de l'État, la patrie en un mot. Depuis les règnes périlleux des derniers Valois, la France n'avait pas affronté de crise aussi périlleuse.

La Gironde en rejeta la responsabilité sur la cour. Le 3 juillet, Vergniaud, dans une des harangues les plus pathétiques de la Révolution, accusa Louis XVI de conspirer avec les étrangers l'asservissement et le démembrement de la France, et le déclara par ce fait même déchu de ses immunités. Le 4, l'Assemblée

---

[1] Rapport du 5 juillet 1792.
[2] 16 juin 1792.
[3] Mortimer-Ternaux, t. II, p. 113.
[4] Montmorin à La Marck, 19 avril 1792. *Corr.*, t. III, p. 301.

décréta que lorsque des mesures extraordinaires lui sembleraient indispensables, elle le déclarerait par cette formule : *La patrie est en danger*. Toutes les autorités publiques se constitueraient aussitôt en permanence, tous les citoyens prendraient les armes, tous les signes de rébellion seraient punis de mort. Le lendemain, un évêque constitutionnel, Torné, du Cher, proposa que, dans cette extrémité, l'Assemblée se réservât « de se régler uniquement par la maxime supérieure de toute constitution : Le salut public est la loi suprême ». Les ministres furent invités à faire un rapport sur l'état du royaume ; ils le présentèrent le 9 juillet. Ce rapport était très-alarmant ; après l'avoir signé, les ministres donnèrent leur démission. Brissot demanda que la conduite du Roi fût examinée. Le 11, sur la proposition de Hérault de Séchelles, l'Assemblée déclara la patrie en danger.

L'investissement se resserrait ainsi autour des Tuileries ; la brèche était ouverte, et chaque jour qui se levait pouvait être celui de l'assaut. Les serviteurs du Roi tremblaient pour sa vie [1] ; mais quel que fût le péril, tous s'accordaient à conclure que le plus sûr parti était encore de le braver. Lafayette et madame de Staël offrirent d'enlever la famille royale. Le projet de madame de Staël parut un pur roman ; celui de Lafayette n'inspirait aucune confiance. Ce général avait perdu toute popularité et n'offrait plus qu'une alliance vaine et compromettante. La famille royale ne vit dans la proposition des constitutionnels qu'une suprême intrigue pour s'emparer du Roi ; elle les haïssait d'ailleurs et avait considéré leur chute avec trop de satisfaction pour essayer de se relever avec eux. « Le tout est de gagner du temps, écrivait Mercy. Les armées entreront dans les premiers jours d'août ; alors en un mois tout sera sauvé [2]. »

Louis XVI n'en était plus à disputer sur les moyens. Ni les déclarations d'apparat dictées par les ministres, ni les décrets imposés par l'Assemblée, ni les serments mêmes exigés à peine de déchéance ne lui coûtaient plus : la force qui l'y contraignait les rendait illicites à ses yeux, et le vice essentiel de l'acte en

---

[1] Montmorin à La Marck, 13 juillet 1792. *Corr.*, t. III, p. 324.
[2] A la Reine, 9 juillet 1792. Arneth, p. 266.

absolvait pour lui le mensonge. Le 6 juillet, il annonça aux députés la déclaration de guerre du roi de Prusse. « Je compte, dit-il, sur l'union et le courage de tous les Français pour combattre et repousser les ennemis de la patrie et de la liberté. » Le 14, il n'hésita pas à se rendre à la fête de la Fédération pour y renouveler publiquement son serment constitutionnel. Ce fut, aux Tuileries, un jour de grandes alarmes. Le bruit courait que les factieux tenteraient d'assassiner le Roi. La famille royale sortit néanmoins pour en imposer encore, et se rendit au Champ de Mars. Une foule immense, armée, hostile et menaçante l'accueillit aux cris de : « Vive Pétion! » Ce sot personnage était alors l'idole des Parisiens : ils s'estimaient en sûreté parce qu'ils l'avaient pour maire et qu'ils le jugeaient pur. Sa présence, au contraire, rassurait relativement la cour, parce qu'elle le tenait pour vil et qu'elle croyait l'avoir acheté [1]. « L'expression du visage de la Reine ne s'effacera jamais de mon souvenir, rapporte madame de Staël [2]. Ses yeux étaient abîmés de pleurs; la splendeur de sa toilette, la dignité de son maintien contrastaient avec le cortége dont elle était environnée... Le Roi se rendit à pied jusqu'à l'autel élevé à l'extrémité du Champ de Mars. C'est là qu'il devait prêter serment pour la seconde fois à la constitution... Je suivis de loin sa tête poudrée au milieu de ces têtes à cheveux noirs; son habit, encore brodé comme jadis, ressortait à côté du costume des gens du peuple qui se pressaient autour de lui. Quand il monta les degrés de l'autel, on crut voir la victime sainte s'offrant volontairement en sacrifice. Il redescendit, et, traversant de nouveau les rangs en désordre, il revint s'asseoir auprès de la Reine et de ses enfants. Depuis ce jour le peuple ne l'a plus revu que sur l'échafaud. »

Les girondins offrirent au Roi de prendre le gouvernement, se faisant fort de sauver la monarchie, pourvu qu'ils en fussent les maîtres. Ils tentaient à leur tour de se couvrir de cette fiction

[1] La Reine à Fersen, 15 juillet 1792. FERSEN, t. II, p. 327. — MALOUET, t. II, p. 214.
[2] *Considérations*, t. I, p. 381.

royale dont ils avaient anéanti le prestige devant le peuple. Ils s'imaginèrent, dans leur infatuation, que le Roi pourrait oublier les injures qu'il avait reçues d'eux, et le peuple les accusations qu'ils avaient portées contre le Roi; que Louis XVI serait assez abattu par le malheur pour se prêter à cette feinte, et le parti de la Révolution assez aveuglé de sa victoire pour se laisser abuser de cette manœuvre. Ce que n'avaient pu gagner ni le génie de Mirabeau, ni la droiture d'âme de Barnave, ni la vaillance de Lafayette, ni l'habileté de Dumouriez, l'intrigue arrogante des girondins ne l'obtint pas de Louis XVI. Renonçant dès lors à gouverner au nom du Roi, la Gironde décida de gouverner sans lui et de le renverser. Tout annonça une nouvelle journée qui, cette fois, serait décisive. Le seul espoir de la famille royale était que ses alliés préviendraient ses ennemis.

On ne se dissimulait point aux Tuileries que le moment de l'entrée des étrangers en France serait « extrêmement critique », et qu'il s'ensuivrait une terrible explosion de fureur; mais on se disait que « la terreur y succéderait sûrement bientôt », et l'on y comptait pour amener les séditieux à composition [1]. Il faut tâcher de demeurer à Paris, écrivait Fersen à la Reine. « C'est là le point capital; alors il sera aisé de venir à vous, et c'est là le projet du duc de Brunswick. Il fera précéder son entrée par un manifeste très-fort, au nom des puissances coalisées, qui rendront la France entière et Paris en particulier responsables des personnes royales. Il marchera droit sur Paris [2]. » Marie-Antoinette paraissait plus convaincue que jamais de l'efficacité de cet épouvantail. « Tout est perdu, écrivait-elle à Mercy, si l'on n'arrête pas les factieux par la crainte d'une punition prochaine. Ils veulent à tout prix la république; pour y arriver, ils ont résolu d'assassiner le Roi. Il serait nécessaire qu'un manifeste rendît l'Assemblée nationale et Paris responsables de ses jours et de ceux de sa famille [3]. »

---

[1] Montmorin à La Marck, 13 juillet 1792. *Corr.*, t. III, p. 325.
[2] Fersen à la Reine, 30 juin 1792, t. II, p. 315.
[3] 4 juillet 1792. Arneth, p. 265. Cf. la Reine à Fersen, juillet 1792, t. II, p. 319, 333.

Elle s'attachait ainsi à suivre les fantômes qui l'entraînaient vers l'abîme, et s'étourdissait des dernières illusions de l'espérance. « Notre position est affreuse, mandait-elle à Fersen ; mais ne vous inquiétez pas trop ; je sens du courage, et j'ai en moi quelque chose qui me dit que nous serons bientôt sauvés [1]. »

IV

Pendant cette agonie de la monarchie française, les cours d'Allemagne étaient en fête [2]. Le Saint-Empire, au moment de s'engager dans une guerre où il devait périr, jetait un dernier éclat. Le 5 juillet, François fut élu empereur ; le 14, il fit son entrée solennelle à Francfort. La cérémonie rappela le souvenir des plus pompeux couronnements impériaux [3]. Les électeurs ecclésiastiques remplirent pour la dernière fois leurs fonctions d'après les rites de la *Bulle d'or*. Le dernier empereur de la vieille Allemagne paraissait ainsi dans l'appareil gothique de sa puissance, au milieu des représentants de l'Europe et devant le peuple qui l'acclamait, le même jour où le dernier roi de la vieille France prêtait au Champ de Mars, comme dans une sorte de pénitence publique, ce serment qui, dans sa bouche, valait une abdication. Le soir, alors que tout était angoisse et humiliation aux Tuileries, il y eut à Francfort des cortéges, des illuminations et une fête splendide qu'offrait à son souverain le comte Esterhazy, ambassadeur électoral de la couronne de

---

[1] 3 juillet 1792. Fersen, t. II, p. 317.

[2] Hæusser, liv. II, ch. III, p. 347 et suiv. — *Mémoires de Metternich*, t. I, p. 13 et suiv. — *Mémoires d'un homme d'État*, t. I, p. 380 et suiv. — Sybel, Trad., t. I, p. 476 et suiv. — Perthes, t. I, p. 67 et suiv. — Vivenot, t. II, p. 152.

[3] Voici un trait caractéristique du caractère allemand et de l'esprit du temps. Georges Forster, qui, quelques mois plus tard, allait être un des fondateurs de la république de Mayence, assistait au défilé ; il écrivait le 17 juillet à son beau-père : « L'Empereur a l'air si jeune, si bon, si innocent, qu'en le voyant passer à cheval, avec la couronne, sortant de l'église, les larmes m'en sont venues aux yeux. » *Werke*, t. VIII, p. 203. — Que de Français sensibles et révolutionnaires avaient ainsi pleuré en acclamant Louis XVI !

Bohême. Le comte Clément de Metternich ouvrit le bal avec une jeune princesse de Mecklembourg, dont tout le monde admirait l'enjouement, la grâce et la beauté : c'était la future reine Louise de Prusse, l'une des plus nobles et des plus touchantes victimes de la guerre qui commençait. Cependant les régiments de Frédéric-Guillaume traversaient la ville, et leur tenue martiale, leur belle discipline, la réputation de leurs chefs animaient les esprits à la gloire. Personne ne doutait du prompt succès d'une campagne qui se préparait avec un si joyeux entrain.

Le souper réunit autour de la famille impériale et des princes les plus illustres seigneurs de l'Allemagne. Qui leur eût dit que leur banquet était un banquet de funérailles; que le Saint-Empire n'avait plus vingt ans à vivre; que le roi et la reine de France, qu'ils se vantaient de délivrer, périraient en quelques mois sur l'échafaud; que « cette armée de sans-culottes », qu'ils parlaient de chasser à coups de fouet [1], chasserait toutes leurs armées; qu'il en sortirait un César prodigieux dont ils seraient tous et tour à tour les alliés, les clients et les tributaires; que ce soldat démocrate rétablirait à son profit la monarchie de Charlemagne, et que l'Empereur serait contraint de lui livrer sa fille?

Le roi de Prusse avait donné rendez-vous à l'Empereur à Mayence. Son voyage fut une sorte de marche triomphale. L'Allemagne compensait par la chaleur de ses démonstrations belliqueuses la mollesse de ses préparatifs militaires. Ce n'étaient que salves d'artillerie et hourras patriotiques. On éclairait le soir, devant les maisons, des transparents avec cette devise : *Wilhelmus sibi vivat, neo-Francos deleat, jura regis restituat.* L'électeur de Mayence s'était piqué d'honneur à déployer son luxe. Toute l'Allemagne accourut à ses invitations. Du 19 au 21 juillet, les souverains d'Autriche et de Prusse séjournèrent dans son palais. Cinquante princes, cent comtes et barons leur faisaient une cour militaire et féodale. On remarquait aux côtés du jeune empereur le roi Frédéric-Guillaume

---

[1] Chuquet, p. 48.

avec son grand air, ses manières engageantes et sa taille gigantesque qui dominait toute l'assistance. Les Allemands saluaient en Brunswick le *héros du Rhin*, le *libérateur de la France*. Les princes français, courtisans très-augustes de ces guerriers armés pour leur querelle, échauffaient leur zèle et, suivis de leur cortége d'émigrés, remplissaient cette cour fastueuse du frivole étalage de leur présomption. Ce n'étaient par la ville qu'officiers chamarrés, gentilshommes en costume de gala, défilés et divertissements. L'Allemagne seigneuriale se donnait en spectacle à l'Europe : elle ne devait plus se retrouver en si nombreux et si brillant concours qu'à quinze années de là, dans la ville d'Erfurt, pour consacrer sa propre ruine et saluer son vainqueur.

Les souverains annonçaient qu'ils allaient faire de grandes choses et donner de beaux exemples. Ils échangeaient des protestations d'amitié, de fidélité, de constance. Leurs ministres délibéraient sur les bénéfices de l'entreprise. Couronnements, accolades et effusions royales, banquets, revues, parades de troupes, c'était le spectacle de la croisade ; les conférences ministérielles en présentaient la réalité. Il y était question de toute autre chose que des principes monarchiques, du droit public ou du respect des trônes, et le démembrement d'un des plus vieux États de l'Europe chrétienne formait le fond des entretiens de ces étranges paladins de l'ancien régime.

La Pologne était subjuguée, et l'on s'en disputait les dépouilles. L'invasion rapide des Russes et la supériorité de leurs forces avaient bouleversé cette république. « Il n'y a plus de diète, mandait un diplomate anglais, il n'y a plus de gouvernement, il n'y a plus de constitution du 3 mai; personne ne sait plus ce qu'il doit faire [1]. » Stanislas-Auguste écrivit au roi de Prusse : « Jamais cause ne fut meilleure. Dans une occasion où, comme allié, la dignité de Votre Majesté est si intimement liée avec l'indépendance de ma nation, je m'attends qu'Elle voudra bien me faire connaître ses sentiments. » Frédéric-Guillaume mit sa

---

[1] Rapport d'Essen, 6 juin 1792. HERRMANN, *Dip. corr.*, p. 276.

dignité à répondre ainsi qu'il suit à ce roi, son allié : « Votre Majesté sentira que l'état des choses ayant entièrement changé depuis l'alliance que j'ai contractée avec Elle, et les conjonctures présentes, amenées par la constitution du 3 mai, n'étant point applicables aux engagements qui s'y trouvent stipulés, il ne tient pas à moi de déférer à l'attente de Votre Majesté. » Frédéric-Guillaume conservait néanmoins, de ses anciens rapports avec la République quelque indulgence pour les Polonais. Il offrit de « se concerter avec l'Impératrice et de s'entendre avec la cour de Vienne pour convenir de mesures capables de rendre à la Pologne sa tranquillité [1] ». Abandonné de la sorte, Stanislas-Auguste se retourna vers la Russie; il estima, en désespoir de cause, plus sage pour la Pologne de capituler entre les mains de la Tsarine que de se laisser dépecer par le roi de Prusse. Il demanda, le 22 juin, un armistice et offrit le trône au grand-duc Constantin, avec un traité d'alliance perpétuelle entre la République et la Russie. La Tsarine répliqua, le 13 juillet, en sommant Stanislas d'adhérer à la confédération de Targowitz.

La petite armée des patriotes était entièrement battue. Toute la valeur de Kosciuszko, qui la commandait, tout l'héroïsme des troupes n'avaient pu compenser la disproportion des moyens. Il ne fallait pas songer à soulever le peuple : il ne comptait pas en Pologne, et il assistait à cette lutte des étrangers et de ses maîtres avec cette indifférence apathique où, pour leur malheur, ses maîtres l'avaient entretenu. La République était dans la stupeur. Stanislas se rendit aux injonctions de Pétersbourg, et le 24 juillet il se livra aux confédérés. Ce qui restait de patriotes en armes fut dispersé par les Russes. La Pologne gisait à leurs pieds.

Ils avaient été seuls à conquérir cette magnifique proie. Il leur sembla pénible de convier leurs voisins à la curée. Catherine avait atteint l'objet de ses ambitions : assujettir la Pologne entière à sa domination et la réduire à l'état de vassale de la Russie. Le démembrement n'était pour elle qu'un pis aller.

---

[1] Stanislas à Frédéric-Guillaume, 31 mai 1792. Frédéric-Guillaume à Stanislas, 8 juin. *Traités de la Pologne*, p. 282, 292.

Toute sa politique tendit à l'éviter, à le retarder du moins, et à y diminuer autant que possible la part des Allemands. Rien n'était fini avec Berlin, rien n'était même esquissé avec Vienne; cependant les armées de l'Autriche et de la Prusse s'acheminaient vers le Rhin, et, loin de menacer la Russie d'intervenir en ses affaires, ces deux cours la sollicitaient de s'associer à leur coalition. Catherine dominait les Allemands par leurs embarras et par leur avidité. Elle estima qu'elle pouvait le prendre de haut avec eux, comptant que la guerre lui offrirait les moyens d'échapper aux exigences de la Prusse et aux réclamations de l'Autriche. Il ne s'agissait en définitive que de trouver des territoires et d'en former des lots. Il y en avait ailleurs qu'en Pologne. Sur le chapitre du droit, Catherine, sans scrupules pour elle-même, faisait bon marché des scrupules d'autrui. La Prusse d'ailleurs avait pris soin de la rassurer d'avance; l'Autriche y mit un peu plus de lenteur, mais non moins de clarté.

Le comte Louis Cobenzl, ambassadeur d'Autriche en Russie, reçut, dans la seconde moitié de juillet, une dépêche, datée du 2, qui l'invitait à engager la conversation avec les ministres russes [1]. — Il serait évidemment juste, leur dit-il, de s'indemniser aux dépens de la France des charges d'une guerre qu'elle a provoquée et que l'Autriche entreprend pour le plus grand bien de la monarchie française. Mais l'affaire n'irait point sans quelque embarras, et il semble plus expédient au cabinet de Vienne de revenir au projet de l'échange des Pays-Bas, sauf à permettre aux Prussiens d'acquérir, pour leur part de compensation, une province polonaise. — Cette ouverture mettait les Russes fort à leur aise et flattait singulièrement leur orgueil. L'Autriche faisait d'eux les arbitres du grand marché européen. Ils eurent l'esprit de n'en pas montrer trop de satisfaction. Ils assurèrent Cobenzl que les indemnités des puissances allemandes ne soulèveraient jamais de difficulté en Russie; mais c'était chose grave de livrer à la Prusse une province de Pologne. L'échange

---

[1] Vivenot, t. II, p. 120. — Martens, t. II, p. 197. — Sybel, 4ᵉ éd., t. I, p. 484-486; t. II, p. 130.

des Pays-Bas contre la Bavière, disaient-ils, n'offrirait à l'Autriche qu'un bénéfice de convenance qui ne compenserait point cette augmentation territoriale de la Prusse. A quoi bon du reste préjuger cette question? La guerre y pourvoirait vraisemblablement [1]. — L'Autriche ne craignait rien plus qu'un traité de partage séparé entre la Prusse et la Russie; elle se laissa aisément convaincre et consentit à ajourner la question après les conférences qui s'ouvriraient à Mayence. L'Autriche se montrant de si bonne composition, la Tsarine ne fit point de difficulté de conclure avec elle une nouvelle alliance; elle s'empressa de renouveler son traité. Le 14 juillet [2], les deux puissances se promirent un secours réciproque de 12,000 hommes et se garantirent l'une à l'autre l'existence de la Pologne telle que les traités de 1773 l'avaient constituée.

La Russie suivit le même jeu à l'égard des Prussiens, avec le même succès [3]. Le 21 juin, Ostermann adressa à Berlin une dépêche proposant de renouveler le traité de 1764; il ajouta que, dans la pensée de sa souveraine, la France ne devait pas être démembrée par les alliés. L'Impératrice « reconnaissait cependant qu'un dédommagement leur était dû, et elle était décidée à les aider à l'obtenir dès qu'elle connaîtrait leurs plans d'une manière plus précise ». Comme les Prussiens n'avaient point dissimulé leurs désirs, ils prirent ce langage pour une adhésion et n'hésitèrent point à accepter le traité que leur offrait la Russie. Ils eurent soin, toutefois, de rappeler qu'à leurs yeux la meilleure des solutions consisterait, pour l'Autriche, dans l'échange de la Bavière et, pour la Prusse, dans l'acquisition de provinces polonaises. Les ministres russes répondirent que c'était une affaire à débattre préalablement entre Allemands; la Russie aviserait ensuite. Le traité d'alliance fut signé le 7 août. C'est dans ces conjonctures que les diplomates de Vienne et de Berlin allaient délibérer.

[1] « La Russie était la première à nous dire de nous approprier ce qui pouvait nous convenir en France. » Mémoire de L. Cobenzl, 1792. Beer, *Orientalische Politik Œsterreichs*, p. 768.
[2] Martens, t. II, p. 198.
[3] Sybel, *Trad.*, t. II, p. 150.

Ils s'y préparaient très-sérieusement. Les ministres prussiens considéraient l'article des dédommagements « comme le plus important de tous [1] ». Ils n'abandonnaient pas l'idée de restituer à l'Empire l'Alsace et la Lorraine : ces provinces seraient partagées entre l'Autriche et la maison palatine, qui céderait Juliers à la Prusse. Mais ce troc ne constituait que l'accessoire dans l'opération. Le « grand objet » demeurait la Pologne. Les Prussiens estimaient que, sur cet objet, il suffirait de s'entendre avec la Russie. « La cour de Vienne, écrivait l'agent de Frédéric-Guillaume en Autriche, commencerait par faire la généreuse et par affecter de donner la préférence au parti du désintéressement ;... mais je suis bien sûr que nous lui forcerions la main si nous commencions par finir nous-mêmes les premiers notre affaire. » Quelle compensation exigera-t-elle? La Flandre et le Hainaut français, peut-être? Cobenzl en avait touché un mot à Haugwitz dans une conversation récente à Vienne. Cette combinaison se rattachait évidemment aux projets d'échange de la Bavière. Les Prussiens n'avaient pas l'intention de s'y opposer; mais ils entendaient, disaient-ils, laisser à l'Autriche « le soin de la négociation, afin que l'odieux n'en retombât pas sur eux ».

Les ministres de Frédéric-Guillaume prêtaient à l'Autriche les desseins qu'ils auraient formés à sa place, et ils en jugeaient sensément. Le 17 juillet, une conférence se réunit à Francfort, en présence de l'Empereur, pour débattre ces questions [2]. Stahremberg, Lacy, Rosenberg, Colloredo, Philippe Cobenzl et Spielmann y assistaient. Tous considérèrent que l'échange des Pays-Bas contre la Bavière serait le *summum bonum*; mais pour le réaliser, il fallait entrer en compte avec la Prusse. On s'occupa donc, suivant l'usage et la formule, de déterminer les mises à prix et de fixer les « gradations » des enchères [3]. On ne

---

[1] Finckenstein et Alvensleben à Schulenbourg, 27 juillet 1792. — RANKE, *Ursprung und Beginn der Revolutions kriege*, p. 366. Cf. *id.*, p. 254. — HÆUSSER, t. I, p. 356-358.

[2] Protocole dans VIVENOT, t. II, p. 132.

[3] Cf. *Question d'Orient au dix-huitième siècle*, p. 209 : les progressions de Kaunitz en janvier 1772

parla que pour mémoire du cas invraisemblable où la Prusse se contenterait du remboursement de ses frais et où l'on ferait comme elle, sauf à prendre hypothèque sur la terre de France, en attendant que Louis XVI fût en mesure de payer. La conférence ne s'arrêta point à cette supposition peu flatteuse et garda toutes ses lumières pour le projet bavarois. Cobenzl en exposa les détails dans un rapport qui, pour la forme autant que pour le fond, est un des documents les plus caractéristiques de la diplomatie de ce temps[1]. Le vice-chancelier de cour et d'État pose d'abord en principe que les deux cours doivent « marcher d'un pas égal dans tous les avantages qu'elles veulent se procurer ». Si la Prusse acquiert une province polonaise, l'Autriche ne peut se contenter d'un échange; pour rétablir l'équilibre, elle réclamera, outre la Bavière, les margraviats d'Anspach et Bayreuth, qui y sont contigus. Si la Prusse refuse, il ne restera d'autre ressource que de conquérir sur les Français la Flandre, le Hainaut, l'Artois, avec toutes les forteresses de la frontière, depuis Thionville jusqu'à Dunkerque. « Il vaudra mieux, disait Cobenzl, faire une campagne ou deux en plus, en profitant de la guerre civile en France, pour se procurer des avantages solides, en réunissant aux Pays-Bas les provinces que les Français ont jadis conquises sur eux, que de se hâter à faire la paix en renonçant à tout dédommagement de nos frais. » La cupidité une fois allumée, le désir de spolier la France s'insinue dans les esprits, et Cobenzl en vient à spéculer, non sans quelque secrète complaisance, sur la chute éventuelle de Louis XVI et de sa monarchie. « Le rétablissement de l'ordre en France, poursuit-il, ne devra plus alors être considéré comme le but le plus pressant des opérations de nos armées. La prolongation du désordre et de la guerre civile devra même être regardée comme favorable à notre cause, et le retour de la paix, moyennant le règlement d'une constitution française quelconque, sera un bien que la France devra acheter par le sacrifice des provinces que nous aurons conquises. » La

---

[1] Voir le texte, en français, dans Vivenot, *Zur Genesis der zweiten Theilung Polens*, Vienne, 1874, p. 43.

conférence approuva les idées de Cobenzl, et ce ministre en conçut de grandes espérances. « Il se présente en ce moment, écrivait-il à son cousin de Pétersbourg, un concours de circonstances favorables aux trois cours, telles qu'il ne s'en offrira guère jamais de plus avantageuses[1]. »

Les délégués d'Autriche et de Prusse se réunirent à Mayence, le 20 juillet, sous ces heureux auspices[2]. C'étaient, pour l'Autriche, Lacy, Cobenzl et Spielmann; pour la Prusse, Schulenbourg et, à titre de président ou d'arbitre, le duc de Brunswick. Ils expédièrent les questions militaires pour en venir le plus vite qu'ils purent à l'article des indemnités.

Sur le principe et les vues générales, ils s'accordèrent aisément. Les vues générales, c'était d'acquérir le plus possible; le principe, d'observer dans les acquisitions respectives une rigoureuse égalité. Ce « principe » était entré dans le droit public des cours du Nord depuis le partage de la Pologne : il ne souleva point d'objections[3]. On n'en trouva pas non plus à déclarer que la Prusse chercherait son indemnité en Pologne et que l'Autriche trouverait la sienne dans la Bavière, qu'elle échangerait contre la Belgique. Louis XVI était encore roi, on s'armait pour venir à son secours, il ne pouvait être officiellement question de le dépouiller : on s'en tint donc aux Polonais, alliés de la Prusse, et aux Bavarois, confédérés de l'Autriche. Il restait à déterminer la quantité et la qualité. C'est sur ce point que l'on cessa de s'entendre. Les Prussiens parlèrent de plusieurs palatinats, quelque chose comme la province de Posen. Les Autrichiens se récrièrent : — La Prusse ferait un bénéfice net; l'Autriche, par son échange, n'en ferait qu'un de convenance; encore y perdrait-elle deux millions de revenu; si la Prusse prenait tant de Polonais, il serait nécessaire de fournir à l'Autriche, « en sus du troc, un surcroît de dédommage-

---

[1] 8 août 1792. Vivenot, t. II, p. 166.
[2] Protocole, Vivenot, t. II, p. 145. Cobenzl à Kaunitz, 31 juillet 1792. Ph. Cobenzl à L. Cobenzl, 8 août, *id.*, p. 155, 164. — Schulenbourg à ses collègues, 21 juillet. Ranke, *op. cit.*, p. 364. — Sybel, Trad., t. I, p. 476. — Haeusser, t. I, p. 358.
[3] Cf. t. I, p. 40.

ment ». Car enfin, disait Cobenzl, « les deux cours se proposant un double but, celui de l'arrondissement et celui de l'accroissement en revenu, *le principe de l'égalité serait blessé* si le lot qui écherrait à l'Autriche, pour bonifier le désavantage du troc, ne réunissait pas également l'une et l'autre convenance ».

C'est le style et le ton de ces graves entretiens; ce jargon de brocanteur était alors la langue de la diplomatie. L'Autriche demanda Anspach et Bayreuth. Ce fut au tour de Schulenbourg de jeter les hauts cris : il n'était point homme à troquer l'héritage de son roi. Il le dit aux Autrichiens et en écrivit à ses collègues demeurés à Berlin. Ceux-ci se déclarèrent « révoltés » de cette proposition « effroyable, pour ne pas dire insolente ». Cependant ils s'apaisèrent à la crainte, bien chimérique d'ailleurs, que l'Autriche, pour couper court aux disputes, ne renonçât aux indemnités. Ils y tenaient absolument. « Nous n'avons entrepris la guerre qu'à cette seule condition, écrivaient-ils. Ce serait une vraie duperie que d'avoir fait des frais si énormes pour une cause qui d'ailleurs nous est étrangère, à pure perte, et sans en obtenir un juste dédommagement [1]. »

Ainsi dans cette affaire, « la plus importante de toutes », tout dépendait du résultat de la guerre, que l'on ne pouvait préjuger, et des dispositions de la Russie, qui attendait ce résultat pour se prononcer. Les deux alliés, l'Autrichien et le Prussien, n'eurent garde de se confier l'un à l'autre leurs correspondances de Pétersbourg. Ils ne voulaient point avouer les avances qu'ils avaient faites à l'Impératrice, encore moins révéler les fins de non-recevoir que Catherine y avait opposées. Cette princesse les avait éconduits tous les deux et renvoyés, pour ainsi dire, dos à dos; chacun s'imagina que l'autre était le préféré et qu'il tramait secrètement quelque insidieuse machination avec la Russie. Cette conférence les laissa dans un état de méfiance respective l'un à l'égard de l'autre et de défiance commune à l'égard de la Russie. Qui trompait-on? Ne se sentant point trompeur, et le regrettant peut-être, chacun des Allemands redoutait d'être

---

[1] Alvensleben et Finckenstein à Schulenbourg, 27 juillet 1792. RANKE, *op. cit.*, p. 367.

trompé. La crainte d'un partage de la Pologne d'où l'un d'eux serait exclu par l'autre ne cessa de hanter leurs esprits, et toute la conduite de la guerre s'en ressentit. La Prusse apporta moins d'ardeur à s'engager, l'Autriche plus de lenteur à fournir ses contingents. Frédéric-Guillaume commença de se préoccuper sérieusement du péril qu'entrainerait pour ses États une hégémonie absolue de la Russie en Pologne. Il jugea inopportun d'exposer toutes ses troupes contre les Français, alors qu'il pourrait, du jour au lendemain, être obligé de porter le gros de ses forces sur la Vistule, ne fût-ce que pour couvrir sa frontière et abattre les prétentions de la Tsarine. L'Autriche inclinait naturellement à diriger les opérations vers la Flandre, où elle trouverait ses convenances ; la Prusse s'y montrait récalcitrante et exigeait, avant de s'y prêter, la certitude d'être indemnisée en terres de Pologne. Tout ce litige d'ailleurs était hypothétique : on se disputait sur des conquêtes futures, et le conflit des prétentions entravait la marche des conquérants.

Les autres puissances s'abstenaient. La cour de Naples se montrait hostile à la Révolution française, mais impuissante à la combattre ; elle se contentait de sévir contre ses propres sujets. Ferdinand essaya de nouer une ligue italienne. Il échoua partout. Gênes et Venise prirent peur. La Toscane se déclara neutre. Modène et Parme l'étaient par nécessité. Le Pape ne pouvait faire qu'une chose, et il la fit : il lança l'excommunication contre tous les Français qui adhéreraient à la constitution du clergé. Le Piémont continuait à réclamer des secours, moyennant quoi il promettait merveilles. « Que l'Empereur m'envoie quinze mille hommes, et j'envahis la France », disait Victor-Amédée au ministre d'Autriche. L'Autriche le tint en suspens jusqu'au milieu de l'été. Il finit par obtenir la promesse de dix mille hommes, et l'on verra que l'on discutait encore sur les termes de la convention d'alliance, quand les Français attaquèrent la Savoie. Quant à l'Espagne, elle affirmait que si les choses tournaient trop mal pour les Bourbons de France, leurs cousins ne sauraient demeurer impassibles. Aranda se plaisait à espérer qu'il n'en arriverait rien. En attendant, il se gardait. La cour de Madrid envoyait un million aux princes français, mais le ministère invitait les émigrés réfugiés en Catalogne à quitter l'Espagne [1]. La peur de l'Angleterre enchaînait toujours cette monarchie. Elle liait également la Suède et le Danemark, qui s'en félicitaient.

Comme la Russie était parfaitement décidée à ne point envoyer de troupes contre la France, la coalition se réduisait, en définitive, aux deux puissances allemandes, fort divisées entre elles et très-mollement soutenues par le corps germanique. L'heure d'entrer en campagne était venue cependant, si l'on voulait sauver Louis XVI. Les alliés allaient envahir la France, et ils étaient mis en demeure de se prononcer publiquement sur la guerre qu'ils y feraient : guerre de principe ou guerre de conquête. C'était encore un des sujets qu'ils devaient traiter à Mayence. Ils n'y apportaient que des idées troubles et vacillantes. La préoccupation des indemnités et l'obsession de la conquête ne leur laissaient point une liberté d'esprit suffisante pour en juger nettement. Il aurait fallu considérer ce grand objet de très-haut et s'élever, pour en décider avec bienséance, au-dessus du marché diplomatique où l'Autriche et la Prusse prenaient tous leurs points de vue. Faute de penser par elles-mêmes et de s'entendre sur cette affaire capitale, elles s'en remirent aux émigrés, qu'elles écoutèrent sans sympathie et approuvèrent sans sincérité.

V

La déclaration de guerre avait rendu aux émigrés quelque ressort d'action et toute leur confiance. On les vit refluer vers Coblentz et Trèves, de tous les pays où ils s'étaient dispersés, et reformer leur camp. Ils y tenaient conseils sur conseils. Mais le camp était famélique, et les conseils ne délibéraient que sur

---

[1] Rapport de Bourgoing, 4 juin 1792.

des chimères [1]. Les fonds manquaient [2]. Les émigrés s'en consolaient en pensant à leur victoire prochaine, à leur joyeuse rentrée en France, à la revanche qu'ils prendraient de leur exil, et à la belle vengeance qu'ils tireraient des factieux. Ils se plaisaient à croire que les Allemands ne s'armaient que pour leur gloire, et leur fatuité crédule, qui renversait les rôles, transformait en auxiliaires de leur petite troupe de gentilshommes les grandes armées de l'Autriche et de la Prusse. Frédéric-Guillaume le leur laissait croire : il reconnaissait au comte de Provence la qualité de lieutenant général du royaume, et ses subsides s'élevaient à près de cinq millions de livres. « Le roi de Prusse est charmant pour nous, écrivait Condé le 22 juin. Il nous promet une place en première ligne, et il est bien expliqué dans la note officielle que ses troupes seront derrière nous pour nous appuyer. » Cependant l'Autriche, qui s'expliquait aussi très-clairement dans ses notes, déclarait tout le contraire. Elle refusait d'admettre la lieutenance générale de Monsieur, et, quant à l'ordre de bataille, elle invitait sèchement les princes à attendre, « pour s'y conformer ensuite », ce que les alliés « jugeraient à propos de décider sur leurs opérations [3] ». Cette cour faisait pis encore qu'elle ne disait : elle retirait aux princes la caution qu'elle leur avait donnée pour un emprunt, elle versait dans son propre trésor 1,500,000 livres qui leur étaient destinées et contrariait enfin toutes leurs démarches auprès du roi de Prusse.

François II était promptement tombé au niveau de Léopold dans l'esprit des émigrés, et Condé qualifiait sans vergogne cet empereur de « Mandrin ». L'Autriche ne se contentait pas de ruiner leur plan de campagne, elle s'opposait encore à leur

---

[1] Les princes à Catherine II, 9 mai 1792. FEUILLET, t. VI, p. 39 et suiv. Voir LA ROCHETERIE, *op. cit.*, 4ᵉ partie, ch. XVII. *Correspondant*, t. XCIX, p. 283 et suiv. — CHUQUET, p. 132, 267 et suiv.

[2] « Lord Malmesbury, qui arrive de Coblentz, écrivait une femme d'esprit, m'a dit qu'ils ne savaient plus de quel côté donner de la tête, et que le déficit la tournait même à M. de Calonne, qui en a pourtant l'usage. » La marquise de Coigny à Biron, 12 juin 1792. *Lettres de la marquise de Coigny.*

[3] Kaunitz à Polignac, 24 mai 1792. VIVENOT, t. II, p. 50.

plan de contre-révolution, c'est-à-dire à l'affaire qu'ils avaient le plus à cœur. Ils découvraient, en toutes ces manœuvres hostiles, l'influence de la Reine, et ils se répandaient contre Marie-Antoinette et sa famille en invectives que n'auraient pas désavouées des « sans-culottes ». On dénonçait à Coblentz le *comité autrichien* avec autant d'acrimonie qu'à Paris. On accusait la cour de Vienne de conspirer le démembrement du royaume. C'est, disait-on, parce qu'elle convoite l'Alsace, la Lorraine et la Flandre que cette cour refuse de reconnaître la régence de Monsieur et de le traiter en allié[1]. Les émigrés s'en indignaient, mais le complot n'était peut-être pas encore le plus noir des desseins qu'ils prêtaient au *comité autrichien*. Le spectre des deux chambres qui obsédait Brissot et Gensonné hantait également les imaginations des émigrés. « Le plus fâcheux de nos maux serait de recevoir des mains de l'Autriche une constitution façonnée par son incurable jalousie, écrivait Bombelles. Il vaut mieux perdre des provinces que de recevoir une constitution[2]. »

Ces gentilshommes avaient, comme les publicistes de la Gironde, fait leurs études diplomatiques à l'école de Favier; ils en professaient aveuglément tous les préjugés. Un officier royaliste, qui servait en Russie le comte de Langeron, se trouvait à Bruxelles au mois de juin. Il y composa un *Mémoire sur les affaires présentes,* et il y soutint que tout le mal venait de l' « alliance désastreuse de 1756 » dans le passé, et dans le présent de l' « alliance monstrueuse de l'Autriche et de la Prusse ». « L'expérience n'a que trop démontré combien les princes français ont été trompés par la cour de Vienne : dans ce moment-ci même, il paraît qu'on doit s'en défier plus que jamais. » Le remède que suggérait Langeron pour prémunir la monarchie contre les manœuvres de l'Autriche était précisément celui qu'employait Dumouriez pour préserver la Révolu-

---

[1] Voir à ce sujet l'étude de M. de Saint-Genis sur Vioménil et le plan de surprise de Strasbourg, *Revue des Deux Mondes*, 15 mars 1880. — FERSEN, t. II, p. 302, 306, 313.
[2] Bombelles à Breteuil, 8 mai 1792. FERSEN, t. II, p. 267.

tion des attaques de cette puissance. « Si l'on pouvait avoir le consentement de Louis XVI ou, si cela est impossible, agir en son nom, on pourrait proposer au roi de Prusse de rompre notre alliance avec l'Autriche, le lendemain de la contre-révolution, et de faire avec lui une alliance offensive et défensive, s'il veut rétablir en France la monarchie pleine et entière, et y entraîner la cour de Vienne [1]. » C'est sur la Prusse et sur la Russie que comptaient les émigrés pour les sauver de cette double calamité qui les menaçait : les deux chambres et le démembrement. « Soyez tranquille, écrivait Condé le 4 juin, cela ne sera pas. Nous en avons la plus grande certitude de la part de la Prusse. » Et Bombelles, le 8 mai : « Aujourd'hui que je vois l'Impératrice pencher à faire marcher une armée pour nous, je me permets d'espérer qu'il serait possible de reprendre notre ancien gouvernement et de conserver nos frontières. »

Au fond et de quelque brouillard que s'offusquât leur jugement, l'équivoque de leur rôle et la misère de leur politique se révélaient à eux par échappées soudaines. Ils se flattaient de disperser par leur apparition les gardes nationales, mais ils n'admettaient point volontiers que leur énorme escorte d'étrangers y fût pour quelque chose. « Prenez garde, disait Monsieur à un officier prussien qui parlait légèrement des premières déroutes des Français, on ne les a pas toujours battus, ils sauront disputer le terrain [2]. » C'était affaire à lui et à ses gentilshommes, mais non aux Allemands, de qualifier de « canaille » les Français révoltés et de les traiter en conséquence.

Tous les émigrés ne se montraient point également dociles aux insinuations de Frédéric-Guillaume et de Catherine. Si les chefs étaient entêtés des mêmes préventions qui avaient successivement livré à ces astucieux souverains les patriotes polonais de 1790 et les confédérés de 1792, plus d'un gentilhomme français, éclairé par les épreuves et les déconvenues de l'exil, sentait se réveiller en lui le vieil instinct national et, sur le moment de

---

[1] *Papiers de Langeron*. Affaires étrangères. Cf. Montmorin à La Marck, 13 juillet. *Corr.*, t. III, p. 329.
[2] Chuquet, p. 281, 282.

choisir entre les étrangers et la patrie, revenait à la patrie. On en avait vu pleurer au récit des débandades de Mons[1] et regretter peut-être, dans une révolte de leur cœur, de n'avoir pas été là pour ramener leurs soldats. On lit dans une note préparée par Dumouriez à la date du 10 juin : « M. de Naillac[2] s'est procuré des notions certaines sur les dispositions présentes de la majorité des émigrés autour des princes ou répandus dans l'électorat de Trèves. Depuis qu'ils ne peuvent plus douter que l'union de la Prusse et de l'Autriche n'a pour objet ni le rétablissement de leur existence première ni le retour de l'ordre en France, et qu'ils voient au contraire que l'ambition de ces deux puissances est de profiter de l'anarchie pour démembrer le royaume, ils sont consternés, et l'idée d'avoir été entraînés à la désertion pour servir des haines particulières, qui n'ont en vue que la honte et la dévastation de leur pays, les transporte de fureur. » Naillac croyait même possible de composer une sorte de légion avec ceux qui « se présenteraient pour expier, en défendant leur pays, le crime de l'avoir abandonné ». Mais ces émigrés repentants n'avaient aucune chance d'être accueillis en France, et les mesures qu'on y prenait à leur égard n'étaient point faites pour encourager leurs patriotiques velléités. Leurs chefs d'ailleurs apaisaient leurs scrupules en assurant que la présence des princes dans l'armée d'invasion suffirait à écarter toutes les vues de conquête : les frères de Louis XVI entreraient les premiers dans le royaume, ils feraient acte de possession au nom du Roi, et ils n'auraient qu'à se montrer pour qu'on arborât « le drapeau blanc sur tous les clochers de France[3] ».

L'événement du 20 juin confirma les princes dans la pensée qu'ils étaient seuls capables de relever l'État. L'humiliation subie par Louis XVI en cette journée diminua encore, s'il était possible, leur respect pour sa personne. « J'ai été parfaitement content des princes pour les principes, écrivait Condé le 4 juillet. Ils tiendront à ceux de notre lettre d'il y a six mois, malgré

---

[1] Sybel, *Trad.*, t. I, p. 479.
[2] Ministre aux Deux-Ponts.
[3] Metternich, *Mémoires*, t. I, p 14.

tout ce que les Tuileries peuvent ou pourront dire, et quel que soit le manifeste des puissances. Et sur ce que j'ai fait l'objection : Si le Roi libre voulait autre chose? Monsieur m'a fort bien répondu : Il ne peut l'être qu'au bout de quelque temps que nous serons en France, et alors notre parti sera trop fort pour qu'il soit possible à nous de nous dédire, à lui de nous contrarier [1]. »

Mallet du Pan arriva sur ces entrefaites [2], avec ses instructions, ses conseils, son plan de manifeste et tout le thème de remontrances préparé aux Tuileries. Il s'arrêta à Francfort, où il sollicita, sans l'obtenir, une audience de l'Empereur. Un mémoire qu'il envoya à Coblentz y produisit le plus fâcheux effet. Il lui fallut un billet autographe de Louis XVI pour être admis à remplir sa mission auprès des alliés. Le 15, le 16 et le 17 juillet, il eut des entretiens avec Haugwitz, Heymann et Cobenzl, auxquels il exposa les idées de la famille royale. Cobenzl déclara que ces idées étaient celles que sa cour n'avait cessé de développer. Les Prussiens parurent se rendre à ces raisons. Tous convinrent que les émigrés seraient tenus à l'écart. Haugwitz et Cobenzl déclarèrent « qu'aucune vue d'ambition, d'intérêt personnel, de démembrement, n'entrait dans le but de la guerre ». Haugwitz poussa même l'obligeance jusqu'à engager Mallet à écrire un résumé de l'entretien. Mallet s'en tint pour satisfait, et les Allemands ne s'occupèrent plus de lui. Ils le laissèrent à Francfort, où il resta oisif jusqu'au 23 juillet.

Tous les raisonnements de Mallet reposaient sur cette assertion que la France ne voulait point de l'ancien régime, et qu'il convenait, pour soumettre les Français, d'employer concurremment dans le manifeste qu'on leur adresserait « la terreur et la confiance ». La confiance parut, à Coblentz, une superfluité; on s'y tenait à la terreur. Du reste, le langage que prêtaient à Louis XVI ses plus autorisés représentants différait notablement de celui de Mallet. « Le Roi, écrivait Breteuil, ne

[1] LA ROCHETERIE, op. cit., p. 296.
[2] 12 juin 1792, à Francfort-sur-le-Mein. MALLET, t. I, ch. XII.

doute pas que le roi de Prusse soit bien persuadé qu'il n'y a rien à attendre des factieux que par la force, aussi effrayante dans son langage qu'imposante dans ses opérations [1]. » Les mêmes recommandations formaient la conclusion des dernières lettres de la Reine à Fersen et à Mercy. Il était assez aisé d'accommoder ces propositions fort simples avec les desseins des émigrés; il l'était beaucoup moins de concilier les plans des princes avec les suggestions de Mallet du Pan. Ce « gazetier » le prenait sur un ton de raisonneur calviniste qui sentait son pédagogue de Genève, et semblait insupportable aux gens de qualité. Très-suspect d'ailleurs de liaisons avec les « monarchiens » et noté particulièrement d'hérésie sur l'article des deux chambres, Mallet réunit tout le monde contre lui. Fersen s'entendit avec Calonne pour se débarrasser du publiciste génevois et de son manifeste.

Ils firent composer une déclaration conforme à leurs vues communes. Un ancien intendant du duc d'Orléans, passé des cabales du Palais-Royal dans celles de l'émigration, M. de Limon, leur parut apte à parler, au nom de l'Europe, un langage capable d'émouvoir les Français. Il rédigea un manifeste que Calonne et Fersen estimèrent admirable. Ils le soumirent à François II et au roi de Prusse; ces princes y donnèrent leur approbation et le renvoyèrent au duc de Brunswick, qui devait le signer en sa qualité de généralissime [2]. Le « héros » s'en trouva fort embarrassé. Il pensait, naturellement, en philosophe sur les choses de la politique, et en général d'armée sur les choses de la guerre; mais aussitôt que son crédit semblait en jeu, il ne décidait plus des unes et des autres qu'en courtisan. Il n'aimait point les émigrés; il considérait leur concours comme funeste à l'entreprise qu'il dirigeait, il aurait voulu les éloigner de son armée; cependant il avait consenti tout récemment à les y employer [3], « avec le rôle brillant qui leur était dû à tant de titres [4] ». Le roi de Prusse en avait exprimé le vœu, et le duc lui

---

[1] Voir Montmorin à La Marck, 13 juillet 1791, *Corr.*, t. III, p. 328. Breteuil à Schulenbourg, 4 juillet. FLAMMERMONT, *op. cit.*, p. 29.
[2] Fersen à la Reine, 26, 28 juillet, 3 août 1792, t. II, p. 336, 337, 341.
[3] Protocole de la conférence de Mayence du 20 juillet. VIVENOT, t. II, p. 145.
[4] Lettre du prince de Condé, 4 juillet. LA ROCHETERIE, *op. cit.*, p. 294.

en faisait sa cour. C'est également pour complaire à Frédéric-Guillaume et s'attirer en retour les adulations du beau monde, qu'il se résigna à mettre son nom au bas du manifeste des princes français. « Je donnerais ma vie pour n'avoir pas signé ce manifeste », disait-il un an plus tard à un de ses confidents[1]. Il le signa néanmoins, tout en le blâmant, par respect humain et gloriole de duc allemand.

Cet acte, célèbre dans l'histoire des impertinences diplomatiques, est daté du 25 juillet 1792[2]. Il déclare que l'Autriche et la Prusse interviennent en France pour défendre les droits des princes allemands lésés en Alsace, étouffer l'anarchie, rétablir le pouvoir légal, arrêter les attaques portées au trône et à l'autel, rendre au Roi les moyens d'exercer l'autorité légitime qui lui appartient. Elles font appel à la partie saine de la nation française. Elles ne prétendent ni s'enrichir par des conquêtes, ni s'immiscer dans le gouvernement intérieur de la France. Elles protégeront tous ceux qui se soumettront au Roi ; elles traiteront en ennemis et puniront comme rebelles les gardes nationales qui essayeront de résister. Les habitants « qui oseraient se défendre » seront châtiés suivant la rigueur du droit de la guerre ; leurs maisons seront démolies et brûlées. Les administrateurs répondront sur leur tête et sur leurs biens de tous les délits et crimes qu'ils laisseront commettre. La ville de Paris et tous ses habitants sans distinction sont tenus de faire leur soumission au Roi. Les membres de l'Assemblée et les administrateurs de Paris sont responsables sur leur tête de tous les événements : ils seront « punis militairement sans espoir de pardon ». Si le château des Tuileries est envahi, s'il est fait « la moindre violence, le moindre outrage » à la famille royale, les alliés « en tireront une vengeance exemplaire et à jamais mémorable en livrant la ville de Paris à une exécution militaire et à une subversion totale » ; les révoltés subiront les derniers supplices. Les alliés ne reconnaissent de lois que celles qui émanent du Roi libre ; ils l'invitent à se rendre dans une

---

[1] MASSENBACH, *Memoiren*, t. I, p. 236.
[2] *Moniteur* du 3 août, t. XIII, p. 305.

place frontière, à y appeler tels conseillers, et à y faire telles convocations qu'il jugera convenables pour le bon ordre de son royaume.

La grande Catherine jugea ce discours écrit dans le bon style. Elle avait conféré avec Diderot et correspondu avec Voltaire. Elle se piquait de connaître les Français. Diderot prophétisait même qu'elle les transformerait, si elle daignait les gouverner[1]. « Je trouve le manifeste énergique et clair, mandait-elle à Grimm ; voilà comme il faut parler, et surtout aux gueux quand ceux-ci se mêlent de raisonner[2]. » Le manifeste parut clair en effet, mais les Français en raisonnèrent autrement qu'on ne l'attendait à Mayence et à Pétersbourg. Il peut se traduire ainsi, écrivait un observateur clairvoyant : « Soyez tous contre moi, car je suis contre vous tous, et faites bonne résistance, car vous n'avez pas d'espoir[3]. » C'est bien ainsi qu'on le comprit dans toute la France.

La nation était en armes et tout exaltée par la fermentation de la guerre, lorsque cette sommation de s'agenouiller lui fut tout à coup signifiée. Le 22 juillet, la proclamation du danger de la patrie s'était faite à Paris avec une pompe austère et émouvante, où se déploya cet instinct des solennités populaires qui fut une des formes du génie français dans la Révolution. Toutes les âmes en étaient ébranlées, et jamais un parti ne rencontra de conditions plus propices pour un coup d'État. La Gironde avait hâte d'accomplir celui qu'elle préparait contre la couronne et la constitution. Elle avait touché le pouvoir, elle le briguait publiquement, cela suffisait à la rendre suspecte aux yeux des démagogues. Il fallait qu'elle s'emparât de la place sous peu de jours ou qu'elle l'abandonnât à ses rivaux. Les jacobins démêlaient parfaitement ces trames.

---

[1] « Ah ! mes amis, supposez cette femme sur le trône de France. Quel empire, quel terrible empire elle en ferait, et en combien peu de temps ! Et vous, quels hommes vous seriez ! car je vous déclare que vous ignorez tout ce que la nature vous a donné. » *Ma rêverie à moi Denis le Philosophe*, écrit à Pétersbourg en 1773. M. TOURNEUX, *Diderot et Catherine II. Le Temps*, 24 août 1885.

[2] 25 août 1792, p. 574.

[3] Lettre de Governor Morris, 17 août 1792, t. II, p. 174.

L'impopularité débordait déjà la Gironde [1]. Ce parti se voyait tourné dans toutes ses positions et abandonné de son armée. Le 24 juillet, Brissot fut accueilli à l'Assemblée par les murmures et les huées qui jusque-là étaient réservés aux orateurs de la droite. Les tribunes criaient : « A bas, scélérat de Barnave! A bas, homme à double face[2]! » Les girondins essayent encore une fois de faire front. Ils rédigèrent un décret portant que le Roi sera suspendu, qu'une Convention nationale sera nommée, que le prince royal aura un gouverneur choisi par l'Assemblée, que l'on rappellera les ministres chassés par Louis XVI. Ce sera une régence; ils comptent l'accaparer. S'il faut une émeute, ils la laisseront faire, se figurant que, dans le désarroi de l'anarchie, l'opinion se portera vers eux, et que la panique générale leur livrera le pouvoir, où ils arriveront en sauveurs.

Ces machiavélistes chimériques rêvaient une sorte de journée des Dupes républicaine : ce sont là journées de cour et révolutions de palais, et ce n'est pas sur ces modèles que les peuples insurgés se règlent dans leurs crises. La troupe qui se bat appartient à celui qui la conduit à la victoire, et la place emportée reste à qui mène l'assaut. Tandis que la Gironde spécule, pérore, s'évertue, que Robespierre, décontenancé, se dissimule dans l'ombre et se réserve pour le lendemain de la bataille [3], l'homme qui va les surprendre et les dépasser tous envahit la scène, et, dès qu'il y paraît, il y prend la première place. Depuis la disparition de Mirabeau, ce grand théâtre manquait d'acteurs; le drame se traînait entre les coryphées, les figurants, les machinistes. Mirabeau était le ministre-né de la démocratie royale, l'inspirateur et le guide de la première Révolution; la seconde attendait le sien. La démocratie républicaine avait trouvé ses courtisans, ses prophètes, ses pontifes; il lui manquait encore son tribun. Les clairvoyants

---

[1] Cf. Dubois-Crancé, *Analyse de la Révolution*, Paris, 1885, p. 79.
[2] Louis Blanc, t. VII, p. 5. — « Vergniaud est surnommé Barnave second. La confiance ne sait où se reposer. » *Journal d'une bourgeoise*, 21 juillet 1792.
[3] Cf. Dubois-Crancé, *op. cit.*, p. 111.

l'avaient discerné depuis longtemps. Danton avait son club aux Cordeliers, moins nombreux que celui des Jacobins, mais plus uni, plus familier avec la foule, composé de gens de main et de gens de poigne, fanatiques d'action plus que de paroles, n'usant point en discussions subtiles et en rivalités de tribune un temps précieux pour la lutte; rien de l'Athénée oratoire ni de l'office d'inquisition, mais un complot vivant, audacieux et armé. Danton en était le chef. Il attendait son heure; il jugea qu'elle était venue, et il saisit l'occasion avec cette sûreté d'instinct et cette promptitude d'action qui font de lui un des plus formidables démagogues que présente l'histoire des révolutions.

La Gironde avait préparé le terrain du combat. La déclaration de Brunswick offrit le prétexte de l'agression. Ce manifeste fut connu le 28 juillet. Aussitôt, sous l'impulsion de Danton, les sections de Paris votèrent la déchéance du Roi. Le 30, les fédérés de Marseille arrivèrent. Le 3 août, Louis XVI crut utile de protester encore une fois de ses sentiments. Il le fit dans un langage qu'il croyait sincère : il en conformait le sens à ses intentions intimes et à sa politique réelle; mais il ne pouvait le parler au peuple qu'en s'enveloppant de la plus déplorable équivoque. « Jamais, dit-il, on ne me verra composer sur la gloire ou les intérêts de la nation, recevoir la loi des étrangers ou celle d'un parti; c'est à la nation que je me dois, je ne fais qu'un avec elle... je maintiendrai jusqu'à mon dernier soupir l'indépendance nationale. » C'est bien en effet dans cette pensée que Louis XVI se proposait de négocier au congrès des puissances, et c'est ainsi qu'il liait, dans sa conscience royale, les engagements qu'il prenait devant la France avec les déclarations qu'il réclamait des étrangers. Ceux qui l'écoutaient et qui prenaient ses paroles à la lettre les rapprochèrent du manifeste des alliés, et en conclurent qu'il trompait la nation. Son discours passa pour l'aveu public de la trahison dont on l'accusait. Il comptait que les menaces des étrangers seraient sa sauvegarde, et que, par terreur des représailles, les factieux n'oseraient rien attenter contre lui. Les révolutionnaires firent le raisonnement opposé : ils cherchèrent, en s'emparant de la personne du Roi, à s'assurer une garantie contre les violences dont les menaçaient les étrangers. Ils tenaient pour nécessaire à leur salut qu'avant l'entrée des troupes allemandes en France, le manifeste de Brunswick devînt une lettre morte, et que la Révolution eût ses otages avant que la coalition eût le temps de se saisir des siens. Ainsi se décida l'émeute du 10 août.

Danton la prépara avec un art consommé. Elle fut conduite avec une rare énergie. On l'annonça la veille ; toutes les mesures se prirent ouvertement. Le matin, les sections marchèrent sur les Tuileries, en colonnes serrées, avec du canon. La famille royale alla demander asile à l'Assemblée. L'Assemblée n'avait ni la force ni la volonté de se protéger elle-même. Elle était terrifiée. Le dégoût, l'impuissance, la peur avaient fait le vide sur les bancs. Sur 630 députés, il n'en vint, ce jour-là, que 284, et presque tous appartenaient à la gauche; hostiles au Roi, ils étaient acquis d'avance à l'insurrection. Louis XVI fut relégué dans une loge de journalistes, sous le prétexte qu'on ne pouvait délibérer en sa présence. C'est de là que, derrière un grillage, dans une sorte de soupente obscure et étouffante, il assista à la chute de sa monarchie. L'Assemblée décrétait au bruit de la bataille. Les gardes-suisses, une petite troupe de gentilshommes et de gardes nationaux essayèrent de défendre les Tuileries. Ils se firent massacrer : à onze heures du matin, l'émeute était maîtresse du palais. Les députés décidèrent de suspendre le Roi, de le mettre en détention et de convoquer une Convention nationale. Condorcet fut nommé gouverneur du prince royal, et l'on constitua un *conseil exécutif provisoire*, composé des anciens ministres congédiés : Roland, Servan, Clavière, auxquels on adjoignit Monge pour la marine, Lebrun-Tondu pour les affaires étrangères, et Danton pour la justice. Danton était le véritable maître de ce gouvernement.

La Gironde se croyait victorieuse. Son dessein était accompli. Ses décrets étaient portés; mais ils tombaient dans le vide. Tout son plan supposait une constitution, un gouvernement, une assemblée qui délibère, des lois auxquelles on obéit. Rien de cela n'existait plus. Entre le pouvoir et les Girondins, au lieu d'une fiction qu'ils avaient dissipée et d'un fantôme de roi anéanti par eux, se dressait désormais un tribun tout-puissant, une faction jalouse et fanatique, une foule ivre de son triomphe et impatiente d'en jouir. La Révolution désormais appartient aux révolutionnaires; ils vont s'en disputer le règne. Une période nouvelle s'ouvre en cette histoire : la première a été remplie par la lutte de la Révolution contre la royauté; celle qui suit le sera par la lutte de la Révolution contre l'Europe et contre elle-même. A l'heure où cette lutte commence, parcourons le champ de bataille, considérons les troupes en présence, les routes qu'elles ont suivies, les desseins qui les dirigent, les chefs qui les commandent, les armes dont elles sont munies, les moyens dont elles disposent, les forces morales enfin qui les animent, et, avec les passions qui les agitent, les idées qui les gouvernent. C'est la conclusion de cette époque de la Révolution et la préface de la suivante.

CHAPITRE III

LA FRANCE ET L'EUROPE EN 1792.

I

Les Français ont fait une révolution dans le gouvernement et dans la société. Ils ont modifié profondément la condition des personnes et celle des terres, les rapports des citoyens entre eux et avec l'État, l'État enfin dans son principe et dans sa constitution. Ils ont supprimé le régime féodal, proclamé la liberté civile et la liberté politique, établi l'égalité entre les citoyens et fondé toutes les institutions nationales sur la souveraineté du peuple. C'est leur droit : il est absolu, il est incontestable. Le droit public de l'Europe repose précisément sur la reconnaissance réciproque par tous les États du droit que possède chacun de se constituer à sa guise dans l'intérieur de ses frontières. Mais l'exercice de ce droit implique l'accomplissement d'un devoir, qui en est le principe nécessaire : ne rien entreprendre contre l'indépendance ni contre les frontières d'autrui. Ce devoir, la France le réclame des États de l'Europe, et elle promet de l'accomplir envers ces États : elle s'engage, par sa constitution même, à renoncer aux interventions, aux agressions et aux conquêtes. C'est une belle parole à donner au monde : la France aurait eu grand avantage à pouvoir la tenir; mais il y aurait fallu à la fois beaucoup de prudence, beaucoup de vertu, et des conjonctures très-différentes de celles qui se présentèrent en Europe au temps de la Révolution française.

Le régime social et la constitution politique que la France a détruits chez elle sont ceux de tout le continent. Les principes en vertu desquels ces immenses changements s'opèrent en France sont des principes universels, enseignés par les philosophes français à toute l'Europe. Toutes les nations européennes sont préparées à les comprendre. L'idéal de justice et de fraternité que la France propose au monde est intelligible à tous les peuples. Les réformes qu'elle exécute sont désirables pour toutes les nations et accessibles à tous les esprits. Il n'est point d'homme, si abruti qu'il soit par la misère et la servitude, qui n'aspire, lorsqu'on lui en ouvre l'espérance, à s'affranchir des redevances qui le ruinent, des corvées qui l'écrasent, d'un régime enfin qui fait plus ou moins de sa personne, de sa famille et de son travail la chose d'autrui. Il y a dans l'évidence et la simplicité de ces idées une puissance spontanée de propagande. La séduction gagne de soi-même les pays voisins de la France : il n'est ni fossés assez creux, ni murailles assez épaisses pour arrêter cette infiltration des couches profondes de la terre. Tous les États européens en sont comme minés sourdement et ébranlés dans leurs assises. Cette Révolution française qui abjure les conquêtes met l'Europe en un péril plus grand que ne l'a jamais fait, dans les siècles passés, l'ambition des rois de France.

Mais l'Europe ne le voit point ou ne le veut point voir. La France rencontre une fortune inattendue : tandis qu'elle opère sa révolution, l'Europe trouve son avantage à ne s'en point mêler. Cependant il serait téméraire aux Français de s'en fier trop longtemps à l'aveuglement, à la distraction, à l'égoïsme ou à l'impéritie des gouvernements de l'Europe. La France doit redouter qu'ils ne s'inquiètent. Elle est tenue, si elle veut la paix, de les rassurer. Les déclarations n'y suffisent pas, des actes sont nécessaires. Ceux qu'il faudrait ne paraissent, en eux-mêmes, ni contradictoires aux principes, ni opposés aux intérêts de la France. La France, composant désormais une société libre dans une monarchie tempérée, conserve sa place dans l'ancienne Europe et peut s'y ménager un rôle digne de son histoire.

Elle acquiert, par la seule diffusion de ses lois, une influence prodigieuse sur les peuples ; elle renouvelle par l'exemple de sa liberté et légitime, en quelque sorte, par de nouveaux titres, cette magistrature des nations qui constitue sa plus belle gloire. Elle imposera aux autres la paix qu'elle réclame pour elle-même ; elle contribuera à fonder sur l'intérêt général de la civilisation cet équilibre européen qui n'a reposé jusqu'alors que sur l'opposition des intérêts particuliers. On peut imaginer un gouvernement actif, réformateur et fort, capable de contenir et de régler les passions des Français, de les détourner surtout de l'utopie, des aventures et de la politique de magnificence ; un prince ou un ministre, doué de ce génie, ramenant aux proportions françaises, appropriant aux conditions de l'État et tournant à la grandeur durable de la nation toutes ces forces confuses développées en Europe par la Révolution, ainsi que Henri IV et Richelieu l'avaient fait autrefois avec la Réforme.

Mirabeau, qui parut un instant appelé à cette grande tâche, mourut avant d'avoir trouvé l'occasion de l'entreprendre. Après lui, il ne restait personne pour maîtriser et conduire la Révolution : elle entraîna les Français dans son emportement. Ils s'abandonnèrent à l'enthousiasme de régénérer le monde. Ils se crurent les initiateurs de l'âge d'or. Réprouvant la politique, comme égoïste, et l'expérience, comme corrompue, ils ne jugèrent plus que par instinct et ne décidèrent plus que par passion. Mais leurs passions et leurs instincts dérivaient de huit siècles de monarchie guerrière et conquérante. A leur insu, le passé s'insinua dans leurs desseins au moment où ils prétendaient s'en dégager, et l'histoire de France s'empara de cette Révolution destinée à la rompre.

La propagande résulte du génie du peuple français et de l'esprit de ses nouveaux principes. Elle surgit spontanément du sol. Aucun barrage ne la retient, aucune digue ne la dirige ; elle se répand de tous les côtés à la fois. Cependant, si impétueux que soit son cours, elle est contrainte de suivre les pentes anciennes : elle ne peut inonder que les vallées déjà creusées par les eaux, elle ne traverse les frontières que par les brèches ouvertes depuis longtemps. La Révolution se révèle comme une sorte de rajeunissement fougueux et désordonné des ambitions classiques des Français. Les politiques de l'Europe, qui n'ont point compris d'abord la portée des principes, sont frappés par cette application toute nationale qu'en fait la France. La Révolution dans ce qu'elle a d'original et de surprenant, leur échappe, parce qu'ils en jugent avec les préjugés de la coutume ; mais la coutume ne les trompe point sur les conséquences pratiques. Ils comprennent fort bien le péril qui les presse, lorsqu'ils voient la souveraineté du peuple s'identifier toutes les prétentions de la souveraineté du Roi, Avignon réuni au domaine de la nation par le vœu national, et les propagateurs des droits de l'homme envahissant ces confins des Alpes, du Rhin et des Pays-Bas où, de tout temps, la France avait cherché ses prises.

L'Europe s'effraye alors, et les puissances voisines de la France cherchent à conjurer le danger. Elles le font selon les anciennes mœurs, pour leur seul intérêt et dans la seule mesure de cet intérêt. La propagande les attaque : elles la supprimeront en rétablissant le gouvernement royal ; la France menace leurs frontières : elles la refouleront au delà des siennes. Elles sont amenées ainsi, pour réprimer la Révolution, à reprendre les plans qu'elles formaient auparavant pour affaiblir la monarchie, et elles relèvent à leur tour, sous ces nouveaux prétextes, leurs antiques prétentions sur le Dauphiné, l'Alsace, la Lorraine, la Franche-Comté, la Flandre, le Hainaut et l'Artois. L'intervention et la conquête sont solidaires dans les desseins comme dans les entreprises des alliés.

Les Français invoquent pour repousser l'intervention de l'Europe et pour légitimer leur propagande, un droit public, institué par eux, et que l'Europe refuse de reconnaître. L'Europe s'appuie, pour envahir la France, lui imposer un gouvernement et démembrer son territoire, sur un droit public qui est celui de tout le continent, mais que les Français ne reconnaissent plus. Comme il n'y a point de transaction possible entre ces droits contradictoires et ces intérêts opposés, la guerre est inévitable. Elle éclate précisément parce qu'il n'existe plus de droit commun entre la France et l'Europe.

Voilà le fond du conflit; tout le reste, querelles des possessionnés d'Alsace, complots des émigrés, machinations des Tuileries, brigues des girondins, diplomatie des cours du Nord, intrigue des uns, convoitises des autres, chimères de tous, n'est dans ce conflit que la forme, le prétexte ou l'occasion.

Louis XVI lui-même ne figure guère qu'à titre de personnage épisodique dans cette tragédie qu'il remplit de son nom. S'il avait apporté sur le trône le génie entreprenant et créateur de quelqu'un de ses fameux ancêtres, d'un Philippe le Bel, d'un Charles V, d'un Henri IV, d'un Louis XIV, il aurait pu devenir un très-grand roi dans la Révolution et, par la Révolution, un des plus puissants rois de France. Mais il était un de ces débonnaires à l'âme perplexe qui, dans les troubles de la vie, n'ont de ressource que l'abnégation d'eux-mêmes. Il avait le caractère d'un martyr chrétien, quand il lui aurait fallu le tempérament d'un César. Il ne semble rattaché à sa race que pour en racheter les fautes par ses souffrances et ses vertus. Il cherche, pour ainsi dire, à se désintéresser de sa propre destinée. Lorsque la Révolution n'est qu'un conflit tout français, il poursuit une sorte de transaction impraticable entre des factions qui ne peuvent s'accorder que contre lui; lorsque le conflit s'étend à l'Europe, il se propose une médiation paradoxale entre les puissances armées pour le défendre contre son peuple, et ce même peuple révolté contre son pouvoir. Faute de soutenir ce rôle d'arbitre des partis, il est réduit à en devenir l'otage. Cette destinée s'annonce dès le 6 octobre 1789, elle se consomme le 10 août 1792. La tête de Louis XVI est comme l'enjeu commun de tous les combattants dans la lutte qui s'engage en Europe. Lutte d'audace et de ténacité; il s'agit de savoir qui intimidera le plus, qui osera davantage et qui durera le plus longtemps.

II

Il n'y a plus de gouvernement en France. L'Assemblée a concentré en soi tous les pouvoirs pour les abdiquer tous devant l'émeute. Elle est avilie. Elle ne délibère plus : elle décrète sous la menace. Les jacobins la maîtrisent comme ils maîtrisent toute la France. Le commandement de la Révolution leur revient, parce qu'ils ont seuls la hardiesse de le prendre et les moyens de l'exercer. Ils constituent, dans l'anarchie de l'État et dans la déroute de l'autorité, le seul corps organisé qui subsiste dans la nation. Leurs clubs, par leurs affiliations infinies, sont seuls en mesure d'imprimer dans toutes les parties de la France une impulsion unique et concertée. Leurs chefs ont le parti pris de faire triompher quand même la Révolution. Ils y risquent leur vie. Ils veulent arriver au pouvoir, et tout les y porte. La populace armée de Paris les soutient. Pour eux, cette populace est la France même, le peuple par excellence, le peuple à la manière antique, dictateur et législateur à la fois, celui dont on disait naguère, et dont beaucoup disent encore, que sa voix est la voix de Dieu [1].

Si les chefs des jacobins mènent l'Assemblée et la France, ils sont menés par les chefs de la démagogie parisienne, et ces démagogues eux-mêmes ne sont rien que par l'armée de l'émeute, qui les suit. Si les jacobins sont le seul corps organisé, cette armée est la seule force effective. Les partis ne peuvent rien sans elle ; ils sont, en réalité, les clients des anarchistes obscurs et grossiers qui la commandent. Ce sont les hommes d'action, les hommes à tout faire, ceux qui n'ont rien à perdre, rien à craindre et tout à gagner dans le désordre. Cette bande campe en permanence dans les bas-fonds des grandes villes :

---

[1] « Le peuple, mon ami, on peut le juger par ce proverbe : La voix du peuple est la voix de Dieu ! » *Journal d'une bourgeoise*, p. 187. Cf. Taine, *la Révolution*, t. II, p. 120, 177, 193, 195.

au premier appel d'émeute, elle se mobilise de soi-même et se donne au premier audacieux qui la conduit à la curée. Paris regorge de désœuvrés, de déclassés, de vagabonds, de soldats licenciés, de réfugiés de toute provenance, mélange d'affamés, d'aventuriers et de bandits qui n'attendent qu'une occasion pour se mettre en campagne [1]. A cette horde de scélérats surexcités, auxquels on promet le pillage, se joint la troupe fanatisée des misérables auxquels on promet le bonheur; à ceux qui veulent saccager la France pour s'en partager les dépouilles, se réunissent ceux qui prétendent l'anéantir pour la régénérer. De tout temps, les ambitieux qui ont voulu parvenir par les séditions ont dû compter avec ces ouvriers de la guerre sociale. Ce sont eux qui forment le premier noyau, celui des enfants-perdus, qui donne et reçoit les premiers coups, les coups qui ébranlent; c'est seulement à leur suite que s'entasse la masse indécise qui forme bélier, et dont la poussée renverse les murailles.

Cette armée de l'anarchie s'était rassemblée déjà, exercée et comme passée en revue dans les troubles qui avaient précédé les élections de 1789. Elle avait ses chefs sinistres qui se firent bientôt un nom dans les émeutes. Dès les premiers temps de la Révolution, les meneurs des sociétés populaires, puis les meneurs de l'Assemblée recherchent leur alliance et complotent avec eux. L'alliance est naturelle, et le complot se trame spontanément. Les politiques ont besoin d'une force matérielle pour l'opposer à ce qui reste encore du gouvernement, au Roi, puis à l'Assemblée, puis à leurs propres rivaux dans la révolution. On voit pactiser successivement avec ces condottieri de l'anarchie, Laclos et le duc d'Orléans contre la cour, Mirabeau contre la couronne et contre l'Assemblée, Barnave contre Mirabeau, les girondins contre les constitutionnels. Ce sera, après le 10 août, Danton contre les girondins, puis Robespierre contre Danton. Les anarchistes ont besoin d'un tribun qui les couvre de son nom et les introduise à sa suite dans les abords

---

[1] TAINE, *l'Ancien Régime*, p. 495, 507; *la Révolution*, t. I, p. 32; t. II, p. 182, 195. — SYBEL, *Trad.*, t. I, p. 92 et suiv.

de la place. Ils sentent bien que s'ils se présentaient brusquement, sous leurs traits hideux, avec leur drapeau rouge, ils feraient horreur à tous les honnêtes gens, et que les bons citoyens les accableraient rien que par le nombre. Ils prêtent donc leurs bras aux tribuns, et ils marchent de la sorte, chassant devant eux et culbutant les uns sur les autres ces imprudents et ces aveugles, jusqu'au jour où, devenus la Commune de Paris, ils se croiront les autocrates de la France.

Cependant les conducteurs de l'anarchie sont chassés eux-mêmes, littéralement, la pique dans les reins, par les anarchistes infimes qui composent leur troupe. Ceux-là, les combattants, sont avides de jouissance et de butin. Il faut, pour eux aussi, un terme à cette aventure sanglante. Ils appellent, ils réclament, ils exigeront bientôt ce règne du peuple qu'on leur annonce toujours et qui s'éloigne incessamment devant eux, à mesure qu'ils avancent. Le seul moyen de les tenir en haleine et de brider leurs âmes véhémentes, toujours grosses de révolte et obsédées de soupçon, c'est de leur dénoncer de nouveaux ennemis à anéantir, de nouvelles trahisons à déjouer, de nouveaux obstacles à détruire, et d'exalter ainsi continuellement leur frénésie. Cette impulsion, qui se marque dès le début de la Révolution, mène nécessairement au règne des plus forcenés entraînés par les plus fanatiques. Ce sera l'inévitable destinée de tous les chefs révolutionnaires d'être engloutis successivement par le flot qui les porte. Nul ne peut se défendre contre l'attaque de ces anarchistes; nul ne peut s'élever s'il n'est soutenu par eux. La démagogie aura ses prétoriens, ses strélitz, ses mameluks qui décideront des changements de règne. Tout l'art de parvenir consiste désormais dans l'accaparement de l'émeute. Tous ceux qui parviennent sont tenus à d'étranges ménagements pour le pouvoir occulte dont ils procèdent. Des complaisances inexcusables succèdent à d'inavouables complicités. Le lendemain de la journée, les vainqueurs veulent leur part de victoire. Toute résistance qu'on leur oppose est imputée par eux à trahison. Leur allié devient leur ennemi. S'il ne leur cède la place, ils le renversent. De là le singulier spectacle que présente la France dès 1790, et le surprenant contraste qui se manifeste entre la grandeur de la Révolution et la condition pitoyable de ceux qui prétendent la diriger.

III

Ces caractères de la Révolution éclatent dans la journée du 10 août, et c'est ce qui en fait une date fatidique dans cette histoire. Elle y compte moins, par la solution violente du conflit engagé entre le peuple et la couronne, que par le triomphe d'une politique et par l'avénement d'un parti. Au point où en étaient venues les choses entre la Révolution et la royauté, le conflit ne pouvait plus se dénouer que par la force. La royauté faisait appel à la force étrangère; la Révolution fit appel à la force populaire, et cette force, qui était soutenue par les passions nationales, l'emporta aisément. Mais le 10 août ne consomma pas seulement la ruine de la monarchie; il engagea l'avenir de la République. Il consacra ce qu'avait commencé le 20 juin : le régime des coups d'État populaires et l'emploi raisonné de l'insurrection, la substitution du fait au droit et de l'injonction d'une foule anonyme à la résolution législative librement délibérée. Il établit la loi de la force comme la raison suprême de la Révolution.

Ne nous payons point d'équivoque, ne disons point que, dans ces brutalités de la politique, le motif décide de la justice de l'acte. Ce sophisme a couvert toutes les usurpations et masqué toutes les scélératesses. Qui admet que la force peut être arbitre du droit, confond le droit avec la force et se condamne à subir la loi du plus fort.

Les partis avaient fait contre le Roi l'expérience de l'émeute; ils s'en feront un système contre l'Assemblée. Le moyen employé pour détruire la souveraineté royale servira pour usurper celle de la nation. Les grands conflits entre les partis ne se régleront plus que sous forme de capitulations du souverain subjugué au profit du vainqueur. La Gironde, qui réclama le bénéfice de la journée du 10 août, sera la première à en subir les conséquences.

La Révolution étant maîtresse de l'État, il va se former, parmi les révolutionnaires, des factions qui se disputeront le gouvernement. En même temps, toutes les conditions de la lutte se trouveront changées pour les chefs de ces factions. Jusque-là, dans toutes les crises, ils avaient devant eux un adversaire qu'ils dénonçaient à l'animosité du peuple et sur lequel se concentraient tous les soupçons et toutes les haines. Cet adversaire a disparu. La monarchie est renversée ; la noblesse est proscrite du territoire de l'État ou expulsée de tous les emplois. Cependant les révolutionnaires, devenus omnipotents, verront s'aggraver autour d'eux les difficultés et les périls qu'ils attribuaient auparavant aux seuls complots de la cour et de l'émigration. Ils ne s'expliqueront point leur impuissance à gouverner le pays et à réaliser leur utopie de paix et de bonheur. L'homme étant, selon leurs doctrines, naturellement vertueux, si la vertu ne prévaut point, la faute en est à ceux qui y résistent. Ce sont des scélérats, ils sont le seul obstacle au règne de la vertu : il suffit de les supprimer pour que ce règne s'accomplisse. Chacun attribuera ainsi à son rival le vice qu'il porte en soi et qui le paralyse ; tous croiront s'affranchir en exterminant. Les révolutionnaires ont pris contre la cour et contre les nobles l'habitude de ces inquisitions farouches ; ils les continueront contre leurs rivaux. Leur haine semblera même s'exciter davantage à mesure qu'elle s'exercera sur de plus proches. L'inimitié du tiers état de 1789 contre les aristocrates n'est rien à côté de celle des démocrates de 1792 contre les modérés et les constitutionnels. L'acharnement des girondins contre le comité autrichien n'égale pas l'aversion des jacobins pour la Gironde. Il en sera de même des factions que la compétition du pouvoir engendrera parmi les jacobins. Les effets extérieurs de ces dissensions ne se développèrent qu'après le 10 août ; mais ils se préparaient depuis longtemps lorsque cette journée les manifesta. Il importe de dégager ici cette transition. Faute de distinguer le lien qui rattache cette période à la suivante et de discerner comment elles procèdent l'une de l'autre, on en vient à expliquer, sinon à justifier, par des circonstances extraordinaires, des mesures dont ces circonstances n'ont été que l'occasion, mais dont la cause véritable est plus ancienne, plus générale et plus profonde.

Les apologistes de la Terreur — quelle tyrannie n'en a trouvé! — l'ont présentée comme une conséquence nécessaire de la guerre nationale, comme une œuvre, surhumaine en quelque sorte, voulue et accomplie par quelques colosses pour le salut de la patrie, de telle sorte qu'on ne peut la flétrir sans renier du même coup tout ce qui s'est fait de grand dans la Révolution. La Terreur ne se présentera point comme une nouveauté dans l'histoire. Asservir les hommes en les terrifiant a été, de tout temps, l'expédient grossier des despotismes barbares. Les terroristes de la Révolution y recourront parce qu'ils entendront demeurer au pouvoir et qu'ils seront incapables de s'y maintenir autrement. Ils l'emploieront à leur propre salut, et la motiveront, après coup, sur le salut de l'État. Avant d'être un système de gouvernement, elle en sera un moyen, et le système ne sera inventé que pour justifier le moyen. Le règne de la peur ne sera, dans la Révolution, que la forme naturelle du triomphe des violents, et ce triomphe a ses causes avant 1792.

Depuis Varennes, le Roi et son gouvernement sont, aux yeux de l'immense majorité des Français, les complices des émigrés et des étrangers. Quelques poignées d'hommes, dispersées dans les provinces, s'arment seules pour la défense du Roi; la grande masse de la nation accueille comme des mesures de salut public toutes les restrictions apportées à l'autorité de la couronne. Les révolutionnaires ont pour eux plus que les passions : ils ont les faiblesses. Les âmes les plus nombreuses, les moyennes et les humbles, sont troublées et pusillanimes. Dans les dangers qui pressent les Français : l'invasion et la contre-révolution, c'est la vengeance des émigrés qui leur cause à la fois le plus d'épouvante et le plus d'horreur. Ils y préfèrent encore l'anarchie. Ils se disent que le désordre n'aura qu'un temps, et ils laissent les révolutionnaires investir successivement toutes les forteresses du pouvoir. Les révolutionnaires s'en emparent parce qu'ils sont audacieux et qu'en leur cédant pour sauver sa personne, le plus lâche se figure qu'il sauve aussi la Révolution et la France. Voilà pourquoi les faibles et les timides, voués en tout temps et en tout lieu au joug des violents, y résistent en France moins qu'ailleurs et le subissent plus docilement.

La Terreur qui s'annonce ainsi n'est pas, du reste, le fait des seuls révolutionnaires. Leurs adversaires, pour des raisons analogues, sont portés à les combattre par les mêmes armes. L'impuissance des partisans de l'ancien régime à comprendre et à maîtriser la Révolution ne leur laisse d'autres ressources que de l'écraser. Incapables de convertir les révolutionnaires, ils ne songent qu'à les anéantir. L'empirisme des anciens pouvoirs sombre dans la même banqueroute que l'utopie des nouveaux. Nul ne répudie ces abus de la force; tous en recherchent à la fois le sinistre prestige. « Je crois nécessaire de frapper les Parisiens par la terreur », écrit Montmorin [1]... « La peur poussera cette Assemblée dans le sens où elle va jusqu'à ce qu'une autre terreur la pousse dans le sens contraire. Soyez sûr que ces gens-ci ne sont plus susceptibles d'autre sentiment que de celui de la peur. » On les terrifiera. Le manifeste du 25 juillet n'a pas d'autre objet, et, dans l'état-major des émigrés, on entend l'exécuter à la lettre. On ne parle à Coblentz « que de pendre, d'exterminer, de subjuguer », rapporte un royaliste [2]. « Il faut, dit un ministre de Gustave III, faire périr ce repaire d'assassins... Tant qu'il y aura un Paris en France, il n'y aura jamais de rois [3]. » Les révolutionnaires n'attendront pas les Saint-Barthélemy et les dragonnades qu'ils redoutent [4], ils les préviendront. « Il pleuvra

---

[1] 13 juillet 1792, à La Marck, *Corr.*, t. III, p. 327-328.
[2] MALLET DU PAN, t. I, p. 261.
[3] Taube à Fersen, 6 mai 1791. FERSEN, t. I, p. 117.
[4] Discours de Vergniaud, 3 juillet 1792.

du sang », écrit la mère d'un terroriste. « Quand on veut la fin, il faut vouloir les moyens; point d'humanité barbare... S'ils ne font pas périr, ils périssent [1] ! »

Tout conspire à l'avénement d'une dictature sanguinaire. Les hommes que la force des choses conduit à prendre le pouvoir au milieu de l'anarchie sont, par leur tempérament, par leurs passions, par leurs idées, les plus capables d'organiser la violence et de systématiser la Terreur. Les jacobins forment une secte autant qu'un parti; ils personnifient et ils développeront à sa plus haute puissance cet esprit de fanatisme qui s'est manifesté dès les premiers temps de la Révolution et qui, par leur influence, y dominera désormais exclusivement. Ce fanatisme est un caractère des doctrines dont procède la Révolution française; il n'est propre ni à ces doctrines ni à cette Révolution [2]. Les nuances particulières que revêt le fanatisme jacobin sont uniquement littéraires; le fond commun de la pensée demeure ce qu'on l'a observé chez tous les fanatiques. C'est une pensée étroite, dure, stérile, mais rigide, directe, impénétrable. Ni la critique n'ébranle les jacobins sur leurs principes, ni les obstacles ne les font dévier de leur ligne, ni les sentiments ne les détournent de leur but. L'objection est pour eux un blasphème; ils la réprouvent sans la comprendre, et toute leur discussion consiste à supprimer l'argument en supprimant l'adversaire. Ils ne peuvent détruire les obstacles, mais ils les affrontent avec un élan si emporté qu'ils les renversent ou s'y écrasent. Quant aux scrupules d'humanité, ils se les imputent à défection, si ce n'est à apostasie. Leur conscience est aveugle, leur cœur fermé. Qui discute passe pour impie, et qui hésite trahit. La Gironde et Danton apprendront tour à tour ce qu'il en coûte de prétendre être homme d'État ou tout simplement homme sous le règne de ces implacables zélateurs. Ils sont plus que convaincus d'un dogme, ils sont obsédés d'une idée fixe : le dogme les éblouit d'autant plus que leur théologie n'est que l'apo-

---

[1] *Journal d'une bourgeoise*, août et septembre 1792, p. 213, 287-289.
[2] Cf. les *Mœurs politiques*, p. 172, 202-231, 234 et suiv., et ci-dessus, p. 64, les traits de la révolution monacale en Belgique.

théose de leur moi; l'idée fixe les conduit à leur fin d'une impulsion d'autant plus irrésistible que cette fin est, au fond, le triomphe de leur orgueil. Cette foi pervertie a toutes les jalousies subtiles et dévorantes de l'amour-propre dont elle dérive. L'intolérance chez les jacobins devient une forme aiguë de la rivalité. Mais ils ne le savent pas, et la frénésie de l'égoïsme se confond dans leurs âmes avec l'enthousiasme de la croyance.

Cette fermentation des passions les plus intenses en rendra l'explosion formidable. Les jacobins concentrent en eux ce que l'esprit de secte et de faction a jamais inspiré de plus terrible. La Ligue revit dans la hiérarchie de leurs affiliations [1]; l'Inquisition renaît dans leur police occulte, leurs délations sacrées, leurs tribunaux sans appel, leurs juges sans merci et l'appareil de leurs échafauds. Leur prosélytisme s'organise sur les plans d'Ignace de Loyola [2]; il s'imposera par les armes comme celui de Mahomet [3]. Cette assimilation du fanatisme jacobin au

---

[1] « ...Association formidable, créée pour briser tout ce qui ne voudrait pas se joindre à elle. Son ressort fut le serment d'assistance mutuelle et de dévouement jusqu'à la mort, un régime de terreur et l'obéissance à un chef suprême qu'on devait élire... Une fois constituée sur un point du royaume et déclarée par des manifestes, la Ligue s'étendit rapidement. » Augustin THIERRY, *Histoire du tiers état*, Paris, 1853, p. 102. — Elle a son armée d'émeutiers. « Tout ce qu'il y a de débauchés dans cette grande ville, rapporte de Thou, tous gens qui ne trouvaient que dans la guerre civile une ressource à leur libertinage ou un moyen de satisfaire leur avarice et leur ambition, s'enrôlèrent dans cette milice. » Elle avait ses orateurs démagogues. « Paris, disait l'un d'eux, ne sait pas ce qu'il vaut. Il a des richesses pour faire la guerre à quatre rois. La France est malade; elle ne relèvera de cette maladie, si on ne lui donne un breuvage de sang. » GUIZOT, *Histoire de France*, Paris, 1874, t. III, p. 383, 401, 407.

[2] « Aux talents et à la capacité près, écrivait André Chénier, ils ressemblent à la Société de Jésus. » Leur société est une « congrégation » : les sociétés subordonnées obéissant à la société mère. « C'est ainsi que l'Église de Rome plantait la foi et gouvernait le monde par des congrégations de moines. » « La seule admission dans ce corps, comme le baptême de Constantin, lave tous les crimes, efface le sang et les meurtres. » « La doctrine que toute délation, vraie ou fausse, est toujours une chose louable et utile, y est non-seulement pratiquée, mais enseignée au moins comme ce que les Jésuites appelaient une opinion probable. » André CHÉNIER, *OEuvres en prose*, p. 311, 122, 124, 125.

[3] « Cette secte redoutable se propage comme l'islamisme, par les armes et par l'opinion... La Convention et le club des Jacobins ont organisé leurs missions de prosélytisme dans l'intérieur et chez l'étranger comme les Jésuites organisèrent les leurs en Amérique et à la Chine. » MALLET DU PAN, t. II, p. 135.

fanatisme religieux frappe tous les contemporains. Le vocabulaire des propagandes et des persécutions revient naturellement sous leur plume, quand ils essayent de définir le parti qui s'empare de la France et menace de conquérir l'Europe. Ce n'est commettre ni un abus des mots ni une irrévérence que d'employer ces comparaisons. Elles sont classiques [1].

Ces considérations expliquent, avec le règne de la Terreur, ce qu'il y a de sombre, d'atroce, mais aussi de banal dans la Révolution. Elles n'en expliquent ni la nouveauté ni la grandeur.

Une nation de vingt-cinq millions d'hommes tombant tout à coup aux mains d'une faction de fanatiques [2] et se laissant fanatiser par eux, se soumettant aveuglément à leurs lois, leur livrant son sang, ses trésors, oubliant pour les suivre toutes les suggestions de l'intérêt, tous les calculs de la prudence, non-seulement subjuguée mais enthousiaste; cette étendue de souveraineté, ce prodige d'obéissance, voilà ce qui dépasse les mesures anciennes des séditions; mais cela n'excède point les mesures de l'histoire de France. Les particularités ici ne sont ni dans le caractère des doctrines, ni dans la violence de la crise, elles sont dans les âmes qui reçoivent les doctrines et dans le milieu où s'opère la crise, dans la France, en un mot, dans son peuple, sa constitution sociale, son passé. Tout le secret de la Révolution est là. Qui le cherche ailleurs s'arrête à la surface et se perd dans les symptômes. Il reste confondu par la médiocrité des hommes, la pauvreté des

---

[1] Joseph de Maistre qui, tout en exécrant les jacobins, les a pénétrés plus profondément peut-être qu'aucun penseur ne l'a fait, par les étranges affinités qu'il y avait entre un côté de leur esprit et un côté du sien, les juge comme l'Église juge les faux prophètes et les hérétiques : il dénonce leur « génie infernal » et le « caractère satanique » de leur œuvre. Il voit en eux l'instrument inconscient de la Providence, et il arrive à cette conclusion : « La Révolution ne pouvait réussir que par l'étendue et l'énergie de l'esprit révolutionnaire, ou, s'il est permis de s'exprimer ainsi, par la foi à la Révolution. » *Considérations sur la France*. — Il y dit encore, à propos des mêmes jacobins terroristes : « Le genre humain peut être considéré comme un arbre qu'une main invisible taille sans relâche et qui gagne souvent à cette opération. » —. Pour les « voyants », c'est le perpétuel complot de la contre-révolution qui est l'œuvre infernale. « Le miracle de l'Être suprême envers le peuple devient pour moi l'article de foi le plus sacré. » « Le Saint-Esprit est véritablement descendu sur les apôtres de la Constitution. » *Journal d'une bourgeoise*, p. 83, 95, 104, 105, 110, 168, 229, 233.

[2] « Ils sont à peine trois cent mille. » Taine, *la Révolution*, t. II, p. 63-66.

doctrines, la grossièreté des moyens, et il ne se rend compte ni de l'autorité qu'ont exercée ces sauvages despotes, ni surtout des événements prodigieux qui se sont accomplis au cours de leur règne, je veux dire la défense nationale, l'expansion de la France dans l'occident de l'Europe et le début grandiose de la conquête du vieux monde par les idées françaises.

Si l'on s'en tient, pour toute explication, à la concordance extérieure des faits et au jeu puéril des antithèses littéraires, si l'on a, par malheur, le regard assez borné et l'esprit assez court pour n'apercevoir que ces deux objets : un échafaud et une armée, un gouvernement qui extermine et des héros qui se dévouent, et si l'on conclut de l'un à l'autre, on en arrive à ce paradoxe d'attribuer à la tyrannie la plus avilissante que la France ait subie, l'œuvre la plus magnifique qu'ait exécutée le génie français. La chaîne se brise; il n'y a plus de proportions, partant plus de vérité. Mais si, au lieu d'établir un rapport tout arbitraire de dépendance entre ces deux phénomènes divergents, on en cherche l'origine identique et le point de départ commun, les liens se renouent, la suite reparaît et les causes se dégagent. Elles procèdent toutes de la France et du génie national des Français, seul fonds assez riche pour féconder à la fois et développer côte à côte des éléments si opposés.

IV

La Révolution exalte dans le Français ce qu'il a de meilleur et ce qu'il a de pire. Les intérêts personnels et les passions nationales, l'ambition et le désintéressement, la haine de toute une classe d'hommes et l'amour de l'humanité, l'envie des grands et la compassion pour les humbles, l'enthousiasme des vérités nouvelles et l'instinct des traditions héréditaires, tout fermente à la fois dans le peuple et le soulève d'un même élan. Les Français sont certains, et ils se font tuer sur cette certitude, qu'ils possèdent le secret de régénérer le monde, qu'ils le régénèrent en se l'appropriant, que le patriotisme français et la justice universelle se confondent, que la Révolution en accomplit le règne et que toutes les passions qu'elle déchaîne sont des vertus. C'est par là que les jacobins trouvent leur prise sur les Français. Ils prêchent d'exemple, d'ailleurs. Malgré la pédanterie de leurs formes, l'emphase creuse de leur rhétorique, l'étroitesse de leurs vues, ils ont la foi intense qui de l'inquisiteur fait un missionnaire et un prophète. « Allons ! s'écrie Robespierre après la publication du manifeste de Brunswick, il faut que le peuple français soutienne le poids du monde. Il faut qu'il soit parmi les peuples ce qu'Hercule fut parmi les héros [1]. » Le peuple auquel ses tribuns tiennent ce langage est celui qui, depuis des siècles, met son orgueil dans le prosélytisme national. C'est ainsi que la Révolution française, comme l'écrit le plus profond des historiens qui en ont tenté l'étude, « a opéré par rapport à ce monde de la même manière que les révolutions religieuses agissent en vue de l'autre;... ou plutôt elle est devenue elle-même une sorte de religion nouvelle, religion imparfaite, il est vrai, sans Dieu, sans culte et sans autre vie, mais qui néanmoins, comme l'islamisme, a inondé toute la terre de ses soldats, de ses apôtres et de ses martyrs [2] ».

L'islamisme se propageait en asservissant les peuples et en ravageant les pays. Le rapprochement n'est juste ni des desseins poursuivis ni des œuvres accomplies par les Français dans la Révolution. Si les révolutionnaires sont emportés par le même fanatisme conquérant que les Arabes, si les dogmes sociaux que professent les pontifes du jacobinisme semblent écraser la liberté humaine du même poids que les dogmes du Coran, la propagande, dans la bouche des disciples, rompt de toutes parts le cadre étriqué de cette nouvelle religion d'État. Ce n'est point le théologien qui convertit, mais l'apôtre, et l'apôtre, ici, c'est le Français humain, chaleureux, magnanime. Il com-

---

[1] Discours du 29 juillet 1792, aux Jacobins. Louis BLANC, t. VII, p. 16. Cf. les textes cités par M. TAINE, *la Révolution*, t. II, p. 67, « Si la liberté meurt en France, disait Roland, elle est à jamais perdue dans le reste du monde. » Etc.
[2] TOCQUEVILLE, *l'Ancien Régime et la Révolution*, liv. I, ch. III.

mente les *Droits de l'homme* avec son imagination et avec son cœur, et son cœur est plus imprégné des effusions du *Vicaire savoyard* que sa raison n'est pénétrée de l'âpre sophistique du *Contrat social*. Pour l'élan des âmes et l'entraînement des peuples, la véritable analogie de cette guerre d'affranchissement qu'entreprennent les Français, ce n'est pas l'invasion musulmane, c'est la croisade, telle que la prêchait saint Bernard quand il s'écriait : « Volez aux armes, et que le monde chrétien retentisse des paroles du Prophète : Malheur à qui n'ensanglante pas son épée [1] ! » Si l'on considère les Français de 1792, on reconnaît, dans cette foule de pauvres gens qui s'en vont aux frontières combattre pour la liberté de la France et pour celle du vieux monde, les descendants de ces guerriers illuminés du moyen âge, intrépides et violents, qui marchaient au miracle à l'appel de leurs moines. On retrouve sans doute aussi ces pastoureaux forcenés qui, tandis que leurs compagnons se font tuer sur les routes de l'Orient, demeurent dans le royaume, y pillent, y saccagent, y cherchent Jérusalem dans les châteaux de leurs seigneurs et croient racheter leur âme en massacrant les nobles. On voit renaître les convertisseurs impitoyables du Midi et ressusciter à côté de la croisade populaire et exaltée la croisade inquisitoriale et pillarde, celle des albigeois, idéal atroce des terroristes. On entendra, par la bouche de Carrier, ce légat légendaire qui s'écrie : Tuez toujours, Dieu reconnaîtra les siens ! Aucun des traits horribles du passé ne manquera dans le tableau ; mais ces traits n'y domineront point, et l'image totale restera, comme dans le passé, une image héroïque.

A ces passions héréditaires, il s'en joint de nouvellement nées, de tout actuelles qui décuplent la puissance des premières. La guerre est plus qu'une vocation nationale et une glorieuse aventure, elle est une nécessité de salut public. Avant de délivrer les étrangers et de les convertir, les Français ont à se sauver eux-mêmes. L'indépendance de la nation, la liberté même des citoyens sont en question. Cette question

---

[1] Guizot, *Histoire de France*, t. II, p. 401.

prime toutes les autres et touche tous les Français. Ils savent ce qu'est l'invasion et ce qu'est l'ancien régime. Ils n'en veulent pas¹. La patrie est menacée de démembrement, ils sont menacés de servitude : ils sont résolus à se battre à outrance plutôt que de céder une province ou de renoncer à leurs droits de citoyens.

On obéira aux jacobins parce qu'ils ordonneront la guerre, qu'on la veut et que l'on est habitué d'ailleurs à obéir à qui commande de haut et fermement. Les jacobins imposeront un gouvernement à un pays qui n'en a plus, qui ne peut s'en passer et qui en ressent plus que jamais le besoin. La France a été dressée par l'ancien régime à subir silencieusement la loi d'un pouvoir absolu, concentré entre quelques chefs qui, de Paris ou de Versailles, transmettent dans toutes les parties de l'État, par le réseau de leurs agents, des commandements que l'on ne discute pas. Ce gouvernement a été préparé pour la guerre et pour la conquête. Les gens du Roi l'ont tellement simplifié que des chefs, même inhabiles ou grossiers, peuvent s'en approprier toutes les ressources, à condition de savoir ce qu'ils veulent et de le vouloir avec constance. Les jacobins trouvent, avec l'instrument, les ouvriers qu'il faut pour l'employer. Administrateurs, intendants, légistes, conseillers, commis, tout ce qui dirigeait le grand travail d'État de la royauté et tout ce qui l'exécutait, sortait des rangs de cette bourgeoisie philosophe, ambitieuse et dominatrice qui a fait la Révolution et qui entend l'accaparer. Ces hommes s'affilient aux jacobins parce

---

¹ « Il ne s'agit plus de choisir entre l'ordre et le désordre, mais entre le nouveau régime et l'ancien, car derrière les étrangers on aperçoit les émigrés à la frontière. L'ébranlement est terrible, surtout dans la couche profonde qui jadis portait seule presque tout le poids du vieil édifice, parmi les millions d'hommes qui vivent péniblement du travail de leurs bras... Ils savent par leur expérience propre la différence de leur condition récente et de leur condition présente... Et voici qu'on leur annonce une ligue des rois étrangers, les émigrés en armes, l'invasion imminente, les Croates et les Pandours en campagne, des hordes de mercenaires et de barbares poussés contre eux pour les remettre à la chaîne! Une colère formidable roule de l'atelier à la chaumière, avec les chansons nationales, qui dénoncent la conspiration des tyrans et appellent le peuple aux armes... Cet ordre ancien, la grosse masse rurale le hait par expérience et tradition. Sitôt qu'elle aperçoit dans le lointain le rétablissement possible de la taille, de la dîme et des droits seigneuriaux, son parti est pris, elle se bat à mort. » Taine, *la Révolution*, t. II, p. 143, 478.

qu'ils partagent leur fanatisme, ou se soumettent à eux par pur esprit d'État, ayant à la fois l'instinct de l'autorité nécessaire et la passion de l'exercer. Ainsi les deux Merlin, les Cambon, les Prieur, les Carnot, les Rewbell, les Jean Bon-Saint-André, les Dubois-Crancé, les Cochon, les Treilhard, les Thibaudeau, et tous les futurs ministres du salut public; hommes d'action dont l'énergie indomptable, l'invention et l'industrie transformeront en ordres efficaces et réaliseront en soldats armés, en canons, en munitions, en vivres, les injonctions exaltées d'un Danton, les abstractions déclamatoires d'un Robespierre et les décrets tumultuaires de la Convention.

C'est de la sorte que, dès 1791, les camps se peuplent de jeunes hommes vaillants et impétueux. Ils y apportent une passion qui concentre toutes les vertus politiques et les résume : le patriotisme. « O vous tous », s'écriait André Chénier, dans la détresse et l'amertume des discordes politiques, « vous dont l'âme sait sentir ce qui est honnête et bon; vous tous qui avez une patrie et qui savez ce que c'est qu'une patrie; et qui saviez ce que vous disiez quand vous jurâtes de la défendre, et pour qui *vivre libre ou mourir* signifie quelque chose; citoyens français, vous tous qui avez des fils, des femmes, des parents, des frères, des amis avec qui et pour qui vous voulez vaincre, avec qui ou pour qui vous êtes résolus de mourir, jusqu'à quand parlerons-nous de notre liberté pour rester esclaves de factions impies? Élevez donc la voix, montrez-vous! que la nation paraisse[1]... » Elle parut, et jamais nation ne présenta une image plus noble, plus fière et plus vraie de soi-même que ne le fit alors la France en ses armées. Elles sont l'incarnation de cette unité nationale que la monarchie prépare depuis des siècles. Les rois ont fondu ensemble tous les éléments de la patrie; la Révolution la détache du moule où ils l'avaient jetée. Le moule se brise, mais l'œuvre en sort accomplie et semble indestructible[2].

« Monsieur le général, le roi de France est parti, il est en fuite! » répondait, à l'époque de Varennes, un administrateur effaré à

---

[1] *De l'indiscipline des armées*, 5 mai 1792. *OEuvres en prose*, p. 180.
[2] Cf. t. I, p. 540.

un officier qui réclamait des mesures de défense. « S'il est parti, la nation reste, répliqua le général. Délibérons sur ce qu'il y a à faire[1]. »

Cette rupture de tant de liens noués depuis l'origine même de la France ne s'opère point sans déchirement. La plupart des officiers nobles abandonnent leurs soldats qui refusent de leur obéir, et émigrent, poursuivant dans les ombres de l'exil le fantôme d'une France qui vient de s'évanouir à jamais. Quelques-uns demeurent. Narbonne leur a donné noblement l'exemple. Les motifs de leur conduite dégagent précisément le lien de filiation qui unit l'ancienne France à la nouvelle. « Il n'appartient qu'à vous, mon général », écrivait à Bouillé un gentilhomme de ses amis [2], « au milieu de la plus grande agitation qu'un homme puisse éprouver, de se souvenir qu'il est Français. Non, vous ne donnerez jamais vos lumières et votre courage pour le démembrement ou l'asservissement de l'empire. Ce n'étaient pas là vos projets quand vous meniez le Roi à Montmédy. Vous vouliez, au contraire, épargner à ce royaume la honte d'un joug étranger, et aujourd'hui vous pourriez contribuer à le lui imposer! Vous vous connaissez en vraie gloire, mon général, et vous savez bien que ce n'en est pas une véritable [3]. » Victor de Broglie, qui avait repris du service en sortant de l'Assemblée constituante, demeure à son poste « pour s'opposer à l'invasion ». « C'est à l'armée qu'est la place de tous les gens de bien », écrivait un jeune gentilhomme qui sortait des écoles [4]. « Quand même, disait la Tour d'Auvergne, toute l'armée émigrerait, je resterais en France[5]. »

---

[1] *Mémoires de Dumouriez*, t. II, p. 109. Cf. Chuquet, *Invasion prussienne*, p. 58.

[2] Le comte de Gouvernet, 15 juillet 1791. Bouillé, *Mémoires*, p. 279.

[3] Un émigré, M. de Guilhermy, écrivait en 1807 à Louis-Philippe, après avoir lu le *Précis de la Révolution* de Lacretelle et le jugement sévère qu'il porte des princes, que rien *n'absolvait de la guerre étrangère suscitée à leur patrie* : « Ces paroles m'ont empêché de dormir pendant bien des nuits. Il me sembla que j'entendais la divulgation de ce qui était la pensée de la France. » *Papiers d'un émigré*, p. 38. Cf. le jugement de Portalis en 1799, Mallet du Pan, t. II, p. 398.

[4] Dommartin, 22 octobre 1791. Voir Besanzenet, *Un officier royaliste au service de la République*, Paris, 1876, p. 51.

[5] Chuquet, p. 60.

Mais l'armée n'émigre point. Elle repousse au contraire les tentatives d'embauchage des anciens officiers passés au parti des princes et résiste à la propagande des agents de l'émigration [1]. Elle se refuse à Bouillé, comme elle se refusera plus tard à Lafayette et à Dumouriez. Elle ne s'enquiert point de ce qui se passe dans l'État, ni du nom de ceux qui gouvernent. Elle ne combat point pour eux, mais pour la France. Elle regarde en avant où sont les étrangers qui menacent de démembrer la patrie, et non en arrière où sont les factions qui la déchirent. Elle va au plus pressé, qui est le salut de la nation, et ne balance pas sur les moyens, car il n'y en a qu'un : marcher à l'ennemi. Le devoir est là, il est évident, cela suffit. Tant que la coalition pressera la frontière, tant que l'émigration s'armera pour une revanche, tant que la France sera en péril et la Révolution en question, l'armée se battra, sans demander à ses chefs autre chose que de la mener à la bataille. Il y a dans l'instinct qui la guide je ne sais quoi de mystérieux et de sacré. Elle fait spontanément « ce qu'une sagesse consommée et presque prophétique » aurait pu dicter à la France. Qui ne s'est senti pénétré de respect patriotique en méditant cette page surprenante où Joseph de Maistre évoque devant les soldats français le génie de leur pays, et lui prête ces paroles : « A l'instant où l'armée se mêlera de la politique, l'État sera dissous, et les ennemis de la France, profitant de ce moment de dissolution, la pénétreront et la diviseront. Ce n'est point pour ce moment que nous devons agir, mais pour la suite des temps : il s'agit surtout de maintenir l'intégrité de la France, et nous ne le pouvons qu'en combattant pour le gouvernement, quel qu'il soit; car de cette manière la France, malgré ses déchirements intérieurs, conservera sa force militaire et son influence extérieure [2]. »

C'eût été parler en grand philosophe, ajoute de Maistre; c'est

---

[1] « Ces tentatives n'auront réussi qu'à resserrer les nœuds qui lient l'armée à la nation, et c'est le seul fruit que vous retirerez de votre coupable et méprisable tentative. Nous demeurerons fidèles à la nation, à la loi et au Roi, et nous saurons combattre jusqu'à la mort pour les défendre contre nos ennemis communs. » Adresse du 24ᵉ de ligne, octobre 1791. IUNG, *Bonaparte*, t. II, p. 147. Paris, 1880.

[2] *Considérations*, ch. II, 1796.

ainsi que pensa le peuple français. « De toutes parts on courut aux armes, rapporte un des plus illustres parmi les soldats de la Révolution ; tout ce qui était en état de supporter les fatigues se porta dans les camps. Chacun abandonna ses études, sa profession, et des armées se formèrent qui assurèrent le triomphe de la France. Le patriotisme suppléa à tout [1]... » Il simplifia tout aussi, absorba tout et ennoblit tout.

Dans la détresse de l'État et dans l'anarchie de la nation, les armées vont reconstituer une société unie, forte et disciplinée. Tandis que les brouillons, les forcenés, les scélérats profaneront et ensanglantent la patrie, les armées présenteront à l'Europe l'image glorieuse et immaculée de la France. La Révolution y demeure à l'état d'idéal. L'enthousiasme s'y maintient dans sa pureté première [2]. Tandis que la cité n'est que tyrannie et que factions, la république se réalise dans les camps [3]. Mais cette république n'a de romain que le geste et le jargon : toutes les pensées, toutes les passions, toutes les vertus y sont françaises. Les soldats de la Révolution ont beau parler en métaphores classiques, ce qui revit en eux, ce n'est point la Grèce ou la Rome de Plutarque, mais la France de la chanson de Roland [4]. Ils se

---

[1] GOUVION-SAINT-CYR, *Mémoires*, Introduction, p. 56. Paris, 1829. — JOMINI, *Histoire critique et militaire des guerres de la Révolution*, Paris, 1820-24, t. I, p. 228.

[2] « En 1794, dit Stendhal, notre sentiment intérieur et sérieux était tout renfermé dans cette idée : être utile à la patrie. Tout le reste, l'habit, la nourriture, l'avancement, était, à nos yeux, un misérable détail éphémère... Nos seules réunions étaient des fêtes, des cérémonies touchantes qui nourrissaient en nous l'amour de la patrie. Dans la rue, nos yeux se remplissaient de larmes en rencontrant une inscription en l'honneur du jeune tambour Barra. Ce sentiment fut notre seule religion. » *Vie de Napoléon*, Paris, 1876, p. 2. — Cf. CHUQUET, p. 61. Extrait des *Mémoires de Lavalette*, t. I, p. 114. — TAINE, *la Révolution* t. II, p. 478.

[3] QUINET, *la Révolution*, liv. XI, *la Guerre*, ch. VI, *les Armées de la Révolution*.

[4] Voir Gaston PARIS, *la Poésie au moyen âge*, Paris, 1885 : La chanson de Roland et la nationalité française. « La patrie française était fondée (au milieu du onzième siècle), le sentiment national existait dans ce qu'il a de plus intime, de plus noble et de plus tendre... » Deux caractères y dominent : « la tendance à l'unité et la tendance à l'expansion... La France s'envisage comme chargée d'une mission chrétienne et belliqueuse... (Elle) regardait déjà comme sa véritable tâche d'exercer sur le reste de l'Europe une hégémonie morale, en vue d'une grande œuvre commune. » On remarque chez elle « le besoin de rendre les peuples heureux malgré eux, à notre façon ». P. 102-106.

piquent de ressusciter Phocion, Aristide, Scipion, Cincinnatus : pur attirail de mode, fard superficiel d'une littérature de convention. Ils font mieux que répéter des rôles de tragédie : ils renouvellent du Guesclin, Bayard, Condé, Turenne, Vauban. Leur sang se révèle en eux à la façon dont ils mènent la guerre, dont ils pratiquent la conquête et dont ils conçoivent enfin cette république pour laquelle ils combattent. Ils sont la grande ressource de la France en cette crise et le véritable instrument du salut public. Toutes les plus nobles convictions du monde, toutes les nécessités de la guerre et toutes les occasions qu'elle offre à la vaillance et au génie, n'auraient point suffi à cette grande œuvre, si la nation n'avait enfanté, pour soutenir cette lutte gigantesque, la plus extraordinaire génération d'hommes de guerre qui eût encore paru.

V

Lorsque la France se précipitait si témérairement dans l'offensive, elle était à peine en mesure de se défendre [1]. Au lieu de 300,000 hommes, troupes de ligne et volontaires, que les partisans de la guerre se flattaient de jeter sur l'ennemi, la France, déduction faite des garnisons, ne pouvait opposer aux Allemands que 82,000 hommes, éparpillés de Dunkerque à Bâle : 24,000 sur Flandre, 19,000 à Sedan, 17,000 à Metz, 22,000 sur le Rhin. La ligne était patriote, dévouée à la Révolution ; mais elle sortait des casernes, il fallait l'instruire sur place. Elle manquait d'officiers : sur 9,000, 6,000 avaient émigré. « Sous les rapports de la vigueur et de l'esprit patriotique, dit Gouvion-Saint-Cyr [2], les volontaires ne laissaient rien à désirer et pouvaient être cités pour modèles. » Ces volontaires de 1791, les seuls qui méritent véritablement ce nom et qui, dans l'ensemble, justifient la glorieuse légende qui s'y attache, apportaient à

---
[1] CHUQUET, *Invasion prussienne*, ch. II, *l'Armée française*, p. 24-89.
[2] *Mémoires*, t. I, Introduction.

l'armée régulière des éléments excellents de recrutement; mais ils ne savaient encore rien de la guerre. Ils se montraient enthousiastes, mais leur exaltation tournait aisément en indiscipline; la panique couvait toujours dans ces âmes travaillées par le soupçon. « Ce sont des Français. L'espèce en est bonne, écrivait un général, mais la facilité des engagements y a adjoint des hommes peu accoutumés à l'obéissance et à la discipline que le service exige. Point d'obéissance, point de commandement [1]. » Il n'y avait d'à peu près intact que l'artillerie, la première de l'Europe, au dire des étrangers; trop peu nombreuse sans doute, mais parfaitement munie, très-bien commandée, « d'une instruction parfaite, animée du meilleur esprit [2] » : les officiers qui sortaient des écoles et qui n'étaient point tenus de produire des titres de noblesse, avaient émigré en moins grand nombre que ceux de la ligne. Il en faut dire autant du corps des ingénieurs. Tout le reste, c'est-à-dire la grande masse de l'infanterie et de la cavalerie, n'avait guère conservé que ses cadres inférieurs. Malgré la rare qualité des sous-officiers, surtout dans la cavalerie, la reconstitution du commandement était lente et difficile. On ne pouvait y pourvoir qu'en appelant deux classes d'hommes également inquiétantes, les disgraciés de l'ancienne armée et les militaires que leurs passions politiques avaient jetés dans la Révolution.

Les généraux qui commandaient en chef au moment de la déclaration de guerre, disparurent promptement de la scène : Rochambeau se trouva en dissentiment avec ses collègues, et se retira; Lafayette se vit contraint de passer la frontière et fut fait prisonnier; Luckner, mercenaire bavarois, médiocre et madré, que l'âge rendait pusillanime, fut relevé de son commandement [3]. On chercha leurs successeurs dans les rangs dont ils étaient sortis.

Cette première classe de généraux républicains est toute de

[1] C. Rousset, *les Volontaires*, p. 75.
[2] Gouvion-Saint-Cyr, *id*.
[3] Jomini, *op. cit.*, t. II, p. 19. — Chuquet, p. 48-57, 192-201. — Rochambeau meurt en 1809 dans la retraite; Lafayette, prisonnier 1792, meurt 1834; Luckner, décapité, 1794.

transition, mixte en quelque sorte. Élevée sous l'ancien régime, elle entreprend la guerre révolutionnaire avec les habitudes, les vues, les procédés et les routines de la guerre politique du dix-huitième siècle. Les plus jeunes ont trente-huit ans, les plus vieux soixante ; tous les plis de leur intelligence sont déjà creusés. Ils correspondent, dans la guerre, à ce qu'ont été, dans la politique, les constitutionnels. C'est Biron, qui a déjà paru dans les négociations; Menou, rapporteur du comité d'Avignon, sorte de Bonneval républicain, exalté, scandaleux, ridicule et, au fond, bon soldat; Custine, né pour la guerre d'audaces, de pointes et de conquêtes; Montesquiou, homme du monde et académicien dépaysé : tous les quatre députés de la noblesse aux états généraux ; la Bourdonnais, brouillon subalterne ; Canclaux, galant homme et excellent officier : maréchaux de camp qui passent du coup au commandement supérieur[1]. A ces gentilshommes philosophes, épris de liberté, frondeurs pour la plupart, et mécontents de l'ancienne cour, se joignent des officiers que la vocation de la guerre avait poussés dans l'armée et que la mauvaise fortune arrêtait dans leur carrière ou reléguait dans leurs emplois secondaires.

Dumouriez surgit le premier; mais le politique, en lui, domine, égare et ruine le militaire. Ses compagnons mettent au service de la France un génie moins fertile et moins audacieux; ils possèdent ce qui vaut infiniment mieux pour régénérer l'armée : les vertus militaires. Les déclassés de la noblesse, comme Biron ou Custine, les aventuriers d'ancien régime comme Dumouriez, avaient appris la guerre et les négociations à l'école de Frédéric : ils ramenaient leurs troupes aux temps incertains de la guerre de Sept ans. Des officiers, moins agités dans leur carrière, plus réguliers dans leur conduite, plus modérés dans leurs désirs, vont la ramener aux âges héroïques de la vieille France. C'est l'école et la lignée de Fabert, la plus propre à transmettre aux

---

[1] Biron, décapité 1793; Menou, musulman 1800, meurt gouverneur de Venise, 1810; Custine, décapité 1793; Montesquiou, émigre, 1792, meurt en exil 1798; la Bourdonnais, destitué, meurt 1793; Canclaux, sénateur de l'Empire, pair de France, 1814.

jeunes générations enthousiastes les traditions de l'antique honneur français : Dagobert de Fontenille et Dugommier, les deux héros austères et touchants de la guerre des Pyrénées[1]; Pérignon, qui servit auprès d'eux et se montra digne de leur succéder ; la Tour d'Auvergne enfin, qui apporte dans les rangs républicains, avec le sang le plus noble, l'esprit candide et chevaleresque des anciens âges[2]. A leur suite, avec moins de stoïcisme et plus d'ambition guerrière, mais autant de patriotisme, d'intrépidité, d'invention, de constance, des hommes que les ordonnances sur les titres de noblesse avaient découragés, que la Révolution réchauffe et que le danger de la patrie élève tout à coup au-dessus de leurs contemporains, et peut-être au-dessus d'eux-mêmes : Kellermann, qui imprima l'élan et qui garde l'honneur de la première victoire[3]; Kléber, que l'impéritie du ministère français avait réduit à faire au service étranger la carrière d'officier de fortune[4]; Sérurier[5] et Schérer[6], l'un lieutenant-colonel, l'autre simple capitaine.

A côté de ces chefs, qui entraînent et enlèvent les troupes, ceux qui les réunissent, les organisent et dressent les plans :

---

[1] Voir FERVEL, *Campagnes de la Révolution française dans les Pyrénées-Orientales*. Paris, 1861. — Dagobert avait fait la guerre de Sept ans. « Vieil officier gentilhomme, devenu le plus allègre et le plus jeune des généraux républicains ; uniquement voué au drapeau, à la patrie ; sans arrière-pensée, sans grand espoir ; ne sachant trop où l'on allait, mais pressé, mais avide comme tous les grands cœurs de réparer les retards de la fortune et de signaler ses derniers jours par des coups de collier valeureux et des exploits éclatants. » Il mourut à l'ennemi en 1794. SAINTE-BEUVE, *Nouveaux Lundis*, t. II, art. *Fervel*. — Dugommier, né à la Guadeloupe en 1738, enseigne d'infanterie 1758, réformé 1763, maréchal de camp 1792, meurt à l'ennemi 1794. Il écrivait en 1791 : « J'ai vécu cinquante ans sous le despotisme militaire... Le ressort qui me poussait était dans mon cœur, il était comprimé, la Révolution le dégage, et je mourrai patriote. » *Revue historique*, t. XXX, p. 276; VAUCHELET, *le Général Dugommier*.

[2] La Tour d'Auvergne, *le premier grenadier de France*, mort à l'ennemi, 1800; Pérignon, maréchal, sénateur, comte de l'Empire; pair de France, 1814; marquis, 1815.

[3] Cinquante-sept ans en 1792, maréchal de camp; — maréchal de France, duc de Valmy, pair de France, 1814.

[4] Trente-neuf ans, sous-lieutenant au service d'Autriche jusqu'en 1783 ; inspecteur des bâtiments civils à Strasbourg ; — général de la République, assassiné au Caire en 1800.

[5] Cinquante ans, major d'infanterie; — maréchal, comte, pair de France, 1816.

[6] Quarante-cinq ans, ministre de la guerre, 1797.

Servan, qui partage avec Dumouriez la conception de la campagne de l'Argonne; Dubois de Crancé, qui fondit ensemble la ligne et les volontaires, et contribua ainsi à créer la nouvelle armée[1]; Carnot, le chef d'état-major général de la République, qui se préparait au gouvernement des armées en méditant les écrits de Vauban[2]; toute la troupe des ingénieurs et des artilleurs, ses collaborateurs et ses lieutenants, « âmes de fer, têtes pétries de ressources[3] », qui composent le comité militaire, véritable foyer de la guerre et de la défense. On y possède la science des armes, la connaissance du terrain, l'expérience des campagnes classiques. Gribeauval est mort; mais il a renouvelé le matériel de l'artillerie et il laisse des élèves : d'Aboville, qui commandera l'artillerie à Valmy; Galbaud, qui méritera les éloges étonnés de Brunswick. Grimoard travaillait aux plans dans le cabinet du Roi; il sera forcé de disparaître en 1793; mais il a formé des disciples et des émules : d'Arçon, Laffitte-Clavé, Lacuée de Cessac, Meunier, Favart, qui continuent son œuvre et déconcertent encore plus les étrangers par la tenue de leurs desseins, que ne le font les troupes par la vigueur de leur assaut[4].

Grâce à ces fortes réserves et sous ces tutelles savantes, l'armée s'aguerrit, les chefs nouveaux se révèlent et font, ainsi que tous les grands guerriers, l'apprentissage de la guerre en la commandant. C'est le ban de 92, la génération des jeunes gens aux destinées épiques. Les plus vieux avaient trente ans; ils arrivent de tous les points du territoire et sortent de tous

---

[1] Servan, cinquante et un ans, maréchal de camp; — ministre de la guerre, 1792. — Dubois de Crancé, quarante-cinq ans, ancien mousquetaire; — conventionnel, ministre de la guerre, 1799.

[2] Trente-neuf ans, capitaine du génie; — conventionnel; proscrit, 1797 et 1816; meurt en exil, 1823.

[3] MALLET DU PAN, t. II, p. 44.

[4] Un ancien officier émigré au service russe, le comte de Langeron, écrivant en 1793, attribue les succès de généraux « que leur naissance et leur éducation ne devaient pas porter au commandement des armées », au courage et à l'habileté avec lesquels ils exécutent les plans préparés par ce comité « composé d'officiers du corps du génie et de l'artillerie, joignant à une connaissance parfaite du théâtre de la guerre celle de la collection des excellents mémoires faits par les généraux de Louis XIV et de Louis XV ». Archives des affaires étrangères.

les rangs de la nation[1]. Quelques-uns ont passé par les écoles royales, et parmi ceux-là le plus extraordinaire de tous, Bonaparte, lieutenant d'artillerie destitué de son emploi pour avoir été intriguer en Corse au lieu de tenir garnison ; il sollicite à Paris, il y végète, il y observe, et il obtient, à grand'peine, d'être réintégré dans l'armée avec le grade de capitaine. Le plus redoutable guerrier de l'époque, après lui, Davout, avait été reçu à l'École militaire de Paris; mais tel était l'esprit du temps que ce terrible prévôt débuta par un acte d'indiscipline et fut forcé de donner sa démission ; il reparaît à la tête d'un bataillon de volontaires, et c'est par ce chemin détourné qu'il revient aux armées et y déploie ces qualités de sang-froid, de prudence et d'opiniâtreté qui lui assurent une gloire singulière parmi ses contemporains[2]. De la même origine et avec des nuances de caractère très-différentes : Desaix, « le Bayard de notre armée, disait Ségur, général habile, guerrier sans peur et sans reproche[3] » ; Dommartin, son émule ; Clarke, Macdonald, Grouchy, Marmont, tous gentilshommes, et un plébéien, fils d'artisan, Drouot, qui se présente en sabots à l'école de guerre et force, par sa candeur et la précocité de son génie, l'admiration de Laplace[4].

C'étaient des officiers, et plus ou moins modestement, suivant leur naissance et selon les occasions, ils pouvaient, sous l'ancien régime, espérer une carrière honorable. Ceux qui servaient dans le rang n'en avaient aucune à attendre, et cepen-

---

[1] Il y a des années surprenantes : 1769 qui voit naître Bonaparte, Hoche, Marceau, Ney, Soult, Lannes, Joubert ; — 1768 : Desaix, Murat, Mortier, Bessières, Dommartin.

[2] Vingt-deux ans en 1792 ; — maréchal, duc d'Auerstædt, prince d'Eckmühl, pair de France, 1819. Cf. STENDHAL, *Vie de Napoléon*, p. 228.

[3] *Histoire et Mémoires*, t. II, p. 59.— Desaix, vingt-quatre ans, général de la République, tué à l'ennemi, 1800.

[4] Dommartin, vingt-quatre ans, capitaine ; — général de la République, tué à l'ennemi, 1799. — Clarke, vingt-sept ans, capitaine ; — maréchal, duc de Feltre, pair de France, 1817. — Macdonald, vingt-sept ans, lieutenant ; — maréchal, duc de Tarente, pair de France, 1815. — Grouchy, vingt-six ans, colonel ; — maréchal, pair de France, 1830. — Drouot, dix-huit ans, admis à l'école d'artillerie ; — général, comte, pair de France, 1830. — Marmont, dix-huit ans, sous-lieutenant ; — maréchal, duc de Raguse, pair de France, 1815, émigre 1830, meurt à Venise 1852.

dant la guerre révéla parmi eux des guerriers de premier ordre, égaux par le cœur ou le génie à ce que l'ancienne noblesse avait enfanté de plus vaillant. Le caractère entreprenant, aventureux et batailleur, le hasard des rencontres, l'inquiétude, l'ardeur ou l'excès du sang, le dégoût de la vie sans horizon, étouffée dans le labeur des ateliers ou des bureaux, des écarts de jeunesse enfin et cette révolte contre la discipline sociale qui se concilie si aisément avec la soumission à la discipline militaire, voilà de tout temps les premiers mobiles des soldats de fortune. On les retrouve mêlés de vertus, de passion et de génie, dans les débuts de ces guerriers que l'armée de l'ancien régime usait obscurément dans ses casernes.

Avant tous, Lazare Hoche [1], fils de soldat, élevé parmi les maraîchers, pourvu, grâce à la charité d'un curé de village, des rudiments de l'instruction populaire, réduit un instant, pour vivre, à l'emploi de palefrenier des écuries royales. La lecture fortuite d'un livre de voyages éveille en lui la soif de l'inconnu et l'ambition des conquêtes. Il veut partir pour les Indes et renouveler les exploits des compagnons de Dupleix. Le recruteur auquel il se livre, le trompe et l'engage dans les gardes-françaises. Il y vit humblement, s'acharnant, dans ses heures libres du jour, à travailler de ses mains pour acheter des livres qu'il dévore la nuit. Il se prépare ainsi, comme d'instinct, à un avenir que tout semble interdire à ses rêves, et que la Révolution ouvre inopinément devant lui. La guerre le trouve sergent-major de garde nationale, et Servan l'envoie à la frontière avec le grade de lieutenant. Rousseau avait fait de lui un républicain; il était né général d'armée. Ainsi Marceau [2], dont le nom restera toujours associé à celui de Hoche par la soudaineté de leur gloire commune et la surprise douloureuse de leur fin. Clerc de procureur, engagé à seize ans, en congé depuis 1789 avec les galons de sergent, il s'engage en 1792 et ressuscite, dit un contemporain, dans les camps républicains « cet esprit che-

---

[1] Vingt-trois ans en 1792, sergent; — général de la République, meurt 1797. Voir Albert Duruy, *Hoche et Marceau*, Paris, 1885.

[2] Vingt-trois ans; — général de la République, tué à l'ennemi, 1796.

valeresque qui adoucissait autrefois la férocité de la guerre [1] ». Ainsi Victor [2], fils d'un huissier, simple soldat d'artillerie, las du métier, en congé depuis 1791 ; Oudinot [3], « véritable preux, simple, franc, modeste », engagé, puis démissionnaire faute d'espoir d'avancement; Lecourbe [4], qui se révéla grand tacticien; Jourdan [5], le vainqueur de Fleurus, qui, réformé après la guerre d'Amérique, s'était fait mercier à Limoges ; Masséna [6], ancien sergent, découragé par les mécomptes, qui rapporta dans l'armée, avec les mœurs d'un grand condottiere, la vaillance, les inspirations et les calculs d'un grand capitaine ; Friant, fils de paysan, sergent instructeur aux gardes-françaises, en congé depuis 1787 [7]; Lefebvre, qui ne fut jamais qu'un soldat, mais intrépide : il avait passé par les gardes-françaises, et il se trouva heureux, ainsi que Hoche, d'être employé en qualité de sergent instructeur des gardes nationales [8]; Augereau, soudard retors, capable de grands coups de main et même d'actions d'éclat, mais sans esprit, sans fond de caractère, sans constance, sans ressort surtout contre l'intrigue; il avait couru les garnisons et ne savait guère que son métier de maître d'armes [9]. Murat [10], parti de moins bas, se piquait de littérature ; il récitait des vers de tragédies, il aimait l'apparat, étalait complaisamment une exaltation théâtrale et pérorait dans les casernes. Ses discours lui firent perdre son grade de maréchal des logis. Ce futur successeur des Bourbons de Naples fut choisi en 1791, par ses compatriotes du Lot, pour faire partie de leur contingent dans la garde constitutionnelle de Louis XVI [11]. Bessières, alors perruquier, fit route avec lui pour servir dans le même

---

[1] ROEDERER, OEuvres, t. IV, p. 168.
[2] Vingt-six ans en 1792; — maréchal, duc de Bellune, pair de France, 1815.
[3] Vingt-cinq ans; — maréchal, duc de Reggio, pair de France, 1814. — Les mots cités sont de SÉGUR.
[4] Trente-trois ans, soldat en congé; — général de la République.
[5] Trente ans; — maréchal, comte, pair de France, 1819.
[6] Trente-quatre ans ; — maréchal, duc de Rivoli, prince d'Essling.
[7] Trente-quatre ans; — général, comte de l'empire.
[8] Trente-sept ans; — maréchal, duc de Danzig, pair de France, 1819.
[9] Trente-cinq ans; — maréchal, duc de Castiglione, pair de France, 1814.
[10] Vingt-quatre ans; — maréchal, roi de Naples, fusillé, 1815.
[11] SÉGUR, Histoire et Mémoires, t. II, p. 223.

corps[1]. D'autres, d'origine bourgeoise, comme Ney, Soult, Pichegru, possédaient, Pichegru surtout, plus d'éléments de connaissances, mais ils restaient caporaux ou sous-officiers à l'époque de la guerre. Moncey, fils d'avocat, et Championnet, qui avait étudié le droit, étaient parvenus, l'un au grade de capitaine, l'autre à celui de lieutenant[2]. Bernadotte[3] était un des plus cultivés; il déploya, avec un génie plus souple, moins de droiture de cœur que ses compagnons. L'esprit du siècle le toucha cependant, et il commença noblement; mais il ne se montra généreux que par inexpérience; la vie le gâta. L'ambition qui ne fut, pour la plupart de ses frères d'armes, qu'une déviation de l'honneur, paraît directe et spontanée chez lui : il en avait, de naissance, tous les défauts, mais aussi tous les dons. Politique plus que militaire, transfuge de la Révolution et de la France, pour s'élever au trône d'une nation étrangère, il sut se montrer digne de ce choix hasardeux et régner noblement. « Sujet dangereux, dit un témoin, détestable compagnon d'armes, mauvais citoyen, excellent maître. »

La plupart de ces soldats de fortune entrent en 1792 dans les bataillons de volontaires; c'est là qu'ils obtiennent leurs premiers grades[4]. Il fallait des instructeurs et des guides : ceux-là se présentèrent et furent naturellement choisis. Ils trouvèrent des émules parmi les recrues. Nés aussi pour la guerre, ces nouveaux venus avaient la vocation secrète; l'événement la décida. Quelques-uns, Lannes par exemple, sont de simples enfants du peuple, ignorants et valeureux, comme le légendaire

---

[1] Vingt-quatre ans en 1792; — maréchal, duc d'Istrie, tué à l'ennemi, 1813.

[2] Ney, vingt-trois ans, sous-officier; — maréchal, duc d'Elchingen, prince de la Moskowa, fusillé, 1815. — Soult, vingt-trois ans; sous-officier instructeur; — maréchal, duc de Dalmatie, pair de France, 1827. — Pichegru, trente et un ans, sous-officier; — général de la République, se tue, 1804. — Moncey, trente-huit ans, capitaine; — maréchal, duc de Corregliano, pair de France, 1814. — Championnet, trente ans, lieutenant; — général de la République, meurt, 1799.

[3] Vingt-huit ans, sergent-major; — ministre de la guerre 1799, maréchal, prince de Ponte-Corvo, meurt roi de Suède sous le nom de Charles XIV, 1844. — La citation est de SÉGUR, t. II, p. 491.

[4] Cf. CHUQUET, p. 72-75, le tableau des officiers élus par les volontaires.

Roland auquel on le compare [1]. Ils s'élèvent à force d'exploits et de grandeur d'âme, apprenant la vie comme la guerre, en se battant. Sébastiani, fils d'un artisan, n'a qu'une instruction rudimentaire ; mais il possède l'étoffe d'un militaire et d'un homme d'État [2]. Junot, Mortier, Morand, Maison avaient fait quelques études [3]. Franceschi était artiste au moment où il s'engagea [4]. Gouvion, artiste aussi, ne se montra pas seulement soldat d'inspiration, mais tacticien, organisateur, militaire au génie calme et méthodique, pour lequel la guerre est un art, écrivain concis, orateur ferme, ministre de premier ordre [5]. Puis arrivent les jeunes bourgeois instruits que la guerre arrache aux carrières libérales et qu'elle retiendra : Moreau [6], avocat distingué, qui portait secrètement en lui, avec les combinaisons des meilleurs stratégistes, l'opiniâtreté, la prudence et les ménagements des plus sages capitaines ; mais âme faible et rancunière, que les rivalités égarèrent et que le sophisme perdit. Suchet, fabricant à Lyon ; Brune, littérateur et gazetier politique ; Pelleport, destiné à l'Église et qui, l'esprit obsédé des grands exemples classiques, s'enrôle avec le dessein d'imiter les Romains ; Lassalle, né gentilhomme ; Chérin, fils de généalogiste royal, élevé dans les archives ; Joubert, enfin, un des plus purs parmi les enthousiastes, fauché en pleine jeunesse et en pleine gloire, il conserve, comme Desaix, Hoche et Marceau, l'auréole du premier patriotisme républicain [7].

---

[1] Vingt-trois ans en 1792 ; — maréchal, duc de Montebello, tué à l'ennemi, 1809. SAINTE-BEUVE, *Causeries du lundi*, t. VIII, art. *le Prince de Ligne*. — SÉGUR, t. III, p. 361.

[2] Dix-sept ans ; — maréchal, comte, ambassadeur, ministre des affaires étrangères, 1830.

[3] Junot, vingt et un ans ; — général, duc d'Abrantès, mort 1813. — Mortier, vingt-quatre ans ; — maréchal, duc de Trévise, pair de France, 1814. — Morand, vingt et un ans ; — général, comte de l'Empire, pair de France, 1820. — Maison, vingt et un ans ; — général, comte de l'Empire, pair de France, 1814, marquis, 1817, ambassadeur 1833.

[4] Vingt-cinq ans ; — général, meurt 1810.

[5] Vingt-huit ans ; — maréchal, ministre de la guerre, marquis, pair de France, 1815. — Cf. SÉGUR, t. VI, p. 139.

[6] Vingt-neuf ans ; — général de la République, exilé, 1804 ; passe à l'ennemi, 1813 ; tué à Dresde dans les rangs russes.

[7] Suchet, vingt-deux ans ; maréchal, duc d'Albuféra, pair de France, 1814. —

Tous en sont transportés alors. « On recevait les boulets par des cris de : Vive la nation ! Vivent la liberté et l'égalité [1] ! » écrivait le plus froid et le plus austère. L'un de ceux que l'ambition politique surprit et entraîna hors de la voie sacrée, Marmont, évoquant, sur le déclin de sa vie, le souvenir de sa jeunesse, se trouvait comme transporté « dans une atmosphère lumineuse ». « J'en ressens encore, disait-il, la chaleur et la puissance à cinquante-cinq ans comme au premier jour [2]. »

VI

Tout contribue à fortifier l'offensive de la Révolution ; tout concourt à affaiblir la défensive de l'ancien régime. Les mêmes impulsions historiques qui portent les Français à exercer sur l'Europe leur prosélytisme conquérant, portent les nations du continent à en recevoir l'influence ou à en subir la domination. La propagande n'est si redoutable et la conquête n'est si aisée que par l'effet du travail séculaire qui y dispose et y dresse, pour ainsi dire, les pays voisins de la France [3].

Dans l'état de dispersion nationale où se trouvent plusieurs de ces peuples, les Allemands de la rive gauche du Rhin en particulier, la Révolution dissipe chez eux la notion très-vague qu'ils gardent d'une patrie. Il y a une patrie en France : les

---

Brune, vingt-neuf ans ; maréchal de France, assassiné 1815. — Pelleport, dix-neuf ans, général, vicomte, pair de France, 1841. Voir SAINTE-BEUVE, *Causeries du lundi*, t. XIII, art. *Pelleport*. — Lassalle, engagé à dix-sept ans en 1793 ; général ; tué à l'ennemi, 1809. — Chérin, trente ans ; général de la République ; meurt de ses blessures, 1799. — Joubert, vingt-trois ans ; général de la République ; tué à l'ennemi, 1799. Voir SAINTE-BEUVE, *Causeries*, t. XV, art. *Joubert*.

[1] DAVOUT, lettre du 4 septembre 1792. Madame DE BLOCQUEVILLE, *Davout*, Paris, 1879, t. I, p. 299.

[2] SAINTE-BEUVE, *Causeries du lundi*, t. VI, art. *Marmont*.

[3] « Le plus extraordinaire n'est pas que la Révolution française ait employé les procédés qu'on lui a vu mettre en œuvre et conçu les idées qu'elle a produites : la grande nouveauté est que tant de peuples fussent arrivés à ce point que de tels procédés pussent être efficacement employés et de telles maximes facilement admises. » TOCQUEVILLE, *l'Ancien Régime et la Révolution*, liv. I, ch. III.

Français l'identifient avec la Révolution. Il n'y a point de patrie sur la rive gauche du Rhin : ceux qui en rêvent une la cherchent dans la Révolution et la trouvent parmi les Français. La France convie l'humanité à se rendre plus libre et plus heureuse. « Elle forme au-dessus des nationalités particulières une patrie intellectuelle dont les hommes de toutes les nations peuvent devenir citoyens [1]. » Elle possède une force d'expansion prodigieuse; la nature du sol sur lequel elle opère décuple les effets de l'explosion. « Cette découverte : paix aux chaumières, guerre aux châteaux, n'est-elle pas comparable à l'invention de la poudre à canon? » s'écrie un contemporain [2].

Les chefs de l'Europe sont réduits aux anciennes armes : la visière de leur casque leur dérobe les approches de l'ennemi; leurs cuirasses massives les immobilisent sous le feu de ses canons. L'attaque les déconcerte, la défaite les confondra. Ils s'étaient préparés, selon les précédents, à assujettir par les moyens classiques une nation en anarchie, c'est-à-dire déchirée en soi-même, ouverte aux intrigues et aux corruptions, incapable de discipline et de desseins suivis. Ils voient surgir devant eux ce que tous leurs conseillers de chancellerie déclaraient impossible : un peuple uni, des armées formidables, des plans concertés, des coups de génie plus surprenants encore. C'est, pour la vieille Europe, comme une apparition monstrueuse, une sorte d'Apocalypse politique et militaire, qui l'effare et la bouleverse. « Imbécillité sénile des princes! écrit un grand historien; ils sont brisés avant d'avoir compris ce qui se passait de nouveau dans le monde [3]. » Comprendraient-ils, d'ailleurs, qu'ils ne seraient pas de taille à soutenir la lutte.

L'Angleterre seule possède le ressort nécessaire [4]; elle est la seule puissance redoutable à la Révolution, parce qu'elle y oppose des forces de même nature : une nation combattant pour ses principes, ses intérêts et ses traditions; mais son isolement

---

[1] Tocqueville, *l'Ancien Régime*, liv. I, ch. III.
[2] Pellenc à La Marck, 28 décembre 1791. *Corr.*, t. III, p. 279.
[3] Tocqueville, *Mélanges*, p. 189. Cf. *l'Ancien Régime*, liv. I, ch. I.
[4] Cf. t. I, *l'Angleterre*, p. 353 et suiv.

insulaire, qui la garantit, l'arrête en même temps. La guerre maritime lui échappe par la ruine même de la marine française. Elle n'est point armée pour la guerre continentale. Elle a un très-grand ministre ; elle possède à peine un noyau d'armée. Elle ne peut atteindre et vaincre la France que sur la terre ferme. Elle y est réduite à la diplomatie et aux subsides, elle est contrainte de nouer des coalitions et de stipendier des mercenaires. En prenant pied sur le continent, elle y chancelle, pour ainsi dire, et contracte du coup toutes les infirmités de la vieille Europe.

Ni les peuples de l'Autriche ni ceux de la Prusse ne sont intéressés à la lutte. Les deux puissances allemandes entreprennent une expédition toute politique. Il en résulte pour elles une cause d'infériorité que ne compensent ni l'organisation plus complète ni les préparatifs plus achevés de leurs armées. A défaut du ressort national qui leur manque, elles ne disposent même pas de cette soumission entière de leurs sujets qui semblait devoir être, contre un peuple insurgé, la plus efficace de leurs ressources.

L'Autriche traverse une crise [1]. Léopold, pour réparer les erreurs de Joseph, a modifié de nouveau l'État de fond en comble. Il a réparé le désordre : il n'a pas eu le loisir de reconstituer sa monarchie. La centralisation toute artificielle de Joseph II s'est détendue ; l'aristocratie a recouvré les postes d'où cet empereur l'avait expulsée ; mais pour rentrer dans ses routines, elle ne manifeste pas plus d'activité qu'elle n'en manifestait du temps de Marie-Thérèse. En restituant aux États provinciaux une partie de leurs priviléges, Léopold a ouvert les portes à l'esprit d'insubordination de ses différents peuples et aux réclamations de ses sujets, tous accablés d'impôts. En Bohême, en Styrie, en Carniole, les paysans demandent des représentants dans les diètes. Les Hongrois, bien que réconciliés, restent turbulents et indociles ; ils discutent le concours militaire que le souverain réclame d'eux, et sans lequel il ne saurait poursuivre la guerre. A

---

[1] SYBEL, t. I, liv. VI, ch. II.

Vienne, on remarque quelques signes d'effervescence ; la police s'en alarme outre mesure. Elle réprime les mécontents avec facilité ; elle est impuissante contre un mal infiniment plus grave : l'insouciance générale des intérêts publics. Cette population ne connaît au fond d'autre indépendance que celle de ses plaisirs ; mais elle y tient avec jalousie, et elle s'irrite des soucis qui la détournent de ses divertissements. La paix, à Vienne, trouvera toujours des complaisants, la guerre, des impatients et des frondeurs.

François n'a pas d'autre doctrine d'État que l'immobilité dans l'absolutisme. Il estime accomplir son devoir s'il obtient de ses peuples une obéisssance silencieuse. Il abroge les lois ingénieuses qu'avait promulguées Léopold pour la réforme de ses États et qui demandaient quelques années pour produire leurs effets. Il rétablit la centralisation de Joseph II, mais toute sèche, à l'état d'instrument de règne et sans le fond de pensées supérieures qui animait le gouvernement de cet empereur. Pour la troisième fois en moins de cinquante ans, le système du gouvernement est changé dans les États autrichiens. Cette monarchie, incohérente en soi, ne se soutenait que par les liens complexes de l'administration ; à force de les dénouer et de les renouer de la sorte, on les use ; ils se relâchent. Le gouvernement languit ; les organes de relations sont comme engourdis et disloqués à la fois. Les peuples n'obéissent plus que mollement aux administrateurs désorientés. Il ne faut point exiger d'eux de nouveaux sacrifices. Les impôts anciens rentrent à grand'peine ; le déficit du trésor devient l'infirmité chronique de l'État. Les emprunts mêmes sont interdits à l'Autriche. Pour peu que la guerre dure, cette cour sera forcée de recourir au désastreux expédient qui a trop souvent subordonné sa politique aux convenances de ses alliés, et réduit son armée au rôle d'auxiliaire : les subsides [1].

Les recrues, il est vrai, abondent dans le pays ; mais le souffle patriotique leur manque. Les populations ne se mon-

---

[1] Rapport de sir Robert Keith, 8 mai 1792. HERRMANN, *Pol. corr.*, p. 221.

treraient émues qu'en voyant la dynastie menacée et les provinces envahies; ce n'est point le cas. L'armée fait bravement son métier; elle ne donne à l'État que ce qu'il lui demande : le courage et la discipline. L'ardeur, l'élan, la conviction font défaut, et par suite la constance à supporter les revers. En définitive, le seul honneur des armes est en jeu dans cette guerre. C'est assez pour sortir honorablement d'un duel avec un État d'ancien régime; c'est trop peu de chose pour exterminer une nation ardente à l'attaque et acharnée à la défense. Les états-majors, instruits et graves, délibèrent minutieusement et élaborent, dans les tâtonnements des conseils, des plans compliqués qu'ils exécutent avec circonspection. « Il était facile de présager, dit Jomini[1], que l'armée impériale éprouverait de grands désastres pour peu que les ennemis, adoptant un système offensif, l'exécutassent avec vigueur. » C'est dire que leur constitution d'État rend les Autrichiens naturellement faibles et vulnérables sur tous les points où leur caractère national et la nature de leur révolution rendent les Français irrésistibles.

La Prusse paye davantage de contenance; mais la maladie intime et sourde qui la travaille l'atteint aux sources de la vie. Elle est en proie aux empiriques. Ils ont fait cette découverte que le gouvernement éclairé ruinait dans son fondement l'autorité des princes; que tous les maux de l'État provenaient de l'excès des lumières; que l'on en éprouvait en France les funestes effets, et qu'il n'existait qu'un remède à tous ces désordres : une réaction complète du despotisme piétiste. Ils y procèdent aveuglément. La Prusse expérimente sur elle-même la grande panacée de l'ancien régime et ce traitement par les topiques qui est tout le secret d'État de l'émigration : la royauté sans contrôle. Point d'Assemblée, point de parlements, la force organisée et toujours agissante, une police inquisitoriale pour les factieux, une censure inflexible pour les philosophes, autant de théocratie qu'il en faut pour engourdir les esprits du peuple sans gêner les divertissements des grands; c'est avec ces emplâ-

---

[1] Jomini, liv. I, ch. IV.

tres politiques que les docteurs de Coblentz prétendaient naguère étouffer le germe de la Révolution et en arrêter le développement. On les applique à la Prusse, où les idées subversives n'ont point encore fermenté, où le peuple a conservé toute la soumission qui s'est perdue en France, où tout est plus primitif, en un mot, et où la Révolution n'a point encore trouvé de prise. On n'aboutit qu'à précipiter la décadence et qu'à ouvrir les voies à cette révolution que l'on voudrait prévenir [1].

La nation prussienne n'en est pas venue au point de se révolter ni même de s'agiter sérieusement; mais elle est assez mûre déjà pour qu'on ne risque pas impunément de la mal gouverner. Elle obéit mollement à qui la commande sans supériorité. Les gens éclairés raillent cette inquisition de cuistres licencieux qui décrète la vertu et s'accommode de tous les vices. Chacun en prend à son aise avec la chose publique : le gouvernement exige le respect qu'il ne mérite point; on lui rend l'indifférence qui lui est due. Au fond, la crise est plus grave que dans la monarchie autrichienne. En Autriche, le corps de l'État n'est qu'en léthargie; en Prusse, il se décompose. C'est à l'armée que se montrent les symptômes les plus funestes [2] : on y fronde, on y cabale, c'est une sorte de république où chacun parle haut et dit son mot sur les affaires [3]. Faute d'y pouvoir discuter sur la philosophie, la raison suffisante et le système de la nature, comme au temps de Frédéric, on y raisonne sur la diplomatie et l'on y dispute sur les plans de guerre. Il s'y rencontrera plus d'adversaires de l'Autriche que d'ennemis de la Révolution française. Tous ceux que le joug vexatoire des théosophes impatiente, que leur thaumaturgie de bateleurs révolte, que leur intrigue dégoûte, c'est-à-dire tout ce qui demeure viril et clairvoyant, se rejette sur les traditions du dernier règne : la rivalité avec la maison de Habsbourg. Ils nourrissent une inclination plus ou moins avouée pour l'alliance française. Comme ils ne font

---

[1] PHILIPPSON, t. II, p. 18, 20, 23, 179-192.
[2] CHUQUET, ch. III, *l'Armée prussienne*, p. 90-156.
[3] RANKE, *Hardenberg*, Leipzig, 1877, t. I, p. 258. Cf. les *Mœurs politiques*, p. 473.

qu'une guerre politique, ils y recherchent naturellement les intérêts de l'État : ils les trouvent plutôt du côté de l'ennemi qu'on leur commande de combattre, que de celui de l'allié qu'on les oblige à soutenir. Non-seulement l'ardeur patriotique manque, mais la confiance dans la cause et la passion de l'entreprise.

Les militaires autrichiens paraissent plus emportés contre la France : leur tradition les y pousse. Elle les pousse, du même mouvement, à l'inimitié contre la Prusse, et pour des motifs très-différents, il se développe chez les deux alliés une jalousie capable de déconcerter, dans l'exécution, les plans même les mieux combinés. Mais ces plans n'existent point. Il ne se trouve personne ni pour les concevoir ni pour les accomplir, aucun homme qui puisse, par le prestige de son génie, attirer à soi, rassembler en sa main ces troupes divisées et transformer en une émulation d'honneur cette rivalité dissolvante des deux armées allemandes. L'indifférence des peuples énervait pour ainsi dire d'avance la coalition ; la débilité des chefs la paralyse.

Frédéric-Guillaume et François, l'un fougueux et fantasque, l'autre empesé et entêté, bornés tous les deux, sont livrés fatalement aux conseillers. Ils n'en trouvent que de médiocres dans l'armée aussi bien que dans la chancellerie, et parmi les médiocres, ils n'écoutent que les serviles et les subalternes. A cette éruption véhémente du génie militaire et conquérant de la France, ils n'opposent que des négociateurs à recettes et des stratégistes à formules. Brunswick en Prusse, Mack en Autriche, voilà tout l'esprit militaire de l'Allemagne en cette première crise de la guerre. Avec eux, de bons divisionnaires, corrects, instruits, rompus au métier, braves, précautionneux, capables de donner à leurs adversaires improvisés de beaux exemples de tenue au feu et de rudes leçons de tactique, mais perplexes, déroutés, sans invention, sans flamme, sans génie. Le seul capitaine de l'Autriche, l'archiduc Charles, n'a que seize ans ; il ne fera ses premières armes qu'en 1796. Les terribles Prussiens de la guerre d'indépendance, Blücher, partisan formidable, fanatique dans l'attaque, infatigable dans la marche ; Scharnhorst et

Gneisenau, éducateurs patriotes d'une armée nationale, servent obscurément dans les rangs [1]. Il faudra pour les en faire sortir ce danger public, ces inspirations et ces nécessités du salut qui révèlent alors en France les glorieux inconnus de l'armée royale.

Quant aux ministres, ils sont médiocres. L'histoire ne retient leurs noms que pour marquer le contraste de leur insuffisance et de la tâche qui leur incombe. L'Autriche attendra dix ans le diplomate subtil et prestigieux qui relèvera sa fortune : Metternich n'a que dix-neuf ans en 1792. La Prusse se prépare un chancelier supérieur dans Hardenberg et se réserve dans Stein le plus grand homme d'État de l'Allemagne ; mais l'un et l'autre ne donneront leur mesure que dans les épreuves de la monarchie prussienne ; ils servent alors, en sous-ordre, les hommes dont l'impéritie hâtera la catastrophe. En réalité, ce sont des commis qui mènent les affaires : décrépits, secondaires, subordonnés, expéditionnaires de cour plutôt que conseillers d'État, comme Finckenstein, Alvensleben, Schulenbourg, à Berlin ; solennels à Vienne, insidieux et empêtrés dans leurs calculs comme Collodero et Philippe Cobenzl ; derrière eux, les manœuvres de second plan et les machinistes du théâtre, les confidents et les courtiers d'intrigue, Spielmann ici, là Bischoffswerder, Manstein, Lucchesini. Enfin, pour tout avenir prochain dans ces conseils où Marie-Thérèse et Frédéric disposaient naguère de l'Europe, un Thugut et un Haugwitz, deux épaves de l'ancien régime : l'un parti de très-bas et parvenu à force d'artifice, par les chemins tortueux de la diplomatie secrète ; l'autre gentilhomme libertin, frotté de théosophie, arrivé à la faveur par les rose-croix et les maîtresses ; déliés l'un et l'autre, experts aux roueries des marchés diplomatiques, mais plus avides qu'ambitieux, moins négociateurs que brocanteurs politiques, fermés aux grandes affaires et aux larges conceptions ; gens de courte vue et d'étroit horizon, ne visant qu'à duper autrui ou à gagner à ses dépens, destinés à se voir exploiter, jouer et ruiner toujours

---

[1] Blücher, cinquante ans en 1792 ; lieutenant-colonel. — Scharnhorst, trente-six ans, capitaine. — Gneisenau, trente-deux ans, capitaine.

par quiconque leur opposera, sans plus de scrupules qu'ils n'en éprouvent, plus de prévoyance, de passion, de suite ou d'énergie qu'ils n'en possèdent.

Il n'existe sur le continent et parmi les coalisés qu'un politique de grande race, capable d'embrasser tout le champ, de s'y marquer un but, d'y marcher sans défaillance, c'est Catherine II. Il n'existe non plus qu'un homme de guerre assez intrépide, assez téméraire, assez acharné, assez exalté en même temps et assez captieux pour fanatiser ses troupes et lutter d'audace avec les généraux républicains, c'est Souvarof. Mais Catherine ne s'occupe que de la Pologne, et ses troupes n'approcheront de la France qu'en 1799, lorsque tous les coups décisifs seront déjà portés, que la France aura ouvert depuis longtemps toutes ses brèches dans l'Europe, et que la guerre aura suscité dans Joubert et dans Masséna des adversaires capables d'arrêter Souvarof et ses Moscovites.

Les coalisés ont les chancelleries, les archives et les commis; ils ont les magasins, les arsenaux, l'organisation savante des troupes, la discipline et les munitions, bref tous les cadres de la diplomatie et de l'armée; mais l'âme manque pour animer les organes. Le patriotisme supplée tout chez les Français, rien chez les alliés ne supplée le plan d'ensemble et le concert qui leur manquent. Aux Français, unis par leur péril commun et exaltés par leur révolution, ils opposent l'Europe divisée, haineuse et démoralisée de l'ancien régime. Il n'y a plus d'Europe! s'écrie Mallet du Pan dès le mois de janvier 1792[1]. Ces rois armés pour le droit des couronnes ne sont pas même royalistes. Ils se vantent de défendre les principes : on cherche parmi les principes qu'ils invoquent ceux qu'ils n'ont pas violés la veille ou qu'ils ne violeront pas le lendemain. Le principe monarchique? Ils l'anéantissent en Pologne. Le respect des traités? Frédéric-Guillaume renie ceux qu'il a signés avec les Polonais. Le respect des droits acquis? Il n'est question dans les conférences où la coalition se noue que d'usurpations,

---

[1] Sayous, *Mallet du Pan*, t. I, p. 251-252. Cf. les *Mœurs politiques et les traditions*, p. 90.

de trocs et de partages du bien d'autrui. L'honneur ou la sûreté des personnes royales? Catherine n'a que des sarcasmes pour les angoisses et les défaillances des prisonniers des Tuileries; elle répond par des railleries à qui réclame pour leur délivrance le concours de ses Cosaques; elle combat les jacobins à Varsovie sous la forme des royalistes polonais qu'elle exile; elle délivre la royauté dans la personne de Stanislas-Auguste, qu'elle avilit, en attendant qu'elle le détrône et le déporte. « Jamais, dit un contemporain, on ne vit un plus funeste accomplissement de ce mot prophétique : *Effusa est contemptio super principes.* Les princes sont tombés dans le dernier mépris [1]. »

Ni les liens de droit ne tiennent contre les intérêts, ni ceux du sang contre les passions. La reine de France a une sœur qui a épousé un Bourbon, cousin de Louis XVI, Marie-Caroline étale avec éclat sa haine contre les Français et leur révolution; mais toute l'énergie de cette cour s'écoule en rhétorique. La Reine a d'autres soins que ceux de la guerre, et le scandale de ses divertissements fait plus de bruit en Europe que ses protestations. C'est le temps du séjour à Naples de lady Hamilton et de l'étrange et violent caprice dont Marie-Caroline se prend pour cette équivoque aventurière [2]. Madrid semble encore plus déchue que Naples : on ne s'y agite même pas. Marie-Louise mène l'État comme une femme dissolue mène la maison d'un époux subjugué. Sa passion pour Godoy la possède tout entière, et cette passion absorbe tout dans l'État : le trésor, le gouvernement, l'honneur même de l'Espagne. Au mois de mars, Marie-Louise avait donné au roi son treizième enfant; pour célébrer cette journée, Charles IV nomme l'amant de sa femme grand d'Espagne de première classe, marquis de Alvarez, duc de la Alcudia. Aranda, débonnaire et sénile, se relègue lui-même dans les affaires étrangères, et ne s'y emploie qu'à détourner les conflits. Marie-Louise n'en voulait point. « Il faut à la Reine et à Godoy la paix pour disposer du trésor »,

---

[1] FERRAND, t. III, p. 189. — Psaume CVI, verset 40.
[2] Cf. les *Mœurs politiques*, p. 387. — PALUMBO, *Maria Carolina*, Naples, 1877. — GAGNIÈRE, *la Reine Marie-Caroline*. Paris, 1886.

écrivait l'agent prussien. Godoy était déjà gouverneur du conseil des finances; il exerçait le pouvoir en fait. La Reine le jugea mûr pour l'exercer en droit, et le 14 juillet, on l'éleva au rang de conseiller d'État[1]. Voilà tout ce que les Bourbons d'Espagne et de Naples accomplirent pour la cause des souverains dans l'été de 1792, et tel est l'exact bilan de la croisade des rois à l'heure du grand péril du roi de France.

Croisade impie et licencieuse, qui ne peut usurper ce beau titre sans que l'ironie du rapprochement l'écrase; croisade sans foi, sans apôtres, sans chevaliers. La Révolution propage une religion sans Dieu : l'Europe y oppose une religion sans foi et sans croyants. Ces croisés, infidèles et renégats, ne s'épuiseront pas à gagner la Terre Sainte; ils prendront le grand détour, celui qui mène à Byzance, et ils s'y arrêteront. Au fait, malgré tout le vernis des motifs juridiques et toute l'hypocrisie des manifestes, la coalition n'est qu'une association politique, telle que la pouvaient former les princes à la fin du dix-huitième siècle, c'est-à-dire, la plus équivoque, la plus précaire, la plus traversée de soupçons, d'embûches et de rivalités. Il leur faudrait faire masse, enfoncer la frontière de France et se précipiter d'un élan sur Paris. C'est précisément ce qu'ils s'interdisent eux-mêmes. Ils n'ont d'objet commun que l'intérêt, et l'intérêt ne les rapproche que pour mieux déclarer leur antagonisme. L'Autriche et la Prusse demeurent, dans leur ligue, irréconciliables; elles ne se conduisent dans leurs relations réciproques que par leurs arrière-pensées, et ces pensées les détournent constamment de leur alliance. On les voit moins préoccupées de vaincre ensemble que de s'empêcher l'une l'autre de triompher isolément. La jalousie des avantages subsiste entre elles, à ce point âpre et intense, que si l'on n'avait ajourné les disputes, l'alliance serait encore à conclure et la guerre à projeter. Mais le ferment subsiste, et, dès les premiers mouvements des armées, le mal éclatera. La lenteur des marches et l'incohérence des opérations le manifesteront aux Français; ils sauront en profiter.

[1] BAUMGARTEN, p. 374-377.

Ces conflits n'arrêtent pas seulement la marche des armées ; ils entravent les négociations de la coalition. Les alliés subordonnent toutes leurs mesures au gain qu'ils convoitent ; si ce gain leur échappe en France, ils le chercheront ailleurs. Ne trouvant point leurs convenances chez leurs ennemis, ils les prendront chez leurs propres confédérés. Faute de pouvoir démembrer la France, qui s'y refuse, ils partageront la Pologne qui n'est pour rien dans la querelle, et même le Saint-Empire, qui en est le premier objet et qui payera de son démembrement les frais de la guerre entreprise pour sauvegarder l'intégrité de ses droits [1]. Comment s'étonner dès lors si l'Allemagne se dérobe, et si, protégée de la sorte, elle redoute ses protecteurs autant que ses ennemis. Le zèle monarchique des princes secondaires d'Allemagne se règle d'ailleurs sur celui des grands souverains : leur principal souci, après celui de n'être point dévorés, est de s'enrichir, grâce au désordre de la guerre, des dépouilles des plus petits. Ceux-ci se désintéressent et tâchent de se faire oublier pour conserver le droit de vivre. L'Empire semble ne former d'autre vœu que de rester neutre en sa propre cause et de se faire payer cette neutralité à ses propres dépens.

L'égoïsme et l'avidité dominent tous les desseins de l'Europe. Faute d'idées et faute de principes, elle ne pouvait réduire la Révolution que par la force, et la force lui fait défaut.

VII

Cette force était toute l'espérance, toute la fortune et toute la politique des émigrés. L'Europe ne la leur prête point ; ils ne sauraient y suppléer. Ils n'apportent à la ligue qu'un élément nouveau de dissolution et une infirmité de plus. Malgré la bravoure des personnes qui la composent, leur troupe ne constitue en réalité qu'une série de corps francs très-orgueilleux, très-

---

[1] Cf. Sybel, *Trad.*, t. I, p. 477.

insubordonnés, aussi gênants qu'indiscrets, et prétendant au rôle d'état-major de la coalition, alors que la coalition ne les admet qu'à titre d'auxiliaires. Il faut cependant compter avec eux et les écouter, ne fût-ce que pour les éconduire. Leurs prétentions irritent les alliés [1]. Leur énorme impopularité suscitera à l'armée d'invasion autant d'ennemis qu'il y a de paysans dans les campagnes où elle pénétrera.

Ils ne le savent pas; ils refuseront toujours de le reconnaître. Jugeant impertinemment de la France sur les exemples récents de la Hollande, de la Belgique et de la Pologne, les émigrés s'étourdissent d'illusions et se grisent de fanfaronnades. Leur aveuglement sur la Révolution est tel qu'ils ne sont même pas capables d'en mesurer les défenses, d'en découvrir les points faibles, de reconnaître, en un mot, la place qu'ils prétendent emporter d'assaut. Ils imaginent qu'il leur suffira de paraître pour la réduire à merci; il suffit, au contraire, qu'ils se montrent pour décupler les forces de la Révolution, la rendre invincible et ajouter à l'acharnement d'une guerre d'indépendance toutes les fureurs d'une guerre sociale. Ils terminent par un suicide une longue série d'aberrations [2].

Ils n'ont point de parti en France. La seule guerre civile sérieuse, celle de l'Ouest, ne se fera ni pour l'émigration ni par les émigrés. Ils ne trouvent devant eux qu'une nation implacablement hostile à leurs personnes et à leur entreprise. Ils nient tout ce que la France affirme; ils menacent de ruiner tout ce qu'elle a fondé; ils se vantent, comme l'écrira bientôt un diplomate clairvoyant, de « rétablir un ordre de choses détruit sans retour et de détruire des choses indestructibles [3] »; et cela non-seulement par la force brutale, mais par la force la plus odieuse à une nation noble et consciente de ses droits, la force des étrangers. Il n'en faut pas davantage pour les perdre

---

[1] Cf. Chuquet, ch. viii, *les Émigrés*, p. 267-297, et en particulier p. 268-270, 273-274, 277-281.

[2] Cf. t. I, p. 190-192, 217-218 : au lieu de « trois mille ans », lire « mille ans », dans le texte cité de Tocqueville.

[3] Dépêche de Mercy, 3 octobre 1792. *Corr.*, t. III, p. 350.

sans retour. Le rétablissement de l'ancien régime et le démembrement de la patrie deviennent nécessairement synonymes dans l'esprit des Français. La guerre réunit en un seul parti tous ceux qui veulent l'intégrité de la France et le triomphe de la Révolution, contre tous ceux qui, pour anéantir la Révolution, se coalisent avec les ennemis de la France. Par là même les émigrés impriment le caractère de révolte nationale et de guerre séparatiste aux insurrections royalistes ou religieuses qui éclateront en France; ils soulèveront contre leur expédition monarchique toutes les passions unitaires et patriotiques que la monarchie met depuis des siècles sa gloire à développer dans le peuple français.

C'est en cela surtout qu'ils dénaturent la tradition dont ils se réclament et renient ce grand Henri dont ils invoquent sans cesse les exemples. Henri suivait le courant de l'histoire de France, ils prétendent le remonter; Henri entraînait la nation sur ses pas, ils prétendent la chasser devant eux; Henri assurait au peuple le bienfait des réformes que le peuple désirait sans pouvoir les réaliser, ils prétendent ravir au peuple les droits qu'il a conquis et les réformes qu'il a lui-même instituées; Henri rassemblait la nation contre le parti des étrangers, ils rassemblent contre eux la nation française; Henri enfin combattait la Ligue, ils essayent de la ressusciter; et ce dessein même leur échappe encore. Ce n'était point Philippe II et ses Espagnols qui faisaient la force de la faction de Guise; c'étaient les Seize et leurs affiliés, la commune insurgée de Paris, et toute cette exaltation plébéienne et sectaire que soufflaient les moines démagogues. L'esprit ligueur a passé aux jacobins, et le fanatisme opère pour la Révolution. Les émigrés ne sont, comme l'a dit un contemporain, « qu'une poignée de Français qui se perd au milieu de toutes les baïonnettes de l'Europe [1] ». Cette alliance, ils en assument la complicité sans en recueillir l'avantage. Les seuls étrangers qui les avouent ne font rien pour leur cause. Ceux qui combattent sont impatients de les désa-

---

[1] Madame DE STAEL, *Considérations*, troisième partie, ch. I, *De l'émigration.*

vouer. La Russie demande que la coalition les reconnaisse comme une sorte de puissance provisoire, leur remette les places conquises et ne retienne rien des territoires du roi de France; mais il n'y a point, pour appuyer ces recommandations, de troupes russes dans l'armée d'invasion. Il ne s'y trouve que des Allemands, et ceux-là n'entendent point prêter sans garantie, et travailler sans rémunération. Il faudra donc que les princes souscrivent au démembrement de la France ou qu'ils se résignent à s'effacer. Les Allemands jugeront expédient de ne les point exposer à une option aussi inquiétante pour leur conscience, et ils les écarteront tout simplement du débat.

Les princes s'en montreront outrés, ils rempliront l'Europe du bruit de leurs protestations. Ils ne connaissent pas plus l'Europe qu'ils ne connaissent la France. L'erreur qui les égare est celle de toutes les émigrations [1]. Les partisans des Stuarts s'en sont abusés tout un siècle; les confédérés polonais de Targowitz en donnent un nouvel et déplorable exemple.

On voit en effet, dans le même temps que les émigrés français, d'autres nobles exilés ou fugitifs, réfugiés sur le territoire d'un ennemi héréditaire, solliciter et recevoir le secours de cet ennemi pour rentrer en vainqueurs dans leur patrie, pour faire prévaloir leurs priviléges dans l'État et pour y rétablir avec les anciennes lois la suprématie de leur faction. Les confédérés de Targowitz s'allient aux Russes afin de détruire la constitution du 3 mai 1791, de la même façon que les princes français s'unissent aux Allemands afin de détruire les lois portées en France depuis 1789. Les deux coalitions sont contemporaines, l'une réussit, l'autre avorte, et ce contraste résume en quelques traits les causes des deux grands événements, solidaires l'un

---

[1] Quelqu'un qui les a vus de près, qui les a bien connus et qui n'est pas suspect de complaisance envers la France nouvelle et la Révolution française, Metternich, écrivait vingt ans après : « ...Nous avons été frappés de la similitude du rôle que les Polonais ont joué et jouent encore dans la présente campagne vis-à-vis de la France, avec celui que les émigrés français, dans les premières guerres de la Révolution, ont soutenu avec une désastreuse constance vis-à-vis des puissances alliées. Ce rapprochement est naturel, parce que l'esprit de l'émigration est et sera partout le même. » Metternich à Bubna, 18 février 1813. ONCKEN, OEstreich und Preussen in Befreiungskriege, Berlin, 1876, t. I, p. 431.

de l'autre, qui domineront dorénavant toute cette histoire : le triomphe de la France et l'anéantissement de la Pologne.

En France, les patriotes font face à l'invasion, y résistent et la repoussent. En Pologne, les patriotes tentent de l'arrêter; et, malgré leur vaillance, ils y succombent. C'est qu'en France la tradition nationale, raisonnée chez les plus instruits, instinctive chez les plus ignorants, inspire à tous les passions tutélaires des peuples : l'amour de l'indépendance, l'horreur de l'intervention étrangère. En Pologne, au contraire, la guerre civile, la confédération, l'association avec les étrangers, l'insubordination des partis à l'État et des individus aux partis sont devenues comme l'impulsion funeste et la suggestion impérieuse de l'histoire. Dans une crise qui livre le peuple à soi-même, la France, après un vertige passager, revient spontanément aux habitudes de plus de six siècles de monarchie et de concentration nationale; la Pologne retourne à celles de plus de deux siècles d'anarchie et de dissensions. En France, au-dessous des factions qui se dévorent à la surface, il subsiste un fonds de nation sain, homogène, inaltérable. On décrète cette nation indivisible, c'est déclarer son âme. Elle se proclame libre et souveraine : chaque Français offre sa vie pour sa liberté propre et la souveraineté de tous. Rien de pareil en Pologne. Il n'existe de nation que ces quelques milliers de nobles qui forment les factions, déchirent la République et s'en disputent les lambeaux; mais ces eaux troubles et bouillonnantes ne sont point des eaux profondes : le sol demeure inerte et laisse glisser le flot qui passe sans l'ébranler. Point de bourgeoisie qui forme un tiers état ambitieux de gouverner; point de paysans propriétaires qui s'acharnent à la défense de la terre qu'ils ont conquise par leur travail et qu'ils viennent d'affranchir. La grande masse des Polonais reste indifférente à la révolution parce qu'elle y est désintéressée. La révolution de Pologne n'est faite que par les nobles et pour les nobles; elle sombre parce que la nation ne la soutient pas.

« Que demandaient les royalistes lorsqu'ils demandaient une contre-révolution faite brusquement et par la force? » écrivait

Joseph de Maistre à l'époque du grand triomphe de la Révolution en Europe [1]. « Ils demandaient la conquête de la France ; ils demandaient donc sa division, l'anéantissement de son influence et l'avilissement de son roi. » En se défendant, la nation continue l'œuvre de l'histoire de France. C'est pourquoi, la patrie s'identifiant avec la Révolution et la cause de la royauté se confondant avec celle des coalisés, la coalition, par le seul fait de son existence, précipite la chute de la royauté et assure le succès de la Révolution. Et, les mêmes influences séculaires dirigeant toute l'Europe, cette coalition formée pour l'intérêt commun des trônes, se brise par le conflit des intérêts entre les trônes. La convenance des rois corrompt et ruine la croisade entreprise pour le salut d'un roi.

Ces conséquences apparaissent avec le dernier degré de l'évidence au mois d'août 1792 et dès le commencement de la guerre. Je ne discute point l'hypothèse d'une Europe différente et de conjonctures opposées. J'étudie les événements qui se sont accomplis et les hommes qui ont vécu : c'est l'histoire ; le reste est vain et arbitraire. Si j'ai su me faire comprendre, on reconnaîtra, j'espère, que, les faits et les hommes posés comme ils l'étaient alors, ce n'est pas l'événement qui est extraordinaire, c'est le contraire qui l'eût été. La guerre était inévitable entre la France et l'Europe. La France est en révolution. Les éléments de cette révolution sont disposés de sorte que le gouvernement appartiendra nécessairement aux plus violents, et que ceux-ci ne pouvant s'élever que par la force, ne sauront s'imposer que par la Terreur. Il est faux de dire que la Terreur, née d'une sorte d'inspiration sauvage dans le péril national, sera la condition détestable, mais fatale, du salut public. La Terreur ne sera indispensable qu'aux seuls terroristes, pour usurper le pouvoir et proscrire leur rivaux. Les Français n'auront pas besoin, pour défendre leurs pays et leur révolution, qu'on les y force le couteau sur la gorge, à coups de plat de sabre ou à coups de verges. Ils se battront en

---

[1] *Considérations*, 1796, ch. II.

hommes libres, non en esclaves armés ou en gladiateurs. Ce n'est pas la vue de la guillotine qui enflammera dans leurs âmes les sentiments qui décideront tout : l'amour de la patrie, la haine des étrangers, l'horreur de l'ancien régime. Les Français en sont, au contraire, si pénétrés qu'ils oublient tout pour y obéir et qu'ils sacrifient tout aux exigences de la lutte. Ils ne demandent aux gouvernants que de soutenir la guerre. Ceux qui se montrent les plus fanatiques de la bataille paraissent au peuple les plus intéressés à la victoire, et il les suit sans se soucier de leurs origines, de leurs brigues, de leurs doctrines ou de leurs rivalités. Les terroristes ne susciteront pas ces passions, ils en abuseront et s'en feront un moyen de gouvernement. Mais la France portait en soi seule les instruments de son salut. Les idées pour lesquelles elle combattit étaient depuis longtemps populaires, les hommes qui décidèrent la victoire étaient depuis longtemps aux armées, lorsque commença le règne des terroristes. La force d'expansion de ces idées et la vaillance de ces soldats ne procédaient pas de l'inspiration monstrueuse de quelques brouillons fanatiques ou de quelques sophistes sanguinaires ; elles résultaient, comme la Révolution même qui les développa, de tout le passé de la France. Voilà les lignes directes et prolongées qu'il faut déterminer d'abord et observer sans cesse lorsqu'on veut démêler la suite des événements et en dégager l'enchaînement. Si l'on s'écarte de ces routes simples et droites pour dévier par les latérales, on s'égare dans les broussailles, on se perd aux détours, on prend les effets pour la cause, les exceptions pour la loi et les replis inférieurs du terrain pour les lignes de partage des eaux.

FIN.

TABLE DES MATIÈRES

LIVRE PREMIER
LES NOUVEAUX PRINCIPES.

CHAPITRE PREMIER
L'ASSEMBLÉE NATIONALE ET L'EUROPE.
1789-1790

I. DESTRUCTION DE L'ANCIEN RÉGIME. — L'Assemblée nationale, 1. — Déroute du gouvernement, impuissance de l'Assemblée à le rétablir, 2. — La première émigration, 4. — L'œuvre de l'Assemblée, 6.

II. PREMIERS EFFETS DE LA RÉVOLUTION EN EUROPE. — Admiration des penseurs, 9. — Les Allemands, 11. — Les Anglais, 16. — Les Russes, 16. — Premiers mouvements populaires en Italie, en Allemagne, à Liége, en Belgique, 17. — Contre-coups en Irlande, en Hongrie, en Pologne, 20.

III. PREMIERS JUGEMENTS DES POLITIQUES ÉTRANGERS. — Comment ils se méprennent sur le caractère de la Révolution, 21. — L'Espagne, 22. — L'Autriche, 23. — La Prusse, 24. — L'Angleterre, 26. — La Suède et la Russie, 31. — La France abandonnée à elle-même, 34.

IV. LES PLANS DE MIRABEAU. — Comment la France pourrait profiter de cet état de choses, 35. — Un seul homme d'État, Mirabeau. Ses relations avec la cour et son plan de démocratie royale, 35. — Ses vues sur l'Europe : force d'expansion de la France, 41. — Causes de l'échec de ces plans, 44.

CHAPITRE II
LA RÉVOLUTION BELGE.
1789-1790

I. LES ÉTATS-UNIS DE BELGIQUE. — Les partis en Belgique, statistes et vonckistes, 49. — Mesures de répression de Joseph II, peines contre l'émigration, 50. — Révolution de Brabant, les Autrichiens chassés de la Belgique, 51. — Les Belges et la France, 52.

II. EFFACEMENT DE LA FRANCE. — Jugement du public sur les affaires belges, 53. — Dispositions du gouvernement; mission du duc d'Orléans à Londres, 55. — La France s'efface, 59. — Les puissances et la Belgique, convention de Berlin, 60. — Différend entre l'Espagne et l'Angleterre; craintes de guerre générale, 61.

III. Avénement de Léopold II. — Mort de Joseph II, 62. — Caractère de Léopold, 62. — Dissensions en Belgique, 64. — L'Autriche se rapproche de l'Angleterre; fin de l'alliance de 1756, 66.

IV. Les conférences de Reichenbach. — Intrigues de la Prusse : traités avec la Turquie et avec la Pologne, 67. — *Ultimatum* à l'Autriche, 69. — Conférences de Reichenbach, 70. — Revirement de la Prusse, 71. — La politique de principes; vice originel de la Sainte-Alliance, 72. — Déclarations du 27 juillet 1790, 73. — Relèvement de l'Autriche, 73. — Constance de Catherine II; paix de Véréla, 74. — Comment l'Europe commence à s'occuper de la Révolution française, 75.

CHAPITRE III

LE DROIT DE PAIX ET DE GUERRE.
1790

I. La question d'Alsace. — L'Assemblée nationale est entraînée à se heurter à l'Europe, 77. — Renouvellement des anciens conflits par les nouveaux principes : la question de la souveraineté française en Alsace et l'affaire des possessionnés, 79. — Prétentions de l'Allemagne à dénoncer le traité de Westphalie, 81. — Mission de Ternant, 83. — Question de la validité des anciens traités, 84.

I. La renonciation aux conquêtes. — L'Assemblée est saisie de la question des traités : l'Espagne réclame l'application du Pacte de famille, 84. — L'Assemblée décide de discuter le principe du droit de paix et de guerre, 85. — Articles constitutionnels du 22 mai; la renonciation aux conquêtes, 86. — Effet de cette discussion en Europe, 90.

III. Le comité diplomatique. — Alarmes et agitation belliqueuse des esprits au moment où l'on déclare le règne de la paix, 91. — L'Assemblée se saisit des négociations : le comité diplomatique, 93. — L'Espagne se détourne de la France et se livre à l'Angleterre : traité de l'Escurial, 93.

IV. L'affaire des possessionnés. — Rapport de Merlin de Douai sur l'affaire des possessionnés, 95. — Comment se posent le principe du suffrage des populations et celui de leur droit à disposer d'elles-mêmes, 97.

V. L'affaire d'Avignon. — L'Assemblée nationale est mise en demeure d'appliquer ces principes; Avignon et le comtat Venaissin : révolutions, vœux de réunion, demande de protection, 99. — L'Assemblée se saisit de l'affaire; les annexions et la renonciation aux conquêtes; le droit des populations et l'unité nationale, 100. — Embarras de l'Assemblée; elle ajourne, 104.

VI. La propagande. — La propagande résulte du caractère national des Français et du caractère propre à la Révolution, 105. — Vœux des modérés : l'affranchissement pacifique des peuples, 105. — Comment on juge l'Europe, 106. — Les cosmopolites et le prosélytisme; Anacharsis Clootz; les *Révolutions de France et de Brabant*, 109.

LIVRE II

LOUIS XVI ET L'ÉMIGRATION.

CHAPITRE PREMIER

LES PLANS DE LA COUR.

1790

I. LE SCHISME. — Comment les conflits religieux décidèrent la guerre civile, 115. — Comment l'Assemblée, en croyant continuer les traditions du gallicanisme, anéantit l'Église gallicane, 116. — Conflit avec Rome, 119. — La constitution civile du clergé, 120. — Le décret du serment, 126. — Louis XVI, en sanctionnant ce décret, signe une déclaration de guerre à la Révolution, 128.

II. MARIE-ANTOINETTE. — Comment la cour conçoit la lutte; rôle politique de la Reine, 129. — Caractère de Marie-Antoinette, 130. — Ses vues sur la Révolution, 134.

III. LA MISSION DE BRETEUIL. — Donnée primordiale de tous les plans de la cour : la fuite, l'appel au peuple, l'intervention des puissances, 135. — Les conseillers et les agents de la cour : Fersen, 139. — Breteuil et Bouillé, 140. — Breteuil est chargé de sonder les puissances, 142.

CHAPITRE II

DISPOSITIONS DE L'EUROPE.

1790-1791

I. L'OPINION ET LE GOUVERNEMENT EN ANGLETERRE. — Réaction contre la Révolution française, 144. — Burke : caractère national de sa polémique, 144. — Vues de Pitt, 147.

II. SOUMISSION DE LA BELGIQUE. — Couronnement de Léopold; armistice avec les Turcs, 147. — Léopold écarte les émigrés et diffère les affaires avec la France, 148. — Réconciliation de la Hongrie, 150. — Anarchie monacale en Belgique, 152. — Soumission des Belges et traité de la Haye, 153.

III. RAPPROCHEMENT DE L'AUTRICHE ET DE LA PRUSSE. — Chute de Hertzberg et avénement de Bischoffswerder à Berlin, 154. — Nouveaux plans de politique, 155. — Ouvertures insidieuses à la France : le Juif Ephraïm, 156. — Vues d'intervention et de conquêtes en France, d'accord avec l'Autriche, 160. — Succès des Russes : prise d'Ismaïl, 161. — Vues de Léopold; Bischoffswerder à Vienne; esquisse de la Sainte-alliance, 162.

CHAPITRE III

LES ÉMIGRÉS.

1790-1791

I. L'ÉMIGRATION POLITIQUE. — Distinction fondamentale à faire entre les émigrés, 165. — L'émigration en Allemagne, 165. — Infirmité incurable de l'émigration; vues sur la France; conflits avec la cour, 166. — Insuffisance des chefs : le comte d'Artois, Condé, Calonne, 173.

II. L'ÉMIGRATION ET LA COUR. — Projets du comte d'Artois; opposition de Louis XVI, 175. — Tentatives de négociations du comte d'Artois à Vienne, 176.

III. PRÉPARATIFS DE LA FUITE DU ROI. — La fuite décidée, 178. — Incertitudes et équivoque des vues politiques; le congrès, 180. — Indifférence des cours, 181. — Atermoiements de Léopold, 182. — Projets pour gagner l'Angleterre, 183.

IV. L'AFFAIRE DE LA COMMUNION PASCALE. — Péril croissant de la famille royale, 185. — Tentative de départ pour Saint-Cloud, 186. — Danger de la politique où s'engage Louis XVI, 187.

V. L'ASSEMBLÉE ET L'ÉMIGRATION. — Soupçons grandissants du public, 189. — Premières mesures contre l'émigration : les précédents et les principes, 190.

VI. PROCÈS AVEC L'EMPIRE ET RUPTURE AVEC ROME. — Conflit au sujet des possessionnés, 193. — La constitution civile du clergé et l'affaire d'Avignon, 195. — Nouveau débat; progrès des idées d'annexion, 197. — Grands projets de politique étrangère : les traditions et la renonciation aux conquêtes, 201.

CHAPITRE IV

VARENNES.
1791

I. LA QUESTION D'ORIENT. — Vues de Pitt sur la Révolution et sur la question d'Orient, 204. — Rupture de Fox et de Burke, 205. — L'Angleterre abandonne la Prusse, 207. — Changement de ministres à Berlin, 208. — Agitation des petits États pour l'affaire des possessionnés, 210.

II. LA RÉVOLUTION DE POLOGNE. — Péril de la République; révolution et constitution du 3 mai, 212. — Politique de Catherine II; conséquences de cette politique dans l'histoire de la Révolution française, 215.

III. GUSTAVE III ET LA FRANCE. — Catherine lance Gustave III; vues de ce prince; ses relations avec la cour de France et les émigrés, 219.

IV. LES VUES DE L'AUTRICHE. — Léopold en Italie; entente avec l'Angleterre, 222. — Entente avec la Prusse, 224. — Desseins de Léopold sur la France, 225.

V. LA CIRCULAIRE DE PADOUE. — Fuite et arrestation de Louis XVI, 226. — Démarches de Léopold en vue d'une intervention de l'Europe, 228.

LIVRE III

LES CONFLITS.

CHAPITRE PREMIER

PILLNITZ.
1791

I. LES PROJETS D'INTERVENTION. — Léopold essaye de réunir un congrès; comment il en conçoit l'objet, 231. — Traité de Sistova, 5 août, 235. — Comment les puissances accueillent les ouvertures de l'Autriche; avortement du congrès, 236.

TABLE DES MATIÈRES.

II. La question des indemnités. — Négociations particulières entre l'Autriche et la Prusse; question des indemnités : l'Alsace et la Lorraine, 239. — Léopold essaye de temporiser; malentendu qui s'établit entre Vienne et les Tuileries, 242. — Catherine anime les Allemands à la guerre, les Polonais à l'anarchie, les émigrés à la contre-révolution, 244.

III. La diplomatie des émigrés. — Gustave III à Aix-la-Chapelle; plan de contre-révolution, 246. — Démarches des princes français près de Catherine II, du roi de Prusse et de l'Empereur, 250.

IV. La déclaration du 27 août. — Entrevue de l'Empereur et du roi de Prusse à Pillnitz, 252. — Arrivée du comte d'Artois et de Calonne, 253. — Conférences et déclaration du 27 août, 255.

V. Le manifeste des princes. — Échec des émigrés, 258. — Portée réelle de la déclaration; comment les émigrés la commentent; lettre des princes à Louis XVI, 261. — Comment la déclaration est comprise en France, 263.

CHAPITRE II

LA CONSTITUTION.
1791

I. Les constitutionnels. — L'interrègne, 265. — Barnave et les Feuillants, 266. — Comment, en croyant organiser la monarchie, l'Assemblée prépare la république, 268. — Découragement des Constituants; vote de la Constitution, 269.

II. L'acceptation de Louis XVI. — Comment Louis XVI est amené à accepter la Constitution, et comment la Reine entend se servir des Feuillants, 270. — En réalité, la cour ne cherche qu'à gagner du temps et à préparer une intervention, 273. — Serment de Louis XVI; déclaration aux puissances; contradictions de la politique des Tuileries, 275.

III. Ajournement de l'intervention. — Léopold maintient le malentendu volontaire entre Vienne et Paris; il ajourne le congrès, 277. — La Prusse et l'Espagne l'imitent, 280.

IV. La régence de Monsieur. — L'émigration s'organise; la France extérieure; la cour : Monsieur à Coblentz, 282. — Les coteries, les épurations, 284. — Le camp, Condé, les rivalités, 285. — Hostilité à Louis XVI, 286. — Intrigues des émigrés; éconduits à Londres, ils sont accueillis à Berlin, 288. — Déceptions en Suède et illusions sur la Russie, 291. — L'Espagne, 292.

V. Progrès de la propagande. — Réunion d'Avignon, 293. — Propagande en Belgique et à Liége, 294. — Les débuts d'un futur ministre des affaires étrangères : Lebrun-Tondu, 295. — Les foyers de propagande à Paris, 296.

CHAPITRE III

LES PARTIS ET LA GUERRE.
1791

I. Les partis. — L'Assemblée législative; les partis, 299. — Brissot, 301. — Les Girondins, 303. — Les comités, 304.

II. Lois contre les émigrés et le clergé. — Débat sur l'émigration; Louis XIV et la révocation de l'édit de Nantes, 306. — Mesures contre les prêtres réfractaires, 307. — Brissot propose d'exiger la dispersion des émigrés réunis en Allemagne, 309. — L'Assemblée y invite Louis XVI, 311. — Les émigrés belges en France, 312.

III. La Gironde et les jacobins. — Comment le parti jacobin se divise sur la question de la guerre; Isnard, Brissot et Robespierre, 314. — Manifeste de Condorcet : la guerre girondine, 319.

IV. Barnave et Narbonne. — Le ministère, coteries qui le divisent, 321. — Barnave et son plan de congrès, 322. — Narbonne et son plan de guerre limitée, 323. — Tous les partis s'entravent les uns les autres, 326.

V. La déclaration du 14 décembre. — Lettre de Louis XVI à ses frères, 327. — Démarches de Marie-Antoinette à Vienne, 328. — Envoyés personnels du Roi en Europe; lettre de Louis XVI aux souverains, 329. — Déclaration du 14 décembre et contre-lettre à Breteuil, 331. — Confusion et enchevêtrement général des politiques et des agents, 332.

VI. La diplomatie des constitutionnels. — Plan de Narbonne; idée d'appeler en France le duc de Brunswick, 333. — Tentative pour gagner l'Angleterre, 335. — Politique à l'égard de l'Allemagne, 337. — L'alliance prussienne : plan de corruption de Biron, 338. — Différence entre ces vues et celles de Barnave et de Lessart, 339. — Mission officielle de Ségur à Berlin, 339. — Mission secrète de Jarry; il en livre le secret aux agents de la cour, 340.

CHAPITRE IV

L'ALLIANCE AUSTRO-PRUSSIENNE.
1792

I. L'Allemagne et Léopold. — Inquiétude en Allemagne; on commence à discerner le danger, 343. — Dispersion des émigrés, 344. — Irritation de Catherine II contre Louis XVI et contre l'Autriche, 346. — Catherine fait la paix avec les Turcs et se prépare à attaquer la Pologne, 346. — Préparatifs de guerre en Autriche et en Prusse, 347.

II. Custine a Brunswick et Ségur a Berlin. — Démarches et échec de Custine auprès du duc de Brunswick, 350. — Complot pour perdre Ségur à Berlin, 352. — Échec de Ségur dans ses négociations; scandale dont sa mission est l'objet, 354. — Conditions du maintien de la paix, 355.

III. Les sommations a l'Autriche. — La question de guerre est portée à la tribune, 357. — Discussions et résolutions belliqueuses, 359. — Impuissance du ministère devant l'Assemblée et devant l'Europe, 360.

IV. Le traité de Berlin. — Fersen aux Tuileries, 367. — Agitation belliqueuse et illusions en Prusse, 368. — La question des indemnités, 368. — Traité du 7 février; la Pologne, 369. — Comment l'intervention tourne de plus en plus à la conquête, 370. — L'Empereur seul retarde encore la rupture; il meurt, 371.

V. François II et la Pologne. — François II, 373. — L'Autriche s'arme, 375. — La Russie offre à Berlin un partage de la Pologne; la Prusse y consent malgré le traité de 1790, 376. — Assassinat de Gustave III, 378. — Chute de Florida-Blanca en Espagne; effacement de cette cour, 382.

VI. Talleyrand a Londres. — Haine de Georges III pour la France et la Révolution, 382. — Pitt demeure pacifique, 383. — Agitation superficielle en Angleterre, 383. — Talleyrand, 384. — Comment il est reçu à Londres; il croit possible d'y négocier, 387. — Conférences avec Pitt et Grenville, 390. — Départ de Talleyrand, 392.

LIVRE IV
LA GUERRE.

CHAPITRE PREMIER
LA RUPTURE AVEC L'AUTRICHE.
1792

I. CHUTE DU MINISTÈRE FEUILLANT. — Politique de la Gironde, 395. — Renvoi de Narbonne, 398. — Mise en accusation de Lessart, 399. — Le ministère girondin, 401.

II. DUMOURIEZ. — Rôle de Dumouriez dans la Révolution, 403. — Débuts de Dumouriez; Favier; la Corse et la Pologne, 404. — Comment il considère la Révolution; l'aventurier, 405.

III. ESSAI DE RÉVOLUTION DANS LA DIPLOMATIE. — Dumouriez aux affaires étrangères, 409. — La nouvelle politique, 409. — Plan de guerre, 410. — Ultimatum à Vienne, 411. — Plan de négociation en Prusse, 414. — En Allemagne, 416. — En Angleterre, 418.

IV. LA DÉCLARATION DE GUERRE. — Les agents de la cour à Vienne et à Berlin, 424. — Dernières négociations à Vienne, 425. — Comment Dumouriez décide le conseil à la guerre, 427. — Séances du 20 avril, 430. — Caractère révolutionnaire de la guerre, 434. — Comment tous les partis s'y précipitent, 436.

V. ÉCHEC DES NÉGOCIATIONS A LONDRES ET A BERLIN. — Seconde mission de Talleyrand à Londres : Chauvelin, Duroverai, Garat, 437. — Impuissance où ils sont de négocier, 440. — Isolement de Custine à Berlin; la Prusse déclare la guerre, 442. — Échec des agents secrets de Dumouriez à Berlin et aux Deux-Ponts, 446. — Échec de Sémonville en Sardaigne, 450. — Neutralité de l'Espagne et de l'Angleterre, 451. — Dumouriez essaye d'émouvoir le Turc : mission de Sémonville à Constantinople, 455.

CHAPITRE II
LA DÉCHÉANCE.
1792

I. LA POLOGNE ET LA RÉVOLUTION FRANÇAISE. — Entrée des Français en Belgique et des Russes en Pologne, 457. — Confédération de Targovitz, 458. — Les Polonais invoquent le traité de 1790 : la Prusse le renie, 461. — Négociations de Catherine à Vienne et à Berlin; préparatifs d'un partage, 463. — La discussion des indemnités entre Vienne et Berlin, 465. — Retraite de Kaunitz, 468.

II. L'ALLEMAGNE ET LA GUERRE. — Cause des lenteurs de l'Autriche : la Pologne, 470. — Le généralissime : Brunswick, le plan de guerre, 470. — L'Allemagne se dérobe, 472. — Neutralité de la plupart des États de l'Empire, 474.

III. LE 20 JUIN. — Comment les Tuileries se préparent au congrès; mission de Mallet du Pan, projet de manifeste, 475. — Crise dans le ministère; Dumouriez premier ministre, 480. — Échec de sa diplomatie; il essaye de la propagande; Maret en Belgique, 480. — Politique que Dumouriez conseille au Roi; il échoue et se retire, 483. — Lettre de Lafayette, 484. — Journée du 20 juin,

485. — La Gironde prépare une revanche, 488. — Dernières mesures des Tuileries; la Fédération, 489.

IV. La coalition et les principes. — Fêtes du couronnement impérial, 492. — La Pologne subjuguée, 494. — Catherine essaye d'en demeurer seule maîtresse, 494. — Traités d'alliance entre la Russie, la Prusse et l'Autriche, 497. — La question des indemnités à Berlin et à Vienne, 498. — Les conférences de Mayence, 500. — Abstention et indifférence de l'Europe, 502.

V. Le manifeste de Brunswick. — Les émigrés se réunissent; divergence d'opinion parmi eux au sujet des alliances, 503. — Échec de la mission de Mallet du Pan, 508. — Comment est préparé le manifeste du 25 juillet, 509. — Comment il est accueilli en France : la patrie en danger, 511. — La Gironde et Danton; le 10 août, 513. — Fin de la lutte de la Révolution contre la royauté, commencement d'une nouvelle période, 514.

CHAPITRE III
LA FRANCE ET L'EUROPE EN 1792.

I. Progrès de la Révolution. — Conditions de la paix entre l'Europe et la France de la Révolution, 516. — La propagande; conflit de droits entre la France et l'Europe, 518.

II. Le règne des violents et des fanatiques. — Comment les violents prévalent, se poussent et se renversent les uns les autres, 521. — L'armée de l'émeute; conditions de l'alliance qu'elle prête aux partis, 522.

III. La terreur et la défense nationale. — La loi de la force, conséquence du 10 août, 524. — Avénement du règne de la peur, 525. — Comment la Terreur se prépare avant 1792, 526. — Que la Terreur n'est pas le fait des seuls révolutionnaires, 527. — Le fanatisme jacobin, 528. — Caractère atroce et banal de la Terreur; la France porte en soi-même les éléments de son salut, 530.

IV. Puissance nationale de la Révolution. — Exaltation de toutes les passions nationales, 531. — La Révolution, l'islamisme et les croisades, 532. — Le salut public, 533. — La France aux armées, 535. — Grandeur du rôle des armées dans la Révolution, 537.

V. L'armée française. — Désorganisation de l'armée; comment on y supplée, 539. — Les générations nouvelles de généraux : les premiers commandants en chef, 540. — Les anciens officiers portés au commandement supérieur, 541. — Les jeunes officiers, 543. — Les soldats de fortune, 544. — Les engagés volontaires, 547. — Enthousiasme général, 548.

VI. Faiblesse de la coalition. — Comment les pays voisins de la France s'ouvrent à la propagande et à la conquête, 549. — L'Angleterre réduite sur le continent à la guerre des subsides, 550. — Indifférence des peuples du continent, 551. — Crise du gouvernement en Autriche, 552. — Décadence de la Prusse, 553. — Manque d'hommes dans la coalition, 555. — Absence de principes, 557. — L'Italie et l'Espagne, 558. — La coalition minée par les conflits des coalisés, 559.

VII. Impuissance des émigrés. — Ils ne comptent que sur la force, et la force leur manque, 560. — Ils méconnaissent la France, qui les renie ou les exècre, 561. — Ils méconnaissent l'Europe, qui les désavoue et les abandonne, 563. — Les émigrés français et les Polonais; causes du triomphe de la Révolution française et de la ruine de la Révolution de Pologne, 564. — Conclusion de cette seconde partie de l'histoire de l'Europe et de la Révolution française, 565.

ERRATA DE LA PREMIÈRE PARTIE

LES MOEURS POLITIQUES ET LES TRADITIONS

Page 50, ligne 22, au lieu de : que celle, lire : que ceux.
P. 94, note 2, et passim : au lieu de : Hausser, lire : Hæusser.
P. 104, ligne 27, au lieu de : *Période d'assaut*, lire : *Période d'orage*.
P. 106, note 1, au lieu de : *Stœffen*, lire : Steffens.
P. 142, ligne 13, rétablir ainsi la phrase : d'un côté, l'oligarchie régnante, le patriciat, qui remplit toutes les charges ; de l'autre la bourgeoisie, souveraine en principe, exclue, en fait, du gouvernement et avide de gouverner à son tour. Les chefs des mécontents se nomment... etc.
P. 152, ligne 8, au lieu de : 1789, lire : 1783.
P. 162, ligne 18, supprimer la phrase qui commence par ces mots : La révolution d'Amérique...
P. 163, ligne 6, au lieu de : Mondeville, lire : Mandeville.
P. 165, ligne 3, au lieu de : Chambre des communes, lire : Chambre des lords.
P. 167, ligne 3, au lieu de brasseur, lire : *country gentleman*.
P. 211, ligne 6, lire : honnête homme.
P. 218, ligne 5, au lieu de : trois mille ans, lire : mille ans...
P. 265, ligne 9, lire : prit Metz, Toul et Verdun.
P. 320, ligne 1, la note 3 doit être reportée à la page 319.
P. 333, note 1, ajouter : Le caractère ironique de cet écrit, relevé par Duncker, *Aus der Zeit Friedrichs des Grossen*, Leipzig, 1876, p. 46, n'empêche pas que Frédéric ne relève ici et ne constate la tradition française.
P. 333, note 2, ajouter : Voir les « Vœux d'un Gallophile », d'Anacharsis Clootz, 1785 : il soutient que le Rhin est la frontière naturelle de la France.
P. 354, ligne 7, lire : Les plus lourdes charges lui incombaient.
P. 384, note, au lieu de : belle encore, lire : belle encor.
P. 435, note 2, au lieu de : Leipzig, lire : Londres.
P. 455, ligne 2, lire : patrimoine.
P. 510, ligne 2, lire : cette brillante et tumultueuse *pospolite*.
P. 510, ligne 9, au lieu de : Grodno, lire : Varsovie.
P. 515, ligne 11, au lieu de : Alexis, etc., lire : Grégoire Orlof est mort dans la retraite.
P. 529, ligne 11, au lieu de : Grodno, lire : Varsovie.
P. 530, note 2, au lieu de : 1752, lire : 1751.
P. 541, ligne 20, au lieu de : les façonner à son image, lire : façonner la France à son image.
P. 541, ligne 21, au lieu de : la France, lire : leur patrie.

www.ingramcontent.com/pod-product-compliance
Lightning Source LLC
Chambersburg PA
CBHW060800230426
43667CB00010B/1637